Raoul Follereau
Hier et aujourd'hui

Chez le même éditeur

Associations : la révolution nécessaire. Fondation Raoul Follereau, Jean-Claude Darrigaud et André Récipon, 1990.

Étienne THÉVENIN

Raoul Follereau
Hier et Aujourd'hui

Fayard

HORS-TEXTE ET ILLUSTRATIONS

Les illustrations, photographies, textes et tableaux dont l'origine n'est pas indiquée ont été communiqués par l'association française Raoul-Follereau à Paris.

REMERCIEMENTS

Je tiens à remercier pour leur disponibilité et leur gentillesse
toutes les personnes qui,
dans les associations Follereau ou ailleurs, m'ont accueilli,
livré leur témoignage, confié des documents
ou rendu des services de toutes sortes.

Qu'il me soit aussi permis de remercier celles et ceux qui m'ont fait aimer
l'histoire et m'ont formé au métier d'historien.

Je veux enfin dire toute ma reconnaissance
à chacun des membres de ma famille,
à mes amis de tous âges.

À tous, je souhaite dédier ce travail.

Je le dédie également à toutes celles et à tous ceux qui
ont aimé, aiment ou aimeront
l'idéal qui faisait vivre Raoul Follereau.

AVANT-PROPOS

« Aimer, agir. »

Cette citation de Raoul Follereau aide à comprendre le projet de ce travail. Raoul Follereau se propose de concilier sentiment et efficacité. Intellectuel, il est aussi homme d'action. Comment le contact entre rêve et réalité peut-il s'opérer ? Faut-il rêver pour transformer la réalité ?

Raoul Follereau est aujourd'hui plus connu en Afrique noire francophone, au Luxembourg ou en Italie qu'en France. Ce n'est pas nouveau. Quand, de son vivant, un de ses livres était tiré à vingt mille exemplaires en France, il était diffusé à cent mille exemplaires en Italie. De même, il est le Français qui, de son vivant et hors de France, a eu le plus de timbres émis à son effigie (selon Jean Toulat). Son petit livre d'amour a été traduit en trente-cinq langues et diffusé à plus de douze millions d'exemplaires. De son vivant et après sa mort, son nom a été donné à une multitude d'hôpitaux, de rues, d'établissements scolaires en Afrique, en Europe, au Canada. Ses textes sont étudiés dans les écoles grecques et ignorés des élèves français. Aujourd'hui encore, son nom n'est pas oublié en Afrique noire francophone. L'association italienne Follereau est la plus importante organisation tiers-mondiste italienne et il en va de même de l'association luxembourgeoise. Pourquoi ce contraste entre un tel rayonnement international et l'ignorance de beaucoup de Français ? Le message de Raoul Follereau était-il mieux adapté à la culture de certains pays ?

Raoul Follereau a multiplié les messages où il énonce sa vision de l'homme, du monde, de la justice. Pour lui, la lutte contre la lèpre était un moyen de mettre en pratique ces idées. Il nous faut étudier de près le contenu de ces messages, nous intéresser au sens des mots employés, aux thèmes abordés, de la charité au développement. Y a-t-il évolution ou permanence ? S'agit-il d'une démarche entièrement nouvelle ? d'un humanisme intégral proche de l'enseignement des papes ? Pour Raoul Follereau, l'homme n'est pas seul, il se construit par ses relations avec les autres. Même s'il ne multiplie pas les références religieuses, Raoul Follereau exprime les valeurs d'un humanisme chrétien qui se veut projet d'avenir pour la société tout entière et qui remet en cause les fondements du monde contemporain. Raoul Follereau n'est pas seul à poursuivre ce but, même si la forme employée est originale.

Y a-t-il donc une conception chrétienne des droits de l'homme ?

Quand il veut sensibiliser les foules au problème de la lèpre, quand il s'adresse aux deux grands, quand il mobilise des millions de jeunes en faveur de la paix, Raoul Follereau a une démarche prophétique. Les prophètes tiennent une place de choix dans le christianisme contemporain, de l'abbé Pierre à Mère Teresa, de Mgr Câmara à Jean-Paul II. Quels sont leurs points communs et leurs différences, leurs méthodes, leurs intuitions ? Comment utilisent-ils les médias ? Quels sont leurs rapports avec le monde intellectuel ? Privilégient-ils le cri par rapport à la raison ? Quel est leur rôle dans l'Église ? Et dans la société ? Comment s'adressent-ils aux adolescents ? Ces héros chrétiens vivants remplacent-ils les saints ? Sont-ils les éléments importants d'une nouvelle religion populaire ? Ce phénomène prophétique dépasse-t-il le cadre de l'Église ? Est-ce le propre d'une civilisation de l'avion et de l'audiovisuel ?

En France, malgré une floraison d'initiatives de toutes sortes, le nom de Raoul Follereau est presque devenu synonyme de lèpre.

Étudier la lèpre, c'est étudier un problème de santé publique dans le tiers monde. De nombreux acteurs interviennent dans cette lutte contre la lèpre. Il faut les étudier, suivre leur évolution :

— les médecins (les médecins coloniaux, les coopérants, puis les médecins du tiers monde) ;
— les infirmiers et les agents de santé ;
— les guérisseurs de toutes sortes ;
— l'O.M.S. ;
— les gouvernements ;
— Les laboratoires de recherche : antibiotiques (sulfones puis polychimiothérapies) et maintenant vaccin. Les différentes spécialités médicales ont tour à tour abordé le problème de la lèpre, avec des résultats plus ou moins heureux ;
— les missionnaires et les religieuses ;
— les associations et organisations non gouvernementales. Les plus importantes unissent leurs efforts dans le cadre de l'I.L.E.P. ;
— les malades et leurs familles ;
— les mentalités.

Les stratégies de lutte changent presque tous les dix ans : sulfones et hygiène mobile puis, devant les résistances aux antibiotiques, polychimiothérapie ; en 1978, à Alma-Ata, l'O.M.S. met en avant les soins de santé primaires; aujourd'hui des associations et des laboratoires s'orientent vers la mise au point d'un vaccin.

La lèpre n'est pas seulement un mal physiologique, c'est aussi une maladie sociale avec un poids culturel, religieux et moral considérable. C'est pourquoi la lèpre, maladie peu contagieuse et non mortelle directement, fascine plus l'opinion que le paludisme, pourtant cent fois plus répandu. Longtemps, les conséquences sociales de la lèpre ont été plus effroyables encore que ses conséquences physiologiques. Être lépreux est plus douloureux qu'avoir la lèpre. La peur bouleverse les comportements. La comparaison avec d'autres maladies s'impose donc : peste, choléra, tuberculose en Europe dans les siècles passés, cancer, sida et maladie d'Alzheimer aujourd'hui.

La lèpre est une maladie de la pauvreté. Elle ne sévit pas dans n'importe quel pays. On ne peut séparer l'étude de cette maladie de celle des conditions économiques et sociales des pays concernés.

La diversité des situations est ici éclatante : diversité politique et économique dans le tiers monde, réactions différentes selon les ethnies, actions menées plus ou moins efficacement... Il faut se garder de toute généralisation abusive.

Ce travail doit aussi permettre l'étude d'organisations caritatives et humanitaires. Raoul Follereau et ses amis sont à l'origine de plusieurs d'entre elles; on s'intéressera à la personnalité des fondateurs, à l'évolution des associations et à leur structuration [1]. Les associations Follereau ne se limitent pas à la France. On en trouve dans la plupart des grands pays d'Europe occidentale et elles portent toutes la marque du pays où elles sont nées. Recenser des points communs et les différences permet de mieux comprendre la culture (au sens large) de ces peuples.

Il convient de situer ces associations par rapport aux autres associations caritatives, humanitaires et tiers-mondistes, confessionnelles ou non. Leur esprit est-il différent ? La vision du pauvre est-elle identique ? Le projet est-il comparable ? Et le recrutement ? Et les méthodes de travail ? Quel est le terrain d'action ? Y a-t-il des générations d'associations et quels sont leurs signes caractéristiques ? Quelles sont les causes pour lesquelles l'opinion accepte de se mobiliser ? Y a-t-il une concurrence entre ces associations ?

1946, 1960, et les années quatre-vingt sont des moments où les naissances d'associations caritatives et tiers-mondistes se multiplient en France et ailleurs. En 1946 la reconstruction est difficile, en 1960 sont lancées les campagnes contre la faim. Même si ces associations ne sont pas confessionnelles, les chrétiens y jouent souvent un rôle très actif. Le militant tiers-mondiste remplace-t-il l'homme d'œuvres ? Les régions où le tiers-mondisme est le plus actif sont souvent celles où la réforme tridentine fut la

---

1. Ce livre correspond au texte d'une thèse d'histoire contemporaine menée sous la direction de M. Étienne Fouilloux et soutenue le 31 janvier 1991 à l'Université de Lyon II.

plus profonde. Est-ce un hasard ? Ces associations européennes sont-elles différentes des associations américaines et de celles qui apparaissent actuellement dans les pays du tiers monde ?

Nous étudierons aussi les actions capitales et souvent méconnues du Dr Aujoulat et du médecin-général Richet. Le premier, annonçant les médecins sans frontières et les coopérants, jeta les bases d'un laïcat missionnaire, avant de devenir ministre. Quant au général Richet, son action a permis de soigner et de guérir des millions de personnes en Afrique ; il forma aussi les responsables de la santé publique en Afrique après l'indépendance. Ses fonctions et sa conception du rôle social de l'officier nous rappellent le rôle sanitaire de l'armée, un rôle décisif à long terme pour assurer le passage de la colonisation à la coopération. Ces deux hommes, proches de Raoul Follereau, sont aujourd'hui totalement ignorés de l'opinion française. Ce n'est pas le cas en Afrique, et l'on ne peut comprendre l'image dont y bénéficie la France si l'on oublie de telles personnalités.

Il nous faudra enfin approfondir les rapports entre nationalisme et internationalisme chez Raoul Follereau. Proche de l'Action française pendant ses études, Raoul Follereau manifeste ensuite des sentiments nationalistes très vifs puis, au fil des ans, ses textes se veulent de plus en plus universels. Ne serait-ce pas l'aboutissement logique mais pas inéluctable d'une certaine forme de nationalisme, celle qui privilégie les valeurs d'une culture ? Le nationalisme est-il, dans certains cas, un facteur de rapprochement entre les peuples ?

Pour tous ces thèmes, il ne s'agit pas de parvenir à une réponse définitive mais d'ouvrir des pistes en indiquant des faits précis.

On l'a compris, une telle recherche fait appel à une documentation très hétéroclite et très dispersée. Très hétéroclite, car elle va des livres et des articles de journaux au témoignage oral et au film en passant par les recueils de comptabilité, les rapports administratifs et les lettres manuscrites. Très dispersée, car nous avons tenu à nous rendre au siège des principales associations européennes concernées et nous avons consulté des centres de documentation installés dans plusieurs pays : Nancy, Paris, Bruxelles, Louvain-la-Neuve, Luxembourg, Lausanne, Genève, Berne et Bologne ont été les lieux principaux de notre collecte de sources et d'informations.

PREMIÈRE PARTIE

La formation d'une personnalité (1903-1944)

CHAPITRE PREMIER

Les racines
(1903-1925)

DE LA NAISSANCE À LA FIN DE LA GUERRE

Les origines, le milieu familial et le contexte de l'époque

Raoul Follereau naît presque avec ce siècle, le 17 août 1903, à Nevers, au foyer d'Émile et Pauline Follereau. Il est le deuxième d'une famille de trois enfants : son frère Georges est né en 1900, une petite sœur, Suzanne, verra le jour en 1909.

Tout devrait le conduire à mener une jeunesse paisible.

Sa personnalité et surtout les orages du xxᵉ siècle naissant vont en décider autrement [1].

Émile Follereau (1869-1917) dirige une petite entreprise de construction métallique qu'il a créée. Parler d'industriel serait exagéré à propos du patron d'un atelier employant une dizaine de personnes [2].

---

1. Pour situer Raoul Follereau, nous indiquons ci-dessous la date de naissance d'autres personnalités qui ont partagé certaines de ses préoccupations.
1897 : le pape Paul VI ; le P. Lebret ; François Ducaud-Bourget (que Raoul Follereau a bien connu pendant les années vingt et trente).
1898 : Mgr Ancel.
1900 : Mgr Rodhain ; Armand Marquiset
1902 : Marthe Robin.
1903 : Joseph Folliet.
1904 : René Dumont.
1905 : le cardinal Daniélou.
1908 : Guy de Larigaudie ; Josué de Castro.
1909 : dom Hélder Câmara.
1910 : Mère Teresa ; le Dr Aujoulat.
1912 : l'abbé Pierre.
1914 : Edmond Kaiser.
1917 : P. Joseph Wresinski.
1920 : Karol Wojtyła, futur Jean-Paul II.
2. Six à quinze personnes, selon les années (témoignage du Dr Jacques Follereau, neveu de Raoul Follereau, le 1ᵉʳ février 1988).

Émile Follereau travaille surtout pour une clientèle rurale. Inventif, il a déposé un brevet de fabrication de barrière en tube d'acier soudé à l'autogène mais son établissement offre beaucoup d'autres articles. Il contribue donc à cette lente modernisation de la France rurale décrite par Eugen Weber dans son livre *La Fin des terroirs* [1]. Nivernaise et fille d'horticulteur, Pauline Follereau, née Chevalier, femme très active, apporte une aide précieuse à son mari, y compris dans la gestion de l'établissement.

La famille habite en face de l'atelier, non loin du centre de Nevers, dans une maison de trois étages dont le troisième est occupé par un locataire. Entreprenants et indépendants, les parents de Raoul Follereau n'établissent donc pas une cloison entre leur vie familiale et leur vie professionnelle. Leurs relations avec les ouvriers ne se limitent pas aux seules questions du travail ; ils les aident et les soutiennent dans les difficultés de la vie. Leur foi chrétienne les oriente en ce sens. Cela rappelle un peu l'attitude du père de l'abbé Pierre, grand industriel lyonnais.

Les parents de Raoul Follereau – sa mère surtout – sont profondément croyants. Pour eux, pas de problème existentiel, ils ont la « foi du charbonnier ». Une foi simple mais pas simpliste qui leur apporte des certitudes. Ils croient en Dieu, au Ciel, à la Résurrection.

Raoul Follereau entend donc parler de Dieu et de Jésus alors qu'il grandit dans une famille où des parents unis aiment tendrement leurs enfants. Aussi, pour lui, tout naturellement, Dieu et amour ne constituent-ils qu'une seule et même chose. Il ne craint pas Dieu. Sa religion – la « foi du charbonnier », comme il l'écrit à la fin de sa vie [2] – est une religion de la joie, de l'optimisme, de la confiance en un Dieu d'amour. Toute sa vie s'appuie sur cette certitude fondamentale acquise dès la petite enfance.

De plus, Raoul Follereau fait partie de la première génération d'enfants admise à la première communion précoce. En 1905, le pape Pie X recommande la communion fréquente et, en 1910, il demande que les enfants soient admis à l'Eucharistie dès qu'ils atteignent l'âge de raison. Cette décision marque un tournant important dans la transmission de la Foi [3]. Les enfants rencontrent très tôt un Jésus tout proche d'eux et ils prennent l'habitude de lui parler.

Nous ne savons pas si le père de Raoul Follereau était pratiquant. Sa mère, assidue à la paroisse, reste peu familière de la sacristie. Les parents de Raoul Follereau vivent une solide piété familiale mais ne sont pas enga-

---

1. Eugen Weber, *La Fin des terroirs, la modernisation de la France rurale. 1870-1914*, Fayard, 1983.
   L'eau courante, les latrines, l'électricité, la bicyclette transforment peu à peu la vie quotidienne. L'école, le journal, le service militaire, la vie politique, l'usage de la langue française font peu à peu entrer les populations dans la vie d'une communauté nationale. Instituteurs, médecins, fonctionnaires, prêtres sont les hérauts de cette modernité.
2. Dans son livre *La Civilisation des feux rouges*.
3. Jean Delumeau, *La Première Communion, quatre siècles d'histoire*. Desclée de Brouwer, 1987.

gés dans les œuvres paroissiales ou les conférences de Saint-Vincent-de-Paul. Pourtant, les œuvres et les congrégations religieuses ne manquent pas à Nevers, la ville où repose Bernadette, une sainte à laquelle, curieusement, Raoul Follereau se référera assez peu tout au long de sa vie. Guy Thuillier nous apprend [1] qu'en 1909-1910 15 % des hommes seulement font leurs pâques à Nevers et 43 % des femmes. La dichotomie est donc très accusée. Les bourgeois anticléricaux encadrent la population. Médecins, commerçants, fonctionnaires, instituteurs, régisseurs sont gagnés à l'idéologie du progrès. Toutefois une forte minorité de femmes déterminées pratique activement. Les catéchistes volontaires ne manquent pas, les jeunes noëllistes sont très actives. Sept mille femmes du département adhèrent à la Ligue Patriotique des Françaises et pour elles la foi et la ferveur religieuse sont inséparables du patriotisme [2].

Enfant, Raoul Follereau entend ses parents parler avec indignation des mesures prises par le gouvernement contre les congrégations et de la loi de séparation de l'Église et de l'État. L'anticléricalisme de la IIIe République tend à exclure complètement l'Église de la vie publique, ce que n'acceptent pas les fidèles. Le plus sacré semble menacé et bafoué. La coupure religieuse déchire toute la France [3] et la génération de Raoul Follereau grandit dans une atmosphère de polémique exacerbée où l'on prend parti avec passion, où l'on s'exprime d'une façon virulente. Même s'il choisit facilement son camp, Raoul Follereau souffre de cette division. Même s'il ne l'exprime pas tout de suite, il aspire à une réconciliation, à une unanimité retrouvée, à une communion autour de l'essentiel. Mais où trouver un terrain d'entente ? Un jeune Brésilien dont la mère est profondément croyante et le père franc-maçon, Hélder Câmara [4], un jeune Français, Jean Daniélou [5], qui se trouve dans une situation identique, ne se posent-ils pas la même question ?

C'est au moment où les anticléricaux pensent avoir, par des lois, porté un coup décisif au catholicisme que celui-ci connaît une réelle renaissance spirituelle [6]. Les foules affluent aux pèlerinages, à Lourdes notamment. Les dévotions du rosaire et du Sacré-Cœur gagnent un public toujours plus large. Le tiers ordre franciscain, qui s'élargit, apporte un fondement spirituel au catholicisme social. La presse chrétienne se renouvelle avec *Le Pèlerin*, les revues missionnaires abondent et atteignent jusqu'aux villages les plus reculés. Les deux tiers des missionnaires catholiques dans le monde sont français. L'influence du clergé reste forte mais l'appel universel à la

1. Cité dans Gérard Cholvy et Yves-Marie Hilaire, *Histoire religieuse de la France contemporaine*, tome II, *1880-1930*, pp. 202 et 203.
2. À la veille de la guerre, trois congrès eucharistiques successifs exaltent la royauté sociale du Christ et fustigent le respect humain.
3. Gérard Cholvy et Yves-Marie Hilaire, *op. cit.* (tome II).
4. Jean Toulat, *Dom Hélder Câmara*, Centurion, 1989, pp. 11 à 13.
5. Jean Daniélou, *Et qui est mon prochain ? Mémoires*, Stock, pp. 33 à 50.
6. Gérard Cholvy et Yves-Marie Hilaire, *op. cit.* (tome II).

sainteté lancé par le pape est pris au sérieux par de nombreux laïcs qui se sentent investis d'un devoir, voire d'une mission là où ils vivent.

Les désillusions politiques et sociales et les découvertes nouvelles de la science ébranlent les trois divinités sur lesquelles reposait le positivisme triomphant du XIXe siècle : la raison, la science, le progrès. Bergson réhabilite l'intuition et invite le monde à un « supplément d'âme ». Blondel et d'autres à sa suite estiment qu'il faut redonner toute sa place à l'action pour comprendre le monde, les hommes, et forger des valeurs. L'aventure et l'exotisme inspirent les romanciers, notamment Loti et Kipling, certains exaltant même l'instinct, la force, l'élan vital, comme D'Annunzio, Gide ou Ortega y Gasset. Plusieurs romanciers chrétiens – citons Paul Bourget, Henry Bordeaux, Pierre Benoit, René Bazin – atteignent un large public en célébrant la famille, les traditions régionales, la nation française et chrétienne. Les conversions de poètes, d'artistes et d'intellectuels sont nombreuses de 1905 à 1914 et plusieurs d'entre eux décident de mettre Dieu au centre de leur œuvre, tels Francis Jammes, Henri Massis, Ernest Psichari, Jacques Maritain, Louis Massignon, Charles Péguy... Dans une enquête célèbre intitulée *Les Jeunes Gens d'aujourd'hui*, Henri Massis et Alfred de Tarde, qui ont pris le pseudonyme d'Agathon, constatent que les étudiants parisiens sont de plus en plus sensibles aux valeurs spirituelles et au nationalisme. En 1913, dans les dernières pages de *Jean Barois*, les héros de Roger Martin du Gard rejettent le rationalisme scientiste et internationaliste pour adhérer au nationalisme, au catholicisme et au classicisme. Ce souffle nouveau ne touche donc pas seulement les chrétiens de tradition.

La guerre et les premières idées

Raoul Follereau a onze ans quand la guerre vient bouleverser sa vie et celle de tous les petits Européens. Son père est mobilisé, il faut apprendre à vivre sans lui. Pauline Follereau prend la direction de l'atelier, avec beaucoup de compétence d'ailleurs [1].

La vie continue, apparemment paisible, car Nevers est loin des champs de bataille. Mais pendant trois ans, chaque jour, on redoute l'annonce d'une nouvelle fatale. L'incertitude est le lot quotidien.

Un triste jour de 1917, on apprend la mort d'Émile Follereau en Champagne. Raoul Follereau a quatorze ans. Désormais, rien ne peut plus être comme avant. Raoul Follereau est le fils d'un homme tombé au champ d'honneur. Il faut se le rappeler pour comprendre ses engagements nationalistes de l'après-guerre et surtout le pacifisme profond qui éclate dans la seconde partie de sa vie. La guerre a marqué Raoul Follereau dans sa chair et pour lui elle n'évoque pas un concept abstrait mais d'abord une chaise vide.

---

1. Elle sera la première femme officier du Mérite agricole pour les services rendus par son entreprise au monde rural (témoignage du Dr Jacques Follereau, le 1er février 1988).

Raoul Follereau a peu parlé de son père par la suite. Mais il ne faut pas s'y tromper. Il reste toujours très discret sur les grandes douleurs de sa vie, préférant les passer sous silence. La mort de son père à un âge décisif pour la structuration de sa personnalité le marque profondément. Il perd un modèle, une référence et, un peu livré à lui-même, il doit se prendre en charge, faire seul des choix importants.

Femme énergique, Pauline Follereau retire alors ses fils du lycée public de Nevers pour les faire entrer à l'école professionnelle. Elle compte leur faire reprendre l'entreprise familiale. Georges a dix-sept ans et s'accommode bien de ce changement. Raoul est en quatrième, mais ce « littéraire 100 % » n'est pas un manuel. À l'école professionnelle, il écrit des poèmes qu'il fait circuler parmi ses camarades. Amusant, pétillant d'idées, il impressionne ses condisciples et gagne la sympathie de ses professeurs. Mais tous comprennent vite que Raoul Follereau est mal orienté. Il reste seulement un an dans cette école. Comme la famille a besoin d'argent, il travaille ensuite dans une entreprise de fabrication d'obus, « lui, le futur apôtre de la paix »[1].

Toutefois il continue à composer. Le malheur n'a pas altéré sa bonne humeur fondamentale. L'épreuve a creusé sa soif d'écrire et de parler. Grâce aux Petites Sœurs des Pauvres, il prononce à quinze ans sa première conférence au cinéma Majestic de Nevers. On imagine difficilement pareille scène de nos jours. Devant un parterre de personnalités et de notables endimanchés, un jeune garçon, petit, trapu, à la figure toute ronde et au vaste front se tient debout sur l'estrade derrière un pupitre et parle avec assurance. Une grande banderole annonce le titre de sa conférence : « Dieu est amour. » La recette est destinée aux œuvres des Petites Sœurs. Aller à une conférence constitue la distraction du dimanche après-midi dans une petite ville de province à cette époque. La télévision et la radio n'existent pas encore, le cinéma n'en est qu'à ses balbutiements. Par le biais des kermesses, des patronages et des conférences, les paroisses et les congrégations religieuses offrent à ceux qui le souhaitent la possibilité d'exprimer très tôt leurs talents : sports, représentations théâtrales, art oratoire, chant et musique... En devenant acteurs, les adolescents peuvent en même temps donner un sens spirituel à leur activité profane. Des générations d'acteurs et d'orateurs se sont formés ainsi, des générations d'honnêtes gens ont appris ainsi à s'exprimer avec leur corps, à participer à une action collective.

Dès cette première conférence, Raoul Follereau prononce trois phrases, essentielles pour comprendre sa vie :

---

1. Expression de Françoise Brunnschweiler à la p. 12 de la biographie qu'elle a consacrée à Raoul Follereau : *Raoul Follereau, messager d'espoir et de vie*. Association suisse Raoul Follereau, 1978.

Dieu est amour.
Être heureux, c'est faire des heureux.
Vivre, c'est aider les autres à vivre.

Il convient de s'y arrêter [1].

Nous avons là trois affirmations, trois convictions, trois certitudes. Pas de place pour le doute ou la remise en cause. L'emploi du présent de l'indicatif renforce l'idée de vérité universelle et intemporelle. On remarque aussi la netteté des phrases, leur concision, le sens de la formule qui frappe. Raoul Follereau manie déjà très bien la rhétorique, discipline noble de cette époque.

Ces affirmations constituent des réponses aux questions fondamentales que l'homme se pose sur son existence, mais cette réflexion n'est pas purement spéculative ou intellectuelle, elle débouche sur des attitudes pratiques pour la vie quotidienne. Elle indique une voie à suivre, ou plutôt des voies, car Raoul Follereau ne précise pas les moyens concrets à employer. Pour atteindre certains états (au sens presque bérullien du terme), agir pour les autres est nécessaire. Pour « être », il faut « faire ». Des philosophes parviennent à des conclusions voisines en ce début de siècle où, nous l'avons vu, l'ébranlement du scientisme voit se multiplier les philosophies de l'action.

Mais, surtout, Raoul Follereau propose une anthropologie et une spiritualité. Le mot « homme » n'est pas employé, mais l'homme est au cœur de cette réflexion. Pour Raoul Follereau, l'homme n'est pas un individu isolé, c'est un être de relation, un être qui se définit par ses relations, un être qui atteint toute sa dimension par les relations qu'il noue avec ses semblables et avec Dieu. La réaction est nette contre l'individualisme libéral du XIXᵉ siècle et contre les philosophies héritières de Descartes, lesquelles prétendaient atteindre la vérité en isolant les éléments. Cette démarche annonce les pensées systémiques ou cybernétiques. Surtout, elle s'inscrit en droite ligne dans la grande tradition intellectuelle de l'Église, telle que l'exprime aujourd'hui Jean-Paul II. Cette spiritualité s'inspire en effet d'une vision trinitaire : en adorant un Dieu-Trinité qui est un Dieu de relations, les chrétiens contemplent les relations entre personnes autant que chaque personne prise isolément.

Car pour Raoul Follereau, tout part de Dieu, tout procède de lui. Il est le premier mot de sa conférence. Pour Raoul Follereau l'existence de Dieu s'impose, elle ne se démontre pas, ce serait inutile de le faire. En pensant à Dieu, Raoul Follereau s'intéresse à son attitude présente et future vis-à-vis

---

1. Le texte intégral de la conférence de Raoul Follereau a disparu. Seul reste le souvenir des phrases les plus importantes, souvenir transmis oralement par Raoul Follereau et par les témoins. Les phrases citées ici sont celles retenues par la fondation Follereau dans le compte rendu de cette conférence : elles sont citées dans le récit en bandes dessinées de Marie-Hélène Sigaut et Bruno Le Sourd. Le titre de la conférence et ce que l'on sait par ailleurs de Roul Follereau font que l'on peut tenir pour véridiques les trois phrases citées.

de l'homme. Il répond par un mot : « amour ». Nous avons vu précédemment comment l'identification entre « Dieu » et « amour » s'est opérée en son esprit. Pour Raoul Follereau Dieu est bon, c'est le « Bon Dieu ». Le mal et la souffrance ne peuvent venir de Dieu. Cette religion de la joie et de la confiance s'oppose aux angoisses et aux austérités « jansénisantes ».

Car Raoul Follereau poursuit une quête, celle de la joie. Il croit en la vie éternelle et en la joie du paradis mais il recherche aussi la joie ici-bas. Et pour lui cette joie passe par l'attention aux autres, l'aide aux autres. On parvient à la joie par les autres [1].

Selon Raoul Follereau, le destin de l'homme s'inscrit dans une trilogie : « je, Dieu, les autres ». La personne prime et ne peut se définir seulement par les groupes auxquels elle appartient. Il convient de respecter l'originalité de chacun, chacun est unique. Il ne s'agit pas de s'identifier aux autres, de les imiter, de renoncer à sa propre personnalité. Raoul Follereau se démarque ainsi de toute construction totalitaire.

La pensée catholique imprègne profondément l'anthropologie de Raoul Follereau, mais ses propos ne sont pas confessionnels, ils peuvent être acceptés par d'autres croyants. D'ailleurs, Raoul Follereau dit plus souvent « Dieu » que « Jésus », « Esprit Saint » ou « Marie ». Raoul Follereau ne démontre pas ici la supériorité d'une théologie ou d'une Église, il veut répondre à la question fondamentale de l'homme, la recherche du bonheur. Et pas seulement celle du bonheur éternel. Il ne s'adresse donc pas aux seuls catholiques.

Remarquons que cinquante ans plus tôt, René Bazin avait lui aussi écrit dans un cahier d'adolescent : « Vivre, c'est aimer [2]. » Raoul Follereau ne le sait pas. Cela nous confirme que la pensée de Raoul Follereau s'inscrit dans une longue tradition spirituelle et catéchétique, une tradition d'optimisme et d'ouverture (témoignant de l'influence d'Alphonse de Liguori ?) très éloignée de la « religion de la peur [3] », et même en réaction contre elle.

Alors que la guerre fait rage et que l'avenir reste très incertain, Raoul Follereau traite de ce qui lui semble alors le plus important. Pour lui le bonheur n'est pas absence de malheur et le retour de la paix ne suffira pas à répondre aux besoins fondamentaux de la personne. Il devine que la recherche du sens de la vie et le combat pour la dignité humaine seront au cœur des déchirements du XXᵉ siècle et qu'un affrontement plus gigantesque que la guerre franco-allemande se prépare partout dans le monde, car les conceptions différentes de la place qu'y tient l'homme entraînent des attitudes différentes vis-à-vis de ce dernier.

Raoul Follereau fait donc preuve d'une maturité précoce. Sa personnalité est-elle déjà entièrement construite ? Les grandes intuitions de sa vie

---

1. Nous voilà aux antipodes du fameux « L'enfer, c'est les autres » de Jean-Paul Sartre, un contemporain de Raoul Follereau, puisque né en 1905.
2. Louis Antoine, *René Bazin d'après ses carnets inédits*, Lethielleux, p. 14.
3. Consulter à ce propos les principaux livres de Jean Delumeau.

sont presque toutes là. Elles ont ensuite résisté à l'usure du temps, aux épreuves de la vie personnelle, aux ouragans de l'histoire. Mieux, elles se sont enrichies d'expériences nouvelles. Tout au long de sa vie Raoul Follereau essaiera de rendre viables ses idéaux de jeunesse et d'aider les autres à les réaliser.

Qui a pu lui inculquer de telles idées ? Ses certitudes lui viennent de ses parents. D'eux aussi – ou de son tempérament personnel ? – il tient sans doute sa bonne humeur, son optimisme et son absence totale de timidité. Il aime flâner dans la nature, près de la Loire, il contemple, il rêve, il médite dans le silence et la paix. Il réfléchit sur ce qu'il voit et sur ce qu'il sait. Il aime parler avec ceux qu'il rencontre, il lit beaucoup. Il ne nous est pas possible cependant d'indiquer avec plus de précision les noms de celles et de ceux qui influent alors sur la construction de sa personnalité.

Les deux « miracles » de l'adolescence de Raoul Follereau.

À peu près au même moment, Raoul Follereau compose un sonnet à la gloire de Guynemer [1]. Mort le 11 novembre 1917 à moins de vingt-trois ans, le célèbre aviateur est adulé par tout un peuple. Raoul Follereau participe à la ferveur collective. Fidèle à la tradition des poètes antiques, il a besoin de héros contemporains pour s'exalter. Mais Guynemer n'était pas seulement un héros courageux ; il incarnait, par sa vie et par ses paroles, une morale née de l'action. « On n'a rien donné tant qu'on n'a pas tout donné », disait-il. Voilà ce que Raoul Follereau veut célébrer.

Le poème composé, Raoul Follereau décide de l'envoyer à Edmond Rostand. L'idée est singulière et ne manque pas d'audace. Edmond Rostand (1868-1918) a presque l'âge du père de Raoul Follereau. Il est alors considéré comme le plus grand poète français, c'est une gloire nationale. Sa maîtrise du métier dramatique lui vaut l'admiration des critiques. Le panache de ses héros enthousiasme un large public populaire. En composant ses œuvres maîtresses – *Cyrano* en 1897 et *L'Aiglon* en 1900 – Edmond Rostand réconciliait la perfection formelle et la puissance d'une expression colorée [2]. Raoul Follereau, sensible à l'esthétique, ne pouvait qu'apprécier. Mais surtout, refusant d'opposer la vie et l'art, Rostand, au travers de ses héros, montre que la beauté s'atteint par des sentiments nobles et une vie droite. Il donne au public des modèles de vie, des exemples, car il veut élever ce public, l'édifier sans l'ennuyer. Raoul Follereau a compris tout cela, il se sent en communion avec Rostand, il veut le lui dire et c'est pourquoi il

---

1. Nous n'avons retrouvé aucune trace de ce poème. Personne parmi les proches de Raoul Follereau encore vivants ne l'a lu ou entendu lire.
2. Démarche d'autant plus appréciée que le naturalisme s'enlise alors dans la vulgarité et que le symbolisme se perd dans l'ésotérisme.

lui écrit. Pour Raoul Follereau en effet, Cyrano n'est pas mort, les héros continuent à fleurir et Guynemer est l'un d'eux.

La lettre postée, Raoul Follereau attend dans une anxiété toute juvénile, mélange subtil d'impatience et d'espoir. Certes, il a mis dans ses vers le meilleur de lui-même, certes, il a bien préparé son affaire et la lettre ne peut que parvenir au domicile parisien de Rostand. Mais le monument qu'est Edmond Rostand a-t-il le temps de répondre au courrier de ses jeunes admirateurs ? Il lira peut-être les vers, mais logiquement cela ne devrait pas aller plus loin. Par ailleurs, Rostand est au soir de sa vie. Gravement malade, il lui reste moins d'un an à vivre. En ces instants, il est acculé à l'essentiel.

Raoul Follereau attend, et bientôt c'est l'explosion de joie : il reçoit une lettre d'Edmond Rostand [1]. Non seulement l'académicien a lu ses vers, mais il l'en félicite chaleureusement, lui indique quelques corrections mineures et l'encourage à continuer à écrire. Raoul Follereau est ébloui. Il est confirmé dans sa vocation d'écrivain. Et surtout, l'audace a payé, Raoul Follereau a eu raison d'oser, de ne douter de rien, d'espérer contre toute logique. Aussi décide-t-il de continuer à s'adresser directement, sans intermédiaire, aux personnes qu'il admire, même si elles sont parmi les plus célèbres de l'époque.

Plus tard, Raoul Follereau lira toujours avec le plus grand respect le courrier des humbles. Et il aura le souci constant de ne pas décevoir les jeunes, de leur porter le respect dû aux adultes.

Plus tard aussi, il se liera d'amitié avec le fils du dramaturge, Jean Rostand, le célèbre biologiste, de neuf ans plus âgé que lui. Athée mais grand humaniste, Jean Rostand se sentira en profonde communion de cœur et de pensée avec le message de Raoul Follereau.

Le second « miracle » de l'adolescence de Raoul Follereau, c'est Madeleine, l'année de ses quinze ans.

Le 11 novembre 1918 marque la fin de la guerre et, pour les Français, la victoire tant attendue et si chèrement payée. Dans la liesse générale, les enfants de Nevers vendent de petits bouquets tricolores au profit des blessés de guerre. Ils vont par deux et Raoul Follereau parcourt les rues de la ville avec Madeleine Boudou. Madeleine aborde les passants. Son sourire et sa voix douce les rendent généreux. Tout en marchant, Raoul et Madeleine se parlent et se découvrent des idéaux communs. Pour Raoul Follereau, c'est le coup de foudre. Madeleine lui plaît. Il éprouve pour elle ce qu'il n'a jamais ressenti auparavant. Elle est courageuse et douce, ils partagent les mêmes convictions et veulent vivre du même idéal. Il lui déclare bientôt son

---

1. Cette lettre a également disparu et Raoul Follereau, s'il en résume le contenu, dans le premier tome de *La seule vérité, c'est de s'aimer* (p. 13), ne la cite jamais intégralement.

amour et lui propose le mariage. Ils n'ont pas trente ans à eux deux.
Madeleine, radieuse, accepte.

Ensuite, ils vont annoncer leur décision à leurs parents éberlués [1] :
« Mais vous êtes trop jeunes! s'écrient ces derniers.
— Cela ne fait rien, nous attendrons », répondent-ils avec la tranquille
détermination des enfants sages et réfléchis.

Cette réponse ne calme pas les inquiétudes des parents. Percepteur à
Nevers, M. Boudou passe une bonne partie de son temps à aider les plus
pauvres à faire face aux exigences du fisc. Il est donc habitué aux situations
délicates mais celle-ci le laisse désemparé. Quant à Pauline Follereau,
veuve à la tête d'une entreprise et débordée de travail, elle chérit son fils et
craint qu'il ne prenne des engagements prématurés. Raoul et Madeleine
s'engagent à une époque où les adultes contrôlent sévèrement les relations
entre garçons et filles, où un baiser échangé par des adolescents fait scandale, dans une petite ville surtout. Mais les deux enfants veulent se marier
chrétiennement. Il ne s'agit pas pour eux d'une aventure passagère mais
d'un engagement pour la vie. Pour eux, le premier amour est le seul
amour. Et effectivement il le sera. Malgré leurs appréhensions, les parents
acceptent que Raoul et Madeleine se rencontrent et s'écrivent. Ils se marie-
ront sept ans plus tard et, au cours de leurs cinquante-deux ans de vie
commune, parcourront toujours ensemble le monde entier.

Cette histoire d'amour peu banale permet de mieux comprendre la personnalité et certaines attitudes de Raoul Follereau. De l'âge de quinze ans
jusqu'à sa mort (pendant cinquante-neuf ans donc), il confie tout ce qui lui
tient à cœur à Madeleine et celle-ci, sans relâche, l'encourage, le soutient,
lui donne confiance. L'aventure de Raoul Follereau, c'est en fait l'aventure
d'un couple chrétien affrontant les grands défis du XXᵉ siècle et puisant son
énergie et sa créativité dans un amour vécu devant Dieu. Il y aurait
matière pour une réflexion sur la spiritualité conjugale. Leur union spirituelle commence avec leurs sept années de fiançailles, des années vécues
dans la ferveur. Si l'Église les canonisait, elle ne pourrait isoler Raoul de
Madeleine. Raoul Follereau ne semble donc pas avoir été appelé au cours
de son enfance et de son adolescence à une vocation sacerdotale ou religieuse et tout au long de sa vie il s'est senti l'esprit d'un laïc chrétien marié.
Ce qui le distingue aussi des laïcs vivant un célibat, consacré ou non.

Le choix de Raoul et Madeleine n'est pas fortuit. Ils se sont découverts
et aimés en faisant quelque chose pour les autres et en le faisant d'une certaine manière : courage, fraîcheur, douceur. Cette façon d'être est le résultat de leurs convictions intérieures, lesquelles leur permettent de commu-

---

1. Récit rapporté par tous les biographes de Raoul Follereau et que nous complétons
grâce au témoignage du Dr Jacques Follereau (*op. cit.*).

nier immédiatement sur l'essentiel : Dieu, le bonheur, la joie. Ils n'ont ni métier ni fortune personnelle, mais pour eux les difficultés matérielles importent peu. Ils ont traversé une guerre, que pourrait-il leur arriver de pire ? Et surtout, ils sont convaincus que, s'ils n'oublient pas ce qui les a fait se rencontrer et s'aimer, ils sont armés pour surmonter tous les problèmes de la vie.

Pour Raoul Follereau, l'année de ses quinze ans fut celle des choix décisifs et, pensant à sa propre expérience, il sera toujours convaincu que l'adolescence est une période déterminante de la vie. Selon Raoul Follereau les adolescents ont plus de maturité que ne le croient les adultes et il s'en faut de peu, bien souvent, qu'ils ne choisissent, pour le restant de leurs jours, une voie plus qu'une autre. Serge Dalens et Jean-Louis Foncine font la même analyse en rédigeant, quelques années plus tard, les premiers romans de la collection « Signe de piste » destinée aux adolescents [1].

Par ailleurs les rêves les plus fous de Raoul Follereau semblent se réaliser, simplement parce qu'il ose. Il vit cela comme un signe de l'amour de Dieu pour ses enfants. Si rien n'est impossible, pourquoi ne pas continuer à oser ? Il a compris qu'il n'est pas nécessaire d'espérer pour entreprendre. Saura-t-il persévérer s'il ne réussit pas tout de suite ? Ce qu'il a déjà reçu va l'aider à surmonter les prochains moments difficiles.

Autour du baccalauréat (1918-1920)

En 1919, Raoul Follereau travaille toujours en usine. Il a quitté le système scolaire en 1917, alors qu'il était en quatrième. Il lit par goût mais, faute d'encadrement et de temps, cet autodidacte risque de n'être qu'un honorable poète du dimanche. En continuant ainsi, Raoul Follereau aurait pu être un Mozart assassiné et demeurer toute sa vie à Nevers.

Mais un homme énergique et tenace, le chanoine Pautigny, supérieur du collège Saint-Cyr de Nevers, connaît son histoire, s'intéresse à lui et vient le trouver. Il lui montre qu'il est en train de gâcher sa vie, qu'il se disperse, que l'inspiration ne suffit pas, qu'il doit canaliser son énergie débordante et qu'il doit reprendre ses études. Il lui propose donc de venir à la sortie de l'usine préparer chez lui la première partie de son baccalauréat. L'élève est brillant, fin, rapide, supérieurement motivé. La spontanéité n'empêche pas une solide maturité forgée au cours des épreuves de la vie. Raoul Follereau « rattrape » d'autant plus vite que les matières les plus prestigieuses alors sont celles qui lui tiennent le plus à cœur : littérature, rhétorique, latin, grec. Son attirance pour les sciences et les langues vivantes était moindre. Il est reçu brillamment à la première partie de son baccalauréat et entre alors

---

1. Témoignage de Serge Dalens recueilli le 15 février 1988 et de Jean-Louis Foncine le 5 mars 1988.

au collège de Saint-Cyr, où il passe une année seulement en classe de philosophie, mais son professeur, l'abbé Bourgoin, le marque profondément [1].

Ces années passées hors de l'institution scolaire renforcent chez Raoul Follereau le goût de l'indépendance. Il se sent mal à l'aise dans les structures contraignantes, rigides, trop organisées. Il a du mal à y travailler, lui qui recherche avant tout les contacts directs entre personnes.

Raoul Follereau travaille dans la joie. Il ne travaille pas dans le but de réussir un examen utile pour sa vie professionnelle mais afin d'acquérir une culture. Boulimique de lecture, il dévore des ouvrages de toute sorte : poésie, littérature, philosophie. Il lit dans le texte les auteurs de l'Antiquité gréco-latine, il consulte aussi les compilations et abrégés (encore assez rares à cette époque), il s'imprègne de citations. Sa mémoire est remarquable. Les enseignants orientent ces lectures et il découvre aussi, à l'époque du renouveau spiritualiste, les auteurs contemporains [2].

Les Frères lui rappellent aussi qu'à côté de l'histoire de France positiviste des programmes officiels tout imprégnés de l'influence de Lavisse, il est une autre histoire, tout aussi riche et passionnante, celle de l'Église et du peuple chrétien, celle de la « France chrétienne », dont l'histoire, lui disent-ils, n'est pas terminée [3]. Raoul Follereau approfondit sa connaissance de l'histoire du christianisme et, en même temps, il s'attache de plus en plus à celle de son pays. Pour lui, l'histoire de la France n'est pas seulement celle de ses rois, de ses chefs militaires et de ses révolutions. La France est la « fille aînée de l'Église », son histoire est peuplée de saints connus ou inconnus. Ses paysages et sa toponymie le rappellent, la France n'est pas seulement un territoire bordé de frontières. Elle porte dans le monde des valeurs, une esthétique, les découvertes de ses savants, méconnus pour la plupart, et, par ses missionnaires, la foi chrétienne.

Avec l'aide des Frères, Raoul Follereau parfait son éloquence. Il est l'un des premiers lauréats de la coupe D.R.A.C., un concours national d'éloquence fondé au lendemain de la guerre sous l'égide des religieux anciens combattants. Les congrégations religieuses lui permettent de rencontrer ses premiers publics.

Les discussions en dehors des cours avec les enseignants comptent aussi beaucoup pour lui [4]. Les questions politiques sont évoquées dans une France où les passions de 1905 ne sont pas encore entièrement éteintes.

---

1. Raoul Follereau citera toujours avec respect le chanoine Pautigny et l'abbé Bourgoin, mais sans préciser le contenu des échanges qu'il a pu avoir avec eux. Ses études terminées, il ne semble guère les avoir revus.

2. Aucune archive ne nous permet d'établir une liste précise des ouvrages lus alors par Raoul Follereau.

3. Les congrégations religieuses enseignantes développent alors largement ces thèmes et participent souvent à la rédaction de manuels ou de brochures les illustrant.

4. Aucun texte ne relate le détail de ces conversations et Raoul Follereau n'a pas jugé utile d'en indiquer précisément le contenu.

Jugeant scandaleuse l'expulsion par la IIIe République des congrégations religieuses, Raoul Follereau rejette la « république radicale et maçonnique » et même la république tout court à une époque où l'Action française exerce un rayonnement incontestable sur la jeunesse française et les milieux catholiques.

Raoul Follereau se forme donc avec des maîtres religieux dont il accepte le message, à la différence de nombreux voltairiens qui, élevés dans des institutions religieuses, passent le restant de leur vie à régler leurs comptes avec l'Église. Autre signe de la diversité chrétienne, le philosophe chrétien Jean Guitton évoque avec beaucoup de reconnaissance et d'émotion ses maîtres laïcs.

De ces mois exceptionnellement riches, Raoul Follereau gardera une reconnaissance éternelle aux congrégations religieuses enseignantes. Sans elles, il aurait peut-être végété. La disponibilité de ces frères tout entier voués à leurs élèves assure plus qu'une simple transmission de connaissances. C'est une œuvre d'éducation où sont réconciliés tous les aspects de la personnalité : la vie spirituelle, la démarche intellectuelle, la relation aux autres et l'utilisation de son corps par l'éloquence ou le théâtre.

En 1920, avec les économies réalisées pendant le travail à l'usine, Raoul Follereau publie son premier livre, *Le Livre d'amour*. Il peut, dans cet opuscule, récapituler sa pensée et faire le point. Il choisit le même titre, au soir de sa vie, pour rassembler ses pensées les plus importantes. Signe de l'unité d'une vie. Raoul Follereau découvre donc un autre monde, celui de l'édition, au niveau local pour commencer. Nous n'avons pas retrouvé la première édition du livre, nous en connaissons seulement les extraits les plus significatifs [1]. Citons quelques phrases :

Pourquoi ne ferais-je pas de ma vie, de tous les jours de ma vie, une seule œuvre d'amour ? [2]
Vous tous, les déshérités, les sans-gloire, les sans-fortune, les sans-maison, les sans-espoir, vous que tous méprisent ou dédaignent, venez à moi. Je vous aime.

Le style fait penser à Rostand. Raoul Follereau reprend les thèmes développés lors de sa première conférence, mais en les précisant. D'une façon déjà saisissante, il évoque les pauvretés matérielles et aussi morales. Il s'intéresse aux questions sociales et se documente. Mais il ne verse ni dans le misérabilisme ni dans la révolte aigrie.

---

1. Grâce aux divers biographes de Raoul Follereau : Juliette Goublet, Élisée Servigne, Jean Toulat, Françoise Brunnschweiler. Tous ont rencontré Raoul Follereau, lequel disposait peut-être alors, à son domicile, de textes disparus depuis.
2. En 1986, au stade Gerland, à Lyon, les jeunes Français rassemblés autour de Jean-Paul II entonnent « Faire de ma vie un " je t'aime " ». Continuité des thèmes...

D'ailleurs il adopte dans la vie un style original, résolument moderne alors. Il porte veste, chemise et lavallière. Pour lui, l'élégance doit tout imprégner : l'écriture comme l'art de vivre. Mais il ne tombe pas dans la pédanterie. Rieur et malicieux, il aime plaisanter et entraîner les autres. Il aime la vie.

Raoul Follereau passe donc en juin 1920 la seconde partie de son baccalauréat. Pour ses maîtres, il devrait, sauf maladie, réussir brillamment, car ses résultats de l'année sont exemplaires. Or, stupeur : il est recalé! La philosophie, matière où d'habitude il excelle, a causé sa perte. Il ne comprend pas, car il croyait avoir composé une bonne copie. Cette mésaventure inattendue contrarie ses projets immédiats. En septembre, il se présente de nouveau et... nouvel échec! Encore une fois la note de philosophie l'a condamné.

Mais, cette fois, il a recopié intégralement son devoir avant de le rendre. Il présente alors son texte à ses professeurs et à des personnes qualifiées extérieures à son établissement. Les jugements convergent : ce sont les idées de Raoul Follereau qui ne plaisent pas à certains examinateurs, mais l'argumentation est parfaitement rigoureuse, cohérente, et ne justifie en aucun cas une note aussi basse. Les frères et des professeurs de philosophie qui ont lu le devoir protestent et déposent une réclamation officielle. La copie de philosophie de Raoul Follereau devient une véritable « affaire » à Nevers. Le recteur puis le ministère sont saisis. Le dossier est étudié au plus haut lieu. Nous n'avons pas lu la copie de Raoul Follereau mais la décision prise traduit assez bien l'embarras des autorités devant une injustice manifestement criante. Faut-il toutefois remettre en cause les décisions d'un jury souverain? Les autorités s'y refusent. En dépit de son échec, Raoul Follereau reçoit l'autorisation de s'inscrire en Sorbonne à condition de se présenter aussi la même année aux épreuves du baccalauréat. Il sera reçu au baccalauréat dans ces conditions. C'est là une situation tout à fait exceptionnelle. Raoul Follereau est donc déjà connu du ministère avant d'arriver à Paris et certains contacts qu'il y a pris à l'occasion de cette affaire lui seront utiles par la suite [1].

Cette affaire traduit la vigueur que peut revêtir le débat d'idées dans la France de l'immédiat après-guerre. Beaucoup de jeunes chrétiens prennent alors des risques pour défendre leurs idées. Il affrontent des enseignants formés à l'école du matérialisme positiviste triomphant, nés entre 1860 et 1875 et toujours actifs pendant les années vingt. On peut aussi remarquer

---

1. Ces problèmes illustrent les difficultés rencontrées par Raoul Follereau pour faire reconnaître ses idées dans le milieu intellectuel français. Les universitaires et philosophes français, imprégnés de positivisme et de pessimisme, jugent sévèrement cette démarche idéaliste et optimiste qui n'est pas purement spéculative et s'appuie sur des intuitions et des convictions. En revanche, en Italie ou en Grèce, les traditions intellectuelles nationales se prêtent mieux à la démarche de Raoul Follereau.

qu'en 1927, alors qu'il a dix-huit ans, un certain Hélder Câmara, alors élève en classe de philosophie, polémique sous un pseudonyme, dans un journal local, avec un professeur de philosophie de l'école normale de Fortaleza qui donne un enseignement matérialiste [1].

À peine remis de ses émotions, Raoul Follereau quitte Nevers pour Paris et la Sorbonne. Il devient parisien et le restera jusqu'à sa mort. Au cours de ses études, il regagne Nevers à chaque période de vacances, ce qui lui permet de revoir Madeleine.

Pour la suite de ce récit, il convient de rappeler que la France connaît à cette époque une campagne de santé publique de grande envergure qui se met en place au sortir de la guerre.

Pendant la Première Guerre mondiale en effet, alors que la Croix-Rouge s'occupe des enfants et des blessés, la mission américaine Rockefeller s'engage avec des méthodes originales dans la lutte contre la tuberculose en France, une maladie qui fait alors des ravages, en particulier dans les familles modestes. La fondation informe la population par des affiches, des tracts, des conférences, des jeux. Elle se déplace dans tout le pays et forme un personnel spécialisé d'infirmières visiteuses qui se consacrent exclusivement à la lutte contre cette maladie.

D'abord surpris, le monde médical français et les pouvoirs publics comprennent l'intérêt de cette démarche. En 1919, un Comité national contre la tuberculose prend le relais de la mission Rockefeller. Le bacille de Koch remplace le « boche » comme ennemi à terrasser dans des campagnes où abondent les métaphores militaires. La vaccination par le B.C.G. renforce le rôle des dispensaires. En 1920, un ministère de l'Hygiène est créé, puis des offices départementaux d'hygiène sociale s'organisent.

Toute une génération de Français entend donc parler de problèmes de santé publique et s'imprègne d'un certain vocabulaire...

LES ÉTUDES À PARIS ET LE SERVICE MILITAIRE (1920-1925)

Raoul Follereau arrive plein d'enthousiasme et d'impatience à Paris, où il est d'abord hébergé par des cousins.

Ce jeune provincial n'est pas arrivé avec l'esprit d'un Rastignac, il pense simplement pouvoir vivre au cœur d'une des plus grandes aventures de son temps, celle des arts, des lettres, des idées [2]. Après les privations de la guerre, Paris connaît les « Années folles » et se croit encore le centre du monde. Les artistes du monde entier ne se retrouvent-ils pas à Montparnasse ?

---

1. Jean Toulat, *op. cit.*, p. 16.
2. Une fois encore nous manquons de sources. Raoul Follereau ne semble pas avoir tenu alors de journal quotidien. Mais ses engagements de cette époque traduisent ses passions et révèlent son état d'esprit.

Raoul Follereau est inscrit en philosophie et en droit. Ce qui ne l'empêche pas de suivre en auditeur libre d'autres cours [1], car il s'intéresse à une foule de questions.

Les études de droit lui permettent de développer encore sa mémoire et surtout d'être toujours plus rigoureux dans la présentation de ses idées. Il peut mesurer l'importance d'un cadre législatif dans la vie d'une société ou la solution d'un problème, même s'il n'ignore pas le décalage qui existe si souvent entre la loi et la réalité. Les études juridiques attirent beaucoup les étudiants qui hésitent quant à leur orientation professionnelle. Le droit « mène à tout », permet d'« attendre avant de décider ».

Les études de philosophie se nourrissent de toutes les lectures, rencontres et expériences de qui les poursuit. Raoul Follereau n'en est pas avare, nous l'avons vu. Sous l'influence de Bergson [2] et de l'idéalisme spiritualiste, la Sorbonne connaît une réaction contre le positivisme et le rationalisme, mais mieux vaut parler de morcellement des écoles ou d'éclatement que de vague spiritualiste soudaine.

Raoul Follereau découvre la vie estudiantine à Paris et il s'y sent très à l'aise. Les étudiants parisiens travaillent ferme mais savent prendre aussi le temps de rire et de plaisanter. Ils ont une folle envie de s'exprimer. De nombreux groupes informels se constituent et les bulletins éphémères au tirage limité pullulent. Chacun se croit appelé à transformer le monde, à trouver des solutions aux grands problèmes de l'humanité et se sent presque investi d'une mission universelle. Le Paris de 1900 n'était-il pas, avec Vienne, la capitale intellectuelle du monde ?

Nationaliste et monarchiste, l'Action française règne alors au quartier Latin, véritable village étudiant. La faculté de droit est l'un de ses bastions face à une Sorbonne longtemps républicaine et à l'École normale supérieure de la rue d'Ulm, où les socialistes sont assez nombreux. Jean-François Sirinelli a magistralement restitué, dans sa thèse, l'atmosphère de cette époque [3]. Raoul Follereau fait siennes la plupart des indignations nationalistes et antirépublicaines de l'Action française. Il est profondément imprégné de l'œuvre, de la méthode et des concepts de Maurras. Il lit

---

1. Lesquels ? Nous ne pouvons le dire faute de sources fiables.
2. À l'époque, les bateaux-mouches de Paris n'étaient pas comme aujourd'hui uniquement réservés au tourisme : c'étaient des « bus » comme les *vaporetti* de Venise. Bergson prenait le bateau-mouche à la hauteur de l'actuel pont du Garigliano et descendait au pont Saint-Michel. Raoul Follereau et d'autres étudiants l'accompagnaient pendant ces trajets, ce qui leur permettait des conversations passionnantes avec le « Maître » (source : témoignage d'André Récipon, lettre manuscrite à l'auteur, 1991).
3. Jean-François Sirinelli, *Génération intellectuelle : khâgneux et normaliens dans l'entre-deux-guerres*, Fayard, 1988. Cette étude est fort instructive sur la vie des étudiants en général. Pour l'Action française à cette période, *cf.* Eugen Weber, *l'Action française*. Fayard, 1985.

L'Action française, dont il apprécie le ton polémique, les analyses politiques et les pages littéraires et artistiques, lesquelles sont rédigées avec le plus grand soin. Maurras fut d'abord un poète et Raoul Follereau est séduit par l'importance décisive qu'il reconnaît à l'art et au catholicisme dans la vie d'une société. Maurras est indéniablement le « maître à penser » du jeune Raoul Follereau.

Mais pour ces jeunes gens, l'Action française représente aussi la révolte contre l'ordre établi, l'irrespect, le jeu facétieux. Forte de l'expérience acquise avant guerre contre Thalamas, l'Action française perturbe les cours des professeurs « marqués » à gauche et prend à partie les militants de gauche. Loin de s'en tenir aux attaques verbales, elle mobilise ses adhérents et ses sympathisants pour intervenir dans la rue ou organiser des canulars ou des chahuts hauts en couleur et souvent pleins d'humour et de malice. Le doyen fait parfois appel aux forces de l'ordre pour calmer les esprits, ce qui ne fait que renforcer l'ardeur des étudiants. La contestation devient un art et un jeu, une aventure joyeuse et pleine d'entrain qui demande du courage mais dont on n'imagine pas qu'elle puisse tourner au drame. Attitude ingénue et affective plus que raisonnable et réfléchie ? Ce n'est pas sûr, car les étudiants contestent les « élites » et les dirigeants de la France de l'après-guerre : la classe politique de la IIIᵉ République, les profiteurs qui se sont enrichis pendant la guerre, les maîtres d'une Université qui évolue lentement. Ils rêvent d'autres élites, eux qui, souvent, ne veulent pas reconnaître d'autre hiérarchie que celle de l'intelligence [1].

Même s'il se sent très proche de l'Action française, Raoul Follereau n'y adhère jamais officiellement. Par indépendance viscérale sans doute. De plus le nombre des adhérents officiels de l'Action française reste peu élevé. Même Henri Massis n'est pas officiellement inscrit ! Et peut-être Raoul Follereau est-il un peu choqué et gêné par la violence verbale inouïe de certains écrits de Maurras et de ses amis, d'où ses réticences vis-à-vis de la ligue.

Raoul Follereau fréquente aussi les artistes et vit au rythme de Montparnasse. Montparnasse constitue un microcosme, un monde à part à côté du quartier Latin. Descendant de Montmartre, les artistes se sont peu à peu installés dans le quartier Vavin à partir du début du siècle. Pendant les années vingt, il suffit de pousser quelque grille donnant accès à une cour et de grimper un escalier qui ressemble à une échelle, pour rendre visite à un maître de la peinture ou du dessin qui habite une pauvre mansarde. Des artistes venus du monde entier se retrouvent dans ce quartier : Espagnols, Russes, Européens de l'Est, Américains et Britanniques même. Tous n'ont pas réussi et beaucoup ne cesseront pas de végéter. Aux terrasses des cafés (le Dôme, la Rotonde, la Coupole), on refait le monde. On s'aime, on se dispute, on se réconcilie. Cendrars, Apollinaire, Modigliani, Cocteau,

---

1. Témoignage très intéressant de Philippe Ariès dans le chapitre intitulé « La Sorbonne et l'Action française » de son livre *Un historien du dimanche,* Seuil, pp. 51 à 71.

Hemingway hantent ces lieux. Peinture, musique, littérature fleurissent sur fond de valse et de tango. Spengler peut prophétiser *Le Déclin de l'Occident* et Valéry affirmer que les civilisations sont « mortelles », Montparnasse vit toujours comme s'il restait le cœur battant de l'univers. S'y mêlent une élégance et une excentricité auxquelles Raoul Follereau restera fidèle toute sa vie. Il en adopte le costume et le chapeau à large bord avec lequel il fera « trente fois le tour du monde » au cours des décennies suivantes. Ce n'est pas le goût de la mode mais l'attachement profond à une façon de vivre, à une échelle de valeurs, celles des artistes. Armand Marquiset fréquente lui aussi le milieu des artistes parisiens à cette époque, mène une vie de dilettante et manifeste de réelles dispositions pour le piano.

Raoul Follereau reste toutefois très éloigné du dadaïsme. Le projet artistique, l'idéal politique, le rejet des Églises, la façon de vivre, les extravagances, tout lui déplaît dans cette démarche qui lui paraît un non-sens.

Raoul Follereau porte donc un regard positif sur ce Paris en effervescence. Paris n'est pas pour lui le lieu de perdition dont parle le prêtre et romancier Pierre l'Ermite dans son livre *Le bonheur est simple*. Le jeune Raoul traverse ce monde sans perdre ses convictions et son équilibre personnel. Il est arrivé à Paris avec des idées suffisamment simples, claires et solides pour résister aux tourbillons et aux modes. Il pense toujours à Madeleine et lui écrit. La séparation renforce leur amour, ils vivent dans la confiance et la communion.

Mais Raoul Follereau ne veut pas garder pour lui ce qu'il a reçu. Il fonde lui aussi une petite revue à son arrivée à Paris, *La Jeune Académie*. Ses directeurs ont entre seize et dix-sept ans [1]. C'est une revue littéraire « pour le lyrisme et pour l'idéal [2] ». Car Raoul Follereau perçoit la tristesse derrière l'agitation, la détresse et l'angoisse derrière l'effervescence des Années folles. Il a conscience que la nouvelle génération d'étudiants n'est plus celle décrite par Agathon, la guerre est passée par là. Alors il veut réagir et surtout partager ce qu'il a découvert, et qui lui paraît la voie du bonheur. Raoul Follereau est déjà un organisateur et un meneur et, surtout, il ne peut se contenter du seul rôle de spectateur. Il observe beaucoup et réfléchit à la façon dont se créent les modes et se diffusent les idées. Il est convaincu que l'art est la voie privilégiée qui conduit vers l'idéal et que c'est par le beau que l'on arrive à Dieu. Et l'action ? Et la charité ? Aurait-il quelque peu oublié ses premières idées ? Non, car il prononce en juin 1923 une conférence à l'hôtel des Sociétés savantes : *Dieu est amour*. Il la conclut par cette phrase : « Le cœur, c'est la clé du ciel [3]. » Pour lui, religion, politique, art sont liés et il faut les réconcilier. Il s'intéresse beaucoup

---

1. Faute de sources, nous ne connaissons pas la composition de l'équipe initiale.
2. Raoul Follereau a souvent rappelé par la suite cette devise initiale.
3. Phrase citée par Jean Toulat, à la p. 16 du livre *Raoul Follereau ou le baiser aux lépreux*, Flammarion – Salvator, 1978.

aux questions sociales, mais il ne prend pas de responsabilités dans des œuvres ou des mouvements caritatifs. Pourtant Robert Garric fonde en 1919 les Équipes sociales, qui invitent les étudiants à rencontrer les ouvriers et les plus pauvres. Raoul Follereau approuve les démarches caritatives, il aide individuellement et ponctuellement un certain nombre de personnes, mais il vit essentiellement dans le microcosme étudiant et n'en sort guère. Il est vrai que son emploi du temps est chargé.

Il retourne à Nevers pendant les vacances. La Loire lui inspire plusieurs poèmes à l'heure où Maurice Genevoix, autre Nivernais exilé à Paris, compose [1] *Remi des Rauches*, un roman où ce fleuve tient la première place. À Nevers, Raoul Follereau retrouve les siens. Le jour de ses vingt ans, sa mère lui offre une canne à tête d'ours en ivoire. Une canne car, adolescent, Raoul Follereau fut victime d'un accident. Un ours car, absorbé par ses pensées, parfois impatient, Raoul Follereau a un caractère qui, au dire de ses proches, peut faire songer à cet animal. Raoul Follereau apprécie et se surnommera quelquefois « l'Ours » quand, quelques années plus tard, il rédigera des billets d'humeur dans les revues qu'il dirige. On sait garder le sens de l'humour autour du futur apôtre des lépreux, et cette qualité lui servira beaucoup par la suite.

En 1923, Raoul Follereau obtient ses deux licences, en droit et en philosophie. Sa rapidité et sa puissance de travail lui ont permis de tout mener de front. Mais il a plus que des diplômes : il a noué des relations et des contacts avec des gens qui partagent ses aspirations [2] et qui déjà reconnaissent son ascendant. Il a aussi trouvé un style : lavallière, canne, chapeau puis cape, et ne changera pas d'aspect jusqu'à la fin de sa vie [3].

Raoul Follereau a découvert à Paris tout ce qu'il cherchait ou plutôt tout ce dont il avait entendu parler. Peut-être était-il donc moins prêt à découvrir de nouvelles formes artistiques, de nouvelles cultures, les richesses des civilisations extra-européennes [4]. Ses goûts demeurent classiques. Il ne parle pas de Proust.
À cette époque, un autre admirateur de Rostand poursuit une quête de lyrisme et l'exprime par des moyens nouveaux : Abel Gance ne cesse de réinventer le cinéma. Raoul Follereau ne semble pas l'avoir connu mais leurs tempéraments sont assez proches. Tous deux sont habités par le goût de l'épopée.

---

1. En 1922.
2. Aucun ne semble avoir accédé à la notoriété. Au soir de sa vie, il semble que Raoul Follereau n'ait gardé aucun contact intime avec les personnes rencontrées au début des années vingt.
3. A propos de sa lavallière, Raoul Follereau écrit dans le premier tome de *La seule vérité, c'est de s'aimer*, à la p. 12 : « Ce fut d'abord une protestation contre l'asservissement vestimentaire auquel nous consentons... parmi tant d'autres. »
4. Il ne manifeste aucun signe d'intérêt pour l'art d'Afrique noire à cette époque.

Mais la vie d'étudiant de Raoul Follereau s'interrompt déjà, car son appel sous les drapeaux est prévu pour le début de l'automne.

Raoul Follereau commence son service militaire durant l'automne 1923. La Jeune Académie se disperse. Le jeune homme est affecté à un régiment d'artillerie lourde en Allemagne, en pleine période de l'occupation de la Ruhr. Bien que nationaliste ardent, Raoul Follereau ne semble pas passionné par l'art militaire. Il est surtout chargé d'enseigner la philosophie aux fils des militaires français à Bonn. Il est déjà convaincu que la guerre entre les peuples et les idéologies ne se réduit pas à des opérations militaires, que la guerre principale est celle des idées.

Le soir, dans la chambrée, il écrit des poèmes de facture classique qui, réunis, constitueront un recueil : *Du soleil sur les roses* [1]. Le soleil, les roses, le jardin, la nuit, le rêve, les anges, l'âme, l'idéal, Dieu sont autant de thèmes qui reviennent très souvent dans ces compositions, où il confie souvent ses états intérieurs.

Le 12 décembre 1923, il écrit :

> *J'ai besoin de soleil, de chaleur, de clarté*
> *Je ne sais plus si je dois croire en la Beauté*
> *Si mon rêve d'hier n'était pas un grand leurre.*
> *Pour sauver l'idéal qui nous a tant charmés*
> *Viens me parler d'amour.*

Tristesse inévitable de l'exil et de la vie militaire ? Pas seulement. La joie de Raoul Follereau est et sera toujours le résultat d'un combat intérieur, d'un pari. Les assauts du doute et de l'angoisse ne l'épargnent pas, même si beaucoup ne s'en aperçoivent pas. Toujours, cependant, l'enthousiasme et la confiance reprennent le dessus.

Madeleine, « l'Absente » comme il l'écrit lui-même, inspire bien des poèmes empreints de profonds accents de sincérité. Nous citons ici un extrait d'un de ces poèmes, intitulé *Chants d'amour, volupté* :

> *Et puis pour se comprendre, ma chérie,*
> *Est-il besoin de se parler ?...*
> *Mon rêve c'est cela : tous deux nous en aller,*
> *Courir légèrement sur les vertes prairies,*
> *Puis voir, silencieux, la douce féerie*
> *Du soir qui tombe, et lentement la contempler,*
> *Joindre nos mains afin que puisse s'envoler*
> *Vers Dieu le doux parfum de notre cœur qui prie,*
> *Pour un rayon qui meurt, une rose flétrie,*

---

1. Un exemplaire de ce recueil est conservé au siège des fondations Raoul-Follereau.

Pleurer, puis se sourire, et sourire à la vie
Avec des yeux heureux, par les larmes voilés.
Un regard échangé, qui n'a rien de sévère,
Un rire sans motif, sans cause, un doux frisson,
Un rêve qu'on médite à deux, une chanson
Qu'on murmure, en courant dans les bois solitaires,
Savent parler d'amour, à nos cœurs, sur la Terre,
Mieux que serments dont vite hélas! nous nous lassons.
Et quand nos rêves tremblent,
Unis bien tendrement, chérie, adorons-les;
C'est si doux de ne pas parler
Pour écouter deux cœurs qui s'envolent ensemble!

Avec des mots simples Raoul Follereau ne cesse de rappeler que cet amour se vit à trois : Raoul, Madeleine et Dieu. Cette spiritualité des fiançailles chrétiennes est aussi exprimée, sous d'autres formes, par Bernanos, Jacques Maillet [1] et d'autres encore.

Le service militaire l'amène à côtoyer des jeunes issus de tous milieux et qui, pour beaucoup d'entre eux, sont totalement étrangers à ses préoccupations les plus chères. Parfois violents, considérant la femme comme le simple objet d'un plaisir passager, très éloignés de l'Église, ils ne rayonnent pas de joie. Raoul Follereau constate qu'ils ont tous vécu des situations familiales difficiles et, plutôt que les condamner, il leur consacre un poème, *Les sans-maman*, le 28 mai 1924 :

Et je connais des êtres purs de vingt printemps
Qui savent que la vie est trop laide et trop méchante,
Dont l'âme se déchire en sanglots étouffants,
Parce qu'il leur manqua, près de leur lit d'enfant,
Le regard qui sourit et les lèvres qui chantent ...
Ô mes amis! pitié pour les abandonnés
Qui vivent dans la nuit de leur cœur, sans chimères,
Sans espoirs, sans amours...
Et dont le cœur ... est déjà mort ... à peine né!
Dieu devra beaucoup pardonner à ceux qui n'ont pas eu de mères!

Les explications économiques et les déterminismes sociaux ou héréditaires sont repoussés au profit d'une analyse centrée sur la personne et appuyée sur l'anthropologie chrétienne : l'amour et la tendresse étant les éléments décisifs pour une formation harmonieuse de l'individu, l'absence d'amour conduit aux pires catastrophes, quel que soit le milieu social. De

---

1. Auteur de *Lettres à sa fiancée* écrites peu avant de mourir pendant la Seconde Guerre mondiale, lettres publiées sous forme de livre au lendemain de la guerre.

nombreux éducateurs et moralistes chrétiens ont développé ce type d'analyse avant et après Raoul Follereau [1].

Raoul Follereau compose aussi une pièce de théâtre, *La Lumière qui meurt*, « poème dramatique en un acte », pièce créée à Paris au Théâtre du Parthénon le 21 janvier 1925 [2]. Dédiée à Gaston Picard, la pièce est mise en scène par Georges Pasquet. Dans une mansarde très pauvre, un jeune poète relit quelques feuillets à quatre heures du matin. Raoul Follereau médite sur la condition de l'artiste et sa mission.

« Ne pouvoir exprimer ce qu'on sent! » Raoul Follereau formule là ce qui sera toujours une des grandes tristesses de sa vie d'écrivain. Est-ce le propre de la nature humaine? C'est peut-être parce qu'il a perçu très tôt les limites des mots, des concepts et du verbe que Raoul Follereau recherche un autre langage, celui du geste par exemple.

Il se sent investi d'une mission et assigne au poète un rôle de veilleur, de conscience, de guide pour la société où il vit. Il combat la loi du plus fort, l'orgueil, le pouvoir de l'argent, la désespérance.

Sa muse conseille le poète :

> *Sache demeurer doux, petit.*
> *Reste pur en esprit,*
> *D'amour et de bonté que ton cœur soit épris...*

Le contradicteur surgit inévitablement et un affrontement commence. Citons quelques répliques :

Prouve-le! dit l'homme contradicteur.
– Je sens que c'est ainsi, dit le poète.
L'amour est roi du monde!...
– Tu te trompes, enfant. La souffrance est première
Tout est nuit dans les cœurs, tout!
– Vive la lumière!
– Tout est froid dans le cœur, dans l'âme tout est mort!
– Il reste au fond de l'ombre un peu de flamme encor!
Et si l'esprit semble mourir, c'est pour renaître!...

A travers ce texte, Raoul Follereau accepte la mort. À court d'arguments, le contradicteur tue en effet le poète. Mais celui-ci vit toujours dans l'au-delà. Alors, seulement, il rencontre la gloire :

---

1. Plus de cinquante ans plus tard, Guy Gilbert, prêtre éducateur bien connu, attribue la délinquance juvénile à un manque d'amour pendant les premières années de la vie. Le diagnostic est comparable, même si le vocabulaire est différent...
2. Un exemplaire du texte est conservé au siège des fondations Raoul-Follereau.

Les poètes ne font sur la terre qu'un voyage
L'homme m'a fait du mal
Mais je suis plus heureux que lui et je lui pardonne.

Ce texte résume le destin de nombreux poètes de ce XXe siècle broyés par des dictatures que leurs œuvres ont fini par miner. Il indique aussi une voie à ceux qui doivent écrire dans des sociétés dominées par la recherche de l'argent ou le « matérialisme pratique ». Raoul Follereau, dans un poème, parle des « assassins de l'âme ».

Mais la mort est-elle vraiment le seul chemin vers la gloire, la seule manière de rester fidèle à l'Idéal ?

Le service militaire empêche Raoul Follereau de participer directement à la révolte des étudiants organisée à Paris par l'Action française en mars 1925 contre le professeur de droit Georges Scelle, nouvellement nommé grâce à des appuis politiques à gauche [1]. Plusieurs dizaines d'agents des forces de l'ordre sont blessés, des étudiants sont arrêtés, la police essaie de s'imposer peu à peu. Des étudiants groupés autour de Pierre Mendès France tentent de tenir tête aux maurrassiens, sans grand succès. La faculté de droit est fermée par le ministre, les étudiants organisent une grève générale à Paris au début du mois d'avril et le ministre doit donner satisfaction aux étudiants et annuler le cours de Georges Scelle. Cette affaire illustre l'esprit frondeur de la génération de Raoul Follereau, qui regrette alors de ne pouvoir intervenir.

LE MARIAGE ET LES DÉBUTS DANS LA VIE PROFESSIONNELLE

Son service militaire terminé, Raoul peut enfin épouser Madeleine. Ils se connaissent depuis sept ans. Les années de séparation ont fortifié leur amour. Résidant à plusieurs centaines de kilomètres l'un de l'autre, ils ont connu des échanges surtout épistolaires [2]. Le mariage est célébré le 22 juin 1925 à Nevers par l'abbé Bourgoin, ancien professeur de philosophie de Raoul Follereau.

Après la cérémonie, les jeunes époux partent en voyage de noces en Italie, au bord du lac de Garde. Un voyage enchanteur, dont le but n'est pas exclusivement touristique : Raoul Follereau doit y rencontrer Gabriele D'Annunzio. Le poète, véritable légende vivante en Italie, a en effet invité son jeune confrère, qui lui avait adressé un poème [3]. Le « miracle » de Rostand s'est reproduit. Miracle en effet, car d'ordinaire D'Annunzio ne répond jamais aux lettres de ses admirateurs et admi-

---

1. Jean-François Sirinelli raconte avec précision cet événement dans *Génération intellectuelle...*, *op. cit.*
2. Cette correspondance n'existe plus ou n'est pas disponible.
3. Nous n'avons retrouvé ni le texte de Raoul Follereau ni la réponse de D'Annunzio.

ratrices. Il les enferme non lues et non décachetées dans une pièce qu'il appelle le « tombeau ». Selon Raoul Follereau, il est « inexplicable » que D'Annunzio ait ouvert la lettre et plus encore, y ait répondu [1].

Poète, romancier, auteur dramatique, Gabriele D'Annunzio (1863-1938) est le chantre de la beauté, de la volupté, de la passion et des émotions rares. Il célèbre la volonté, l'héroïsme, la grandeur. Artiste et homme d'action aux goûts aristocratiques et anticonformistes , sa vie est une épopée. Partisan fougueux de l'entrée en guerre de l'Italie en 1915, il participe aux combats, sert comme aviateur. Au lendemain de la guerre, à la tête d'un groupe déterminé, il s'établit militairement à Fiume de 1919 à 1920 pour que cette cité revienne à l'Italie. Tout en excès, couvert de dettes, compromis par les multiples scandales de sa vie privée, il se retire dans son domaine du Vittoriale, à Gardone. Sensuel ou désespéré, il exalte le surhomme avec une richesse verbale étonnante. Dans son journal intime, il estime que le surhomme, l'artiste, doit, au-delà de toute morale, rester disponible à toutes les sensations pour créer une œuvre belle. On peut s'étonner que Raoul Follereau admire à ce point un homme qui exalte une volupté souvent païenne – des désaccords ont existé ensuite entre les deux hommes, semble-t-il –, mais Raoul Follereau est un esthète et par ailleurs il apprécie que le poète cherche à poser des actes comme jalons dans l'histoire de la cité. Il se réjouit de le rencontrer en Italie.

Le premier choc, c'est la découverte de Gardone, au bord du lac de Garde. Une beauté à couper le souffle! Virgile en parlait déjà avec émotion. Au nord, le lac s'enfonce dans les vallées alpines. Au sud, il s'étale en une large nappe. Le vent d'est, la *vinezza*, peut faire naître des vagues rageuses, mais en ce bel été les jeunes époux contemplent les cyprès, les oliviers qui couvrent les pentes, les jardins pleins d'orangers et de citronniers, les lauriers roses. La splendeur du paysage dépasse toutes leurs attentes. Éblouis, ils voient là l'image d'« un paradis terrestre à conquérir, à mériter [2] ».

D'Annunzio vit retranché dans le palais qu'il s'est fait construire au bord du lac de Garde selon des plans étranges. Des carabiniers en grand uniforme blanc en gardent les abords. Raoul Follereau arrive le cœur battant, sa jeune épouse doit rester aux portes du palais, car les femmes ne peuvent entrer dans cette demeure. Écoutons Raoul Follereau raconter la suite [3] :

Il me fallut, remis entre les mains d'un collaborateur peu loquace, monter des marches, traverser des salles, longer des couloirs. Tout cela me parut immense, interminable. Bien qu'on fût au cœur de la journée, fenêtres

1. Raoul Follereau, *La Seule Vérité, c'est de s'aimer*, tome I, pp. 19 à 21.
2. *Op. cit.*, tome I, p. 21.
3. *Op. cit.*, tome I, p. 20

closes, volets tirés faisaient régner une sorte de mystérieux crépuscule. Enfin nous arrivâmes devant une porte qui s'ouvrit. « Baissez la tête », me souffla mon guide en s'éclipsant.

Il ne s'agissait pas d'un salut mais d'une précaution, car la porte était basse. Dans la pièce où elle donnait accès, encombrée d'un extraordinaire, insolite et glorieux bric-à-brac, un homme petit, non sans embonpoint et qui me parut chauve et glabre comme il est impossible de l'être.

Il se leva, fit un pas, ouvrit les bras :

« Embrasse-moi ! », me dit-il.

Telle fut ma première rencontre avec Gabriele D'Annunzio.

Raoul Follereau est impressionné par le poète et le héros, mais il n'a sans doute pas partagé toute ses idées [1]. En tout cas, lui et son épouse sont envoûtés par le cadre de Gardone, où ils reviendront tout au long de leur vie et qui sera plus tard comme leur seconde patrie.

Une fois encore le rêve originel a été comblé au-delà de toute espérance. Simplement parce que Raoul Follereau a osé.

De retour en France, le jeune ménage s'installe à Paris dans un immeuble qui vient de se construire dans le 16e arrondissement, rue Erlanger, au 16, rue du Général-Delestraint aujourd'hui. L'immeuble est bien situé, petit et confortable, sans être luxueux. Ils y resteront toute leur vie.

Que faire maintenant ?

Venant de se marier, Raoul Follereau doit travailler pour subvenir aux besoins du jeune foyer.

Et surtout il a hâte d'être vraiment indépendant, de pouvoir dire quelque chose. Il ne souhaite pas, en restant étudiant, demeurer dans un état de subordination intellectuelle.

Il pourrait passer une agrégation et enseigner. Il s'y refuse. Les péripéties du baccalauréat l'ont-elles fait douter des jurys ? En fait, il se voit mal enseigner des années durant dans un obscur lycée de province, ce que fit pourtant Jean-Paul Sartre. Raoul Follereau veut rester à Paris. Pourrait-il se passer de cette ville désormais ? Il ne s'engage pas plus dans une thèse ou dans un travail de recherche universitaire. Veut-il, comme Péguy ou Mounier, fuir un monde universitaire dont il n'attend plus rien ? Peut-être.

Il s'inscrit à la conférence du stage. Il pense devenir avocat. Ce projet tourne court. Au service d'un grand avocat, Raoul Follereau doit commencer par plaider dans une affaire de divorce. Une question déjà difficile pour une génération chrétienne imprégnée des livres de Paul Bourget. En plus, la partie adverse vient le trouver et tente de le soudoyer. Le procédé choque

---

1. Là encore, il est difficile d'en savoir plus, Raoul Follereau ne s'étant jamais attardé sur ce sujet après la guerre.

Raoul Follereau [1]. Il se sent d'ailleurs peu à l'aise dans ce milieu. Or il veut exercer une activité qui le passionne afin de s'y donner tout entier, une activité utile et nouvelle si possible. Il comprend que sa personnalité s'accommode mal des contraintes et des hiérarchies du monde de la justice. Il préfère envisager une nouvelle orientation.

De cette période, il gardera cependant des amitiés. Il aide une collègue en situation difficile, Juliette Goublet. Celle-ci écrira plus tard des livres pour enfants et elle racontera notamment la vie de Raoul Follereau, devenu célèbre [2].

Peu de temps après, Raoul Follereau est embauché comme secrétaire de rédaction à *L'Intransigeant*, le grand quotidien du soir de Léon Bailby [3]. Certes, la personnalité de ce géant de la presse française contraste singulièrement avec celle de Follereau. Esthète mondain, homosexuel notoire, Bailby vit dans le luxe et reste très éloigné des préoccupations chrétiennes. Cependant, le journal, déjà célèbre avant la guerre, s'affirme assez nettement à droite, ce qui convient assez bien au Raoul Follereau d'alors.

Ses biographes passent très vite sur cet épisode de la vie de Raoul Follereau. Celui-ci, d'ailleurs, en parle à peine. Pourtant, il vit alors une expérience particulièrement enrichissante.

Ne fût-ce qu'à cause de sa fonction. Le secrétaire de rédaction est le plus méconnu des journalistes : son nom n'apparaît jamais dans le journal, mais son rôle y est essentiel. Il est souvent le patron de la salle de rédaction. Responsable de la mise en page du journal, il sélectionne les articles, les raccourcit, les complète, les corrige, choisit les illustrations, indique les titres et les calibres, hiérarchise les informations, coordonne le travail d'autres journalistes. Parfois il compose en urgence un texte quand l'heure du « bouclage » approche. Cette « terreur » des journalistes doit écrire une langue fluide et maîtriser à la perfection la langue française. Surtout, il lui faut anticiper les réactions du public, savoir l'attirer par un contenu attrayant et rester rigoureux. Cette fonction obscure et ingrate prépare souvent à de plus hautes responsabilités, celle de rédacteur en chef notamment. Raoul Follereau y a-t-il pensé en entrant à *L'Intransigeant* ? C'est possible.

Secrétaire de rédaction, Raoul Follereau accumule une expérience précieuse pour la suite. Surtout, il assiste à la « fabrication » de l'information et aux altérations qu'on peut lui faire subir.

Tous les faits et événements ne sont pas connus des journalistes ou des agences de presse. Certains faits sont oubliés, d'autres sont partiellement

---

1. Selon le témoignage de tous les proches de Raoul Follereau encore vivants : le frère Davoine, Aimée Altériet, André Récipon...

2. Juliette Goublet, *Vianette, filleule de Follereau; Plus jamais ça, vie de Raoul Follereau*. Ces deux opuscules sont conservés au siège des fondations Raoul Follereau.

3. Pour situer ce journal dans la presse française, consulter Claude Bellanger (sous la direction de), *Histoire générale de la presse française*, tome III : 1871 à 1940.

inexacts, déformés ou amplifiés. Raoul Follereau comprend peu à peu qu'entre les nouvelles diffusées par les agences de presse et la réalité le décalage peut prendre des proportions inquiétantes.

En plus, il constate que la lecture des événements varie considérablement selon les personnes et leurs idées. L'importance relative accordée aux différentes rubriques, les mots et les concepts utilisés pour expliquer les événements, les associations d'idées dépendent en fait des préoccupations et des centres d'intérêt d'un petit nombre de personnes. Entre les faits communiqués par les agences de presse et la publication imprimée ou le bulletin radiodiffusé, le décalage est également considérable.

Enfin, Raoul Follereau prend conscience que, souvent, le journaliste pèse peu face aux puissances financières ou idéologiques qui disposent des principaux organes de presse. À quoi sert un bon article s'il ne bénéficie pas d'un circuit de diffusion satisfaisant? À l'inverse, un écrit médiocre peut jouir d'une diffusion considérable. Entre le talent de l'auteur et le tirage, le décalage est considérable et il ne l'est pas moins entre ce que le public attend et ce que les distributeurs lui livrent. Même les lois de l'offre et de la demande sont bafouées aux yeux de Raoul Follereau en matière d'information.

Tout cela le convainc du relativisme de l'information, de la grandeur et des faiblesses des médias. Loin de l'abattre, cette pensée le stimule. Diffuser une idée, délivrer un message relève d'un combat, un combat régi par des règles qui n'ont rien à voir avec celles de l'écriture. Il ne suffit pas de faire, il faut aussi faire savoir. Il s'agit d'atteindre le public que l'on recherche et qui existe. Il s'agit de résister à toutes les variétés de désinformation.

En entrant à *L'Intransigeant* en 1925, Raoul Follereau participe à une grande aventure de la presse française, même s'il est sans doute un peu déçu. Jusqu'en 1930 *L'Intransigeant* est le plus grand quotidien du soir de Paris : il tire à quatre cent mille exemplaires [1].

Le colonel Fabry, ancien officier d'ordonnance de Joffre, inspire la rédaction dans un sens très nationaliste, en s'appuyant sur les revendications et les souvenirs des anciens combattants. *L'Intransigeant* est à l'origine du tombeau du Soldat inconnu et de la flamme de l'Arc de triomphe. La politique, même au sens large, n'occupe pas la totalité du journal. Les pages littéraires avec Fernand Divoire puis Hervé Lauwick et Georges Charensol sont très appréciées. Des reportages comme ceux d'Emmanuel Bourcier sont lus d'un vaste public. Et, surtout, *L'Intransigeant* de cette période sait adapter son contenu aux demandes nouvelles du public. Il consacre très vite une large part au cinéma, à la T.S.F., aux sports. Bailby lance même deux hebdomadaires illustrés, *Match* (en novembre 1926) et *Pour vous*, magazine de cinéma. Il participe aussi au lancement de Radio

---

1. Le 1er juillet 1924, Bailby a inauguré le superbe bâtiment du 100, rue Réaumur. Remarquablement équipée, l'imprimerie est modernisée à plusieurs reprises et permet de tirer dès octobre 1929 des journaux de seize pages.

Cité, la radio créée par Marcel Bleustein, alors jeune inconnu sans moyens mais pétillant d'idées. Le journal patronne également de multiples initiatives humanitaires comme le bal des Petits Lits blancs, lancé en 1921. Les nombreuses petites annonces de *L'Intransigeant* augmentent aussi le nombre de ses lecteurs.

Raoul Follereau travaille donc dans un milieu animé par la passion d'entrer en communication avec le public et habité par la « rage de convaincre » [1]. Et, pendant les années vingt, *L'Intransigeant* ne cesse de se renouveler, d'être à la pointe des techniques de communication. Certes, Follereau ne semble pas avoir été un des dirigeants les plus importants du groupe. D'abord, Bailby est un homme assez impétueux et il ne sait pas créer autour de lui une véritable équipe. En outre, il séjourne de plus en plus dans sa villa de la Côte d'Azur. Des dissensions existent au sein du journal. Raoul Follereau reste en retrait, il doit ronger son frein, mais il peut cependant nouer des contacts de toute sorte et il occupe une place d'observateur privilégié.

Mais au fond l'essentiel pour lui n'est pas vraiment là. Il est habité par la passion d'écrire, il compte vivre de sa plume et de ses droits d'auteur. Il ne veut pas seulement écrire pour écrire, il ne cultive pas l'art pour l'art, il veut aussi influencer les autres en jouant à plein son rôle d'intellectuel. Le beau n'est jamais loin de l'utile chez Raoul Follereau. Pour lui, l'art doit permettre l'accouchement d'un monde nouveau et rapprocher le monde du Dieu des chrétiens.

Raoul Follereau est très frappé par le succès de *La Garçonne*, le roman de Victor Margueritte [2]. Ce livre relate les aventures d'une jeune fille de la bourgeoisie parisienne de l'après-guerre qui, portant les cheveux courts, veut vivre comme un garçon. Elle multiplie, hors mariage, les partenaires sexuels et les expériences de toute sorte, fréquente des cercles cocaïnomanes. L'enfant est le grand absent du livre. La famille traditionnelle est totalement bafouée. L'ouvrage se veut « réaliste », il porte au fond de lui une profonde désespérance. Le livre scandalise Raoul Follereau et la plupart des catholiques fervents, mais son succès est foudroyant. Vingt mille exemplaires sont vendus quatre jours après la parution et trois cent mille à la fin de l'année 1922. En 1926, le roman est adapté au théâtre. En 1929, un million d'exemplaires sont déjà vendus. Victor Margueritte est radié de la Légion d'honneur, mais peu lui importe. Jean-Noël Jeanneney estime

---

1. Marcel Bleustein-Blanchet évoque avec chaleur cette époque dans *La Rage de convaincre*.
2. Fils de général et d'abord militaire lui-même, Victor Margueritte (1866-1942) rédige plusieurs ouvrages en collaboration avec son frère Paul, avant d'écrire seul des romans sur la condition féminine : *Femme en chemin*, en 1921, et surtout *La Garçonne*, en 1922. Son nom devient alors célèbre dans tout le pays, même s'il occupe aujourd'hui une place des plus réduites dans les manuels d'histoire de la littérature française du xxᵉ siècle. Mais *La Garçonne* est un phénomène de société qui trouble profondément la France des années vingt.

que 12 à 15 % de la population française adulte ont lu ce livre [1]. Une mode se crée autour du personnage de la Garçonne, en matière de coiffure par exemple. Victor Margueritte poursuit sur sa lancée en écrivant en 1927 *Ton corps est à toi*.

Raoul Follereau apprécie Ovide, Rabelais, D'Annunzio, lesquels ne sont pas avares d'évocations charnelles : sa colère n'est pas due seulement au contenu du roman de Margueritte. Le livre bénéficie d'une publicité tonitruante et d'un réseau de distribution remarquable. Des moyens financiers et commerciaux considérables ont permis sa diffusion rapide. L'ouvrage est largement diffusé à l'étranger et devient un peu le symbole des Années folles. L'auteur s'est enrichi rapidement et une telle réussite peut tenter d'autres auteurs en mal de succès facile. Le goût du scandale a payé. Raoul Follereau soupçonne Victor Margueritte d'avoir recherché le seul profit financier. Il a su remarquablement se placer dans un marché. Il ne nous appartient pas de trancher sur les motivations profondes de Victor Margueritte. Une chose est sûre, ses qualités d'écrivain ne sont pas celles de Zola. Raoul Follereau sous-estime peut-être le « goût » d'un certain public pour ce type de littérature, mais il analyse avec une remarquable lucidité ce « succès de librairie ».

Pour lui, *La Garçonne* devient le symbole d'une trahison de l'intelligence et de l'art. Raoul Follereau considère que, en « s'attaquant à la femme française [2] », en proposant un contre-modèle de comportement, Victor Margueritte ébranle les valeurs de la société plus sûrement qu'avec une armée ou un coup d'état révolutionnaire. Il rêve alors de mettre au service d'autres livres des réseaux de diffusion aussi puissants et de lutter par tous les moyens possibles contre la diffusion de *La Garçonne*.

Par ailleurs il s'insurge quand Victor Margueritte s'intéresse au rapprochement des peuples et écrit, en 1931, *La Patrie humaine* puis, en 1936, *Avortement de la S.D.N.* Le dernier titre est lourd d'ambiguïté, Victor Margueritte ne prolonge-t-il pas une tradition libertine et anarchiste ? Raoul Follereau voit là le signe d'une récupération des idéaux humanitaires [3].

Le succès de *La Garçonne* le pousse à s'engager davantage dans la vie culturelle de la cité. Peu à peu, son projet de vie se précise et prend forme.

Trois influences majeures marquent Raoul Follereau.

Le catholicisme intégral et ultramontain porte en lui une vision de l'histoire et une conception du rôle des chrétiens dans la société. Le christianisme est la seule réponse possible aux besoins de l'humanité. Aucun domaine de la vie ne peut lui être interdit. Libéralisme et socialisme

---

1. *Cf. Le Monde*, 14 août 1987.
2. Une formule qu'il emploie à plusieurs reprises dans des articles de *L'Œuvre latine*.
3. *L'Œuvre latine*, octobre 1931.

conduisent à l'impasse. L'obéissance au pape infaillible constitue un repère pour l'action à une époque – celle du Cartel des gauches – où le gouvernement s'affiche laïc. La pratique assidue des sacrements, le culte des saints et des reliques, l'enthousiasme et l'optimisme, la recherche de l'unanimisme, le goût des grands rassemblements, des voyages, des pèlerinages et des fêtes joyeuses, l'intérêt porté aux questions sociales plus qu'aux mécanismes économiques, la réticence à l'égard des théologiens critiques sont autant de signes de cette sensibilité. Ce catholicisme optimiste, d'inspiration très tridentine ne limite pas son regard au territoire national, il inspire les grands élans missionnaires. Si elle aime le faste dans la liturgie, cette religion du cœur aspire à la communication personnelle avec Jésus, Marie et les anges. Souvent intransigeants à l'égard des autres religions, ces catholiques le sont plus encore vis-à-vis des idéologies, tant libéralisme que socialisme, et des pouvoirs temporels. Les durs combats soutenus en France pendant la Révolution et tout au long du XIXᵉ siècle et du début du XXᵉ siècle ont renforcé cette intransigeance. Les catholiques ultramontains veulent aider le pape, rêvent de rechristianiser leur pays et de bâtir une nouvelle chrétienté dans le monde entier. Cela les amène-t-il à combattre les courants nationalistes ? Pas forcément.

Raoul Follereau est, comme la plupart des jeunes étudiants de sa génération, très influencé par Maurras et l'Action française. D'ailleurs en 1924 un certain Charles de Gaulle adresse, « en respectueux hommage », son livre *La Discorde chez l'ennemi* [1] à Maurras. Follereau aussi se forge, au contact de Maurras, « une certaine idée de la France ».

Enfin, ses études et ses lectures ont pénétré Raoul Follereau de la culture classique et de son humanisme. Il lit presque couramment le latin depuis la quatrième. Il est persuadé que l'esthétique et les valeurs de l'Antiquité gréco-romaine sont éternelles et universelles mais qu'elles sont mal comprises et menacées. Maurras a des conceptions très proches. Follereau s'engage donc dans un combat pour la latinité, laquelle est une notion plus culturelle que géographique à ses yeux [2].

Pour Raoul Follereau, chrétienté, latinité et grandeur de la France sont trois projets intimement liés et presque consubstantiels. Dès lors, toucher à l'un conduit à ébranler les autres. L'Action française a habitué les Français à les réunir, alors que beaucoup plus tard Alain de Benoist et la « nouvelle droite » opposeront à nouveau judéo-christianisme et classicisme païen.
Raoul Follereau compte servir ces trois idéaux par la littérature. Maximilien Kolbe et Karol Wojtyla feront de même quelques années plus tard, quand ils serviront le catholicisme et la culture polonaise par la poésie, le théâtre et les journaux. Follereau veut écrire et prononcer des conférences,

---

1. Fac-similé dans Henry Coston, *Dictionnaire de la politique française*, p. 681.
2. Nevers est d'ailleurs à mi-chemin entre Paris et la Méditerranée...

mais il veut aussi donner à d'autres les moyens d'écrire et de se faire connaître. Il veut lutter contre une mauvaise information de l'opinion, ce qui lui permettra de concilier son devoir de chrétien et ses plaisirs les plus vifs, en réalisant une véritable unité de vie. Affranchi des tutelles universitaires et intellectuelles, il n'est pas davantage esclave de sa profession. Son épouse lui apporte un soutien total et tous deux se réjouissent à la pensée des enfants qu'ils vont sans doute bientôt avoir. Il semble donc avoir trouvé sa voie : réaliser à Paris une brillante carrière littéraire et devenir peut-être un maître à penser, comme D'Annunzio ou Maurras.

Raoul Follereau rêve d'être un guide à sa manière.

CHAPITRE II

Un intellectuel engagé
au service de la chrétienté, de la latinité et de la France
(1925-1936)

L'ENGAGEMENT DANS LA BATAILLE DES IDÉES (1925-1930)

Les fondements de l'Union latine

Raoul Follereau appartient à la génération des « non-conformistes des années trente », magistralement étudiée par Jean-Louis Loubet del Bayle [1]. Ils sont nombreux, ils s'illustrent dans tous les domaines de la pensée (politique, littérature, économie...), remettant en cause nombre d'idées reçues. Cette génération s'exprime déjà en 1925, même si nombre de ses propositions ne seront appliquées qu'après 1945.

Nombre d'entre eux vivent à Paris et se sentent investis d'une mission presque prométhéenne. Ils ont conscience de préparer des temps nouveaux. Ils rêvent que leur pensée débouche sur une action. L'histoire ne retient aujourd'hui que le nom d'une petite minorité de ces visionnaires, utopistes ou modernistes. La démarche d'un grand nombre d'entre eux, dont Raoul Follereau, est actuellement oubliée [2].

Raoul Follereau combat pour la chrétienté, la France, la latinité. Il veut imposer ces idées dans la vie intellectuelle, car selon lui elles seules peuvent mener à la joie, à la paix, au bonheur.

Il pense sans doute au *Manifeste de l'intelligence* d'Henri Massis, en 1919. Ce texte invitait les intellectuels français à fournir des modèles et des buts à la société, pour maintenir l'unité née de la guerre.

C'est dans cet esprit qu'il fonde officiellement au début de l'année 1927

---

1. Jean-Louis Loubet del Bayle, *Les Non-conformistes des années trente, une tentative de renouvellement de la pensée politique française*, Seuil, 1969.

2. Raoul Follereau n'est jamais cité dans les nombreuses études universitaires portant sur l'esprit des années trente et les non-conformistes. Il prend pourtant une part active aux débats de ce temps.

la Ligue d'union latine, afin de « défendre la civilisation chrétienne contre tous les paganismes et toutes les barbaries [1] ». Pour cela, cette ligue veut « grouper une élite de la jeunesse française [2] », puis « unir et fédérer les élites latines pour la défense et la gloire de leur civilisation [3] ».

La Ligue d'union latine propose à tous ses membres de « vivre dans leur âme si haut que les misères humaines ne puissent atteindre les deux choses qui jamais ne s'achèteront : la paix et la joie [4] ».

Elle leur dit de « travailler au relèvement moral du monde, en œuvrant pour le lyrisme et pour l'idéal, convaincue que l'homme n'aura jamais de bonheur s'il ne le cherche au-dessus de lui-même [5] ».

L'Œuvre latine, l'organe du mouvement, s'adresse surtout à des poètes, mais il ne s'agit pas seulement d'une revue littéraire. La littérature est un moyen privilégié, mais elle ne constitue qu'un moyen. L'esprit de la Ligue est celui d'une fraternité ou d'un ordre de chevalerie. D'ailleurs, Raoul Follereau insiste pour que ses membres portent, en toute circonstance, à leur vêtement le petit insigne de la Ligue [6].

La Ligue d'union latine reprend les idées de La Jeune Académie fondée par Raoul Follereau au début de ses études à Paris. Au fond il s'agit d'une spiritualité par l'art et la recherche du beau. Conception chrétienne de la vie d'artiste ou conception artistique de la vie chrétienne ? Une anthropologie s'exprime dans ces phrases : l'idéal qui dépasse l'homme constitue l'absolu de l'homme et sa recherche suprême. Voilà qui s'oppose aux théories de Freud ou de Reich. La recherche de la paix intérieure va de pair avec la construction de la paix autour de soi et dans le monde. La découverte de la joie intérieure n'est possible qu'en répandant la joie autour de soi.

Cette recherche spirituelle est cependant une démarche de laïcs, hors de tout mandat de la hiérarchie ecclésiale et sans aumônier.

Cette initiative manifeste une recherche de fraternités nouvelles. Ceux qui partagent le même idéal souhaitent établir entre eux des liens très forts et originaux. Cela se comprend d'autant mieux qu'avec l'exode rural et les mutations sociales les cadres de sociabilité traditionnels s'effacent peu à peu et les chrétiens, comme les autres, recherchent des formes nouvelles de

---

1. Cette phrase est placée en épigraphe dans le bulletin mensuel et Raoul Follereau la reprend dans les tracts qui présentent la ligue tout au long de ces années.
2. Feuillets présentant la Ligue d'union latine, datant de 1930 environ et déposés dans les archives des fondations Follereau à Paris. Des phrases très proches sont employées par Raoul Follereau quand il présente la Ligue d'union latine lors de ses conférences, dans Le Sourire de la France en 1930 à la Sorbonne par exemple.
3. Op. cit.
4. Op. cit.
5. Op. cit.
6. Des invitations pressantes en ce sens paraissent régulièrement dans le bulletin, y compris au début des années trente.

communauté. Le modèle de l'ordre de chevalerie inspire aussi Jean-Louis Foncine et Serge Dalens [1]. Et, outre-Atlantique, des clubs comme le Rotary se mettent en place et souhaitent promouvoir de nouvelles formes de fraternité entre personnes attachées aux mêmes valeurs.

La démarche de Raoul Follereau fait aussi penser à l'idéal du Sillon, une génération plus tôt. Le Sillon ne se voulait pas une association mais un mouvement, un esprit [2]. Il souhaitait garder sa liberté et sa souplesse pour mieux agir sur l'opinion, répandre ses idées, remplir sa mission prophétique. Marc Sangnier, « l'apôtre Marc », exerçait sur ceux qui l'entouraient une séduction incontestable par son charisme. Raoul Follereau se situe alors très loin des idées de Marc Sangnier, mais les deux démarches ne sont pas sans analogie.

La Ligue d'union latine naît donc d'une réaction de défense face à des « menaces ». Raoul Follereau estime en effet que la civilisation chrétienne est menacée de plusieurs dangers, de plusieurs « barbaries ».

Le « germanisme » tout d'abord. Comme Maurras et Bainville, Raoul Follereau considère que l'Allemagne est plus qu'un ennemi héréditaire. L'« esprit allemand », exprimé par les philosophes de ce pays serait, pour Raoul Follereau, inconciliable avec l'« esprit français ». Raoul Follereau reprend les idées de l'Action française. Luther, Kant, Hegel, Nietzsche, Marx et Freud lui semblent autant d'avatars d'un « esprit allemand » ou d'un « germanisme » destructeur [3] qui répand le doute, le désordre, l'hypertrophie du moi et la violence, la désolation et l'angoisse. Le cinéma expressionniste allemand des années vingt ne peut que le renforcer dans cette idée.

Le « bolchevisme » ensuite [4]. Le communisme, que Raoul Follereau ne veut pas confondre avec la Russie, lui apparaît fondamentalement « barbare » en raison de son athéisme déclaré et des sanglants massacres de la révolution russe, de la guerre civile qui l'a suivie et de toutes les formes de répression qui s'abattent sur la Russie.

Comme de nombreux catholiques des années vingt, Raoul Follereau reste très marqué par le souvenir des mesures anticléricales [5] du début du

---

1. Alain Gout (sous la direction d'), *Les Chemins de l'aventure* (raconte l'histoire de la collection « Signe de piste »).
Jean-Louis Foncine, *Entracte : chronique d'une jeunesse, 1918-1940*.
Pascal Ory, « Signe de piste, le pays perdu de la chevalerie », *La revue des livres pour enfants*, n° 134-135, automne 1990, pp. 72 à 81.
Nous avons par ailleurs rencontré Serge Dalens (le 15 février 1988) et Jean-Louis Foncine (le 5 mars 1988) et avons recueilli leur témoignage.
2. Jeanne Caron, *Le Sillon et la Démocratie chrétienne*, Plon, 1967.
3. Surtout dans *Latinité et Germanisme* de 1932, mais déjà exprimé avant.
4. Tous ses proches (le frère Fernand Davoine par exemple) en témoignent, Raoul Follereau a toujours été hostile au « bolchevisme ». Cependant c'est surtout à la fin des années trente qu'il compose ses textes les plus virulents à ce sujet. Il qualifie le bolchevisme de « mystique homicide » en 1936 (dans *La Trahison de l'intelligence*).
5. Se reporter aux premières pages de cet ouvrage.

siècle, mesures que le Cartel des gauches élu en 1924 voulait poursuivre. Même si le Cartel tombe en 1926, Follereau reste hostile à la république parlementaire. Comme l'Action française, il estime qu'il existe un décalage considérable entre le « pays légal » et le « pays réel ». Il dénonce aussi la franc-maçonnerie.

Mais Raoul Follereau décèle d'autres dangers, tout aussi pernicieux selon lui.

L'argent tout d'abord. Il dénonce très tôt sa toute-puissance et le système de valeurs qui lui est attaché, la place qu'il prend jusque dans la vie culturelle et artistique. Pour lui, l'argent corrompt [1].

Raoul Follereau s'inscrit ainsi dans un courant profond de la droite catholique et de l'Action française. Maurras, dès 1900, avait publié un livre, L'Avenir de l'intelligence, où il s'inquiétait du rôle considérable joué par l'or dans le monde moderne. Pour Maurras, l'or tient les journaux, l'édition, l'opinion publique. Il risque d'asservir la vie de l'esprit et l'intelligence. Il soumet tout ce qui devrait lui être insoumis. La condition de l'écrivain est plus précaire qu'au XVIIe siècle selon Maurras, car l'aristocratie du sang à laquelle l'homme de lettres ne songeait pas à disputer le pouvoir comprenait et favorisait les travaux de l'esprit. Entre le pouvoir de l'or et celui de l'opinion, Maurras invite l'écrivain à un sursaut de l'intelligence, seule capable de sauver la civilisation à condition de soutenir l'épée contre la finance.

Raoul Follereau s'inspire du livre de Maurras quand il demande à la duchesse de Vendôme de patronner la jeune Ligue d'union latine. Elle accepte avec joie car cette sœur du roi des Belges est française depuis son mariage avec un Orléans. Raoul Follereau lui rend périodiquement visite dans son château de Touronte, à une dizaine de kilomètres de Thonon, en Savoie. Profondément catholique, cette grande dame accueille ses visiteurs avec beaucoup de simplicité. Un jour, alors qu'elle raccompagne Raoul Follereau à la sortie du château, elle aperçoit son triporteur et lui demande si elle peut l'essayer. « Votre Altesse royale ! » s'écrie un gardien. La duchesse de Vendôme rit alors très spontanément et prend congé de Raoul Follereau.

Grâce à la duchesse de Vendôme, Raoul Follereau noue des contacts étroits avec la cour de Belgique où, jusqu'à la fin de sa vie, il sera toujours invité lors de ses passages à Bruxelles. Raoul Follereau est aussi introduit dans de nombreuses familles de cette aristocratie européenne qui règne toujours sur plus d'une moitié de l'Europe (Europe du Nord-Ouest, du Sud, Europe centrale et balkanique), qui ne refuse pas tout de la modernité mais

---

1. « Vivre uniquement pour gagner de l'or et en jouir n'est pas seulement mal. C'est laid. Et c'est triste. » Le Sourire de la France, conférence du 2 octobre 1930, p. 31.
   Raoul Follereau développe ce thème à plusieurs reprises dans cette conférence et dans d'autres.

veut lui insuffler un certain nombre de ses valeurs. France, Allemagne et Russie font un peu figure d'exceptions dans cette Europe des monarchies.

Les valeurs de la bourgeoisie libérale sont donc refusées. N'oublions pas que les attaques les plus violentes contre les « dynasties bourgeoises » et leurs responsabilités viennent souvent d'une droite monarchiste que Zeev Sternhell qualifie non sans raison de « révolutionnaire »[1], même si elle refuse d'accepter les principes de la révolution française de 1789. On peut aussi rappeler l'étude de Bernard Groethuysen *Origines de l'esprit bourgeois en France*, où l'auteur montre que l'ordre bourgeois se constitue dans la France du xviiie siècle hors de l'Église catholique et parfois contre elle, comme s'il y avait antinomie entre ces deux systèmes de valeurs.

Dénoncer l'argent et l'individualisme libéral conduit Raoul Follereau à refuser catégoriquement l'influence britannique et américaine sur les modes de vie français. Comme Maurras, il reproche aussi aux auteurs anglophones leur utilitarisme et leur empirisme philosophiques, lesquels constituent selon lui une forme de régression culturelle.

Raoul Follereau n'est pas seul à considérer que la civilisation européenne est menacée.

Au lendemain de la Grande Guerre, Paul Valéry ne déclarait-il pas : « Nous autres civilisations savons désormais que nous sommes mortelles... » Spengler prophétisait *Le Déclin de l'Occident*. Romain Rolland exprimait son désespoir : « J'ai perdu toute foi dans l'humanité. » Ces trois auteurs pensent que la guerre marque l'échec des valeurs européennes. Raoul Follereau prend le contrepied de ce diagnostic pessimiste. Il considère que les valeurs latines et chrétiennes de la France gardent toute leur pertinence et leur actualité, qu'il suffit de les retrouver et de les vivre pour se préserver des dangers extérieurs.

Les analyses de Raoul Follereau rejoignent celles d'Henri Massis. Celui-ci a quarante et un ans en 1927. Né à Paris, il fut aussi secrétaire de rédaction, mais à *L'Opinion*, de 1911 à 1914. Il publia avec Alfred de Tarde sous le pseudonyme d'Agathon la fameuse enquête sur *Les Jeunes Gens d'aujourd'hui* avant la guerre. En 1919 il était à l'origine du *Manifeste de l'intelligence*. Et, en 1927, il publie *Défense de l'Occident*, où il affirme la prééminence des idéaux occidentaux sur les idéologies qui tentent de les détruire, au premier rang desquelles le bolchevisme, l'esprit anglo-saxon, le libéralisme. Cet essai suscite alors un vif intérêt dans toute l'Europe cultivée. Massis reçoit en 1928 un prix de l'Académie française assez gagnée à ses idées.

Catholique convaincu, Henri Massis[2] est un proche de Maurras et il

---

1. Zeev Sternhell, *La Droite révolutionnaire*, Seuil, 1984.
2. Michel Toda, *Henri Massis, un témoin de la droite intellectuelle*, La Table Ronde, 1982.

participe activement à la vie de l'Action française, même s'il n'y adhère jamais officiellement. Malgré la différence de génération intellectuelle, sa démarche et son parcours font penser à ceux de Raoul Follereau. Massis suit lui aussi de près la vie des lettres et des arts. Même s'ils partagent les mêmes préoccupations, les deux hommes ne semblent pas s'être fréquentés. Raoul Follereau reste en effet jaloux de son indépendance. Il ne souhaite pas dépendre trop étroitement d'un aîné et il désire évoluer dans des groupes à taille humaine.

En 1926, le pape Pie XI condamne *L'Action française*. Il défend de lire et de conserver le journal. Les lecteurs et les adhérents du mouvement sont menacés de sanctions canoniques. Cette mesure bouleverse de nombreux catholiques. Maurras leur semblait un grand défenseur de l'Église. Il avait demandé de « servir l'Église par devoir religieux si on est croyant, par devoir patriotique si on est incroyant [1]. » Mais Rome lui reproche de chercher à mettre l'Église au service d'un projet politique.

Raoul Follereau n'est pas du tout ébranlé dans ses idées par cette mesure. Il l'attribue à un « complot » des démocrates-chrétiens et des membres du Sillon [2]. Il affirme que l'infaillibilité pontificale n'est pas engagée et que les idées de l'Action française ne sont pas formellement condamnées. Bien que n'étant pas adhérent de l'Action française, il continue à lire le journal et à diffuser certaines de ses idées en espérant la levée des mesures pontificales. Chrétien fervent et ultramontain, Raoul Follereau vit donc dans une situation de relative « désobéissance » à l'égard du pape, tandis que Maritain choisit, non sans déchirement, la fidélité absolue au pape. Follereau veille cependant à ne pas être trop lié à l'Action française. Beaucoup d'intellectuels catholiques tentent alors de recréer l'univers de l'Action française hors de celle-ci, à travers de nombreuses revues culturelles ou littéraires, essayant de concilier ainsi leurs convictions profondes et leur fidélité au pape. D'ailleurs, l'Action française a toujours cherché à influencer l'opinion plus qu'à augmenter le nombre de ses adhérents.

Raoul Follereau s'inscrit donc dans la mouvance de l'Action française. Il fait siens la plupart de ses concepts, il réfléchit aux questions qu'elle pose, il adopte son style littéraire à la fois clair, limpide et très polémique. Mais il souhaite aussi poursuivre une démarche originale.

Quand il fonde la ligue d'union latine, Raoul Follereau pense en priorité aux « jeunes élites ».

---

1. Sur cette crise, consulter Gérard Cholvy et Yves-Marie Hilaire, *op. cit.*, tome II, pp. 294 à 314.
2. Témoignage du frère Fernand Davoine, recueilli le 7 mars 1988. Le frère Davoine a bien connu Raoul Follereau avant la guerre et tous deux ont longuement discuté de l'Action française.

« La nécessité d'une élite est pour une nation une question capitale, vitale. Le pays doit penser par elle et vouloir par elle [1]. »

Répugnant à une approche quantitative, Raoul Follereau est à la recherche de lois générales sur l'évolution des sociétés. Ses affirmations ont la sûreté positiviste des démonstrations de l'Action française.

Le souci d'une élite est constant dans les discours de l'Action française. Elle n'accepte pas l'égalitarisme démocratique et républicain. Par ailleurs, avec la seconde révolution industrielle, il n'est plus seulement question de consommation de masse mais de culture de masse. Qui plus est, l'Action française considère que la véritable élite n'est pas au pouvoir en France.

Le souci de l'élite se retrouve chez de nombreux auteurs européens à cette époque. Pareto insiste sur les effets bénéfiques de la circulation des élites, Toynbee affirme que les civilisations se transforment grâce à une très petite minorité d'individus créateurs.

Pour l'Action française, cette élite n'est pas celle de la richesse ni même celle de la naissance, mais le plus souvent celle de l'intelligence.

Raoul Follereau a sur le sujet un point de vue assez nuancé. Écoutons-le :

Le cerveau d'un peuple est nécessaire, mais il ne doit pas tenir le corps tout entier. Une planète de penseurs mourrait de faim.

À tous les échelons, à tous les degrés, il y a place pour les plus hauts sentiments, pour les plus nobles vertus [2].

Raoul Follereau dénonce les risques de l'intellectualisme et de l'esthétisme purs. Il fréquente trop les artistes et les intellectuels pour ignorer les faiblesses des hommes. Au fond, il se méfie un peu de l'intelligence. Il insiste sur la diversité des cheminements possibles.

La comparaison avec le corps et la santé suggèrent une société d'interdépendance et de solidarité, où chacun remplit un rôle précis, où le conflit semble absurde. Est-ce le début d'un corporatisme ?

Remarquons que Follereau parle d'élite et non de génie isolé. L'élite ne doit donc pas être coupée du reste de la population, dans ses préoccupations comme dans ses actions, et elle doit former un groupe homogène, créer un état d'esprit.

Raoul Follereau précise ailleurs sa conception de l'élite :

---

1. *Le Sourire de la France*, Éditions de la Jeune Académie, 1930, p. 17.
   Raoul Follereau publie le texte d'une conférence prononcée en Sorbonne. Il reprend cette phrase textuellement lors d'un cours prononcé à l'École de psychologie de Paris (la date à laquelle ce cours est prononcé n'est pas indiquée, mais de larges extraits en sont conservés dans les archives de la fondation).
2. *Le Sourire de la France*, p. 19.

*Le poète a à remplir un rôle social éminent et grave. Il est en quelque
sorte, plus que tous les hommes d'action, un conducteur, un chef, un guide
d'âmes* [1].

Victor Hugo développait des idées semblables et Maurras aussi, lui qui
fut un poète avant de s'intéresser à la politique.

Raoul Follereau ne veut pas confondre poésie et action. Il sépare les
domaines de chacun. Le poète n'est pas un dirigeant mais un homme
d'influence selon lui. Pourtant le rôle du poète semble bien modeste dans ce
monde des années vingt. Le politique se passe de ses conseils, l'homme
d'affaires et l'ingénieur bâtissent un monde matériel nouveau. Les techniciens de l'administration et de l'économie se multiplient à la faveur de la
guerre et des premiers signes de crise. La Société des Nations et ses multiples organismes constituent un vivier d'experts auxquels les responsables
politiques commencent à demander des conseils. Le cinéma américain diffuse dans le monde entier l'image de ses stars : la jeunesse et la beauté physique sont élevées au rang de divinités modernes. Le public suit avec passion les détails de leur vie privée. Les vedettes du spectacle, du music-hall
et du sport bénéficient du développement de la radio.

Les intellectuels ont-ils encore une place dans cette société nouvelle ?
Certainement, car d'une manière générale ils s'insèrent de plus en plus
dans la vie de leur temps et veulent influencer la vie de la cité. L'apologie
de la tour d'ivoire exprimée par Julien Benda dans *La Trahison des clercs* [2]
fait alors figure d'exception. Avec les traductions, les voyages, les moyens
de communication modernes, les informations circulent de plus en plus vite
dans le monde et, scolarisation obligatoire aidant, les intellectuels sont de
plus en plus nombreux. Les problèmes internationaux et extérieurs
imprègnent de plus en plus le débat public. Cet engagement est très différent
de ceux de l'affaire Dreyfus, car il s'agit, selon Jean-François Sirinelli, de la
première génération de l'engagement théorisé [3]. En effet, les idées traditionnelles étant remises en cause, beaucoup souhaitent en formuler de nouvelles, d'autant que les pouvoirs politiques semblent fragiles et que des événements inattendus se succèdent : la guerre, la révolution russe, les nouvelles
conditions de vie amènent autant de reclassements intellectuels. Les revues
où l'on mêle avec talent littérature, art, politique et faits de société se multiplient. On assiste à une profusion de l'imprimé et à un éclatement de la pensée en cet âge d'or des lettres françaises où les « fils de Péguy et frères de
Radiguet » refont le monde dans de petits groupes souvent éphémères.

---

1. Feuillets non datés signalés dans les premières notes de ce chapitre. Raoul Follereau
reprend un développement de ce genre dans *Faudra-t-il arracher les cordes de la lyre ?* en
mars 1930.

2. Livre paru en 1927.

3. J.-Fr. Sirinelli en apporte une démonstration convaincante dans sa thèse éditée sous
forme abrégée : *Génération intellectuelle...*, *op. cit.*

Qu'attend Raoul Follereau du poète?

« Il doit redonner le goût de vivre au monde, apprendre à vivre au monde, rendre la joie [1]. »

La joie toujours.

Raoul Follereau décèle en effet les signes d'un nouveau « mal du siècle » dans la société française de son temps. Il la trouve « sans idéal, vouée à des dieux civils, des dieux tristes : science, progrès, humanité. Son seul horizon : le samedi soir avec les sports, le dancing, le jazz, le cinéma [2] ».

Il aurait pu évoquer aussi la baisse de la natalité, mais à cette période de sa vie il s'intéresse peu aux analyses démographiques, économiques et aux approches quantitatives en général.

Pour Raoul Follereau, le poète a donc un rôle social capital à jouer. Il n'est pas seulement poète pour lui-même mais pour toute la société où il vit. Ces propos rappellent *Le Rôle social de l'officier* de Lyautey [3]. Les chrétiens laïcs, par leur profession, veulent donner au devoir d'état une dimension renouvelée et rejoindre ainsi l'universel, en se mettant au service des autres.

Par ailleurs, dans une France qui se modernise assez lentement, le poète jouit dans la population d'une sympathie réelle, même si elle est parfois un peu amusée.

Raoul Follereau se préoccupe beaucoup de l'évolution des jeunes : « La jeunesse est pensive, agitée, inquiète, écrit-il en 1930 [4].

Il leur manque quelque chose à ces jeunes gens qui se font une gloire d'être des arrivistes, des pratiques... Ce quelque chose, c'est l'Idéal... Être honnête, c'est ne pas aller en prison, et encore. »

Il craint aussi que « la jeunesse ne perde dans des plaisirs nouveaux et vulgaires ce bon rire joyeux et franc qui glorifie la vie [5] ».

Face à ce malaise réel évoqué par de nombreux journalistes et romanciers, Raoul Follereau ne fait appel à aucune explication d'ordre politique ou économique. Il n'évoque pas les bouleversements sociaux de l'après-guerre et ne détaille pas l'évolution des classes sociales, ce qu'essaient pourtant de faire de nombreux chrétiens alors. Pour lui, cette crise est avant tout spirituelle et morale et demande une réponse spirituelle et morale. Raoul Follereau observe surtout les étudiants parisiens et les milieux intellectuels des Années folles et il les compare à la génération d'Agathon fau-

---

1. Feuillets non datés des archives des fondations Follereau. Idées très proches de celles exprimées dans *Faudra-t-il arracher les cordes de la lyre?*
2. Feuillets non datés. À rapprocher des phrases : « La science et l'humanité sont devenues des dieux nouveaux. Pas exigeants, certes, bons enfants. Des dieux civils. Des dieux tristes. » *Le Sourire de la France*, p. 10.
3. Maréchal Lyautey, *Le Rôle de l'officier, suivi de textes et de lettres autour de ce livre*, Paris, Albatros, 1984.
4. *Le Sourire de la France*, 1930, pp. 10 et 11.
5. *Ibid.*, p. 10.

chée par la guerre. Il rêve d'une nouvelle génération d'Agathon et déjà se dessine une de ses intuitions fondamentales : la santé morale des jeunes est essentielle pour la santé morale d'un pays, et pas seulement pour son ave-nir lointain. De fait, tous les courants politiques et idéologiques cherchent à encadrer les adolescents et les jeunes. De nouveaux mouvements éducatifs sont créés, des méthodes pédagogiques originales voient le jour. Maurras et Massis suivent eux aussi de près l'évolution des jeunes.

Ce rôle social impose une conduite esthétique. Raoul Follereau demande aux poètes et aux écrivains « d'écrire d'abord pour qu'on les comprenne ». Et il ajoute : « Le snobisme qui a poussé, ces dernières années surtout, tant de natures généreusement douées à produire des œuvres absconses pour le sadique plaisir de faire du neuf à tout prix et pour épater le populo est un des produits les plus répugnants de la bêtise humaine [1]. » Ces lignes visent notamment le surréalisme et les procédés d'écriture automatique. Pour Follereau, le poète ne doit pas s'enfermer dans sa tour d'ivoire. Il redoute une coupure qu'il sent grandissante entre le monde des intellectuels et la population. Vu la hauteur désabusée des uns et la fureur destructrice des autres, il estime que l'art s'engage sur une mauvaise voie qui peut conduire à une catastrophe sociale. À ses yeux, l'art doit atteindre les gens simples pour les élever, sinon il faillit à sa mission.

Raoul Follereau ne fixe pas de règles esthétiques : « Seule l'œuvre compte. Nous jugeons d'un seul point de vue : est-ce beau ? La provenance, les règles nous sont parfaitement indifférentes et nous croyons que la beauté n'a pas de règle et pas de limite [2]. »

Il exalte cependant la sérénité et la majesté de l'ordre classique mais ne voyons pas en lui un classique impénitent. « Même dans les excès des écoles littéraires les plus osées, il y a quelques grains d'or, quelques dia-mants [3]. » Et il ajoute : « Un art qui n'évolue pas n'est pas un art [4]. » Mais il refuse les « thèses destructrices » et la « prétendue audace qui masque l'impuissance [5] ».

Loin de fuir son époque, Raoul Follereau veut la contempler. Il invite à porter un autre regard sur le quotidien, la modernité et la technique : « Nous croyons que nulle époque plus que la nôtre ne fut digne d'être chantée. La science qui fit de si merveilleux progrès n'est point notre enne-mie. Nous lui refusons toute divinité mais nous l'admirons comme une fée. Nous voulons être les poètes de la T.S.F. et des aéroplanes [6]. »

---

1. Présentation de la Jeune Académie lors d'une émission de radio, le 20 novembre 1932.
2. *Faudra-t-il arracher les cordes de la lyre ?*, p. 14.
3. *Ibid.*, p. 6.
4. *Ibid.*
5. Feuillets non datés présentant la Ligue d'union latine (archives des fondations Folle-reau).
6. *Faudra-t-il arracher..., op. cit.*, p. 13.

Ce regard n'est pas celui d'un passéiste ou d'un apeuré. Nous sommes très loin aussi du réalisme socialiste, où l'artiste est soumis aux injonctions d'une idéologie pesante.

Pour Raoul Follereau, l'œuvre ne peut être séparée de la vie et de l'élévation morale et spirituelle.

Il rejette « ceux qui dans des buts de lucre font un commerce éhonté de basse pornographie, flattant pour atteindre au gros tirage les appétits les plus vifs, semant ainsi dans les jeunes âmes les poisons abominables et faisant enfin à notre pays un tort immense et parfois irréparable. La position que j'occupe... parmi les jeunes poètes, mes collaborateurs et mes amis, m'a permis de dénombrer les tragédies domestiques et les drames spirituels causés par cette absinthe de voyous [1] ». Ses amis ne recherchent pas les « gros tirages », mais ils veulent exprimer ce qu'ils ressentent et pouvoir le communiquer.

Raoul Follereau refuse l'image de « l'athlète imbécile qu'une hypertrophie musculaire partielle met en quelque sorte dans un état d'infirmité [2] », image que commencent à véhiculer certains magazines sportifs, pour lui opposer comme modèle l'athlète « pur et fin » de Périclès. Raoul Follereau et ses amis cultivent l'élégance du vêtement, du geste et du langage. La lavallière, la canne et le chapeau sont autant de signes auxquels se reconnaissent les membres les plus actifs de la Ligue d'union latine. Ils prennent plaisir à se sentir « décalés » par rapport à la société de leur temps, une société dont ils se veulent les prophètes. On est loin du personnage du dandy désabusé. On est loin des suicides, de l'alcoolisme ou de l'instabilité sentimentale qui touchent tant de groupes de poètes alors.

Raoul Follereau veut « tuer l'idée du génie souffreteux [3] ». « Nous n'admettons pas le culte de la douleur et moins encore son inutile canonisation. La douleur, encore qu'elle mérite parfois notre admiration et toujours, je dis toujours, notre respect, est chose laide en soi. Nous l'apaisons, nous ne l'aimons pas, nous ne la glorifions pas [4]. » Il écrit aussi : « Nous aimons la vie, nous aimons la lutte qu'elle nous impose [5]. ». Pour lui, la vie terrestre n'est donc pas un purgatoire.

Ces phrases sont très importantes pour comprendre les engagements ultérieurs de Raoul Follereau. Là aussi il apparaît comme le témoin d'une époque qui exalte l'action et des valeurs assez viriles, mais il fait de ces valeurs un tremplin pour une meilleure contemplation et pour une plus grande ouverture aux autres.

---

1. Émission de radio du 20 novembre 1932.
2. *Faudra-t-il arracher...*, p. 8.
3. *Ibid.*
4. *Ibid.*, p. 9.
5. *Ibid.*

Raoul Follereau possède un sens inné du contact, sa personnalité séduit ceux qu'il rencontre. Se sentant responsable de la vocation artistique de ses amis, il prend le temps de les écouter, de s'intéresser à leurs problèmes familiaux, à leurs inquiétudes. Il est le confident de nombreux drames intérieurs, celui qui encourage et qui trouve une solution inattendue aux problèmes matériels les plus insurmontables, car il a toujours une adresse utile à proposer. Lui qui a un ascendant incontestable sur ses amis, veut, avec eux, réinventer un art de vivre plus qu'il ne cherche à révolutionner l'écriture. Il propose une forme de contemplation et de joie dans le monde contemporain. Car la Ligue est aussi amitié.

Le nationalisme et l'amour de la latinité sont pour Raoul Follereau des notions plus thématiques que géographiques et la chrétienté qu'il défend est un ensemble de valeurs plus qu'une suite de dogmes, ce qui lui permet de s'adresser en toute occasion aux incroyants.

Les engagements des chrétiens vers 1925

Raoul Follereau n'est pas seul à vouloir une mobilisation catholique. Il appartient à une génération intellectuelle et spirituelle. Tout au long de cet ouvrage, nous ferons allusion à des parcours proches de celui de Raoul Follereau. La comparaison avec les grandes figures de l'action caritative s'impose : Armand Marquiset, l'abbé Pierre, le père Wresinski, Edmond Kaiser, Mère Teresa et aussi, d'une autre façon, dom Hélder Câmara. Raoul Follereau suit-il un parcours différent de ces personnes ? Élaborent-ils tous un nouveau modèle d'action charitable ? Mais Raoul Follereau ne peut être enfermé dans le seul cadre de la charité, il est aussi homme de lettres et nous devons le comparer à d'autres journalistes, intellectuels et écrivains chrétiens ; d'ailleurs, les appels répétés qu'il lance aux jeunes à la fin de sa vie montrent qu'il ne se limite jamais à la seule action caritative.

La recension des personnes dont le parcours présente quelques analogies avec celui de Raoul Follereau ne peut donc être exhaustive, et ce même si l'on s'en tient à des personnalités chrétiennes. À travers des exemples qui suivent, nous souhaitons suggérer quelques réflexions...

Les chrétiens sont très actifs vers 1925. Les projets du Cartel des gauches ont suscité la création de la Fédération nationale catholique du général de Castelnau. La plupart des militants chrétiens rêvent de refaire une France chrétienne et sont prêts à combattre pour cela. En 1924, François Ducaud-Bourget devient prêtre ; il est d'ailleurs lié à l'Union latine [1]. En 1925, Thérèse de Lisieux est canonisée et la J.O.C.

---

1. La même année, Alfred Ancel, prêtre et docteur en théologie, s'attire la colère de l'ambassadeur de France car, à l'occasion de conférences au séminaire français de Rome, il

naît en Belgique. Cette année est marquée par une floraison de vocations laïques [1].

Dans le même temps, les futurs prophètes de la charité vivent des étapes importantes de leur maturation. L'art passionne alors beaucoup d'entre eux. D'ailleurs, l'approche esthétique joue un rôle important dans la contemplation et l'engagement de nombreux chrétiens de cette jeune génération.

En 1925, un jeune esthète de la grande bourgeoisie parisienne, Armand Marquiset, retrouve la foi en écoutant les conférences du père Sanson à Notre-Dame de Paris. Dès lors, il effectue de fréquentes retraites à Solesmes. Toutefois il n'envisage pas de se faire moine. Il veut devenir musicien et compositeur. Il étudie le piano avec Nadia Boulanger et manifeste de très réelles dispositions.

Toujours en 1925, un enfant de huit ans va servir la messe le matin à sept heures chez les sœurs dans un quartier pauvre d'Angers. La mère est espagnole et doit faire des ménages. Le père, un Polonais d'origine allemande, homme assez violent, a abandonné sa famille et ses quatre enfants.

---

dénonce la réforme, le protestantisme, la Révolution, la Déclaration des droits de l'homme, la laïcité...

1. En 1924, Jean Daujat (auteur, plus de soixante ans durant, de nombreux ouvrages d'initiation à la doctrine chrétienne) rêve d'une croisade pour refaire une France chrétienne. Il rencontre Maritain, qui lui conseille de suivre une solide formation doctrinale et sociale avant d'entraîner les jeunes vers ce projet. En 1930, il épouse une artiste danoise, Sonia Hansen. Ils veulent donner totalement leurs personnes et leurs vies à Dieu. Ils organisent plusieurs cycles de formation pour de jeunes chrétiens, étudiants pour beaucoup, soucieux d'approfondir leur foi.

Né en 1903 à Lyon, Joseph Folliet obtient sa licence d'histoire en 1926. Imprégné de spiritualité franciscaine, il effectue l'année suivante un voyage à Assise et fonde les Compagnons de Saint-François. Il s'agit de vivre la spiritualité franciscaine, de répondre à une vocation sociale et à l'appel des pèlerinages et de la route. Joseph Folliet pense alors devenir prêtre mais Mgr Verdier, archevêque de Paris, le persuade qu'il rendra de plus grands services comme laïc.

Au faîte de la gloire, l'écrivain René Bazin vit son travail d'une manière quasi sacerdotale. Il se sent investi d'une mission. Il veut de plus en plus mettre son art au service de ses idées, ne pas séparer sa vie de son œuvre. En 1921, il a révélé au monde chrétien la vie de Charles de Foucauld. En 1925, une institutrice, Mlle Sylve, lui rend visite. Elle a lu son livre *Davidée Birot*. Elle, qui avait perdu la foi, l'a retrouvée après la lecture du livre. Elle fonde l'Association des institutrices laïques chrétiennes.

En 1924, Francisque Gay, éditeur chrétien (Bloud et Gay), fonde l'hebdomadaire *La Vie catholique*. Il veut diffuser une large information et permettre à toutes les tendances chrétiennes de s'exprimer. Il souhaite avant tout la réintégration des catholiques dans la cité, et pour ce soutient le syndicalisme chrétien et l'action catholique spécialisée, tout en combattant l'influence de Maurras.

En 1926, Guy de Larigaudie a dix-huit ans. Étudiant en droit à Paris, il se demande s'il va devenir prêtre. Finalement il choisit de poursuivre une vie de laïc chrétien. La découverte de la beauté de la création constitue pour lui un reflet de la présence de Dieu. Il aspire à une vie intérieure tout en communion avec Dieu et à poursuivre une aventure spirituelle au service des jeunes.

Marthe Robin écrit, le jour de ses vingt-trois ans, un acte d'abandon total au Christ afin de « sauver le monde défiguré par le péché ».

Ces derniers craignent l'expulsion, vivent dans le froid, manquent d'argent, ont des difficultés scolaires. À la chapelle des sœurs, l'enfant contemple la beauté et l'harmonie du décor, les jeux de la lumière exaltant les couleurs des vitraux et la finesse des ornements sculptés. « Cela m'arrachait aux laideurs de mon milieu habituel. » Par la beauté et la sérénité, cet enfant pauvre vit une profonde expérience de Dieu. Il s'appelle Joseph Wresinski.

Hans Urs von Balthasar a vingt ans en 1925. Lui aussi se passionne pour la littérature, l'art, la philosophie. Il gardera cette passion sa vie durant. Son œuvre de théologien consiste à approcher Dieu par le Beau avant tout, alors qu'auparavant on cherchait plutôt à le découvrir par le Vrai ou par le Bien. Or, par le Beau, Hans Urs von Balthasar parvient au Bien et au Vrai.

En 1925, à Skopje, Agnes Boaxhjiu, la future Mère Teresa, suit avec assiduité des cours de musique. Hélder Câmara dévore les livres, et en particulier ceux des auteurs français. Son père et sa famille s'intéressent beaucoup au théâtre. Maximilien Kolbe s'intéresse à tous les moyens de communication, y compris les plus modernes. Quelques années plus tard, Karel Wojtiła et Henri Grouès, le futur abbé Pierre, composeront poésies et pièces de théâtre. Tout comme Charles de Gaulle dans sa jeunesse.

Derrière la diversité des initiatives, on constate de nombreux traits communs à ces jeunes chrétiens qui ont presque vingt ans en 1925. Ils ont le goût de l'écriture et de l'imprimé, ils recherchent le beau. Leur volonté missionnaire contraste souvent avec la faiblesse de leurs moyens. Leur foi n'est pas triste, ils sont animés d'une confiance joyeuse et d'un esprit d'abandon, un peu comme l'était Thérèse de Lisieux. Pour eux, l'amour de Dieu et celui de l'humanité sont inséparables de l'amour de la beauté. Et on peut penser que, pour ceux qui ont mené une action caritative de grande envergure, la révolte contre des situations inhumaines n'est pas inspirée par des idées politiques ou économiques mais par une conception esthétique de la vie et du monde. N'oublions pas aussi qu'il s'agit de la première génération admise à la première communion précoce.

Raoul Follereau n'intervient pas directement dans la vie caritative pendant cette période, même s'il lui arrive, dans son bulletin, de traiter des questions sociales ou de soutenir une initiative ponctuelle.

Pourtant, depuis 1919, de nombreux jeunes chrétiens s'engagent dans les « équipes sociales » du normalien Robert Garric. Œuvres et patronages foisonnent et les conférences de Saint-Vincent-de-Paul sont très actives à Paris.

En 1927, le père Lhande, dans son livre *Le Christ dans la banlieue*, révèle les conditions de vie dramatiques dans de nombreux quartiers de la banlieue parisienne où l'échec de l'urbanisme est de plus en plus flagrant.

Les handicapés et les malades suscitent de nombreux dévouements. En

1927, Yvon Mollat lance *la Croisade des aveugles*, mouvement chrétien d'apostolat des laïcs ouvert à tous les handicapés visuels et à leurs amis. Il s'agit d'associer les aveugles et les personnes valides, de créer des rencontres et des fraternités nouvelles, d'intégrer les handicapés dans la vie civile, de refuser l'exclusion, de sanctifier les valides. Cette démarche annonce celle de Raoul Follereau en faveur des lépreux un peu plus tard.

L'entre-deux-guerres est aussi un âge d'or du journalisme chrétien. Cette démarche prolonge la longue tradition des publicistes du XIXᵉ siècle. Le phénomène n'est pas limité à la France. En Italie, le père Jacques Alberione et les Pauliniens multiplient les initiatives de toute sorte à destination d'un vaste public. Par le ton comme par les thèses, Raoul Follereau s'inscrit dans le sillage de Louis Veuillot, auquel il souhaite peut-être ressembler, quoique s'adressant à un public plus limité.

En 1927, le père Lhande ouvre encore des voies nouvelles en présentant *L'Évangile sur les toits* à la radio. Raoul Follereau participe lui aussi, pendant les années trente, à quelques émissions de radio à l'occasion desquelles il présente l'Union latine.

La littérature s'oriente alors dans des voies très diverses mais apporte-t-elle des réponses ou un art de vivre? De 1922 à 1924 disparaissent Proust, Barrès, Loti et Anatole France. L'influence du premier grandit après sa mort. Valéry et Gide commencent à être reconnus, mais ils posent plus de questions qu'ils n'énoncent de certitudes. Les surréalistes recherchent dans le rêve et l'inconscient les réalités fondamentales et ils veulent rompre totalement avec la société traditionnelle. Cocteau, Giraudoux, Paul Morand cultivent la fantaisie élégante, mais se heurtent aussi aux questions fondamentales. Georges Duhamel, Roger Martin du Gard, Jules Romains entament de gigantesques enquêtes sur l'homme de leur époque, mais font-ils vraiment figure de maîtres à penser? Le courant spiritualiste, déjà illustré avant 1914 par Péguy, Bergson et Claudel, s'affirme. Bernanos publie *Sous le soleil de Satan* en 1926, Mauriac *Thérèse Desqueyroux* en 1927 et Claudel *Le Soulier de satin* en 1928. Les deux premiers s'imposent parmi les grands romanciers, mais leur œuvre porte les accents tragiques d'une humanité blessée par le péché. Les écrivains français sont traduits dans le monde entier, mais ont-ils une prise réelle sur les problèmes de leur époque?

Par ailleurs, le roman est plus prisé que la poésie et le théâtre pendant cette période. Les jeunes poètes et les jeunes dramaturges éprouvent d'infinies difficultés à trouver un éditeur ou un distributeur, car ces derniers estiment que, comme ce genre littéraire se vend plus difficilement que le roman, mieux vaut ne pas prendre de risque commercial. Raoul Follereau voit dans cet état d'esprit la confirmation de ses thèses et de celles de Maurras et il veut réagir.

Les activités de la Ligue d'union latine

Le journal mensuel de la Ligue compte cinq mille abonnés au début des années trente [1] et sert de lien entre tous les membres et sympathisants. Raoul Follereau touche d'abord des poètes, puis des cadres et des membres des professions libérales, des aristocrates mais aussi des personnes beaucoup plus modestes : veuves, soldats, ouvriers [2] ; la faiblesse des ressources de ces dernières ne les éloigne pas de la vie culturelle et artistique, au contraire.

Le journal se présente sur grand format, comme les quotidiens de l'époque, avec huit pages ornées de quelques photos présentant de « grands disparus » ou un lieu où resplendit la latinité. En première page, Raoul Follereau rédige un long éditorial où il traite de la latinité ou des questions d'actualité qui lui tiennent à cœur, les problèmes de politique internationale notamment. Les rubriques abondent : compte rendu de livres, de pièces, d'opéras, de spectacles. « Le coin des poètes » permet de publier des textes choisis d'auteurs de la Ligue. La revue diffuse aussi des faire-part d'ordination, de mariage, de décès, signale les activités de la Ligue, propose des projets de voyage ou de croisière... Raoul Follereau multiplie les nouvelles brèves qui concernent la place de la France dans le monde ou la vie de l'Église et il rédige de nombreux billets d'humeur. Il écrit facilement, et ses nombreuses activités ne l'empêchent pas de fournir chaque mois de nombreux textes pour ce bulletin.

Les prix de l'Union latine stimulent l'activité des jeunes auteurs. Aucun droit d'inscription n'est exigé, mais il faut appartenir à la Jeune Académie et accepter son idéal.

Quatre sections sont ouvertes : poésie, prose (conte, roman ou nouvelle), théâtre, cinéma (scénario). Les auteurs ont le choix entre un sujet libre de leur choix et un thème imposé. Le jury accepte les textes manuscrits ou imprimés. On ne peut rêver conditions plus souples. Raoul Follereau veut lever tous les obstacles matériels qui pèsent sur la vie des jeunes auteurs.

Les lauréats reçoivent des médailles remises à l'occasion d'une cérémonie solennelle. Un grand prix couronne l'un de ces lauréats, tous genres confondus [3]. Raoul Follereau s'engage à publier et à diffuser les œuvres

---

1. Raoul Follereau donne ce chiffre en 1930 lors de sa conférence *Le Sourire de la France*.

2. Nous ne disposons d'aucune source exhaustive permettant une étude sociologique précise, mais il arrive assez souvent que le bulletin indique les professions de lecteurs qui écrivent à la rédaction ou de donateurs qui se mobilisent à l'occasion d'une pétition ou d'un appel de fonds.

3. Le bulletin rend compte régulièrement du déroulement des prix.

couronnées, ce qui est capital pour les inconnus qui manquent de relations à Paris... Les poèmes sont interprétés par des artistes de la Comédie-Française et de l'Odéon. Les saynètes, si elles s'y prêtent, sont proposées et diffusées à la radio. Les scénarios sont présentés à des maisons de cinéma.

Raoul Follereau est donc tout de suite ouvert à l'audiovisuel, qu'il ne considère pas comme un genre mineur et dont il perçoit l'importance et le développement ultérieurs. Rappelons que le cinéma devient parlant en 1927 seulement et que les Français découvrent alors peu à peu la radio.

Mais Raoul Follereau assure la publication d'autres ouvrages que ceux des lauréats des prix. Il prend contact avec un imprimeur de Nevers, Maurice Cloix, pour obtenir des prix intéressants. Il est en effet persuadé que les jeunes talents idéalistes abondent, que le public potentiel existe, mais qu'entre les auteurs et le public, « les éditeurs, les commerçants, les modes [1] » déforment les lois du marché littéraire et que s'ensuivent de graves erreurs d'appréciation. Raoul Follereau veut permettre la rencontre entre des auteurs et un public qui partagent les mêmes aspirations mais ne peuvent se joindre.

En cinq ans, de 1927 à 1932, Raoul Follereau édite plus de cent cinquante ouvrages dus à plus de cent auteurs [2]. La plupart de ces manuscrits ont été auparavant refusés par des éditeurs parisiens. De 1927 à 1930, plus de cent cinquante représentations théâtrales à Paris, en province et à l'étranger permettent à plus de trois cents jeunes auteurs et interprètes de se faire connaître. De nombreux concerts et des expositions (peinture, sculpture, arts appliqués...) sont aussi organisés. Raoul Follereau envisage même en 1930 de tourner un film. Il veut permettre à des amateurs ou à de jeunes « professionnels » de s'exprimer, d'épanouir leurs possibilités. Il s'ouvre aussi à des auteurs étrangers afin de donner « un panorama exact des jeunes littératures groupées sous le signe de Virgile [3] ». Il souhaite aussi créer un lien véritable entre ces auteurs et leur public, « entre les jeunes élites des pays latins [4] ». Raoul Follereau édite donc de jeunes auteurs contemporains et non des classiques.

Aucun de ces auteurs n'est devenu célèbre ensuite. À l'un de ses proches qui, bien plus tard, l'interrogeait sur la valeur de ces auteurs, Raoul Follereau répondit : « Ce n'étaient pas de grands poètes, c'étaient de bons poètes [5]. » Tel était d'ailleurs le but recherché. Il ne s'agissait pas de partir à la découverte d'un génie méconnu et isolé, mais de permettre à des ama-

---

1. Expression fréquente alors dans les textes de Raoul Follereau.
2. Chiffres maintes fois répétés dans le bulletin, les tracts et au dos des petits ouvrages édités.
3. Expression utilisée dans les feuillets de présentation non datés.
4. Une expression qui revient couramment dans le bulletin et les conférences.
5. Expression rapportée par André Récipon.

teurs et à des jeunes de s'exprimer et de partager leur passion avec d'autres, de réaliser leurs rêves [1].

Raoul Follereau fait aussi connaître l'œuvre de « maîtres méconnus », comme Fernand Gregh, « méconnu, car il n'a jamais prostitué la haute pensée dont il est l'écho à d'obscures fins de succès ou d'argent [2] ».

Raoul Follereau entre aussi en contact avec Gustave Charpentier, grâce à Marc Delmas qui lui a consacré un livre. Raoul Follereau est un mélomane averti, grand amateur d'opéra et d'opérettes.

Premier grand prix de Rome, membre de l'Institut, Gustave Charpentier vit modestement. Fils de boulanger, il connaît bien la vie des humbles. Il les voit vivre, il les écoute puis les transfigure, car il voit en toute personne un artiste en puissance. Sa *Louise* est une ouvrière de Paris.

À la villa Médicis, le peintre Hébert le trouvait insouciant et indiscipliné. Mais Massenet et Gounod s'émerveillent de ses possibilités, de son sens de la mélodie et de la construction musicale. Il compose lui-même les livrets de ses opéras.

Raoul Follereau fredonne souvent des airs de Charpentier, mais il n'admire pas seulement une technique ou une œuvre. L'auteur des *Impressions d'Italie* veut faire découvrir l'art à un vaste public. Il mène un apostolat artistique désintéressé. Son œuvre *Les Mimi-Pinson* se propose de faire de jeunes ouvrières de véritables artistes. Il veut provoquer l'émotion et la douceur en chacun de ses auditeurs. La démarche originale de cet artiste au regard d'enfant bouscule les conformismes académiques.

La Ligue d'union latine organise un festival Gustave Charpentier le 27 juin 1932 à la mairie du 18e arrondissement. Des œuvres du maître sont interprétées et Raoul Follereau prononce une conférence. Cette soirée, diffusée par Radio Paris, est l'une des plus brillantes de la saison musicale dans la capitale cette année-là.

Raoul Follereau est aussi un grand voyageur. Il a le souci de se rendre partout où existe une influence latine ou française. Mais il veut aussi partager ses découvertes, car il considère le voyage comme une pédagogie.

Dans son journal, de nombreuses propositions sont faites, adaptées à toutes les bourses et à tous les calendriers, de la randonnée de fin de semaine à l'itinéraire de dix-sept jours, du voyage en autocar à la croisière. Les itinéraires sont variés : Italie (Rome, Venise, Milan, les lacs, les Dolomites...), Pays-Bas, Grèce, Balkans, Maroc, Baléares, Côte d'Azur... Raoul Follereau n'organise pas seulement des déplacements de groupes avec des formules « tous frais payés », mais il propose aussi gratuitement des itinéraires et des adresses d'hôtels à ceux qui lui en font la demande.

---

1. On retrouve des intuitions de la fondation de la Vocation créée plus tard par Marcel Bleustein-Blanchet. Il s'agissait aussi d'élargir les horizons de chacun et d'amener chaque membre à faire de sa vie un poème et une œuvre d'art.
2. *Faudra-t-il arracher...?, op. cit.*, p. 6.

D'une manière générale, les voyages lointains se banalisent après la crise de 1929, et le déclin du tourisme de luxe américain amène les compagnies maritimes européennes à organiser pour les classes moyennes des croisières en Scandinavie, en Espagne, au Maroc, aux Canaries...

Par exemple, du 3 au 14 septembre 1932, 15 ligueurs accompagnent Raoul Follereau pour un trajet à travers la Suisse, l'Autriche et le Tyrol, l'Italie des Dolomites et des lacs. Ils passent par le Brenner et franchissent le Passo Giovo (2 094 m), le Pordoi (2 200 m), le Falzareggo (2 120 m), d'où ils découvrent des panoramas éblouissants. Ils font halte dans des stations climatiques réputées : Merano Carezza, Cortina d'Ampezzo... Les hôtels sont très confortables, car Raoul Follereau propose un voyage sans souci et « sans fatigue » aux ligueurs. Il s'est aussi arrangé pour obtenir les réductions de tarif accordées aux voyages en groupe. Rien n'est laissé à l'improvisation. Un accord est passé avec le directeur parisien de la Compagnie italienne de tourisme Zamuner. Ces voyages permettent de découvrir des paysages mais aussi une culture ; ils favorisent des échanges approfondis entre les voyageurs et parfois des contacts avec « les jeunes élites des pays latins [1] ».

Raoul Follereau fonde l'Institut d'union latine pour la rénovation des études classiques, latin et grec notamment, et « pour une étude moins superficielle de la philosophie, science des sciences [2] ». Cet institut (installé 51, rue Saint-Georges, dans le 9e arrondissement de Paris) constitue en même temps pour les étrangers « la possibilité d'un perfectionnement rapide dans la langue française, d'une connaissance exacte de la littérature moderne, d'une juste échelle de ses valeurs [3] ». Raoul Follereau, qui suit de très près la vie de cet organisme, penserait-il que l'Alliance française est un peu débordée ou que le contenu de ses enseignements n'est pas vraiment satisfaisant ?

Le souci d'accueillir les étudiants étrangers est permanent chez lui. Il veut leur montrer « la vraie France », « Paris et non Babel [4] ». Il leur fait rencontrer des amis français et des familles, les aide à régler les problèmes matériels liés à leur séjour [5].

Tout se passe comme si Raoul Follereau menait en parallèle plusieurs professions. Il parvient à tout concilier grâce à son exceptionnelle puissance de travail et à sa rapidité.

---

1. Le compte rendu du voyage paraît bien sûr dans le bulletin mensuel de la Ligue.
2. Feuillet de présentation. Par ailleurs, on consultera René-Pierre Faber, *Notre Esprit latin, raisons d'être un Institut d'union latine*, Éditions de la Jeune Académie, 1930.
3. Id., *ibid.*
4. *Faudra-t-il arracher...?, op. cit.*, p. 25.
5. « Nous avons songé également à créer à Paris, sous la forme d'une Maison latine, un organisme destiné à recevoir, à conseiller, à guider durant leur séjour en la Ville lumière les jeunes venus pour leurs études ou simplement pour un intelligent plaisir. » *Le Sourire de la France*, p. 30.

Bien qu'il donne partout les impulsions décisives et qu'il intervienne dans toutes activités de la Ligue, Raoul Follereau dispose de collaborateurs dévoués qui sont autant d'amis fidèles.

Léon Cordonnier, secrétaire de la Ligue, est chargé de la chronique littéraire. Protestant converti au catholicisme, il est plus âgé que Raoul Follereau. Il connaissait de graves soucis matériels quand Raoul Follereau l'a rencontré et l'a aidé à sortir de cette situation difficile [1].

Parmi les proches de Raoul Follereau alors, nous pouvons citer, au risque d'en oublier, les noms de Raoul Laurentin, Michel Rameaud, Jean Daunay, Marianne d'Auriol, Maurice Daumesnil, Louise Matha, Jean d'Illys, Jean d'Else, A. Culow, André Siriex, Paul Robin, Léo Alexis, Henry d'Orsanne, Élisée Servigne, Élisée Chevignée [2]...

Le musicien Marc Delmas, grand prix de Rome, était sans doute appelé à une très grande carrière de compositeur, sans sa mort brutale à la fin de l'année 1931. Très proche de Gustave Charpentier, il met Raoul Follereau en contact avec les milieux musicaux. Mais il ne veut pas se contenter d'une brillante carrière personnelle, il entend développer la pratique de la musique en France et, depuis 1921, il préside la Sirène, qui est la fanfare la plus importante de France.

Raoul Follereau a le souci d'établir des liens avec l'étranger. Le Dr Dorten est chargé des contacts avec l'Allemagne et dirige le « mouvement rhénan », M. Homberg, un Gantois, assure les liens avec le pays flamand ; plus tard, Alphonse Nockels sera le délégué de Follereau au Luxembourg et Lucie Herschka en Autriche [3]. Raoul Follereau cherche à avoir un représentant ou un correspondant dans chaque pays « latin ».

Parmi les figures hautes en couleur de la Ligue, nous citerons Charles Passera. Né en 1875, ce directeur d'usine veille à améliorer la vie matérielle et spirituelle de ses ouvriers. Il enseigne aussi à l'Association polytechnique de Levallois-Perret à des jeunes qui ont quitté prématurément l'école. Il préside par ailleurs une association de protection des animaux et participe activement à la vie de la Société féline de France. Critique d'art et artiste, il pratique avec succès le dessin et la photographie. Il s'occupe enfin du Touring-club, de la Ligue maritime et coloniale et du patronage des enfants en bas âge [4].

Pleins d'enthousiasme et d'initiative, les amis de Raoul Follereau font assez souvent figure d'originaux, même auprès des membres de leur famille.

Raoul Follereau visite les quatre-vingt-cinq sections de la Ligue qui fleurissent en province. Beaucoup sont très actives et vivent leur idéal avec

---

1. Témoignage d'Aimée Altériet, recueilli le 14 septembre 1987.
2. Ces noms reviennent fréquemment dans le bulletin de la Ligue.
3. Le bulletin mentionne le nom et l'activité de ces correspondants.
4. *L'Œuvre latine*, février 1933.

le même enthousiasme qu'à Paris. Ainsi, en mars 1933, Follereau se rend à Nancy et le bulletin de la Ligue donne un compte rendu très significatif.

A peine rentré de la gare de Lyon, Raoul Follereau se rendait à la gare de l'Est prendre le rapide pour Nancy, où une journée magnifique lui était préparée par notre jeune section. Sur le quai de la gare se groupent les meilleurs, qui sont venus l'attendre. Lavallières, yeux clairs, paroles vibrantes... nous sommes en pleine jeunesse et le président s'exerce à porter son chapeau sur l'oreille... Déjeuner intime aux Magasins réunis, puis au grand amphithéâtre de la faculté des lettres, la conférence et le succès habituels. Félicitations et adhésions nouvelles d'affluer...

Mais l'heure passe. Vite, retournons aux Grands Magasins réunis, où le rayon de librairie très important et admirablement organisé est dirigé par un de nos ligueurs les plus charmants et les plus dévoués : M. Durringer. M. Eugène Corbin, l'amateur d'art si averti, le grand et généreux mécène, nous accueille avec des paroles aimables et, pendant près de deux heures, Raoul Follereau signe, signe ses livres... et prend le thé avec des amis dont le groupe grossit à chaque moment.

Le banquet offert par notre jeune section nancéienne a lieu au Petit Vatel. C'est un très grand poète qui le préside : Léon Tonnelier, dont nous publions d'autre part d'admirables vers. Est-il besoin de dire l'animation et la gaieté de ce repas ? Et au dessert, chaque poète dira ses vers.

Le train du retour est à 23 h 40. Il faut se dépêcher. En groupe, nos ligueurs reconduisent à la gare un président joyeux et ravi...

Merci à tous; merci à ceux qui, telle Mlle Puhl, vinrent parfois de très loin nous apporter un témoignage infiniment touchant de fidélité. Merci à la presse si bienveillante, et aux Grands Magasins réunis. André Masson et tous ses collaborateurs ont droit aux félicitations spéciales de notre Ligue et à notre gratitude.

Raoul Follereau noue donc des contacts étroits avec les milieux intellectuels et artistiques de nombreuses villes de province qui sont autant de relais à la diffusion de ses idées. L'atmosphère reste toute empreinte de joie un peu exubérante.

En principe, la Ligue s'inscrit hors de tout courant politique.
« De la politique, jamais! Nous sommes encore trop jeunes. [1] »
Les idées de Raoul Follereau sont cependant inspirées de Maurras, nous l'avons vu.
Par ailleurs, il ne cache pas sa sympathie pour certains pays qu'il a visités et leur régime.

---

1. *Faudra-t-il arracher..., op. cit.,* p. 24. Il s'agit du texte d'une conférence prononcée en mars 1930 à la Sorbonne.

Ainsi, il se sent proche de Salazar. Celui-ci fait alors figure d'homme neuf et moderne. Né en 1889, fils d'un pauvre cultivateur, il devient après de brillantes études professeur d'économie politique à Coimbra. Appelé aux finances dans un pays qui, de 1910 à 1926, a connu seize révolutions, il équilibre le budget en 1928, ce qui ne s'était pas vu depuis 1884. Il fait figure d'homme intègre et compétent dans un pays qui retrouve une relative prospérité [1]. « Le pays connaît un renouveau de ferveur religieuse depuis les apparitions de Fatima. En 1933, à la suite d'un plébiscite, une nouvelle Constitution et un nouveau régime voient officiellement le jour, très influencés par la monarchie corporatiste de Maurras et le catholicisme social de La Tour du Pin. L'Église tient une place privilégiée dans le pays, même si Salazar maintient la séparation entre Église et État. Le Portugal connaît le régime du parti unique ; en 1934, la Légion portugaise encadre les habitants. Salazar reste fidèle à ses alliances britanniques et se méfie de Mussolini. Raoul Follereau le rencontrera à plusieurs reprises tout au long de sa vie.

Raoul Follereau suit de près les événements en Italie.
Un texte paru dans son bulletin résume sa pensée [2] :

Un Français n'a pas à être fasciste. Un Français est un Français. C'est tout et cela suffit.

Le fascisme est un phénomène italien, d'ordre purement italien et qui ne nous regarde en aucune manière. Nous ne devons pas nous mêler de la politique intérieure de ce pays, pas plus que nous ne saurions admettre qu'un Italien fît de la propagande pour tel ou tel de nos partis.

Ceci dit, qui nous empêchera d'admirer l'Italie autant qu'elle le mérite et de l'aimer selon notre cœur ? Qui nous empêchera d'être ravis de sa renaissance et reconnaissants de sa victoire qui n'a peut-être pas seulement sauvé cette nation du bolchevisme mais un peu aussi toute la civilisation latine ?

Il faut créer un front spirituel latin ; il existe virtuellement et tout milite, dans tous les domaines intellectuels, sociaux et moraux pour son existence.

Il faut le créer.

Il faut que des pays, totalement éloignés par leur politique intérieure, comme l'Espagne, l'Italie et la France songent, à côté des hommes et des doctrines qui passent, à la race et à la civilisation qui demeurent. Il faut qu'ils sachent qu'il y a par-dessus leur tâche de tous les jours une œuvre plus haute qui s'impose et qui est la sauvegarde de cette civilisation dont ils relèvent également, quels que soient par ailleurs leurs différends d'un jour.

Il faut que les nations latines aient une politique latine pour assurer la paix du monde.

---

1. « Un très grand homme d'État », écrit Daniel-Rops à ce moment-là. Raoul Follereau s'étend peu sur ses entretiens avec Salazar. Il se montre plus disert à propos de Mussolini.
2. Le texte paraît dans le bulletin *L'Œuvre latine* d'avril 1932. On pourra s'étonner que l'on cite dès maintenant un texte de 1932, mais Raoul Follereau tient des propos compa-

Raoul Follereau nuance d'ailleurs l'idée de race. Toujours dans son bulletin, il écrit :

> *D'ailleurs, qu'était-ce donc que la race latine, sinon déjà la résultante intellectuelle, et physique aussi, d'influences et de métissages grecs et peut-être même égyptiens ? Il n'y a plus de race latine, nous sommes tous des métis. Mais il y a un esprit latin* [1].

En principe, donc, Raoul Follereau reste neutre. Cependant, il n'est pas hostile à Mussolini quand celui-ci s'installe au pouvoir, même s'il critique certaines de ses idées et de ses méthodes.

Il faut rappeler que Mussolini se montre très habile durant cette période. Il veut séduire les intellectuels et artistes étrangers, français notamment. Il a félicité Massis pour son livre. Il accueille Yves Brayer, René Benjamin et d'autres encore. Les régimes autoritaires du XXe siècle ont souvent agi de même vis-à-vis de ceux qui « font l'opinion ». Mussolini rêve alors de devenir le chef de file d'un courant au rayonnement international. Hitler est encore presque inconnu. Par ailleurs, le Duce reste un allié possible pour la France. Et Raoul Follereau se méfie de l'allié britannique. À partir de 1926, il passe régulièrement la semaine de Pâques à Rome avec les membres de la Ligue qui peuvent l'accompagner.

Il est même bientôt reçu officiellement en Italie. En mars 1930, il rappelle « la réception que Marinetti nous offrit au Cercle artistique de Rome et où deux mille étudiants italiens acclamèrent notre œuvre et notre projet [2] ». Raoul Follereau veut contribuer à une amélioration des relations entre la France et l'Italie. En mars 1930 toujours, il annonce : « En septembre prochain, sur l'invitation du parti socialiste espagnol, je ferai à la Maison du peuple de Madrid une conférence [3]. »

Raoul Follereau suit de près l'évolution pratique de toutes les contrées de la planète où il décèle une influence latine ou française, même ancienne : Espagne, Roumanie, Yougoslavie, Grèce, Belgique, et aussi Liban, Louisiane, Canada, Mexique, Amérique latine... Il a conscience que le monde méditerranéen est un monde fragile et convoité et estime que tous ces États ont en commun de nombreuses valeurs qui imposent une entente politique. Aussi établit-il des contacts personnels avec nombre de leurs dirigeants.

Raoul Follereau est convaincu qu'en favorisant un rapprochement entre ces peuples il contribue à affermir la paix dans le monde.

---

rables dès la fin des années vingt (témoignage de Lucie Herschka, recueilli le 18 septembre 1987). Il nous semble utile d'analyser dès maintenant l'attitude de Raoul Follereau vis-à-vis de l'Italie.

1. *Op. cit.*, mars 1932.
2. *Faudra-t-il arracher les cordes de la lyre ?*, p. 21. La date exacte de la réception ne figure pas cependant et aucun papier ne l'indique aux archives des fondations Follereau.
3. *Ibid.*

Les œuvres de Raoul Follereau

Raoul Follereau compose aussi des poèmes et des pièces de théâtre et, vers 1930, sa carrière littéraire semble assez bien engagée. Des écrivains aujourd'hui célèbres étaient sans doute moins connus que lui à cette époque. Il a établi des contacts très étroits avec la Comédie-Française et l'Académie française, auxquelles il voue une haute considération.

Le 14 avril 1928, à la Comédie-Française, Madeleine Roch, la tragédienne la plus connue alors, interprète des poèmes de Raoul Follereau aux « matinées poétiques ». Elle connaît l'auteur, elle croit en son talent d'écrivain, et une réelle amitié les unit. Raoul Follereau et ses amis sont « empilés, lavallières au vent [1] » dans l'avant-scène que le ministre de l'Instruction publique leur prête. Puis ils vont dîner tous ensemble dans un café de la place de la République où la table est de qualité. Ils se retrouvent dans la salle du premier étage, réservée aux « réunions de société » et, jusque tard dans la nuit, Madeleine Roch récite les poèmes de Raoul et de ses amis. La fête continue. Pour Raoul Follereau l'idéal se vit donc dans une ambiance joyeuse et estudiantine et non pas dans une atmosphère compassée.

Raoul Follereau compose plusieurs pièces de théâtre. Il s'agit souvent de courtes comédies dont les textes ne dépasssent guère trente-cinq pages, en un acte le plus souvent et aux personnages peu nombreux. La règle des trois unités est suivie. La scène se déroule le plus souvent dans le Paris de l'époque. Les dialogues sont vifs et enjoués, graves parfois, et les formules percutantes abondent.

Peut-être Raoul Follereau a-t-il pensé que des pièces courtes rencontreraient la faveur du public. En tout cas, les critiques aujourd'hui les ignorent, comme ils ont tendance à tenir la nouvelle pour un genre mineur face au roman. Agréables à lire et à voir représentées aujourd'hui encore, ces pièces nous renseignent sur les idées de leur auteur.

Notre Bel Amour est créé le 5 mars 1928 au Théâtre du Journal par Andrée Gire, Jean Morice et Louis Brézé [2].

Artiste au tempérament romantique, Hélène à vingt ans. Jean, son mari, en a trente et a combattu pendant la guerre. Il se veut « pratique et réaliste ». Jacques Claime, soixante ans, compositeur, est le professeur d'Hélène.

La pièce commence par une querelle entre Jean et Hélène. Jean sort, arrive Jacques. Hélène se confie à lui.

« [Avec Jean], nous avons en commun seulement des heures de plaisirs physiques où on se saoule chacun pour soi »; elle voudrait que son mari

---

1. *La seule vérité...*, tome I, pp. 23 à 25.
2. Publié aux Éditions de la Jeune Académie. Texte déposé aux archives des fondations Follereau à Paris.

essaie de la comprendre. Jacques persuade Hélène que Jean l'aime. Jean rentre ; lui aussi a fait le point. Les deux époux se réconcilient et se rendent ensemble au concert.

Raoul Follereau évoque donc le problème de la communication dans le couple. Après la guerre, en effet, le nombre des divorces augmente en France et beaucoup d'anciens combattants ne parviennent pas à se réadapter à la vie familiale. À aucun moment dans la pièce, il n'est question d'enfant. Follereau pense aux jeunes couples de son époque où l'un des conjoints est artiste. L'art transfigure les individus. Comment partager ses richesses ? Est-il un obstacle à la communication ?

« Cette jeunesse mûrie trop tôt par le sacrifice du sang, nous méprise en nous enviant secrètement. »

Notre dramaturge reste confiant. Il invite les artistes à faire connaître l'art aux autres et à aimer leur entourage, à découvrir ses richesses.

La pièce s'achève d'une façon inattendue sur la détresse de Jacques, qui se demande si la vie vaut la peine d'être vécue : « Je ne trouve jamais la paix complète, une vie sereine et calme. »

Plus qu'un rappel de *Cyrano*, Raoul Follereau ne fait-il pas un aveu personnel ?

Parmi les répliques frappantes, nous pouvons citer :

C'est terrible! Non, c'est humain tout simplement.
Rien n'est vrai dans la vie sauf l'idéal, ce mensonge bienfaisant.
Le bonheur n'est fait que de confiances aveugles et d'illusions chèrement entretenues, c'est-à-dire de jolis mensonges.
Il y a quelque chose de plus terrible que toutes les douleurs, tous les renoncements, c'est la solitude.
La tendresse, c'est doux mais ce n'est pas l'amour.
Il faut me promettre d'être heureuse, il faut essayer.

On remarque que le ton général est plutôt pessimiste.

Le thème de la communication dans le couple intéresse alors de nombreux auteurs, comme Jacques Chardonne. Mais la vision de Raoul Follereau reste malgré tout plus optimiste que celle de Mauriac dans *Thérèse Desqueyroux*.

Pauvre Polichinelle [1] met en scène Pierrot, auteur dramatique, Arlequin, jeune homme « moderne et volage », Colombine, la fiancée de Pierrot et Polichinelle.

Pierrot, auteur jeune et célèbre, se croit trahi par Colombine que courtise Arlequin. Polichinelle, qui aima Colombine jadis, réconcilie Pierrot et Colombine. Si les personnages sont empruntés à la comédie italienne, l'influence de *Cyrano* est encore très grande.

---

1. Id.

Raoul Follereau décrit le monde des jeunes auteurs, leurs attentes anxieuses et leurs problèmes personnels.

Parmi les plus belles répliques figurent celles-ci :

Colombine n'est pas une misérable mais une imprudente dont tu veux faire une désespérée, s'entend répondre Pierrot désireux de se venger.

Quand Pierrot se lamente : *Se résigner ? Mieux vaut souffrir. Non, mieux vaut vivre; c'est plus courageux et plus difficile.*

Être méchant, c'est sa façon d'avoir du chagrin.

Comment la douleur d'un poète peut-elle ressembler tant à celle des autres ?

On n'est jamais seul quand on garde un rêve à poursuivre. Ton œuvre te sauvera.

Polichinelle semble le génie protecteur, homme fort et solide. Et pourtant, à la fin de la pièce, la douleur le saisit : il est seul, lui.

Petites Poupées[1] est créée le 22 janvier 1926 au Théâtre du Parthénon et jouée le 15 mars 1930 au gala de la Pièce en un acte. La pièce fut représentée plus de mille fois sans interruption et le texte en fut tiré à huit mille exemplaires au moins. On peut parler de succès. Le rythme est enjoué, le style alerte écarte tout pédantisme, Raoul Follereau évite tout langage abstrait et toute allégorie pour traiter de questions essentielles. On pressent déjà ses engagements futurs. Sa sensibilité personnelle se donne assez libre cours.

La pièce met en scène deux personnages seulement. « Elle », « jeune fille parisienne moderne » et « Lui », César Richelieu, « artiste peintre avec large lavallière qui vit dans une chambre mansarde au désordre fabuleux » et connaît de nombreuses difficultés financières qui ne paraissent guère l'émouvoir.

Alors que la jeune fille porte une poupée de sa confection à une œuvre de charité, elle sonne par erreur à la porte de l'artiste, et naît une conversation :

Vous n'êtes pas moderne, mais non plus vous n'êtes pas de ces gens rétrogrades, rétrécis qui prêchent l'austérité et la pénitence... Pourquoi alors n'êtes-vous pas moderne ?

Plus loin, elle dit : *Je suis moins frivole que vous croyez,* puis : *Comment faire le bien ?*

À quoi César répond : *Allez voir la misère, la désespérance, la faim, le désespoir. Allez même voir la haine. Allez sans peur, sans crainte, sans faiblesse. Peinez, travaillez, nettoyez les maisons, soignez les malades, acceptez les injustices, supportez le mépris et baissez votre front devant la colère*

---

1. Id.

de ceux qui souffrent trop, depuis trop longtemps. Faites tout cela obs-
curément, silencieusement, sans espoir que jamais on dise même : « Elle est
bonne » ; mais pour la joie, la joie immense, la joie terrible de faire son
devoir, rien que cela ! Et puis, quand vous aurez quelques loisirs, entre deux
taudis, montez jusque vers ceux qui, tournés vers les étoiles, veulent espérer
et croire encore en un idéal qui les fuit... Allez leur dire, à tous ces cher-
cheurs de chimères... des mots de tendresse très pure, des mots qui font une
caresse longue, longue sur la blessure des âmes.

Bouleversée, elle veut le revoir, mais lui ne veut pas. Elle s'en va à
regret, il veut reprendre son art mais, se rendant compte qu'il est bouleversé lui aussi, il cherche alors à travailler pour oublier et la pièce s'achève
sur une foule de questions, un peu comme dans *Le Misanthrope*, où le
spectateur peut imaginer la suite qui lui convient.

À travers ces pièces, une anthropologie se dégage.
Raoul Follereau fait sans cesse tomber les masques. Tout se passe
comme s'il y avait trois cercles concentriques en toute personne : l'apparence immédiate, puis la carapace de ses traits de caractère usuels, et enfin
son cœur au plus profond.
La carapace peut être la dureté, la frivolité, la colère. Elle est souvent un
moyen de cacher sa vraie personnalité, par crainte ou par timidité.
Raoul Follereau ne dépeint pas de personnage qui soit odieux pendant
toute la durée d'une pièce. Tout se passe comme si pour lui le vrai problème des relations entre les hommes consistait à briser les carapaces. Car,
derrière la carapace, il y a la générosité et la bonté. Il partira de ce présup-
posé implicite quand plus tard il s'adressera aux foules pour les inviter à la
générosité.
Il ne nous présente pas davantage de personnage que ne traverserait nul
souci, nulle inquiétude. Le personnage qui semblait le plus solide et qui
aide les autres à se relever apparaît finalement comme le plus angoissé ou
le plus fragile. La paix et la joie intérieure sont-elles donc impossibles à
l'homme en ce monde ? Un idéal peut-il combler le besoin d'absolu ?
En tout cas, Raoul Follereau, homme de théâtre, peut mesurer les réactions du public et acquérir là une expérience qui lui sera fort utile pour la
suite.

Raoul Follereau publie à la même époque deux importants recueils de
poèmes : *Rédemption* et *Les Îles de miséricorde* [1]. *Rédemption* est même
publié à onze mille exemplaires, ce qui est fort honorable pour un recueil
poétique alors.

---

1. Id.
Rédemption, Éditions de la Jeune Académie, 1929, illustrations de Gabriel Devos.
Les Îles de miséricorde, Éditions de la Jeune Académie, 1933, illustrations de Raoul Lau-
rentin (plusieurs poèmes de ce recueil ont été composés avant 1933).

Raoul Follereau y pose des questions auxquelles il hésite à donner des réponses. Il se croit obligé de passer par les conventions formelles du classicisme et les allégories, mais il développe une pensée personnelle et originale.

Dans *Rédemption*, le héros est un sculpteur épris d'une créature furtivement entrevue. Avec passion il s'emploie à donner forme à sa vision en modelant. Mais aucune statue n'est totalement ressemblante. L'artiste leur reproche de n'être que « des corps de femmes ». Il les brise et se rend aveugle. Il se découvre alors l'aptitude à recréer avec les yeux de l'âme. Raoul Follereau veut-il montrer qu'il ne parvient pas à exprimer ce qu'il ressent et qu'il en souffre ? Croit-il encore approcher la plénitude par les formes et les mots ? Obtient-il le succès au moment où il expérimente les limites du langage et de ses propres possibilités ? Il ne serait pas le premier écrivain en ce cas.

Raoul Follereau poursuit avec une légende : *L'Ange aux cheveux blancs*. Un ange descendu du ciel s'éprend d'une jeune mortelle. Ses compagnons le retrouvent vieilli : « J'ai voulu vivre », répond-il avec fierté.

Les Îles de miséricorde comptent plusieurs poèmes.

Dans *Prière à l'intelligence*, Raoul Follereau oppose au désir prométhéen de « devenir le maître des choses éternelles » « la paralysie féconde de l'angoisse et l'exaltation pure de l'ignorance ». Il évoque beaucoup de thèmes inspirés de Faust, mais ses conclusions sont toutes différentes. Il exalte une démarche d'humilité, un peu comme Thérèse de Lisieux.

Dans *Les Îles de miséricorde*, l'ange reparaît. Raoul Follereau nous présente le drame que vit l'intelligence quand se pose le problème de la vérité absolue. Le combat entre l'ange blanc et l'ange noir traduit ce débat. L'ange noir de l'orgueil, de la révolte, du refus rejette l'inquiétude métaphysique. L'ange blanc, celui de la confiance, de la foi, de l'amour, se trouve en difficulté. Il renonce à atteindre par les voies de l'intelligence cette vérité vers laquelle il ne cesse de progresser. Il aspire à s'évader de ce qu'il croit sa fatalité et se dit prêt à « marcher, marcher à travers les rues et les mondes » pour se retrouver. Il vogue sur une mer qui fait songer au tumulte de son âme.

Il aborde une terre nouvelle, « les îles de la miséricorde et de l'oubli ». Là une jeune fille nue symbolise la pureté du cœur, la paix intérieure, la foi qui le consolent de l'idole sans visage, décevante image des ambitions démesurées de l'esprit humain.

Une fin heureuse ? un problème résolu ? Ce n'est pas sûr. Lisons les derniers mots du poème :

« Je garde en moi l'orgueil des missions souveraines. Abandonné du ciel, mais vainqueur de Satan, je n'attends plus rien. »

On peut voir là un drame mystique et les moments de sécheresse et d'acédie propres à toute ascension spirituelle.

Certes Bernanos compose alors ses premiers romans mais, dans ce tragique, il y a plus qu'un effet de mode ou d'imitation. À travers l'ange et les nombreux symboles, Raoul Follereau nous renseigne aussi sur son propre cheminement. Nous constatons un contraste entre la joie de vivre apparente d'un homme qui paraît très extraverti et l'angoisse ou le désespoir qui se dégagent de certains de ses vers ou de questions incomplètement résolues.

Nous l'avons dit, Raoul Follereau aura été, sa vie durant, très pudique sur ses douleurs les plus intimes. Cette discrétion est pour lui une marque de délicatesse à l'égard de ceux qui l'entourent.

En théorie, Raoul Follereau a trouvé réponse à tous les problèmes existentiels mais ces réponses sont théoriques et, même convaincu, il lui faut vivre dans le quotidien. Par ailleurs, ces réponses reposent sur un pari. Mais est-il toujours absolument sûr que ce pari est le bon ?

Le doute ou l'angoisse l'ont-ils assailli ? Peut-être parfois. Ou la tentation, comme Péguy ou Claudel ? Il ne semble pas [1].

En revanche, Raoul Follereau et son épouse vivent une épreuve douloureuse. Ils sont mariés depuis presque cinq ans et ils n'ont toujours pas d'enfant. Pour ces chrétiens fervents, le mariage ne se concevait pas sans la naissance de nombreux enfants. Ils espèrent encore, mais ils sont inquiets.

L'activisme de Raoul Follereau au cours de ces années ne masque-t-il pas une profonde détresse ? N'est-il pas une forme de fuite ?

Raoul Follereau semble en proie à une profonde crise intérieure vers 1930.

Et pourtant, dans sa vie d'auteur, tout semble lui sourire. Il peut mener la vie dont il rêvait. Il voyage, il écrit, il compte de nombreux amis. Tous les espoirs lui restent permis, il a un bel avenir devant lui.

---

1. La dédicace de *Rédemption*, publié en 1928, peut faire réfléchir. Cette dédicace est un poème de six pages. En voici des extraits :

Mon amour... je ne croyais pas que tu existais...
J'avais comme un autre homme, des bonheurs et des peines; comme un autre homme, l'amour de la tendresse et le goût de la paix.
Maintenant je n'ai plus que le besoin de ta présence chère, et du baiser chaste de ta pensée...
Mon amour... Je n'ai jamais vécu avant de te connaître...
Je te dois le bonheur de n'être plus heureux...
Mais dans mon âme seulement, ma grave bien-aimée, tu existes telle que je te connais, telle que tu es...
Sans mon rêve qui te chante, sans mon amour qui a fait de toi celle que personne ne connaît et que j'ai vue, tu reprendrais sans doute une forme humaine, triste et lassée.
C'est à toi qu'en joignant les mains, j'offre mon rêve, mon plus beau rêve,
À toi que personne ne connaît et que j'ai vue
Et que je garde, comme une hostie de lumière, vivante, dans mon cœur...

Amour platonique réel pour une femme aperçue ou songerie poétique ?
Raoul Follereau est, même dans ces lignes, trop réaliste pour aller jusqu'au bout de l'idéalisation. Si tentation il y eut, elle fut repoussée et vaincue.

Il semble souffrir cependant de l'atmosphère qui règne dans les milieux littéraires et artistiques parisiens. Il y étouffe un peu. Il souffre du décalage entre la beauté de l'inspiration et les petites intrigues permanentes dont il est le témoin. Il se demande si ce qu'il cherche n'est pas loin de Paris. Même l'art ne peut le combler. Il découvre qu'il recherche un absolu plus grand encore qu'il ne le pensait. Mais cette soif peut-elle être étanchée ? Ce malaise est-il le signe d'une recherche de poète ? ou la déréliction fréquente du chrétien en marche vers les sommets spirituels ?

Raoul Follereau fait ce qu'il veut et pourtant la joie semble lui échapper ou alors il ne parvient pas à la retenir. Tout serait différent avec la naissance d'un enfant. Mais que faire ?

On peut s'étonner que le nom de Raoul Follereau soit totalement ignoré de toutes les anthologies de la poésie du XXᵉ siècle et de tous les manuels de littérature contemporaine.

Les engagements politiques de la Ligue d'union latine ont fait oublier ou passer sous silence ses productions littéraires. Par ailleurs, le style classique a subi des assauts violents au cours des décennies suivantes. Enfin, les critiques littéraires ont centré leurs études sur d'autres cercles de sociabilité, comme ceux de la N.R.F.

Les œuvres de Raoul Follereau poète et dramaturge méritent cependant mieux que l'oubli total.

Signalons à ce propos qu'une Italienne, Silvana Tuccillo, a soutenu à Naples une thèse sur *La Poésie de l'amour chez Raoul Follereau* [1].

À quand un travail de même nature en France ?

Le premier appel du large (1930-1936)

La découverte de l'Amérique du Sud

Raoul Follereau se sent donc un peu à l'étroit à Paris, il a besoin de se renouveler.

Il connaît déjà presque toutes les capitales européennes, notamment celles de l'Europe du Sud, du Centre et de l'Est (Vienne, Varsovie, Prague, Budapest, Bucarest...). Partout il compte des amis, dont beaucoup occupent de hautes fonctions et sont remarquablement informés [2], ce qui leur permet de le tenir au courant des évolutions majeures de leur pays.

Mais Raoul Follereau comprend que le monde se transforme rapidement, que des États neufs vont y jouer un rôle de plus en plus important.

---

1. Travail signalé par Jean Toulat à la p. 109 de sa biographie.
2. Nous disposons d'informations sur ce point. Raoul Follereau signale rapidement ces contacts dans le bulletin ou à l'occasion de conférences prononcées alors. Et les archives des fondations ne nous offrent pas de document plus précis.

Le développement de l'Amérique latine frappe beaucoup les contemporains, qui se demandent si les géants de la fin du XX⁰ siècle ne seront pas les pays d'Amérique du Sud. La Première Guerre mondiale leur a appris à ne pas dépendre de l'Europe. L'Argentine est devenue, par le volume et la valeur de ses productions, la sixième puissance économique mondiale [1]. Le Brésil, malgré la crise du café, fait figure de géant en gestation. Le Chili, le Pérou, l'Uruguay se transforment également. L'amélioration des conditions sanitaires permet une augmentation rapide du nombre des habitants. Des sociétés originales se constituent, où les races et les nationalités semblent se fondre comme dans un creuset. L'Europe découvre le tango à la fin de la guerre. La première coupe du monde de football est organisée en Amérique du Sud en 1930, et l'Uruguay et l'Argentine parviennent en finale. Les banques et les entreprises françaises s'intéressaient déjà à l'Argentine et au Chili avant 1914, mais elles sont plus actives encore après la guerre. Les exploits des aviateurs de l'Aéropostale permettent aux Français de se familiariser un peu avec la géographie de l'Amérique du Sud. L'opinion, si elle connaît mal ces « pays neufs », considère cependant qu'ils vont de plus en plus compter dans la vie mondiale.

Raoul Follereau constate que ces pays, très différents par leurs régimes politiques et leur poids démographique et économique sont tous des pays de culture latine. Pour lui, la latinité est une notion plus thématique que géographique. Si ces pays sont des géants en devenir, la latinité a un bel avenir devant elle. Et une solidarité de fait existe entre eux et la France. Les États-Unis ont beau être proches sur le plan géographique, ils sont très éloignés en matière culturelle de l'Amérique latine. Or, c'est l'inverse qui est vrai de la France. Raoul Follereau pense que la proximité des cultures permet les liens les plus solides. Il estime que la France ne doit se replier ni sur l'Europe ni sur son empire colonial, qui est principalement africain. Il constate que les informations sur ces pays restent souvent superficielles. Il veut donc se rendre sur place afin de constater les réalités et de mieux cerner les enjeux.

Raoul Follereau a aussi un projet précis et concret. Il veut travailler au rapprochement entre la France et l'Amérique du Sud par la littérature. Il dénonce depuis longtemps les mécanismes de l'édition :

On se viole les méninges pour essayer d'admettre telle littérature nordique, germanique, voire depuis peu, soviétique. Pendant ce temps paraissent, en des pays amis, des livres qui sont près de nous, qui sont l'illustration et la défense de notre race, mais auxquels nul éditeur ne s'intéresse, nul journal ne fait écho [2].

---

1. Elle occupe le quarantième rang mondial actuellement.
2. Raoul Follereau, *Le Sourire de la France*, 1930, p. 28.

D'Amérique du Sud, Raoul Follereau entend « rapporter les ouvrages littéraires et particulièrement poétiques les plus remarquables des jeunes générations, qui seront traduits, imprimés et diffusés par nos soins. Nous publierons également des anthologies de poètes sud-américains [1] ».

La démarche de Raoul Follereau est au fond celle d'un visionnaire. Alors que les critiques français découvrent assez lentement la littérature d'Amérique du Nord, il pressent que la littérature d'Amérique du Sud connaît le début d'un essor extraordinaire. Informé par des publications locales, il comprend que les conditions nécessaires à l'éclosion de jeunes talents sont réunies : un enseignement de qualité reçu par des jeunes imprégnés d'une culture et d'une sensibilité originales qui portent leur regard sur des pays en plein bouleversement. Le monde découvrira seulement vingt, trente ou quarante ans plus tard cette littérature sud-américaine dont les plus brillants représentants, des romanciers surtout, commencent déjà à écrire en 1930. Raoul Follereau n'a pas rencontré les génies de cette littérature, mais il a prévu avant presque tout le monde en Europe le rôle essentiel que cette littérature allait tenir.

Mais comment se rendre en Amérique du Sud ? Raoul Follereau ne veut pas se contenter d'un voyage touristique. Il souhaite rencontrer les responsables de ces pays et ne pas se limiter à une visite des capitales.

Depuis plusieurs années déjà, il est en contact étroit avec l'Alliance française. Fondée en 1883 pour faire connaître la langue et la culture françaises dans le monde entier, l'Alliance française a multiplié les centres de culture française et d'enseignement du français dans tous les pays. Au début du siècle, elle est présente dans le monde entier, mais principalement en Europe et en Amérique du Nord. Elle fait appel à des conférenciers prestigieux lors des journées culturelles organisées par ces centres. Raoul Follereau est l'un de ces conférenciers et il adhère totalement aux objectifs de l'Alliance. Celle-ci a dû se réorganiser après la guerre et Paul Labbé, son secrétaire général de 1920 à 1934, a eu à affronter maintes difficultés. Allemagne, Angleterre, Italie font de gros efforts pour diffuser leur langue et leur culture dans le monde et les gouvernements de ces pays soutiennent leurs organisations plus efficacement que ne le fait le gouvernement français. L'espéranto semble aussi une alternative possible et ses militants sont fort actifs à cette époque. L'Alliance française compte cependant cinq cent mille adhérents en 1931, six cents comités, deux cents délégués et elle organise chaque année des centaines de conférences à l'étranger [2]. À Paris, plus de quatre mille étudiants étrangers suivent les cours de l'école pratique de français. L'Alliance française organise des concours et distribue des prix en

---

1. Id., *ibid.*, p. 29.
2. M. Bruézière, *Histoire de l'Alliance française*, édité par l'Alliance française, 1981.

France et à l'étranger. Elle s'efforce de sensibiliser les Français et de gagner les étrangers à la cause de la culture française.

Les années vingt et le début des années trente marquent un autre tournant important dans l'histoire de l'Alliance française. L'Amérique du Sud devient le pôle principal de son activité[1]. Certes, sa présence en Europe du Nord-Ouest (Grande-Bretagne), en Europe du Centre et de l'Est (Tchécoslovaquie surtout, et Pologne), et en Amérique du Nord reste importante. Mais les centres de Buenos Aires et de Montevideo connaissent un essor extraordinaire. Avec dix mille inscrits, l'Argentine est le pays où l'Alliance française compte le plus d'élèves[2]. L'Alliance considère que le meilleur moyen de répandre la culture d'un pays consiste à enseigner sa langue et sa littérature. Elle fait cependant appel à des conférenciers qui ouvrent des perspectives nouvelles et sont un signe vivant de l'actualité de la culture française. Raoul Follereau, dont les qualités d'orateur commencent à être connues à Paris, compte parmi les intervenants les plus appréciés et c'est ainsi que l'Alliance française lui confie une tournée de conférences en Amérique du Sud. Les problèmes financiers et matériels de Raoul Follereau pour ces voyages sont donc résolus.

Raoul Follereau est aussi chargé d'une mission semi-officielle par le gouvernement français.
L' « affaire » du baccalauréat lui a permis de prendre des contacts au ministère de l'Instruction publique, où il n'est plus un inconnu. Ses multiples activités lui valent aussi un certain renom dans la capitale. En littérature comme en politique, il est un sujet brillant et plein d'avenir, un « jeune espoir ». En plus, un gouvernement situé à droite est au pouvoir et Raoul Follereau a plus d'entrées dans les ministères qu'au temps du Cartel des gauches.
Le ministère de l'Instruction publique le charge donc d'étudier pendant son voyage « l'influence française en Amérique du Sud ». Le sujet intéresse les hommes politiques français, mais il leur permet aussi de régler définitivement l'affaire du baccalauréat et d'éloigner pendant quelque temps un homme dynamique qui pourrait prendre de l'importance. Raoul Follereau devient donc ambassadeur de la pensée française, mais il fournit aussi à son gouvernement des renseignements de première main sur ce qu'il a vu à l'étranger. Il peut, en se recommandant du gouvernement, rencontrer les plus hauts responsables des pays et agir avec plus de souplesse qu'un ambassadeur officiel. Il peut s'informer des intentions des responsables. Il peut écrire l'Histoire, et il le fait d'autant plus efficacement qu'il reste discret. Il semble que beaucoup de déplacements de Raoul Follereau à l'étranger soient des missions semi-officielles

---

1. *Ibid.*
2. *Ibid.*

et qu'il ne parle pas seulement de littérature avec les responsables politiques qu'il rencontre. Dans ses comptes rendus de voyage, il reste très discret sur cet aspect des conversations. Raoul Follereau n'est pas agent secret mais agent de renseignements et d'influence pour le compte de son gouvernement. Sur quelle période ? Il est difficile de répondre. Il sera en tout cas remarquablement informé jusqu'à la fin de sa vie sur les grands problèmes politiques du monde et sur la vie de l'Église. Son carnet d'adresses sera toujours impressionnant. Et souvent il mènera plusieurs actions en parallèle. Les missions importantes qui lui sont confiées au début de la guerre ne s'expliquent que par des services considérables rendus à la France avant la guerre.

Raoul Follereau est reçu par le pape Pie XI quelques jours avant son départ, mais il ne détaille pas le contenu de cette audience privée assez longue. Il connaîtra personnellement et jusqu'à sa mort tous les papes et il les rencontrera tous à plusieurs reprises. Il sera aussi en relations avec de nombreuses personnalités de leur entourage et des responsables de la Curie, des supérieurs d'ordres religieux. Et ce, bien avant d'entamer ses campagnes en faveur des lépreux. Ses déplacements à Rome et en Italie sont très fréquents depuis 1926 et la Ligue d'union latine l'y accompagne.

Le 2 octobre 1930, quelques jours avant son départ, Raoul Follereau prononce une conférence dans le grand amphithéâtre de la Sorbonne. Il a vingt-sept ans. C'est une consécration et une petite revanche pour cet ancien étudiant qui a choisi, pour épanouir ses talents, d'autres voies que celles de l'Université. Mais Follereau considérera toujours la Sorbonne comme un temple de l'esprit humain auquel il voue un profond respect et un irremplaçable baromètre de la civilisation. Imposer certaines idées en Sorbonne lui paraît plus important pour l'avenir de la France et des peuples du monde que la puissance des canons et les manœuvres diplomatiques les plus audacieuses. Pour lui, le vrai combat est celui des idées et des valeurs, lesquelles déterminent ensuite les comportements des hommes – de tous les hommes – dans tous les domaines.

Raoul Follereau parle devant un auditoire prestigieux. Raymond Poincaré, l'homme politique le plus célèbre et sans doute le plus populaire en France à l'époque, devait présider cette séance, car il connaît l'orateur. Mais, souffrant, il doit y renoncer. Tardieu [1], alors président du Conseil, le remplace. Ce dernier incarne une volonté de renouveau et de modernisation de la vie politique française. S'écartant un peu du monde politique traditionnel, il cherche à s'entourer de techniciens compétents et d'hommes de réflexion et il suit avec intérêt le parcours de Raoul Follereau. Deux membres   du   gouvernement   sont   présents :

---

1. André Tardieu est pour la seconde fois président du Conseil, de mars à décembre 1930.

Eugène Lautier, sous-secrétaire d'État aux Beaux-Arts, que Follereau connaît donc bien, et Gaston Gérard. Tous les diplomates d'Amérique du Sud en poste à Paris assistent à cette conférence. Sous le titre *Le Sourire de la France*, Raoul Follereau reprend les idées qui lui sont les plus chères dont la mission de la France, et évoque les projets qui lui tiennent à cœur.

Il a composé avec soin un texte très lyrique [1]. Il accompagne ses paroles de gestes très amples. Si amples qu'il finit par renverser le verre d'eau qui se trouvait devant lui. Ses feuillets, trempés, sont désormais illisibles. Bien qu'éclaboussé, son voisin, Tardieu, reste imperturbable et l'invite à continuer. Raoul Follereau doit donc improviser à partir de ses souvenirs et il se découvre plus brillant que jamais et tout aussi convaincant [2].

Dès lors il cesse de rédiger le texte intégral de ses discours. Il préfère réfléchir aux quelques idées qu'il veut communiquer à son auditoire, à l'ordre dans lequel il va présenter les éventuelles anecdotes, et pour le reste il s'adapte à la salle devant laquelle il s'exprime. Il parlera désormais sans notes, évolution capitale pour la suite...

Raoul Follereau et son épouse prennent le bateau à Bordeaux le 7 octobre. La traversée durant dix-neuf jours [3], Raoul peut faire le point. Le

---

1. Écoutons Raoul Follereau au début de sa conférence :

« Il nous manque ce soir la personne, aimée autant que vénérée, d'un de ceux qui soutinrent notre effort avec le plus de lucide amitié. J'ai nommé Raymond Poincaré qui, si son état de santé l'avait permis, eût apporté en cette salle un rayon de gloire.

Il nous eût plu, certes, encore que notre œuvre ne méritât point tel honneur, de la mettre sous le signe patent d'un des hommes qui sauvèrent la France.

Qui donc s'étonnerait de trouver réunis, à la tête de ce comité de patronage, le héros d'hier et le chef d'aujourd'hui, le successeur désigné et qui continue dignement l'œuvre pour laquelle tant et tant moururent : l'appui d'André Tardieu est notre honneur. Et s'il m'est permis de décerner une particulière gratitude, elle ira aux deux ministres qui furent parmi les amis de notre œuvre, Eugène Lautier, l'Artiste, et Gaston Gérard, l'Animateur.

Vous avez bien voulu, messieurs les ambassadeurs et ministres des républiques latines de l'Amérique du Sud, nous apporter le témoignage de votre collaboration. Vos excellences, réunies dans un amour ardent de la France, ont été pour nous des conseillères précieuses, des amies avisées, et c'est près de vous que j'ai pour la première fois senti, avec quel orgueil, que l'amour de votre pays ne se séparait pas de la tendresse que vous portez au nôtre... »

(Le Sourire de la France, pp. 5 et 6.)

Le sous-secrétaire d'État aux Beaux-Arts, Eugène Lautier, semble avoir été à l'origine de la mission confiée à Raoul Follereau, car ce dernier cite, au début du rapport rédigé au retour de son voyage, la lettre que lui avait adressée ce ministre.

2. Raoul Follereau raconte cet épisode dans *La seule vérité, c'est de s'aimer*, tome I, pp. 30 et 31. Paru en 1966, cet ouvrage tient lieu de mémoires et d'autobiographie. Mais Raoul Follereau n'évoque pas alors le contenu de cet important discours de 1930 à la Sorbonne où il rassemble tous les thèmes qui lui sont chers. Le texte de la conférence est d'ailleurs publié par les Éditions de la Jeune Académie.

3. D'autres chrétiens découvrent au même moment d'autres continents qui sont autant d'univers nouveaux pour eux.

En 1928, venant d'Irlande où elle a reçu sa formation, la future Mère Teresa arrive en Inde. Elle doit y enseigner. Elle a choisi de se placer sous le patronage de Thérèse de point sur sa vie. Il se sent à une croisée des chemins. Apparemment il a tout pour être heureux. Il souhaiterait bien sûr des enfants, mais il a l'intuition qu'il recherche quelque chose d'autre, quelque chose de plus profond encore. Quelque chose que le succès littéraire le plus grandiose ne pourrait jamais lui apporter. Mais quoi ? Ce quelque chose existe-t-il sur terre ? Raoul Follereau compte sur ce voyage pour y voir plus clair [1]. Voyage qui est aussi un défi que le couple Follereau s'est lancé à lui-même. Malgré l'inévitable vie mondaine des traversées maritimes de ce temps, le moment est propice à la méditation et à l'inspiration du poète. Raoul Follereau compose alors plusieurs poèmes des *Îles de miséricorde* [2] où, nous l'avons vu, il exprime une certaine angoisse.

Raoul Follereau aurait dû séjourner à Rio de Janeiro, où il arrive le 26 octobre, mais une révolution au Brésil l'oblige à se rembarquer. Il mesure tout de suite l'âpreté des enjeux politiques sur ce continent [3].

Il arrive à Montevideo le 31 octobre et reste en Uruguay jusqu'au 9 novembre. Il y prononce notamment un discours à la séance solennelle de clôture de l'Université et une conférence sur Virgile à la radio. Il visite les principaux établissements d'enseignement français.

Le lycée français de Montevideo accueille mille élèves [4]. Il est le principal établissement étranger du pays malgré des ressources limitées. Il prépare au baccalauréat français et à l'examen équivalent en Uruguay. Son jardin d'enfants accueille aussi les élèves dès l'âge de quatre ans, afin qu'ils maîtrisent au mieux et sans effort la langue française. L'élite du pays tient à y envoyer ses enfants, mais les locaux deviennent insuffisants.

Tenu par les Frères des écoles chrétiennes, le collège de la Sainte-Famille de Montevideo accueille neuf cents élèves et propose même des formations après le secondaire. Les Frères dirigent sept collèges ou écoles où les familles les plus aisées du pays envoient leurs enfants. Raoul Follereau constate que l'insuffisance des ressources s'oppose à l'extension de ces établissements qui diffusent la culture française et sont très appréciés dans le pays.

Lisieux, une sainte française.

En 1930, Armand Marquiset part pour l'Amérique du Nord. Il reste longuement à Hollywood, car le musicien comprend toute l'importance du cinéma et il y rencontre les stars. Guy de Larigaudie visite aussi les États-Unis à la même époque.

1. Faute d'un journal intime tenu par Raoul Follereau, nous disposons de peu d'informations sur le sujet. Mais la tonalité des poèmes composés alors nous permet d'entrevoir le malaise intérieur qui l'habite.

2. Poèmes publiés peu après aux Éditions de la Jeune Académie.

3. Nous connaissons les détails de ce voyage grâce à la relation que Raoul Follereau en donne dans son bulletin *L'Œuvre latine*, notamment en 1931, après son retour, et surtout par la brochure *L'Influence française en Sud-Amérique*, éditée par *L'Œuvre latine* en 1931 (70 pages). Il s'agit du rapport adressé par Raoul Follereau au ministre de l'Instruction publique.

4. Source : *op. cit.*

Du 10 au 30 novembre, Raoul Follereau séjourne à Buenos Aires. Il y découvre l'Alliance française de Buenos Aires, le grand organisme de l'enseignement français et de la propagande française en Argentine.

L'Alliance française de Buenos Aires accueille trois mille élèves. Fondée en 1893, elle s'est tout de suite tournée vers l'enseignement. Elle occupe un magnifique hôtel particulier dans l'une des artères les plus fréquentées de la capitale, mais son rayonnement dépasse les cadres de l'enseignement. Elle multiplie les conférences gratuites et les manifestations artistiques de toutes sortes, et dispose aussi d'une bibliothèque très bien fournie.

Le développement récent de cet organisme est dû essentiellement à son président, Henri Saint, un gros industriel français établi en Argentine où il a fait fortune. Raoul Follereau se lie d'amitié avec lui. Malgré ses obligations professionnelles et ses nombreuses activités, ce dernier se rend tous les jours à son bureau de l'Alliance française et il multiplie les initiatives. Plus, il paie de son argent personnel les importants déficits annuels de l'Alliance. Son épouse, une femme de grande culture, joue également un rôle très actif. Le père Fontan est un secrétaire général extraordinairement dynamique lui aussi. Responsable important de la D.R.A.C., il devient un grand ami de Raoul Follereau. Nous en reparlerons plus loin.

Même si Buenos Aires rassemble le tiers des habitants du pays, l'Alliance française ne veut pas oublier la province. Elle pense même que son influence peut y être plus profonde, la capitale étant, selon les mots de Raoul Follereau, « à la merci du snobisme et de l'internationalisme [1] », malgré le prestige immense de la France depuis les succès de l'Aéropostale – Mermoz a assuré six mois plus tôt la première liaison aérienne directe entre la France et l'Amérique du Sud. L'Alliance veut donc créer des filiales disposant de bibliothèques bien équipées dans les quinze principales villes de province d'Argentine. Elle manque toutefois de livres pour mener à bien ce projet et d'argent pour acheter les livres et les transporter. En revanche, Britanniques, Américains et Italiens engagent des sommes considérables pour faire rayonner leur culture dans ce pays. Raoul Follereau déplore l'indifférence du gouvernement français et il estime que « l'Alliance française a en Argentine une vitalité magnifique et un avenir de premier ordre pour peu qu'elle soit entendue et soutenue par les pouvoirs publics français [2] ».

Raoul Follereau peut une nouvelle fois mesurer le rôle important des collèges religieux français. À Rio Bamba, dans un des beaux quartiers de Buenos Aires, le collège Saint-Jean-Baptiste-de-La-Salle assure l'enseignement primaire et secondaire et accueille douze cents élèves. Follereau préside la distribution des prix, à laquelle assistent six mille personnes. Les élèves entonnent *La Marseillaise*, puis de vieilles chansons françaises. Il est surpris et émerveillé par un tel enthousiasme. Il découvre de nouvelles

---

1. *Op. cit.*
2. *Op. cit.*

images de la France. Il admire aussi les salles de sciences physiques et naturelles. Ce collège jouit d'une immense renommée dans tout le pays. Raoul Follereau visite d'autres établissements fondés par des religieux français, mais il constate que les enseignants français y sont de moins en moins nombreux en raison d'une baisse du recrutement de ces ordres en France après les lois de 1904 expulsant de France les congrégations enseignantes. Et si la plupart des dirigeants argentins ont suivi l'enseignement de ces établissements, ce qui les rend très francophiles, il n'en sera sans doute pas de même de leurs successeurs.

Raoul Follereau veut gagner rapidement le Chili, mais les Andes dressent une barrière redoutable. Il s'adresse à la Compagnie générale aéropostale et insiste pour qu'elle trouve une solution à son problème. En raison du caractère quasi officiel de son voyage, l'Aéropostale lui accorde ainsi qu'à son épouse une faveur exceptionnelle : gagner le Chili par un de ses avions transportant le courrier. Ces appareils ne comportent que deux places, mais le radio ne part pas ce jour-là. Raoul Follereau pourra prendre son épouse sur ses genoux, ce qui permettra de n'occuper qu'une place. Quant au pilote, il s'appelle... Jean Mermoz [1]. Mermoz, dont tout le monde parle en Amérique du Sud, car il a réussi les 11 et 12 mai 1930 la première liaison aérienne entre la France et le sous-continent. Mermoz qui, en France, est déjà l'idole de tout un peuple. Aussi Raoul Follereau se réjouit-il de faire sa connaissance.

Raoul Follereau et son épouse sont donc les premiers passagers civils de l'Aéropostale. Partant de Buenos Aires, l'avion survole d'abord la pampa jusqu'à Mendoza. La météo est mauvaise mais le parcours sans grande difficulté. Mermoz multiplie les précautions, place une bombe éclairante sous l'avion. À la fin, n'y tenant plus, Raoul Follereau demande :

« Pourquoi tant de précautions ? Après tout, on ne meurt qu'une fois ! »

Jean Mermoz tourna les yeux vers moi. C'est peu dire qu'il me regarda : il me traversa. Et sans élever la voix, il dit : « Il ne s'agit pas de mourir mais d'arriver [2] ».

Raoul Follereau est bouleversé par cette phrase qu'il se rappellera toute sa vie. Car mourir lui était presque indifférent à lui qui croit en l'au-delà et en la communion des saints. Le goût du panache lui en faisait presque oublier la prudence. Et dans sa recherche de l'absolu, il finissait par voir dans la mort un passage salvateur, presque bienfaisant. Mais il s'aperçoit

---

1. Raoul Follereau ne décrit pas dans son rapport son incroyable traversée des Andes et la rencontre de Mermoz, mais il relatera ces épisodes des années durant au cours de dizaines et même de centaines de conférences. À tous ses proches, il en a parlé, même des années après. Des textes de conférences, les récits des premiers biographes de Raoul Follereau, les souvenirs de ses amis et des auditeurs de ses conférences sont, pour le récit de cette traversée des Andes, autant de sources concordantes et complémentaires.

2. Phrase citée des centaines de fois par Raoul Follereau lors de ses conférences (souvenirs de témoins et de proches : André Récipon, le frère Davoine...).

que frôler la mort cache souvent une fuite et une démission, c'est-à-dire l'attitude de l'antihéros. Il redécouvre l'admirable grandeur de l'humble devoir quotidien sans cesse répété.

Aussi ajoute-t-il : « J'ai appris de Mermoz ce qu'est le devoir et que, pour ceux qui portent un message, un courrier, le courage, ce doit être quelquefois l'héroïsme quotidien [1]. »

Mais le voyage ne fait que commencer.

À Mendoza, Mermoz laisse le Latécoère 26 pour un Potez 25 plus léger. Il sait qu'il doit franchir des barrières montagneuses de six mille mètres avec un appareil prévu pour voler à trois mille mètres au maximum. Il doit donc jouer avec les vents, découvrir les courants ascendants et essayer de les utiliser. L'Aéropostale est encore à la recherche de passages et de nouvelles routes à travers la montagne. Les deux passagers et leur pilote sont bientôt au cœur des Andes et tout devient hallucinant. Toute forme de vie a disparu, des vents glacés secouent l'appareil. Alentour, ce ne sont que précipices, pics, laves, éboulis, neige. L'avion traverse des nuages, rencontre des trous d'air, évite des parois menaçantes. Une seule erreur du pilote et surtout une seule défaillance du fragile appareil, et c'est la mort assurée au milieu de ces éléments déchaînés. Rétrospectivement, l'attitude du ménage de Follereau s'engageant dans une pareille épopée peut être qualifiée d'inconsciente ou de suicidaire. Le froid et la peur paralysent Raoul et son épouse, mais ils ne peuvent reculer désormais. Mermoz ne dit mot et reste imperturbable. Il finit par trouver des passages et l'avion survole bientôt la plaine chilienne pour parvenir sans encombre à Santiago.

Raoul Follereau est impressionné et fasciné par l'attitude de Mermoz. Il lui confie ses impressions. Mermoz, toujours aussi calme, lui répond :

« Moi aussi, j'ai eu peur et j'ai eu froid. On a peur, mais on passe quand même. Le courage, c'est d'avoir peur mais de marcher quand même [2]. »

Une fois encore, Mermoz donne à Raoul Follereau une règle de vie. Une règle qu'il fera sienne jusqu'à la fin de sa vie.

Raoul Follereau a le sentiment de rencontrer un héros des temps modernes, aussi valeureux que tous les personnages de la littérature et de l'Antiquité. Les deux hommes poursuivent leurs échanges sur les sujets les plus divers et une estime mutuelle se crée. Au contact de Mermoz, Follereau relativise ses problèmes, trouve des réponses sobres mais puissantes aux questions qu'il se pose. Il puise là un dynamisme nouveau pour continuer les actions entreprises.

Raoul Follereau arrive donc le 2 décembre à Santiago. Il est reçu par le président de la République [3]. Puis il se rend à l'Académie des beaux-arts, que dirige Fossa Calderon, un peintre qui a vécu vingt-quatre ans en

---

1. *La seule vérité...*, *op. cit.*, tome I, p. 16.
2. Cité dans la biographie de Jean Toulat, *op. cit.*, p. 20.
3. Sources : bulletin *L'Œuvre latine* et rapport *L'Influence française en Sud-Amérique*.

France et aime ce pays. Raoul Follereau prononce des conférences à l'université. Le 11 décembre, il gagne Valparaiso, où il reste trois jours.

Une fois encore il constate que les collèges tenus par les congrégations religieuses (Frères des écoles chrétiennes, Pères et Sœurs de Picpus) sont les plus efficaces agents de l'influence française au Chili. Mais le gouvernement chilien, par souci d'économie, supprime des subventions aux institutions religieuses charitables et aux collèges français, ce qui leur réserve un avenir difficile.

Pourtant, le Chili n'est pas hostile à la France. Les milieux cultivés sont francophiles. Toutefois, des contrats lient l'agence américaine United Press aux journaux chiliens, de sorte qu'aucune nouvelle française ne peut arriver aux journaux chiliens sans passer par l'United Press, avec tous les risques de « désinformation » ou d'information partielle que cela comporte. Raoul Follereau propose aux agences européennes de presse d'unir leurs efforts, d'autant que les Chiliens ne seraient pas fâchés d'échapper à l'influence des États-Unis.

Par bateau à vapeur il gagne le port péruvien de Callao, où il arrive le 21 décembre. À Lima, l'université catholique française est en lutte presque constante avec l'université officielle. La langue française recule face à l'anglais, car le pays devient dépendant économiquement et financièrement des États-Unis. Les riches propriétaires sont encore très francophiles. Le manque total de ressources des établissements français compromet leur redressement. Les associations d'anciens élèves se sentent isolées.

Raoul Follereau reste au Pérou jusqu'au 27 décembre puis gagne Arica, au Chili, par bateau à vapeur, et La Paz, en Bolivie, grâce à l'Aéropostale. Il reste en Bolivie du 31 décembre au 5 janvier. Le pays connaît alors une violente agitation politique et de nombreuses manifestations xénophobes et anticléricales. Les Allemands accomplissent un gros effort pour subventionner leurs collèges, alors que les établissements religieux français sont confrontés aux plus grandes difficultés.

Par ailleurs les époux Follereau vivent encore des moments dramatiques. Madeleine Follereau est en effet terrassée par une crise d'appendicite lors d'un déplacement avec son mari à l'intérieur du pays. Ils passent la nuit dans une hutte que des Indiens leur ont prêtée, « à mille kilomètres du premier médecin, avec deux centimètres de bougie pour s'éclairer [1] ». Raoul Follereau se demande s'il ne va pas perdre son épouse. Tout s'arrange finalement, et ils peuvent regagner la capitale.

Cependant, leur état de santé à tous deux est assez précaire. De plus, Raoul Follereau en sait suffisamment maintenant pour rédiger son rapport. Ils renoncent à visiter l'Équateur, la Colombie et le Venezuela [2] et ils regagnent la France, où ils arrivent le 19 février 1931, après presque cinq mois d'absence.

---

1. *La seule vérité...*, tome I, p. 34.
2. *L'Influence française...*, p. 7.

Sur le bateau, Raoul Follereau peut prendre un peu de repos, mettre ses notes en ordre, faire le point, préparer ses nouveaux projets. Il en profite aussi pour méditer sur son évolution personnelle et écrire, composant notamment *La Prière à Amphitrite*, où il demande à la divinité antique, « pour satisfaire à son destin mystérieux », de lui « enseigner l'essentiel [1] ». Le voyage n'aurait-il servi à rien ? Non, car Raoul Follereau a rencontré des personnes souvent devenues des amis, qui le marqueront sa vie durant (Mermoz, les Frères des écoles chrétiennes...) et qui par leur attitude sont autant d'exemples et de réponses partielles à ses questions. C'est animé d'une ardeur nouvelle qu'il repart à l'action. Il pense plus à ses combats qu'à sa propre carrière littéraire, laquelle lui semble au fond peu de chose face à l'ampleur des engagements qu'il croit devoir prendre. Il suit en fait les voies de l'intelligence et de l'action plus que celles de la charité et de l'apostolat.

D'une façon pratique, il a pu expérimenter les voyages de longue durée en toutes conditions. Les émotions n'ont pas manqué, mais il ne regrette rien. Il dispose maintenant d'un important réseau de correspondants en Amérique du Sud.

Partout, il fut bien accueilli. Il a été reçu par le chef de l'État en Argentine, au Chili et au Pérou. La presse a rendu compte de sa visite et de ses interventions avec une grande bienveillance. Raoul Follereau recense au moins cent quatre-vingts coupures extraites de trente-deux journaux, représentant plus de seize mille lignes et illustrées de nombreuses photographies [2]. La plupart des articles s'étendent sur plusieurs colonnes. Quelques quotidiens à grand tirage ont même reproduit le texte intégral de certaines conférences.

Raoul Follereau s'est émerveillé devant certains signes de la présence française, mais il n'a rencontré qu'une petite partie de la population de l'Amérique du Sud. Ses contacts se sont surtout limités aux milieux aisés et cultivés des grandes villes. Il reste inconnu des plus pauvres, même si le sous-continent ne vit pas encore à l'heure des bidonvilles. Il est pleinement conscient de ce fait et c'est pourquoi il tient à alerter les dirigeants français.

Il rédige rapidement son rapport au ministre [3]. Celui-ci est d'ailleurs publié en 1931 aux Éditions de l'Union latine et compte soixante-dix pages. Raoul Follereau y présente d'une manière très sobre les étapes de sa visite et ce qu'il a vu. Il avance des propositions concrètes pour remédier aux difficultés présentes et à venir.

Il observe donc que si la haute société de l'Amérique du Sud est largement francophile voire francophone, c'est grâce au travail patient et obscur

---

1. Poèmes conservés partiellement aux fondations Follereau.
2. *L'Influence française...*, pp. 53 à 70.
3. D'ailleurs, le gouvernement a changé depuis son départ.

des congrégations religieuses enseignantes expulsées de France à cause du vote des lois laïques de 1904. Il invite les pouvoirs publics à soutenir ces établissements scolaires sous peine de voir s'effacer peu à peu l'influence française, car d'autres pays, les États-Unis, l'Allemagne, la Grande-Bretagne et l'Italie, fournissent des efforts considérables. Et le recrutement français des ordres religieux enseignants commence, selon Raoul Follereau, à se tarir en raison des persécutions dont ils ont été l'objet en France.

Raoul Follereau déplore aussi le petit nombre des bibliothèques françaises et la mauvaise diffusion des livres français. Il a constaté avec stupeur que *La Garçonne* est souvent le seul livre de langue française proposé dans les librairies ou les bibliothèques [1]. Il veut réagir sans tarder.

Il rentre en France le 19 février. À la fin du mois de février, il rend visite au ministre de l'Institution publique en compagnie du député de l'Aude, Castel, et du compositeur Marc Delmas. Raoul Follereau présente l'Œuvre des bibliothèques françaises à l'étranger, qu'il vient de créer et que le ministre accepte de patronner. Il s'agit d'aider ces bibliothèques en leur envoyant gratuitement des livres soigneusement triés et, si elles n'existent pas, de créer des bibliothèques gratuites et publiques d'ouvrages français. Follereau ne se fait guère d'illusions sur l'efficacité du gouvernement [2] ou de l'Alliance française de Paris en la matière. Il juge les associations privées plus souples et efficaces que les institutions trop administratives et officielles [3].

Raoul Follereau avait promis deux mille quatre cents livres à l'Alliance française de Buenos Aires pour ses filiales provinciales. Il s'adresse alors aux éditeurs parisiens et surtout aux lecteurs de son bulletin où il lance une souscription. Le résultat dépasse ses espérances et, dès le 18 avril, il envoie plus de quatre mille volumes en Argentine [4]. Ils parviennent à Buenos Aires le 20 mai et sont ensuite répartis dans les bibliothèques du pays. Henri Saint et ses collaborateurs sont stupéfaits de l'efficacité de Raoul Follereau. Il ne s'agissait pas seulement de rassembler les ouvrages, mais il convenait, pour les acheminer, de régler les problèmes administratifs, techniques et financiers du transport. Cette réputation d'efficacité gagne bientôt les établissements français de toute l'Amérique latine.

Raoul Follereau envoie la plupart des ouvrages classiques, « de Ronsard

---

1. « Monsieur le Ministre, il y a trop de " Garçonnes " en Amérique, comme il y a trop de livres semblables. Dans certaines librairies il n'y a que cela et il est à croire que des complots et des complicités se jouent de notre candide inertie pour travailler, avec notre propre littérature, contre la France et contre les Français. » *L'Influence française*, p. 43.

Quand il parcourt les pays étrangers, Raoul Follereau observe toujours avec beaucoup d'attention les devantures et les fonds des libraires.

2. Tardieu n'est plus président du Conseil. C'est Laval qui dirige le gouvernement, et ce de janvier 1931 à février 1932.

3. Il se garde cependant de les critiquer ouvertement et publiquement.

4. *Cf. L'Influence française...*, p. 44. Raoul Follereau y expose en effet les premières initiatives qu'il a prises à son retour, à titre purement personnel.

à nos jours », des romans anciens ou modernes, des ouvrages pour enfants, des manuels de français, de droit, de médecine, de technologie, des livres pratiques sur l'agriculture ou d'autres sujets. *La Revue des Deux Mondes* et *Les Annales* offrent des collections, et des publications comme *La Nouvelle Revue française* et *La Science et la Vie* accordent des abonnements gratuits. La presse française, nationale et provinciale, quotidienne et périodique, de droite ou de grande information – dont *Paris Soir, Le Temps, Le Figaro, Le Petit Parisien* – soutient résolument l'initiative de Raoul Follerau et lui donne une large audience [1].

Mais ce dernier ne s'arrête pas là. L'œuvre s'appelle bientôt le Livre français. Les publications qu'elle envoie doivent présenter « un panorama sincère et complet de la vie spirituelle et intellectuelle de la France [2] ». L'opération continue donc. Des milliers de volumes supplémentaires sont adressés à l'Alliance française de l'Amérique du Sud et aux collèges tenus par les Frères. En 1932, plus de cinquante mille livres ont déjà été envoyés en Amérique du Sud. Un centaine de bibliothèques nouvelles ont pu ouvrir [3]. Raoul Follereau se soucie en particulier des personnes qui ont arrêté leurs études de français depuis plusieurs années et qui, faute de trouver des publications françaises, perdent leur acquis.

Mais il ne se limite pas à l'Amérique du Sud. Il a pu constater semblables lacunes lors de ses voyages précédents au Proche et au Moyen-Orient et ailleurs [4]. En 1932, de nouvelles bibliothèques sont ouvertes à Jaffa, à Bethléem, à Nazareth, à Smyrne ainsi qu'en Annam, au Sénégal, à Cernauti en Roumanie. Des livres sont également remis à la Ligue maritime et coloniale [5].

Les amis de Raoul Follereau multiplient les initiatives dans toute la France. Bernard Tissot, d'Annecy, lui écrit [6] :

J'ai fait paraître dans divers journaux régionaux des appels, dont je vous envoie deux justificatifs, n'ayant pas gardé les autres. J'ai écrit à différentes maisons d'édition savoyardes ou dauphinoises, et partout j'ai rencontré un généreux accueil. J'ai touché les lycées de jeunes gens et de jeunes filles d'Annecy et, surtout de ce dernier, j'ai obtenu un bon résultat (cent volumes). Le proviseur et la directrice de ces établissements avaient bien voulu lire une petite note à leurs élèves en faveur de notre œuvre. Ainsi, j'ai

---

1. *Ibid.*, p. 45.
2. Tract rédigé alors (archives des fondations Follereau à Paris).
3. Chiffres cités au dos de la couverture de livres publiés alors par la Jeune Académie et dans les bulletins de 1933.
4. Au dire de certains de ses proches, Raoul Follereau a aussi visité rapidement l'Océanie, la Birmanie et l'Indochine au cours des années trente. Il y aurait en tout cas fait escale. Nous manquons totalement de sources sur ces déplacements. En revanche, ses contacts avec l'Afrique noire et le monde anglo-saxon restent très limités.
5. Le bulletin *L'Œuvre latine* rend compte de ces réalisations tout au long de l'année.
6. En 1932.

pu recueillir environ trois cents volumes, brochures ou autres qui ont dû vous parvenir ou vont vous parvenir dans deux caisses.

Raoul Follereau et ses amis prennent donc l'habitude de s'adresser à toute la population et non seulement à de petits cercles littéraires. Ils nouent des contacts qui pourront leur être utiles pour la suite.

Peu après son retour, Raoul Follereau s'empresse de composer une pièce à la gloire des pilotes de l'Aéropostale où il évoque les grandes leçons données par Mermoz, *Les Nouveaux Chevaliers* [1].

Martial Duret, artiste peintre portant la lavallière et Mimi, sa fiancée, modèle parisien un peu frivole, reçoivent la visite de Jean [2], aviateur de l'Aéropostale qui s'entretient avec eux. Ils se racontent leurs vies.

Martial évoque les difficultés de la vie d'artiste comme l'incompréhension des proches, la jalousie des autres artistes, l'impression de « tourner en rond ».

Jean explique que l'aviation n'est ni une affaire d'aventuriers ni une simple question de mécanique.

Aux yeux de ses interlocuteurs, Jean se révèle bientôt « un artiste, un vrai ». Il évoque l'émotion esthétique que la technique apporte quand on atteint le ciel. Être artiste, ce n'est pas une question de technique mais d'état d'esprit, de regard posé sur la vie, les personnes et les choses. Il reste simple, il ne parle pas d'exploits ou de faits extraordinaires : « Mourir, ce n'est pas le plus difficile, tandis que la vie, cette lutte, ces embûches, ces misères... » Il s'intéresse profondément à la vie de ses amis et leur révèle la grandeur de leur tâche : « Travailler, c'est le secret de toutes les vies. Travailler et puis croire. Croire à l'utilité, à la grandeur de la besogne. »

Martial est impressionné par la vie de Jean et de ses amis : « Nous rabâchons, ils créent. Nous existons, ils vivent. » Se montrer digne de Jean, ce n'est pas mépriser la peinture et l'abandonner, mais au contraire poursuivre son œuvre avec foi et constance. Martial retourne donc à ses pinceaux avec une énergie nouvelle et cesse de penser aux difficultés ponctuelles qu'il rencontre.

Raoul Follereau garde des liens étroits avec Jean Mermoz, qui est devenu un ami très cher. Ils ont presque le même âge, Mermoz étant né en 1901. Follereau recherche le contact direct avec les personnages hors du commun qu'il admire. Après la mort de l'aviateur, Mermoz, il continuera à rencontrer la mère de celui-ci, qui habite non loin de chez lui.

Raoul Follereau consacre désormais de nombreuses conférences à Mer-

---

1. Comédie en un acte publiée par la Jeune Académie (déposée aux archives des fondations Follereau à Paris). La dédicace est révélatrice : « Aux héroïques et courageux pilotes des lignes aériennes, en admiration. »

2. On devine bien sûr qu'il s'agit de Mermoz. Raoul Follereau lui prête d'ailleurs les propres paroles de ce dernier.

moz, ce qui lui permet de développer ses idées sur la grandeur de la France. Il se sent autorisé à parler de Mermoz non seulement parce qu'il l'admire, mais parce qu'il l'a vu à l'œuvre dans les situations les plus difficiles. Il reste aussi en contact régulier avec lui. Mermoz apprécie Raoul Follereau, qui , par besoin d'idéaliser ceux qu'il aime, le présente comme un modèle, contribuant ainsi à l'établissement de sa « légende dorée ». Follereau ne dit pas un mot des hésitations de l'homme. Sa vision est toute différente de celle de la biographie de Mermoz par Kessel [1], lequel connaissait l'homme plus que le pilote et insiste beaucoup sur son instabilité, ses angoisses et ses nombreuses aventures sentimentales.

Raoul Follereau n'évoque pas les questions religieuses avec Mermoz. En effet, il ne fait pas de la pratique religieuse ou de la situation matrimoniale une condition indispensable à son amitié ou à son estime. Ce qui lui importe, c'est que Mermoz soit très sensible à toutes les détresses sociales. Le secrétaire de l'aviateur, Max Delty, a raconté des anecdotes à ce sujet [2]. Mermoz, comme les pilotes et les responsables de l'Aéropostale, est de plus en plus écœuré par l'administration et le personnel politique français, ce qui le rapproche encore de Raoul Follereau. Mermoz adhère au Parti social français, alors que Follereau, comme la plupart des sympathisants de l'Action française d'ailleurs, n'aime pas le colonel de La Rocque. Les deux amis ont soif d'artistes de la politique qui aient une vision plus large, plus généreuse des problèmes et des solutions à leur apporter. Tous deux veulent la grandeur de la France.

Grâce à Mermoz, Raoul Follereau saisit tout le décalage qui existe entre le monde de l'Aéropostale et les salons parisiens. Il lui apparaît désormais que les valeurs nouvelles et l'âme de la civilisation ne se vivent pas à Paris mais dans le quotidien de « la ligne ». En Mermoz, il découvre une nouvelle image de la grandeur de son siècle.

Raoul Follereau connaît très bien Didier Daurat et de nombreux pilotes. Il connaît Saint-Exupéry et l'estime, mais il a peu d'échanges avec lui, même si l'auteur de *Terre des hommes* développe dans son œuvre beaucoup de thèmes chers à Mermoz et à Raoul Follereau.

Voulant exalter l'œuvre des religieux français dans le monde et faire réviser les lois sur les congrégations, Raoul Follereau rédige un pamphlet virulent, *Les lois antireligieuses de 1904 trahissent la France* [3].

Nous avons vu que, dès son enfance, Raoul Follereau était révolté par ces lois, les religieux ayant joué un rôle important dans son éducation et la

---

1. Kessel, *Mermoz*, Livre de poche.
2. Max Delty, « La journée perdue », *La Morale par les textes*, Lyon, Éditions Robert, collection « L'école et la famille, » 1963, pp. 129 à 131.
3. Publié par la Ligue d'union latine, sans date, et « suivi de quelques merveilleuses histoires de missionnaires français ». Cette brochure se trouve aux archives des fondations Follereau à Paris. Cependant, Raoul Follereau développe abondamment ce thème dans ses bulletins et plus encore dans ses conférences.

formation de sa personnalité. Son voyage en Amérique du Sud lui a de surcroît montré leur influence irremplaçable dans la diffusion de la langue et de la culture française dans le monde.

Or les réticences et les difficultés administratives demeurent, alors que « l'Allemagne fétichiste et fanatique subventionne ses mouvements missionnaires [1] ». L'expulsion de 1904 a amené les congrégations enseignantes à se répandre dans tous les pays et à y faire grandir le renom de la France, mais maintenir ces lois limite le recrutement de ces instituts et compromet gravement la place de la France dans le monde. Le seul intérêt national commande donc l'abrogation de ces lois pour Raoul Follereau.

Raoul Follereau signale que les lois de 1904 qui ont « chassé et volé » ces religieux « n'ont jamais été voulues par la France [2] ». Les députés qui les ont votées « représentant deux millions six cent mille électeurs soit 20 % du corps électoral et 6 % du corps national [3] ». Pour lui, il s'agit « d'une véritable fraude politique », « d'une trahison, d'une honte ». Ces lois ne sont pas révisées par « apathie, par bêtise ou par haine ».

Il rappelle que ces religieux et ces religieuses sont revenus en France au moment de la guerre pour servir, qu'ils ont obtenu neuf mille huit cent cinquante et une citations, que mille neuf cent quarante-six d'entre eux ont été tués. Malgré tout, certains veulent leur interdire de séjourner en France.

Raoul Follereau pratique aussi des raccourcis saisissants pour mettre en valeur ses thèses :

On peut être impunément communiste, bolcheviste, antimilitariste, anarchiste, mais il est interdit d'être religieux.

On peut s'assembler pour renier et trahir la France, mais il est défendu de se réunir pour prier pour elle [4].

On demande des francs-maçons et autres anticléricaux pour soigner les lépreux en Océanie, pour faire la classe aux Esquimaux, pour adoucir les cannibales, pour hospitaliser, pour panser, pour guérir, pour consoler en Chine ou en Laponie... Les fonctions sont éperdument gratuites. Les candidats sont assurés du mépris gouvernemental et éventuellement de ses persécutions [5].

Cet essai est suivi de « quelques merveilleuses histoires de missionnaires français ». Raoul Follereau raconte des histoires édifiantes et sublimes sur ceux que la loi française considère comme des « inutiles » ou des « parasites de la société ».

En soixante pages, il démontre qu'il est un polémiste redoutable. Cette

---

1. *Les lois antireligieuses trahissent la France*, p. 23.
2. *Ibid.*, p. 35.
3. *Ibid.*, p. 35.
4. *Ibid.*, p. 38.
5. *Ibid.*, p. 39.

brochure permet aux convaincus d'argumenter, mais elle n'a pas d'effet immédiat sur la loi. Les gouvernements de la III⁰ République finissante préfèrent l'apathie à toute autre chose, aussi Raoul Follereau est-il de plus en plus exaspéré par le monde politique français.

Il dispose de correspondants qui sont autant de délégués de la Ligue d'union latine dans les pays d'Amérique du Sud qu'il a visités. La plupart sont des hommes de sa génération, intéressés par une foule de questions.

En Uruguay, Louis Albret Viale [1], né à Montevideo en 1902, a effectué ses études au collège Carnot, devenu le lycée français de Montevideo. Auteur dramatique, il travaille comme journaliste dans de nombreuses revues de jeunes. En 1931, il est rédacteur à *L'Imparcial*, l'un des plus grands journaux de la capitale, dirigé par Eduardo Ferreira, écrivain célèbre et francophile. Raoul Follereau garde aussi des relations étroites avec le directeur du lycée français de Montevideo, M. Larnaudie [2].

Au Chili, José Espinosa [3], né en 1905 à Santiago, bien qu'il ait fait des études de médecine et de pharmacie, a gardé le goût du théâtre, de la littérature et de la poésie. À l'âge de dix-huit ans il signait une étude très remarquée sur Molière. Il est rédacteur pour les questions d'éducation au journal *La Nación* de Santiago.

En Argentine, Juan Campins [4], né à Barcelone en 1883, s'est essayé au commerce après des études chez les Frères, puis il s'est établi en Amérique du Sud, où il a épousé une Française. Passionné par l'art et la poésie il participe activement à de nombreuses œuvres de bienfaisance.

« Petit, presque frêle, le visage osseux, la démarche vive et saccadée, la parole forte et franche », le révérend père Fontan [5] est né à Sabarros, dans les Hautes-Pyrénées, en 1881. Devenu après son ordination professeur au collège de Tucumán, il est revenu d'Argentine pour être incorporé en 1915. Caporal brancardier, il a reçu onze citations. Démobilisé le 19 février 1919, il retourne en Argentine et noue des relations étroites avec Raoul Follereau.

Le Bolivien Fernando Díez de Medina [6] est né à La Paz. Journaliste et écrivain, il a déjà publié *La Clara Senda*, un recueil de poésie favorablement accueilli par la critique sud-américaine. Il collabore aux revues littéraires de plusieurs pays d'Amérique du Sud et a reçu de nombreux prix. Il veut sortir son pays d'un certain isolement culturel. Il dirige la page littéraire de *La Republica*, le quotidien de La Paz et travaille aussi comme secrétaire de la Banque centrale de Bolivie.

Charles-Albert Clulow [7] est un homme polyvalent. Auteur de poèmes et

---

1. *L'Œuvre latine*, mars 1931.
2. *Ibid.*, id.
3. *Ibid.*, id.
4. *Ibid.*, id.
5. *Ibid.*, id.
6. *Ibid.*, id.
7. *Ibid.*, mai 1931.

nouvelles, il a surtout publié des études de sociologie très remarquées : *L'Or yankee en Amérique latine* et *La Crise spirituelle américaine* en 1928, puis *Quelques Idées sur la démocratie* en 1930.

Ces contacts avec l'Amérique du Sud renforcent la méfiance de Raoul Follereau à l'encontre des États-Unis. Au cours de l'été 1933, dans son bulletin, il évoque « les deux bolchevismes de Moscou et de New York ».
La lutte d'influence peut prendre un tour violent. En 1933, Christian Couderc, aviateur gravement blessé lors de la guerre, délégué de la Ligue d'union latine à Toulouse, publie un livre : *La Dernière Épopée*, où il défend l'Amérique latine dans sa lutte économique face aux États-Unis. Il reçoit, à sa grande surprise, une lettre des États-Unis. Au nom de la *Pan American Union*, son directeur général, Rawlinson, veut acheter la traduction espagnole du livre, afin, espère-t-il, d'éviter sa diffusion en Amérique du Sud. Raoul Follereau, mis au courant, proteste et écrit aux États-Unis. Christian Couderc reçoit la visite d'un Américain inconnu qui désire lui acheter la lettre de la *Pan American Union*, offre qu'il décline. Quelques jours plus tard, il est agressé dans la rue et délesté de ses papiers, qu'il retrouve bientôt : seule la précieuse lettre a disparu. On imagine dans ces conditions la vie que peuvent mener certains représentants de l'Union latine en Amérique du Sud [1].

On peut remarquer qu'après la Seconde Guerre mondiale, et notamment à partir des années soixante et soixante-dix, les protestations les plus véhémentes de l'Église contre l'injustice sociale et l'influence américaine viendront souvent de prélats marqués par l'influence et la culture françaises dès les années trente. On peut citer les cas de dom Hélder Câmara et de Mgr Proano, « évêque des Indiens ». Ce dernier a fait ses études avec des religieux français et, en lisant les livres de leur bibliothèque, il s'est imprégné de leur humanisme. Ces livres avaient peut-être été envoyés par Raoul Follereau.
Car ce dernier et ses amis voient dans les États-Unis plus qu'une nation concurrente. Ils y voient la patrie d'un mode de vie et d'une conception de la personne qu'ils refusent. Ils multiplient les analyses sur ce point : dans une étude sur *L'Intelligence américaine* [2], Élisée Servigne traite du système éducatif de ce pays. Son diagnostic est sévère. Il évoque aussi la pratique systématique des tests et conclut que « si tout est catalogué, prévu d'avance dans l'existence humaine, [on risque] le département des peines de cœur, du vague à l'âme, avec des spécialistes plein les bureaux pour régler cela... Mais les jardins secrets ? », se demande-t-il.
Beaucoup d'Européens, francophones surtout, partagent ces inquiétudes. Georges Duhamel comme Céline portent un regard extrêmement critique sur la société américaine. Hergé, qui publie alors *Tintin en Amérique*, et

---

1. *Ibid.*, octobre 1933.
2. *Ibid.*, octobre 1932.

Guy de Larigaudie, qui visite le pays en 1934, n'y voient pas non plus un modèle.

Raoul Follereau noue cependant des contacts avec quelques Américains. Warrington Dawson [1] habite Versailles. Attaché à l'ambassade des États-Unis, il est bien connu des milieux diplomatiques, d'autant qu'il fut le secrétaire particulier du président Theodore Roosevelt. D'ascendance française par sa mère, il s'intéresse particulièrement aux « Français morts pour l'indépendance américaine ». Parfaitement bilingue, jadis grand voyageur, il a publié des ouvrages sur des sujets très divers, parmi lesquels les problèmes sociaux des Noirs aux États-Unis.

Raoul Follereau poursuit ses engagements antérieurs

Raoul Follereau reçoit ceux qui le veulent tous les matins de dix heures à midi et l'après-midi sur rendez-vous [2]. Il continue à éditer des livres, à organiser des voyages, à rédiger des articles, à écrire, à conseiller, à intervenir dans les débats de son temps.

Il s'intéresse toujours à la poésie et au théâtre. En 1932, *Petites Poupées* atteint sa millième représentation [3]. En 1934, il compose une comédie en un acte, *Intellectuels s'abstenir* [4], après avoir lu une petite annonce parue dans *L'Intransigeant* : « On demande un garçon de bureau. Intellectuels s'abstenir [5]. »

La pièce met en scène Jean, un homme jeune, vêtu pauvrement mais avec soin, et Castor, un homme « qui fait des affaires », pour qui un intellectuel est « un fainéant, un parasite, un espion, un bolcheviste ». Castor a acheté le château de la famille de Jean.

Deux milieux sociaux sont face à face, mais aussi deux époques, deux éducations, deux systèmes de valeurs, deux conceptions de la vie. Par la bouche de Jean, Raoul Follereau invite ces deux milieux à se tendre la main et à s'enrichir mutuellement, car, une fois encore, il estime que les carapaces doivent fondre, afin de ne pas masquer l'essentiel.

Il exprime au passage sa conception de l'autorité : « Tu règnes par le portefeuille, mais ni par le cerveau ni par le cœur. Tu es le patron, mais pas le chef. »

Et à propos de la soif d'absolu que tout homme porte en lui : « Jamais,

---

1. *Ibid.*, décembre 1931.
2. Cela est rappelé régulièrement dans le bulletin. Encore faut-il que Raoul Follereau ne soit pas alors en déplacement.
3. Chiffre cité par les biographes de Raoul Follereau, Jean Toulat notamment.
4. Éditée par la Jeune Académie; texte déposé aux archives des fondations Follereau à Paris.
5. Le 13 octobre 1932.

dans les plus grandes victoires, on ne peut s'empêcher d'écouter quelque chose qui pleure en soi. »

Mais au cours des années trente, Raoul Follereau rédige surtout des essais, en particulier en 1936, *La Trahison de l'intelligence*, suivie d'un *Essai sur l'universalité politique de l'esprit latin*[1].
Quel est l'impact de ces textes ? Il peut sembler limité, si on le compare à celui d'autres textes de cette époque. Mais il ne doit pas être sous-estimé. En lisant *La Trahison de l'intelligence*, un jeune homme découvre le nom de Raoul Follereau et s'enthousiasme pour ses idées. Ce jeune homme s'appelle André Récipon. Raoul Follereau en fera plus tard son fils spirituel et son successeur à la tête de son œuvre.

Ces textes seront peu cités par Raoul Follereau lui-même par la suite, et pourtant il ne les a jamais reniés. D'ailleurs, à plusieurs reprises, il y propose des analyses d'une grande pertinence. Sur un exemplaire de *La Trahison de l'intelligence*, il note au soir de sa vie :

On sera indulgent à ces pages de jeunesse écrites il y a quarante ans.
Elles témoignent au moins que les problèmes n'ont pas changé.
Ni moi non plus.
Écrites en 1936, j'avais trente-trois ans, elles n'ont pas tellement, telle-ment vieilli...
Elles témoignent, en tout cas, je pense, que tout au long de cette vie si étrange, je suis resté fidèle à mon idéal[2]*...*

Raison de plus pour nous y intéresser.
Dans ces textes, Raoul Follereau reprend beaucoup d'idées sur la lati-nité, la chrétienté et la France qu'il a déjà développées précédemment. Nous allons donc seulement évoquer les aspects nouveaux de sa réflexion.

Il pose un diagnostic pessimiste sur l'évolution internationale et sociale au cours de ces années trente. Il considère que « l'intelligence a trahi et déserté sa cause ». Elle n'a pas su relever le défi du monde moderne. Les grandes orientations du monde viennent de responsables politiques, d'hommes d'affaires, de technocrates, de vedettes du spectacle. Les intellectuels et les artistes, s'ils s'engagent, se mettent au service de forces matérielles ou politiques dangereuses pour l'homme et pour le monde. Ils ne jouent plus le rôle d'éveilleurs ou de guides qui devrait être le leur. Ils devraient penser et imaginer pour redonner au monde un sens et une espérance. Le monde manque de « vision à long terme » et d' « introspection ».

---

1. Éditions de la Jeune Académie.
2. Note figurant sur un exemplaire de l'œuvre ayant appartenu personnellement à Raoul Follereau et conservé aux archives de la fondation de Paris.

Or Raoul Follereau sent monter le totalitarisme et il comprend que ce phénomène est très différent des dictatures traditionnelles. « Voulant échapper à son destin religieux, l'homme créa des mystiques idolâtres et fétichistes dont l'intolérance est l'essentielle vertu [1]. » Il parle aussi de « mystiques homicides [2] », ayant saisi que celles-ci disposent désormais de moyens considérables et qu'elles proposent une vision de la société qui amène à broyer l'homme. Il dénonce le nazisme et le bolchevisme à l'époque où s'ouvrent en Allemagne les camps de concentration et où la terreur stalinienne ravage l'U.R.S.S., alors que beaucoup d'intellectuels français ne disent mot ou ne voient qu'une de ces formes de totalitarisme. Selon Raoul Follereau, qui n'emploie pas le mot « totalitarisme », ces « mystiques homicides » ont pu s'installer, car elles ont trouvé « des âmes en état de moindre résistance, anémiées par un siècle de sot positivisme et de matérialisme stérile et décevant [3] ». Et aussi par un siècle d'individualisme qui a engendré la solitude et fait accepter n'importe quelle aventure collective.

Pour Raoul Follereau, prémonitoire, « l'heure est plus grave qu'on ne le pense. Les conflits maintenant sont moins de nations que de races, moins de forces que d'esprits. Les vrais guerriers, les plus cruels et les plus implacables, ce sont les philosophes [4] ».

Remarquons que les universitaires Paul Hazard et Daniel Mornet viennent de montrer le rôle de la littérature, des arts et de la philosophie dans la crise de conscience d'une société.

Selon Follereau, ce sont les philosophes qui indiquent le sens dans une société et peuvent lui donner l'espérance sans laquelle elle se liquéfie... C'est pourquoi il fustige « ces philosophies anglo-saxonnes et germaniques, si adroites, si ingénieuses, mais qui ne mènent à rien, qui ne conduisent nulle part... et dont nous avons laissé s'infester nos universités et nos grandes écoles ». C'est dire qu'il tient pour secondaires les mécanismes économiques et sociaux.

Raoul Follereau apporte aussi une réflexion intéressante sur l'importance, la puissance et les dangers des mots [5].

Le mot, divinisé, remplace l'idée et devient un absolu. L'homme joue à l'apprenti sorcier.

Ils ont tant servi, ces pauvres mots, et de façon parfois si contradictoire, qu'on les a peu à peu vidés de leur substance.

---

1. *La Trahison de l'intelligence*, p. 22.
2. Expression qui revient à plusieurs reprises dans cette brochure.
3. *Ibid.*, p. 31.
4. *Ibid.*, p. 80.
5. *Ibid.*, pp. 18 à 21.

Raoul Follereau comprend qu'il existe une véritable guerre des mots entre les grands courants de pensée et les idéologies. On s'empare du mot utilisé par quelqu'un pour lui donner un contenu tout différent. Un mot peut être volé ou détourné. Il constate que les mots « force, justice, droit n'ont pas le même sens chez Virgile, Kant, Fichte, Ford, Staline [1] ».

Tel est pour lui le grand problème de la S.D.N. Plus tard il pourra constater comment l'Église se fait voler des mots et comment elle peut au contraire en annexer. Cette réflexion est révélatrice car, quand il s'adressera aux foules, quand il lancera ses appels aux jeunes, Raoul Follereau saura que les mots sont des armes.

Raoul Follereau précise aussi son approche de Dieu, qui confirme ce qu'il écrivait précédemment :

L'esthétique et la morale sont les chemins terrestres qui mènent non à Sa connaissance mais à Sa présence. Dieu, si Son essence était accessible à une intelligence mortelle, ne serait plus Dieu [2].

Pour lui, Dieu est la seule réponse possible aux attentes des hommes. Dieu est une nécessité philosophique qu'on ne saurait honnêtement écarter. « L'idée de Dieu, la force de Dieu, l'espoir en Dieu ont créé tous les miracles de ce monde, ont fait tous les pauvres bonheurs des hommes [3]. »

Raoul Follereau développe en outre des idées assez fréquemment reprises dans les milieux de l'Action française. Il redoute par exemple que l'homme ne soit considéré que comme « une machine à consommer ou à produire ». Il cite Thierry Maulnier :

La menace n'est pas tant que la production abolisse l'esprit mais qu'elle crée un esprit à son image... Le risque est d'ordre spirituel. Nous sommes devant une barbarie qui cherche sa justification. Chacun doit abandonner une moitié de sa vie pour le devoir de production [4]...

Raoul Follereau reprend certes des idées exprimées ailleurs, mais il apporte aussi une réflexion originale. On peut alors se demander pourquoi il n'est pas davantage connu et cité.

D'abord il préfère créer un courant d'opinion et mener à bien ce qui le passionne que se consacrer tout entier à sa carrière personnelle. Ensuite, les grands noms de l'Action française occupent le devant de la scène et laissent peu de place aux cadets.

Et Raoul Follereau n'entre pas dans les catégories habituelles et traditionnelles du monde des lettres français de cette époque. Nouvelles et essais

---

1. *Ibid.*, p. 79.
2. *Ibid.*, p. 34.
3. *Ibid.*, p. 35.
4. *Ibid.*, p. 72.

restent considérés comme des genres mineurs. De plus, Raoul Follereau écrit des œuvres de format réduit : quelques dizaines de pages, mais très denses. Or, pour « être pris au sérieux », il faut composer deux cents pages au moins.

Par ailleurs, la pensée universitaire française manque l'occasion de créer de nouvelles disciplines d'enseignement et de recherche. C'est aussi un échec de l'intelligence. La géopolitique reste ignorée en France. En décembre 1931, Gustave Le Bon est mort dans un silence total. L'Université lui avait toujours été hostile et avait refusé de lui ouvrir ses portes. Il avait poursuivi d'importantes recherches sur la psychologie des peuples, créant vraiment une discipline nouvelle, où l'apport de l'histoire, de la science politique, de l'esthétique, de la psychologie et de l'étude de l'inconscient intervenaient pour une très large part. Il est fort possible que Raoul Follereau ait lu *Les Lois psychologiques de l'évolution des peuples* et *La Psychologie des foules*. Il n'en dit rien, mais la façon dont il s'adresse à l'opinion montre qu'il connaît les règles énoncées par Le Bon [1].

Raoul Follereau considère qu'il doit aussi intervenir directement dans les combats de l'époque. L'engagement des intellectuels dans la vie de leur temps est l'un des faits marquants des années trente en France. Les uns, comme Saint-Exupéry ou Malraux, sont pleinement engagés dans l'action, une action qui inspire une grande partie de leur œuvre. D'autres militent dans la vie politique, à droite ou à gauche, mais souvent dans les forma-

---

1. Les chercheurs de plusieurs pays redécouvrent aujourd'hui l'auteur des *Lois psychologiques de l'évolution des peuples*, ouvrage paru en 1894 et édité quatorze fois jusqu'en 1944, et de *La Psychologie des foules*, paru en 1895, édité trente et une fois jusqu'en 1925 et quarante-cinq fois jusqu'en 1963. Zeev Sternhell, dans *La Droite révolutionnaire*, parle d' « un des plus gros succès scientifiques de tous les temps ». Le Bon estime que « de grandes lois permanentes dirigent la marche de chaque civilisation... La vie d'un peuple, ses institutions, ses croyances et ses arts ne sont que la trame visible de son âme invisible. Pour qu'un peuple transforme ses institutions, ses croyances et ses arts, il lui faut d'abord transformer son âme » (*Les Lois psychologiques de l'évolution des peuples*, p. 150). Il considère que le souvenir des morts plus que la présence des vivants explique les actions des peuples. Il s'intéresse aussi aux lois qui régissent le comportement des foules. « Les foules ne pouvant penser que par images ne se laissent impressionner que par les images. Seules les images les terrifient ou les séduisent et deviennent des mobiles d'action. » (*La Psychologie des foules*, p. 56.) Il constate aussi que pour convaincre les foules il faut « présenter les choses en bloc ». Raoul Follereau ne fait pas siennes toutes les conclusions de Le Bon, mais force est de constater qu'il travaille alors sur des sujets voisins. Il donne des cours à l'École de psychologie de Paris au début des années trente et considère d'ailleurs que « la psychologie doit être à la base de toute étude sérieuse de philosophie ». Les responsables de la propagande dans les États totalitaires connaissent à coup sûr Le Bon, et ils réfléchissent sur ses livres. Les démocraties des années vingt et trente ont payé cher leur négligence vis-à-vis de telles études, car ces réflexions, par leur seule existence, étaient déjà un antidote au totalitarisme et aux propagandes qui « violent les foules », pour reprendre le titre d'un ouvrage fameux sur le sujet. Raoul Follereau s'imprègne de cette conception de l'histoire et de la vie des peuples. Et il s'en souviendra quand il lancera des messages et des appels universels, sachant qu'il s'agit d'un genre qui requiert des règles très précises.

tions les plus extrémistes. La pensée engagée remplace la littérature d'intériorité. L'homme « en situation » intéresse les philosophes. Les intellectuels s'efforcent aussi de déchiffrer les signes des temps présents et à venir. Les questions religieuses n'étant plus au cœur des débats, les catholiques vivent le pluralisme politique au sein de nombreuses sensibilités : Action française, F.N.C., ligues annonçant le P.S.F., Démocrates populaires, Jeune République... Le parcours d'Emmanuel Mounier et son projet ne sont pas sans rappeler la démarche de Raoul Follereau, même si leurs idées divergent sur de nombreux points.

Pour Raoul Follereau, « la politique est la science la plus noble et la plus belle qui soit, c'est celle qui exige le plus d'intelligence et de vertu [1]. Il est de plus en plus hostile à la IIIe République et à son personnel politique. Il est bouleversé par la journée du 6 février 1934 et se sent du côté des ligues. L'évolution de la France le blesse et l'inquiète. Il redoute la montée en puissance des communistes mais fustige autant les radicaux et les socialistes anticléricaux.

Il se préoccupe beaucoup de l'évolution des relations internationales en Europe. Il comprend tout de suite ce que signifie l'arrivée de Hitler au pouvoir. Il se trouve à Vienne le jour où le chancelier Dollfuss est assassiné par les nazis, le 25 juillet 1934. Il ressent cette mort comme une catastrophe [2]. Catholique fervent, Dollfuss voulait défendre l'indépendance de son pays face à l'Allemagne nazie, lutter contre le marxisme, et faire de l'Autriche un état corporatiste chrétien. Disposant du soutien de Mussolini, hostile au parlementarisme, il avait promulgué une Constitution qui s'inspirait des lois du fascisme italien et des encycliques pontificales. Son action correspondait à ce qu'étaient alors les idées politiques de Raoul Follereau. Mussolini envoie aussitôt des troupes à la frontière autrichienne afin de montrer à Hitler qu'il s'oppose à toute annexion de l'Autriche par l'Allemagne. Hitler renonce temporairement à son projet, mais les nazis autrichiens renforcent leur pression.

Raoul Follereau est bien renseigné sur l'évolution de l'Europe centrale grâce à ses correspondants de l'Union latine. À Vienne, par exemple, Lucie Herschka (qui épousera un peu plus tard le philosophe Louis Rougier), qu'il avait accueillie lorsqu'elle était venue faire ses études à Paris, le tient informé de la situation et de la fureur antisémite des nazis.

Il n'ignore rien non plus de la terreur stalinienne et de ses millions de victimes. Il pense que la France ne peut rester seule face à un tel déchaînement de violence. La timidité de la diplomatie française l'exaspère. La détermination de Mussolini face à Hitler l'a par contre impressionné. La réserve des Britanniques ne lui inspirant aucune confiance, Raoul Follereau pense que la France doit se rapprocher absolument de l'Italie de

---

1. *La Trahison de l'intelligence*, p. 37.
2. Témoignage de Mme Louis Rougier, née Herschka, recueilli le 18 septembre 1987 ; déléguée de Raoul Follereau à Vienne, elle l'accueillait ce jour-là.

Mussolini. Cette option doit être replacée dans le contexte de 1934 et non dans celui de 1940. Louis Barthou, le ministre des Affaires étrangères français, mène une politique prudente et habile en ce sens, mais il recherche en même temps une entente avec les Soviétiques. Raoul Follereau connaît personnellement Mussolini, il fonde sur lui de grands espoirs et il engage la Ligue d'union latine dans une campagne en faveur du rapprochement franco-italien. Nous ne savons pas si cela lui fait perdre des lecteurs, mais il considère en tout cas que c'est une question essentielle. Quand éclate la guerre d'Éthiopie, désireux d'éviter que la France ne s'éloigne de l'Italie, il lance des pétitions pour que ni la France ni la S.D.N. ne prennent de sanctions.

Les déceptions et les sujets d'inquiétude semblent donc s'accumuler sur le parcours de Raoul Follereau, qui perd un peu de sa sérénité.

Les années trente sont aussi celles du déclin de *L'Intransigeant*. Certes le titre est prestigieux, mais le nombre de ses lecteurs baisse régulièrement et les déficits s'accumulent. Gravement malade en 1931, dans une situation financière difficile, Bailby doit accepter dès 1932 la présence du richissime Louis Louis-Dreyfus qui veut orienter le journal plus à gauche. Le journal passe ensuite entre différentes mains, et les rédacteurs en chef se succèdent. Mais les difficultés ne sont pas seulement financières : *L'Intransigeant* doit faire face au phénomène *Paris Soir*.

Jean Prouvost, industriel lainier de Roubaix, rachète en 1930 le quotidien *Paris Soir* qui tirait à soixante-dix mille exemplaires. Il en fait le premier quotidien français, avec un tirage d'un million huit cent mille exemplaires en 1939, sur douze pages de beau papier satiné. Prouvost comprend mieux que tout autre les nouveaux goûts du public. Il donne la priorité à l'image, à la rapidité de transmission des nouvelles, aux faits divers, à la vie quotidienne, aux sports, aux reportages. Il engage les plus grands noms de son époque : Colette, Saint-Exupéry, Simenon, Kessel. Il s'entoure de collaborateurs à la fois fidèles et inventifs, comme Pierre Lazareff. Il fonde peu à peu un véritable empire de presse.

L'Intransigeant ne sait comment s'adapter. Il augmente le nombre de photographies et de dessins humoristiques. Des responsables de rubriques, comme Roger Dubard pour la vie politique et Georges Charensol pour la vie littéraire, s'efforcent de renouveler le genre. En vain. Les ventes continuent à baisser. Raoul Follereau ne semble guère avoir été consulté pour essayer de redresser le journal, alors qu'il ne manque pas d'idées. Mais il a aussi d'autres préoccupations.

Il est encore loin d'avoir concrétisé tous ses projets littéraires. Des auteurs de son âge accèdent à la renommée, même parmi les chrétiens. Le classicisme est-il encore d'actualité en poésie ? Raoul Follereau va-t-il passer le stade du « jeune espoir plein d'avenir » ? Est-il prêt à tout pour cela ?

Ne connaît-il pas alors une nouvelle crise inférieure ? Avec Madeleine ils n'ont toujours pas d'enfant en 1936, après plus de dix ans de mariage, et il serait bien étonnant qu'ils puissent en avoir désormais. Leur souffrance reste muette et digne. Raoul Follereau n'a rien écrit là-dessus, il en a seulement dit quelques mots à la fin de sa vie lors de la *Radioscopie* que lui a consacrée Jacques Chancel. Ses plus grandes souffrances ont toujours été des souffrances muettes, qu'il ne confiait à personne, pas même à ses proches. Avec des enfants, sa vie aurait été toute différente, les voyages plus difficiles. Le couple a dû se ressaisir pour trouver de nouvelles raisons de vivre.

Mais dans l'immédiat Raoul Follereau se sent à nouveau en proie à un malaise intérieur assez indéfinissable. Lui manquerait-il encore quelque chose ? Quelle rencontre pourrait-elle l'apaiser ou plutôt le faire rebondir ?

CHAPITRE III

Entre Charles de Foucauld et les orages de l'époque (1936-1940)

LA RENCONTRE DE CHARLES DE FOUCAULD ET DES SŒURS DE NOTRE-DAME-DES-APÔTRES

En 1936, la vie de Raoul Follereau rebondit une nouvelle fois.

Le grand journal *La Nación* de Buenos Aires lui demande en effet un reportage sur Charles de Foucauld [1].

Celui-ci est mort vingt ans plus tôt, à Tamanrasset, dans l'anonymat. La biographie que René Bazin lui a consacrée en 1921 a révélé sa vie au monde et a connu un immense succès. Le tirage a atteint très vite deux cent mille exemplaires et l'ouvrage, traduit en de nombreuses langues, a été vite connu dans le monde entier. Sa lecture fit naître des vocations nouvelles, celle du père Peyriguère par exemple. Le film de Léon Poirier sur la vie de Charles de Foucauld a fait beaucoup également.

Raoul Follereau accepte avec enthousiasme la proposition du journal, il se rend en Afrique du Nord, où il circule sur les traces du père de Foucauld. Celui-ci s'était fixé d'abord à Beni Abbes, où il célébra sa première messe. Il se déplaça beaucoup le long des routes menant au Sahara, autour de Ghardaïa et d'El-Goléa, où son corps repose depuis 1927. Il s'établit à la fin de sa vie plus au sud, à Tamanrasset, au pied du massif du Hoggar, au cœur duquel il avait aussi installé un petit ermitage où il se retirait périodiquement, dans l'Assekrem, à plus de deux mille mètres d'altitude.

Raoul Follereau gagne Tamanrasset en autochenille [2], ce qui n'est pas une mince affaire, le sable rendant la progression difficile. Il contemple ces somptueux paysages de lumière et de pierre enveloppés de silence et fait retour sur lui-même. C'est un pèlerinage et une véritable retraite intérieure qu'il accomplit avec son épouse. L'ascèse du corps prépare celle de l'esprit

---

1. Pourquoi? Quand? Les sources n'en disent rien.
2. Nous ignorons le calendrier précis de cette expédition.

en ce temps de désert. Même s'il connaît par cœur le récit de la vie du père de Foucauld, il expérimente vraiment son cheminement [1].

Parvenu à Tamanrasset, il visite le fortin de terre ocre où fut tué le père. Il est frappé par le dépouillement sublime des lieux. Dans le mur, on voit encore le trou laissé par la balle mortelle. Il repense à la vie de l'ermite qui, ayant renoncé à une carrière glorieuse et à une vie brillante, couchait sur une claie de roseaux, se nourrissait frugalement et, dans le dépouillement, menait une vie toute tournée vers l'absolu. La prière, l'adoration et le service des autres remplissaient sa vie et la comblaient. En suivant cette voie, il était devenu le « Frère universel » ouvert à tous les hommes. En tout homme, en particulier le malade, le pauvre, le fou, le pécheur, il voyait un être sacré, un enfant de Dieu. L'amour, amour de Dieu et des hommes de toute religion, de toute race et de toute culture, était le cœur de sa vie.

Raoul Follereau est bouleversé. Il rencontre la sainteté et celle-ci, par sa radicalité, dépasse les contradictions humaines. À travers Charles de Foucauld, il découvre l'absolu qu'aucun être humain ne peut offrir, mais sans lequel nul ne saurait prendre toute sa dimension.

Charles de Foucauld devient son modèle, son guide de vie. À ses yeux, il n'incarne pas seulement le chrétien idéal mais aussi la France idéale. L'ancien officier est toujours resté fidèle à son pays et il en fut la plus belle image. Il montre ce que doit être la présence de la France dans ses colonies. Il est enfin la plus belle et la plus pure image du héros que l'on puisse concevoir.

Beaucoup de Français réagissent comme Raoul Follereau, en particulier dans les milieux de la droite nationaliste et de l'armée. Le futur général Leclerc vénère alors le père de Foucauld.

Toutefois Massignon et les premières congrégations qui se fondent afin de poursuivre l'œuvre de Charles de Foucauld redoutent un amalgame entre ce dernier, le nationalisme et le colonialisme [2].

Raoul Follereau rêve d'une France à l'image du père de Foucauld. Il désire faire mieux connaître l'homme et son message. Il diffuse ses prières. Il fait imprimer des milliers d'images qui le représentent et où sont inscrits les textes des prières les plus connues. Le père de Foucauld résume par sa vie toutes les aspirations de Raoul Follereau et c'est pourquoi celui-ci crée les fondations Charles de Foucauld [3], lesquelles se superposent à l'Union latine. Le bulletin mensuel est le même et les collaborateurs de Raoul Follereau le suivent tous. Ce dernier, sans renoncer aux sujets traditionnels de

---

1. Nous manquons toutefois d'un journal intime pour en dire plus sur ce cheminement.
2. À ce propos, consulter :
Michel Lafon, *Vivre Nazareth aujourd'hui : la famille spirituelle de Charles de Foucauld.* Le Sarment-Fayard, collection « Des chrétiens–Servir », 1985.
3. En 1936, peu après son voyage.

politique et de culture, évoque de plus en plus le père de Foucauld, multipliant à son sujet les conférences en France et à l'étranger.

Mais Raoul Follereau veut aussi s'occuper du souvenir du père de Foucauld, car il constate que les congrégations nouvelles disposent de moyens très modestes et ne peuvent s'occuper de tout.

En conséquence, il multiplie les initiatives au Vatican pour obtenir une canonisation rapide du père de Foucauld [1]. Il ne voit pas quel obstacle pourrait être invoqué. Il connaît beaucoup de monde à Rome, à commencer par le pape et le cardinal Pacelli, futur Pie XII. D'ailleurs, en 1937, alors qu'il se rend à Lisieux où il doit représenter le pape, le cardinal Pacelli s'arrête à Paris pour de nombreuses rencontres et tient à rencontrer personnellement Raoul Follereau. Les arguments de ce dernier entraînent peut-être des réticences au Vatican car, dans son encyclique *Maximum illud* de 1919, le pape avait bien séparé la démarche nationaliste de celle de l'Église. En tout cas, plus de cinquante ans après, le père de Foucauld n'est toujours pas canonisé.

Raoul Follereau souhaite aussi élever en Afrique du Nord des signes de la présence chrétienne, en hommage au père de Foucauld. Et d'abord il lance aux lecteurs de son bulletin un grand appel pour assurer le financement des travaux qui doivent permettre l'achèvement de l'église d'El-Goléa [2], bâtie pour les indigènes chrétiens du Sahara, et l'édification d'un tombeau de marbre de couleur sable à côté de ce sanctuaire, un tombeau où serait inscrite cette phrase du père de Foucauld : « Je veux crier l'Évangile par toute ma vie. » Raoul Follereau recueille dans ce but beaucoup d'argent à l'issue de ses conférences.

Il noue aussi des relations étroites avec les Sœurs de Notre-Dame-des-Apôtres.

Cette congrégation fut fondée en 1876 à Lyon par le père Planque. En 1900, elle avait déjà créé dix-sept maisons et elle en comptait soixante-quatre en 1935. Les religieuses étaient deux cent cinquante-six en 1900, elles seront mille sept cents en 1946 [3]. Raoul Follereau rencontre donc une congrégation en pleine expansion. Ces sœurs sont présentes en Afrique du Nord, en Égypte, au Liban, où elles « soignent, enseignent, consolent [4] », et surtout en Afrique-Occidentale française. C'est d'ailleurs en Afrique-Occidentale française qu'elles ont commencé leur apostolat, à une époque où la durée moyenne de vie d'une religieuse en Afrique ne dépassait pas six mois, tant les conditions de vie y étaient effroyables. Deux cents d'entre

---

1. Aucune source ne nous indique le détail de ces démarches.
2. *L'Œuvre latine*, mars 1937.
3. Renseignements tirés du livre que Raoul Follereau leur consacre en 1946 : *Sur les routes de la charité*, tome I, p. 18.
4. Pour reprendre une expression souvent employée par Raoul Follereau.

elles sont mortes en Afrique noire au cours des premières années de la congrégation et la plus âgée avait trente ans [1]. Mais rien ne pouvait arrêter leur volonté d'annoncer l'Évangile, elles qui avaient choisi de tout quitter sans espoir de retour.

Outre celle de Lyon, ces sœurs disposent d'une maison à Marseille et c'est là qu'elles prennent le bateau qui les conduit en Afrique, non sans effectuer de nombreuses démarches administratives dans cette ville avant chaque départ.

Comme la plupart des congrégations religieuses, les Sœurs de Notre-Dame-des-Apôtres manquent d'argent pour leurs œuvres et, les ordres missionnaires étant nombreux à Lyon et la « concurrence » importante, elles installent une procure à Paris vers 1935. Elles y diffusent les informations sur leur congrégation et leurs réalisations et espèrent recueillir des fonds par des ventes et des contacts directs avec la population. Deux religieuses sont chargées de cette action; elles habitent un petit appartement près d'Auteuil, non loin du domicile de Raoul Follereau.

Et, un jour de 1935, ces deux sœurs frappent à la porte de ce dernier [2]. Petites et souriantes, elles l'invitent ainsi que son épouse à leur prochaine vente de charité. Une conversation s'engage, en particulier avec l'une de ses visiteuses, la sœur Alphonse-Marie.

Alsacienne née à Thann en 1904, la sœur Alphonse-Marie [3] a l'âge de Raoul Follereau. Fille d'un architecte protestant, sa mère et elle se sont réfugiées en Suisse pendant la guerre. Enfant, elle souhaite devenir religieuse alors qu'elle n'a pas encore reçu le baptême catholique. Homme profondément bon et tolérant, son père ne s'oppose pas à sa vocation, et elle entre tôt au noviciat des Sœurs de Notre-Dame-des-Apôtres. Ses résultats scolaires ont toujours été brillants, en allemand et en français notamment, mais des problèmes de santé lui interdisent le départ en Afrique, et elle est donc envoyée à Paris pour la mission que l'on sait.

Cette mission révèle son charisme et ses exceptionnelles qualités de communication. Dans tous les milieux, elle parvient à engager la conversation. Alors qu'elle venait en principe pour demander de l'argent, les gens s'ouvrent à elle, lui confient leurs soucis, leurs détresses, leurs questions, leurs recherches, demandent sa prière. Elle établit ainsi des liens durables avec des personnes très diverses, dont plusieurs reviennent à la foi ou se convertissent. Elle parle de Dieu naturellement, sans ennuyer, elle n'interroge jamais ses interlocuteurs sur leur vie privée, ce qui les met en confiance. Elle connaît personnellement les concierges qui, dans le Paris d'alors, sont l'âme d'un immeuble. Elle s'adapte aux personnes rencontrées

---

1. Cité par Raoul Follereau dans sa biographie consacrée au père Planque, fondateur de la congrégation.
2. Témoignage de sœur Marie-Anne Grand, recueilli en juillet 1988 en Alsace.
3. Même source.

et parle aussi spontanément la langue recherchée des beaux quartiers, le vocabulaire imagé des artistes et l'argot des banlieues. Car elle n'oublie aucun quartier [1].

On devine aisément qu'avec Raoul Follereau « le courant passe. » Il veut soutenir l'action des sœurs, la faire connaître, ne pas se limiter à une aide financière ponctuelle.

Avec ces religieuses, Raoul Follereau trouve une nouvelle réponse à sa quête d'absolu, une nouvelle invitation à dépasser les contradictions intérieures. Ces sœurs incarnent un christianisme idéal et une France idéale à ses yeux. Mais elles représentent aussi pour le poète qu'il est un idéal féminin de pureté, de douceur, de charité, de gaieté, de beauté également et d'ouverture totale à chaque habitant du monde. Elles incarnent avant tout l'héroïsme au quotidien, l'aventure incertaine et sa folie presque téméraire, et en même temps la discipline et l'ordre absolu d'une congrégation répandue dans le monde entier, où chacun trouve sa grandeur dans l'accomplissement de son devoir. On dénombre au moins quatre cents fondations de congrégations religieuses féminines au XIXe siècle, fondations françaises pour la plupart. Il s'agit d'un profond mouvement de société. Ces congrégations catholiques marquent une étape notable dans l'histoire des femmes, car les religieuses sont amenées à exercer des professions réservées jusque-là aux hommes, à faire parfois des études longues, à transformer la société profane, à diriger des groupes importants, à sortir des horizons locaux [2].

Raoul Follereau aide les sœurs dans leur action à Paris, les fait connaître, leur indique des adresses utiles. Elles le tiennent au courant de leurs projets. Un véritable partenariat se crée peu à peu. Raoul Follereau rencontre bientôt la supérieure, la mère Eugenia, Italienne d'origine [3], qui pousse chaque sœur à aller encore plus loin dans la vie apostolique. Il encourage aussi les sœurs à tourner des films et les conseille en ce sens [4].

Il se documente sur l'histoire de la congrégation et prononce des conférences sur les sœurs et leur œuvre. Ainsi, à Paris, au Cercle militaire, où il parle devant le maréchal Franchet d'Esperey, l'amiral Lacaze et le général

---

1. Raoul Follereau, vers 1950, décide de réunir tous les amis de la sœur Alphonse-Marie pour une petite fête. L'assistance est nombreuse, la concierge côtoie la vieille dame de l'aristocratie. Le fils de Jean Richepin a composé une musique, Mary Marquet lit des poèmes, Mary Marquet qui considère la sœur Alphonse-Marie comme son « ange gardien ». La sœur connaît en effet de nombreux artistes et ceux-ci participent aux ventes de charité, ce qui y attire un important public.
2. Claude Langlois, *Le Catholicisme au féminin, les congrégations françaises à supérieure générale au XIXe siècle*, Cerf, 1985.
Yvonne Turin, *Femme et religieuse au XIXe siècle*, Nouvelle Cité, 1989.
3. Quand la première rencontre a-t-elle lieu ? Nous ne le savons pas.
4. Souvenir de M. Taddié, directeur de la maison de cinéma du même nom et ami de Raoul Follereau (recueilli en 1987).

Gouraud [1]. Partout où il le peut, Raoul Follereau visite les établissements tenus par les sœurs, au Liban et en Afrique notamment. Ainsi, en 1936, alors qu'il se trouve en Égypte, il se rend dans le quartier de Choubrah, l'un des plus populeux du Caire, et des enfants entonnent pour lui *La Marseillaise*, puis interprètent un acte de *Bérénice*, de Racine [2].

À partir de 1936 donc, Raoul Follereau appuie son action sur deux bases spirituelles solides : Charles de Foucauld et les Sœurs de Notre-Dame-des-Apôtres. Peu à peu, il trouve là une réponse au sentiment de malaise qui commençait à le tenailler. Malgré les épreuves et les combats, il ne se sent pas seul. Toutefois, il poursuit avec une passion toujours plus grande ses combats antérieurs.

La première rencontre avec les lépreux

Une rencontre fortuite

Au cours de son voyage de 1936 sur les pas de Charles de Foucauld, Raoul Follereau, parvenu à Tamanrasset, souhaite aller un peu vers le sud, vers la pointe du Niger, entre Gao et Tombouctou. Cela représente un trajet de quelques centaines de kilomètres dans le sable puis dans la brousse. À un moment, le chauffeur arrête la voiture à un marigot près d'un village, afin de remettre de l'eau dans le moteur. Raoul Follereau et son épouse se promènent autour du véhicule. Ils aperçoivent alors des corps faméliques qui émergent dans la brousse et des visages apeurés qui les regardent fixement, à distance. Raoul Follereau les interpelle, leur demande d'approcher sans crainte. Certains prennent peur et s'enfuient. Les autres continuent à scruter les nouveaux venus et ne disent mot. Raoul Follereau demande alors au guide :

— *Quels sont ces hommes ?*
— *Des lépreux.*
— *Pourquoi sont-ils là ?*
— *Ils sont lépreux.*
— *J'entends bien. Mais ne seraient-ils pas mieux au village ? Qu'ont-ils fait pour en être exclus ?*
— *Ils sont lépreux, vous dis-je.*
— *Au moins, les soigne-t-on ?*

Alors le guide hausse les épaules et s'éloigne sans rien dire.

---

1. En 1939. *La seule vérité...*, tome II, p. 7 et 8.
2. Jean Toulat, *op. cit.*, p. 27. *L'Œuvre latine* avait relaté l'événement.

« C'est ce jour-là que j'ai compris qu'il existait un crime impardonnable, promis à n'importe quel châtiment, un crime sans recours et sans amnistie : la lèpre », écrira plus tard Raoul Follereau [1].

C'est la première fois que Raoul Follereau rencontre des lépreux. Il les rencontre dans une région où leur sort est particulièrement désastreux, car ils sont rejetés par leur communauté d'origine, ce qui n'est pas le cas alors dans toutes les contrées de l'Afrique [2]. La lèpre effraie car, si elle tue rarement, elle mutile lentement mais affreusement ceux qui en sont victimes. C'est une maladie mystérieuse dont personne ne comprend l'origine, donc beaucoup y voient le signe d'une malédiction divine. C'est enfin une maladie contre laquelle il n'existe pas de remède efficace. Les Follereau sont d'autant plus abasourdis par cette rencontre qu'ils n'avaient jamais entendu parler du problème. La lèpre a en effet disparu d'Europe depuis la fin du Moyen Âge, sans que l'on puisse dire pourquoi d'ailleurs.

Raoul Follereau s'empresse de raconter ce qu'il a vu aux missionnaires et aux autorités locales. Ils n'ignorent pas ce drame mais avouent leur impuissance. Ils n'ont pas de remède, et les préjugés ne peuvent se combattre à coup de décrets.

Raoul Follereau non plus ne sait que faire. Certes il commence à se documenter sur le sort des lépreux, il déplore leur situation dramatique mais il ne se lance pas dans une campagne d'opinion. Que pourrait-il faire ? Que pourrait-il proposer ?

En 1938, le président de l'ordre hospitalier de Malte demande au journaliste Raoul Follereau s'il peut effectuer pour le compte de l'ordre un reportage sur la lèpre en Afrique [3]. L'ordre est en relation étroite avec le Dr Féron qui travaille à Harar, en Éthiopie. L'ordre veille aussi sur le pavillon Saint-Louis à Paris, où les lépreux sont soignés. Raoul Follereau ne semble pas avoir pu accepter cette proposition, tant on le sollicite de toute part.

Images et réalités de la lèpre

Peut-on faire le point sur la lèpre et les lépreux dans le monde à ce moment-là ?

« Lèpre » et « lépreux », ces mots gardent une forte charge émotive en France et en Europe.

La littérature le montre bien. En 1912, Claudel, dans *L'Annonce faite à Marie*, et Mauriac en 1922 dans *Le Baiser au lépreux* présentent des sou-

---

1. Il a raconté ensuite cet épisode des centaines de fois, avec la même sobriété, dans ses livres ou à l'occasion d'articles, de conférences ou de rencontres avec des journalistes. Ce passage se retrouve dans *La seule vérité...*, tome II, pp. 5 et 6.
2. Chez les Wolofs du Sénégal par exemple.
3. Dans son bulletin, l'ordre de Malte rappellera cet épisode à la mort de Raoul Follereau.

venirs hérités du Moyen Âge et une vision du malade plus que de la maladie. La lèpre est plus terrible que les autres maladies car elle transforme qui en est atteint en « mort vivant » : on ne meurt pas, mais on est retranché de la communauté des vivants. La guérison n'est pas possible. Seule la charité peut vaincre cette barrière, mais la lèpre condamne au mal et à la mort lente et douloureuse celui ou celle qui ose soulager la peine du malade. Par ailleurs les boursouflures, les difformités qui apparaissent partout sur le visage et le corps, puis les mutilations, rendent la maladie « spectaculaire » et suscitent l'émotion.

Terreur, impuissance, souffrance, punition, mort sont autant de thèmes qui reviennent en permanence dans les livres des auteurs, célèbres ou non, qui évoquent la lèpre au XIXᵉ siècle et au début du nôtre. On retrouve d'ailleurs ces thèmes employés à propos du sida aujourd'hui. En sortira-t-il une littérature de ce type ?

Dans *Les Lépreuses*, Montherlant termine son récit par le désespoir du héros qui sait qu'aucun « traitement moderne » ne peut venir à bout de la lèpre. Vers 1937, *Le Lépreux* d'Henri de Monfreid présente la maladie comme un châtiment du ciel. Dans *Michael, chien de cirque*, Jack London décrit à un moment l'internement de deux lépreux. Serge Dalens s'appuie sur l'histoire pour raconter le destin tragique du roi enfant Baudouin de Jérusalem, dans *Le Roi lépreux*; Henry Bataille, dans *La Lépreuse*, évoque surtout les rites d'exclusion. Flaubert, dans *La Légende de saint Julien l'hospitalier* reprend le thème du « baiser au lépreux » et il décrit la maladie avec précision dans *Salammbô*. Stevenson, à l'occasion d'un passage à Molokaï, l'île du père Damien, décrit d'une manière saisissante la condition misérable des malades.

Les romans populaires ne sont pas en reste [1]. Paul d'Ivoi, dans *Sergent Simplet*, un récit enfantin du début du siècle, raconte la terreur d'un homme enfermé par erreur dans une léproserie de Madagascar. Un roman de la Série noire, *Lazare n° 7*, raconte l'histoire d'une lépreuse qui tue trois personnes afin que son mal ne soit pas révélé. Le sordide se retrouve dans certaines bandes dessinées. Dans les récits sur le Moyen Âge, le personnage du lépreux apparaît fréquemment.

Publié à la fin du XVIIIᵉ siècle, le récit de De Maistre *Le Lépreux de la cité d'Aoste* décrit les sentiments du malade sans s'attarder sur les mutilations. C'est la souffrance morale qui est mise en avant.

Mais le récit le plus bouleversant et pourtant le moins connu, ce sont *Les Mémoires d'une lépreuse* [2], l'histoire de sa vie qu'une jeune Colombienne atteinte de ce mal rédige sur des cahiers d'écolier qu'elle remet à un missionnaire avant de mourir. Née en 1870, belle et intelligente, elle était fiancée quand on découvre qu'elle est lépreuse. Elle apprend peu à peu la

---

1. Christian Malet, *Histoire de la lèpre et de son influence sur la littérature et les arts*, thèse de médecine, Paris, 1967.
2. Cité par Christian Malet, *op. cit.*

vérité. Son existence est ruinée, elle doit renoncer au mariage et à toute vie sociale. Sa famille doit quitter le quartier, son fiancé devient fou. Elle finira ses jours dans une léproserie dont elle décrit les drames, trouvant le réconfort dans la prière et l'offrande de sa vie à Dieu.

Dans sa thèse [1], le Dr Christian Malet évoque, entre autres aspects, la psychologie du lépreux quand la ségrégation est obligatoire. Les réactions ne sont pas différentes selon la formation ou l'origine. Après une phase de déchirement puis de révolte, le malade se résigne puis finit par accepter son état si celui-ci évolue lentement. Les suicides sont rares. Les malades peuvent chercher à se rassembler. Leurs réactions sont très variables : les uns subliment leurs souffrances par une démarche spirituelle, la perversion se développe chez d'autres, liée au traumatisme affectif provoqué par l'exclusion et à l'exacerbation de l'instinct de préservation ou de reproduction. Toutefois, la psychologie du lépreux dépend avant tout de celle de son entourage, qui peut aller de l'indifférence à l'exclusion, en passant par toutes les autres attitudes possibles.

Mais, si les idées sur les lépreux ont peu évolué depuis le Moyen Âge en Europe, que sait-on de la maladie ? Sait-on mieux la soigner qu'au Moyen Âge ?

La lèpre existe, semble-t-il, depuis la plus haute antiquité [2].

En Europe, elle atteint son apogée aux XIIe et XIIIe siècles. Près de vingt mille léproseries (ou ladreries) accueillent les malades, dont quatre mille en France. C'est dire l'importance du fléau. Au XIVe siècle, l'endémie commence à reculer en raison des mesures de ségrégation qui limitent sa diffusion et d'une certaine amélioration des conditions de vie. D'autres maladies frappent les populations, inspirant de nouvelles terreurs : le choléra, la variole, et surtout la peste.

Les premières études scientifiques modernes sur la lèpre sont menées en Norvège au XIXe siècle.

En effet ce pays est alors ravagé par la lèpre, qui touche 3 % de sa population. Les difficultés économiques et les récoltes aléatoires, l'alimentation insuffisante, l'entassement dans des huttes enfumées au sol en terre battue, les litières de paille rarement renouvelée expliquent l'étendue d'une maladie souvent engendrée par la faim, la pauvreté, la saleté et la promiscuité réunies.

En 1847, Danielssen et Boeck rédigent un traité fondamental : *De la lèpre*. Issu d'un milieu modeste de Bergen, Danielssen se préoccupe des familles pauvres, menant à bien la première étude anatomique et clinique complète de la maladie, qui sert de base à la léprologie moderne.

---

1. Id., *Ibid.*
2. Un aperçu très complet sur la lèpre et ses problèmes dans la brochure *Vaincre la lèpre*, éditée par l'association française Raoul-Follereau, 1985.

En 1873, Hansen, norvégien lui aussi, découvre le bacille responsable de la maladie. Les chercheurs s'aperçoivent qu'elle est contagieuse, contrairement à ce que disait Danielssen. La révolution pastorienne commence alors et la découverte des microbes transforme la vie médicale.

À partir de 1880, à l'initiative des Britanniques qui ont vu en Inde des guérisseurs l'utiliser, l'huile de chaulmoogra devient le principal remède. Sous le nom de *tuvarka*, elle était déjà employée en Inde depuis deux mille cinq cents ans. Elle soulage les malades mais ne les guérit pas. Souvent, les soins se réduisent à nouer des bandes autour des plaies, ce qui permet de soulager temporairement certaines douleurs.

De 1880 à 1890, les techniques sont développées et affinées pour aboutir au contrôle de maladies bactériennes comme la tuberculose, la fièvre typhoïde, la diphtérie ou la syphilis. Des bacilles sont isolés, cultivés, préparés en vaccin. Mais pour la lèpre pas de grande découverte.

En 1897, à Berlin, se tient le Ier Congrès international de léprologie. Avec les conquêtes coloniales, l'Europe a retrouvé la lèpre sur les autres continents et veut faire le point. Par ailleurs, les services nationaux commencent à coopérer face à plusieurs problèmes sanitaires. Les Norvégiens font une communication très remarquée. Afin d'éviter la propagation de la maladie, ils ont isolé les malades et recueilli ceux qui étaient abandonnés. Ces mesures très strictes leur ont permis d'enrayer la progression de la maladie. Aussi invitent-ils les autres pays à recourir aux mêmes mesures d'isolement.

Le congrès de Berlin recommande en effet l'isolement des malades et la création de village de lépreux. Beaucoup cependant confondent alors isolement et relégation, léproserie et mouroir.

Vers 1900 [1], dom Santon, qui est médecin et prêtre, effectue de nombreux voyages dans le monde pour mesurer l'importance de la maladie et les problèmes qu'elle pose. Cette démarche annonce celle de Raoul Follereau. Il avance le chiffre d'un million de malades. Le Dr Zambaco Pacha, médecin ottoman, pense plutôt à trois millions. Presque un siècle plus tard, on ne parvient toujours pas à évaluer le nombre de lépreux.

Au cours des années vingt et trente, le Britannique Cochrane propose l'estimation suivante : six mille malades en Europe, vingt mille en Océanie, cent mille en Amérique latine, cent mille en Afrique et deux millions en Asie, laquelle serait déjà le continent le plus touché, et pas seulement parce que c'est le continent le plus peuplé.

De 1924 à 1927, Souza Araujo effectue le tour du monde afin de réaliser une enquête mondiale sur la lèpre. L'Institut Osvaldo-Ruiz, la fondation Rockefeller et le Bureau international d'hygiène patronnent son voyage. Il réunit statistiques et documents d'histoire, il étudie les problèmes sociaux,

---

1. *Cf.* Roger Le Forestier, *Le Problème de la lèpre dans les colonies françaises et en France, étude de médecine sociale*, thèse, Marseille, 1932.

les législations liées à la lèpre, les soins apportés. Son rapport, *Survey Made in Forty Countries*, révèle des situations très contrastées. Aux États-Unis, à Hawaii, aux Philippines et au Japon, on travaille avec ardeur et talent contre la maladie. En 1927, le Mexique accomplit d'importants efforts afin de recenser tous les malades du pays. Ailleurs, les efforts restent très dispersés et, dans la plupart des États, il n'existe pas de service officiel de prophylaxie antilépreuse.

Cependant, des organisations privées se constituent : les Missions évangéliques protestantes interviennent sur plusieurs continents, mais surtout dans les colonies britanniques [1]. L'*International Leprosy Association* se propose de coordonner la coopération internationale et de stimuler les gouvernements. Elle réunit surtout des chercheurs. Un Bureau de la lèpre est créé à la S.D.N. sous l'impulsion de Ludwig Rajchmann, toujours pionnier en matière d'organisation sanitaire. En France, une commission de la lèpre est créée auprès du ministère des Colonies, qui réunit des médecins et des missionnaires. En 1932, le Dr Burnet publie chez Flammarion un livre destiné au grand public : *La lèpre : légende, histoire, actualité*. Pendant ce temps Jeanselme, un médecin colonial, et Klingmuller publient des traités fort complets dans leurs descriptions.

La léprologie franchit une étape importante avec la mise au point du test à la lépromine par le Japonais Mitsuda en 1933. On procède à l'injection intradermique d'antigène lépreux, ou lépromine, obtenu à partir de lépromes très riches en bacilles finement broyés, portés à ébullition et auxquels on ajoute de l'acide phénique. La lecture du test a lieu après trois ou quatre semaines, quand la réaction est en principe la plus forte. D'autres tests proposés par la suite permettent de classer les patients selon la gravité de leur état ou le risque de complications.

Cependant, il n'est toujours pas question de vaccin ou de médicament plus efficace que l'huile de chaulmoogra. On dénombre pourtant des centaines de remèdes indigènes, mais aucun ne fait la preuve de son efficacité.

Le procédé *tintibo* [2] exige racines et écorce d'arbres, une vertèbre de boa, quelques noix de karité. Il faut en faire une infusion dont on brûle une partie sur une fourmilière. Le lépreux doit se baigner dans une eau où a été versée l'infusion et, immédiatement après, barbouiller toutes les parties malades de son corps avec de la poudre de gris-gris mélangée à du beurre de karité. Il faut également sacrifier un coq blanc pour un homme, une poule blanche pour une femme.

Pour le procédé *yembi taossa* [3], l'on doit trouver des termites qui se sont attaqués à des feuilles mortes, prélever à l'intérieur d'une termitière de la

---

1. Id., *Ibid.*
2. Raoul Follereau. *Tour du monde chez les lépreux*, p. 15.
3. Id, *Ibid.*

terre molle, extraire les racines d'un arbre, mélanger le tout et, après une semaine, en enduire le malade. Il faut ensuite obliger ce dernier à rester au vent sans se couvrir et lui interdire de se baigner, pour que le produit adhère bien.

Durant les années vingt, des médecins commencent à réfuter la thèse du congrès de Berlin ou à dire que, si l'on veut rassembler les lépreux, il faut tenter de les soigner.

Parmi eux, le Dr Émile Marchoux [1]. Né en 1862, médecin colonial, il travaille d'abord en Indochine. Il entre ensuite à l'Institut Pasteur et il y travaille à la mise au point du sérum anticharbonneux. Il fonde en 1896, à Saint-Louis du Sénégal le premier laboratoire de microbiologie en Afrique noire. Il étudie alors surtout le paludisme et les amibes. Il poursuit sa carrière en France et au Brésil, à Rio de Janeiro, où il s'intéresse à la fièvre jaune. Il s'oriente ensuite vers des recherches sur le bacille de Hansen en multipliant les expériences sur les rats. Plusieurs voyages en Afrique lui font découvrir le problème des lépreux qui non seulement souffrent dans leur corps de la maladie mais sont en plus rejetés de leurs communautés d'origine.

Il lutte alors pour la réhabilitation des lépreux et préconise l'hospitalisation libre des contagieux, la création des villages communautaires pour les non-contagieux, l'abandon de toute idée de ségrégation à l'encontre des malades. Il se bat pour supprimer les villages où ceux-ci sont parqués et isolés du monde, sans soins parfois. Il estime qu'il faut attirer les malades vers le médecin et non les y amener de force. Les léprologues réunis en congrès international à Strasbourg en 1923 se rallient à cette thèse. La même année, une commission de la lèpre est créée au ministère des Colonies et Marchoux en est nommé président.

Il comprend que l'on ne peut lutter efficacement contre la lèpre si l'on ne tient pas compte de l'environnement socioculturel des malades et des problèmes liés au sous-développement et à la pauvreté. La solution, originale, doit être trouvée en Afrique même. En janvier 1935, après de nombreuses démarches, le Dr Marchoux obtient la création à Bamako de l'*Institut central de la lèpre*. Celui-ci, par son dynamisme et ses idées novatrices, devient très vite un centre pilote et sert d'exemple dans le monde entier. Il tente un premier recensement des lépreux, des missions mobiles sillonnent la brousse pour dépister les malades, vaincre la méfiance et donner les soins urgents.

Le Dr Marchoux mourra à Paris en 1943 avant d'avoir vu naître les premiers antibiotiques efficaces contre la lèpre. Il fut un conseiller et un maître pour les médecins du corps de santé colonial, au même titre que Calmette, Laveran, Nicolle et Mesnil.

---

1. Source : centre de documentation des fondations Follereau à Paris.

Dans cet esprit, le Dr Roger Le Forestier soutient en 1932 une thèse qui n'est guère citée mais où, alors qu'il n'a que vingt-quatre ans, il se montre visionnaire : *Le Problème de la lèpre dans les colonies françaises et en France ; étude de médecine sociale.* Il y annonce les politiques sanitaires des décennies à venir. Il a compris que la lèpre est une maladie sociale autant que physiologique. La documentation remarquable [1] qu'il a rassemblée, il l'a puisée tant auprès des services officiels et des médecins coloniaux que des congrégations religieuses et des organisations d'aide aux lépreux. À la fin de son travail, il propose des mesures concrètes que nous citons par ordre de priorité :

— une véritable médecine préventive et une politique d'hygiène sociale où soient associés le médecin, l'éducateur et le législateur. Il est important de noter que cette approche est considérée comme la priorité absolue par le Dr Le Forestier ;

— le dénombrement des lépreux ;

— l'isolement et le traitement des contagieux (mesure citée en troisième position seulement ; on s'est aperçu que tous les malades ne sont pas contagieux et il n'est pas question de les laisser sans soin ni assistance). L'auteur invite plus loin à ne pas voir dans l'isolement la seule réponse possible au problème ;

— les enfants de lépreux et les lépreux guéris doivent être surveillés (donc ne pas être internés) ;

— le mariage et la cohabitation des malades contagieux sont à déconseiller ;

— chaque pays d'endémie doit mettre en place un centre de recherche sur la lèpre ;

— il faut instruire le public par la propagande et l'enseignement populaire ;

— les associations de bienfaisance et les missions chrétiennes seront des auxiliaires précieux dans cette entreprise ;

— les situations étant variables selon les lieux, le pragmatisme et la souplesse sont de rigueur. L'action doit être progressive et tenir compte non seulement des conditions naturelles mais du contexte culturel ;

— Il faut considérer que la lèpre est une maladie comme les autres et qu'on doit associer la lutte contre la lèpre à celle contre d'autres fléaux sociaux ;

— la prophylaxie doit être internationale et mondiale, ce qui suppose une coopération ;

Il ne s'agit donc plus de refouler les malades, de s'en tenir à une politique inspirée par la seule terreur de la contagion.

Ces travaux sur la lèpre restent cependant le fait d'un petit nombre de médecins. En effet, les maladies qui tuent rapidement sont considérées comme les plus urgentes et mobilisent les moyens les plus importants, fai-

---

1. Nous y avons fait référence plus haut.

sant l'objet de recherches approfondies et de mesures rigoureuses : paludisme, maladie du sommeil, fièvre jaune, peste....

Mais les lépreux n'intéressent pas seulement les médecins. Depuis des siècles le lépreux est un privilégié de la charité chrétienne. Il est souvent considéré comme l'image du Christ souffrant sur la Terre.

Les lépreux apparaissent souvent dans la Bible, et d'abord dans l'Ancien Testament. D'ailleurs on y a peut-être qualifié de « lépreux » des gens atteints de dermatoses ou d'autres maladies que la lèpre. Le Lévitique détaille les prescriptions et les mesures à prendre à propos des lépreux. Ils doivent vivre à l'écart, porter des vêtements lacérés et crier « impur » pour signaler leur présence. La Bible raconte aussi la guérison miraculeuse du général syrien Naaman.

Dans le Nouveau Testament, Jésus guérit des lépreux, leur tend la main, leur parle, il prend son dernier repas avant la Cène chez Simon le lépreux. Il ne cesse d'enfreindre la loi à leur sujet. Quand il envoie les douze en mission, il leur dit : « Guérissez les malades, purifiez les lépreux... »

L'Église se rappelle ensuite cet exemple. Au Moyen Âge, en Europe, elle a le monopole de l'assistance aux lépreux. En 549, le concile d'Orléans [1] décrète que chaque évêque doit nourrir et habiller les malades de la lèpre. En 1170, le concile de Latran refuse de reconnaître la lèpre comme cause de divorce. François d'Assise, Louis IX, Vincent Ferrier embrassent des lépreux et les servent. Et combien d'autres à leur suite : Radegonde, reine de France, Marguerite d'Écosse, Élisabeth de Hongrie, Édouard le Confesseur, Alphonse de Portugal... Les laïcs font souvent des dons très généreux en leur faveur. Les cérémonies d'exclusion, les processions de malades, leurs costumes, les précautions prises pour éviter la contagion marquent les esprits et inspirent de nombreux artistes. Les religieux qui partagent la vie des lépreux meurent avec eux. La lèpre donne naissance aux sentiments les plus extrêmes : folie, terreur, désespoir, héroïsme sublime. Elle imprime profondément la mémoire collective, car elle ronge inexorablement. À la différence d'une épidémie, qui frappe ponctuellement et rapidement, la lèpre n'a jamais fini de rôder dans l'Europe médiévale, et seule l'Église et les chrétiens osent y faire face et acceptent de s'y consacrer tout entiers, au risque d'en mourir. Seule l'Église a une autorité morale suffisante pour prendre en charge un tel problème et mener une action continue.

Cette tradition traverse les siècles. S'il n'y a presque plus de lépreux en Europe, il en reste dans les autres continents et le dévouement des religieux et religieuses ne faiblit pas. En 1897, la fondatrice des Franciscaines missionnaires de Marie demande six volontaires pour une léproserie en Birmanie. Il s'agit de malades très atteints et incurables, les risques de contagion rapide semblent certains et les volontaires devront rester en ce lieu

---

1. Cité par Jean Toulat, *op. cit.*, pp. 52 à 55.

jusqu'à la fin de leurs jours vraisemblablement. La supérieure reçoit plus de mille candidatures [1]...

Aujourd'hui encore, dans la plupart des ordres religieux on s'occupe des lépreux, à temps complet pour de nombreuses religieuses. Plus de cent quatre-vingts ordres religieux catholiques soignent les lépreux actuellement [2]. Et les missions protestantes ne sont pas en reste.

Au XIXᵉ siècle et au début du nôtre, plusieurs congrégations, personnalités ou institutions religieuses ont fondé des léproseries citées en exemple. En 1832, en Guyane, la mère Anne-Marie Jahouvey, de l'ordre de Saint-Joseph-de-Cluny, fonde la léproserie d'Aracouany, véritable havre de paix pour les lépreux qui fait un peu penser, à l'heure où fleurissent les utopies communautaires en Europe, à l'intuition des Jésuites au Paraguay. On peut aussi citer [3] les Franciscaines de Tala aux Philippines, les Filles de la charité à Djiring, les Sœurs de Saint-Paul-de-Chartres à Hong Kong et à Culion aux Philippines, les Capucins à Harar en Éthiopie, l'ordre de Malte à Orofara en Océanie. Sans oublier les missionnaires réformés à Madagascar et les pasteurs wesleyens à Magokai, dans les îles Fidji. Et il faudrait citer des centaines d'initiatives encore. À chaque fois, le « peuple chrétien », sollicité par les revues missionnaires, assure le financement de ces réalisations auxquelles les pouvoirs publics et même les médecins croient difficilement, au début en tout cas. En France, le pasteur Debord utilise les bâtiments d'une chartreuse inoccupée depuis 1905 pour fonder, à Valbonne, un sanatorium pour lépreux.

En 1936, les Belges célèbrent avec faste le rapatriement du corps du père Damien en Belgique. Il est mort en 1889 à Hawaii, où il avait voulu vivre avec les lépreux dans l'« enfer de Molokai ». D'un lieu de désespoir, de folie et d'abandon il avait fait un village de personnes dignes dans la maladie. Il avait lui-même contracté la lèpre au contact des malades, n'hésitant pas à sacrifier sa vie pour eux. Toute la Belgique rend hommage à ce héros national. Les religieux de Picpus lancent des collectes pour construire des chapelles dans les léproseries : « le sou du père Damien [4] », et de petits groupes locaux se constituent pour mener à bien cette opération.

Des associations se sont mises en place dans plusieurs pays du monde.

La première grande organisation moderne fut fondée à Londres en 1874 par W. Belley, ancien enseignant en Inde [5] : la *Leprosy International Mission*, d'abord nommée *Mission to the Lepers*. Organisation protestante, elle veut d'abord aider les lépreux, s'occuper de leurs besoins spirituels, men-

---

1. Id. *ibid.*, p. 117.
2. *Ibid.*
3. Dans sa thèse *(op. cit.)*, Roger Le Forestier procède à un recensement intéressant.
4. Présentation de Pierre Decombele, de l'association des Amis du père Damien, témoignage recueilli le 12 avril 1988.
5. Brochure de l'I.L.E.P. éditée en 1986 et présentant les associations membres.

taux et moraux. Les soins ne sont pas oubliés, mais c'est le malade plus que la maladie qui intéresse cette association qui prend rapidement une dimension internationale.

Au point qu'en 1906 le comité américain de *Mission to the Lepers* prend son autonomie et adopte le nom d'*American Leprosy Mission*. La lèpre sévit alors dans trente-deux États des États-Unis. De 1911 à 1936, M. Danner dirige avec un dynamisme constant cette organisation. Il effectue deux fois le tour du monde pour mesurer la situation sur le terrain et inspirer la formation de multiples comités locaux de lutte contre la lèpre, y compris en Chine, au Japon, aux Philippines, en Amérique du Sud et en France. La réunion de groupes paroissiaux locaux, protestants pour la plupart, forme la base de l'association aux États-Unis et dans la plupart des autres pays. Le successeur de Danner, le Dr Kellersberger s'adresse beaucoup aux gouvernements, qu'il souhaiterait plus actifs dans la lutte contre le fléau [1].

Les groupes protestants anglo-saxons et scandinaves (en particulier en Norvège) sont donc très sensibilisés par le problème des lépreux. Ils envoient aussi des missionnaires dont la compétence médicale est souvent remarquable. Les Missions évangéliques de Paris, par exemple, effectuent un travail important à Madagascar et dans le Pacifique. Pensons aussi à l'exemple du Dr Schweitzer, qui veut devenir médecin pour être un vrai missionnaire. Dans les milieux missionnaires catholiques, la lèpre a souvent la réputation d'être inguérissable. Si des milliers de consacrés passent leur vie entière avec les lépreux, c'est seulement pour être au milieu d'eux un signe de l'amour de Dieu pour chaque personne. Seules les Sœurs de Saint-Joseph-de-Cluny suivent une formation approfondie à l'hôpital Pasteur de Paris [2]. Ailleurs, prêtres et religieuses s'improvisent infirmiers. Seraient-ils médecins, l'absence de médicaments rendrait limitées leurs possibilités d'intervention.

Fondée en 1924 par un officier de l'armée des Indes et par le secrétaire de l'*American Leprosy Mission* en Inde, Lepra [3] intervient dans le sous-continent seulement, mais d'une façon importante, car on considère alors que cette partie du monde compte le nombre de lépreux le plus élevé.

Si les associations précédentes sont créées pour assister les victimes de la maladie, le Leonard Wood Memorial, fondé en 1928, veut d'abord trouver des remèdes à la maladie et lutter contre ses causes afin de l'éradiquer [4]. Cette organisation américaine a pris le nom d'un gouverneur des Philippines des années vingt, car elle travaille beaucoup dans cet archipel. Elle

---

1. *Ibid.*
2. Roger Le Forestier, *op. cit.*
3. Brochure de l'I.L.E.P., *op. cit.*
4. Renseignements obtenus à Genève, à la bibliothèque de l'O.M.S. qui conserve plusieurs brochures présentant cet organisme.

soutient les projets de médecins comme le Dr Wade. À partir de 1928, Perry Burgess dirige l'association et lance des campagnes d'appel de fonds dans tous les États-Unis. Il se déplace beaucoup mais utilise aussi des méthodes de « manager » pour rassembler le plus d'argent possible. Les sommes consacrées à la recherche sont très importantes et l'organisation est à l'origine du développement du grand laboratoire de Cebu, aux Philippines. Elle finance et organise la Conférence internationale sur la lèpre qui se tient à Manille en 1931 et inspire la fondation de l'International Leprosy Association et de l'*International Journal of Leprosy*.

En 1939, en Belgique, la fondation Père-Damien (Foperda) est créée par le ministère des Colonies. Patronnée par les souverains, elle construit des léproseries et soutient des initiatives philanthropiques aux moyens modestes. Cet organisme semi-officiel intervient surtout au Congo et ne réclame pas l'appui du grand public, ce qui limite sa notoriété[1].

De nombreuses petites associations sont nées là où sévit la maladie, des associations d'aide aux enfants de lépreux en Amérique du Sud par exemple. En Nouvelle-Zélande aussi, on s'intéresse au problème.

Les gouvernements prennent également des initiatives s'ils en ont les moyens, en argent et en personnel.

Les lépreux vivent dans des conditions extraordinairement diverses.

Dans l'île de Culion, aux Philippines, le gouvernement américain et de nombreux bienfaiteurs privés ont permis la création d'une véritable ville de lépreux[2] où évoluent cinq mille malades. Sept cents personnes valides se dévouent là à leur service. Les Sœurs de Saint-Paul-de-Chartres, qui furent les premières à s'intéresser aux lépreux de Culion, et les missionnaires protestants américains assurent plus qu'une présence cultuelle. Culion bénéficie de tous les acquis de la science moderne. Vingt médecins spécialisés y travaillent en permanence. On y trouve six cents maisons médicales, et dans cinquante bâtiments on se consacre à la recherche médicale ou pharmaceutique. Toutes les opérations médicales connues sont possibles, et pas seulement pour traiter la lèpre. Les lépreux peuvent mener une vie presque normale, comme en témoignent les exploitations agricoles et les rues commerçantes. Des spectacles et de nombreuses associations culturelles, sportives et musicales animent la ville.

À Carville, en Louisiane, les lépreux vivent aussi dans des conditions privilégiées. Ils habitent des pavillons confortables, exercent un travail rémunéré, peuvent pratiquer un sport ou se divertir. De nombreuses églises sont présentes. Dans cette léproserie-sanatorium des équipes de chercheurs disposent de moyens considérables et un personnel médical compétent et dévoué s'occupe de chaque malade.

---

1. Renseignements obtenus auprès de l'association des Amis du père Damien.
2. Décrite dans la thèse de Roger Le Forestier, *op. cit.*

Ailleurs, les conditions sont plus précaires, même si ce n'est pas l'abandon total.

Dans des hôpitaux-sanatoriums des villes d'Amérique latine, les lépreux, les aveugles et les paralysés sont souvent réunis dans des maisons correctement entretenues mais où l'on ne respire guère l'espoir. Seules des initiatives privées permettent d'adoucir un peu la vie des malades.

Dans la plupart des colonies françaises [1], la création administrative de villages de ségrégation permet de réaliser un isolement peu coûteux en argent et en personnel. Des missionnaires s'occupent souvent des malades. Les villages de lépreux du Tonkin ou de Madagascar peuvent réunir des centaines de malades et leur famille. Manankavaly et Antsirabé sont, à Madagascar, de véritables colonies agricoles de lépreux. Mais le Dr Girard, qui dirige l'Institut Pasteur de Tananarive, déclare que « tout reste à créer », tant les besoins sont importants.

Le Dr Schweitzer opte, lui, pour le pavillon d'isolement à l'intérieur du village. Les malades sont groupés en fonction de leur infection mais peuvent se déplacer le jour et se mêler aux autres personnes s'il n'y a pas de risque grave de contagion. Il respecte les coutumes des Africains et fait œuvre d'architecte autant que de médecin.

L'isolement à domicile n'est pratiqué qu'en Norvège.

En Guyane, le Dr Labernadie pratique en 1927 le libre traitement de la lèpre. Les malades se rendent dès lors assez volontiers au dispensaire tandis qu'ils fuient les léproseries. Mais seule une partie d'entre eux se sent concernée.

En Amérique latine, la plupart des malades sont peu à peu pris en charge, dans les villes surtout. Toutefois, dans la plupart des cas, en Afrique, en Asie et en Océanie, les malades échappent à tout contrôle sanitaire. Le Dr Le Forestier constate non sans humour que dans l'empire colonial français, sur dix lépreux indigènes, un seul est reconnu, alors qu'en France chaque lépreux est l'objet d'une publication de recherche ou d'une thèse. Par ailleurs, en Nouvelle-Calédonie par exemple, les lépreux n'habitent les huttes qui leur sont attribuées que le temps de l'inspection médicale. Celle-ci passée, ils s'en retournent vivre avec leurs familles.

Car l'attitude des indigènes à l'égard des lépreux varie énormément d'une région à l'autre.

Parfois c'est l'exclusion totale, la relégation qui peut signifier une condamnation à mort de fait : être envoyé seul sur un îlot dépourvu de toutes ressources, devoir partir dans la brousse. Dans les tribus Wolofs [2] du Sénégal, la lèpre est la maladie qui provoque l'exclusion. Un proverbe peul dit que « la lèpre est la plus grande des maladies ». La lèpre est considérée

---

1. Id., *ibid.*
2. Exemples cités dans la brochure *Vaincre la lèpre, op. cit.*

comme le châtiment d'une faute commise par le malade ou un membre de sa famille. Car dans la plupart des cultures indigènes, la maladie a un sens, elle est un signe que le monde divin adresse à la communauté humaine. Quelquefois, des malades se regroupent et essaient de vivre de brigandage, à moins que la peur ne les fasse fuir quand approche quelqu'un.

Ailleurs, au contraire, la lèpre n'engendre ni exclusion ni inquiétude. Le malade garde sa place dans la communauté et, dans certaines formes de la maladie, si des conditions d'hygiène minimale ne sont pas remplies, il peut la transmettre à certains de ses proches. L'entourage aide le malade à éviter les contrôles médicaux.

Ailleurs encore, le malade doit rester à l'écart de la vie de la communauté, mais il n'en est pas totalement exclu. La communauté veille à sa subsistance et il n'est pas enfermé; il peut s'approcher du village, pour prendre ses repas notamment. Chez les Toucouleurs du Sénégal, les repas se prennent en commun même si les malades restent tenus à l'écart [1].

La première rencontre de Raoul Follereau avec les lépreux a donc lieu dans un endroit où leur sort est particulièrement tragique.

Il faut cependant prendre en compte l'ensemble de la politique sanitaire d'une région pour mesurer la situation des lépreux. Nous allons essayer de le faire pour l'empire colonial français, en Afrique noire essentiellement.

L'histoire de cette médecine coloniale reste encore méconnue. Pourtant elle a permis, avec des moyens limités, d'obtenir des résultats impressionnants.

La colonisation coïncide avec les premiers triomphes de la bactériologie (1871-1895 environ) et de l'école pastorienne. La médecine européenne devient alors nettement plus efficace que les autres.

Dans le même temps, une vision universelle et humaniste de la médecine prend corps, très influencée par les conceptions chrétiennes de l'homme et l'hygiénisme humaniste. Les professions de médecin et d'infirmière se structurent. Dix conférences internationales de santé publique se tiennent durant la seconde moitié du XIXᵉ siècle. Les mesures d'hygiène prises en Europe viennent de prouver leur efficacité.

Découvrant l'Afrique, les Européens y voient le « tombeau de l'homme blanc ». Dans ces terres encore inconnues, comment faire face à ces maladies, en grande partie ignorées en Europe? D'autant que les médecins coloniaux sont peu nombreux, les volontaires pour l'Afrique noire très rares et les moyens matériels dérisoires.

Les services de santé des troupes coloniales de l'infanterie et de la marine jouent le rôle essentiel. Dans un premier temps, ils soignent les Européens vivant sous les Tropiques, dans un second temps ils se tournent vers les populations indigènes. Leur activité se déploie dans trois directions : la

---

1. *Op. cit.*

recherche médicale et pharmaceutique, la médecine de masse et la formation d'un personnel autochtone [1].

Confrontés en permanence à des problèmes nouveaux, ces services doivent imaginer des démarches nouvelles, d'autant que les solutions européennes sont parfaitement inadaptées aux réalités coloniales.

La recherche en médecine tropicale en France est essentiellement menée par les instituts Pasteur d'outre-mer et les médecins coloniaux. Cette recherche a des objectifs très concrets; il ne s'agit pas seulement de trouver un remède ou un vaccin, il faut aussi le fabriquer en grande quantité à des prix peu élevés. Beaucoup des plus grands savants de ce temps, comme Calmette, Yersin, Laveran et combien d'autres, furent des médecins coloniaux. Les succès obtenus contre la peste, le paludisme et quantité de fléaux leur sont presque entièrement dus.

Ces médecins sont formés à Bordeaux, Lyon et Marseille. L'école du Pharo à Marseille est aussi un centre de recherche important et assure des recyclages périodiques.

Mais pendant l'entre-deux-guerres, la formation des auxiliaires médicaux devient importante. Inaugurée à Madagascar par des missions protestantes anglaises, reprise à Pondichéry puis en Indochine, elle se répand dans l'empire. La formation donnée à Dakar tient compte des spécificités africaines. Former des médecins serait trop long et inutile pour régler des problèmes élémentaires. Les écoles médicales sont à la pointe des méthodes de pédagogie appliquée et active.

Enfin, la médecine de masse se met en place. En A-.O.F., on passe de cent soixante et onze mille consultations en 1905 à dix millions en 1935. Le système français se fonde sur le principe de l'assistance médicale indigène (A.M.I.), c'est-à-dire des soins gratuits fournis aux populations. Une certaine idée de la mission de la France s'exprime là, une conception chrétienne ou humaniste, car les Britanniques par exemple ne veulent pas d'une politique sanitaire entièrement gratuite pour les malades. On trouve aussi des pressions plus intéressées en faveur d'une politique sanitaire active car, comme le dit au cours des années vingt le directeur de la Compagnie française d'Afrique-Occidentale, il faut « faire du Noir » pour avoir une main-d'œuvre nombreuse. Le plan Sarraut élaboré durant la même décennie va en ce sens, mais le Parlement mesure chichement ses crédits. À la tête de tous les services sanitaires et médicaux des colonies, le Dr Lasnet déclare en 1924 : « C'est par l'hygiène et l'éducation des masses

---

1. Pierre Pluchon, *Histoire des médecins et pharmaciens de marine et des colonies*, Privat, 1985.
Médecin-général Lapeyssonnie, *La Médecine coloniale : mythes et réalités*, Seghers, 1988.

que les maladies évitables disparaîtront peu à peu et que sera obtenu le relèvement physiologique des races [1]. »

Les indigènes regardent avec méfiance les premiers médecins d'autant que les médecines traditionnelles proposent des réponses aux maux dont souffre le patient. Ils ne se rendent pas spontanément aux consultations, sauf lorsque la situation devient désespérée.

Le médecin-colonel Eugène Jamot [2] ouvre une ère nouvelle et remporte le premier grand succès de santé publique de la France en Afrique noire, car il comprend que c'est au médecin d'aller au malade et surtout il parvient à réaliser cet objectif.

De 1922 à 1931, le sud et le centre du Cameroun sont en proie à une effroyable épidémie de trypanosomiase, ou maladie du sommeil. Dans de nombreux secteurs, plus de 80 % de la population est atteinte. Transmis à l'homme et aux animaux par des insectes piqueurs au premier rang desquels il faut citer la mouche tsé-tsé ou glossine, ces parasites du sang engendrent une maladie qui peut rapidement devenir mortelle. Un pays entier allait-il disparaître ? Face à ce désastre, Jamot met en place un service d'hygiène mobile. D'abord il crée un centre d'instruction pour médecins, infirmiers et agents sanitaires. Dès 1926, ils se déplacent sans arrêt d'un village à l'autre, pour dépister les malades et les soigner. Une tâche écrasante dans un pays où la population est clairsemée et où les routes et les pistes praticables sont exceptionnelles. En 1929, l'espace camerounais est quadrillé, avec la mise en place de quatorze secteurs spéciaux et de quatorze secteurs annexes et, sous le commandement de Jamot, dix-huit médecins, trente-six agents sanitaires européens et quatre cents infirmiers africains. La rigueur et les méthodes contraignantes de cette médecine de masse (les habitants d'un village sont rassemblés avec autorité pour l'examen médical) lui assurent un succès éclatant. En 1931, l'épidémie est vaincue : cent vingt-cinq mille malades sont guéris, soit 15 % de la population totale du pays concerné, et des mesures de prévention sont prises. Mais un jeune médecin ayant, de son propre chef, augmenté les doses de Tryparsamide – médicament très efficace mais dont les effets secondaires sont redoutables –, sept cents personnes sont devenues aveugles. Le gouvernement et l'administration tenant Jamot pour responsable, il est sanctionné et, la jalousie de certains médecins militaires aidant, il doit aussitôt quitter l'Afrique. Il y reviendra ensuite, mais pour peu de temps.

Il laisse cependant des principes fondamentaux qui inspireront les plus brillants médecins coloniaux ensuite : l'action sanitaire doit être menée sur une grande échelle, les méthodes doivent être rigoureuses mais très simples, la formation sur place d'un personnel médical et surtout paramédical indigène est indispensable.

Les méthodes de dépistage rigoureux sont reprises pour d'autres

---

1. Cité dans Pierre Pluchon, *op. cit.*

2. Marcel Bebey-Eyidi, *La Vie et l'Œuvre médico-sociale en Afrique intertropicale française d'Eugène Jamot*, thèse de médecine, Paris, 1950.

endémies. De 1932 à 1939, le dépistage de la lèpre en A.-O.F. [1] permet de recenser et de ficher quarante-huit mille malades, mais on ne sait quel traitement leur administrer, quelle prophylaxie mener. Et la lèpre n'est pas le sujet le plus préoccupant. La destruction des foyers de cette onchocercose qui provoque tant de cécités aux abords des cours d'eau préoccupe les médecins. Et les ravages de la tuberculose, de la trypanosomiase, la forte mortalité infantile semblent des problèmes plus urgents.

Le père Jean Goarnisson [2] joue aussi un rôle important dont les effets se feront sentir des décennies durant. Né en 1898, interne et docteur en médecine, il entre, sa thèse achevée, chez les Pères blancs. À Ouagadougou, ses supérieurs et la IIIᵉ République laïque lui demandent de lutter contre la trypanosomiase qui ravage la région au début des années trente. Il dirige le laboratoire de bactériologie de l'hôpital de Ouagadougou et, surtout, il forme, de 1931 à 1943, quatre cents infirmiers qui interviennent dans toute l'Afrique-Occidentale française pour lutter contre la trypanosomiase. Pour eux, il écrit *Le Guide médical africain*, qui sera réédité à de nombreuses reprises et même traduit. Plus tard le père Goarnisson interviendra face à d'autres endémies, formera des centaines de personnes et obtiendra de tels succès dans les opérations oculaires qu'on le surnommera le « Dr Lumière ». C'est à juste titre donc que le médecin-général Muraz a pu dire que l'œuvre du père Goarnisson aura eu « une incidence démographique considérable ».

DES ENGAGEMENTS PASSIONNÉS

Raoul Follereau déploie une énergie considérable au service du rapprochement avec l'Italie, de la lutte contre le communisme et le nazisme et de la canonisation du père de Foucauld. Des objectifs apparemment bien différents.

Raoul Follereau rejette le communisme, nous l'avons vu, et le nazisme. Il se méfiait déjà de l'Allemagne mais l'arrivée de Hitler au pouvoir lui inspire un sentiment d'horreur absolue.

Il appelle de ses vœux un rapprochement avec l'Italie de Mussolini et prend de multiples initiatives en ce sens. Il rencontre personnellement Mussolini dès 1926 [3], et la guerre d'Éthiopie renforce ses contacts avec les dirigeants italiens.

---

1. Chiffres cités dans le livre du médecin-général Lapeyssonnie, *op. cit.*
2. Sources : articles publiés après sa mort, bande dessinée par Fleurus...
3. Raoul Follereau rappelle cette date à plusieurs reprises, mais nous manquons de sources pour préciser le contenu de cette première rencontre. Il s'agit alors d'échanges culturels essentiellement.

Dans un climat politique de plus en plus tendu qui peut faire craindre, depuis février 1934 surtout, pour la paix civile, une guerre des manifestes secoue les catholiques de France à partir d'octobre 1935. Les uns, avec Henri Massis, soutiennent l'Italie, qui a envahi l'Éthiopie, les autres, souvent démocrates-chrétiens, et parmi lesquels on trouve Maurice Schumann, dénoncent l'agression et réclament des sanctions. Les catholiques ne sont plus unis, comme en 1905, face à un adversaire commun.

Raoul Follereau s'engage en faveur de l'Italie. Dans son bulletin, il présente l'Italie comme une victime de la S.D.N., « monstre à fabriquer la guerre [1] » aux mains des francs-maçons selon lui. Le jour où les sanctions sont prises, il organise un pèlerinage au cimetière franco-italien de Bligny. À la fin de l'année 1935, il lance une grande campagne de signatures des « femmes françaises contre les sanctions ». La duchesse de Vendôme, la maréchale Franchet d'Esperey, la comtesse de Clermont-Tonnerre, Mme Georges Duhamel sont parmi les premières à répondre, mais des femmes de tout milieu signent ce texte qui réunit plus de dix mille signatures en janvier 1936 [2].

Raoul Follereau donne aussi une pleine page de son bulletin à « une éminente personnalité italienne », qui reste anonyme et demande : « Peut-on refuser à l'Italie sa place au soleil [3] ? »

Il estime les sanctions « imbéciles [4] », car les autres pays, à commencer par la Grande-Bretagne, ne les appliquent pas. Et l'Allemagne peut se rapprocher de l'Italie. Il considère que la France mène une politique contraire à ses intérêts.

Mais là n'est certainement pas l'argument décisif à ses yeux. Il considère que l'Italie mène une action positive, que son intervention permet de libérer des dizaines de milliers d'esclaves et de soigner les plus pauvres dans un pays « aux deux millions d'esclaves et deux cent mille lépreux [5] ». Il pense que les Français sont mal informés de la situation réelle de l'Éthiopie et que Mussolini est victime d'un complot de la presse, de la S.D.N. et de la franc-maçonnerie. Il ne dit mot toutefois des victimes civiles de la guerre d'Éthiopie, victimes de l'ypérite notamment.

Raoul Follereau rencontre de plus en plus fréquemment les dirigeants italiens. À commencer par Mussolini, le 2 janvier 1936, duquel il dresse un portrait très laudatif. Il en parle comme d' « un homme à une époque de pantins [6] ». « Je l'admire », avoue-t-il. Il parle de sa force, de sa puissance, de son intelligence, de son équilibre intérieur mais aussi de sa douceur et de

---

1. *L'Œuvre latine*, janvier 1936.
2. *L'Œuvre latine* présente alors des listes de noms classés par ordre alphabétique.
3. *Ibid.*, janvier 1936.
4. *Ibid.*
5. *Ibid.*
6. *Ibid.*, février 1936.

sa tendresse. Bref, il contredit les descriptions habituelles des journaux. Et il ajoute : « Je n'ai pas la liberté de rapporter tout ce qu'il m'a dit. »

Le 16 mars de la même année, il se trouve à Rome et fait remettre un message de soutien au Duce, qu'il va rencontrer de plus en plus régulièrement. En avril, il reçoit la médaille vermeil de la cause franco-italienne. Le 3 mai, Mussolini lui remet une photographie dédicacée. Le 6 juin, Raoul Follereau parle à Radio Roma et son intervention est relayée par tous les postes d'État italiens. Le 7 juin, il assiste à une revue militaire puis à de nombreuses réceptions officielles. Le 27 août, il est présent aux grandes manœuvres de l'armée italienne à Sorrente. Il y rencontre le roi, le prince de Piémont et Mussolini. Il s'entretient longuement avec chacun d'eux. « À eux trois, ils sont toute l'Italie. » Il nous dit peu de chose sur le contenu de ces entrevues, mais à chaque fois il demande au Duce de « ne pas identifier la France et ses gouvernements [1] ».

Raoul Follereau garde son franc-parler, même en présence de Mussolini. Lors d'une rencontre de 1936, ce dernier, énervé, considère Follereau et sa lavallière et lui dit :

« Pourquoi cette cravate trop voyante ? C'est très mal vu en Italie [2]. »

Piqué au vif, Raoul Follereau rétorque aussitôt :

« Je me suis moi aussi posé la question et c'est vous qui venez de me donner la réponse : c'est ce qui me reste de plus certain de la liberté individuelle. »

Mussolini « encaissa en riant ». Partout où il se trouve, Raoul Follereau tient en effet à afficher son anticonformisme, à garder une allure « pas comme les autres ». « Accepter d'être – sinon ridicule – au moins ridiculisé pendant cinquante ans, c'est une force », poursuit-il.

L'attitude de Raoul Follereau n'est donc pas celle du courtisan. Il justifie son attitude en mai 1937, dans son bulletin :

Un rapprochement des Russes et des Germains est dans l'ordre naturel des choses... Un rapprochement Berlin-Moscou ? Je le crois, et dans un délai assez bref. Mais que fera Rome et que fera Paris ? Ce qu'ils n'auraient jamais dû cesser de faire. S'entendre, s'unir pour la défense d'une civilisation commune qui demeure, aux heures angoissantes que nous vivons, la plus grande et peut-être la seule chance de salut pour le monde entier.

Raoul Follereau surestime certainement la puissance militaire de l'Italie. Ce pays reste fragile, malgré les déclarations tonitruantes de Mussolini. En revanche, il a sans doute compris que Mussolini, très sûr de lui en apparence, est en fait hésitant, velléitaire même, au moment de prendre les

---

1. Tous ces faits sont rapportés par le bulletin tout au long de l'année 1936.
2. Raoul Follereau ne rapporte pas l'anecdote sur le moment, mais plus tard dans *La seule vérité, c'est de s'aimer*, tome I, pp. 12 et 13.

grandes décisions. Raoul Follereau ne se fait pas d'illusion excessive sur l'importance de son influence, mais il pense que la possibilité de convaincre le Duce n'est pas totalement nulle.

De son côté, Mussolini sait jouer les séducteurs quand il le juge utile. Il se soucie de son image à l'étranger, car il entend jouer un rôle international. Consacrer du temps à des intellectuels venus d'autres pays lui permet de se donner une image d'homme ouvert, posé. De plus, il veut disposer de soutiens et de relais dans l'opinion française [1].

Dans sa démarche, Raoul Follereau vit une aventure qui a séduit nombre d'intellectuels de toutes opinions au long de l'histoire et en particulier au cours du XXᵉ siècle : avoir un rôle dans la vie politique en jouant le rôle de conseiller du prince, d'éminence grise. Ils revivent un peu l'aventure de Platon. Souvent, ces intellectuels ont été séduits par les pouvoirs forts et autoritaires, lesquels, quand ils ont compris cette aspiration, ont su l'utiliser. On l'a vu avec les intellectuels de gauche et les régimes communistes d'Europe ou du tiers-monde. Ces aventures se sont fréquemment terminées par la désillusion des intellectuels. D'ailleurs, Raoul Follereau écrit, dès mai 1937, que l'Italie oublie trop vite les marques de sympathie venues de France.

Les responsables italiens mènent une politique de propagande minutieuse en direction de l'extérieur en s'appuyant sur ce qu'ils savent de la guerre psychologique. Le consul de l'ambassade d'Italie à Paris, Landini, est chargé de prendre des contacts, de créer des réseaux d'influence, de soutenir financièrement les « amis » de l'Italie. Raoul Follereau est trop indépendant pour accepter de l'argent de l'étranger, et surtout il ne s'engage pas par intérêt mais par conviction profonde aux côtés de l'Italie. Par ailleurs, le général Coselchi, vétéran de la Première Guerre mondiale et ami de D'Annunzio, prend la tête du Comité d'action pour l'Université de Rome. Il s'agit d'un réseau d'associations culturelles bâties sur le modèle de l'Action française; officiellement, ses responsables se déplacent d'une capitale à l'autre pour débattre de questions culturelles, mais ils en profitent pour prendre contact avec des hommes politiques, des journalistes, des hommes d'affaires qui peuvent être utiles à l'Italie. Raoul Follereau entre tout à fait dans cette catégorie. Il est d'ailleurs invité par ce comité en Italie en 1936. Comité qui critique vivement l'ordre libéral des années vingt, sur le plan politique mais aussi sur le plan économique, financier et social; les critiques formulées par les tiers-mondistes au cours des années soixante ne seront pas très différentes parfois, même si les solutions proposées le seront. Mais Raoul Follereau veut aussi que ses idées soient prises en considération, et quand il voit que ce n'est pas entièrement le cas, il préfère prendre ses distances.

---

1. Pierre Milza, *Les Fascismes*, Imprimerie nationale, 1985.

Peut-on alors considérer Raoul Follereau comme un fasciste authentique à ce moment de sa vie ? Il nous semble que non, pour plusieurs raisons.

Raoul Follereau en effet, s'il cultive le sens de l'épopée, n'exalte jamais le mythe du guerrier et les valeurs qui l'entourent, car il reste un pacifiste profond. De plus, s'il évoque avec chaleur les peuples et les nations, il reste silencieux sur l'État et son rôle. La toute-puissance de l'État n'est pas un absolu pour lui, et il redoute toujours le totalitarisme. Il se rapproche de l'Italie pour fuir les totalitarismes nazi et stalinien, car il juge les démocraties parlementaires affaiblies, incapables de résister et inconscientes des dangers. Il reste attaché à l'individualisme et supporte mal les endoctrinements imposés par le parti unique. Enfin, il rejette totalement le nazisme, qui lui paraît la mal absolu. C'est par antinazisme qu'il se rapproche de Mussolini. En ce sens, parler de fascisme à propos de Raoul Follereau nous paraît malvenu, à moins de donner à ce mot un sens très vague, peu intéressant pour les historiens.

Raoul Follereau a cependant mené une campagne de longue haleine en faveur de l'Italie dès les années vingt. Peut-être a-t-il influencé les dirigeants de l'Action française, qui ont pris fait et cause pour l'Italie pendant la guerre d'Éthiopie. Maurras est emprisonné pour avoir menacé de mort les parlementaires français qui demanderaient des sanctions contre l'Italie.

Par ailleurs, Raoul Follereau n'est pas disposé à tout recevoir des autorités de Rome. Sa ligue compte des membres en Italie, où il a nommé des délégués presque officiels, en particulier le Pr Mario Poccobelli à Rome et le Pr Tullio Roffare à Venise [1].

Mais Raoul Follereau ne s'intéresse pas seulement au sort de l'Italie. Il se rend en Europe centrale et en Europe de l'Est. Il lui semble en effet que seuls des États autoritaires s'appuyant sur des références chrétiennes et le sentiment national peuvent résister au double danger allemand et russe, nazi et communiste. Aussi soutient-il les initiatives en ce sens. Il constate au cours de ses voyages le prestige que la langue et la culture françaises gardent en ces pays. De plus, les milieux intellectuels de Roumanie sont très marqués par l'Action française.

En mai 1937, Raoul Follereau est à Rome. Il rencontre au Vatican le cardinal Pacelli. Celui-ci le reçoit dans son bureau où le visiteur reconnaît une image de Domrémy, le village de Jeanne d'Arc, canonisée en 1920. Ils parlent de la France et le cardinal bénit les fondations Charles-de-Foucauld. Les deux hommes se rencontreront de nouveau au cours de l'été, à Paris cette fois [2].

Au Vatican, Raoul Follereau rencontre aussi des supérieurs d'ordres

---

1. Cités de temps en temps dans le bulletin.
2. Témoignage du frère Fernand Davoine, recueilli le 7 mars 1988. Mais nous savons peu de chose du contenu de la seconde rencontre.

religieux et de nombreuses personnalités, d'où une familiarité croissante avec l'esprit du lieu. Il se rend de surcroît à la maison généralice des Frères des écoles chrétiennes.

Il est ensuite reçu au palais du Quirinal par le prince de Piémont, puis il rend visite au ministre de la Propagande, Rocco.

Le prince de Tokary, ancien ministre des Affaires étrangères de l'Ukraine, lui remet la grand-croix de l'ordre constantinien de Saint-Georges, un ordre qui l'a déjà fait comte quelques mois auparavant. C'est pourquoi il sera quelquefois présenté comme un aristocrate, comte ou vicomte, ce qui n'est pas vraiment exact. Pour quels services Raoul Follereau a-t-il été ainsi décoré? Ce n'est peut-être pas seulement pour son œuvre culturelle [1]...

Ces rencontres faites, lui et son épouse entreprennent, avec des membres de la Ligue d'union latine, un nouveau voyage en Europe qui les conduit à Venise, Belgrade, Turnu-Severin, Bucarest et Sofia.

Bien entendu, Raoul Follereau suit avec la plus grande attention l'évolution de la guerre d'Espagne. Il la lit comme un affrontement entre le christianisme et les « sans-Dieu ». En effet, il reproche avant tout au communisme son athéisme, militant, violent et sanglant. Il constate aussi que l'hostilité à l'Église est l'un des rares points d'accord entre ceux qui s'opposent au pronunciamento de l'armée et qui sont très divisés par ailleurs. C'est pourquoi il soutient Franco d'une façon totale.

Par exemple, sous le titre « Aujourd'hui en Espagne », il présente la photo de miliciens « rouges » fusillant la statue du Christ roi et mutilant le Sacré-Cœur. Sur un autre numéro, il montre la photo d'enfants déguisés en enfants de chœur et d'adultes vêtus d'ornements sacerdotaux qui se livrent à une parodie de la messe. Raoul Follereau utilise donc aussi le langage de l'image, qui a gagné la presse des années trente [2].

Il rapporte aussi des anecdotes saisissantes, comme celle-ci, en 1937 [3] :

Le colonel Moscardo commandait l'Alcazar de Tolède lorsque les bolchevistes l'appelèrent au téléphone.

« Votre fils est notre prisonnier, lui dirent-ils. Si vous ne nous rendez pas l'Alcazar, nous le fusillerons. Et maintenant vous allez lui parler et décider vous-même de sa mort ou de sa vie. »

Et le père entendit au bout du fil la voix de son jeune enfant, de son petit gars. Il avait dix-huit ans! C'était un beau et fort garçon à qui toute la vie souriait. Il dit simplement: « Je suis là, mon père, que désirez-vous ? »

Un silence – et quel silence – où tous les siècles semblaient parler, régna alors.

---

1. *L'Œuvre latine*, juin-juillet 1937.
2. *L'Œuvre latine*, novembre 1937.
3. *Ibid.*, novembre 1936.

Et puis le colonel dit : « Crie " Vive l'Espagne ! " et meurs comme un héros. »
Alors le fil cruel porta aux oreilles du père l'écho de deux détonations.

Massis et Brasillach ont eux aussi magnifié la résistance des cadets de l'Alcazar de Tolède. On remarque déjà à travers cette anecdote et surtout la façon de la raconter, toute l'originalité du style de Raoul Follereau. Ce style qu'il utilise dans ses combats politiques, il le mettra un peu plus tard au service de ses idéaux humanitaires.

En un récit court mais poignant, il fustige des adversaires dont il veut montrer la cruauté absolue et exalte les héros et les martyrs de l'Espagne chrétienne. Deux objectifs en un récit dépouillé, Raoul Follereau se contentant, en phrases courtes, de décrire des faits. À aucun moment il ne recourt à l'insulte. Le rythme des phrases et la longueur des mots épousent le rythme de l'action. Mais une immense émotion se dégage. Remarquons aussi que, dans ce récit, l'ennemi est collectif, anonyme, caché. Il n'a pas forme humaine. Tout au long de sa vie d'écrivain et de conférencier, Raoul Follereau se refusera à condamner les individus, ce sont les comportements démoniaques qu'il dénoncera.

Raoul Follereau fait aussi appel à la seule raison. Il constate que sur les quatre cent soixante-dix députés élus en 1936, cent seulement ont pu siéger, ce qui lui permet de conclure que ce parlement non représentatif est illégal. Il dresse la liste exhaustive des « députés assassinés par les rouges » et de ceux qui sont « emprisonnés par les rouges et dont le silence laisse craindre le pire [1] ».

On remarquera qu'il ne dit mot des violences dont sont aussi victimes les républicains. C'est qu'il voit dans la guerre d'Espagne une guerre sainte plus qu'une guerre fratricide. Les intellectuels se divisent une nouvelle fois à propos de la guerre civile. À gauche, certains s'engagent dans les brigades internationales. Si Bernanos évoque les exactions des nationalistes à Majorque, la plupart des catholiques français éprouvent une vive sympathie pour l'Église espagnole, victime de persécutions, pour les prêtres, les religieuses et les croyants massacrés. Le cardinal Verdier et l'archevêque de Westminster déclarent que seul Franco incarne la légalité.

Raoul Follereau considère qu'une guerre sainte s'engage car, selon lui, le christianisme est menacé par le communisme et le totalitarisme. Aussi propose-t-il une riposte concertée des chrétiens.

Au début du mois de septembre 1936, une manifestation communiste se tient à Bruxelles sous le titre de « rassemblement pour la paix ». Les manifestants réclament « des canons pour l'Espagne ».

Un congrès est organisé en riposte à partir du vendredi 4 septembre, sous la présidence d'honneur de l'académicien Louis Bertrand et sous la direction effective du vicomte Terlinden. Darquier de Pellepoix et le Suisse

---

1. *Ibid.*, novembre 1937.

Oltramare y participent. Des sociologues et des intellectuels venus de toute l'Europe se réunissent pour étudier l'avenir du monde et proposer une réforme de la S.D.N. Raoul Follereau, invité, prend la parole et prononce une intervention remarquée. Dans son bulletin, il raconte [1] :

Ce sera l'honneur de ma vie que d'avoir proposé à Bruxelles, alors que se réunissaient des milliers d'énergumènes pour acclamer cette fille publique sanguinaire et démente qu'on appelle « la Pasionaria », d'avoir proposé, dis-je, l'union de tous les pays civilisés contre cette barbarie. Il importe que se crée au plus tôt une Internationale blanche avec une organisation permanente et même des troupes : une milice internationale contre le bolchevisme. Nul ne saurait valablement s'en scandaliser. L'armée rouge n'est-elle pas la milice internationale au service des révolutions de tous les pays ? Nous sommes parfaitement en droit de constituer à notre tour une troupe de choc internationale destinée à soutenir dans tous les pays les éléments nationaux dans leurs luttes contre le bolchevisme. Cette croisade ne doit être l'apanage exclusif d'aucun pays, mais l'œuvre de tous. À cette condition seulement, elle sera victorieuse.

Raoul Follereau reprend une idée à laquelle il pense depuis quelque temps. Selon lui les guerres nationales sont presque dépassées, les guerres saintes s'engagent. En avril, il annonçait déjà ces propositions dans un article, *Éloge et vertus du patriotisme*, en juin il invite à constituer une « Internationale chrétienne ». Il explique ce que recouvrent ces termes pour lui : « Une seule internationale est valable et sainte, celle qui nous impose le Bien comme Loi suprême et dont le maître a dit : " Aimez-vous les uns comme les autres ", et " Paix aux hommes de bonne volonté " ». On le voit, l'anticommunisme virulent de Raoul Follereau n'est pas dû à la volonté de défendre à tout prix la propriété privée mais un ensemble de valeurs et une foi. Follereau propose en effet « une union des patriotes de tous les pays pour défendre contre les anarchies rouges et leurs satellites la famille, la cité, la patrie, leur indépendance et leur honneur ». À d'autres moments, il évoque la question du travail. Aurait-il inspiré la devise de Vichy [2] ? Il défend ces cadres – famille, cité, patrie –, car ils lui paraissent les meilleurs gardiens des valeurs chrétiennes. Les détruire revient à essayer de détruire ces valeurs selon lui. Il publie d'ailleurs dans son bulletin des articles où sont décrites les méthodes utilisées pour saper la famille chrétienne et endoctriner dès le plus jeune âge les enfants. À ses yeux, le communisme est dangereux car « il attaque la civilisation [3] ».

---

1. *Ibid.*, octobre 1936.
2. Déjà en octobre 1930, à la Sorbonne, Raoul Follereau déclarait : « ... Vers vous, jeune et fière jeunesse de France, si noble de toutes les noblesses et de toutes les vertus, nous venons en tendant les mains. *Pro aris et focis*; pour la famille, temple et gardienne des nations, pour le travail et toutes ses saines joies, pour le bonheur d'une conscience blanche... » *Le Sourire de la France*, p. 21.
3. Thème maintes fois développé, et déjà dans *La Trahison de l'intelligence*.

Raoul Follereau comprend très bien la mécanique d'un État et d'une idéologie totalitaires.

Et en même temps, il s'en prend à Hitler. Il rédige en avril 1939 un article d'une rare violence sur le Führer, qu'il qualifie d'Antéchrit. « Hitler, visage moderne de l'Antéchrist », titre, en énormes caractères, *L'Œuvre latine* en avril 1939 :

> *Nous ne voudrions point que cet article paraisse inspiré par les événements actuels. Il était depuis longtemps dans notre pensée. Les coups de force de Hitler contre l'Europe centrale ne font que confirmer ce que nous savons de lui, de ses méthodes, de l'esprit satanique qui l'anime, des buts antichrétiens qu'il poursuit. Disons nettement notre pensée. Hitler nous apparaît comme le visage moderne de l'Antéchrist. Le deuxième visage, car le premier ce fut Lénine et son bolchevisme. L'un et l'autre d'ailleurs se ressemblent étrangement. Ils ont les mêmes rêves démoniaques, le même esprit de mal les anime, le même appétit de destruction les poursuit.*

> *Selon une formule dont nous n'entendons point nous départir, nous demanderons aux textes officiels du nazisme une preuve de cette assertion, l'explication de nos angoisses, la justification de notre lutte...*

> *Oui, il y a en Allemagne une apparence d'ordre, mais c'est un ordre créé contre l'ordre. Il y a une sorte de rigueur morale, mais c'est un attentat contre la morale. En bref, une organisation barbare qui ressemble à la civilisation comme un masque de carnaval ressemble à un visage. Il était naturel qu'elle se heurte immédiatement au mur séculaire et blanc de la chrétienté...*

> *Le paganisme de l'Allemagne se manifeste d'abord aux yeux des moins avertis par cette idolâtrie dont on entoure la personne du chef, Adolf Hitler... Il y a véritablement un essai de religion créé autour de sa personne... Cette déification païenne et fanatique d'un chef politique, d'un conducteur, d'un maître, elle n'est point nouvelle dans notre XXᵉ siècle... Et comment ne pas rapprocher les discours des prêtres d'Hitler avec les harangues des lieutenants de Staline?... Nazisme et bolchevisme poursuivent avec la même implacable rigueur leur emprise satanique sur la jeunesse* [1]...

Ce sont donc les fondements du régime nazi que Raoul Follereau condamne sans équivoque. Nous pouvons remarquer qu'il emploie, pour parler de Hitler, le même mot que le colonel Clauss von Stauffenberg, l'auteur de l'attentat du 20 juillet 1944 : « Antéchrist. » Catholique fervent, Stauffenberg s'exprimait ainsi dès les années trente. Ami du poète Stefan George, qui évoquait aussi les valeurs de la civilisation nationale, il a des références culturelles communes avec Raoul Follereau. On retrouve aussi, derrière l'homme d'action, une approche esthétique et artistique de la per-

---

1. Cette observation explique peut-être le souci de Raoul Follereau de s'adresser aux jeunes, bien des années plus tard.

sonne humaine, de la nation, du monde. Une vision d'esthétique chrétienne tournée vers l'espérance, vision que l'on retrouve chez beaucoup de « catholiques de l'action » nés avec ce siècle, qui ont « inauguré » la première communion précoce et ont vécu intensément leur amour de l'art et de l'écriture, un amour sans lequel on comprend mal leurs engagements ultérieurs.

Raoul Follereau peut suivre à partir de 1938 la progression des nazis en Autriche et en Europe centrale. Lucie Herschka à Vienne et ses autres correspondants le tiennent au courant. Il assure l'arrivée puis l'installation en France de personnes menacées pour leurs idées et de Juifs.

On peut remarquer qu'à aucun moment, dans ses écrits, Raoul Follereau ne verse dans l'antisémitisme. Ses sentiments chrétiens le préservent de semblables égarements et il sait la réalité que prend alors l'antisémitisme des nazis.

Raoul Follereau n'intervient pas seulement en Europe ; il se rend à plusieurs reprises au Liban, un pays cher à son cœur, qui semble démontrer que l'idéal de chrétienté et de latinité peut se vivre sous toutes les latitudes et au sein de toutes les cultures. Il prononce un discours à l'université et est reçu par les principaux responsables libanais en 1938 [1].

Et surtout, il s'intéresse de plus en plus à l'Afrique du Nord, une terre où le portent les fondations Charles-de-Foucauld.

Au début de 1937, les Unions latines groupent trois mille sept cents personnes sous la présidence de Paul Bellat. Lucien Bellat est maire de Sidi Bel Abbes.

En août 1936, Raoul Follereau prononce une série de conférences en Oranie. Les passions sont à vif, quelques mois après la victoire du Front populaire et les grèves qui ont suivi. Follereau, à la tête d'une ligue, ne ménage pas ses critiques à l'encontre du gouvernement, qu'il soupçonne de laxisme en matière coloniale.

Quand il apprend la venue de Raoul Follereau, le comité local de Front populaire diffuse le tract suivant :

Appel à tous les antifascistes et anticolonialistes.
Depuis quelques jours, les ligues fascistes illégales redoublent d'activité au mépris de la volonté populaire.
Ils veulent discréditer notre gouvernement du Front populaire qui est en faveur de la classe ouvrière, et qui donne la liberté aux masses indigènes opprimées depuis un siècle par l'impérialisme.
Pour arrêter l'action criminelle des gros colons fascistes, Indigènes, Européens, tous en masse ce soir à la réunion Follereau pour manifester votre force et votre volonté [2].

---

1. Il relate longuement un voyage au Liban dans le numéro de juin-juillet 1938 de *L'Œuvre latine*.
2. *Ibid.*, août-septembre 1936.

Mais Raoul Follereau est habitué au combat politique et il a de la pugnacité à revendre. Il écrit dans son bulletin :

L'Algérie est en danger. Depuis longtemps une propagande insidieuse a infiltré dans l'âme de l'indigène les premiers poisons de la révolte. S'il est un pays et une race où il convient de ne pas jouer avec le feu, c'est l'Algérie et c'est l'Arabe. Car ce feu-là se répandrait avec la vitesse d'un cataclysme. Le remède est simple. Il tient en deux mots : arrêter et pendre – pas fusiller, pendre – les meneurs, des étrangers pour la plupart, qui préparent un des plus immenses crimes qu'ait connu l'Histoire... le mal est déjà trop grand. On s'est trop accoutumé à considérer les départements algériens comme des colonies bien élevées. Il faut que les Français s'occupent davantage de ces trois départements immenses. Ils jouent et joueront un rôle considérable dans l'avenir du pays tout entier, sur le plan économique comme sur le plan social [1].

La violence du ton est extrême. C'est le seul moment de sa vie où Raoul Follereau lance un tel appel à la peine capitale, mais comme il ne nomme personne, cela tient un peu de la figure de rhétorique à un moment où les esprits sont surchauffés. Il comprend toutefois que des problèmes graves commencent en Algérie et que les Français y ont une part de responsabilité. Il note bien que la puissance d'un mouvement de contestation ne tient pas obligatoirement au nombre de personnes engagées dans le combat politique ou militaire. Le F.L.N. algérien de 1954 n'a rien de la puissante organisation de masse du Congrès indien. Et pourtant...

Raoul Follereau profite aussi de son passage pour, semble-t-il, appuyer les franquistes qui tiennent le Maroc espagnol, non loin de là.

En décembre 1936, en vingt-trois jours, il prononce vingt-cinq conférences, dans toute l'Algérie cette fois. Son épouse l'accompagne ainsi que son ami André Jouveau tout au long de cette tournée [2].

La situation est très tendue. Un autre de ses amis, Guttierez, vient d'être victime d'une agression à main armée liée à ses idées politiques et il a failli en mourir. Le gouvernement redoute des débordements et un inspecteur de la sûreté, sur ordre du préfet, assure à Raoul Follereau une garde discrète. Souvent les trajets entre les villes sont effectués de nuit, pour plus de sécurité. Follereau est considéré comme un agitateur par les représentants du gouvernement, qui entendent le surveiller.

Car il parvient à magnétiser les foules. À l'issue d'une conférence, les applaudissements frénétiques saluent l'orateur et tout le monde se lève pour entonner *La Marseillaise*. Parmi les orateurs assez nombreux qui parcourent alors l'Afrique du Nord, Raoul Follereau est l'un des plus

---

1. *Ibid., id.*
2. Le bulletin *L'Œuvre latine* reste notre seule source d'information.

appréciés. À Constantine, par exemple, cinq mille personnes assistent à ses conférences.

L'accueil est particulièrement chaleureux à Sidi Bel Abbes, où il parle un jour après Jacques Doriot. Il est fait citoyen d'honneur de cette ville. La tournée se termine à Sétif, d'où il rejoint ses amis des fondations Charles-de-Foucauld qui l'attendent pour un pèlerinage sur les pas du père de Foucauld.

Raoul Follereau vit des engagements politiques passionnés à l'extrême au moment où il célèbre l'idéal de Charles de Foucauld.

Le gouvernement continue à surveiller les agissements de la Ligue d'union latine en Afrique du Nord ; Raoul Follereau constate en mars 1937 qu'un télégramme venu de Constantine a été lu et copié. Et ce n'est qu'un exemple. En septembre 1937, plusieurs représentants de la Ligue en Algérie subissent des perquisitions. Au même moment le vapeur français *Muria* est arraisonné par les franquistes au large du Maroc espagnol et le gouvernement français demande à la Ligue d'intervenir auprès des Espagnols. Paul Bellat parvient très facilement à régler cette affaire en raison des liens privilégiés qui l'unissent aux franquistes... D'ailleurs, à la fin de l'année 1937, un banquet de deux cents personnes réunit les ligueurs de Sidi Bel Abbes, qui fêtent la prise de Santander par les nationalistes et qui saluent la sortie du livre de Paul Bellat *Aurores impériales*, qui évoque la situation en Espagne.

Raoul Follereau poursuit ses activités antérieures. Toutes semblent en plein développement à la fin des années trente [1].

La Ligue d'union latine poursuit son travail d'éditeur en s'installant au 116 *bis*, avenue des Champs-Élysées. En dix ans, elle a publié plus de cinq cents ouvrages [2] et entretient des liens toujours très étroits avec l'Académie française, où l'influence de l'Action française est très grande.

Les fondations de bibliothèques dans le monde se poursuivent. En cinq ans, depuis les débuts donc, soixante-dix mille livres ont été envoyés dans le monde et soixante-dix bibliothèques créées [3]. Chaque année, plus de six cents prix sont envoyés dans les collèges français à l'étranger, pour récompenser les élèves les plus brillants en français.

La grande nouveauté, c'est la feuille d'informations *Paroles de France*. Raoul Follereau est toujours hanté par l'idée de la désinformation ou de la « mal-information ». Des informations importantes sont oubliées, des faits essentiels ne sont pas évoqués, alors que des faits divers scandaleux occupent le devant de l'actualité. Il a constaté aussi le rôle capital des agences de presse au cours de sa vie professionnelle et de ses voyages. C'est pourquoi il se propose de jouer le rôle d'une agence de presse au service de

---

1. Le bulletin donne régulièrement des nouvelles de toutes les actions entreprises.
2. Chiffres cités au dos de la couverture des ouvrages publiés alors.
3. Chiffres cités et répétés régulièrement dans *L'Œuvre latine* en 1937.

la France. Deux fois par mois, *Paroles de France* est envoyé gratuitement à trois cents journaux étrangers, qui y puisent des nouvelles et des échos. Raoul Follereau estime qu'il présente ainsi « la vraie France » et qu'il parle en son nom. Il évoque les vies de Français admirables mais inconnus, comme des scientifiques, des missionnaires et beaucoup d'autres encore...

Par ailleurs, Raoul Follereau commence, à partir de 1937, à souffrir de la goutte. Plusieurs personnes de sa famille en étaient déjà atteintes. De plus, il a toujours apprécié la bonne chère. Cependant il ne ralentit pas le rythme de ses déplacements, même s'il souffre vivement parfois.

À côté de l'Union latine, Raoul Follereau préside les fondations Charles-de-Foucauld. Les deux organisations sont presque confondues.

Follereau veut permettre à d'autres personnes de découvrir le message du père de Foucauld. Quand, en 1936, il déclare que « l'Union latine ira en groupe à Tamanrasset », ses amis sont impressionnés. Il envisage aussi tout un circuit sur les pas de Charles de Foucauld qui représente six mille kilomètres de désert. Le Sahara est encore mal connu et surtout peu sûr. Les pillards menacent toujours les voyageurs. Seuls des missionnaires et des militaires se hasardent à y circuler. Les véhicules automobiles y sont encore bien rares.

Cet attrait de l'inconnu et cette soif d'absolu expliquent sans doute que deux cents demandes d'inscription parviennent à Raoul Follereau. Or la Société algérienne des transports tropicaux ne peut offrir qu'une voiture et quelques places d'hébergement. Neuf ligueurs seulement peuvent accomplir tout le circuit, vingt autres les accompagnent au début du trajet, jusqu'a Beni Abbes. Raoul Follereau nous a laissé un récit détaillé de ce voyage qui commence le 20 décembre 1936 pour s'achever le 10 janvier 1937[1].

D'oasis en palmeraies, le petit groupe emprunte des pistes plus ou moins accidentées pour atteindre Beni Abbes. Le R.P. Canac, un père blanc, célèbre pour eux, au matin du 23 décembre, la messe à l'ermitage au sol de sable où le père de Foucauld passa tant d'heures en prière devant l'image du Sacré-Cœur. Raoul Follereau est ému par la grandeur toute simple de cet instant et s'engage à aider dès son retour le père Canac, qui veille à l'entretien des lieux mais manque de moyens.

Ils suivent ensuite la route du Tanezrouft. Ils partent à trois heures du matin et contemplent les étoiles immaculées. Ils assistent au lever du soleil, spectacle inoubliable et si riche en symboles. Parvenus à Timmoudi, ils suivent ensuite une piste où les mirages se succèdent. Ils atteignent Adrar, ville soudanaise par le style de ses maisons, et ils continuent, toujours plus au sud. Le silence les enveloppe de plus en plus et les oblige à faire silence

---

1. Le compte rendu détaillé du voyage paraît bien sûr dans *L'Œuvre latine*, en plusieurs numéros, au début de l'année 1937.

en eux-mêmes. Ils passent la nuit de Noël à Aoulef, un fortin *(bordj)* situé à un carrefour de pistes à mille trois cents kilomètres de Gao.

Ils reprennent leur cheminement à travers les dunes, en direction d'In Salah puis de Tamanrasset. Quand la fatigue les gagne, ils pensent au père de Foucauld. Les roches réapparaissent. Les gorges d'Arak et le Hoggar semblent marquer un changement d'univers. Ils rencontrent des Touareg « pacifiés », aperçoivent des gazelles et découvrent de petites bourgades, avant d'arriver à Tamanrasset.

Là, ils se recueillent devant le tombeau de Laperrine. Dans le monument blanc a été placé le cœur du père de Foucauld. Raoul Follereau pense que dans ces quelques mètres carrés de « terre banale reposait l'âme de toute la France. Unis, les restes du saint et du héros, du soldat et de l'apôtre symbolisaient, exprimaient et expriment pour toujours l'âme de la France, l'âme de l'empire français dont Tamanrasset est le centre spirituel, l'esprit ».

Ils gagnent ensuite l'ermitage du père de Foucauld puis passent trois jours à Tamanrasset, où le père Langlais célèbre la messe.

Après quoi, pendant plusieurs centaines de kilomètres, ils parcourent le plateau du Tademaït, recouvert de schistes noirs, où les mirages se succèdent.

À El-Goléa, Charles de Foucauld est enterré au milieu du premier village de musulmans devenus chrétiens. Le R.P. Langlais a commencé à construire une église, mais il manque d'argent.

En entendant cela, Raoul Follereau n'hésite pas. Il se sent appelé à aider ce prêtre. « Bâtissons l'église du Sahara ! » décide-t-il. Une fois encore, il compte sur la générosité de ses amis, lecteurs et auditeurs.

À peine rentré en France, il fait diffuser des milliers d'images à l'effigie du père de Foucauld. En plus des prières, elles contiennent une invitation pressante à contribuer à l'édification de l' « église du Sahara ».

Et l'appel est entendu, les dons affluent [1]. Raoul Follereau ne cesse de remercier les donateurs dans son bulletin et cite certaines lettres qu'ils lui ont envoyées. Non contents de donner, beaucoup prennent des initiatives. Un ligueur ouvrier (l'Union latine a un recrutement social plus large qu'on ne pourrait le penser même si nous ne disposons pas de statistiques précises en la matière) fait une quête dans son usine. Il s'attend à des sarcasmes, mais tous donnent quelque chose et l'approuvent.

Cependant, tout fait défaut à El-Goléa, et pas seulement l'église. Le père Langlais recueille les enfants abandonnés et les élève. Il manque une école et un dispensaire. C'est un village chrétien qu'il faut faire vivre. Il faut « bâtir l'Église dans les cœurs avant de l'élever dans les sables », indique le bulletin. Et pour cela, ajoute-t-il, « peu importe le chiffre, l'essentiel est de donner ».

---

1. Là encore, le bulletin rend compte du déroulement de l'opération. Les autres archives ont entièrement disparu, semble-t-il.

Raoul Follereau entre aussi en relations avec Mgr Nouet, préfet apostolique du Sahara, initiateur du procès de béatification du père de Foucauld. Il était missionnaire à Ghardaïa en 1904 quand il rencontra ce dernier. À la demande de Raoul Follereau, il accepte de venir bénir l'église d'El-Goléa pour laquelle celui-ci note que « les milieux populaires ont été les plus enthousiastes et les plus généreux ». Il a même reçu le don d'un ancien mutin de la mer Noire. L'Église est achevée en 1938. La rapidité avec laquelle tout est mené à bien surprend les missionnaires et leurs amis. Raoul Follereau fait aussi poser une plaque de marbre à côté de la tombe du père de Foucauld.

Le 20 mars, jour de l'inauguration de l'église d'El-Goléa, la messe est célébrée à la mémoire des victimes du désert. En même temps, à l'initiative de Raoul Follereau, des messes sont dites en France à la même intention. Il s'agit de glorifier « le visage de la France chrétienne » et le père de Foucauld.

Fortes de ce succès, les fondations Charles-de-Foucauld entreprennent de nouvelles constructions ou plutôt permettent de les mener rapidement à bien. En 1939, la chapelle Saint-Charles d'Adrar et, en 1942, l'église Sainte-Madeleine de Timimoun sont achevées.

Ces réalisations s'ajoutant au succès des autres initiatives, Raoul Follereau y gagne bientôt une réputation d'efficacité, en Afrique du Nord bien sûr, mais aussi au-delà et jusqu'au Vatican. En mai 1937, le cardinal Pacelli bénit les fondations Charles-de-Foucauld, dont il suit avec attention les initiatives.

Les associations et groupements qui se réclament de la famille spirituelle de Charles de Foucauld sont, eux, beaucoup plus réservés et réticents.

Plus de cinquante après, le père René Voillaume nous livre son témoignage, dans une lettre qu'il nous a adressée en réponse à nos questions [1] :

Je l'ai (il parle de Raoul Follereau) rencontré pour la première fois lors de l'inauguration de l'église d'El-Goléa et d'un buste de Charles de Foucauld [2]. Il était alors président de la Ligue d'union latine, ligue culturelle et politique qu'on disait à l'époque de tendance fascisante. Cette réputation était telle que les officiers de l'annexe d'El-Goléa avaient reçu du gouvernement des directives de grande discrétion à son égard... Nous nous tenions volontairement à l'écart de ce mouvement qui n'était pas d'ordre purement spirituel. Jamais les fondations Charles-de-Foucauld de Raoul Follereau n'ont fait partie des différents groupements ou autres associations de la famille spirituelle de Charles de Foucauld.

En effet, à la suite de la parution de biographie de René Bazin, de la publication des écrits spirituels du père de Foucauld, des interventions de

---

1. Lettre du 8 février 1988.
2. Le 20 mars 1938.

Massignon et de l'association Charles-de-Foucauld, trois congrégations se constituent : les Petites Sœurs du Sacré-Cœur, les Petites Sœurs de Jésus et les Petits Frères de Jésus.

Le père Voillaume est l'un des Petits Frères de Jésus qui vivent dans le Sud-oranais à El-Abiodh.

Raoul Follereau reste à l'écart de ces groupes. Peut-être pense-t-il que l'association devrait faire davantage pour que rayonne le message de Charles de Foucauld. En fait les Petits Frères de Jésus souhaitent vivre une spiritualité de l'enfouissement. Leur présence se veut aussi discrète que possible. Alors que Raoul Follereau entend que la foi chrétienne s'extériorise.

Mais d'autres initiatives sont nées un peu plus tôt encore. Suzanne Garde et Ève Lavallière sont à l'origine de groupes d'infirmières missionnaires. Et le père Peyriguère apparaît à beaucoup, et en particulier à Raoul Follereau, comme le véritable continuateur de l'œuvre de Charles de Foucauld. Il mène une vie d'ermite au service des Berbères. Depuis 1927, il est installé à El-Kbab, dans le Moyen Atlas, où il vivra trente et un ans. Raoul Follereau entretient d'excellents rapports avec lui. Il ne s'inquiète donc guère des reproches de certains qui l'accusent de trop penser à la politique et de ne pas s'en tenir au message spirituel du père de Foucauld [1].

À partir de la crise de Munich, à la fin du mois de septembre 1938, la situation internationale se dégrade de plus en plus. « La France a eu raison », écrit Raoul Follereau en titre de son bulletin de novembre, au lendemain de cette conférence. Il attribue le mérite de la paix sauvegardée à Mussolini et invite la France à se rapprocher de lui pour mieux isoler Hitler [2].

Il se réjouit en juillet de la levée de l'index sur *L'Action française*. Il est probablement intervenu auprès du cardinal Pacelli à ce sujet, mais il n'est pas isolé, car des académiciens, des prélats et les sœurs du carmel de Lisieux essayaient depuis des années d'amener Maurras à l'humilité et Rome à l'indulgence. Maurras est aussi devenu académicien.

L'annonce du pacte germano-soviétique en août ne le surprend pas ; il l'annonçait depuis des années. Pour lui, l'entente des « deux Antéchrists » est logique et il lui semble qu'elle clarifie la situation. Mais Mussolini est aussi un allié de Hitler, et cela, il le regrette profondément : il en attribue la responsabilité aux atermoiements de la diplomatie française.

Il se rend en Amérique du Sud pour une nouvelle tournée de conférences, quelques semaines avant la déclaration de guerre, voyage dont les buts ne sont sans doute pas seulement culturels.

Jusque-là la vie de Raoul Follereau était très éloignée de celle d'un apôtre des lépreux. D'ailleurs, au soir de sa vie, il n'évoquait guère ces pre-

---

1. Durant la guerre, Raoul Follereau entretiendra avec le père Peyriguère des contacts très étroits, comme on le verra plus loin.
2. Des positions qui correspondent à celles de Maurras.

miers engagements, même en présence de ses amis les plus proches. « Tout cela n'a pas d'importance, disait-il souvent à Françoise Brunnschweiler, qui rédigeait sa biographie. Et puis vous ne faites pas une thèse... Ce qui compte, ce sont les pauvres [1]... »

On peut cependant constater que cette première partie de sa vie est extraordinairement remplie. Ces trente-six premières années nous semblent former plus qu'une entrée en matière.

Les grandes idées inspirées du christianisme qui guideront toute son existence sont déjà là : amour et charité. Sa méthode de travail se dessine. Il a déjà une longue expérience de la vie associative. Ses qualités d'organisateur font merveille. Vif et jovial, il sait galvaniser tous ceux qui l'entourent. Il excelle à se créer des réseaux d'amis et de contacts partout où il passe. Entreprenant et toujours très rapide, il ne cesse de mettre en place des organisations nouvelles là où il sent poindre un besoin ou une urgence. Homme d'action et intellectuel, il manifeste une réelle finesse d'analyse quand il réfléchit aux liens entre religion, culture et politique ; il pose des questions fondamentales, même si l'on ne partage pas les réponses qu'il leur apporte.

Car il est alors l'homme d'un courant d'idées. Il évolue dans l'univers de la culture, de la géopolitique, des concepts. Il n'a guère de contacts directs et concrets avec les plus déshérités, même s'il parle en termes fort émouvants de la pauvreté. Il attaque avec rudesse ses adversaires politiques ou religieux, il cherche à les confondre, mais parvient-il à convaincre en dehors des gens qui partagent des thèses proches des siennes ? Son audience reste encore limitée. Ne s'enferme-t-il pas dans un bastion d'idées ?

Mais avec la guerre, tout bascule.

Les engagements d'autres chrétiens ou humanistes à la fin des années trente

Pendant les années trente, beaucoup de jeunes intellectuels entreprennent de grands voyages afin de trouver une réponse à la crise culturelle que connaît, selon eux, l'Europe. Ils rêvent de découvrir et de vivre des valeurs qu'ils pourront transmettre à leur retour. Le navigateur Alain Gerbault annonçait ce mouvement pendant les années vingt. Malraux ou Ella Maillart s'inscrivent dans ce courant ainsi que Raoul Follereau, Guy de Larigaudie, le Dr Aujoulat, Alain Daniélou (qui part pour l'Inde), lesquels entreprennent presque tous un voyage de très longue haleine en 1936. D'autres partent pour des raisons professionnelles. Le cinéaste Joris Ivens commence à circuler dans le monde entier, mais ses engagements communistes lui valent d'être expulsé des Pays-Bas. Socialiste libertaire,

---

1. Témoignage de Françoise Brunnschweiler, août 1987.

l'agronome René Dumont travaille de 1929 à 1933 en Indochine sur la culture du riz.

Guy de Larigaudie a participé au rassemblement mondial du mouvement scout en Australie en 1934. À son retour, il rencontre les missions religieuses de Nouvelle-Calédonie et de Tahiti. En 1935, il visite les États-Unis, mais trouvant le pays souvent artificiel, il s'inquiète de la vie intérieure des Américains, de l'âme et des racines de ce peuple. Il rencontre des lépreux à l'occasion d'un déplacement en Océanie en 1936. Bouleversé, il se demande s'il ne doit pas leur consacrer sa vie. Mais il se sent avant tout appelé à jouer le rôle d'un éveilleur à l'égard des jeunes de son âge [1].

En 1936, le Dr Louis-Paul Aujoulat et son épouse [2] partent pour le Cameroun comme missionnaires laïcs. Il a vingt-six ans, elle en a dix-neuf, ils font figure de « jeunes fous ». Il tiendra une place importante dans la vie de Raoul Follereau. Avec l'Institut Ad lucem qu'il vient de fonder, le Dr Aujoulat pratique une « médecine sans frontière » avant la lettre. Mais il est aussi missionnaire et pense que le projet évangélisateur et la christianisation de l'Afrique permettront ensuite la rechristianisation de la France. En partant, il renonce à une brillante carrière universitaire, lui qui fut à vingt et un ans le plus jeune docteur en médecine de France. Il admire Jamot pour la rigueur de ses méthodes et le Dr Schweitzer pour son sens de la dignité humaine et son respect de toute forme de vie. Le cardinal Liénart encourage sa démarche. En effet, Lille est alors un centre essentiel de la vie religieuse française et les mouvements d'action catholique spécialisée y abondent.

Les époux Aujoulat s'installent à Efok, un village de brousse du Sud-Cameroun, car ne passe un médecin qu'une fois tous les dix-huit mois dans ce secteur où vivent plus de cent cinquante mille personnes. Le Dr Aujoulat estime que seule une compétence médicale étendue peut permettre une action valable dans une telle situation, mais en même temps il s'adapte aux conditions locales, étudie les médications indigènes et apprend la langue locale.

Les missionnaires, et surtout les médecins militaires, sont intrigués par

---

1. En 1937, il effectue la première liaison automobile entre Paris et Saigon, avec Roger Drapier. Il veut montrer la valeur de la formation scoute sur le plan pratique, mais surtout par les ressources morales et mentales qu'elle offre dans les situations les plus hostiles. Ils sont les premiers à oser s'aventurer en voiture dans la jungle birmane. Il veut aussi exalter la grandeur de la France et révéler à la jeunesse de ce pays ses immenses possibilités. « La grandeur de la France est d'avoir des artistes, des poètes, des savants et des saints. » Il écrit également des récits et des pensées où s'exprime une spiritualité d'une grande pureté, ainsi *Étoile au grand large*. Sportif et aspirant à mener la vie des saints tout en restant dans le monde, laïc et tourné vers Dieu dans toutes les occupations de sa vie, parcourant la planète et attaché au Périgord de ses ancêtres, il estime que seul l'amour de Dieu peut combler l'immense besoin d'amour qui emplit le cœur des hommes.

2. S. et J. Foray, *Louis-Paul Aujoulat, médecin, missionnaire et ministre*, Association internationale des amis du Dr Aujoulat, 1981.

la démarche de ce jeune généraliste. L'administration coloniale et militaire multiplie les contrariétés sans décourager pour autant le jeune couple, lequel puise son énergie dans la messe quotidienne. En septembre naît Jean-Marie, leur premier enfant. Les Africains s'en réjouissent.

Le médecin se fait tout de suite bâtisseur et entrepreneur. Il ouvre une carrière de pierre, crée une briqueterie et une menuiserie pour laquelle il embauche deux cent cinquante menuisiers, forme des contremaîtres, dirige un chantier permanent de deux hectares et demi. En février 1938, trois bâtiments hospitaliers sont utilisables. Ensuite, les constructions et les agrandissements se poursuivent.

Malgré des moyens matériels réduits, le Dr Aujoulat assure des actes de haute technicité. Il publie ses observations les plus intéressantes dans des revues scientifiques. Mais pour lui la médecine ne se réduit pas à une technique, elle doit prendre en main l'environnement humain, social, culturel. Curieux de tout, il multiplie les recherches anthropologiques et dirige la revue *Le Cameroun catholique* où paraissent de nombreuses enquêtes. Conscient de la pauvreté de la population, il fait seulement payer les médicaments et les actes chirurgicaux. Il précise l'esprit de sa mission : « Nous voulons une réalisation qui soit autre chose qu'une officine où l'on distribue les soins à des numéros x, y et z de l'espèce humaine. Nous voulons une réalisation qui, ne séparant pas arbitrairement l'âme du corps, sache respecter en chaque individu sa dignité de personne humaine. »

Afin de mener une action de longue haleine, il s'attache tout de suite à former des infirmiers et des assistants africains et ouvre à Efok une école d'infirmières et de sages-femmes et une école d'infirmiers et d'assistants. En cela, il diffère du Dr Schweitzer. Il souhaite confier les dispensaires de brousse à des auxiliaires africains dont l'action serait contrôlée par le médecin : il parle d' « essaimage », et ce quarante ans avant la conférence d'Alma-Ata où l'Organisation mondiale de la santé préconisera une politique de « soins de santé primaires » dans le tiers monde et la formation d'agents de santé villageois. Le Dr Aujoulat donne à ces auxiliaires une formation médicale mais aussi une formation humaine et chrétienne. Tous sont militants de l'action catholique. On retrouve là le souci d'évangélisation du missionnaire et surtout la conception d'une médecine qui intègre tous les éléments de la vie. Le Dr Aujoulat a aussi compris que les auxiliaires ne seront consultés que s'ils font figure de chefs de file là où ils habitent. Et leur travail exige un dévouement constant, donc de grandes qualités morales.

Pierre Richet découvre l'Afrique [1] presque en même temps. Lui aussi tiendra une place importante dans l'œuvre de Raoul Follereau. Il est né en 1904 à Paris. Orphelin très tôt, issu d'une famille nombreuse et modeste, boursier, il fait ses études dans le Sud-Ouest avant de trouver un poste de

---

1. Hélène Gaudrillier, *Médecin-général inspecteur Pierre Richet*, thèse de doctorat de médecine, Lyon-I, École de santé de Bron, 1984.

surveillant. En 1925, il entre à l'école du service de santé de Bordeaux. Sa thèse passée, il est admis au service de santé des troupes tropicales et suit en 1930 les cours du Pharo à Marseille. Il commence sa carrière de médecin militaire dans un poste de brousse isolé, dans le nord-est du Niger, à Gouré. Il y manque de tout, mais il peut, quoique jeune, y exercer des responsabilités sans rendre des comptes en permanence à un supérieur hiérarchique. Son épouse accouche là dans une modeste case. Il est ensuite nommé à N'Guidomi, à la frontière du Tchad, où il rencontre Jamot, en janvier 1933. Il est séduit par ses idées et ses méthodes. En 1936, en Haute-Volta, il intervient contre les grandes endémies : fièvre jaune, trypanosomiase. Frappé par le nombre important des aveugles près des cours d'eau, il étudie avec passion l'onchocercose et réfléchit aux moyens de l'éradiquer. En 1938, le médecin-général Gaston Muraz, qui met en place les méthodes de Jamot en Afrique-Occidentale française prend Richet comme adjoint pour le service général d'hygiène mobile et de prophylaxie (S.G.H.M.P.).

Mais les laïcs ne sont pas seuls à découvrir des continents nouveaux.

Le père Kolbe est au Japon de 1930 à 1932 et il s'occupe beaucoup d'édition. Il se rend ensuite en Inde pour préparer une nouvelle fondation. Des problèmes de santé l'obligent à regagner la Pologne, où il poursuit son travail d'éditeur tout en consacrant de longues heures à la prière et à la méditation communautaires. Il réalise les tirages les plus importants de l'Europe centrale.

Celle qui n'est encore que Sœur Teresa enseigne la géographie à des jeunes filles indiennes de milieu aisé. Le couvent est confortable, mais il est cerné par des bidonvilles et des usines, aussi la jeune religieuse entraîne-t-elle ses élèves à visiter les bidonvilles de cette ville qui compte déjà plus de six millions d'habitants. L'Inde vit alors les années Gandhi. La non-violence imprègne la lutte pour l'indépendance, même si l'avenir paraît lourd de questions.

Mais la vie chrétienne, l'engagement, l'écriture et la réflexion ne sont plus l'apanage des seuls Européens.

Ordonné prêtre en 1931, Hélder Câmara est lui aussi marqué par l'idée de défendre un christianisme menacé de toutes parts. Il a appris à réfuter les hérésies anciennes et accepte de se sacrifier pour les causes qu'il défend. Il lui semble, comme à la plupart de ses amis, que la vie du monde se ramène à un combat où le communisme affronte un ordre chrétien que protègent le capitalisme et la propriété privée. Il se passionne toujours pour les écrivains français, y compris les auteurs contemporains, comme Claudel ou Saint-Exupéry. Il soutient activement l'Action intégraliste, anticommuniste et d'inspiration spiritualiste, fondée en 1933, qui s'inspire de Mussolini et surtout de Salazar et a choisi pour devise « Dieu, patrie, famille ». Il suit de très près la vie politique et il est nommé à Rio dès 1934, au Secrétariat pour l'éducation de l'État fédéral tout entier, ce qui le rapproche des lieux où se prennent les grandes décisions.

Professeur d'anthropologie à Rio de 1933 à 1938, médecin et philosophe, puis professeur de géographie humaine, Josué de Castro publie au Brésil *Géopolitique de la faim* à la fin des années trente. Faute de traduction, le livre reste inconnu des Européens (Raoul Follereau avait bien senti ce risque d'une indifférence à l'égard des auteurs latino-américains). Il y décrit admirablement la situation du Brésil, en particulier du Nordeste, et indique clairement que la surpopulation est une notion relative qui de toute façon n'engendre pas la faim, phénomène dont les causes sont beaucoup plus complexes.

Consacrés ou laïcs, des chrétiens se sentent appelés à prendre des initiatives au service des hommes et à la gloire de Dieu. Ils ne savent comment Dieu les appelle à la sainteté, mais ils poursuivent leur recherche et celle-ci débouche parfois sur des démarches originales qui annoncent des temps nouveaux.

En juin 1936, Jacques Maritain publie *Humanisme intégral*. Face au capitalisme qui fait de l'enrichissement un absolu, négligeant le pauvre, et face aux totalitarismes, qui attendent à tort que l'État transforme l'homme et sont prêts à utiliser la violence pour y parvenir, il propose une vision chrétienne de l'homme et de la société. Il définit la part du spirituel et du temporel dans le monde et invite à « agir en chrétien », plutôt qu'à « agir en tant que chrétien ». Il voit la nouvelle chrétienté moins comme « un château fort dressé au milieu des terres » que comme « l'armée des étoiles jetées dans le ciel ». La construction de cette « civilisation d'inspiration chrétienne » sera d'abord l'affaire des saints, lesquels font tout reposer sur la prière [1].

Des chrétiens essaient déjà de vivre cet idéal.

Armand Marquiset est bouleversé par la mort de sa grand-mère en 1930, à son retour des États-Unis où il avait rencontré le monde du cinéma à Hollywood. Il décide alors d'abandonner la musique pour servir les pauvres. Dès l'hiver 1930, il fonde l'œuvre de la Mie de pain, pour aider les sans-abri les soirs d'hiver. En 1932, il crée Pour que l'eau vive, car il

---

1. Depuis 1928, Marthe Robin, malade, ne peut quitter sa chambre. Elle se nourrit de l'Eucharistie seulement. Tous les jeudis soir, elle revit l'agonie de Gethsémani. À partir de 1930, elle porte les stigmates. Elle reçoit de plus en plus de visites, car son discernement commence à transformer des vies. Le 10 février 1936, elle demande au père Finet, prêtre lyonnais venu la voir, de fonder le premier Foyer de charité, où des retraites de cinq jours seront organisées, selon le vœu de Marie. Ces Foyers, oasis d'amour, sont des communautés nouvelles qui appellent tous les baptisés, consacrés ou laïcs, à la sainteté. Ils doivent œuvrer, par leur seule présence, à l'évangélisation du monde et au renouveau de l'Église. Elle invite tous les chrétiens à rayonner de la joie surnaturelle de Dieu en ce monde pour le transformer. Ces foyers doivent aussi accueillir tous les blessés de la vie.

constate que beaucoup d'artistes sont au chômage et il veut leur donner l'occasion de s'exprimer. Il reçoit le soutien de duchesses et de princesses de ses amies qui acceptent d'organiser des manifestations. On remarque là quelques analogies avec la démarche de Raoul Follereau.

En 1933, voulant vivre en pauvre pour mieux les comprendre et les servir, il se rend à bicyclette de Paris à Lourdes. En 1934, il fonde les Amis de la banlieue pour les enfants les plus démunis, et il commence par leur offrir des jouets. Il s'occupe ensuite de patronages et de colonies de vacances.

Le 7 juillet 1939, alors qu'il prie au pied de la statue de Notre-Dame de Paris, il prend la résolution de fonder les Petits Frères des pauvres, à eux tout entiers dévoués. « Petits frères », l'expression fait penser à la spiritualité de Charles de Foucauld.

En 1931, Henri Grouès, le futur abbé Pierre, entre chez les Capucins et abandonne sa part du riche héritage familial. Quoique sa santé soit éprouvée par la vie religieuse, il devient prêtre en 1938.

La même année, l'Exposition coloniale de Vincennes célèbre l'empire colonial français, alors que Joseph Folliet, qui a effectué son service militaire en Tunisie, mène des recherches théologiques sur le droit à la colonisation et sur le travail forcé des pays conquis, autant de problèmes graves selon lui [1].

En 1935, Joseph Wresinski quitte Angers pour Nantes, où il apprend le métier de pâtissier. Il entre dans une section de la J.O.C. Il comprend qu'il existe des personnes que nul, même les syndicats, ne prend en compte, mais il reste persuadé que la misère n'est pas une fatalité. Le désir de devenir prêtre grandit en lui.

Edmond Kaiser (futur fondateur de Terre des hommes), juif non pratiquant, subsiste difficilement, à Paris, d'une foule de petits métiers, mais il vit pour la poésie. Ses amis et lui décident en 1935 de porter des lavallières blanches et de fonder des groupes poétiques. Il se marie en 1936 et reçoit le baptême catholique avant de s'écarter des Églises.

En 1937, le Nid est fondé. Cette organisation qui vise à aider les victimes de la prostitution est née de la prise de conscience d'un prêtre de Paris, l'abbé Talvas. Son action se fonde sur une vision chrétienne de la femme et de la personne humaine. Elle révèle des formes de pauvreté qui sont morales et spirituelles autant que matérielles et surtout propose une espérance, la prostitution n'étant une fatalité ni pour une personne, ni pour une société, et tous pouvant en sortir à condition d'être aidés par de véritables amis et frères et de se tourner vers Dieu.

---

1. Il s'engage par ailleurs de plus en plus dans le journalisme et devient en 1937 le directeur de *La Chronique sociale de France*.

La vitalité des jeunes chrétiens est donc immense [1] au début des années trente. Il faut y ajouter les jeunes de l'Action catholique qui veulent rechristianiser la France en commençant par évangéliser le milieu où ils se trouvent. Gérard Cholvy et Yves-Marie Hilaire parlent de l' « apogée » du rôle des chrétiens dans la cité, une cité où pourtant l'Église est séparée de l'État. Mais les catholiques savent relever le défi.

On le constate, le chemin suivi par Raoul Follereau est proche de celui d'autres jeunes chrétiens de son temps, hommes et femmes, consacrés et laïcs. Et ces chrétiens ne sont pas seuls à vivre ces démarches nouvelles, à être habités par cette soif d'absolu et de renouvellement. Ce recensement d'initiatives n'est pas exhaustif, car d'autres chrétiens suivent des voies bien différentes.

---

1. Autre exemple : au milieu des années trente, Serge Dalens, Jean-Louis Foncine et Pierre Joubert publient leurs premiers livres en lançant la collection « Signe de Piste ». Ils donnent ses lettres de noblesse à l'adolescence, un âge peu considéré jusque-là. Ils proposent aux jeunes des héros de leur âge et souvent de leur temps, éclatants de vie, passionnés, mais remarquablement équilibrés et animés par un réel sens de l'amitié fraternelle. Chrétiens, très influencés par la pédagogie scoute, ils rêvent aussi d'une France de héros et de saints, et ils déplorent les attitudes du personnel politique français.

CHAPITRE IV

Le tournant de la guerre

DANS LE TOURBILLON DE LA GUERRE (1939-1942)

Raoul Follereau apprend la déclaration de guerre de septembre 1939 alors qu'il se trouve en Amérique du Sud pour une tournée de conférences. Travaillait-il seulement pour l'Alliance française ? Ou le gouvernement français l'avait-il chargé d'une mission officieuse ? C'est fort possible.

Il prend connaissance de la nouvelle à Rio, à l'Académie des lettres. Il se présente à l'ambassadeur de France, lequel propose de l'affecter sur place. Il refuse. Il ne peut rester loin de l'événement. Il veut être acteur. Pour servir son pays efficacement, il veut rentrer à Paris. Bernanos fait une analyse différente et préfère demeurer en Amérique latine pour y défendre l'image de la France.

De Buenos Aires, Raoul Follereau prend le dernier bateau vers la France. Redoutant les sous-marins allemands, beaucoup de passagers descendent à Montevideo. Avec une dizaine de courageux à son bord, le paquebot qui regagne la France est presque vide. Raoul Follereau y fait la connaissance de Pierre Blainville, le fondé de pouvoir de la Banque de Paris et des Pays-Bas. Les deux hommes se lient d'amitié, et plus tard Blainville participera aux œuvres créées par Follereau. Craignant les sous-marins, le paquebot emprunte des voies très détournées et il lui faut deux mois pour atteindre Bordeaux, au prix de maintes péripéties.

À peine arrivé [1], Raoul Follereau se présente à l'autorité militaire. Offi-

---

1. Il trouve le temps de publier un nouveau numéro de *L'Œuvre latine* en décembre 1939 (conservé à la Bibliothèque nationale). Dans l'éditorial, il livre les réflexions que lui inspire la situation du moment :
Feuilletant le courrier de juillet, je trouvais la démission d'un jeune, trop jeune ligueur, indigné que nous ayons imaginé le « roman de l'union germano-soviétique »... Avec Maurras et quelques autres nous avons, parfois contre toute vraisemblance mais jamais sans espoir, travaillé à garder le contact entre la France et l'Italie, entre la France et l'Espagne. Nous

ciellement, cet ancien professeur du contingent n'est qu'un soldat de deuxième classe. Mais tous les rapports indiquent qu'il est digne de la plus grande confiance et il a déjà effectué des missions d'information et de renseignement pour le compte du gouvernement. Certaines ne nous sont sans doute pas connues. C'est pourquoi Raoul Follereau est affecté au début de janvier 1940 au service des écoutes téléphoniques rattaché à la présidence du Conseil. Il semble qu'il y fut chargé de quelques autres missions. Il est dès lors un des hommes les plus informés de France, au courant notamment de nombreux secrets d'État sur lesquels il restera d'une discrétion absolue, même après la guerre. Il passe la matinée à son domicile parisien ou à l'extérieur et il travaille au service des écoutes de midi à vingt et une heures en général[1].

Composé d'officiers et de rares secrétaires, ce bureau s'étoffe et finit par compter quarante-cinq personnes[2] chargées de surveiller particuliers et organismes ainsi que d'étudier des rapports venus de province. Parmi les secrétaires, une jeune sténodactylographe, Aimée Altériet, rédige de nombreux rapports confidentiels. Bien que chrétienne et parisienne, elle n'avait jamais entendu parler de Raoul Follereau auparavant, mais elle sera plus tard sa secrétaire pendant trente-cinq ans.

Raoul Follereau suit l'évolution de la guerre au jour le jour. Il « sait » avant les Français.

Dès le début du mois de mai, il comprend que la France est dans une situation désespérée.

Il peut apprécier le décalage qui existe entre les communiqués officiels et les réalités. Il est l'un des hommes les mieux informés de France, mais que sait-il et que fait-il exactement ? Aimée Altériet reste très évasive sur le sujet. Elle évoque longuement les rapports sur l'actrice Viviane Romance,

---

fûmes alors abreuvés d'injures et de menaces... *Depuis 1919 nous savons que, pour remporter la victoire, il ne suffit pas de gagner la guerre... Hitler doit être châtié. Mais Hitler, c'est l'Allemagne. La grande Allemagne doit disparaître. Mais la lutte ne s'arrêtera pas à notre victoire... Le jour de l'armistice marquera le commencement d'une autre lutte plus dure encore et plus décisive : celle qui doit délivrer le monde du bolchevisme. Et cette guerre ne sera pas seulement aux frontières mais dans chaque pays, parfois dans chaque foyer. Il faut tuer l'idée maudite, ligoter cette philosophie dégoûtante de sang et l'étouffer dans son propre carnage... Le bolchevisme a voulu la guerre... C'est seulement sur sa tombe que nos soldats vraiment victorieux pourront édifier la paix française... Et cette paix française sera chrétienne... Quelque rivalité politique dont nous ayons souffert, dont nous devions plus tard souffrir, il y a au fond de l'âme de chacun de nous quelque chose de permanent... c'est le dépôt qu'ont laissé au fond de nous treize siècles de culture et de civilisation chrétiennes... Car c'est aujourd'hui non point la guerre d'une nation contre une nation; non point la lutte de deux thèses politiques ou de deux régimes comme on dit maintenant, mais c'est la guerre même de la religion, de la spiritualité, de l'idéal contre les ténèbres du matérialisme, de l'égoïsme, des pauvres lâchetés humaines... La paix devra détruire pour longtemps sinon pour jamais tout cet orgueil satanique, tout ce matérialisme bestial qui a submergé le monde depuis plus d'un demi-siècle...*

1. Témoignage d'Aimée Altériet, recueilli le 14 septembre 1987.
2. *Ibid.*

placée sur écoute téléphonique alors qu'elle cherche à faire réformer ses amis, non sans succès d'ailleurs. Sur les autres sujets, la secrétaire de Raoul Follereau répond aimablement mais de manière vague. Il faudra donc attendre encore quelque temps avant d'en savoir plus.

Il semble cependant que l'ambassade des États-Unis aurait été sous écoutes et que Raoul Follereau aurait assisté au dernier appel lancé par Paul Reynaud aux États-Unis, en pleine débâcle. Il aurait même suivi de près les échanges avec les Britanniques et vécu comme un abandon leur retrait de Dunkerque. Ces informations de première main ne lui inspirent aucune confiance à l'égard des Anglo-Américains.

Comme le Marc Bloch de *L'Étrange Défaite* [1] et le Serge Dalens de *La Mort d'Éric* [2], il éprouve un sentiment d'impuissance et de colère devant l'impréparation de la France. Une impréparation qu'il attribue aux responsables politiques de l'avant-guerre.

D'une façon plus certaine, des missions lui sont confiées en direction de l'Italie.

Ses liens étroits avec ce pays sont connus. Il est chargé par le ministre des Affaires étrangères de rencontrer la duchesse de Vendôme pour savoir si elle peut agir sur sa nièce Marie-José et la famille du roi d'Italie, afin d'empêcher l'entrée en guerre de l'Italie contre la France [3]. Raoul Follereau effectue un déplacement en Savoie. Peut-être a-t-il essayé de prendre contact avec Mussolini et certains de ses collaborateurs les plus directs. L'Italie entre en guerre cependant, mais le 10 juin seulement, après beaucoup d'hésitations. Il peut ainsi mesurer les limites de son influence sur le Duce, mais il ne se faisait guère d'illusions à ce sujet depuis plusieurs années.

Tout ce que Raoul Follereau voulait construire depuis 1925 semble s'écrouler en quelques semaines [4].

Le 10 juin, le service des écoutes quitte Paris. En passant par le Loiret et la Vienne, ses membres atteignent Bordeaux. La France officielle erre sur les routes. Ce spectacle bouleverse Raoul Follereau, même s'il reste très calme.

C'est à Talence, dans un café-restaurant [5], qu'il entend l'appel du 17 juin du maréchal Pétain, nouveau chef du gouvernement, qui demande l'arrêt des combats. Tous sont consternés, même si cette nouvelle semble raisonnable à beaucoup, certains regrettant toutefois que l'on ne poursuive pas la guerre au Maroc.

Pendant dix jours, les membres du service restent à Talence, à ne rien

---

1. Marc Bloch, *L'Étrange Défaite*, Albin Michel, 1957.
2. Serge Dalens, *La Mort d'Éric*, Signe de piste, 1977, 221 pages.
3. Frère Fernand Davoine, témoignage recueilli le 7 mars 1988.
4. Aucune source alors, pas de journal et cette période n'est pas évoquée ensuite.
5. Aimée Altériet, témoignage recueilli le 14 septembre 1987.

faire, à se promener en parlant de tout. Ils font connaissance. Raoul Follereau s'entretient de philosophie et des événements de la guerre avec Aimée Altériet.

Le 28 juin, ils quittent Talence pour Clermont-Ferrand, où ils sont démobilisés. Raoul Follereau fait un crochet par l'Ardèche afin de retrouver son épouse qui a quitté Paris en emportant avec elle le précieux fichier des abonnés à *L'œuvre latine*, un fichier qui ne devait à aucun prix tomber aux mains des Allemands [1].

Il n'envisage pas de gagner l'Angleterre. A-t-il entendu l'appel du général de Gaulle ? Le juge-t-il utopique ? D'abord, il ne fait pas confiance aux Britanniques. Ensuite, conscient de la complexité de la situation, et peut-être surinformé, il n'est pas prêt à adopter une solution de rupture radicale. Enfin, l'arrivée au pouvoir du maréchal Pétain bouleverse les perspectives de la vie nationale et Raoul Follereau fonde sur lui de très grands espoirs.

Où aller maintenant ? Raoul Follereau ne peut pas rentrer à Paris. Il a mené dans ses publications des campagnes d'une grande violence contre Hitler, qu'il qualifiait d' « Antéchrist », et se sait menacé par les Allemands. Il s'installe provisoirement près de Vichy [2].

Il se trouve à Vichy le 10 juillet, quand le Parlement vote le principe d'une révision constitutionnelle dont il charge le maréchal Pétain. Celui-ci se nomme alors chef de l'État et réunit les pouvoirs exécutif, législatif et constitutionnel. La IIIe République est morte.

Le 10 juillet, Raoul Follereau déjeune dans un grand restaurant de Vichy. L'ambassadeur d'Espagne l'aperçoit, s'approche et lui dit : « Monsieur Follereau, votre idée d'Union latine, c'est le moment de l'appliquer [3]. » Raoul Follereau sourit. L'ambassadeur a donc deviné sa pensée. Il connaît bien ce diplomate et le maréchal Pétain, ambassadeur en Espagne avant la guerre, est au courant des idées de Raoul Follereau. Mais nombreux sont ceux qui accourent à Vichy en espérant que leurs idées seront adoptées par le nouveau régime.

Comme Aimée Altériet regagne Paris le 22 juillet 1940, Raoul Follereau lui demande de prendre contact avec Léon Cordonnier et de lui adresser des nouvelles de Paris. Aimée Altériet commence à taper des textes pour les deux hommes. Raoul Follereau apprend ainsi que les Allemands ont posé les scellés à la porte de son domicile [4] et qu'ils le recherchent. D'ailleurs, les archives de l'Alliance française sont mises à mal à cette époque. Follereau comprend qu'il lui vaut mieux rester en zone libre. *L'Action française* et ses principaux responsables choisissent également de se replier en zone sud.

---

1. Id.
2. Id.
3. Id.
4. Id.

Pendant ces quelques semaines de l'été 1940, tout paraît possible en France et même en Europe.

L'on croit assister à un renversement de l'histoire. Tous les combats du Raoul Follereau des années trente semblaient perdus en juin 1940, mais l'arrivée au pouvoir du maréchal Pétain bouleverse tout.

Pour Raoul Follereau et de nombreux catholiques maurrassiens, le maréchal Pétain est l'homme providentiel qui gomme la période 1789-1940. Il est le sauveur envoyé à la France aux yeux de ceux qui depuis des années rêvaient de héros et de personnages exemplaires et fustigeaient la IIIᵉ République. Paul Claudel compose une ode à Pétain à Noël 1940.

Au Vatican aussi, on pense déjà à l'avenir [1]. Ambassadeur de France auprès du Saint-Siège pendant l'été 1940, Wladimir d'Ormesson, rapporte que, pour les plus proches conseillers du pape – Maglione, Montini, Tardini – la victoire de l' « Attila motorisé » sera éphémère. Pie XII déplore l'écrasement de la France, ménage l'Italie, ralliée à l'Allemagne, et admire la résistance britannique.

De nombreux notables catholiques, soucieux de questions éducatives et sociales, proposent très tôt des projets concrets à Vichy [2]. Pendant des années, ils avaient essuyé des refus méprisants et ils ont enfin l'impression d'être écoutés et pris au sérieux. Des dominicains et des jésuites espèrent que le nouveau régime prendra en compte leurs idées. Le père Sertillanges, un dominicain ami de Raoul Follereau, réclame dès le 23 juillet une « révolution chrétienne et nationale ». Le père Lebret s'intéresse à l'économie, aux questions sociales, à l'aménagement du territoire. Le père Desbuquois, jésuite, fondateur de l'*Action populaire*, s'installe à Vichy jusqu'en 1943 et propose des mesures inspirées du catholicisme social. Le père Dillard, jésuite lui aussi et antinazi, s'intéresse beaucoup aux questions de la jeunesse. Le père Doncœur, qui fait redécouvrir Péguy, souhaite l'application d'un christianisme intégral. On pourrait citer beaucoup d'autres noms encore.

On assiste à l'effacement de tout un personnel politique. Les parlementaires ont renoncé par leur vote à tout pouvoir. Les notables locaux communistes, franc-maçons et juifs sont démis de leurs fonctions, de nombreux hauts fonctionnaires sont à l'étranger ou écartés. Pour les remplacer, Vichy installe beaucoup d'hommes nouveaux, relativement jeunes, souvent influencés par l'esprit des années trente et orientés en général à droite [3]. À quelques exceptions près – un Jacques Chevallier, un François Valentin... – les catholiques notoires ne sont pas appelés à de hautes responsabilités ministérielles, mais ils sont en revanche nombreux dans les administrations traitant des questions de la jeunesse, de la famille, de l'agriculture. Pré-

---

1. Gérard Cholvy et Yves-Marie Hilaire, *op. cit.*, tome III, p. 72.
2. Id., *ibid.*, p. 73 à 80.
3. *Ibid.*, p. 76.

sents aussi au Conseil national, ils s'efforcent de faire passer dans la législation les idées du catholicisme social et du mouvement familial.

Nombreux à Vichy, les catholiques maurassiens occupent une place notable dans la presse du nouveau régime. Les journalistes Simon Arbellot, Charles Ruellan, Claude Hisard travaillent au secrétariat à l'Information. Henri Massis est un membre influent du Conseil national [1]. Leur pouvoir réel ne doit cependant pas être surestimé.

Dans le même temps, de nombreux catholiques poursuivent la guerre : le général de Gaulle, Maurice Schumann, Leclerc, d'Estienne d'Orves, Georges Bidault, Edmond Michelet... Maritain, dès 1940, lance des États-Unis un appel à continuer la lutte. Les catholiques sont de nouveau divisés, mais désormais, à Vichy comme à Londres, ils prennent des responsabilités importantes et cessent de se tenir à l'écart du monde politique.

L'intellectuel Raoul Follereau va-t-il devenir alors un homme politique ou un responsable ? Il semble alors idéalement placé à Vichy : il est bien connu du maréchal Pétain et de Maurras, ses idées sont à l'honneur, il a d'indéniables qualités d'organisateur. Des propositions importantes lui sont faites, semble-t-il, et à des moments différents. Il rencontre à plusieurs reprises le maréchal [2]. Un jour où il refuse un poste important à Vichy, ce dernier lui dit : « Ah, Follereau ! Vous aurez toujours aussi mauvais caractère [3]. » En fait Raoul Follereau ne cherche pas un poste ou une responsabilité. Il s'y sentirait prisonnier, limité dans le champ de ses interventions. Il rêve par contre d'être un homme d'influence, de jouer un rôle de « conseiller du prince », de travailler à ce qui lui semble prioritaire, une renaissance morale de la France.

Il n'est pas seul dans ce cas. Mais il constate aussi que Laval comme Darlan sont totalement étrangers à ces préoccupations chrétiennes, et, même dans les nouveaux organismes officiels, celles-ci ne sont pas unanimement admises, loin s'en faut.

Par ailleurs, il observe que la marge de manœuvre du régime est très limitée. Raoul Follereau est allergique à toute idée de collaboration avec l'Allemagne. Comme Weygand, il pense qu'il faut appliquer « l'armistice et rien que l'armistice », et s'apprêter à reprendre le combat si c'est possible. Il est étranger à tout antisémitisme, et l'acharnement de Maurras et de certains membres du gouvernement de Vichy sur cette question le met sans doute mal à l'aise, lui qui a aidé des juifs d'Europe centrale.

Ces préventions ne l'empêchent pas de maintenir sa confiance au gou-

---

1. *Ibid.*, pp. 80 et 81.
2. Selon le témoignage de proches de Raoul Follereau. Depuis longtemps ce dernier tient le maréchal Pétain en haute estime. En mai 1937, à la p. 6 de *L'Œuvre latine*, il écrit, à propos du couronnement du roi Georges VI : « Un homme seul eût pu représenter tout le pays, il avait le prestige nécessaire, une autorité, une gloire universelle. Seul le maréchal Pétain eût été digne de symboliser la France au cours d'une telle cérémonie. »
3. Id.

vernement. Dans son message du 10 octobre 1940, le maréchal Pétain déclare : « Le régime nouveau maintiendra les héritages de nos cultures grecque et latine et leur rayonnement dans le monde [1]. » Raoul Follereau rappelle souvent cette phrase. Comme la plupart des catholiques, il se réjouit que les congrégations ne tombent plus sous le coup de mesures d'exception.

Ayant abandonné leur domicile parisien, Raoul Follereau et son épouse doivent se loger. Ils sont hébergés en différents endroits pendant la période 1940-1942.

Ils sont d'abord accueillis à Saint-Étienne, rue du Grand-Moulin [2], par Michel Rameaud, herboriste et surtout poète de l'Union latine, qui partage tous les idéaux de Raoul Follereau, dont il est l'un des amis les plus chers. Lui aussi porte la lavallière. Sa fille sera plus tard l'épouse d'André Récipon, dont Raoul Follereau fera son fils spirituel.

Ils trouvent ensuite refuge à Lamastre, dans le nord de l'Ardèche. Ils connaissaient déjà cette petite localité du Vivarais avant la guerre. Là, Raoul Follereau peut se faire oublier s'il le souhaite, rester discret, prendre du recul et méditer. L'influence catholique est très forte dans ce secteur rural [3] où l'ennemi est plus le républicain laïc, radical et franc-maçon ou protestant que le marxiste. Le maréchal Pétain est très apprécié et l'influence de l'Action française importante dans ce fief électoral de Xavier Vallat, où Maurras se rend parfois en visite. En constatant la forte pratique religieuse, la grande influence des prêtres, le dynamisme des écoles catholiques et des revues chrétiennes, Raoul Follereau croit voir vivre un peu de cette France idéale dont il rêve. Et pourtant il n'admet pas l'antisémitisme de Vallat [4].

À la suite d'une conférence, il s'installe à Bourg-en-Bresse. Il est accueilli par un jeune journaliste, Raymond Guerrin, qui sera, jusqu'à la fin de la vie de Raoul Follereau, un de ses amis les plus proches et il loge à l'hôtel de la Poste tenu par Mme Alby [5], aidée de ses filles.

Raoul Follereau est donc très mobile durant ces années, comme s'il se savait un peu menacé. Il reste en zone libre, mais jamais loin de Vichy, où il se rend périodiquement, semble-t-il [6]. Il garde cependant un certain recul

---

1. Cité en épigraphe des bulletins de Raoul Follereau pendant la guerre.
2. Les associations Raoul Follereau ont leur siège officiel à Saint-Étienne de 1940 à 1945.
3. Xavier de Montclos (sous la direction de), *Églises et chrétiens dans la Seconde Guerre mondiale : la région Rhône-Alpes*, Presses universitaires de Lyon, 1978.
4. Nous ne savons pas si Raoul Follereau avait alors rencontré Vallat. Nous ne disposons pas de texte où il s'exprime directement sur la question, mais Mme Rougier nous a confié que Raoul Follereau a aidé des juifs d'Europe centrale durant les années trente. Par ailleurs nous n'avons pas relevé d'article antisémite dans les publications de Raoul Follereau durant la guerre.
5. Récit de ces déplacements dans *La seule vérité...*, tome I, pp. 39 à 41.
6. Témoignage oral des proches de Raoul Follereau, lesquels se rappellent plus les allusions de ce dernier que des souvenirs précis. Il est difficile de dater ces déplacements.

face aux intrigues tout en espérant garder des contacts et exercer une influence.

De son côté, *L'Action française* s'est repliée à Limoges puis à Lyon. Son influence n'est pas limitée à la diffusion des trente mille exemplaires du journal. De nombreux journaux de province reprennent ses thèmes anglophobes, antidémocratiques, contre-révolutionnaires et antisémites. En zone libre, quelques revues dans le titre desquelles figure souvent le mot « France »[1] diffusent des idées proches des siennes. Citons à Clermont-Ferrand les *Cahiers de formation politique*, sous la direction de Gustave Thibon et Gilbert Marie, et dans le Sud-Ouest les revues *France, Grande France* et *Nouveaux Cahiers de France* animées par Jean Arfel – Madiran.

Raoul Follereau s'inscrit dans cette mouvance en changeant le titre de son bulletin mensuel : *L'Œuvre latine* devient *Paroles de France*, « bulletin de la Ligue d'union latine et des fondations Charles-de-Foucauld ». Le but reste le même : « Défendre la civilisation chrétienne contre tous les paganismes et toutes les barbaries et faire connaître le " vrai " visage de la France[2]. »

Maurras préconise en effet le repli sur la seule France afin de la renouveler et de la soustraire à toute influence extérieure. Est-ce réaliste ? Comme Maurras, Raoul Follereau considère le gaullisme comme une dissidence et le drame de Mers el-Kébir le rend plus anglophobe que jamais[3]. Mais il ne fait que quelques allusions à ces thèmes. Par ailleurs, on ne trouve toujours aucune trace d'antisémitisme dans ses écrits.

Il estime que la France doit compter sur ses propres forces et il redoute surtout qu'à l'effondrement militaire du pays succède un effondrement moral de la population[4]. Il se donne pour mission prioritaire d'exalter la grandeur de la France et de redonner une espérance aux Français. Il le fait au moment où la situation de la France est au plus bas dans la vie internationale.

Dans les pages d'actualité nationale et internationale, les points de vue, les messages et les rappels historiques occupent désormais l'essentiel des pages. La poésie a pratiquement disparu.

Le thème de la latinité est de moins en moins développé. Raoul Follereau ne le renie pas, mais il comprend qu'il peut difficilement mobiliser un large public. Et la notion de latinité devient ambiguë. La plupart des pays latins sont alors des alliés officiels de l'Allemagne nazie, telle l'Italie, ou gardent une neutralité équivoque, notamment l'Espagne. En Roumanie, Antonescu se veut proche de l'Allemagne.

---

1. Gérard Cholvy et Yves-Marie Hilaire, *op. cit.* tome II, p. 81.
2. Bulletins déposés aux archives des fondations à Paris.
3. Témoignage du frère Davoine, recueilli le 7 mars 1988, et confirmé par des allusions au détour de certains articles.
4. Karol Wojtyła partage alors les mêmes craintes en voyant son pays occupé par les Allemands et c'est pendant la guerre qu'il décide de devenir prêtre.

Par ailleurs, dans les Balkans, l'Europe du Centre et de l'Est, où se livre une formidable guerre idéologique, les mots « chrétienté », « latinité » et « Europe » sont employés par des propagandes qui en pervertissent le sens. En Europe centrale, un « fascisme clérical » se met en place en Slovaquie et un « totalitarisme catholique » s'installe en Croatie, à chaque fois avec le soutien des Allemands. Dans ces deux chrétientés rurales d'Europe centrale, le clergé tente d'imposer ce qu'il croit avoir compris de la doctrine sociale de l'Église en appuyant des pouvoirs autoritaires et populistes qui veulent rompre avec les cadres politiques de l'avant-guerre. Raoul Follereau ne veut pas soutenir de telles initiatives, et c'est pourquoi il parle de la « France chrétienne » plus que de la « chrétienté » [1].

Mais le grand changement dans l'attitude de Raoul Follereau, c'est qu'il choisit de s'adresser en priorité au grand public. Jusque-là il écrivait surtout en pensant aux « élites » présentes ou futures. Or il veut atteindre désormais tous les milieux sociaux, et en particulier les plus modestes. Il ne limite donc pas sa démarche à la rédaction du bulletin. Il multiplie les conférences dans les communes de toute taille.

Chaque soir, il part en voiture avec son épouse, Raymond Guerrin, le général Desmazes et un ami, Louis Milot. Dans des villes ou, plus souvent des chefs-lieux de canton, des bourgs et des villages, il parle dans des salles glaciales devant des auditoires de taille très variable [2]. Il arrive que soient présentes plus de deux cents personnes, mais souvent le public est squelettique, comptant moins de vingt auditeurs parfois.

Raoul Follereau parle de la France, de ses héros, de la reconstruction à mener. Il développe les thèmes moraux de la Révolution nationale. Son verbe réchauffe le cœur des auditeurs. Et surtout, après la conférence, il converse sans protocole avec les personnes venues assister à la conférence. Beaucoup lui confient leurs difficultés personnelles, il les encourage, leur propose parfois des services. Jamais il n'avait vécu un contact aussi direct avec le public populaire et c'est une étape très importante pour la suite de son action.

Le contact avec le public n'est pas la seule raison de la mobilité permanente de Raoul Follereau. Le général Desmazes l'accompagne [3]. Cet ancien chef d'état-major de Joffre est arrêté en 1942 et déporté à Dachau, d'où il sortira vivant. Il est en effet l'adjoint du général Delestraint, qui crée et dirige alors en France une armée secrète qui doit se préparer à la reprise de la guerre. Habitué à la guerre du secret, Raoul Follereau participe sans doute à cette entreprise, en tout cas il « sait des choses ». Et beaucoup de ses conférences sont des prétextes à d'autres activités sur lesquelles nous manquons de renseignements pour quelques années encore... Dans son esprit, cet engagement n'est en rien contradictoire avec le soutien

---

1. Raoul Follereau ne développe pas ces réflexions dans son bulletin : la censure veille.
2. Le bulletin annonce souvent ces soirées quelques semaines ou quelques jours d'avance.
3. *La seule vérité...*, tome I, pp. 40 et 41.

apporté au maréchal Pétain. D'ailleurs, quand il fonde *Combat* à Lyon, Henri Frenay approuve le maréchal.

Raoul Follereau est également très imprégné des textes publiés par Pie XII pendant ces années de guerre, en particulier ses messages de Noël diffusés à la radio et mal connus en France.

Le 21 juin 1940, Pie XII avait aussi adressé un message à la France. Dès 1940, le pape invite à dépasser les souffrances présentes et à surmonter le conflit. Il parle de paix, de reconstruction, de l'aide à apporter aux victimes de la guerre, mais il dénonce aussi l'absolutisme d'État et jette les fondements d'une nouvelle cité humaine. Il rappelle la loi morale, la liberté de tous les États, même faibles et les droits des minorités nationales. Se tournant résolument vers l'avenir, il parle de réorganiser la « famille humaine » sur de nouvelles bases. Il demande le désarmement et une répartition équitable des richesses entre les peuples. Il place des espoirs dans un organisme ou un gouvernement universel investi d'une mission dans le monde entier. Il s'adresse aussi à la jeunesse, sur laquelle il fonde de grands espoirs. Selon lui, Dieu et l'Église doivent se trouver au centre de cette construction politique, dont ils seront les garants et à laquelle ils apporteront les valeurs dont elle a besoin. En 1941, à Noël, le pape déclare : « L'incrédulité qui se dresse contre Dieu ordonnateur de l'univers est le plus dangereux ennemi d'un équitable ordre nouveau. »

Le pape propose un véritable enseignement politique et un programme pour tous ceux qui veulent le suivre. Beaucoup de ces approches sont nouvelles ; elles annoncent des textes ultérieurs du concile et du magistère, comme *Pacem in terris* de 1963. De nombreux thèmes des années soixante figurent déjà dans ces discours trop méconnus aujourd'hui encore, et qui pourtant permettent de mieux comprendre les engagements nombreux des chrétiens de France en ces années de guerre et d'après-guerre.

Avec le pape, Raoul Follereau accède à une vision plus universelle des problèmes, il se dégage des limites étroites du nationalisme. Le pape introduit de nouveaux concepts, révèle de nouvelles priorités. Et ce à l'heure où, en 1941, privé de tout, Maximilien Kolbe montre dans son agonie qu'il existe au plus profond de l'homme une force qu'aucune haine ne peut détruire.

Raoul Follereau est donc convaincu que, plus que jamais, le christianisme seul peut apporter les valeurs dont les hommes ont besoin. Et il considère que la France est toujours investie d'une mission capitale pour le destin du monde.

Aussi publie-t-il plusieurs brochures où il développe ces idées.

Un de ses articles, paru en février 1943 [1], résume les convictions qui l'animent alors. Il a pour titre : « Au monsieur qui déclare : " La France est foutue. " »

---

1. Dans *Mission de la France*.

Nous en citerons les passages les plus significatifs :

Ce qui est "foutu", comme vous dites, ce n'est pas la France.

La France, vous ne savez pas ce que c'est.

Non, ce qui est "foutu", c'est la vie que vous meniez en France.

Pour vous, la France c'était la semaine anglaise, le bar américain, les chœurs russes et les tangos argentins.

Pour moi – et pour quelques millions d'êtres encore dans le monde –, la France, c'est la cathédrale de Chartres, les œuvres de Racine, les travaux de Pasteur, les exploits de Mermoz.

C'est la patrie de tous les malheureux, le pays qui a donné au monde saint Vincent de Paul, le premier ministre de la Santé publique, saint Jean-Baptiste de La Salle, le premier ministre de l'Éducation nationale. C'est le pays qui a construit sur toute la Terre des milliers d'écoles, d'hôpitaux, de dispensaires, de crèches, d'asiles, de léproseries. Le pays qui, pendant des siècles, a soigné, consolé, guéri, élevé.

La France, monsieur, n'est ni un tank, ni une banque.

C'est un pays prédestiné. Un pays missionnaire.

Ah! si un jour, au temps de vos insolentes splendeurs, vous vous étiez une seule fois penché sur la terre maternelle, sur la terre de Péguy, vous auriez compris des choses qui aujourd'hui vous feraient chaud au cœur...

Et vous ne seriez pas seul dans votre âme.

La France, monsieur, c'est tous les morts qui demeurent autour de nous notre sauvegarde, notre salut, les anges de la Patrie.

C'est l'œuvre de ceux dont vous ne savez rien parce que vous n'en êtes pas digne, mais que le monde connaît, honore, magnifie.

Et c'est aussi, aujourd'hui, dans sa détresse, un grand espoir pour tous les hommes.

Quelqu'un a dit : « Tous les peuples opprimés tournent leurs regards vers la France. »

« Encore un Français qui n'a rien compris », penserez-vous méprisant.

Mais non, monsieur, c'est un Allemand qui a dit cela. Il s'appelait Goethe...

Et chaque jour, feuilletant la presse étrangère, nous y trouverions une confiance dans nos destinées qui ferait rougir de honte certains Français...

Et puis il y a pour nous de plus hautes encore et de plus invincibles espérances.

Il s'agit de Dieu.

Vous souriez? bien sûr; vous, vous êtes un « esprit fort ». Les « superstitions » ne sauraient atteindre votre redoutable intelligence.

Moi, j'appartiens à la basse classe intellectuelle, je suis un faible, comme Newton ou Pascal, Raphaël ou Shakespeare, un mauvais Français comme Pasteur ou Lyautey, Branly ou Foch.

Or Dieu – excusez-Le – n'est pas de votre avis.

Et Il a pris soin de nous le faire dire, il y a pas mal de temps déjà.

Écoutez saint Rémi baptisant Clovis :
« Le royaume de France est prédestiné par Dieu à la défense de l'Église de Jésus-Christ. Victorieux et prospère tant qu'il restera fidèle à sa foi, rudement châtié toutes les fois qu'il restera infidèle à sa vocation, il durera jusqu'à la fin des temps. »
Et Dieu a pris soin de nous le rappeler sans cesse à travers les siècles.
Voilà, monsieur, ce qui fait notre foi, notre force, et au sein des pires épreuves, notre joie.

Et Raoul Follereau ajoute : « Mais notre homme ne fut pas convaincu. »

La trame des discours de Raoul Follereau apparaît là.

Il part de l'opinion commune et il s'emploie à la réfuter, ce qui lui permet de recourir à un style polémique où il excelle. Le texte grouille d'images, foisonne de personnes et de vies évoquées plus que racontées. Il fait appel aux souvenirs que chacun porte en lui. Pas de termes abstraits, les mots employés sont accessibles à tous. Raoul Follereau aime jouer du contraste, contraste entre les deux interlocuteurs et leurs préoccupations. Les paragraphes sont courts, ce qui permet de relancer l'intérêt. L'auteur sait aussi ménager le suspense, jouer de l'effet de surprise et de l'humour. Son « métier » est déjà bien rôdé. Par le raisonnement, il s'adresse à l'intelligence, avec les images, il fait appel aux sentiments. Une fois encore, Raoul Follereau propose un chemin vers la joie et l'espérance. Le combat permanent de sa vie fut une lutte contre la désespérance. Seuls les sujets de désespérance changent. Plus tard, il développera des argumentations de même ordre à propos des lépreux et du tiers monde. Une autre de ses convictions profondes est que le public est mal informé et que c'est la cause de son pessimisme. Ici, les Français seraient mal informés sur la France.

Raoul Follereau ne définit donc pas la France par ses frontières ou par sa langue. Même s'il évoque la monarchie, il n'identifie pas la France à un régime politique. Il l'appréhende au travers d'un ensemble de personnages, d'actions, de valeur et d'œuvres. Il s'appuie sur des réalités, sur des éléments concrets et visibles. Ce nationalisme est plus thématique que géographique. Les noms de Français cités par Raoul Follereau sont ceux qui reviennent le plus tout au long de ses bulletins. Il en mentionne beaucoup d'autres – scientifiques, missionnaires... –, les faisant ainsi découvrir à ses lecteurs. Quand il parle des hommes illustres, il s'intéresse autant à l'esprit qui anime leurs actes qu'au résultat auquel ils sont parvenus.

Pour Raoul Follereau, la France est une communauté surnaturelle, les morts continuant à vivre avec les vivants. Il s'appuie sur le dogme catholique de la communion des saints. Cette solidarité spirituelle entre les morts et les vivants avait déjà été célébrée par des auteurs comme Barrès, René Bazin, Henry Bordeaux. Cette approche évoque aussi les sagesses africaines, où le culte des morts est plus qu'un souvenir : les ethnologues expliquent que ces cultures évoluent dans un « monde plein » où l'espace, les constructions, les tombes sont autant de signes de la présence de Dieu et des ancêtres, lesquels sont associés en permanence à la vie quotidienne, sur laquelle ils peuvent intervenir. On comprend mieux que l'entente entre Raoul Follereau et les Africains ait été aussi spontanée, profonde et rapide avec le partage de convictions aussi fondamentales.

Raoul Follereau ne veut pas d'une France repliée sur elle-même, crispée. Pour lui, la France est investie d'une mission dans le monde, une mission qui lui a été confiée par Dieu. Le sort de la France et celui du monde sont indissolublement liés. L'intérêt de la France est identifié à celui du monde et à celui de Dieu. Raoul Follereau écarte donc certains épisodes de l'histoire de France, car il est à la recherche d'un sens de l'histoire plus que d'une leçon de l'histoire.

Pour appuyer sa pensée, Raoul Follereau se livre à un véritable travail d'érudit et d'historien. Il publie dès 1941 *Ce que le monde doit à la France*, une brochure de trente-deux pages qui sera rééditée jusqu'en 1968 [1]. Il y dresse la liste des inventions françaises et des œuvres caritatives nées dans ce pays.

Il commence par les découvertes théoriques et surtout techniques qui ont trouvé des applications dans la vie courante. Il groupe ces découvertes par thèmes. Du baromètre au cinéma, de la machine à coudre à la rotative, de la bicyclette à l'avion, de l'électricité à l'aspirine, du réfrigérateur à la T.S.F., Raoul Follereau établit la longue liste des inventeurs français. Plusieurs centaines de noms figurent, avec une ou deux lignes de commentaire concis.

A propos de la recherche médicale, notons ces phrases. Raoul Follereau vient d'évoquer les travaux des grands fondamentalistes et il poursuit :

Les médecins et les savants français se sont penchés sur les maladies, moins encore pour en découvrir les secrets que pour soulager et « humaniser » la souffrance. Leur œuvre est, avant tout, fraternelle.

Souvenons-nous.

Jadis, on cautérisait les moignons des amputés au fer rouge. C'est le chirurgien français Ambroise Paré qui imagine la ligature des artères et évite aux blessés cet affreux martyre.

Jadis les fous étaient traités comme des bêtes dangereuses, enfermés dans des cachots immondes. C'est le Français Pinel qui les fit détacher et exigea pour eux les soins dus aux malades.

Suivent d'autres exemples.

---

1. Diverses éditions sont déposées aux archives des fondations. L'illustration de couverture change, mais pas le texte.

Retenons cette approche de l'action médicale et du rôle de la médecine ; il ne s'agit pas seulement d'efficacité thérapeutique, mais de respect du bien-être du malade et de sa dignité.

Raoul Follereau évoque ensuite les instituts missionnaires, dont les trois quarts sont nés en France. Il apprend aux Français l'histoire religieuse de leur pays. Il les invite surtout à regarder au-delà de leurs frontières.

Les manuels d'histoire de la III⁰ République donnaient la part belle à l'histoire politique et diplomatique. Les historiens de l'Action française, comme Jacques Bainville, suivaient une démarche comparable [1]. Raoul Follereau réhabilite l'histoire des techniques et l'histoire religieuse. Il s'inscrit dans la tradition des grands érudits qui, pour beaucoup, étaient des « amateurs ». Mais il va plus loin, car il indique des rapports intéressants entre religion et histoire de l'art ou histoire politique. C'est qu'il n'a pas seulement lu et recopié, il a beaucoup réfléchi. Il redécouvre l'importance et la grandeur du Moyen Âge, une période qu'il négligeait un peu autrefois, fasciné qu'il était par l'Antiquité classique. Mais le temps lui manque pour développer certaines de ses intuitions.

Raoul Follereau propose aussi une relecture de l'histoire de France où le christianisme tient la place centrale. Il considère que de nombreux faits de la culture française sont délibérément occultés par les manuels et que les Français doivent les connaître.

Marc Ferro et d'autres historiens ont bien montré la réécriture que subit l'histoire dans tous les pays du monde [2]. Blandine Barret-Kriegel a mis en évidence combien l'histoire positiviste, en écartant la tradition historiographique ecclésiastique des érudits et des héritiers de Bossuet, faisait perdre à l'histoire la quête du sens des événements [3]. C'est contre cela que travaille Raoul Follereau, s'inscrivant ainsi dans la lignée de nombreux auteurs contre-révolutionnaires du XIX⁰ et du début du XX⁰ siècle.

Mais il y a plus que cela. Raoul Follereau réfléchit sur l'histoire alors qu'il a quarante ans environ. Il s'interroge, fort de l'expérience qu'il a déjà vécue.

Beaucoup des grandes figures de l'action caritative contemporaine ont enraciné leur engagement dans une réflexion approfondie sur l'histoire. Mère Teresa a enseigné la géographie avant de se consacrer aux plus pauvres de Calcutta. Le père Joseph Wresinski, dès les débuts de son action, invitait les historiens à étudier l'histoire des plus pauvres au cours des siècles, une histoire injustement méconnue, car leur travail fut souvent décisif dans les mutations des sociétés. Les perspectives historiques tiennent

---

1. Pendant les années trente, Lucien Febvre, Marc Bloch et l'école des Annales ont redonné à l'étude de l'économie, des sociétés et des mentalités ses lettres de noblesse en histoire.
2. Marc Ferro, *Comment on raconte l'histoire aux enfants*, Payot, 1981.
3. Blandine Barret-Kriegel, *Les Historiens et la Monarchie*, 4 tomes, P.U.F., 1988.

aussi une place essentielle dans les messages et les déplacements du pape
Jean-Paul II.

Raoul Follereau veut aller plus loin encore dans cette voie. En 1943
paraît *Le Christianisme et la France*, une brochure de soixante-quatre
pages [1]. Des caractères gras et des phrases composées dans des corps
variables, quelques encadrements et une disposition toujours très harmonieuse mettent bien en valeur les idées fortes. Avant de lire les mots, on
apprécie les mises en page esthétiques de Raoul Follereau et le très grand
soin qu'il y attache toujours. L'ancien secrétaire de rédaction sait ce qui
touche le lecteur. Écrite au plus dur de l'Occupation, la brochure est dédiée
à la duchesse de Vendôme. Elle comporte une invite : « Peuples chrétiens,
unissez-vous ! »

Raoul Follereau évoque d'abord le rôle du christianisme dans l'histoire
du monde. Il entend commencer par des faits incontestables et concrets.

Pour lui, le christianisme est messager de liberté. « Il voit un homme où
n'était qu'un esclave », comme le dit le cantique *Minuit chrétien*. Le christianisme fait respecter la femme, protège l'enfant, il a institué la trêve de
Dieu, le droit d'asile et lutté contre l'esclavage. Et partout il soigne,
enseigne et protège.

Raoul Follereau insiste aussi sur l'intervention de l'Église dans le monde
du travail. Selon lui, l'Église a donné une dignité au travail, considéré
auparavant comme un châtiment ou un déshonneur : Jésus et les moines
travaillaient. Il évoque bien sûr les corporations, la doctrine sociale de
l'Église et ses premières applications. Il indique beaucoup de dates et de
chiffres. Il cite Blanqui l'insurgé, pour montrer que cette tâche n'est pas
terminée :

*Il y a des questions d'économie politique qui demeureront insolubles tant
que l'Église n'y mettra pas la main. L'instruction publique, la répartition
équitable des profits du travail, la réforme des prisons, les progrès de l'agriculture, et bien d'autres problèmes encore ne recevront de solutions
complètes que par son intervention. Et c'est justice. Elle seule en effet, peut
bien résoudre les questions qu'elle a bien posées.*

Raoul Follereau utilise la citation inattendue d'un adversaire supposé du
christianisme. C'est un moyen auquel il a fréquemment recours. Une
conception intégrale du christianisme se dégage : celui-ci est appelé à intervenir dans tous les grands problèmes que connaît l'humanité. Pie XII
développe alors une argumentation de même ordre. Raoul Follereau en
arrive à l'idée, même s'il ne le dit pas textuellement, que le christianisme
peut gagner toutes les sociétés, s'il se met à leur service, en leur apportant
quelque chose d'utile, voire d'indispensable, qui n'est pas nécessairement

---

1. Déposée elle aussi aux archives des fondations.

religieux ou cultuel ou théologique. Le rôle « utilitaire » auquel Maurras confinait le christianisme a pu préparer Raoul Follereau à cette idée, toute différente de celle de Maurras cependant, car si celui-ci veut mettre la religion au service du pouvoir politique et de l'ordre social, celui-là veut que l'ordre politique et social mène les hommes à la joie et à Dieu. Raoul Follereau montre donc que, plus peut-être que par des idées ou des débats contradictoires, le christianisme gagne les cœurs des hommes en trouvant des solutions nouvelles à leurs problèmes concrets.

Raoul Follereau évoque ensuite l'héritage chrétien de la France : la France, bras séculier de la chrétienté, les saints qui entourent et protègent les dynasties naissantes, les rois de France, qui défendent le souverain pontife. Mais il ne dit rien des différends entre le pape et Philippe le Bel ou Louis XIV. Il cite aussi les seize papes français, les cathédrales, les monastères, les croisades, les missions, les œuvres charitables et éducatives, l'origine des cérémonies religieuses, les ordres religieux, les martyrs et les saints, les sanctuaires mariaux (dans chaque département de France il en cite plusieurs), les patrons des villes et villages.

Surtout, Raoul Follereau cite de nombreux exemples empruntés au XIXe et au début du XXe siècle. Il peut alors conclure, reprenant Georges Goyau : « Tel est le bilan sacré de cette France moderne que l'on a traitée d'incrédule et de païenne. »

Et il poursuit : « Ces craintes et ces saints, ces apôtres et ces missionnaires sont vos compatriotes. Leurs « geste » sublime, c'est votre histoire. Français, soyez dignes de la France. Le christianisme rebâtira le monde. »

On peut rapprocher cette démarche de l'appel de Jean-Paul II à la France « fille aînée de l'Église ».

Raoul Follereau propose donc une perception différente de l'espace français : un espace où le sacré n'est jamais loin, où l'homme n'est jamais seul.

Par ailleurs, dans le bulletin *Paroles de France*, une rubrique présente « les gloires missionnaires de la France ». L'optimisme de Raoul Follereau n'est donc pas une simple déclaration de principe. Il s'est fortifié après le long mûrissement intérieur d'un homme qui pense avoir trouvé non pas des leçons de l'histoire ou des lois de l'histoire, mais un sens de l'histoire. Et derrière l'écume de l'actualité, les mouvements de fond continuent, dans le sens voulu par Dieu.

Raoul Follereau connaît beaucoup de ces missionnaires qui poursuivent cette histoire sacrée dont il veut faire prendre conscience aux Français. Il garde avec eux des contacts étroits et il leur apporte une aide rapide et concrète s'ils en ont besoin.

Ainsi, le 24 septembre 1942, le père Peyriguère lui lance un appel pressant. Une épidémie de paludisme vient d'éclater et il se trouve totalement démuni. Il a besoin de quinine pour juguler le fléau. En dix jours, Raoul Follereau et ses amis envoient plus de douze mille doses à Kebbab, au

Maroc, dans la montagne berbère où se trouve le père Peyriguère. Le 8 octobre, ce dernier adresse un message à son bienfaiteur où il lui annonce le succès : l'épidémie est en complète régression grâce à l'envoi rapide de l'alcaloïde, une performance remarquable dans la France de 1942 [1]. Raoul Follereau a déjà une longue habitude des envois outre-mer et il montre qu'il peut mobiliser instantanément un nombre important de donateurs en toutes circonstances [2].

En 1942 également, à Lamastre, dans l'Ardèche, Raoul Follereau rédige un texte. C'est son premier appel. Il s'adresse à tous. Est-ce l'influence des interventions des hommes politiques à la radio ? Il s'essaie à un genre nouveau. Ce n'est ni une pétition ni une brochure. Il invite à « refaire de l'homme un être humain [3] ». L'influence de l'enseignement de Pie XII est manifeste, mais Follereau reprendra cet appel et le complètera un peu plus tard. Le message dépasse les problèmes français [4].

Toujours en 1942, Raoul Follereau se rend pour un long déplacement en Afrique du Nord, du 17 février à la fin du mois d'avril. Il séjourne dans toutes les villes importantes et prononce soixante-dix conférences auxquelles assistent plus de cent mille personnes en tout. Il est reçu par les autorités civiles, militaires, religieuses et les représentants de la Légion. Sur proposition de celle-ci, il est fait citoyen d'honneur de Meknès. En principe, son déplacement est exclusivement culturel. Il parle de Charles de Foucauld et de la grandeur de la France. Dans son bulletin, il évoque sa visite à l'église Sainte-Madeleine de Timimoun, édifiée « à Carthage, à l'endroit même où mourut Saint Louis [5] ».

Mais il nous semble impossible de croire que Raoul Follereau se déplace pour des motifs exclusivement culturels à quelques mois du débarquement américain en Afrique du Nord. Il a déjà parcouru le Maghreb avant la guerre. Il y connaît beaucoup de monde. Paul Bellat, le maire de Sidi Bel Abbes, et une grande partie du conseil municipal sont des membres actifs de la Ligue d'union latine et lui fournissent de nombreux renseignements. Raoul Follereau exalte tout au long de ses conférences la fidélité au maréchal Pétain, dont il donne des nouvelles récentes et rassurantes à l'audi-

---

1. Le bulletin *Paroles de France* raconte cette opération, en novembre.
2. Aucune source ne nous permet de préciser l'origine des donateurs.
3. Cité intégralement dans *La seule vérité...*, tome I, p. 44 à 48.
4. Remarquons cependant qu'en février 1942, le gouvernement crée une Fondation française pour l'étude des problèmes humains. Raoul Follereau trouve la démarche intéressante. Alexis Carrel préside ses travaux. Elle réunit des hommes venus de toutes disciplines, et s'appuie sur le travail d'enquêteurs du monde entier. Elle se propose d'orienter l'homme et sa descendance vers des destinées meilleures. Raoul Follereau cite un texte de Carrel qui insiste sur la prière.
Raoul Follereau suit aussi attentivement les activités de l'œuvre du Secours national, qui vient en aide aux plus démunis en France, empire compris. Il lui consacre un article important dans son bulletin d'août-septembre 1942.
5. Le bulletin rend bien sûr compte du déplacement de Raoul Follereau.

toire. Il a en effet rencontré le maréchal peu avant son départ. Ce dernier l'aurait-il envoyé en mission officieuse pour être au courant de la situation en Afrique du Nord ? Ce voyage est-il lié aux relations que Raoul Follereau entretient avec les chefs de l'armée secrète ?

En tout cas, il mène toujours de front une réflexion religieuse et intellectuelle intense et un engagement direct dans les affaires les plus complexes de son temps. Son équilibre n'en souffre pas. Au contraire, cette vie à multiples facettes lui est presque devenue nécessaire. Sa démarche est d'ailleurs un peu paradoxale. En lisant ses bulletins et ses brochures, on a l'impression qu'il dit tout de son emploi du temps et de ses idées. Mais, à y regarder de plus près, on s'aperçoit qu'il garde le silence sur certains de ses engagements. Il n'a pas jugé utile d'en dire plus, même au soir de sa vie. Quand Françoise Brunnschweiler l'interroge sur son existence avant la bataille de la lèpre, il répond : « Ce n'est pas cela qui est important, c'est la vie des pauvres [1]. » Mais Raoul Follereau pensait-il en 1942 que ses missions en Afrique du Nord étaient sans importance ?

LA DÉCOUVERTE D'UNE VOCATION (1942-1944)

En novembre 1942, à la suite du débarquement américain en Afrique du Nord, les Allemands occupent la zone sud de la France. Raoul Follereau aurait sans doute pu gagner l'Afrique du Nord, mais il considère que ce serait fuir le véritable combat auquel il se sent appelé. Les perspectives de la guerre changent, mais il est toujours convaincu que l'avenir de la France et des Français pendant la guerre et surtout après dépend de leur force morale.

Raoul Follereau se sent menacé des Allemands, et pas seulement à cause de ses textes d'avant-guerre. Il lui faut trouver un refuge encore plus sûr que les précédents. Il est désormais hébergé, avec son épouse, par les sœurs de Notre-Dame-des-Apôtres à Vénissieux, sœurs qu'il connaît depuis plusieurs années déjà. Les monastères et les couvents de France abritent alors beaucoup de laïcs dans des positions semblables à la sienne. Quand les bombardements menacent, tout le quartier se retrouve dans les caves du couvent. Un jour, les Allemands méfiants demandent à visiter les bâtiments. Les religieuses ne s'y opposent pas mais font remarquer que plusieurs d'entre elles sont revenues d'Afrique atteintes de maladies contagieuses et font l'objet de soins très attentifs. Les Allemands reportent alors leur projet de perquisition et laissent désormais les sœurs en paix.

Raoul Follereau est durement éprouvé au début de l'année 1943, par la mort de son ami Michel Rameaud, qui avait partagé tous ses combats, en

---

1. Témoignage de Françoise Brunnschweiler recueilli en août 1987.

particulier depuis la guerre. Ils voulaient vivre le même idéal. Loin de se laisser abattre, Follereau trouve dans ce décès une source de motivation supplémentaire. Son ami est toujours avec lui par la communion des saints et il lui demeure fidèle en poursuivant leur œuvre commune.

Car Raoul Follereau poursuit ses déplacements. En février 1943, par exemple, il est le 9 à Roanne, le 10 à Montbrison, le 11 à Vichy, le 12 à Clermont-Ferrand, le 18 à Montpellier, le 19 à Béziers, le 20 à **Montauban**, le 22 à Toulouse, le 23 à Pau, le 24 à Oloron-Sainte-Marie, **le 25 à Tarbes** [1]. Un tel calendrier rend possibles de multiples contacts.

À Vénissieux, Raoul Follereau se trouve dans l'agglomération lyonnaise. Lyon est alors la capitale de la résistance chrétienne en France. C'est aussi le lieu de la terreur, celui-là même où Barbie porte des coups très durs. Follereau réside non loin des dirigeants de l'Action française, réfugiée à Lyon depuis 1940. C'est d'ailleurs dans cette ville que se rencontrent à plusieurs reprises Maurras et le maréchal Pétain. Raoul Follereau est présent à l'une au moins de leurs rencontres privées, semble-t-il [2]. À Lyon, il est près de Vichy, de l'Italie et de la Suisse. La métropole des Gaules entretient une puissante tradition sociale et missionnaire à laquelle Raoul Follereau ne peut qu'être sensible.

Mais surtout, lui et son épouse vivent désormais en profonde communion avec les religieuses. Le fait qu'il soit obligé de ralentir un peu son activité extérieure par crainte des Allemands est une chance pour lui, car il n'a guère eu le temps de s'arrêter depuis plus de quinze ans, et l'activisme aurait pu le menacer et l'amener à balbutier au lieu de se renouveler. Il peut alors prendre le temps de faire le point, de réfléchir, de prier davantage encore. Les époux Follereau vivent un véritable temps de retraite. Ils peuvent participer aux prières et aux offices qui rythment la journée de la communauté. Raoul redécouvre le silence. La douceur des sœurs, leur égalité d'humeur, leur profonde paix intérieure et la bienveillance de leurs jugements ne réduisent en rien l'efficacité de leur action. Polémiste parfois bouillant, Raoul Follereau médite cela en son cœur. Les sœurs assurent un accompagnement spirituel. Elles pratiquent l'examen de conscience et vivent l'ascétisme au quotidien, lequel est d'abord un ascétisme du cœur. La prière et le dialogue avec Dieu accompagnent toutes leurs actions, jusqu'aux plus humbles.

Raoul Follereau peut aussi évoquer avec elles les grands problèmes du monde et la place de l'Église. Les religieuses l'encouragent à diffuser les brochures célébrant la France chrétienne dont nous avons parlé. Raoul Follereau ne cesse d'inventer en ce domaine. Il publie aussi *Les Litanies*

---

1. Publié dans *Paroles de France*.
2. Selon le souvenir, très vague, de plusieurs proches de Raoul Follereau qui ont entendu parler de cette rencontre mais n'en savent pas davantage...

pour la France [1], à la fois prière et calendrier rappelant pour chaque jour de l'année un ou des événements de l'histoire sainte du pays. Et dans ses éditoriaux il développe ces thèmes. Son programme politique se construit autour de la formule « Peuples chrétiens, unissez-vous [2]. » Il ne prend pas seulement le contrepied de Marx. Chrétien remplace le mot « latin » qu'il employait dans l'avant-guerre. Et en parlant de « peuples », il les sépare de l'État officiel, du gouvernement officiel. Il peut aussi s'entretenir avec les sœurs des discours et messages de Pie XII, textes récents ou plus anciens. Le pape ne cesse de proposer de nouvelles conceptions de l'État, une reconstitution de l'ordre juridique, la dignité et les prérogatives du travail et surtout la défense de l'unité sociale et en particulier de la famille. La crainte de la guerre civile, de l'effondrement des cadres sociaux et du désespoir généralisé habite Raoul Follereau.

Les religieuses confient aussi à Raoul Follereau leurs préoccupations. Et, un jour de 1943 [3], en marchant dans le jardin du couvent, la supérieure générale, mère Eugenia, lui parle d'un projet qui lui tient à cœur mais autour duquel les difficultés s'accumulent. Et c'est ainsi que la vie de Raoul Follereau bascule.

Du 14 avril 1942 à la fin du mois d'août, la mère Eugenia est en effet partie avec la secrétaire générale, Mère Odilia, visiter les missions d'Afrique des Sœurs de Notre-Dame-des-Apôtres. En cinq ans, elles ont créé dix-sept fondations nouvelles en A.-O.F. Elles vont parcourir en quatre mois vingt-deux mille kilomètres, dont douze mille cinq cents par avion et le reste en chemin de fer, en auto, en pétrolette, en pirogue [4]. Et surtout, gardant le vêtement blanc de leur ordre, elles marchent des heures durant à travers la brousse, la savane, la forêt, le désert, dans un environnement que les serpents, les insectes et les animaux sauvages rendent menaçant. Pour surmonter la fatigue, elles chantent des cantiques tout en marchant. Seule une personnalité exceptionnelle pouvait entreprendre en pleine guerre une pareille aventure. Très calme, la mère Eugenia a un tempérament de chef. Elle visite toutes les missions existantes. Les sœurs enseignent à plus de vingt-sept mille élèves. Sept mille enfants sont à leur charge. Elles soignent gratuitement trois millions six cent cinquante mille malades chaque année. Mère Eugenia met en chantier vingt-sept nouvelles maisons de charité dont elle désigne le terrain et élabore les plans. En Côte-d'Ivoire, au Niger, au Togo, au Dahomey, elle repère et décide cinquante et un postes nouveaux. Et surtout elle ouvre un village de lépreux à

---

1. Déposées aux archives des fondations Follereau.
2. Une formule qu'il utilisait déjà à la fin des années trente, au temps de la guerre d'Espagne.
3. Nous ne connaissons pas la date précise.
4. Raoul Follereau publie le récit de cette expédition dans un livre en deux tomes publié au lendemain de la guerre : *Sur les routes de la charité,* Éditions Vitte.

Adzopé, en Côte-d'Ivoire, ce dernier projet étant sans doute celui qui lui tient le plus à cœur.

De mai 1939 à mars 1940, Mère Eugenia avait déjà parcouru l'Afrique occidentale. À Abidjan, alors qu'elle s'apprêtait à regagner la France, elle apprit qu'à quatre heures de la ville, sur la lagune, à l'île Désirée, des centaines de lépreux, hommes, femmes, enfants étaient relégués et parqués, laissés presque sans soins et à l'abandon, loin de tout centre missionnaire. Elle se rendit immédiatement sur les lieux. À l'arrivée des sœurs, les lépreux approchent, montrent leurs plaies, essaient de parler. Les religieuses sont bouleversées. Les malades habitent des cases en triste état. Un infirmier, lépreux lui-même, verse de temps en temps un peu de bleu de méthylène sur leurs plaies. Les malades et les enfants doivent rester là jusqu'à leur mort. Seules des sœurs venues d'Abidjan rendent de temps en temps visite aux lépreux, lesquels n'ont plus aucun contact avec le monde extérieur et sont considérés dans le pays comme des morts en sursis ou des maudits qu'il convient de retrancher de la communauté des vivants, tant la contagion est redoutée. Le désespoir gagne beaucoup de malades et leur misère devient autant morale et affective que physique.

En voyant ces corps désarticulés et rongés, en croisant ces regards pleins de détresse, en observant ces enfants condamnés, en assistant à des scènes de désespoir ou de laisser-aller, Mère Eugenia n'a pas le temps de se lamenter. Elle voit dans chaque malade une personne à part entière, qu'il faut aimer, envers et contre tout, et qui doit être traitée avec respect.

Elle décide de créer non pas une léproserie enfermée dans des murs de caserne ou de prison, mais une petite ville avec son église, son hôpital, sa crèche, son école. Une ville où les lépreux pourront se déplacer librement et vivre comme des êtres normaux. Chaque famille aura son petit pavillon et son petit jardin. En apprenant un ou plusieurs métiers, les malades occuperont leurs journées et pourront vivre de la vente d'objets artisanaux. La radio et le cinéma permettront une ouverture aux réalités extérieures et des temps de loisirs variés et agréables.

Le projet semble utopique. En fait il s'appuie sur une anthropologie chrétienne et il s'inscrit dans la continuité d'une longue tradition. La mère Eugenia s'inscrit dans le sillage des projets d'« utopies communautaires » des Jésuites au Paraguay, d'Anne-Marie Jahouvey en Guyane (pour les lépreux justement) et de nombreux autres encore. Nous avons vu plus tôt que le sort des lépreux hante les congrégations religieuses depuis des siècles. Cette cité des lépreux, véritable microsociété, fait un peu penser au fouriérisme avec sa communauté de vie et son organisation du travail. Il s'agit de bâtir une « Cité de Dieu » sur terre, une cité où se vivent une culture et une civilisation de l'amour qui serviront ensuite d'exemple et de modèle pour les bien-portants du monde entier. Cette cité se compose d'une réunion de familles mais les barrières sociales et ethniques semblent y disparaître. L'apparente témérité des religieuses découle d'une longue méditation sur l'absolu de Dieu.

Mère Eugenia s'ouvre de son projet au gouverneur de la Côte-d'Ivoire. Les règlements sanitaires très stricts imposent l'isolement des lépreux. La supérieure décide alors de construire la ville en pleine forêt vierge. Le gouverneur concède un terrain de cent hectares, à cent trente kilomètres d'Abidjan et à trois kilomètres du bourg d'Adzopé. Il envoie trente hommes qui, par le fer et le feu, transforment trente hectares de forêt vierge en un terrain convenable où le village pourra se construire. Le révérend père de la mission et les sœurs dirigent les travaux.

Le mercredi 27 avril [1], la première pierre est bénie par Mgr Boivin, premier vicaire apostolique, en présence du gouverneur Deschamps, des autorités civiles, militaires et indigènes et sous la présidence de Mère Eugenia. Cette dernière a pu assister à la cérémonie car, à la demande de Raoul Follereau sans doute, le maréchal Pétain lui-même [2] a souhaité que gratuité et priorité lui soit accordées pour le voyage en avion de France en Afrique. Le gouvernement et l'administration de Vichy approuvent ce projet et l'encouragent. De nombreux indigènes se pressent à la cérémonie sur la colline d'Adzopé. Beaucoup ont effectué plusieurs journées de marche pour être là. Neuf pavillons sont déjà construits, mais plusieurs centaines sont prévus, car rien qu'en basse Côte-d'Ivoire, plus d'un millier de lépreux vivent abandonnés de tous dans la brousse et espèrent être accueillis à Adzopé. Dans le pays, on commence à parler des « mères des lépreux ».

Les travaux se poursuivent. Les sœurs vivent dans des conditions précaires [3]. Comme leur pavillon n'a encore ni porte ni fenêtre, des nattes bouchent les ouvertures. Rats et souris se promènent dans leur case. Les cris plaintifs des oiseaux et des singes déchirent la nuit. Les reptiles ne sont pas loin. La crèche est construite à l'orée d'Adzopé. Les enfants nés de lépreux y sont portés dès la naissance et les religieuses s'en occupent. Les parents peuvent visiter leur enfant et le voir. Les sœurs veulent éviter la contagion, sans couper l'enfant de sa famille.

Cependant l'Occupation, en France, de la zone sud complique les relations entre Lyon et l'Afrique. Les matériaux et la main-d'œuvre manquent. La population locale commence à montrer de l'hostilité au projet. Et surtout, l'argent fait cruellement défaut et risque d'imposer un arrêt des travaux et même le renoncement à toute l'opération.

Raoul Follereau a écouté le long récit de Mère Eugenia. Les images terribles des lépreux rencontrés quelques années plus tôt lui reviennent à l'esprit. Il ne savait que faire pour eux. L'action des sœurs lui semble plus qu'utile ; elle est belle et touche au sublime. Il y voit un appel et dit alors :

Ma mère, ne vous inquiétez pas. Continuez votre œuvre. L'argent, je m'en charge.

---

1. *Paroles de France.*
2. *Ibid.*
3. Une brochure déposée aux archives des fondations, *Adzopé, ville de la charité*, relate la genèse du projet et ses premiers temps.

Sa vie bascule.
En a-t-il conscience?

Il est déjà dans sa quarantième année.

Depuis plusieurs mois, il partage la vie des religieuses, leurs préoccupations ainsi que leurs prières, et il se nourrit de leur spiritualité.

Il vit aussi dans une métropole où sont nées des initiatives missionnaires au rayonnement universel. En 1822, l'Œuvre de la propagation de la foi a été fondée par deux modestes laïques lyonnaises. Des ordres missionnaires comme les Pères du Saint-Esprit sont nés à Lyon. Tant le clergé que les laïcs de cette agglomération sont donc très sensibilisés aux problèmes et aux besoins des missions.

Raoul Follereau s'engage dans une action très ponctuelle et limitée. Il ne pense pas alors venir en aide à tous les lépreux du monde. Il se contente de proposer un service aux religieuses et n'est pas à l'origine du projet. Il ne cherche pas à rebâtir la société française de son temps. Ce projet est, dans sa finalité, l'un des plus modestes qu'il ait entrepris. En cela, il témoigne déjà d'une évolution intérieure, d'une nouvelle conversion même. Raoul Follereau se fait presque combattant de l'inutile, au moment où les luttes d'influence font rage en France et où les projets d'après-guerre foisonnent. Il suit un peu la voie de Charles de Foucauld. Au début, Raoul Follereau a sans doute pensé que cette initiative était du même ordre que l'aide apportée au père Peyriguère. Il avait des projets beaucoup plus vastes comme l'« heure des pauvres », dont nous parlerons plus loin, et l'action en faveur des lépreux ne devait initialement le retenir que pendant le temps de la construction du village. Et pourtant, c'est à la lutte contre la lèpre que le nom de Raoul Follereau reste attaché aujourd'hui.

Car il a compris que ce projet révèle un problème universel : le droit de tout homme à une vie digne, quelle que soit sa souffrance, même s'il n'y a aucun espoir de guérison. Raoul Follereau continue à refuser le désespoir et la fatalité.

Et il découvre là un moyen pour travailler au redressement moral de la France, sur lequel il a beaucoup écrit. Il ouvre les Français à d'autres problèmes que ceux de leur quotidien, il élargit leurs horizons géographiques. Et il signale à leur attention une œuvre à laquelle des personnes de toutes opinions peuvent participer. Enfin, tel un joueur, il se lance un formidable défi.

Dans le bulletin, Raoul Follereau indique bien l'esprit de sa démarche :

Aidons-les de loin, faisons bâtir pour eux la petite maison où ils abritent leur douleur, où ils pourront plus paisiblement mourir. Pour dix mille francs on construit un nouveau pavillon; on arrache un lépreux à sa vie effroyable, on lui assure le seul bonheur qu'il puisse encore espérer. Dix mille francs! C'est dérisoire aux heures que nous vivons... Qui donc ne vou-

drait aider à la construction de maisons de lépreux, s'il ne peut lui-même devenir le propriétaire moral d'un de ces pavillons, « adopter » un de ces malheureux ?

... En attendant le jour béni où les hommes auront enfin trouvé le moyen de les guérir [1]*...*

Raoul Follereau a recours aux méthodes de collecte de fonds utilisées avec succès par les ordres missionnaires et caritatifs depuis plusieurs siècles. Déjà, au XVIIᵉ siècle, la peuple chrétien était invité à parrainer des indigènes ou des réalisations. L'invitation est précise et concrète, chiffrée. Le donateur est transformé en acteur principal, le rôle des sœurs étant un peu passé sous silence dans cet extrait. L'attachement des Français à la propriété et à la maison individuelle est ici sollicité. Les adjectifs qualificatifs contiennent une grande puissance émotive. Il est question du lépreux et en aucun cas du combat contre la lèpre.

Mais la situation n'est pas facile car, comme l'écrit Raoul Follereau en 1943 dans son bulletin [2], « sur cent amis sur lesquels nous pouvions compter avant la guerre, quatre-vingt-deux sont en zone occupée, aux colonies ou à l'étranger. Il nous reste tout juste 18 %. » Il doit donc toucher des personnes nouvelles pour relever ses nouveaux défis de charité.

Les proches de Raoul Follereau sont un peu surpris à l'annonce de ce nouveau combat. Léon Cordonnier, son secrétaire resté à Paris, reçoit un mot sommaire où Raoul Follereau lui annonce ses nouveaux projets :

« Il est devenu complètement fou. Il veut s'occuper de lépreux et construire un village pour les lépreux en pleine forêt vierge, à sept mille kilomètres de la France et en pleine guerre », confie Léon Cordonnier à ses proches [3]. Il pense qu'il s'agit d'une idée passagère.

Mais Raoul Follereau veut toucher un public plus large que les lecteurs de son bulletin. C'est pourquoi il commence à présenter des conférences sur la lèpre. Il illustre ainsi le thème de la reconstruction morale de la France et de sa grandeur. La lutte pour les lépreux est une mise en pratique de ces idées, une forme de pédagogie active. Rodé par des centaines de conférences sur la latinité, la grandeur de la France, Mermoz, Charles de Foucauld et les polémiques, Raoul Follereau met son talent d'orateur au service d'une nouvelle cause. Il se déplace toujours accompagné de deux religieuses. La sœur Berthe Davout l'accompagne très régulièrement jusqu'au milieu de l'année 1948.

Il prononce sa première conférence en faveur d'Adzopé le 15 avril 1943 au théâtre municipal d'Annecy. Il y est invité par le frère Fernand

---

1. *Paroles de France.*
2. *Ibid.*
3. Témoignage d'Aimée Altériet recueilli le 14 septembre 1987.

Davoine. Avant la guerre, Raoul Follereau avait évoqué les lépreux qu'il avait rencontrés, mais il avait posé le problème d'une manière générale. Là, il propose un projet concret et précis pour lequel l'engagement peut être immédiat. Il parle ensuite à Chambéry, au théâtre puis au collège, où il rencontre les élèves et leurs parents. À cette occasion, il réunit à sa grande surprise la somme nécessaire à la construction d'un pavillon d'Adzopé [1].

Après quoi se il rend dans toutes les grandes villes de la zone sud : il parle à l'opéra de Lyon, au Capitole de Toulouse, à l'opéra de Marseille. À Vichy, le nonce apostolique, Valerio Valeri, préside la conférence [2].

Mais Raoul Follereau voit déjà plus loin qu'Adzopé. Dès 1943, afin de ne pas disperser les efforts et d'éviter la répartition arbitraire des aides, il suggère la création d'un Office mondial de la lèpre réunissant une documentation aussi complète que possible sur le nombre des malades, leur répartition géographique, leur condition sociale et les secours auxquels ils peuvent prétendre [3]. Cette demande ne débouche toutefois sur aucune mesure immédiate.

Raoul Follereau s'emploie toujours à la diffusion des brochures rédigées précédemment. Il étudie aussi la congrégation des sœurs de Notre-Dame-des-Apôtres, son histoire et celle de son fondateur. Il travaille à partir des archives de la congrégation et de témoignages oraux. Plusieurs livres, fruits de ces recherches, seront publiés après la guerre.

En 1943 également, en voyant « la misère, la ruine et la déchéance » toucher la France et le monde, Raoul Follereau crée l'*Heure des pauvres*.

Il invite tous ceux qui le veulent à « consacrer au moins une heure par an de salaire, revenu ou bénéfice au soulagement des malheureux, leur dédier ce moment de notre vie, penser à eux, leur consacrer notre labeur ». L'idée est née en décembre 1942. Raoul Follereau veut montrer au monde que la France, même accablée par les épreuves, trouve encore la force de songer aux plus malheureux du monde entier. Il place cette œuvre sous le patronage du père de Foucauld.

Une heure par an pour les pauvres... Par cette initiative, tous les donateurs sont égaux, quelle que soit leur condition matérielle, Raoul Follereau voulait éviter toute estimation injuste de la générosité de chacun. Tous accomplissent le même geste, donner une heure de leur vie, et ainsi une « chaîne d'amour » se constitue. Raoul Follereau et les fondations Charles-de-Foucauld distribuent les sommes réunies aux œuvres qui en ont fait la demande et en respectant la volonté des donateurs. Ceux-ci peuvent en effet choisir entre des œuvres d'entraide sociale, voire de charité ou d'enseigne-

---

1. *Témoignage du frère Fernand Davoine, recueilli le 7 mars 1988.*
2. *La seule vérité*, tome II, p. 13.
3. Nous n'avons pas retrouvé ce texte. Mais Raoul Follereau y fait périodiquement allusion quelques années plus tard.

ment, d'esprit catholique ou protestant, ou bien encore entre des œuvres sans caractère confessionnel, rayonnant en France, dans l'Empire ou à l'étranger. Il s'agit de bâtir ou d'entretenir dans le monde entier des hôpitaux, des dispensaires, des léproseries, des crèches, des asiles, des écoles... Pour des chrétiens ou des incroyants... « Il suffit que les hommes soient malheureux et qu'on puisse les soulager. » On reconnaît là l'esprit de Pasteur.

Le donateur peut même indiquer le nom et l'adresse de l'œuvre qu'il a choisie. À la fin de l'année, il recevra une notice indiquant le bilan de celle-ci [1].

L'aide apportée à Adzopé s'inscrit initialement dans le cadre de l'Heure des pauvres.

Car Raoul Follereau a beaucoup d'ambition pour cette œuvre. En 1943, il écrit :

Ce n'est pas une initiative qui, née dans des circonstances particulières, disparaîtra avec celles-ci. Mais une œuvre. Une œuvre qu'il faut bâtir pour toute la Terre et pour des siècles. Tout peut changer, se renouveler et se dissoudre. Hélas ! il y aura toujours, sous tous les régimes, sur tous les continents, des malheureux à secourir, des malades à soigner, des petits enfants pauvres à élever. Et notre appel – notre appel français – gardera toujours sa même actualité [2].

Raoul Follereau a sans doute pensé que cette *Heure des pauvres* serait son action majeure. Ce ne fut pas le cas de son vivant, mais la démarche annonce peut-être les actions caritatives du siècle prochain. Par cette œuvre, lui et les fondations Charles-de-Foucauld tiennent un rôle d'intermédiaire entre des associations de petite taille et le grand public. L'intuition fait un peu penser à l'action de la Fondation de France aujourd'hui.

En 1943, Raoul Follereau pense que l'œuvre majeure de sa vie est l'*Heure des pauvres* naissante plus que l'aide aux lépreux.

Raoul Follereau semble, au contact des sœurs sans doute, avoir compris les limites du seul combat des idées.

Il écrit en 1943, dans son bulletin, à propos de l'*Heure des pauvres* : « En vain a-t-on tenté d'unir les hommes autour de grandes idées qui n'étaient trop souvent que des mots. En les associant à l'œuvre de charité commune, peut-être retrouveront-ils le chemin de la vie fraternelle [3]. » L'action caritative est donc une forme de pédagogie active pour convaincre de certaines idées plus sûrement qu'un discours.

Les premiers donateurs viennent d'horizons très différents. Parmi les plus connus citons Jacques Chevalier, alors doyen de la faculté des lettres

---

1. Toutes ces informations sont indiquées et répétées dans *Paroles de France*.
2. *Paroles de France.*
3. *Ibid.*

de Grenoble, Émile Romanet, patron chrétien inspirateur des allocations familiales, Mme Louis Mante, née Rostand, la sœur d'Edmond et un camérier secret de Pie XII. Le frère Fernand Davoine fait distribuer des bulletins d'adhésion par les élèves de son collège et ils recueillent bientôt deux cent trente-cinq adhésions allant de celles du général et de l'entrepreneur à celle du laitier, en passant par celle de l'instituteur laïc [1].

Deux lettres reçues par Raoul Follereau résument l'esprit des donateurs.

Un ouvrier métallurgiste de Saint-Étienne écrit :

« Voici douze francs. C'est mon heure de travail. C'est bien peu, mais je l'offre avec bon cœur puisque vous pourrez ainsi soulager et aider plus malheureux que nous [2]. »

Un industriel de la Haute-Loire apporte, avec son don, des réflexions pertinentes qui n'ont rien perdu de leur actualité [3] :

*C'est toute la doctrine chrétienne de nos rapports avec le prochain, c'est-à-dire toute la question sociale que l'*Heure des pauvres *devra résoudre. Le but est généreux et vaste. Les écueils ne manqueront pas, selon la coutume, chaque fois que l'on entreprend de faire le bien.*

Depuis trente ans s'estompe progressivement la notion chrétienne de la charité. Pour la remettre en honneur, il faut remonter un courant déchaîné et furieux. Et pourtant, on conçoit que la meilleure charité, la charité idéale doive devenir, dans la complexité des temps modernes, à la fois une science et un art où l'intervention d'un spécialiste est indispensable.

Existe-t-il un poste plus sublime que celui du Grand Intendant des pauvres ? Mais quelle tâche écrasante ! En général, c'est à un calvaire qu'aboutissent ce genre de chemins de croix. La santé et les forces physiques de notre président, l'ampleur de ses programmes en cours d'exécution lui permettront-elles de s'engager dans une voie sans limites et sans bornes ?

La charité devenant une science et un art où l'intervention du spécialiste est indispensable, le problème du fameux « charité business [4] » est déjà soulevé. Cet industriel devine que Raoul Follereau est en train d'inventer un métier et de devenir, sans le rechercher, un véritable « professionnel de la charité », que cette action caritative est d'une telle ampleur qu'elle va bientôt occuper l'essentiel de son temps.

Raoul Follereau n'est pas le seul à agir ainsi. Les chrétiens multiplient, durant ces mois, les initiatives nouvelles.

En 1943 paraît *France, pays de mission ?*, livre de l'abbé Godin et de Yvan Daniel. Le cardinal Suhard est hanté par la déchristianisation des

---

1. *Paroles de France,* 1943.
2. *Ibid.*
3. *Ibid.*
4. Pour reprendre les termes du débat soulevé par Bernard Kouchner dans son livre *Charité business,* paru en 1986.

masses et s'intéresse à de nombreux projets nouveaux. Souvent maladroits politiquement, les évêques de France adoptent des démarches pastorales prophétiques. La réforme du catéchisme et celle de la liturgie sont entreprises peu à peu. Le monde ouvrier fascine, et on évoque la possibilité de prêtres-ouvriers. Sans qu'on le sache, la préparation de Vatican II commence en France.

De 1943 à 1946, de nombreuses missions ont lieu dans le pays. Cinq millions d'images et un million et demi de chapelets sont distribués à l'occasion de processions où les fidèles suivent une statue de la Vierge.

Si les déclarations épiscopales favorables au maréchal Pétain abondent, de nombreux chrétiens, clercs et laïcs, combattent dans la Résistance. L'Histoire les oblige à prendre leur autonomie par rapport à la hiérarchie, ce qui ne sera pas sans conséquence. Raoul Follereau est à l'origine de nombreux engagements dans la Résistance, dont ceux d'une vingtaine d'élèves du frère Fernand Davoine, qui ont été marqués par ses interventions. Six d'entre eux, âgés de dix-huit à vingt et un ans, seront tués [1]. On ne connaît pas encore précisément le rôle exact joué par Raoul Follereau dans la lutte pour la libération de la France, mais ce n'était pas celui d'un spectateur ou d'un figurant.

En 1943 et en 1944, certains bulletins de Raoul Follereau comportent des colonnes blanches, car la censure est passée par là. En octobre 1943, le grand éditorial qu'il signe est censuré. Officiellement, il invite seulement les Français à « rester unis », à se préoccuper avant tout de l'avenir de leur pays. En janvier 1944, il écrit : « Français, aimez-vous. » Il craint alors de sanglants règlements de compte ou une guerre civile comme l'Espagne en a connu. Cette pensée le hante. Il recherche un nouvel unanimisme, et l'action caritative peut aider à une réconciliation. Pour lui la libération du territoire et le départ des Allemands ne suffisent pas pour sauver la France. Inlassablement, il continue à évoquer la vie des héros de la France chrétienne, de ses saints, de ses missionnaires (en Chine par exemple), de ses héros, de ses inventeurs et de ses savants, tels Branly ou les médecins radiologues français martyrs de la science...

Raoul Follereau titre : « Peuples chrétiens, unissez-vous ! », dans son bulletin de janvier 1943. Il propose la création d'un « front chrétien », dans le numéro de mars 1943. « La fin de la guerre ne sera pas forcément la paix », écrit-il alors. Il pense déjà à la reconstruction du monde d'après-guerre et il s'appuie sur les grands principes définis par Pie XII, qui seuls selon lui peuvent répondre aux aspirations profondes des hommes. Il estime que la France peut jouer un rôle actif pour rassembler les peuples autour de cet idéal.

Mais un pays peut-il en 1944 tenir un tel rôle dans la vie internationale, s'il ne dispose pas de moyens militaires conséquents ? Les Américains ont déjà du mal à considérer que la France n'est pas un pays vaincu.

---

1. Témoignage du frère Fernand Davoine, recueilli en mars 1988.

Raoul Follereau reste fidèle à la personne du maréchal Pétain – alors qu'il se sent très éloigné des ultracollaborateurs des derniers gouvernements de Vichy –, mais ses initiatives caritatives lui permettent d'établir une continuité entre la France de Vichy et celle de la Libération, entre la Révolution nationale et les solidarités nouvelles de l'après-guerre.

Cette guerre aura révélé la puissance militaire et économique des États-Unis qui, en quelques mois, ont pu être présents sur plusieurs fronts et équiper tous leurs alliés. Leur pouvoir dès 1944 est tel que le président Roosevelt fait presque figure de nouveau maître du monde. Raoul Follereau n'ignore pas que Roosevelt travaille avec ses collaborateurs à établir de nouvelles règles pour la vie internationale. C'est pourquoi, en 1944, il lui adresse le message suivant [1] :

Un jour, cette guerre finira.

Elle finira par où elle aurait dû commencer : la paix. Je vous propose alors, à vous, à vos alliés, à vos adversaires, de prolonger théoriquement les hostilités de vingt-quatre heures.

Je veux dire : que pendant vingt-quatre heures, la guerre coûte encore mais ne détruise plus. L'argent qui vous permet de tuer, chaque jour, depuis cinq années, vous l'auriez bien trouvé, n'est-ce pas, pour tuer un jour de plus ?

Alors ces milliards-là, mettez-les en commun pour reconstruire ensemble quelques-unes de ces œuvres qui sont la propriété et l'honneur de tous les hommes, et que la guerre a détruites sans le vouloir, sans y prêter attention, j'allais écrire par-dessus le marché.

Après tant de sanglantes désespérances, ce sera pour vos peuples la première raison d'espérer.

Raoul Follereau ne reçoit aucune réponse à son appel. Il n'est pas le seul dans le monde à proposer des démarches neuves et originales. Roosevelt n'a sans doute pas connu cette proposition. Certains de ses collaborateurs ont dû en prendre connaissance cependant. S'ils ne donnent pas suite, ce n'est pas que les Américains se désintéressent du problème.

L'opinion américaine s'émeut de la situation des Européens. Des organisations privées et non gouvernementales préparent une aide d'urgence, en faveur des enfants notamment. Les missions protestantes mobilisent des moyens considérables. Des associations comme *Care* sont fondées à cette époque ; à partir de 1945, elles aident les Européens en détresse puis, quelques années plus tard, elle porteront secours aux populations du tiers monde.

De plus, le gouvernement américain fournit une aide matérielle et financière considérable aux États européens après la fin des combats. Et surtout,

---

1. *La seule vérité*, tome III, pp. 45 et 46.

avec la création de l'Organisation des Nations unies et de ses organismes associés, les États-Unis ont l'impression de mettre en place les bases d'un monde réellement nouveau et d'offrir à celui-ci le moyen le plus sûr de préserver la paix et de construire la fraternité internationale. Ils ne réagissent pas à l'intervention de Raoul Follereau, car ils ont le sentiment de travailler dans le sens qu'il indique, avec des projets bien plus ambitieux.

Follereau cependant demandait plus. Il attendait un geste prophétique qui ait un impact psychologique considérable sur l'opinion. Il se situe donc sur un plan différent. Mais il n'est pas américain, et les Français sont très peu écoutés des Américains à cette époque. Roosevelt meurt prématurément, et il faut compter aussi avec Staline.

Raoul Follereau n'est pas inquiété à la fin de la guerre. Il poursuit ses conférences, auxquelles assistent toujours les personnalités officielles, mais celles-ci ont changé. Le gouvernement de Vichy n'est plus, mais une soif de reconstruction et de liberté habite les Français. Et la guerre a engendré de nouveaux héros en France.

En Afrique aussi la vie est bouleversée.

À Efok, en 1940, les époux Aujoulat voient mourir leur fille Geneviève quelques semaines après sa naissance. Il n'y a pas de couveuse à Efok. Les parents vivent ce drame avec une grande dignité, refusent le découragement, et en 1941 naît Bernadette, puis Alain-Noël en décembre 1944. Pendant cinq ans, le médecin est coupé de toute aide financière et matérielle de la France métropolitaine. Les Africains décident alors de financer eux-mêmes les travaux nécessaires : c'est une grande joie pour le jeune médecin et le signe de son succès. Comme il manque de médicaments, il fabrique lui-même quinine et morphine avec des moyens de fortune et, avec l'aide des Africains, il met au point de nombreux produits de substitution. Les contrôles administratifs se font moins sourcilleux et le Dr Aujoulat peut réellement devenir son propre patron. Les constructions et les agrandissements de bâtiments se poursuivent. En 1945, Efok compte un dispensaire, un service opératoire, une maternité, un service de gynécologie, un service de chirurgie et un autre de médecine générale. « Il manque seulement les rayons X et un service de médecine infantile », constate le Dr Aujoulat [1].

De 1939 à 1942, Pierre Richet [2], adjoint de Muraz, parcourt l'Afrique-Occidentale française pour dépister et traiter les grandes endémies. Mais Muraz est écarté du service en 1942 et Richet ne veut pas rester dans le service après son départ. En août 1942, il organise donc le service de santé des troupes françaises du Maroc et, en 1943, il participe aux combats d'Afrique des Forces françaises libres. La rencontre de Leclerc est déterminante. Richet dirige le service de santé de la 2ᵉ D.B., qu'il réorganise. Les

1. S. et J. Forcay, op. cit.
2. Hélène Gaudrillier, op. cit.

Anglo-Américains l'associent à la préparation du débarquement de Normandie, car ses qualités d'organisateur sont reconnues de tous. Il participe donc à la libération de la Normandie, de Paris, de l'Alsace, et il termine la guerre en Allemagne. En août 1945, il est chargé d'organiser le système de santé du corps expéditionnaire français en Extrême-Orient.

Partout les chrétiens sont heurtés de plein fouet par les événements de la guerre. Guy de Larigaudie est mort héroïquement le 11 mai 1940, à l'âge de trente-deux ans. Le père Kolbe meurt en saint à Auschwitz en 1941.

Serge Dalens compose dans *La Mort d'Éric* un récit sans complaisance de la défaite française, mais il appelle à la reconstruction et, comme Raoul Follereau, il fonde de grands espoirs sur le Maréchal Pétain. L'abbé Pierre s'engage dans la Résistance. Edmond Michelet également, et ce père de famille déporté revient vivant des camps de concentration. Joseph Folliet participe aussi à la Résistance et à l'aventure de *Témoignage chrétien*.

En 1940, Roger Schutz s'installe à Taizé en Bourgogne. Il a vingt-cinq ans, il est seul, il achète une maison pour y accueillir les réfugiés. En 1942, ils sont déjà quatre frères. De son côté, Marthe Robin prie sans relâche. En 1943, Chiara Lubich fonde les *Focolari* en Italie. Jean Daniélou commence son apostolat dans les milieux étudiants de Paris, en particulier ceux de la Sorbonne.

Karol Wojtyła monte une troupe de théâtre où il célèbre la mémoire et la culture polonaises. Il participe à la vie d'un groupe de prière, *Le Rosaire vivant*. Il travaille la nuit dans une usine chimique. Son père meurt en 1941 et il se retrouve alors sans famille. Il est renversé par un camion sur la route de l'usine. Hospitalisé, il pense aux enfants privés d'héritage culturel que les nazis veulent détourner de Dieu en déportant prêtres et éducateurs. Il décide de devenir prêtre. En 1944, l'archevêque de Cracovie, Mgr Sapieha, cache les séminaristes dans des souterrains de l'archevêché, car il voit en eux le bien le plus précieux de la Pologne après la guerre.

En 1941, le père Lebret fonde *Économie et Humanisme*, qui procède à des enquêtes sur l'aménagement du territoire en France. En 1943, François Perroux, l'un des fondateurs du groupe, s'éloigne un peu, même s'il estime toujours beaucoup le père Lebret.

Armand Marquiset pénètre dans de nombreux camps d'internement en France où il porte aide aux réfugiés. Il intervient bien souvent dans le cadre du Secours national. En 1944, il participe aussi, avec André Aumonier, à la vie du Secours catholique international. Celui-ci avait été créé au moment de la guerre civile espagnole pour venir en aide aux réfugiés de ce pays.

Jean Rodhain est la cheville ouvrière de nombreuses initiatives, notamment auprès des soldats prisonniers de guerre en Allemagne. Il dispose déjà de personnel, de matériel, d'un réseau et d'un siège spacieux à Paris. Ses talents d'organisateur font merveille.

Ces deux derniers exemples nous montrent que la guerre marque aussi une étape importante dans l'histoire du mouvement caritatif français. Raoul Follereau, au moment où il lance l'aide aux lépreux, suit de près l'action menée par le Secours national [1].

De futurs militants de la cause du tiers monde vivent aussi des moments décisifs.

Edmond Kaiser est recherché par les Allemands en raison de ses activités de résistant. Mais l'événement crucial de sa vie est la mort accidentelle, le 16 mars 1941, de son fils, âgé de deux ans.

Né en 1915 en Hongrie, Tibor Mende s'est installé en 1938 à Londres, car il n'apprécie pas le régime de Horthy. Pendant la guerre, ce diplômé d'économie devient journaliste et travaille avec les services américains d'information pour l'Europe occupée, avec entre autres Pierre Lazareff et George Orwell. Son père meurt dans un camp.

Bref, pour la plupart de ces hommes, la guerre marque un tournant, comme pour Raoul Follereau. Une énumération exhaustive est impossible ici, mais les exemples cités suggèrent l'ampleur du phénomène. Ces choix s'expliquent non seulement par les bouleversements nés de la guerre, mais aussi par une maturation progressive et souvent silencieuse au cours des années précédentes.

La guerre constitue aussi un tournant pour les rapports entre les chrétiens et la politique dans de nombreux pays d'Europe occidentale. Dans les milieux catholiques français, les démocrates-chrétiens remplacent sur le devant de la scène les maurrassiens et les tenants de la Révolution nationale.

Classer les Français en trois catégories étanches – collaborateurs, résistants, attentistes – ne reflète pas la complexité des engagements de ces années. L'itinéraire de Raoul Follereau en est un exemple. Beaucoup de ses amis ont souffert de voir leur patriotisme suspecté malgré des interventions importantes. Nous en citerons ici quelques-uns, parmi les plus illustres.

Weygand avait mis en place en Algérie la petite armée d'Afrique commandée ensuite par Juin en Italie. En 1956, Juin disait que Weygand « avait donné une âme à cette armée. » Raoul Follereau portera toujours une très grande estime à Weygand, auquel il demande, en 1946, de préfacer l'un de ses livres consacré aux Sœurs de Notre-Dame-des-Apôtres. Serge Dalens parle aussi d'une manière élogieuse de Weygand. Sa rectitude morale et son patriotisme intransigeant lui avaient gagné de nombreuses sympathies.

Le général Jean Charbonneau (1883-1973) a effectué toute sa carrière dans l'infanterie de marine. Profondément chrétien, il vénère Charles de Foucauld. En 1924, il a écrit sur le problème démographique aux colonies. En 1940, il doit défendre Brest et fait évacuer les navires vers l'Afrique du

---

1. Il décrit longuement son action d'août à octobre 1942 dans *Paroles de France*.

Nord avant l'armistice, puis il gagne l'Angleterre, où il arrive le 20 juin 1940. Les Britanniques lui demandent de prendre le commandement des forces françaises en Angleterre. Il rencontre le général de Gaulle puis rejoint l'Afrique du Nord. À Oran, il reconstitue les forces françaises avec tant de succès que le gouvernement de Vichy le rappelle en décembre 1941. Il est ensuite commandant des troupes indigènes stationnées dans la métropole.

Le philosophe néopositiviste Louis Rougier est né à Lyon en 1889. Universitaire, il se déplace dans le monde entier et épouse Lucie Herschka. Il connaît donc Raoul Follereau. En décembre 1940, il est chargé par le Maréchal Pétain d'une mission à Londres auprès de Churchill qui aboutit à la conclusion d'un accord secret. Il se rend ensuite à New York, où il reste jusqu'à la fin de la guerre.

Raoul Follereau, ami intime du général Desmazes, lequel était l'adjoint du général Delestraint, chef en France de l'armée secrète, fut probablement un membre actif de la « guerre secrète » Dans quelle mesure ? Pour quels résultats ? « Plus tard on comprendra », s'est toujours contenté de répondre Raoul Follereau à ceux qui l'interrogeaient sur ce point.

Une chose est cependant sûre dès 1944 : après une pareille guerre, rien ne sera plus comme avant. Une ère nouvelle commence. Pour le monde, bien sûr, mais aussi pour Raoul Follereau, qui s'engage alors dans l'action caritative et se consacre de plus en plus à la lutte contre la lèpre. Il a enfin trouvé une cause qui lui permet d'entrer en contact avec l'opinion tout entière. Sur le moment, vers 1942-1943, il n'a sans doute pas conscience du rôle que la lèpre va prendre peu à peu dans sa vie. Sans doute croit-il davantage au succès de l'*Heure des pauvres*. Il lui faudra encore quelques années pour comprendre que l'opinion voit en lui l' « apôtre des lépreux » avant tout.

Deuxième partie

La bataille de la lèpre de Raoul Follereau
(1944-1960)

CHAPITRE V

L'ordre de la charité
(1944-1948)

ADZOPÉ

La Libération permet à Raoul Follereau de retourner à Paris.

Atterré et bouleversé par la condamnation à mort du maréchal Pétain, il éprouve un sentiment de profonde injustice [1] et ne comprend pas le général de Gaulle. Il estime que les récits que l'on commence à faire de la guerre sont incomplets et simplificateurs. Sa réaction rejoint celle de Louis Rougier [2]. Maurras est lui aussi arrêté et condamné. Weygand bénéficie d'un non-lieu, mais il a quand même été interrogé. En revanche, les communistes ont gagné une réputation de patriotes; ils participent au nouveau gouvernement de la France, séduisent les intellectuels et le monde étudiant. Les démocrates-chrétiens deviennent les porte-parole de l'opinion catholique.

En politique, Raoul Follereau assiste donc impuissant à la déroute de ses idées au moment où il atteint une réelle audience dans l'opinion à cause de la lèpre.

Il s'écarte alors de l'engagement politique. Blessé par ces événements, il garde désormais le silence et veille à ne plus prendre de positions politiques publiques : il a appris la prudence. Il ne cherche pas à justifier l'attitude des uns et des autres, il se tourne vers l'avenir uniquement. Il veille seulement à éviter le déclenchement d'une guerre civile.

L'Union latine et ses projets littéraires disparaissent de fait, même si les fondations Charles-de-Foucauld demeurent. Certains membres de l'Union latine, trop engagés en faveur du maréchal Pétain, veulent tirer un trait sur

---

1. Raoul Follereau ne publie pas de texte sur le sujet, mais tous ses proches signalent sa déception : André Récipon, Aimée Altériet, Fernand Davoine...

2. Ce dernier décide d'ailleurs d'écrire sur la question. Il publie plusieurs livres : *Mission secrète à Londres*, *La France en marbre blanc*, *Pour une politique d'amnistie*, *La Défaite des vainqueurs*, tous publiés par « A l'enseigne du cheval ailé ».

cette période et cherchent à se faire oublier. La latinité et l'Italie sont devenues des thèmes suspects.

Raoul Follereau cesse de jouer un rôle dans la vie intellectuelle au
moment où, de retour, Sartre et Camus deviennent les « maîtres à penser »
de la nouvelle génération intellectuelle.

Avec Sartre, Simone de Beauvoir, Boris Vian, les idées et la façon de
vivre du Saint-Germain-des-Prés de l'après-guerre sont très différentes de
celles du Montparnasse des Années folles. L'influence du parti communiste
sur les jeunes intellectuels et les artistes d'alors fait penser à celle de
l'Action française en 1925. En revanche, toute une tendance de droite est
rejetée de la carrière politique, littéraire et parfois universitaire.

Mais Raoul Follereau n'a pas le temps d'en souffrir, il est entraîné ailleurs par ses nouveaux engagements en faveur de la charité et aussi par son
évolution intérieure. Il a compris qu'il ne peut se limiter au rôle de pur
intellectuel. Il a soif d'action concrète et immédiate. La spéculation et
l'esthétisme sont indispensables pour appuyer son action, mais il ne peut
s'en contenter. Il parle moins à la tête et davantage au cœur. Désormais, il
s'adresse plus au grand public populaire qu'aux cercles intellectuels.

Il poursuit ses combats en faveur de la France.

En mai 1946 paraît le premier numéro de *Mission de la France*, le nouveau nom de son bulletin mensuel, qui garde son format de quotidien.

La poésie a disparu. Raoul Follereau développe le thème de l'union
nationale, de la reconstruction du pays, de la France chrétienne. Les
œuvres caritatives constituent un peu l'application pratique de ces idées,
leur démonstration.

Il rédige ainsi une *Lettre à un jeune homme qui veut quitter la France* [1],
où il encourage ce dernier à rester dans ce pays qui a besoin de lui et garde
sa grandeur. Pour lui en effet, « la France a une mission spéciale, l'heure
de la France est venue [2] ».

Au début de 1947 [3], Raoul Follereau reprend son texte des années de
guerre : *Au monsieur qui dit que la France est foutue* sans en changer une
phrase. Il écrit aussi : « La France n'est plus une grande puissance, mais
elle est une grande nation. Les tanks et l'or peuvent détruire, imposer, exi-
ger ; ils ne peuvent pas ranimer, relever, créer. Français, aimez-vous, vous
n'êtes pas si loin les uns des autres, vous n'êtes pas irrémédiablement séparés [4]. »

Il redoute en effet que la guerre civile n'éclate au lendemain du conflit
mondial, car bien des conditions sont remplies : de nombreuses personnes

---

1. *Mission de la France*, mai-juin 1946. À partir de 1946, les bulletins de l'association
sont de nouveau tous disponibles aux archives des fondations Follereau.
2. *Ibid.* id.
3. *Ibid.*, mars-avril 1947.
4. *Ibid.* id.

sont victimes de la pauvreté, et la hausse des prix aggrave leur situation; l'épuration et les règlements de comptes s'effectuent de manière sauvage. Les résistants, en particulier les communistes, gardent des armes [1]. Et la guerre froide commence.

Pendant la guerre froide, Raoul Follereau évoque les privations de liberté dans le monde. Il dénonce le communisme [2], mais d'une manière moins systématique que durant les années trente. Il ne veut pas soutenir d'une manière inconditionnelle les États-Unis. Il ne voit pas en eux les gardiens de la civilisation. Pour lui, le rapport de forces militaire et l'affrontement entre les États-Unis et l'U.R.S.S. est seulement le signe d'une crise beaucoup plus profonde qui ne peut être résolue que par une conversion morale. On est assez loin du front armé anticommuniste des années trente.

De temps à autre il continue à rompre des lances avec les laïcs et s'attaque aux propos de Bayet sur l'enseignement libre, à la fin de l'année 1947 par exemple [3]. Son argumentation s'appuie sur une documentation historique sans faille et sur le postulat que les parents ont des droits supérieurs à ceux de l'État.

Raoul Follereau s'intéresse aussi à l'évolution de l'Afrique du Nord à la fin de l'année 1946. Alors que le calme semble revenu en Algérie, après les graves événements de 1945, il écrit : « L'Algérie court-elle au suicide? » Selon lui, « il n'y a qu'une Algérie possible, riche, paisible, humaine. Elle est française » et « il n'y a pas de peuple algérien, il n'y a pas de nation algérienne [4] ». Il montre les profondes différences culturelles qui existent entre les Arabes, les Berbères, les Mozabites...

En mai 1947, il effectue une tournée de trente-deux conférences en Afrique du Nord afin de se rendre compte de la situation sur place. Il revoit le père Peyriguère et d'autres religieux. Raoul Follereau est inquiet quant à l'avenir de la France en Algérie : « Crise en Afrique du Nord? c'est certain », écrit-il [5] alors que les Français pensent surtout à l'Indochine. Il dénonce le rétablissement du parti communiste algérien et estime que les divisions des Français pendant et après la guerre ont ébranlé leur prestige. Il avertit les pouvoirs publics : « Déjà il est tard; demain il sera trop tard... Il y a à travers l'Afrique du Nord cinquante agitateurs à museler, pas davantage [6]. »

Il s'inquiète au moment où les pouvoirs publics pensent que le calme est durable en Algérie.

---

1. Cependant les Milices patriotiques ont été dissoutes sur ordre de De Gaulle.
2. D'une façon allusive. Jamais il n'y consacre un éditorial entier.
3. *Mission de la France*, novembre-décembre 1947.
4. *Ibid.*, novembre-décembre 1946.
5. *Ibid.*, juillet-août 1947.
6. *Ibid.*, id.

Raoul Follereau renouvelle aussi l'équipe de ses collaborateurs. Tous sont bénévoles et l'aident après leurs heures de travail. Aimée Altériet travaille toujours au ministère des Télécommunications. À midi, le soir et lors de ses temps de pause, elle tape les textes composés par Raoul Follereau. Celui-ci fait la connaissance d'un imprimeur parisien, Louis Hauguel, lequel lui consent des prix très avantageux pour les bulletins, l'aide bénévolement pour certaines de ses entreprises et devient vite un de ses plus proches amis. Souvent Raoul Follereau et ses amis passent le dimanche après-midi chez Raoul Follereau à rédiger les adresses pour l'envoi des bulletins ou à coller les timbres des enveloppes [1].

Léon Cordonnier, secrétaire général de l'Union latine, meurt au début du mois de novembre 1946.

Raoul Follereau garde des liens étroits avec le général Desmazes, le frère Élisée, animateur infatigable de l'asile de nuit de Marseille, l'avocat et ancien bâtonnier Bertrand de L'Hôpital, l'avoué M. Vallet, l'industriel Charles Passera, le frère Fernand Davoine, Élisée Servigne et bien d'autres encore.

Et surtout, tout au long de ces années, Raoul Follereau poursuit ses efforts en faveur d'Adzopé. Il se déplace de ville en ville pour les faire connaître. Il prononce douze cents conférences sur ce thème [2]. Il n'est pas de semaine où il n'en parle plusieurs fois. Il s'adresse à tous les publics, jusque dans des bourgades reculées, et il va même en Belgique, au Luxembourg, en Suisse.

Dans toutes ses conférences sur Adzopé, deux sœurs de Notre-Dame-des-Apôtres l'accompagnent. Sœur Berthe l'assiste en permanence de 1943 à septembre 1948, puis jusqu'en 1954 ce sont Sœur Alphonse-Marie, que Raoul Follereau connaît depuis 1935, et Sœur Marie-Anne, revenue d'une longue mission au Togo [3]. La congrégation affecte à plein temps ces religieuses aux conférences de Raoul Follereau. Leur rôle est en effet essentiel dans l'organisation matérielle et pratique de ses discours.

Raoul Follereau, en fonction de son emploi du temps et de ses possibilités du moment, fixe une région ou une série de villes à visiter. Il donne aux religieuses les adresses de ses amis et de certains lecteurs de son journal dans les villes en question. Et un mois avant la conférence, les religieuses se rendent sur place afin de tout préparer.

Elles rencontrent l'évêque et les autorités civiles : préfet et maires des grandes villes. Elles présentent le sujet de la conférence et leur demandent

---

1. Souvenir rapporté par tous les amis de Raoul Follereau.
2. Chiffre cité par Raoul Follereau lui-même et repris par ses biographes, Jean Toulat et Françoise Brunnschweiler.
3. Cette dernière nous a raconté l'organisation des déplacements de Raoul Follereau à cette époque. Elle constitue notre principale source de renseignements (témoignage de Sœur Marie-Anne Grand recueilli en juillet 1988 en Alsace).

leur patronage, ce qu'ils acceptent volontiers, en mettant gratuitement à la disposition de Raoul Follereau une salle prestigieuse de la ville pouvant accueillir un public important, théâtre ou opéra notamment. Les conférences sont donc presque officielles. Les maires de droite acceptent facilement, les radicaux et les socialistes sont à peine plus réticents. Édouard Herriot, Gaston Defferre et Jacques Chaban-Delmas se montrent très chaleureux et efficaces [1]. Le principe de séparation de l'Église et de l'État suscite les réserves de certains sous-préfets, réserves qui disparaissent bien vite quand les religieuses énumèrent les patronages déjà reçus. Raoul Follereau parle aussi devant des auditoires très populaires dans la banlieue rouge de Paris, un public qu'il apprécie beaucoup [2].

Les sœurs prennent également contact avec la presse locale pour annoncer les conférences. Elles confient les affiches imprimées à Paris par Louis Hauguel à des responsables scouts et à des membres de l'action catholique afin qu'ils les placardent aux endroits les plus adéquats. Elles chargent une personne de tout coordonner sur place et lui confient des textes à présenter à la presse au moment venu.

En général, Raoul Follereau effectue des déplacements de trois ou quatre jours. Il ne veut pas passer une journée sans prononcer une conférence au moins. Aussi n'a-t-il guère le temps de faire du tourisme. Le premier jour, il parle dans la ville principale, ensuite il prend la parole dans des villes voisines de taille plus petite, où les salles sont souvent plus difficiles à trouver.

Les sœurs réservent pour Raoul Follereau et son épouse une chambre dans un hôtel confortable proche de la gare et du lieu de la conférence. Il s'agit de leur permettre un repos réparateur, car les conférences commencent vers vingt et une heures et s'achèvent à minuit en général. Les sœurs elles-mêmes sont hébergées par une congrégation de la ville ou logent dans un petit hôtel. Elles réservent aussi les places dans le train, veillant à libérer Raoul Follereau des soucis d'organisation matérielle pour qu'il soit tout entier à la pensée de sa conférence.

Les deux religieuses accompagnent parfois Raoul Follereau durant son trajet dans le train. Il emporte plusieurs journaux avec lui et profite du voyage pour les consulter. Il note les informations frappantes ou insolites qui peuvent lui être utiles pour un article ou une conférence. Sa notoriété grandissant, il reçoit beaucoup de journaux sans y être abonné.

Raoul Follereau multiplie donc les conférences. La télévision ne régnant pas encore dans les foyers, le conférencier peut réunir des auditoires importants et « créer l'événement » dans une ville. Raoul Follereau intervient avec une grande économie de moyens. Seul sur l'estrade, il parle, souvent debout. Ses études d'avocat et son expérience du théâtre l'ont préparé à ces interventions. Il parle sans papier et ses conférences ne sont jamais iden-

1. Id.
2. Id.

tiques, même s'il reprend inlassablement les mêmes idées. Il raconte des anecdotes, indique quelques chiffres, interpelle le public. Il joue de la colère, de l'humour, du pathétique. Le mouvement de ses mains accompagne ses propos, mais il reste sobre. Il choisit des anecdotes significatives où il évoque des détails lourds de symboles. Il veut que le public et lui ne fassent qu'un, et c'est pourquoi il dit souvent « nous ». Extériorisant ses sentiments, plein d'ardeur protestataire, il veut créer l'émotion et n'hésite pas à culpabiliser l'auditoire [1]. Il joue des contrastes et des dualismes, simplifie à des fins pédagogiques des problèmes dont il n'ignore pas la complexité. Il s'adresse au sentiment et à la raison.

Mais il n'en reste pas là. Il ne laisse jamais l'auditeur sur une impression d'impuissance ou de fatalité. Il propose toujours une action précise qui peut immédiatement être mise en œuvre et pour laquelle l'engagement de l'auditeur est indispensable : don en argent et en temps notamment. Raoul Follereau présente la réalisation d'Adzopé comme une action de première urgence.

Il veut aussi donner à ceux qui l'écoutent l'occasion de vivre une aventure exaltante. Il considère, nous l'avons vu, que sommeillent en tout homme des trésors de générosité et d'altruisme qu'il convient de réveiller car ils sont souvent cachés par une carapace de timidité, d'inquiétude et de dureté qui s'est forgée avec les blessures de la vie. Percer cette carapace doit transformer les individus selon Raoul Follereau. Raoul Follereau considère que l'altruisme, la générosité et le combat pour la dignité humaine sont les seuls chemins conduisant de manière réelle et durable à la joie, au bonheur, à l'accomplissement de la vocation que tout homme porte en lui, l'homme étant pour Raoul Follereau un être de relations, comme nous l'avons indiqué au début de ce travail. « Être heureux, c'est faire des heureux. Nul n'a le droit d'être heureux tout seul. » La recherche d'absolu et de sens est une recherche de la charité totale qui conduit à l'intimité avec Dieu. En aidant le lépreux à devenir un homme, l'auditeur devient homme. Raoul Follereau se réjouit autant des générosités suscitées par ses appels et des conversions qu'elles supposent que des nouveaux pavillons construits. Il propose aux auditeurs de vivre en pratique les valeurs du christianisme et d'oublier ce qui les divise dans une époque où les tensions politiques font naître de légitimes inquiétudes.

Raoul Follereau bouleverse le public. Ses conférences s'achèvent par une ovation. Il annonce qu'il n'y a pas de quête, mais que ses valises sont pla-

---

1. Plus tard, il rédigera ce qu'il a souvent exprimé dans ses conférences : « Non, cela ne peut plus durer. Non, cela n'est plus possible. Ou alors ne dites pas que nous sommes au XXᵉ siècle du christianisme et fichez-nous la paix avec la paix, avec la liberté et la démocratie ! J'ai honte ! honte de manger de bon appétit, honte de dormir sans cauchemar alors que des milliers d'êtres agonisent dans la plus immonde des misères, dans la plus atroce des solitudes. » (*Mission de la France*, juillet-août 1952.)

cées à la sortie et ouvertes. Il invite les auditeurs à « y jeter tout ce qu'[ils ont] de trop dans [leurs] poches ou [leurs] sacs à main [1] ». Les résultats sont saisissants.

Au Châtelet à Paris, plus de deux millions de francs d'alors sont donnés immédiatement, et les ouvreuses remettent tout ce qu'elles ont reçu ce jour-là [2].

À Nancy, un jeune homme enlève sa chevalière d'or en disant à la religieuse : « Excusez-moi d'avoir si longtemps tardé [3]. »

Dans la banlieue rouge de Paris, un maire communiste accueille la religieuse d'un glacial « madame » au début de la séance. À la fin de la conférence, il s'approche, la voix nouée : « Est-ce que je peux vous dire " ma sœur ? " [4] »

On pourrait citer encore des dizaines d'exemples de ce type. Raoul Follereau est indéniablement, tous ceux qui l'ont entendu le confirment, un orateur d'exception. Il a acquis au cours des années précédentes tous les outils nécessaires à cet art redoutable.

Au-delà de l'action menée pour Adzopé, ces tournées de conférences de Raoul Follereau présentent des analogies avec les missions des prédicateurs chrétiens depuis le Moyen Âge, en l'actualisant.

La plupart de ces prédicateurs étaient des religieux consacrés et appartenaient à des ordres qui en avaient fait des « professionnels » de la parole.

Raoul Follereau est un laïc, mais il agit alors de concert avec une congrégation religieuse, vivant une forme originale de partenariat entre consacrés et laïcs.

Les prédicateurs traitent de questions religieuses, de dogmes, de morale, de spiritualité. Mais la forme de leur message fait penser à celle de Raoul Follereau. Ils multiplient les anecdotes édifiantes et les citations, ils se veulent didactiques et savent jouer de l'image, ils se mettent en colère ou détendent le public. Ils insistent sur l'urgence de la situation et appellent à un changement immédiat.

Raoul Follereau parle d'un problème concret pour diffuser, nous l'avons vu, les valeurs chrétiennes dans une société où le catholicisme n'est plus religion officielle et où l'on parle de « déchristianisation », en attendant d'évoquer la « sécularisation ».

On retrouve des structures communes dans le discours. Les prédicateurs stigmatisent la richesse, culpabilisent le public et lui offrent une possibilité immédiate et concrète de conversion. Ils invitent à la guerre contre le

---

1. Chaque jour, les sœurs envoient les quêtes à leur maison mère de Vénissieux. L'argent est rapidement adressé à Adzopé, où le travail de construction se poursuit.
2. Exemple cité dans Jean Toulat, *op. cit.*, p. 30.
3. *Ibid.*
4. *Ibid.* Raoul Follereau préfère d'ailleurs le public des banlieues et sa spontanéité aux cercles mondains et impassibles de certains clubs parisiens où il doit prononcer des conférences (témoignages de la sœur Marie-Anne Grand et d'Aimée Altériet).

péché. Raoul Follereau invite à la guerre contre une conséquence (à ses yeux) du péché : la pauvreté ou le rejet. Les prédicateurs évoquent souvent le corps et les éléments de la nature. Parlant des lépreux, Raoul Follereau évoque aussi leur corps et le milieu dans lequel ils vivent. Enfin, beaucoup de prédicateurs invitent à porter un regard bienveillant sur le pauvre.

De même, Raoul Follereau reprend les arguments et les formulations utilisés au cours des siècles précédents pour donner aux missions chrétiennes dans le monde les moyens financiers de mener à bien leur action. Ces arguments et ces formulations étaient déjà employés au XVIIᵉ siècle, en France pour aider les religieuses françaises au Canada et ils l'ont été largement encore au XIXᵉ et au début du XXᵉ siècle :

« Avec 1 500 francs, vous adopterez pour une année une petite fille noire.

Avec 3 000 francs, vous nous permettez d'assurer pendant une année le noviciat d'une future sœur indigène.

10 000 francs et votre nom s'inscrira sur le fronton d'un des pavillons d'Adzopé, la ville des lépreux. Et les plus pauvres gens du monde – les plus près de Dieu par conséquent – vous béniront et seront vos lointaines providences [1]. »

Des formulations dont la structure est reprise par la plupart des grandes organisations humanitaires aujourd'hui. Le « vous » est omniprésent. Mis en avant, le donateur devient en principe plus généreux. Promu acteur principal, il est appelé à établir un contact privilégié avec l'Africain. Les autres intervenants ne sont plus mentionnés. Le dogme de la « communion des saints » sert de toile de fond à cette proposition.

Raoul Follereau publie aussi au lendemain de la guerre des livres commencés pendant son séjour à Vénissieux et où il parle des Sœurs de Notre-Dame-des-Apôtres.

C'est ainsi qu'il propose une biographie du fondateur de la congrégation, le père Planque, qu'il appelle le « héros immobile » car il n'a jamais pu se rendre en Afrique, une Afrique à laquelle il consacra pourtant toute son énergie. Il donna vie et âme à la congrégation et quêtait par tous les temps dans la ville pour trouver les ressources dont la mission eut toujours besoin. Le livre est édité par les sœurs [2].

Le second livre se compose de deux tomes parus chez Vitte un peu plus tard. En 1948, dix mille exemplaires ont déjà été tirés et l'ouvrage est couronné par l'Académie française. *Sur les routes de la charité* relate le parcours de mère Eugenia en 1942, pendant la guerre, à travers l'Afrique noire et l'Égypte et permet de présenter les œuvres des sœurs dans le monde dans un récit où l'exotisme, l'aventure et le dépaysement se mêlent à l'humour et au sublime. Raoul Follereau évoque la grandeur intérieure de

---

1. Tracts déposés aux archives des fondations Follereau à Paris.
2. *Le Père Planque, le héros immobile*, édité par les Sœurs missionnaires de Notre-Dame-des-Apôtres, 1946. Un exemplaire est déposé aux archives des fondations Follereau.

ces religieuses autant que la beauté de leurs réalisations. Elles sont ce que l'humanité peut offrir de plus beau. Il rappelle aussi qu'il s'agit d'une congrégation d'origine française. L'amiral Lacaze préface le premier tome et le général Weygand le second. Raoul Follereau termine son livre par un appel aux vocations religieuses et aux dons en faveur des œuvres des sœurs, et en particulier d'Adzopé [1].

Mais à Adzopé les difficultés ne manquent pas.

Les premières cases des lépreux avaient été édifiées à trois kilomètres du village d'Adzopé. Mais les habitants redoutent la contagion et obtiennent l'éloignement de la léproserie. À cela s'ajoute le changement de pouvoir, car la première campagne de construction à Adzopé avait été soutenue par le gouvernement de Vichy. La IVe République donne cependant deux cent cinquante hectares pour construire un autre village de lépreux, à quinze kilomètres de là. Le projet n'est pas abandonné, car les religieuses sont tenaces, et surtout car Raoul Follereau, par ses déplacements incessants, fait de cette construction une véritable cause nationale.

Il faut tracer quinze kilomètres de route au milieu d'une forêt épaisse. Les arbres géants sont très nombreux : baobabs, parasoliers, acajous, irokos et autres encore. Deux cents manœuvres sont recrutés dans le nord du pays. Leurs moyens sont limités : hache, pioche, pelle, petit panier pour transporter la terre. Un arbre peut résister trois jours à une équipe de cinq hommes. Un jour, un arbre tombe et écrase deux bûcherons. Les ouvriers quittent le chantier, d'autant que certains arbres sont dits sacrés. Les Africains craignent la colère des génies qui, affirment-ils, habitent ces arbres. Après plusieurs jours de discussion, les ouvriers reprennent quand même le travail. Une religieuse, mère Julia, conduit elle-même les travaux. Elle n'hésite pas à prendre le volant des camions. Treize ponts sont jetés sur des marigots où évoluent des caïmans. Enfin, au quinzième kilomètre, les défricheurs parviennent à un plateau où sont bâtis les premiers pavillons [2]. En juillet 1950, religieuses et malades abandonnent la première léproserie pour ce nouveau site, sur lequel les aménagements se sont poursuivis depuis.

Vers 1948, à l'issue d'une conférence, Raoul Follereau fait la connaissance du Dr Pierre Reynier. Un ami commun journaliste, M. Mauget, qui s'intéresse à l'Afrique, les présente l'un à l'autre. Le Dr Reynier félicite Raoul Follereau pour son éloquence convaincante. Ce dernier est enroué et un peu malade ce soir-là. Il demande un remède au médecin et ce remède s'avère efficace. Et c'est ainsi que le Dr Reynier devient le médecin personnel de Raoul Follereau et qu'une réelle amitié s'établit entre eux [3]. Le Dr Reynier, qui aurait aimé être médecin de la marine, accompagne

---

1. Livres très difficiles à trouver aujourd'hui. Mlle Altériet nous a confié ses exemplaires personnels pour cette étude. Nous tenons à l'en remercier.
2. Source : Jean Toulat, *op. cit.*, pp. 30 et 31.
3. Témoignage du Dr Pierre Reynier, recueilli le 11 février 1988.

souvent Raoul Follereau à l'aéroport le jour de ses départs. Il dirige aussi une clinique où celui-ci se rendra quand son état de santé exigera un bilan ou une hospitalisation. Catholique et croyant, le Dr Reynier ne militait pourtant pas dans des associations avant de connaître Raoul Follereau.

FACE À D'AUTRES DÉTRESSES

Raoul Follereau prend en 1946 une décision importante : il fonde l'Ordre de la Charité. Sans doute a-t-il pensé alors faire œuvre de précurseur et a-t-il secrètement espéré que cet ordre marquerait une étape importante de la vie religieuse en France et même dans le monde.

Mais de quoi s'agit-il ? Écoutons Raoul Follereau.

Imaginez-vous que vous sauverez le monde par les discours des hommes d'État ou les votes des assemblées ?

Car il s'agit de sauver le monde.

Un monde dont on a effeuillé, une à une, toutes les espérances...

Un monde qui n'ose plus croire en rien, parce qu'on lui a appris à tout renier... qui n'attend plus rien, parce qu'on lui avait tout promis...

Sauver le monde.

Lui réapprendre à regarder la vie sous l'angle d'une joyeuse et vigilante fraternité.

Lui montrer qu'on n'a vraiment que le bonheur qu'on donne, que les méchants sont en définitive les véritables malheureux, que l'égoïste, seul, est tout seul.

Refaire de la Charité la lumière de notre vie, le mobile de nos actes, la source de nos joies.

La Charité vraie. Celle qui ne distingue ni confession, ni classe, ni race, mais voit dans tout homme un être à respecter, à aider, à aimer.

La Charité. Pas l'aumône. Le don de soi qui vous élève et paie votre effort ou votre renoncement en allégresse [1].

Raoul Follereau prend conscience de la mondialisation des problèmes. Il ne limite plus son regard à la France ni à l'Europe. Il prend conscience de la grave pauvreté que connaissent les autres continents. L'Organisation des Nations unies essaie d'apporter la paix au monde. Mais lui considère que l'opinion doit participer activement et directement à la construction de cette paix et ne peut se contenter d'en remettre la responsabilité à des délégués.

Raoul Follereau pense que le monde manque d'espérance, et ce diagnostic ne se fonde pas seulement sur les années quarante. Il embrasse les deux

---

1. Raoul Follereau, *La charité sauvera le monde*, publié par l'ordre de la Charité, 1948. Brochure déposée aux archives des fondations Follereau à Paris.

siècles vécus depuis la Révolution française et le cimetière des espoirs est vaste en effet : libéralisme, accords signés entre gouvernements, science, fascismes, communisme pour certains. Certes, le pessimisme est assez largement répandu dans les milieux intellectuels français au lendemain de la guerre. Mais la volonté de reconstruction et l'enthousiasme ne sont pas absents. Les débuts de la guerre froide assombrissent de nouveau les perspectives. Selon Raoul Follereau, les approches politiques, économiques, diplomatiques ont toutes montré leurs limites et, pour que la situation s'améliore, il convient d'instaurer de nouvelles relations entre les hommes ; nous retrouvons là l'anthropologie évoquée précédemment : l'homme est un être de relations...

Raoul Follereau a compris qu'une prodigieuse guerre des mots est en train de se jouer au lendemain de la guerre. Les communistes, les francs-maçons, les humanistes laïcs, les musulmans et d'autres encore proposent leur définition de la personne et du bonheur social. L'Organisation des Nations unies est déjà le théâtre de ces affrontements. Follereau cherche des concepts et un langage acceptables par tous. Il se bat pour l'emploi du mot « charité », un mot qui a déjà beaucoup servi et n'a pas toujours bonne presse. Un mot qui a été souvent lié au catholicisme contre-révolutionnaire. Un mot qui est un peu en concurrence avec « fraternité », repris par des laïcs, et « solidarité », lequel évoque souvent une organisation juridique et une obligation. Aux « droits de l'homme », Raoul Follereau ajoute, plus qu'il n'oppose, le devoir de charité. Le pape croit en ce mot, l'Église de France l'utilise moins.

Selon Raoul Follereau, ce mot récapitule les besoins et les aspirations de l'homme. En l'utilisant, les chrétiens rendent un service à l'humanité tout entière. Il ne s'agit donc pas de défendre les positions de la chrétienté ou de chercher à lui permettre de dominer le monde de ses idées, mais de venir au secours d'un monde souffrant et de se mettre à son service en lui apportant le seul remède dont il a besoin. Il ne s'agit pas de l'emporter dans une guerre temporelle ou idéologique ni de soumettre le monde ou de le dompter, mais de le soigner, parce qu'on l'aime et que l'on porte sur lui un regard positif.

Raoul Follereau n'emploie pas une seule fois le mot « chrétien » ni ne parle de « Dieu. » Mais le mot « charité » qui revient sous sa plume porte en lui une vision chrétienne de l'homme et de la société.

Au fond, Raoul Follereau propose la charité comme étant le plus grand bienfait que l'homme peut recevoir [1]. D'une certaine façon, il passe par une approche un peu utilitariste pour justifier l'emploi du mot « charité ». L'égoïsme est condamné au nom de l'intérêt bien compris. Au lieu de partir de Dieu, qui impose une loi de charité aux hommes, on part des hommes

---

1. Cette spiritualité de la charité rappelle celle des confréries de Saint-Vincent-de-Paul.

qui aspirent de tout leur être à la charité, qui est un cadeau de Dieu. Des droits de Dieu, on est passé aux besoins – qui ne sont pas encore des « droits » ici – des hommes pour arriver à Dieu [1].

Cette approche révèle une vision intégrale du message chrétien et une certitude inébranlable. Si seule la charité peut répondre aux attentes de l'homme, c'est que l'essence de ce message est d'une nature différente de tout ce qui peut exister par ailleurs. Les autres messages ne sont pas concurrents, ils sont incomplets et découvrent les uns après les autres leurs limites. Le discours de Raoul Follereau est plus serein, plus bienveillant, moins crispé que celui de l'avant-guerre, mais plus imprégné de certitudes encore.

Ce changement de perspective est capital. Changement de perspective ou formulation plus nouvelle, plus moderne que celle des temps de l'Union latine ? En effet, le nationalisme du début du XXᵉ siècle marquait une étape importante dans la marche des catholiques français vers une approche positive du monde, car voir dans l'adversaire politique et religieux un frère au sein de la patrie, c'était déjà accepter la différence et assumer la diversité régionale. Loin d'être un signe de fermeture, le patriotisme chrétien du début du siècle portait en lui des signes réels d'ouverture aux différences géographiques, sociales, politiques, religieuses et culturelles. Par ailleurs, le nationalisme de Raoul Follereau était, nous l'avons vu, un nationalisme thématique, un système de valeurs qui pouvait être vécu par des étrangers. Ce fut pour lui un admirable tremplin vers l'internationalisme, et les deux approches coexistèrent toujours dans son esprit, comme chez Jean-Paul II par exemple.

Quant au mot « charité », ne disons pas trop vite qu'il a perdu de son audience. Car au même moment pratiquement, à Calcutta, Mère Teresa fonde les Missionnaires de la charité, dont le rayonnement sera universel.

Raoul Follereau précise son projet :

Une croisade ? Oui.
L'ordre de la Charité n'est ni un ordre monastique, ni un ordre de chevalerie, mais le libre rassemblement de tous ceux qui s'engagent vis-à-vis d'eux-mêmes à s'efforcer d'être fraternels dans leurs pensées, leurs propos, leurs actes.
Il ne leur est fait d'autre obligation que celles qu'ils s'imposent eux-mêmes. Il ne leur est rien demandé que leur bonne volonté.
Essayer d'être bon. Et, ayant connu ce bonheur, le faire rayonner.
La Charité par la joie.

---

1. Raoul Follereau s'oppose par là à de nombreux courants psychanalytiques qui voient ailleurs, dans la pulsion sexuelle par exemple, le mobile le plus profond de l'action humaine. Finalement, pour lui, les passions et les désirs de l'homme ne sont pas mauvais, car ils expriment en fait un besoin de charité.

Que chacun devienne ainsi un maillon vivant et rayonnant d'une immense chaîne d'amour qui liera tendrement le monde [1].

Raoul Follereau prend ici une initiative personnelle sans aucun mandat, sans en référer aux autorités catholiques – officiellement en tout cas. Car il connaît personnellement le pape, de nombreux évêques et cardinaux et a dû s'entretenir avec eux de ce projet. Ils ont pu l'encourager.

À aucun moment, il ne fait référence à une Église ou à une croyance religieuse. Tout le monde peut rejoindre cet ordre. Il ne cherche pas cependant à créer une Église parallèle. Son initiative peut même permettre aux catholiques de reprendre contact avec des incroyants ou des personnes qui ont abandonné la pratique religieuse [2].

Raoul Follereau tente un pari audacieux : lui, laïc, entend proposer une expérience mystique et pratique à tous, sans formation préalable autre que celle de la « bonne volonté ». Il veut articuler une spiritualité profonde et l'action. Il ne souhaite pas se limiter à une démarche spirituelle, mais agir sans fondement spirituel lui semble un non-sens. Il propose un œcuménisme très large, afin de rassembler les hommes de « bonne volonté » autour des valeurs du christianisme, dont il ne cite pas le nom ici.

Raoul Follereau n'indique pas de règle. Sa démarche se veut adaptée au monde moderne et à ses conditions de vie et à la diversité des situations qu'on y rencontre. Aussi reste-t-il très général dans ses recommandations. Ses études de droit lui ont appris que les textes les plus précis sont les plus menacés. Il fait une grande confiance aux individus et veille à respecter l'autonomie de chacun. Chaque membre de l'ordre devient le seul responsable et juge de son évolution. L'inscription est gratuite et s'accompagne de la remise d'une carte et d'un insigne.

Raoul Follereau propose un véritable art de vivre, une hygiène de vie, mais il n'est pas question de vie communautaire, et cela marque une différence importante et capitale avec Jean Vanier, l'abbé Pierre, Armand Marquiset, Mère Teresa et beaucoup d'autres encore. Raoul Follereau ne dit pas cependant qu'il la refuse, mais lui-même ne l'a jamais pratiquée. Il est vrai que ses déplacements incessants ne la rendaient guère possible, et son tempérament indépendant se serait sans doute mal prêté à de telles expériences.

La spiritualité de Charles de Foucauld inspire la démarche de Raoul Follereau. D'ailleurs, les fondations d'instituts et d'ordres s'inspirant du « frère universel » se multiplient au cours de ces années. La spiritualité de la Conférence de Saint-Vincent-de-Paul et les écrits d'Ozanam sont aussi

---

1. *La charité sauvera le monde*, op. cit.
2. Dix-sept ans avant les débuts du concile Vatican II, soulignons-le. La génération de Raoul Follereau se rappelle les coupures de presse politiques sur des thèmes religieux, elle est hantée par la pensée des « hommes de bonne volonté » qui se trouvent en face de l'Église et elle cherche à dresser des passerelles permettant de les rejoindre.

présents à son esprit [1]. Ne veut-il pas élargir l'idéal des confréries de Saint-Vincent-de-Paul et faire profiter des incroyants ou des non-chrétiens de leurs intuitions ? Car la Société Saint-Vincent-de-Paul est alors très active et elle poursuit son approfondissement spirituel dans un sens très proche de celui de Raoul Follereau [2].

Raoul Follereau évoque concrètement les grands drames du temps.

Un membre de l'ordre de la Charité n'oublie jamais qu'il y a dans le monde 700 millions d'êtres humains qui n'ont jamais vu un médecin, 600 millions qui n'ont jamais été vaccinés, 1 300 millions qui ne savent pas lire, que chaque année 5 millions d'hommes meurent de faim.

Un membre de l'ordre de la Charité sait que tant qu'il y aura sur la terre un innocent qui aura faim, qui aura froid, qui sera injustement traité, il n'aura pas le droit de se taire, ni de se reposer, que chacun de ses actes les plus humbles, les plus ignorés doit être un acte de justice et d'amour et qu'il contribue ainsi à bâtir des lendemains meilleurs, car seule la charité sauvera le monde [3].

« Injustement traité » offre de vastes perspectives d'action : lutte contre la torture, l'injustice sociale...

Raoul Follereau évoque ici les drames du monde, les premières statistiques dressées par l'O.N.U. ayant été publiées. Remarquons qu'il ne se limite pas à une vue nationale. Comme pour l'Heure des pauvres, il rêve de

---

1. Ainsi peut-être que la démarche de l'Opus Dei, qu'il n'a pas pu ignorer, lui qui a passionnément vécu au rythme de la latinité. Cependant il ne veut pas donner un caractère secret à son ordre.

2. Au siège de la Société Saint-Vincent-de-Paul, nous avons pu consulter des revues et publications comme le petit manuel édité par le conseil général de la société en 1951. Il décrit l'histoire et la finalité de la société, les activités des conférences (charité mise en pratique). Dans la préface, Jacques Zeiler écrit :

« Lors de la session plénière du conseil général qui réunit à Paris, en 1947, à côté de ses membres parisiens, les présidents ou représentants des conseils supérieurs de vingt pays, plusieurs d'entre eux émirent le vœu de voir éditer par le conseil un livre qui répondrait, estimaient-ils, à un besoin certain : une sorte de manuel de spiritualité vincentienne, comme on le désigna alors. Il ne remplacerait ni ne doublerait le manuel traditionnel, mais viendrait prendre place à côté de lui et, moins théorique et moins juridique, si l'on peut dire, apportant à son lecteur du concret, de la documentation et de la nourriture spirituelle à la fois, deviendrait pour le confrère un livre de chevet et servirait à mieux faire connaître la société... »

Le livre demandé paraît donc en 1951, un premier texte ayant été discuté en 1950.

Raoul Follereau à dû suivre avec attention ces débats. Il offre à sa façon aux confréries de Saint-Vincent-de-Paul ce petit manuel auquel elles aspirent.

Il aurait sans doute été un responsable incomparable pour la société. S'il ne l'a pas été, c'est sans doute par choix. Son indépendance et son goût des déplacements lointains se prêtent mal à des tâches trop administratives et trop sédentaires.

3. *La charité sauvera le monde, op. cit.*

voir sa fondation gagner le monde et susciter des comportements nouveaux [1].

Et Raoul Follereau ajoute une parabole de son cru :

J'ai fait ce rêve :
Un homme se présentait au jugement du Seigneur.
— Voyez, mon Dieu, lui disait-il, j'ai observé Votre loi, je n'ai rien fait de
malhonnête, de méchant ou d'impie. Seigneur, mes mains sont pures.
— Sans doute, sans doute, lui répondait le Bon Dieu, mais elles sont
vides [2].

Ailleurs, Raoul Follereau cite un texte de saint Augustin :
« C'est donc la Charité seule qui discerne les fils de Dieu des fils du diable. Ils peuvent tous se signer du signe de la croix du Christ, répondre tous : " Amen ", chanter tous " Alleluia ", se faire tous baptiser, entrer dans les églises, bâtir les murs des basiliques, les fils de Dieu ne se distinguent des fils du diable que par la Charité... Si cela seul te manque, tout le reste ne sert à rien. Mais si tout le reste te manque et que tu n'aies que cela, tu as accompli la Loi [3]. »
Quinze siècles après l'évêque d'Hippone, Raoul Follereau s'élève souvent contre le ritualisme de certains catholiques pratiquants. C'est une attitude fréquente dans sa génération [4].
Il estime en effet que l'action est primordiale. Il n'évoque pas la prière dans ses recommandations et n'indique pas davantage d'exercices spirituels, laissant chacun libre d'agir comme il le juge bon.

La guerre terminée, l'Europe souffre encore de pénuries. En France, la Sécurité sociale se met en place. Mais les situations de détresse restent nombreuses, en particulier chez les vieillards. Pour Raoul Follereau, la charité ne peut se réduire à un transfert financier imposé par les pouvoirs publics. La pauvreté n'est pas seulement le résultat d'une absence de ressources financières mais aussi celui de la solitude. Et la pauvreté à son tour renforce la solitude. Souvent, les plus pauvres ont besoin d'abord de superflu pour se sentir exister à nouveau : *Des fleurs avant le pain*, écrira plus tard Armand Marquiset [5].
Raoul Follereau poursuit l'*Heure des pauvres* et prend d'autres initiatives. Il veut que les Français pensent aussi aux défavorisés qui habitent leur pays et pas seulement aux lépreux. Il ne crée pas une œuvre de plus,

1. Le succès, quoique réel, fut peut-être inférieur à ses attentes.
2. *La charité sauvera le monde*, p. 11.
3. *Ibid.*, p. 13.
4. Y compris chez les chrétiens fervents. Guy de Larigaudie ou Serge Dalens ont aussi écrit en ce sens.
5. Ce sera le titre de l'un de ses livres.

mais il se met au service des œuvres qui existent déjà et auxquelles il manque un peu pour réaliser entièrement leur projet.

Il lance ainsi le 1ᵉʳ décembre 1946, trente ans après la mort de l'ermite de Tamanrasset, le *Noël du père de Foucauld*[1]. Il pense surtout aux enfants. Il sait la joie que Charles de Foucauld enfant éprouvait en recevant les cadeaux de Noël et le souvenir émerveillé qu'il en avait gardé sa vie durant.

Raoul Follereau invite alors les Français à accomplir en cette occasion un grand geste de charité fraternelle, à penser à ceux qui ne recevront rien à Noël, pour qui ce sera un jour comme les autres. Il s'adresse aux parents : « Sanctifiez votre joie et celle de vos petits par un acte de charité. » Il demande aux enfants de déposer un « troisième soulier » devant la cheminée pour « un petit pauvre qui, grâce à vous, oubliera un instant sa solitude et sa souffrance et sourira, au matin de la grande fête de tous les petits enfants[2]. » Parents et enfants sont donc invités à offrir ensemble des cadeaux à un enfant pauvre. Pour Raoul Follereau, plus que l'objet, c'est le signe d'amour qui compte.

Les colis affluent bientôt de toute la France : vêtements, layettes, jouets, friandises. Vite submergé, Raoul Follereau ne peut tout entreposer chez lui. Il demande à Louis Hauguel de lui accorder un peu de place dans son atelier. Désormais, pendant les six semaines qui précèdent Noël, Raoul Follereau vient tous les jours travailler à l'atelier de son ami imprimeur pour trier les paquets. La poste livre sans cesse à l'atelier des sacs lourdement chargés. Raoul Follereau, en arrivant, serre la main de tous les ouvriers, leur demande des nouvelles de leur famille, car il les connaît tous personnellement. Sa mère et sa femme le rejoignent vers vingt et une heures, et ensemble ils préparent les colis et les répartissent entre les œuvres qui ont demandé un secours. Parfois des ouvriers de l'atelier, comme M. Marize, l'aident après leurs heures de travail et tiennent à le faire gratuitement : « C'est pour monsieur Follereau qu'on fait ça. »

Il reçoit alors chaque jour des centaines de lettres et le téléphone sonne presque sans discontinuer à son domicile.

Et, un soir de réveillon de Noël, Raoul Follereau reçoit une visite qui restera un des beaux souvenirs de sa vie. Il est fatigué, on sonne, il va à la porte, l'ouvre. « Il y a là un enfant, un petit enfant, très pâle, avec des yeux qui regardent je ne sais où, ce que les grandes personnes sont incapables de voir... » Il tend une lettre à Raoul Follereau et se sauve sans que ce dernier puisse le rattraper. La lettre contient vingt-cinq francs et ces mots :

« Monsieur, pour l'amour de Dieu, veuillez accepter de la part d'un ouvrier dans sa sixième année de maladie cette modeste participation, pour

---

1. Raoul Follereau raconte longuement (signe qu'elle lui tenait à cœur) cette opération dans *La seule vérité...*, tome I, pp. 59 à 71.
2. Paru dans *Mission de la France*, en décembre 1946.

ne pas le priver de la joie d'aider de plus malheureux. Je désire garder l'anonymat [1]. »

Et Raoul Follereau constate avec une surprise émerveillée qu'un très grand nombre de dons viennent de personnes très modestes : des vieillards, des malades, des enfants qui ont effectué de petits travaux ou se sont privés [2].

Tous les ans aussi, Raoul Follereau et son ami le Dr Reynier se rendent, un peu avant Noël, à l'hôpital Saint-Joseph. La mère supérieure les attend sur le perron et ils déchargent ensemble la voiture du Dr Reynier, qui est chargée de cadeaux et de jouets [3].

Grâce à ces générosités, Raoul Follereau et ses amis peuvent intervenir auprès de nombreuses personnes.

En 1946, ils peuvent « offrir un Noël » à douze mille vieillards ou enfants.

En 1947, ils en atteignent trente mille. L'œuvre est alors couronnée par l'Académie française, où Raoul Follereau compte toujours des amis.

En 1950, le « Noël du père de Foucauld » permet de constituer quatre-vingt mille colis [4].

Raoul Follereau dit alors : « Qu'importent les chiffres. L'essentiel, c'est qu'à Noël, personne n'accepte d'être heureux tout seul. »

C'est là une phrase importante pour comprendre la démarche de Raoul Follereau. Il veut susciter des courants, des élans, mais les moyens restent artisanaux. On ne trouve pas chez lui le souci permanent de créer des structures durables et solides comme chez Mgr Rodhain ou André Récipon. Il veut simplement éduquer à la charité.

Avec la reconstruction et la croissance économique, la misère recule peu à peu en France au cours des années suivantes. L'œuvre n'est pas abandonnée pour autant mais semble moins urgente. Raoul Follereau y fait moins allusion après 1950, mais en cas de problèmes sociaux pressants, il lui arrive d'en reparler avec plus d'insistance certaines années.

Dans un esprit voisin, Raoul Follereau lance en 1947 la « grève de l'égoïsme du vendredi saint ».

Le vendredi saint, de 15 heures à 16 heures, ou à une heure aussi rapprochée que possible, vous travaillerez pour les pauvres, vous leur donnerez le montant de cette heure de travail, de votre bénéfice ou de vos revenus. À qui la donner ? À une œuvre de chez vous qui a tant besoin de votre secours [5].

---

1. Raoul Follereau raconte l'événement dans *La seule vérité, c'est de s'aimer*, tome I, p. 65.

2. *Ibid.*, p. 66 à 70.

3. Témoignage du Dr Pierre Reynier, recueilli le 11 février 1988.

4. *La seule vérité...*, tome I, p. 71.

5. *La charité sauvera le monde*, p. 16. Raoul Follereau présente aussi cette initiative dans *La seule vérité...*, tome I, pp. 79 à 82.

Il ne s'agit pas d'une quête pour les œuvres de Raoul Follereau. Les donateurs indiquent sur un papier l'œuvre à laquelle ils souhaitent adresser leur don. Cette démarche est une application de l'*Heure des pauvres*. Raoul Follereau n'entre pas en concurrence avec les autres œuvres caritatives, mais il se met au contraire à leur service et se fait leur avocat...

Il veut créer ainsi « un grand rendez-vous mystique de charité. Pour qu'à cet instant un seul amour nous habite... Est-il un meilleur moyen de nous rapprocher, puis de nous unir [1] ?

Raoul Follereau donne forme concrète à la communion des saints dont un romancier comme Bernanos a beaucoup parlé et dont Charles de Foucauld et Thérèse de Lisieux ont été des signes. Il n'établit aucune distinction confessionnelle entre les donateurs ou entre les œuvres. Il invite les laïcs incroyants à respecter les croyants sans attaquer leurs convictions, mais en vivant la solidarité, la tolérance... Cette démarche s'adapte aux conditions de vie dans une société sécularisée : Raoul Follereau sait en effet que beaucoup sont retenus par leur activité professionnelle et ne peuvent se recueillir à l'heure anniversaire de la mort du Christ. Il transforme le handicap du travail en avantage spirituel et missionnaire, car des incroyants peuvent être approchés par ce biais. Enfin, il indique ainsi que les pauvres sont le Christ souffrant.

Mais cette initiative suscite une réaction inattendue. En 1949, l'hebdomadaire *Témoignage chrétien* la critique vivement. Raoul Follereau parle de la « grève de l'égoïsme » et ce journal estime que le mot « grève » doit être employé par des ouvriers seulement. *Témoignage chrétien* jouit alors d'une grande audience chez les militants chrétiens et se réclame de la hiérarchie catholique, même si certaines de ses positions lui valent déjà les critiques. Les rédacteurs se méfient sans doute de l'anticommunisme de Raoul Follereau.

Celui-ci ne veut pas laisser cette mise en cause sans réponse. Il en appelle à Rome, et présente son œuvre au pape à l'occasion d'une audience. Pie XII l'encourage et le 17 décembre 1949, il reçoit une lettre officielle du Vatican, signée de Mgr Montini, le futur Paul VI, qui – au nom du pape – apporte tout son soutien à son initiative. Raoul Follereau inscrit son action dans la ligne de l'enseignement des papes et il ne cherche pas à susciter un consensus humaniste nouveau.

Ces initiatives permettent à Raoul Follereau d'aider des orphelinats, des paroisses, des écoles, des œuvres de toutes sortes, les congrégations les plus diverses (dont les Sœurs de Saint-Vincent-de-Paul). Il a sans doute donné l'idée à certains de faire un don directement, sans passer par son intermédiaire, aussi les générosités suscitées par lui ne se limitent-elles pas aux dons qu'il a reçus [2].

---

1. *La charité sauvera le monde*, pp. 9 et 10.
2. Ces dons sont souvent des vêtements, des jouets, des friandises, de l'alimentation. Raoul Follereau veille toujours à ce que les articles soient de qualité.

Il devient dès lors un recours pour de nombreuses œuvres. Il a la réputation de trouver une solution aux problèmes les plus insolubles.

Les demandes sont extraordinairement diverses. À la fin de l'année 1947, Mgr Dupont, de Bobo-Dioulasso, vicaire apostolique, demande des tôles. Des dominicaines de la Sarthe ont besoin d'un cheval. Un missionnaire du Moyen-Congo recherche des machines à coudre. Tous écrivent à Raoul Follereau, qui fait connaître ces demandes à ses lecteurs, lesquels trouvent avec lui les solutions. Il anime une véritable communauté de générosités qui savent répondre à des appels de toute nature par leurs sacrifices, leur prière et leur imagination. Beaucoup de ces personnes n'étaient pas auparavant engagées dans les mouvements ecclésiaux ou les œuvres.

Raoul Follereau rapporte aussi dans son bulletin des cas tragiques, comme le décès, à Paris, d'un couple de personnes âgées sans ressources [1]. Et il évoque, en septembre 1947 notamment, la pauvreté dramatique des populations des pays de l'Est et des Balkans [2].

Raoul Follereau formule aussi de nombreux projets et propositions qu'il ne réalise cependant pas. Presque toujours, il fait œuvre de visionnaire.

En 1948, à la suite de son texte *Le christianisme, c'est la révolution par la Charité*, il indique plusieurs de ces projets.

Les *maisons de l'Ami* montrent bien le regard qu'il porte sur la pauvreté. Il écrit les lignes qui suivent [3] avant que l'abbé Pierre n'entreprenne la création de ses communautés et bien avant la naissance d'A.T.D. Quart Monde, alors que le Secours catholique est en train de se mettre en place et que les Conférences de Saint-Vincent-de-Paul sont très actives. On y retrouve l'idée d'Armand Marquiset, « des fleurs avant le pain » :

Au secours de la misère qui n'ose pas dire son nom.
Il y a pour le pauvre quelque chose de pire que la pauvreté : c'est la solitude.
Sans doute il y a les « secours », ceux qu'on sollicite sur des formules imprimées, devant des fonctionnaires indifférents. Aussi importants qu'ils puissent être, ils ne feront jamais que retarder la chute. Ce dont le pauvre a besoin, c'est moins encore de ces secours que de réconfort, de compréhension, d'amitié. Et puis il y a des misères qui demeurent insensibles à l'argent, qu'on ne peut soulager en faisant la queue devant un guichet. Chacun n'a qu'à fouiller dans sa mémoire ou dans son cœur pour savoir que ce ne sont pas les moins douloureuses.
Or, si la pauvreté est un malheur, souvent immérité, elle ne doit jamais être une déchéance.

---

1. *Mission de la France*, septembre-octobre 1947.
2. *Ibid.*
3. *La charité sauvera le monde*, p. 19.

C'est pourquoi l'ordre de la Charité a décidé de créer les maisons de l'Ami. Qu'est-ce que la maison de l'Ami?

Ni un asile, ni un refuge. Une adresse seulement, l'adresse d'un homme ou d'une femme capable d'accueillir avec respect et avec intelligence les misères, quelles qu'elles soient, qui viendront se confier.

On l'appelle le « directeur » parce que son rôle est de diriger ceux qui vont à lui, vers les organismes, les œuvres ou les personnes susceptibles de les aider vraiment et efficacement.

En charité, aider c'est d'abord comprendre.

Donc, écouter.

Pour Raoul Follereau la Sécurité sociale et ses transferts financiers imposés ne suffisent pas, nous l'avons dit.

Avant de rédiger un tel texte, il a beaucoup parlé avec les gens de terrain, les militants d'associations. Il prend toujours le temps d'écouter avant de prendre la parole. Il est en contact avec beaucoup d'entre eux, car il les aide. Il a aussi pu méditer sur le problème de la pauvreté à propos des lépreux. Il estime que la solitude est un signe, une conséquence, mais aussi une cause, de la pauvreté. Face à cela, non content d'apporter une proposition concrète et nouvelle, il indique les moyens de la réaliser.

Raoul Follereau précise ce qu'il attend du directeur [1].

Il devra savoir écouter, être disponible, c'est-à-dire prêt à s'employer immédiatement au service de chaque cause. La charité est une présence. Il doit être en rapport avec toutes les œuvres de bienfaisance de son secteur, sans aucune exception. Il doit avoir sous la main la liste à jour de tous ceux qui (médecins, avocats, etc.) sont susceptibles de s'intéresser à une misère qui n'a pas le moyen, ou qui n'oserait pas aller seule jusqu'à eux. Le directeur doit être sans parti pris, voire sans idée préconçue. Il reçoit indistinctement qui que ce soit, et avec les mêmes égards. Il n'aura, bien entendu, aucun préjugé de race, ni de religion. Son rôle n'est pas de distribuer les secours, et il ne le fera que dans des cas exceptionnels et urgents. Il est là pour recevoir, pour comprendre et pour indiquer à chacun le chemin qui lui permettra de retrouver son équilibre et sa paix. Il est un peu le médecin des âmes, plus que le bienfaiteur, l'ami. Sa devise est cette parole de saint Paul : « Sans l'amour, l'aumône n'est rien. »

Raoul Follereau n'indique pas si le « directeur » est un professionnel ou un bénévole, s'il exerce un véritable métier. On retrouve dans ce texte des thèmes chers à tous les militants. Ceux-ci mettent souvent leurs moyens en commun quand la situation l'exige [2]. La fierté des pauvres, le besoin de temps et de souplesse, la nécessaire formation des militants sociaux, les

---

1. *Ibid.*
2. Les catholiques avec les protestants et le Secours populaire communiste.

consternantes lacunes de la bureaucratie sont autant de préoccupations permanentes dans le discours des organisations caritatives de terrain.

Raoul Follereau s'intéresse aussi à l'éducation et au contenu de l'enseignement.

Il évoque les programmes d'histoire, et propose d' « inscrire aux programmes scolaires, avec l'histoire nationale, une histoire de l'humanité, de ses longues, douloureuses mais certaines conquêtes (libération de la femme, abolition de l'esclavage, diminution de la mortalité infantile, réglementation humaine du travail), afin que l'enfant comprenne qu'il fait aussi partie d'une communauté humaine envers laquelle il a des devoirs [1] ».

Aujourd'hui encore, de telles phrases restent d'actualité et prêteraient à discussion. À cette époque, Raoul Follereau fait figure de novateur un peu dangereux. Il propose de ne pas s'en tenir à la politique, à la diplomatie et surtout au cadre national [2]. Il rappelle aux historiens leur mission. Il les interroge sur leurs concepts, leurs présupposés et la validité de leurs approches.

On peut rapprocher cette interpellation de celle adressée par le père Joseph Wresinski à la communauté universitaire une dizaine d'années plus tard. Le père Wresinski a très tôt demandé que l'on évoque l'histoire des pauvres à travers les âges, et de nombreux colloques ont été organisés par A.T.D. Quart Monde [3]. Le père Wresinski, comme Raoul Follereau, n'invite pas seulement à publier des travaux supplémentaires mais à repenser l'histoire et à redécouvrir ses vrais acteurs.

Don Hélder Câmara réfléchit aussi à ces questions [4]. En Sorbonne il a proposé la création d'une École supérieure de la paix, afin d'étudier et de mieux comprendre la paix à travers les âges et à travers le monde. Il suggère également de dresser dans chaque pays des cartes de la pauvreté et de son évolution. Lui aussi propose de relire l'Histoire à partir de ces notions de paix et de pauvreté... S'il reçoit de plusieurs universités le titre de docteur *honoris causa*, tout comme Raoul Follereau, c'est en hommage non seulement à son action humanitaire mais encore à ses réflexions sur le monde et les forces qui l'animent. Cependant, comme à Raoul Follereau d'ailleurs, le temps lui manque pour mener à bien avec des universitaires des travaux de longue haleine sur ces sujets essentiels.

Remarquons toutefois que pour Follereau ces thèmes nouveaux n'effacent pas l'histoire nationale traditionnelle, car il est trop pragmatique et réaliste pour souhaiter une « révolution culturelle » brutale.

---

1. *La charité sauvera le monde,* p. 25.
2. Nous l'avons déjà constaté avec ses écrits sur l'histoire du christianisme pendant la guerre.
3. Le père Wresinski s'explique sur cela dans *Les pauvres sont l'Église,* Centurion, 1984, p. 93 à 113.
4. Jean Toulat, *Dom Hélder Câmara,* Centurion, pp. 93 à 111.

Raoul Follereau pense que le rapprochement des peuples exige un meilleur enseignement des langues. Il conseille de diriger l'effort sur les trois langues principales : français, anglais, espagnol, en les rendant obligatoires à un certain stade de l'instruction, assez tôt si possible. Il n'évoque pas l'espéranto, auquel il ne semble pas croire. Il craint sans doute que l'usage d'une langue internationale « artificielle » ne soit préjudiciable à la langue française. Deux des trois langues retenues sont des langues latines.

Il propose en outre de promouvoir les camps de vacances à l'étranger et de développer les échanges pour la jeunesse. Il invite à multiplier les occasions de rencontre, notamment sur le plan professionnel. Si certaines de ces propositions semblent aller de soi aujourd'hui, n'oublions pas qu'il écrit cela en 1948 et que la création de l'Office franco-allemand de la jeunesse, par exemple, date de 1962 seulement.

Raoul Follereau souhaite aussi multiplier les fêtes universelles.

Il propose de « créer des solennités et des fêtes internationales où le monde entier puisse se rassembler et communier dans un même sentiment d'admiration ou de reconnaissance. Il y a ainsi des souvenirs qui appartiennent au patrimoine commun de tous les hommes et qui peuvent devenir pour eux des moyens de rencontre spirituelle. Afin qu'ils prennent conscience des liens qui les unissent et du destin qui les rassemble [1]. »

C'est dans cet esprit qu'il lance l'Heure des pauvres et le Noël du père de Foucauld, et surtout qu'il créera plus tard la Journée mondiale des lépreux. Il ne se contente pas de souhaiter de tels temps forts, il essaie donc d'en susciter, avec plus ou moins de réussite.

Raoul Follereau demande aussi la création d'un « service social », pour compléter le service militaire et, plus tard peut-être, le remplacer.

Chaque jeune homme serait tenu d'accomplir, à vingt ans, une période de travail dite de « service social ». Cette période serait en principe accomplie « loin du lieu de ses préoccupations ordinaires », afin de lui permettre d' « élargir ses horizons et la conception qu'il a de l'humanité ». Ce service consisterait dans « l'accomplissement de travaux consacrés exclusivement à des œuvres charitables. Il tiendrait compte, bien entendu, des aptitudes de chacun ou de son désir de profiter de cette occasion pour se perfectionner ou pour apprendre un autre métier. Comme au service militaire, le jeune homme serait pris en charge par la communauté et recevrait un petit pécule. En outre, la valeur réelle du travail qu'il aurait accomplie lui serait payée en bons de charité que témoigneront du bien qu'il aura fait [2] ».

Là aussi, les propositions de Raoul Follereau peuvent susciter bien des débats aujourd'hui encore. Des idées voisines ont été soutenues par l'abbé

---

1. *La charité sauvera le monde*, p. 25.
2. *Ibid.*

Pierre en 1949 et par des militants politiques de gauche fort éloignés de Follereau.

Nationaliste et patriote ardent, il n'est guère militariste. Il considère que l'influence durable d'un pays ne se mesure pas à la quantité d'armes dont il dispose. Il compte pourtant de nombreux officiers supérieurs dans ses amis. Mais ceux-ci, catholiques pour la plupart, savent que la géopolitique ne peut se réduire à l'accumulation des moyens de destruction et que la cohésion d'une société passe par l'union autour d'idéaux communs. Toutefois, Raoul Follereau ne parle pas de démilitarisation.

Il suggère également la création d'une « caisse de charité universelle », qui soulagerait les plus grandes misères (famines, épidémies, etc.) et « assurerait les plus importantes recherches, dans l'ordre médical notamment [1] ».

Cette caisse « pourrait être alimentée par le produit de services internationaux, par exemple par le montant des timbres postaux, du régime international, par les recettes télégraphiques et téléphoniques qui font d'ordinaire l'objet de comptabilité entre les nations [2] ».

Raoul Follereau estime donc, en pleine guerre froide, que les Nations unies ne disposent pas de moyens suffisants. Il ne parle pas de gouvernement mondial. Il propose à des États que tout sépare de s'entendre sur des actions concrètes. L'unanimisme obtenu doit être bénéfique pour tous. Mais les États et, en pleine guerre froide, les blocs, assimilent toute forme de coopération à un abandon de souveraineté. Et, si des principes généraux sont acceptés, les querelles surgissent quand il s'agit de fixer les modalités pratiques d'intervention. Les Nations unies n'ont pas de moyen décisif pour imposer une politique à tous les États. Raoul Follereau comprend très bien que de nombreux problèmes ne peuvent être résolus par un État seulement et que les budgets de la recherche deviennent de plus en plus lourds. Il veut que les recherches soient entreprises en fonction de l'intérêt de l'humanité tout entière et non pour satisfaire des groupes privilégiés. La proposition n'est pas non plus unique en son genre et, aujourd'hui encore, elle reste d'actualité [3].

Raoul Follereau invite aussi à l'impôt volontaire, creusant l'idée de l'Heure des pauvres, qu'il a créée en 1942, et annonçant le 1 % des groupes tiers-mondistes d'aujourd'hui.

Il suggère l'institution de « bons de charité. » Une vignette serait remise à toute personne ou collectivité ayant fait un don à une œuvre charitable, sur laquelle on indiquerait le montant de la libéralité et sa destination.

Raoul Follereau le fait déjà avec l'ordre de la Charité. Ainsi, un patrimoine original peut se constituer dans les familles, auquel elles seraient aussi attachées qu'au patrimoine matériel. Raoul Follereau émet des bons

---

1. *Ibid.*
2. *Ibid.*
3. Surtout avec les bouleversements intervenus sur la scène internationale depuis 1989...

de cent francs à l'effigie de saint Vincent de Paul, de cinq cents francs à l'effigie de Pasteur et de mille francs à l'effigie du père de Foucauld. Ils sont remis en échange de toute offrande passant ou non par l'ordre de la Charité mais destinée exclusivement à des œuvres caritatives, sans distinction confessionnelle.

Cette initiative est le fruit d'une méditation sur l'argent.

Le mal du siècle, c'est l'argent. Moins encore par le pouvoir qu'il exerce que par la dévotion dont on l'entoure. On ne connaît plus d'autre chemin pour être heureux que de s'efforcer de devenir riche [1].

Raoul Follereau ne cesse pas de répéter et d'écrire ces phrases. On y retrouve la méfiance chrétienne mais aussi maurrassienne à l'égard des comportements engendrés par la recherche exclusive du profit. Il écrit cela alors que d'autres, dans le même temps, estiment que le mal du siècle, c'est le communisme. Mais tout se passe comme s'il jugeait au fond le communisme fragile et artificiel, alors qu'il considère comme mortelle la quête de l'or, car elle est universelle et il semble impossible de la faire disparaître, tant elle est ancrée dans les mentalités.

Ce que je propose, dit-il, c'est « un enrichissement qui se fonde uniquement sur le bonheur des autres. Ce que j'ai, c'est ce que j'ai donné [2] ».

Raoul Follereau s'adresse ainsi à ceux qui n'exercent pas un métier directement caritatif. « Cette richesse-là est sacrée; elle ne peut être ni réquisitionnée ni dévaluée. Elle est immortelle [3]. » Il reprend des arguments utilisés pour la distribution des indulgences autrefois. Mais il va au-delà; il souhaite qu'au soir de sa vie chacun puisse dire à ses enfants : « La richesse que je vous laisse, c'est le bien que j'ai fait [4] », et que se créent de nouveaux systèmes de valeurs et d'évaluation de la réussite. Il pense que la réforme du monde ne passe pas par une transformation des techniques ou un changement de la propriété des moyens de production et d'échange, mais par une véritable révolution des mentalités.

Raoul Follereau ne recherche pas un pouvoir politique, il y voit sans doute une forme d'impuissance. Mais il rêve de promouvoir, avec d'autres, cette révolution universelle des mentalités, ce bouleversement des systèmes de valeurs communément admis qui seul peut, selon lui, permettre une amélioration durable de la situation sur terre et une accélération de l'histoire. L'étude de l'histoire du christianisme lui fait penser que cette révolution des mentalités est possible.

Il publie d'ailleurs en 1948 un texte d'une vingtaine de pages, *L'Âge*

---

1. *La charité sauvera le monde*, pp. 17 et 18.
2. *Ibid.*
3. *Ibid.*
4. *Ibid.*

de l'homme, où il écrit que « le christianisme, c'est la révolution par la Charité ». Il attribue à ce dernier les changements de mentalités majeurs de l'histoire :

> *Le christianisme*
> *a donné aux hommes*
> *leurs seules vraies libertés,*
> *leur seul durable bonheur,*
> *leurs seules justes lois.*
>
> *Il a brisé les chaînes des esclaves*
> *et fait courber devant sa justice*
> *les fronts des princes et des rois.*
>
> *Il a fait de l'œuvre maternelle*
> *une fonction sainte et vénérée.*
> *Il a rendu à la femme*
> *sa grandeur respectée*
> *et son tendre pouvoir.*
>
> *Il a fait de l'individu*
> *un homme.*
>
> *Il a protégé l'enfant*
> *« à qui appartient le royaume des cieux ».*
> *[...]*
> *Il a appris à l'homme*
> *à prier pour ses ennemis,*
> *à mourir*
> *en bénissant ses bourreaux.*
>
> *Même ceux qui l'ignorent,*
> *même ceux qui le persécutent*
> *ont reçu sa lumière*
> *et ses bienfaits.*

On remarquera la disposition du texte. Raoul Follereau rédige cette méditation sous la forme d'un poème. Il est toujours très attentif à la mise en pages et à la typographie. Il a le souci de la concision et de la formule. Il choisit quand il le peut des papiers de qualité. L'esthétique, selon lui, ne doit négliger aucun aspect de la composition. Il veut que la sérénité se dégage aussi de la mise en pages. D'autres hérauts de la charité font de même. L'abbé Pierre compose des textes et des poèmes avec des dessins pour les accompagner, tout comme Armand Marquiset, qui y ajoute, lui, des photographies.

Nous ne citons qu'un extrait de ce texte, celui où Raoul Follereau évoque les révolutions dans les mentalités que le christianisme a permises au cours des âges. Selon lui, d'autres révolutions du même ordre vont avoir lieu, et il faut travailler à leur avènement. Parlant toujours du christianisme, il écrit :

> *À la dévotion barbare de l'argent,*
> *au culte sacrilège de l'homme,*
> *il oppose*
> *la notion morale de l'humain* [1].

On le voit encore, tout se passe comme si, en cette période de guerre froide, Raoul Follereau estimait que les crises diplomatiques du temps ne constituent que des épiphénomènes. En 1948, une telle conception paraît utopique et irréaliste, en 1992, elle semble pertinente et presque prophétique.

Dans ce texte, Raoul Follereau réfléchit aussi à la notion de frontière et il montre que les attachements à la famille, à la patrie, à l'univers ne sont en rien contradictoires et doivent constituer une seule et même chose. Il précise les liens entre patriotisme et universalisme :

> *Le vrai patriote*
> *aime en chacun*
> *l'idée de patrie*
> *et respecte la patrie de chacun.*
> *Il ne s'agit pas d'internationalisme*
> *mais d'union des patries,*
> *pour arriver jusqu'à l'homme,*
> *afin qu'il prenne conscience*
> *de son « humanité »*
> *et des liens indestructibles*
> *qui l'unissent à ses semblables.*
>
> *L'âge de l'homme doit venir.*

Le thème d'union des patries est également cher au général de Gaulle. L'Église, et aujourd'hui encore Jean-Paul II, considère que la culture nationale est une bonne forme d'éducation à la conscience universelle ; les papes rendent fréquemment hommage à la culture des peuples auxquels ils s'adressent. Raoul Follereau n'a donc pas renié ses idées de l'avant-guerre.

Il évoque l'avènement d'un âge nouveau, que prépare l'ordre de la Charité. La petite taille de ce dernier ne gêne pas Raoul Follereau, qui

---

1. *L'Âge de l'homme*, publié par l'ordre de la Charité en 1948 ; cité dans *La charité sauvera le monde*, pp. 21 à 24.

sait qu'au cours de l'histoire les grandes révolutions de mentalités et de comportements sont parties de groupes très restreints. D'ailleurs, à cette époque, la fondation qu'il anime est plus connue que celle de Mère Teresa, créée presque au même moment. Raoul Follereau considère-t-il que l'Église va elle aussi connaître un âge nouveau et une organisation nouvelle ? Peut-être, mais il n'en parle pas. En tout cas, il croit à une progression de l'humanité. La vision un peu cosmique du texte n'est pas sans évoquer celle de Teilhard de Chardin. Raoul Follereau se situe-t-il dans la ligne des héritiers spirituels de Joachim de Flore ? Pas vraiment. Mais sa démarche s'inscrit dans une longue tradition de l'Église et de la pensée occidentale tout entière.

Il a conscience que de telles évolutions demandent des siècles d'action continue. Il sait que son action seule ne suffira sans doute pas à bouleverser immédiatement le cours des choses. Mais ajoutée à d'autres, elle doit permettre, en plusieurs générations peut-être, de nouveaux renversements de l'histoire. Raoul Follereau a une conscience très aiguë de ce que les historiens commencent alors à appeler la « longue durée. » Cette assurance le prémunit contre le découragement passager. Il se voulait avant la guerre agent d'influence de la France et de ses valeurs dans le monde. Il souhaite toujours exercer une influence, mais pour contribuer à ce profond changement des mentalités. Et désormais il s'adresse à l'opinion tout entière et non plus seulement à de petits cercles intellectuels. Il comprend que l'ère de la communication de masse est arrivée et que de nouvelles règles s'imposent pour diffuser une idée dans la société.

D'ailleurs les contre-révolutionnaires ont été très sensibles à l'importance des mentalités et à la diffusion des idées comme moteur de l'histoire. Ils ont découvert cela en essayant de s'expliquer les événements de la Révolution française et leur déclenchement. Ils ont aussi pris conscience du fait que l'histoire des mentalités suit une chronologie très différente de l'histoire politique ou diplomatique. C'est dans cette histoire que Raoul Follereau souhaite inscrire son action. Il n'est pas seul à vouloir intervenir, il le sait. D'autres le font au nom de tout autres idées. Mais il reste serein envers et contre tout, car il est convaincu que le christianisme ne peut mourir, lui qui a déjà surmonté tant d'épreuves, et qu'il est soutenu par Dieu, lui qui « a la force sereine et implacable du temps [1] ».

Raoul Follereau indique aussi dans son texte *L'Âge de l'homme* les étapes de ce changement des mentalités :

> *C'est donc de peuple à peuple,*
> *d'homme à homme,*
> *que les premiers liens*

---

1. *Op. cit.*

> *doivent être noués.*
> *Ce sont les gestes individuels,*
> *des millions de fois répétés,*
> *qui mettront enfin*
> *l'humanité en marche.*

Il parle des peuples et non des États ou des gouvernements, car il n'attend pas tout des États, au moment où pourtant, un peu partout dans le monde, leurs interventions dans la société se renforcent. Raoul Follereau propose une réflexion intéressante. Il pense que les associations et les personnes ne subissent pas l'histoire, qu'elles sont les mieux placées pour entamer des changements que les États devront ensuite entériner et enregistrer. Les peuples redeviennent des « moteurs de l'histoire », mais pas en tant que masse anonyme.

Follereau écrit cela alors que l'historien Pierre Renouvin, ancien combattant de la Première Guerre mondiale, commence à repenser les relations internationales à partir de la notion de « forces profondes ». Renouvin estime en effet que l'histoire diplomatique ne peut s'expliquer valablement si on oublie tout ce qui constitue la vie de la nation et sa puissance économique, sa cohésion sociale, ses valeurs, ses idéaux. Il montre que les associations, les groupes de pression, les courants religieux, certaines personnalités enfin, peuvent influer sur le cours de l'histoire autant et sinon plus que les tractations entre chancelleries. On retrouve là un peu l'approche de Raoul Follereau.

Raoul Follereau inscrit donc son action dans une perspective très large.

Il pense que la clé du succès réside dans une bonne articulation entre l'idéal et sa réalisation pratique.

Peu de personnes, même dans son entourage, comprennent dès l'abord tous ses objectifs lointains. En effet Raoul Follereau ne juxtapose pas des actions charitables « seulement » pour venir en aide aux plus malheureux de son temps. Il veut contribuer aussi à une nouvelle étape des révolutions de mentalités introduites par le christianisme dans le monde, passage essentiel selon lui pour que s'amorcent partout des changements politiques et diplomatiques appréciables. Selon lui, ces révolutions des mentalités sont un service que le christianisme rend au monde entier, toutes croyances confondues. Il ne s'agit pas d'étendre une domination autoritaire ou imposée par la contrainte ou les armes, mais de libérer les désirs profonds qui sommeillent au cœur de chaque homme et qui conduisent à cette révolution des mentalités. La lutte pour les lépreux n'est qu'un moyen au service de celle-ci, ou plutôt elle en est le signe annonciateur et la première application.

Toutefois, le décalage entre l'ampleur du projet et les moyens matériels dont bénéficie Raoul Follereau apparaît considérable. Celui-ci travaillera sa vie durant d'une manière assez artisanale. Il ne dispose pas alors de structure vraiment forte à l'échelle internationale [1]. Ses relais dans l'opinion sont assez limités, car il ne se veut pas lié aux autres mouvements d'Église. Les sympathies sont nombreuses, mais est-ce suffisant pour imprégner durablement les mentalités de tout un corps social ? D'ailleurs, Raoul Follereau n'a pas pu concrétiser tous les projets qui lui tenaient à cœur et que nous avons cités. Le temps lui manque et les moyens aussi. N'a-t-il pas le tort de voir trop tôt des démarches d'avenir ? La position du visionnaire est rarement confortable, même si l'avenir confirme ses intuitions initiales.

Raoul Follereau fut cependant, et reste aujourd'hui encore, un incomparable pourvoyeur d'idées, d'idées générales comme de suggestions pratiques [2]. De son vivant déjà, d'autres mettent en pratique certaines de ses suggestions. Ils ne le citent pas, mais il ne leur en tient pas rancune.

Raoul Follereau annonce, quinze ans avant Vatican II, de nouvelles démarches de l'Église. Plus qu'une action, ne propose-t-il pas une spiritualité adaptée au XXe siècle ?

---

1. Billy Graham, pendant ce temps, se sent appelé à porter dans le monde entier un message religieux. Ce prédicateur évangéliste américain forme une équipe de collaborateurs nombreux et efficaces. Lui aussi est passé de l'anticommunisme virulent à une démarche universaliste peu après la guerre. Ses moyens matériels sont plus importants que ceux de Raoul Follereau. Il est mondialement connu aujourd'hui.

2. Raoul Follereau n'a indiqué qu'une partie des projets qui lui sont venus à l'esprit. Ses proches racontent qu'il bouillonnait toujours d'idées et souvent, le matin, son entourage apprenait un projet nouveau qui était né en lui d'une manière parfois fortuite.

CHAPITRE VI

Le vagabond de la charité
(1948-1954)

DÉPASSER ADZOPÉ

La révolution apportée par les sulfones

En février 1948, Raoul Follereau entame son premier grand voyage de l'après-guerre, vers le continent américain de nouveau. Cette fois, il privilégie l'Amérique du Nord, et ce n'est qu'au bout de soixante-huit jours qu'il sera de retour à Paris, le 29 avril 1948 [1].

Il prononce soixante-cinq conférences au Canada et aux États-Unis, onze d'entre elles étant radiodiffusées [2], et recueille l'équivalent de deux millions de francs pour la construction d'Adzopé [3].

Lors de ce bref passage aux États-Unis, il ne fait qu'effleurer le pays ne fût-ce que parce qu'il ne parle pas l'anglais et s'exprime en français tout au long de ses conférences. Il porte un regard très critique sur l'Amérique et les façons de vivre de ses habitants. Il y est accueilli par les milieux français, comme l'ambassade à Washington et l'Alliance française à New York. Il revoit Louis Rougier et son épouse, qui vivent alors aux États-Unis [4]. À l'issue d'une conférence, un journaliste [5] le décrit comme le « Vagabond de la charité ». La formule lui plaît et elle lui restera attachée jusqu'en Europe.

Il parle à New York et à San Francisco. Toutefois il comprend qu'il ne touche pas vraiment l'opinion de ce pays et que, pour y parvenir, il lui fau-

---

1. *Mission de la France*, mai-juin 1948.
2. *Ibid.*, id.
3. *Ibid.*, id.
4. Témoignage de Mme Louis Rougier, recueilli le 18 septembre 1987.
5. Aucun des amis de Raoul Follereau ne se rappelle le nom du journal où l'expression fut utilisée pour la première fois.

drait déployer un effort considérable et de très longue haleine [1]. Il ne renouvellera pas l'expérience, préférant concentrer son énergie sur les pays francophones, latins ou du tiers monde et renonçant de fait au monde anglo-saxon. Il doit en effet repenser la géographie de ses contacts : avec la coupure du Rideau de fer, l'Europe de l'Est et des Balkans, où il se rendait volontiers avant la guerre, lui devient inaccessible.

Il reste plus longtemps au Canada. Il parle dans les principales villes et constate que des sections de l'ordre de la Charité se forment à Québec, à Montréal, à Ottawa, à Sherbrooke, à Joliette. La cause des lépreux est populaire dans ce pays et en particulier au Québec, où l'encadrement de la population par le clergé catholique reste très important.

Toutefois Raoul Follereau se sent un peu mal à l'aise en Amérique du Nord, dont la richesse des populations frappe le visiteur venu d'une Europe où les privations de la reconstruction ne sont pas encore un souvenir. Il trouve aussi que ces sociétés sont trop matérialistes, mais en fait il les connaît assez mal. On remarquera que l'abbé Pierre, en voyage au Canada, adressera le même reproche à ses habitants quelques années plus tard lors d'une intervention mémorable [2]. Les réticences vis-à-vis de l'Amérique du Nord ont été fréquentes chez les catholiques de la génération de Raoul Follereau.

Bien qu'il reste juridiquement dans le territoire des États-Unis, Raoul Follereau a l'impression de changer d'univers quand il se rend aux îles Hawaii, au cœur du Pacifique. Il atterrit à Honolulu et de là gagne une autre île, Molokai, où il est invité pendant toute une journée par les Pères de Picpus [3]. Molokai, c'est l'île où est mort le père Damien.

Il est frappé par la profusion de la flore dans cette île aux paysages enchanteurs. Et pourtant elle fut celle du drame et de l'enfer. La lèpre y était apparue en 1850 et le roi y relégua tous les lépreux des environs. Leur nombre varia de mille à trois mille cinq cents, et ils étaient traqués, parqués dans cette île devenue maudite. Molokai était devenue un univers de dégradation physique et morale. Les malades étaient abandonnés sans soins, se battaient ou se livraient à des désordres de tout genre. La dépravation devenait générale, la folie gagnait un grand nombre, les mères abandonnaient leurs enfants.

En 1873, les Pères de Picpus, émus de cette situation dramatique, cherchent un volontaire pour aller à Molokai. Un jeune prêtre flamand de trente-trois ans se présente, il s'appelle Damien De Veuster [4]. Il va vivre

---

1. Témoignage d'Aimée Altériet recueilli le 14 septembre 1987.
2. Pierre Lunel, *L'Abbé Pierre, l'insurgé de Dieu*, Éditions n° 1, 1990.
3. Récit de cette journée dans *Mission de la France*, juillet-août 1948.
4. Sur le père Damien, on pourra lire : Gavan Daws, *Nous autres lépreux*, livre diffusé par les fondations Follereau.

dans l'île. Il s'adresse aux lépreux comme à des hommes, il les soigne, il les met au travail, il leur parle surtout et il rebâtit le village où il apporte de l'eau et des fleurs. Peu à peu, les familles se reconstituent, les fous se calment, on assiste à un renouveau moral, et même la joie et la paix gagnent ceux qui étaient retranchés de la communauté des vivants bien-portants. Le père Damien est pourtant victime de mesquineries de la part de certains de ses supérieurs. Il attrape bientôt la lèpre, car il côtoie en permanence les malades, et il meurt en 1889. Mais un prêtre lui succède et l'élan d'amour donné est irréversible.

Un collier de fleurs au cou, Raoul Follereau se recueille longuement sur la tombe du père Damien. Une croix de marbre noir surmonte cette tombe où l'on peut lire, en lettres d'argent : « Mort martyr de sa charité. » Ce moment très fort renforce la vocation d'apôtre des lépreux de Raoul Follereau. Instant saisissant que celui où se rencontrent le père Damien, symbole de l'amour partagé avec les lépreux et les époux Follereau, qui vont entreprendre des initiatives au retentissement mondial en faveur de ces malades. Le père Damien vivait avec les lépreux, Raoul Follereau informe le monde entier de leur situation. Deux époques se rencontrent, deux formes de vocation pour une même charité, un même amour, une même volonté de servir les plus déshérités. Et toujours, en arrière-plan, la communion des saints, essentielle dans la vie de Raoul Follereau, qui ne se sent pas seul mais accompagné surnaturellement.

Lui et son épouse visitent ensuite l'hôpital, où sont soignés seulement les malades les plus atteints. Ils se souviennent du père d'Orgeval, qui a regagné la France après leur avoir consacré ses meilleures années. Il a appris à chanter aux malades, il les réconfortait sans cesse, veillait sur eux. Le père Patrick lui a succédé et œuvre dans la même direction.

Une vieille Canaque de soixante-quinze ans s'adresse à Raoul Follereau. Elle n'a ni mains ni pieds, ses joues et ses yeux sont rongés par la maladie. Elle est là depuis l'âge de dix-sept ans. Elle lui demande ce qu'il veut qu'elle lui chante. Plus loin, un lépreux sans doigts arrive à jouer de la guitare. Raoul Follereau s'émerveille. « Le père Damien est revenu », dit-il.

Raoul Follereau se rend pour la première fois à Adzopé en 1950, à l'occasion d'un voyage en Afrique noire. Il découvre avec émotion cette cité dans la forêt pour laquelle il dépense son énergie depuis tant d'années [1]. Depuis juillet 1950, sœurs et malades sont installés dans ce nouveau secteur. Avec son épouse, il passe la nuit à Adzopé, et à leur réveil, ils entendent chanter « Chez la mère Michel, y a du bon café... » Dans le dispensaire, sœur Flora fredonne en soignant les lépreux. Raoul Follereau contemple cette cité où ces derniers sont redevenus des hommes respectés et

---

1. Récit de cette visite dans *La seule vérité...*, tome II, p. 18.

aimés. C'est un peu comme une étape de sa vie qui s'achève. Le combat pour les lépreux aura-t-il été une simple période dans sa vie ? Va-t-il désormais s'occuper en priorité d'autres questions ? Un rebondissement inattendu l'amène au contraire à s'engager plus encore en leur faveur.

Raoul Follereau s'en repart le 2 mars 1950 vers l'Amérique et les Antilles pour un déplacement d'un peu plus de deux mois [1]. Il parle à la radio de New York, puis se rend par avion à Mexico. Il donne des conférences au Mexique, à Cuba, dans les Antilles françaises, puis visite plusieurs léproseries, notamment la Désirade à la Guadeloupe et l'Aracouany en Guyane française. À Cuba comme à Mexico, il est reçu par l'archevêque. Mgr Gay, évêque de la Guadeloupe, décide de supprimer le jour du vendredi saint le sermon traditionnel de la Passion pour le remplacer par un discours sur la charité prononcé par Raoul Follereau sur le parvis de la cathédrale. L'évêque de la Martinique met les églises de son diocèse à sa disposition.

Et en Martinique, Raoul Follereau rencontre le Dr Étienne Montestruc.

Les deux hommes ont presque le même âge. Originaire d'un milieu rural, Étienne Montestruc devient docteur en médecine à l'École de santé navale de Bordeaux. Trois mois plus tard, il part pour le Cameroun rejoindre l'équipe de Jamot qui lutte contre la maladie du sommeil. Frappé lui-même par la terrible maladie, il échappe de peu à la mort et doit retourner en Europe. Il repart pour le Cameroun, où il attrape de nouveau la maladie. Quand il revient, la maladie est vaincue, mais Jamot est disgracié. Le Dr Montestruc se bat pour la réhabilitation de Jamot. Sans succès.

En 1933, il part pour la Martinique. Directeur de l'Institut d'hygiène et de microbiologie, il y fonde un institut Pasteur, qu'il dirige de 1939 à 1963. Il commence son action dans un pauvre dispensaire avec des moyens très limités. Imposant, large d'épaules, un peu courbé, la voix sonore – les malades l'aiment comme un père à cause de son dévouement sans limite et de son désintéressement absolu. Pour eux, il est « papa Tienne ». « Bourru, cordial, grondeur et rieur à la fois, écrit Raoul Follereau, les orages qui grondaient parfois dans sa voix pour secouer un retardataire, un sceptique, un nonchalant, se terminaient toujours par un éclat de rire. »

Le Dr Montestruc est aussi un scientifique de tout premier plan. Il fera deux cent vingt-trois communications médicales pendant sa carrière, cent d'entre elles étant consacrées à la lèpre, dont il a découvert l'importance à son arrivée en Martinique [2]. Après 1945, le Dr Montestruc est reconnu

---

1. Les étapes de cette nouvelle tournée sont racontées dans *Mission de la France*, mai-juin 1950.
2. D'ailleurs, la Martinique est dans un triste état au lendemain de la guerre à cause de la rupture des communications avec l'extérieur.

comme une autorité médicale dans le monde entier. Il est au courant des recherches sur la lèpre menées dans le monde et, à Raoul Follereau venu lui rendre visite, il parle longuement des sulfones, qu'il commence à utiliser et qui, en autorisant les plus grands espoirs, posent le problème de la lèpre sous un aspect entièrement nouveau. Il s'agit de médicaments nouveaux, nés avec les antibiotiques, qui permettraient de guérir rapidement les malades atteints du fléau.

La sulfone mère ou D.D.S. a été synthétisée en 1908 par deux Allemands, Fromm et Wittmann[1]. En 1937, Fourneau, en France, et Buttle, en Angleterre, ont démontré son efficacité dans l'infection streptococcique de la souris. En 1938, le Pr Tréfouël, futur directeur de l'Institut Pasteur de Paris, et son épouse, créateurs de la chimiothérapie antimicrobienne, ont montré que les sulfones sont actives et ont des pouvoirs bactéricides élevés, surtout la sulfone mère. Mais la première sulfone proposée en thérapeutique humaine, le Rodilone, parut trop toxique et on s'apprêtait à renoncer à cet axe de recherche. En 1939 toutefois, Rist, de l'Institut Pasteur, attira l'attention sur les propriétés antituberculeuses des sulfones.

En 1941, au centre de recherche sur la lèpre de Carville en Louisiane, Faget, constatant les analogies entre le bacille de Hansen et le bacille de Koch, celui de la tuberculose, eut l'idée d'essayer les sulfones chez les lépreux ; il connaissait en effet les travaux de Rist. Comme il savait que les sulfones sont toxiques, il utilisa un produit dérivé, le Promin, qu'il fit administrer par voie veineuse à un malade.

L'épouse de ce malade, Betty Martin, a raconté cette aventure dans un livre publié en 1951 à New York sous le titre de *Miracle à Carville*[2]. Elle avait fini par perdre tout espoir, tant on avait essayé, sans succès, de produits nouveaux qui devaient permettre une amélioration de l'état de son mari. Ce dernier était atteint d'une forme lépromateuse, la plus grave, et souffrait en plus d'éléphantiasis des membres inférieurs. Le Promin fut cependant administré. Rapidement, la fièvre du malade dépassa les 40° et son visage enfla et devint de plus en plus rouge. Le traitement fut alors arrêté mais, après une semaine, quand le malade se releva, l'inflammation disparut et on constata que les ulcères lépreux étaient en voie de cicatrisation. « Nous comprîmes que nous avions eu notre miracle », écrit Betty Martin.

Ce résultat bouleversa les chercheurs, qui n'osèrent se réjouir trop tôt. Le même traitement administré à d'autres malades confirma le premier succès. Toutefois le médicament entraînait des réactions importantes, il coûtait cher et sa fabrication était très complexe. Les instituts Pasteur d'Amérique centrale et de Guyane – notamment le Dr Floch en Guyane –

---

1. Raoul Follereau retrace cette grande aventure scientifique dans *Mission de la France* en 1950.

2. Livre cité par le Dr Christian Malet dans sa thèse de médecine : *Histoire de la lèpre et de son influence sur la littérature et les arts*, Paris, 1967.

furent vite au courant de ces résultats et commencèrent à administrer des médicaments, dérivés disubstitués des sulfones (Promin, Diasone, et même Sulphétrone et Cimédone), en essayant de les améliorer. À Paris, au lendemain de la guerre, les époux Tréfouël montrèrent que la sulfone complexe n'agit que par la sulfone mère, le D.D.S. En simplifiant la préparation du médicament, les chercheurs français vont parvenir au Disulone, très efficace, peu coûteux et très peu dangereux.

Il est essayé aux Antilles, où le Dr Montestruc est l'un des tout premiers à l'administrer en grande quantité aux malades, et les résultats sont très concluants, à condition que le traitement soit régulièrement suivi, ce qui est le cas en Martinique, où le quadrillage sanitaire est redevenu satisfaisant. Dans le monde, plusieurs équipes travaillent en parallèle vers 1948 : le Dr Montestruc, mais aussi les Français Floch à Cayenne et Chaussinand à Paris (le Dr Chaussinand avait séjourné auparavant à Saigon), les Britanniques Cochrane à Madras et Lowe à Uzuakoli, l'ex-empire des Indes comptant le plus grand nombre de lépreux dans le monde. En 1950, le Dr Montestruc peut présenter à Raoul Follereau les premiers lépreux entièrement guéris.

Cela change toutes les données du problème. Vaincre la lèpre semble désormais possible.

Raoul Follereau rencontre également, de manière plus brève, le Dr Hervé Floch. Sa vie aussi est une épopée [1].

Ce médecin est arrivé à Cayenne le 30 décembre 1938 avec sa femme et ses deux enfants, sous une pluie battante. Comme personne ne les attendait, ils gagnèrent une maison abandonnée où ils trouvèrent seulement une armoire vide. Seuls des lépreux s'installaient de temps en temps dans cette maison. La nuit, il leur arrivait d'assiéger la maison et le Dr Floch les vit souvent jeter leurs pansements saturés de sang et de pus à la mer ; il se promit d'établir dans ce taudis au milieu d'un désert un institut Pasteur et de ne jamais oublier les lépreux. Ce double pari sera tenu.

Pendant la guerre, le Dr Floch ne recevait plus aucune aide de Paris. Il parvint à faire face grâce à son ingéniosité, en utilisant les maigres moyens à sa disposition. En 1943, une épidémie de diphtérie frappa la région et il dut fabriquer le vaccin à partir de souches, avec un vieil autoclave et une pompe à main. Il vaccina ainsi trois mille personnes.

Au lendemain de la guerre, il va consacrer une grande partie de son énergie à la lutte contre la lèpre. En 1947, il rencontre à Paris le Pr Tréfouël et le Pr Rist et envisage avec eux le traitement des lépreux avec la sulfone mère. Il l'utilise dès 1948 en Guyane et, comme le Dr Montestruc, en préconise l'emploi systématique chez les malades atteints de la lèpre. Il communique, avec son collaborateur, le Dr Destombes, les résultats de son expérience, le 4 octobre 1949, devant l'Académie de médecine.

1. Racontée par Raoul Follereau dans *Mission de la France*, septembre-octobre 1953.

Par ailleurs, le Dr Montestruc comme le Dr Floch confirment à Raoul Follereau ce que celui-ci a déjà entendu de nombreux missionnaires et médecins dans le monde entier : la lèpre est très peu contagieuse. Les risques seraient pratiquement inexistants. Information capitale elle aussi. Ces médecins répugnent aux mesures d'enfermement systématique dont les lépreux sont l'objet dans certaines régions du monde.

Raoul Follereau apprend aussi que l'on envisage la vaccination préventive de la lèpre par le B.C.G., en raison des ressemblances constatées entre le bacille de Hansen et le bacille de Koch. Le Dr Chaussinand travaille en ce sens, même si l'on reste encore réservé quant à l'efficacité d'une telle méthode.

Le Dr Chaussinand souhaite ainsi préserver les enfants, car il constate que presque la moitié des malades contaminés le sont avant l'âge de quinze ans [1]. Faut-il vraiment séparer les enfants des parents malades ? C'est aussi parce qu'il souhaite la fin de telles mesures que le Dr Chaussinand porte un tel intérêt à la question.

Une chose est sûre cependant : de nombreux chercheurs et médecins de grand talent s'intéressent de plus en plus à cette maladie.

Raoul Follereau garde des contacts étroits avec le Dr Montestruc, qui l'introduit auprès des principaux scientifiques engagés dans la lutte contre la lèpre, en France pour commencer. Vite apprécié de ces savants, il entre en contact avec eux à un moment exceptionnel.

Ils sont en train d'accomplir des progrès décisifs après des années de recherches apparemment infructueuses. Des relations étroites se sont nouées entre les hommes de laboratoire et les hommes de terrain.

Par ailleurs, les actions de terrain auxquelles assiste Raoul Follereau s'effectuent dans des conditions plutôt favorables. À la Martinique, les déplacements restent limités, la population peu nombreuse – si on la compare aux provinces de l'Inde à la même époque –, et les contrôles sont relativement efficaces. De plus, l'appui des pouvoirs publics est important : la France paie cette politique sanitaire. Les succès obtenus face à d'autres maladies, les vaccinations et l'alimentation assez satisfaisante des populations permettent de consacrer un temps et des moyens considérables à la lutte contre la lèpre, une maladie qui, ailleurs, est souvent négligée car, si elle ronge, elle ne tue pas et les risques de contagion restent, nous l'avons vu, très limités. Mais rien ne serait possible sans la détermination d'hommes exceptionnels par leur compétence comme par leur générosité.

Raoul Follereau informe dès qu'il le peut ses lecteurs et donateurs. Il publie dans son bulletin *Mission de la France* un important éditorial dans

---

1. Le Dr Chaussinand est l'un des léprologues les plus réputés alors. Raoul Follereau ne se contente pas de lire ses publications, il le rencontre à Paris. Quand ? Nous ne le savons pas précisément.

le numéro de mai-juin 1950, sous le titre « Et la lèpre sera vaincue [1] ». En voici les passages les plus significatifs :

Tous les léprologues du monde vous l'affirment : la lèpre, dans son état actuel et dans la plupart des pays où elle sévit encore, est relativement peu contagieuse...

La lèpre est moins contagieuse, et pas plus répugnante, que la tuberculose, la syphilis ou le cancer...

Donc aucune raison de condamner a priori le malade à l'isolement, moins encore de le chasser de la société...

Le lépreux est un malade comme un autre...

Est-ce à dire que les villages d'isolement, tel notre Adzopé, deviendront inutiles ? Hélas non ! Car dans l'état actuel du problème, nombre de lépreux, lorsqu'on les découvre, sont gravement contagieux. Leur maladie, faute de soins, a évolué. Ils ont besoin de traitements parfois difficiles, et qui exigent un contrôle quasi quotidien. Ils doivent être éloignés et surveillés...

Mais, répétons-le, cette solution n'est nécessaire que dans des cas limités, et qui deviendront de plus en plus rares si la maladie peut être traitée à son début.

Cela dépend moins encore des malades que du sort qu'on réserve aux malades.

Donc, de nous...

Si le lépreux ne se sentait pas un être traqué, maudit de tous, si l'égoïsme et la frousse des « bien-portants » (qu'ils disent !) n'avaient pas fait de la lèpre une maladie honteuse, le malade se ferait connaître. On le soignerait chez lui, la plupart du temps, sans qu'il renonce à son emploi ; on éviterait ainsi qu'il devienne contagieux, et dans beaucoup de cas, on le guérirait...

Et c'est là où, à l'appel de la Science doit accourir la Charité...

De nouveaux médicaments viennent d'être mis au point. Dans leur communication du 4 octobre dernier, à l'Académie de médecine, les Drs Floch et Destombes en ont dit l'efficacité. À l'Institut Pasteur de Fort-de-France, ce grand savant, ce grand cœur qu'est le Dr Montestruc m'en a fait d'éclatantes démonstrations.

Ces médicaments sont – enfin ! – relativement bon marché. La cure annuelle que devra suivre le malade reviendra à 1 200 francs. Cent francs par mois pour sauver un lépreux ! Non seulement pour l'arracher à la mort, mais pour lui redonner la vie... Qui donc se priverait de cette joie ?

Nous l'offrons aujourd'hui, cette joie, à nos amis, nous leur demandons de nous aider, de nous faire aider, de nous donner le moyen, et les moyens, de poursuivre cette campagne et de l'intensifier.

Si nous le voulons tous, si nous nous attachons tous à cette croisade qui consiste non seulement à soigner le lépreux, mais à le réhabiliter, une immense espérance naîtra dans le cœur de millions de pauvres gens. Ils sortiront de leur brousse, de leur tanière, et de leur désespoir.

---

1. Publication figurant dans les archives des fondations Follereau à Paris.

La Science les soignera. La Charité les sauvera.
Et dans cinquante ans, la lèpre sera vaincue...

Dans cinquante ans, c'est-à-dire en l'an 2000. L'objectif semble alors très raisonnable.

Raoul Follereau annonce donc au grand public les résultats récents de la science. Le vocabulaire est à la fois sobre et expressif (« tanière »). Raoul Follereau joue des oppositions vie, mort...

Il présente dans un langage clair un problème très compliqué. Il sert de relais entre les savants et l'opinion. Il ne se prend pas pour un savant. Il prend le temps de les écouter et il leur pose des questions. Les médecins apprécient cette attitude. Raoul Follereau comprend toutefois que la découverte du « médicament miracle » ne suffit pas. Il sait le poids des mentalités à transformer dans le monde entier. En cela, il se révèle homme de santé publique. Il comprend que celle-ci ne peut rester seulement une affaire de médecins. Si la science est présentée comme une bienfaitrice, elle ne peut suffire à résoudre seule le problème. Raoul Follereau pense que la charité reste décisive, car le problème est autant culturel et social que physiologique, même si la science, par son efficacité nouvelle, permet d'envisager une évolution des mentalités.

Raoul Follereau se trouve au cœur d'une extraordinaire aventure scientifique et sanitaire comme le monde et l'Europe en ont peu connu au cours du siècle précédent. Il ne peut se contenter de rester spectateur. Son tempérament le pousse à devenir acteur. Acteur à sa façon, car il n'est ni lépreux, ni médecin. Il invente donc son rôle dans la bataille contre la lèpre. Et c'est au moment où il aurait pu se retirer, après le succès d'Adzopé, qu'il s'engage de plus belle. Car il a appris que la lèpre est à peine contagieuse et surtout qu'elle est guérissable, ce qui rend inutiles les cruelles mesures d'exclusion dont sont victimes les lépreux dans le monde. Il ne s'agit pas d'un engagement idéaliste pour la seule dignité de l'homme, mais d'un combat pour faire triompher les acquis de la science et de la rationalité face aux superstitions qui font du lépreux un maudit. Raoul Follereau apôtre de la charité devient aussi apôtre de la médecine scientifique. Son argumentation s'appuie désormais sur la raison et la logique autant que sur le sentiment et la compassion [1].

Il reste très pratique. Il évoque le prix du traitement, qu'il s'efforce de présenter simplement, mais pas le coût et la durée d'une guérison, car personne n'en sait rien, et il ne veut dire mot dans ce premier article des incertitudes des médecins. Il sait toutefois que rien n'est encore entièrement sûr. En 1953, en introduisant son livre *Tour du monde chez les lépreux*, il écrit :

---

1. Les Églises mènent aussi une action très importante dans la diffusion des acquis de la médecine scientifique.

Aujourd'hui, l'action des sulfones et spécialement d'une sulfone mère, la Disulone, mise au point et préparée par un laboratoire français, semble devoir bouleverser toute la thérapeutique de la lèpre.

La Disulone s'appelle en réalité la diamino-4-4'-diphénylsulfone.

La Disulone et plus généralement les sulfones mères guérissent-elles la lèpre?

Eh bien je n'en sais rien! Et personne n'en sait rien. La lèpre est une maladie bizarre, avec des flux et des reflux, d'étranges retraites stratégiques et des offensives foudroyantes. Il faudra encore plusieurs années d'expérience pour affirmer: « La lèpre est vaincue. »

Mais ce qui est certain, c'est que grâce à l'action des sulfones mères, il est maintenant possible de soigner efficacement le lépreux et de le rendre non contagieux.

Ce que j'ai vu récemment en Afrique, puis en Asie et en Océanie, m'a confirmé cette victoire.

En s'engageant ainsi, Raoul Follereau fait donc un pari. Les savants eux-mêmes ne savent encore s'ils peuvent attendre tout des sulfones. Ils hésitent d'autant plus que nombre de leurs grands espoirs des années précédentes ont été déçus. Follereau reste en contact permanent avec les chercheurs pour être informé des résultats nouveaux de leurs recherches. Mais, pour convaincre le public, il doit parler avec assurance. Il choisit toutefois, le texte de 1953 le montre bien, de jouer la franchise et la transparence avec ses lecteurs et auditeurs. C'est pour cela d'ailleurs qu'il jouit de leur confiance.

En 1950 donc, Raoul Follereau dispose des bases scientifiques et spirituelles nécessaires pour lancer une vaste campagne d'opinion dans le monde, afin de soigner et réhabiliter les lépreux.

Des épreuves

Plusieurs épreuves touchent Raoul Follereau.

La duchesse de Vendôme disparaît en 1948. Elle lui portait une affection maternelle et avait encouragé et soutenu toutes ses initiatives. Elle l'avait souvent reçu en Savoie. Peu avant de mourir, elle lui écrivait : « Que Dieu vous garde et vous protège en ces voyages qui sont un apostolat magnifique... Mes pensées et mes prières vous y suivront [1]. » Mais pour Raoul Follereau sa mort ne signifie pas sa disparition : « *Que de son ciel tant mérité, elle nous aime encore, nous bénisse et nous guide...* [2] ».

---

1. Cité par Raoul Follereau dans *Mission de la France*, mai-juin 1948.
2. *Ibid.*

Maurras meurt le 6 novembre 1952. Nous avons vu qu'il avait été un maître à penser pour le jeune Raoul Follereau et presque un père spirituel. Certes Raoul Follereau n'approuve pas tout des écrits et interventions de Maurras, mais il l'a connu et rencontré à plusieurs reprises.

Maurras, emprisonné de 1945 à 1952, n'avait rien perdu de sa fougue. La violence d'un article paru en mars 1952 dans *Aspects de la France,* où il réclamait l'exécution de François de Menthon, ministre de la Justice responsable de l'épuration au moment de la Libération, avait même entraîné un débat à l'Assemblée mais n'avait pas suscité une véritable émotion dans l'opinion, le nom de Maurras étant moins chargé de passions pour les jeunes générations [1]. Sa mort passe relativement inaperçue en France, où le gouvernement interdit une réunion organisée salle Pleyel en hommage à son action. En revanche, les radios de Genève et de Montréal lui rendent hommage. Tout comme la presse espagnole et portugaise, régime politique oblige.

Raoul Follereau n'évoque pas la mort de Maurras, car il est devenu très prudent politiquement. Il a cependant gardé une réelle estime pour l'esthète et le poète, puisqu'il demandera qu'une phrase de la *Balance intérieure* [2], un recueil de poèmes composé par Maurras au soir de sa vie, soit gravée sur sa tombe.

Maurras disparu, Raoul Follereau retrouve peut-être inconsciemment une plus grande liberté intellectuelle. Il invente davantage encore sa propre démarche intellectuelle, en s'ouvrant de plus en plus aux problèmes universels.

Raoul Follereau connaît une tristesse d'un autre ordre à propos de ses engagements en faveur de Charles de Foucauld.

Nous avons vu que les Petits Frères et plusieurs héritiers spirituels de Charles de Foucauld déploraient les engagements politiques des fondations Charles-de-Foucauld avant la guerre.

Pourtant, un article fort élogieux paraît au début de l'année 1946 dans les *Cahiers Charles de Foucauld.* Ce bulletin riche en documents et en témoignages dispose d'un rayonnement important dans le monde des héritiers spirituels de Charles de Foucauld [3]. L'article loue les multiples initiatives caritatives de Raoul Follereau et de ses fondations Charles-de-Foucauld.

Alors Louis Massignon prend la plume et sa réponse paraît le 8 septembre 1946 dans le même bulletin. Parlant de Raoul Follereau, il dit :

Je ne conteste pas l'excellence de ses intentions, mais j'estime que rien ne l'autorise à assumer le nom de « Foucauld », ni le nom des « fondations Foucauld » au pluriel, l'investissant du monopole du ravitaillement matériel des

---

1. Eugen Weber, *L'Action française, op. cit.*
2. « Seigneur, endormez-moi dans votre Paix certaine. Entre les bras de l'Espérance et de l'Amour. »
3. Documentation aimablement communiquée par le père Sourisseau.

œuvres religieuses remontant, elles, authentiquement, à la spiritualité du père de Foucauld. L'ambiguïté de ce titre est choquante. Que « Foucauld » serve d'étiquette, d'appellation d'origine à une marque de cigares, de cognacs, ou même à un paquebot, personne ne peut s'y tromper. Mais, pour organiser parmi les fidèles des « fondations Foucauld », il faut produire, à défaut d'une exécution testamentaire, la preuve d'un lien de conformité spirituelle. Ce qui n'est pas le cas ici.

En attendant que l'autorité ecclésiastique soit saisie de la question, je me sens tenu de protester, comme membre du groupe des quarante-neuf premiers associés à la prière du père de Foucauld, et comme membre du conseil de l'association autorisée par le cardinal Amette le 10 septembre 1919.

Louis Massignon (1883-1962) n'est pas n'importe qui. Universitaire, islamologue, on le considère comme l'un des plus grands orientalistes de ce siècle. Il a bien connu Charles de Foucauld. Bien que marié, il s'emploie, à la mort de l'ermite de Tamanrasset, à faire vivre l'association et le compagnonnage voulus par ce dernier. Il s'adresse aux autorités ecclésiastiques pour que soient rédigés et approuvés les statuts de l'association Charles-de-Foucauld. Il prend contact avec René Bazin pour que ce dernier rédige une biographie sur le père de Foucauld, et on en connaît le succès. Si Foucauld est sorti de l'oubli, c'est très largement à Massignon qu'on le doit [1].

Par ailleurs, Massignon est un homme très engagé dans les combats de son temps. Il est l'un des cofondateurs du comité France-Maghreb et le président de l'Association des amis de Gandhi. Il tient pour essentiel un dialogue entre l'Occident et l'Orient et poursuit une profonde aventure spirituelle et mystique qui le conduit en 1950 à l'ordination sacerdotale dans le rite catholique oriental, ou melchite.

Raoul Follereau a dû souffrir de cette intervention car elle émane d'un homme de qualité. Mais il ne se tient pas pour battu. Il ne dit mot de ces querelles dans son bulletin, et en 1947 il obtient de Pie XII une bénédiction apostolique pour les fondations Charles-de-Foucauld [2].

Et il poursuit ses initiatives pour le rayonnement de Charles de Foucauld et de son message.

Le 25 juin 1948, il remet à Mgr Aubé, recteur de la basilique du Sacré-Cœur de Montmartre un chèque de cent quarante mille francs pour l'érection d'un vitrail dans ce sanctuaire [3]. L'adoration eucharistique et le culte du Sacré-Cœur sont en effet liés à la spiritualité du père de Foucauld. Celui-ci portait sur lui l'emblème d'un cœur surmonté d'une croix pour signifier la tendresse divine. Par ailleurs, il aimait prier en ce lieu où il avait fait poser des ex-voto.

---

1. Michel Lafon, *Vivre Nazareth aujourd'hui : la famille spirituelle de Charles de Foucauld*, Le Sarment-Fayard, collection « Des chrétiens-Servir », 1985.
2. Nous ignorons le détail des tractations qui ont abouti à cette bénédiction.
3. *Mission de la France,* juillet-août 1948.

Durant l'été 1948, Raoul Follereau fait émettre quatre vignettes en héliogravure représentant le père de Foucauld, son ermitage de Beni Abbes, sa tombe, l'église d'El-Goléa et la chapelle d'Adrar [1]. Ces deux derniers édifices ont été construits grâce aux fondations Charles-de-Foucauld. Raoul Follereau appelle cette nouvelle campagne « le timbre Charles de Foucauld, [pour] le rayonnement de la pensée chrétienne et française [2] ».

Par ailleurs, il continue à soutenir matériellement et financièrement ceux qui poursuivent véritablement l'œuvre charitable du père de Foucauld », le père Peyriguère par exemple [3]. Il fait aussi célébrer des messes partout où il peut à l'occasion des dates anniversaires et d'opportunités de toute sorte. Il en a fait dire des milliers dans le monde entier depuis 1936, il a prononcé des conférences sur tous les continents au sujet de l'ermite de Tamanrasset et il poursuit inlassablement ses démarches à Rome pour obtenir sa canonisation.

Cependant, Raoul Follereau élargit sa perspective en 1948 avec l' « ordre de la Charité », dont le titre éclipse bientôt celui de « fondations Charles-de-Foucauld ». Raoul Follereau s'en explique dans son dernier bulletin de l'année 1948 : « Le rayonnement sans cesse grandissant de notre œuvre vient de nous imposer d'élargir notre titre. L'ordre de la Charité demeure plus que jamais fidèle à celui qui fut depuis quinze ans son protecteur et son guide. Bien plus, nous avons conscience, en étendant notre action au soulagement de toutes les détresses, de satisfaire davantage encore aux consignes de celui qui aimait à s'appeler le " Frère universel [4] ". »

Raoul Follereau insiste donc plus sur l'action charitable que sur le message mystique de Charles-de-Foucauld.

Dans le même numéro de son bulletin, Raoul Follereau précise sa position par rapport aux autres héritiers du père de Foucauld :

Quelques-uns de ceux qui s'agitent aujourd'hui autour du nom du père de Foucauld semblent oublier notre activité, voire notre existence, avec une persévérance qui pourrait à la longue passer pour du parti pris.

Plusieurs groupements se réclament aujourd'hui du Frère universel. D'autres, si nous sommes bien renseignés, sont en train de naître.

Nous ne voyons rien là que de très naturel. Nous n'avons jamais prétendu monopoliser le père de Foucauld, pas plus que nous ne tolérons que d'autres ne le monopolisent.

Aussi, c'est d'un cœur très sincère que nous souhaitons la bienvenue à ces

---

1. *Ibid.*
2. *Ibid.*
3. En 1966, dans *La seule vérité, c'est de s'aimer*, tome I, p. 75 à 77, Raoul Follereau cite des lettres chaleureuses que le père Peyriguère lui envoie : lettres du 17 décembre 1950, du 26 novembre 1951, du 12 octobre 1954. « Ses lettres continuent à illuminer ma vie », écrit-il en conclusion.
4. *Mission de la France*, novembre-décembre 1948.

nouvelles initiatives en formant le vœu qu'elles travaillent à faire connaître le père de Foucauld et son message de charité avec autant de succès que nous et, bien entendu, avec le dévouement et le désintéressement dont nous avons depuis quinze ans donné l'exemple.

On le voit, Raoul Follereau est un peu attristé de la mise à l'écart dont il fait l'objet mais il ne veut pas s'engager dans une polémique néfaste à la mémoire de son héros.

On peut en tout cas constater qu'aujourd'hui il n'est guère cité parmi ceux qui ont contribué au rayonnement du message de Charles de Foucauld.

Il continue cependant à parler de lui lors de conférences importantes, comme celle qu'il prononce le 1ᵉʳ décembre 1953, au Cercle militaire, sous la présidence du maréchal Juin. Mais, pris par ses conférences sur la lèpre, il parle moins souvent du père de Foucauld.

En novembre 1955 à Beni Abbes, l'Association Charles-de-Jésus-Père-de-Foucauld est constituée. Elle prolonge l'ancienne association mise en place par Massignon et, entre autres buts, elle entend « défendre la mémoire de Charles-de-Foucauld et le sens de son message contre les déformations auxquelles ils sont exposés ». C'est l'époque de la douloureuse décolonisation de l'Afrique du Nord et le souvenir de Charles-de-Foucauld est utilisé pour justifier les attitudes les plus diverses. Les amis de Massignon veulent imposer la vision d'un père de Foucauld vivant dans le silence et la discrétion, tourné vers une démarche toute spirituelle et ouvert à la dimension universelle, de préférence à celle d'un père de Foucauld héraut de la France chrétienne chargée d'une mission colonisatrice. Ils se méfient de Raoul Follereau, craignent qu'il ait mal compris le message de Charles-de-Foucauld et ne l'utilise pour un activisme nationaliste [1].

On trouve cependant dans les derniers numéros des *Cahiers Charles-de-Foucauld* des mentions de l'œuvre de Raoul Follereau. Il s'agit souvent de reprises de textes déjà publiés par lui [2] :
– Troisième trimestre 1954 : huit pages où Raoul Follereau présente Adzopé.
– Premier trimestre 1955 : huit pages sur « L'ordre de la Charité et la bataille de la lèpre ».
– Deuxième trimestre 1956 : sept pages sur « La France, le pays des missionnaires ». Il s'agit d'un discours prononcé le 13 mai 1956 aux arènes de Lutèce, sur la vocation chrétienne de la France, alors que la décolonisation commence au Maroc et en Tunisie et que la guerre d'Algérie est engagée...
– Troisième trimestre 1956 : six pages à propos de « L'Église chez les lépreux ».

---

1. Nous n'avons pas trouvé trace de textes mettant directement en cause Raoul Follereau dans les documents que nous avons étudiés.
2. Recensions effectuées sur l'ensemble des bulletins par le père Sourisseau, que nous tenons à remercier ici.

Aucun de ces textes ne concerne le père de Foucauld. N'y sont évoquées que les œuvres de Raoul Follereau. Les *Cahiers Charles-de-Foucauld* avaient tendance à rattacher Charles-de-Foucauld à l'aventure coloniale. Ils cessent de paraître en 1956 et sont remplacés par les *Amitiés Charles-de-Foucauld*.

Mais l'œuvre de Raoul Follereau en faveur des lépreux et toute son action ultérieure seront saluées par les Petits Frères et les autres héritiers du père. Le père Voillaume ne cache pas son estime et son admiration pour ce combat. Il pense que Raoul Follereau a connu une « évolution » depuis les années trente, une évolution qui pourrait être assimilée à une forme de conversion.

Mais l'épreuve la plus inattendue vient un peu plus tard : Mère Eugenia quitte les Sœurs de Notre-Dame-des-Apôtres et la vie religieuse.

Nous disposons de très peu de documents sur cette affaire. Les proches collaborateurs de Raoul Follereau présentent eux-mêmes des versions un peu différentes mais toujours imprécises des événements.

Lui-même ne parle à aucun moment de cette crise dans son bulletin ou dans ses livres.

Il semble qu'Adzopé a un peu perturbé la vie de la congrégation. Un effort énorme a été accompli pour cette œuvre prioritaire au détriment peut-être des autres missions à mener. La mère Eugenia a voulu s'installer en permanence à Adzopé en exerçant une autorité totale sur le village. Par ailleurs, elle se serait sentie investie d'une mission importante. On a parlé de visions et de messages mystiques. Elle quitte la congrégation vers le milieu des années cinquante, semble-il.

Elle se serait ensuite installée en Italie, son pays d'orgine, où elle aurait fondé une communauté avec des laïcs. En fait, on perd sa trace, et plus tard Jean XXIII et Raoul Follereau parleront d'elle au cours d'une de leurs conversations [1], sans savoir ce qu'elle est devenue. Le mystère demeure, et les raisons véritables de son départ ne sont pas claires.

Il nous semble que l'explication par la lassitude devant l'ascèce religieuse n'est pas très sérieuse. Cette crise est peut-être la manifestation d'un mouvement plus général, dont l'abbé René Laurentin rend compte dans son livre *Multiplication des apparitions de la Vierge aujourd'hui* [2].

Les apparitions se sont multipliées après celles de Beauraing (1932) et de Banneux (1933) [3], en particulier pendant la guerre et après la guerre. Le futur cardinal Ottaviani et le Saint-Office cherchent à endiguer ce flot de mysticisme qui touche les congrégations de religieuses mais aussi les laïcs. « Chrétiens, ne soyez pas si prompts à vous émouvoir ! » écrit le prélat dans *L'Osservatore romano* du 4 février 1951. Les démarches très mystiques, comme celle du padre Pio, sont alors suspectes. Des procès de cano-

---

1. D'après Aimée Altériet, qui ne peut préciser la date.
2. Livre paru chez Fayard en 1988. René Laurentin développe ce thème pp. 18 à 37.
3. Nous reprenons les informations données par l'abbé Laurentin dans son livre.

nisation de mystiques sont suspendus, telle celle de la sœur Faustina (mais Jean-Paul II a fait reprendre cette cause). Aucune apparition n'est reconnue officiellement. Les sanctions ne touchent pas seulement les mystiques en ce milieu des années cinquante. Les prêtres ouvriers ou la J.E.C. en savent quelque chose. En même temps, au nom de la démythologisation, les théologiens ont tendance à rejeter le surnaturel jusque dans les Évangiles. Entre l'approche juridique des autorités et les critiques des « spécialistes » des sciences humaines, les apparitions n'ont pas de place, d'autant que la direction spirituelle et son art rigoureux du discernement commencent à être oubliés. « La dévaluation des apparitions atteignit son paroxysme dans les années 1950-1980 », écrit René Laurentin, qui ajoute : « Le sens prophétique et le sens du discernement se sont émoussés dans l'Église[1]. »

Raoul Follereau est bouleversé par cette affaire. Elle le touche d'autant plus que Mère Eugenia est à l'origine de sa vocation d'apôtre des lépreux. Elle lui semblait presque incarner la femme idéale par sa force intérieure et sa douceur. Il ne comprend pas. Mais sa souffrance reste encore une fois muette. Les grandes souffrances de Raoul Follereau ont toujours été muettes.

Le départ de Mère Eugenia jette la suspicion sur toute la congrégation. La hiérarchie enquête sur les sœurs. L'ordre devient presque suspect. Adzopé est même menacé. En fin de compte, tout se poursuit « normalement » à la cité des lépreux. Avec Raoul Follereau, Adzopé était devenue célèbre dans le monde entier, et sa fermeture ou le départ des sœurs aurait provoqué une émotion internationale. Et de plus, dans l'ombre, un homme a joué un rôle décisif pour sauver une nouvelle fois Adzopé : le Dr Aujoulat. Il connaît les milieux du Vatican, mais il peut aussi défendre l'œuvre des religieuses avec des arguments de médecin et de responsable de la santé publique, car il exerce alors des fonctions ministérielles[2].

Cette crise ébranle la congrégation, mais celle-ci poursuit son œuvre, à Adzopé comme ailleurs. Le récit en deux volumes du parcours de la mère Eugenia à travers l'Afrique pendant la guerre pour visiter ses missions est le seul texte de Raoul Follereau[3] que les fondations ne rééditeront pas, car il est centré sur la personnalité de la supérieure.

Nouvelles prises de conscience

En 1949, Raoul Follereau publie un texte de huit pages, diffusé à des centaines de milliers d'exemplaires et qui sera traduit en quinze langues : *Bombe atomique ou charité*[4] ?

En voici les passages les plus importants :

---

1. *Ibid.*
2. Témoignage de M. Jean-Marie Aujoulat, recueilli le 11 février 1988.
3. Pour les textes parus après la guerre, s'entend.
4. Texte déposé aux archives des fondations Follereau à Paris.

Au moins maintenant, c'est simple.
Ou les hommes vont apprendre à s'aimer...
Ou les hommes disparaîtront,
tous,
et tous ensemble...

Caïn ne pouvait tuer qu'Abel...
Puis le progrès est venu,
et le progrès est devenu une immense machine à assassiner.
Demain un homme, un seul,
la folie d'un homme seul peut anéantir
l'humanité tout entière...

Dieu a permis que l'homme apprît à désagréger l'atome,
et l'a laissé libre d'en faire
ce que lui conseillerait son cœur.
Si l'homme le veut, c'est, à son service, une source inépuisable
d'énergie et de chaleur.
Plus personne n'aura froid.
Bientôt plus personne n'aura faim.
Mais si l'homme le veut aussi,
c'est la dispersion de la Terre,
la disparition de l'espèce humaine.
Sur l'arbre de la science du bien et du mal, quel fruit va cueillir l'homme ?

Quoi qu'il en soit,
l'âge atomique, c'est la fin d'un monde :
celui où chacun vivait pour soi, ne songeait qu'à soi,
et s'était construit un petit univers hypocrite et « bien-pensant ».
C'est la fin de ce monde-là,
ou c'est la fin du monde...

La Charité contre la bombe atomique :
voilà la guerre qui commence.
Et c'est une lutte suprême.
Car seule la charité est capable d'anéantir la bombe atomique dans le cœur
de l'homme...
Parce que la bombe atomique ressemble à la charité.
Sa force effroyable, c'est de ne pas s'arrêter sur la route de la mort...
Ainsi, de la Charité.
Une bonne action, un geste de fraternité vraie crée de la joie.
Et de cette joie naît une autre joie.
Et c'est une suite de bonheurs,

indéfinie,
et peut-être infinie...

Bombe atomique ou charité ?
Chaîne de mort ou chaîne d'amour ?
Il faut choisir,
tout de suite
et pour toujours...

Et d'abord, apprendre à vivre pour les autres.
Si nous étions seulement capables
de penser à autre chose qu'à nous...
Si nous étions capables de réaliser la misère des autres,
alors nous deviendrions vraiment des hommes.
Il reste des êtres à protéger,
et le monde à reconstruire.
Si tous, chacun de nous,
tous ensemble et tout de suite,
nous faisons notre possible...
quelques êtres seront sauvés.
Puis, entraînés par notre exemple,
d'autres feront comme nous,
je veux dire mieux que nous.
Et ils seront à leur tour suivis...
Alors une immense chaîne d'amour
se nouera tout autour du monde.

Tant qu'il y aura sur la terre un innocent qui aura faim,
qui aura froid ou sera persécuté...
le grand message d'amour du Christ ne sera pas accompli,
la chrétienté ne pourra pas ralentir sa marche...

Bombe atomique ou Charité ?
La lutte suprême est engagée.
Mais notre victoire est certaine :
la Charité sauvera le monde !

Raoul Follereau reprend là des thèmes et des expressions déjà formulés dans *L'Âge de l'homme* et qui exaltent la charité, en leur donnant une plus grande diffusion. Il ne cesse de se répéter, car il sait, comme tous les spécialistes de la propagande et de la communication de masse, que seule une inlassable réitération permet de graver une idée dans l'esprit de la collectivité.

En interpellant ainsi l'opinion, Raoul Follereau agit à titre purement individuel, démarche qui atteste de sa part une réelle assurance. Il prononce de nombreuses conférences où il reprend les idées de ce texte. Mgr Roncalli, le futur Jean XXIII, alors nonce apostolique à Paris, préside la conférence donnée à la salle Pleyel. Le message est destiné aux hommes de toute croyance, mais les références au christianisme sont explicites.

En 1949, les Soviétiques disposent à leur tour de l'arme atomique qui, jusque-là, était un monopole américain. L'O.T.A.N. se met en place, alors que prend fin le blocus de Berlin et que la situation devient tendue le long de la frontière coréenne. La France est à la recherche d'une politique étrangère et, difficultés financières aidant, suit les initiatives américaines.

En 1949, Raoul Follereau n'est pas seul à se soucier de ces questions. Le Conseil de l'Europe se crée autour de l'idée de défense des droits de l'homme.

L'abbé Pierre se retire de la vie politique et fonde une communauté où il accueille les marginaux, les pauvres, les blessés et les désespérés de la vie : Emmaüs. Député, il a pris l'initiative, en 1949, d'un texte favorable à la mise en place d'un service civil à la place du service militaire pour ceux qui le souhaitent.

Bien qu'il cite la bombe atomique, Raoul Follereau veut surtout parler de la charité. Il ne s'attarde pas aux questions techniques. Il sait que les mots « bombe atomique » suscitent une immense émotion dans l'opinion quatre ans après Hiroshima et en pleine guerre froide. Il estime que la bombe est seulement le révélateur d'un problème intérieur de l'homme qui peut être résolu par un choix lucide.

Il est convaincu que l'humanité vit une étape décisive de son histoire et qu'elle affronte une situation inédite. Pour lui, et il est en cela aux antipodes du structuralisme, le cours de l'histoire n'est ni arrêté ni cyclique, et l'humanité progresse , quoique non sans difficultés. Il nous offre une vision cosmique qui rappelle des poèmes comme *Rédemption*. La science a rejoint le poète. Elle fait de l'allégorie une réalité terrestre.

D'ailleurs, dans ses conférences, Raoul Follereau cite le père Teilhard de Chardin : « Le monde fera explosion s'il n'apprend à aimer. L'avenir de la Terre pensante est organiquement lié au retournement des forces de haine en forces de Charité... L'amour est la plus universelle, la plus formidable, la plus mystérieuse des énergies cosmiques [1]. »

Raoul Follereau présente une fois de plus le choix comme une urgence absolue. Il recourt à l'opposition et au dualisme manichéens. La science et la technique, bienfaisantes quand il s'agit des lépreux, deviennent ici les outils de forces infernales. Raoul Follereau dramatise le problème mais, si le choix est possible, c'est qu'il ne croit pas au fatalisme. Il lance un appel à la conversion, démarche qui rappelle les prédicateurs des siècles précédents

---

1. Passage cité par Jean Toulat, à la p. 33 de la biographie qu'il consacre à Raoul Follereau.

qui évoquaient une possible fin du monde ou annonçaient des événements
apocalyptiques au monde si celui-ci ne se repentait pas. Raoul Follereau
fait appel une fois encore à la raison et au sentiment mêlés.

Jean Toulat remarque qu'en 1957, dans son message au Common-
wealth, la reine Élisabeth reprend les mêmes images : « Les savants nous
parlent de réactions en chaîne. Il faut appliquer ce principe à la plus
grande de toutes les puissances : celle de l'amour pour nos semblables [1]. »

En 1958, Nehru déclare : » Le monde doit choisir entre le message de
Bouddha et la bombe à hydrogène [2] ». Nehru connaît Raoul Follereau,
qu'il a rencontré.

La démarche de ce dernier n'est donc pas isolée. Le général de Bollardière remettra plus tard en cause l'équipement nucléaire de la France au
nom de ses convictions chrétiennes. Mgr Riobé prendra aussi des engagements remarqués et critiqués en faveur de l'objection de conscience.
Remarquons que la démarche de Raoul Follereau se distingue de celle de
ces deux personnalités car lui, s'il remet en cause le concept « atomique »
en général, ne s'engagera jamais dans une campagne ponctuelle contre la
bombe atomique française ou l'organisation du service militaire en France.

Raoul Follereau est un éducateur percutant. Il excelle dans la formule
concise qui résume une pensée. Il sait jouer avec les mots, changer une syl-
labe pour changer le sens d'une idée. Il considère qu'il faut entreprendre
un apprentissage de la charité, de l'altruisme et du dévouement pour transformer les mentalités et le monde, ce qui suppose une action de longue
haleine. Il assigne à ses lecteurs et aux disciples de la charité un rôle de
précurseurs, de modèles et d'exemples pour les autres, qui « feront comme
eux et feront mieux qu'eux [3] ». On retrouve cette idée dans de nombreuses
démarches chrétiennes contemporaines. Il ne s'agit pas seulement de se
mettre au service des hommes, mais d'expérimenter des actions nouvelles
dans l'espoir qu'elles seront reprises par d'autres avec des moyens plus
considérables et qu'elles permettront de changer le regard porté par l'opinion sur certains problèmes. C'est très net avec la floraison de communautés nouvelles nées dans la seconde moitié du XXe siècle et qui jouent le rôle
de prototype d'une « civilisation de l'amour ». Il ne s'agit pas de réaliser
soi-même les changements mais d'indiquer les moyens de les réaliser et de
former ceux qui devront le faire. C'est là une forme d'adaptation de
l'Église à une société sécularisée où elle n'a plus le pouvoir de décision,
mais où elle peut encore servir d'aiguillon.

Raoul Follereau, s'il estime que l'opinion a un rôle capital à jouer, ne
cite pas les États, comme si ceux-ci étaient neutres, se bornant à enregistrer
et à réaliser les souhaits de l'opinion.

En ne proposant pas une action symbolique (y compris une pétition), il

---

1. Id., *Ibid.*
2. *Ibid.*
3. Expression assez fréquemment reprise par Raoul Follereau.

s'adapte à la diversité de ses lecteurs et respecte leur autonomie et leur liberté. Ne risque-t-il pas cependant de limiter ainsi la portée de son message ?

Raoul Follereau suit de près les déclarations françaises en ce sens. Les cardinaux et archevêques de France déclarent le 20 octobre 1949 qu'« un chrétien ne peut pas et ne doit pas se désintéresser des efforts qui sont tentés pour maintenir la paix entre les nations ». Par ailleurs, à l'Assemblée nationale, les trois prêtres de cette chambre – le chanoine Kir, l'abbé Pierre et l'abbé Gau – proposent une résolution qu'adoptent les députés de tous les partis. Ils demandent au gouvernement de déposer devant les Nations unies « une proposition de convention internationale tendant à proclamer coupable d'un crime devant l'humanité ceux qui les premiers, en cas d'hostilités, auront utilisé l'arme atomique ». Ce texte va dans le sens souhaité par Raoul Follereau qui, connaissant bien l'abbé Gau, le lui a peut-être suggéré.

En revanche, Raoul Follereau, comme la hiérarchie catholique, ne veut pas s'associer à l'appel de Stockholm, inspiré par les communistes en mars 1950 et dont voici le contenu :

Nous exigeons l'interdiction absolue de l'arme atomique, arme d'épouvante et d'extermination massive des populations.

Nous exigeons l'établissement d'un rigoureux contrôle international pour assurer l'application de cette mesure d'interdiction.

Nous considérons que le gouvernement qui le premier utiliserait contre n'importe quel pays l'arme atomique commettrait un crime contre l'humanité et serait à traiter comme criminel de guerre.

Nous appelons tous les hommes de bonne volonté à signer cet appel.

À partir du mois de mai 1950, le parti communiste français lance une immense action de masse pour faire signer cet appel. Ses militants, par le porte-à-porte, visitent systématiquement tous les foyers de France et, en juillet 1950, dix millions de signatures ont été obtenues.

Des catholiques « progressistes » ou de gauche signent ce texte et invitent à le signer. Les évêques y sont hostiles et, le 23 mai 1950, dans l'hebdomadaire *France catholique*, Mgr Rodhain résume assez bien l'opinion de nombreux catholiques :

« Si les communistes lançaient une pétition pour le beau temps ou une manifestation contre les gelées printanières, ils trouveraient des catholiques, y compris des religieux notoires, pour donner aussitôt leur signature, tellement certains ont pris l'habitude d'être à leur remorque. »

Raoul Follereau pense sans doute de même, mais il ne le dit pas, même dans son bulletin. Il a dû suivre cependant avec intérêt le lancement et la diffusion de cet appel et analyser les raisons de son succès : mots simples, texte court, aucune allusion idéologique, un réseau de relais dans tout le pays grâce à des structures traditionnelles efficaces. Il a retenu la leçon.

Raoul Follereau reste en effet très attentif à toutes les réflexions et démarches qui concernent la paix et la pauvreté.

Pendant les vacances de l'été 1951, il découvre le livre de Josué de Castro : *Géopolitique de la faim* [1]. L'auteur y brosse une description poignante de la faim et de ses ravages, dans le Nordeste brésilien surtout. Il réfléchit sur ses causes et montre qu'elle n'est pas due à une prétendue surpopulation, mais aux effets néfastes de la monoculture et de l'organisation sociale. Il s'insurge contre ceux qui pensent tout régler par la limitation des naissances et réclame de nouveaux équilibres économiques, sociaux et même politiques et culturels, lançant ainsi un signal d'alerte à la communauté internationale.

Raoul Follereau consacre l'éditorial de septembre de son bulletin au compte rendu de ce livre. Un livre qui enrichit sa réflexion comme celle de toute une génération de tiers-mondistes. Devant le dénuement des populations du Nordeste, une question s'impose à Raoul Follereau : « Pourquoi eux et pas moi ? »

Il estime toutefois que :

La distribution artificielle des richesses créerait de nouvelles injustices et d'autres colères. Je ne crois pas à l' « ère sociale » de l'homme, à cette espèce de fraternité « légale » avec des règlements et ses gendarmes, mais à l'avènement, au règne libre et victorieux de l'amour.

Ce qu'il faut – ce qui déterminera tout, résoudra tout – c'est de s'aimer.

Le monde a faim de blé et de tendresse.

Travaillons.

Il conclut souvent par ce mot, reprenant la formule d'un empereur romain. Signe qu'il croit surtout aux vertus du travail de longue haleine, même s'il présente souvent les actions à accomplir comme des interventions d'urgence.

Pour Raoul Follereau, le mot « amour » n'est pas une formule de style un peu passe-partout destinée à éluder le problème ou à repousser les tentations marxistes de certains. Pour lui, « amour » est un terme où se mêlent tendresse, générosité, altruisme, mais aussi réflexion, volonté, courage, science, engagement politique même. Et c'est une notion qui ne peut se réduire à aucun de ces termes, car elle les dépasse tous.

Tout cela montre que Raoul Follereau perçoit dès l'abord la complexité du problème de la faim et du développement. Il discerne tout de suite les limites des solutions partielles proposées, car il ne croit pas aux révolutions politiques ou aux seuls transferts de technologie.

---

1. Cette étude de la faim au Brésil est publiée par les Éditions ouvrières, dans la collection « Économie et humanisme ». Le père Lebret n'est pas loin...

LES TOURS DU MONDE POUR LES LÉPREUX

Raoul Follereau, pour donner à sa lutte pour les lépreux une autre dimension, décide donc de se rendre partout où ils vivent, afin de prendre conscience de leurs besoins et d'orienter l'aide dans un sens adapté aux problèmes réels.

En effet, la découverte des sulfones offre de nouvelles perspectives de guérison et surtout de réhabilitation pour les lépreux. Par ailleurs, Raoul Follereau commence à recevoir du monde entier des lettres lui disant : « Il n'y a pas qu'Adzopé. Nous avons aussi besoin d'aide [1]. »

Il lui faut donc quitter de plus en plus souvent la France et entreprendre de véritables tours du monde. Les progrès de l'aviation civile rendent possibles ces déplacements rapides. Raoul Follereau met l'avion à réaction au service de la charité. De 1952 à 1972, il parcourt plus d'un million de kilomètres, soit presque trente fois le tour du monde et se rend dans plus d'une centaine de pays [2].

Une organisation rigoureuse de ces déplacements s'impose.

Raoul Follereau a rencontré à New York M. Leveaux, qui dirige l'agence de voyages Humbert. Les deux hommes ont sympathisé et, vers 1948, Follereau se présente au bureau parisien de l'agence Humbert, dont il devient l'un des clients les plus assidus [3].

Il n'est pas un client comme les autres. Sa personnalité séduit tous les employés de l'agence. Il expose les raisons de ses déplacements, ce qui lui vaut la sympathie de tous, mais surtout il reste toujours cordial et simple avec ceux qu'il rencontre, quelle que soit leur fonction.

Le responsable du bureau parisien de l'agence, Georges Pin, devient rapidement un de ses amis intimes. Raoul Follereau lui demande bien vite de participer au conseil de l'ordre de la Charité. Georges Pin accepte. Pourtant, il n'était pas jusqu'alors engagé dans des œuvres caritatives ou des mouvements religieux. Né en 1908, il a presque l'âge de Raoul Follereau. C'est lui qui, désormais, organise bénévolement les voyages de ce dernier.

Chaque année, Raoul Follereau annonce les dates et les lieux de son voyage, les personnes qu'il doit rencontrer. Georges Pin organise alors le déplacement et soumet le projet à Follereau, qui lui donne son accord ou apporte quelques modifications.

Georges Pin réserve ensuite l'avion et obtient des réductions de prix pour

---

1. *La seule vérité...*, tome II, pp. 21 et 22.
2. Chiffres cités dans les biographies de Raoul Follereau par Jean Toulat et Françoise Brunnschweiler, d'après des calculs établis par Raoul Follereau lui-même.
3. Témoignage de M. Georges Pin, recueilli le 21 septembre 1987.

Raoul Follereau et son épouse : prix réduit pour une place en première classe, et même gratuité quand une page de publicité pour la compagnie de transport aérien figure sur les programmes des conférences prononcées par Follereau, au Châtelet par exemple. Georges Pin s'occupe aussi de la réservation de l'hôtel et, s'il le faut, de la location de voitures. Les voitures sont cependant souvent fournies par l'ambassade de France ou les comités locaux d'aide aux lépreux.

Georges Pin informe aussi les officiels et la presse, en France et dans le pays d'accueil. Il vérifie que les léproseries ont été bien averties. Il minute jour par jour le programme de Raoul Follereau. Ce dernier, en effet, ne veut pas gaspiller son temps, souhaite des journées bien remplies et s'accorde au plus une demi-journée de repos ou de tourisme. Ami cordial et chaleureux, Follereau est intraitable quand il s'agit d'organisation. Georges Pin veille à limiter les possibilités d'incident inattendu, prévoit parfois des « solutions de rechange » en cas de problèmes et calcule assez largement les horaires, afin que son client et ami ne soit pas prisonnier des impondérables. À deux ou trois reprises seulement sur des centaines de déplacements, Raoul Follereau a connu un retard ou un contrordre.

Si l'avion à réaction réduit les temps de déplacement, les formalités techniques et administratives se multiplient avec les frontières. Et avec la décolonisation, celles-ci sont de plus en plus nombreuses. En mars 1952, Raoul Follereau écrit : « Aujourd'hui, les océans, les déserts, les montagnes s'appellent les consulats, l'office des changes, les règlements sanitaires [1]. »

Le Dr Reynier suit attentivement le calendrier des vaccinations de Raoul Follereau. Il s'agit que son patient soit « en règle » avec les législations de tous les pays traversés. Raoul Follereau doit donc être en permanence vacciné contre le choléra, le typhus, la variole, la fièvre jaune, la fièvre typhoïde, la peste et d'autres maladies parfois. Il faut aussi qu'il ne soit pas trop éprouvé par les effets secondaires de ces nombreuses mesures préventives. Le médecin doit enfin attester que son patient n'est atteint « ni d'oligophrénie, ni d'épilepsie, ni de maladie à rickettsia, trypanosomiase, leishmaniose, schistosomiase et autres parasites nématodes [2]... »

Raoul Follereau regarde avec amusement son passeport « gros comme un bottin » et ses poches « bourrées d'attestations, de déclarations, d'introductions, et de recommandations de toutes sortes [3] ». Certaines étrangetés administratives entraînent des situations cocasses. En 1952, Raoul Follereau doit, par exemple, promettre par écrit qu'il n'emmènera pas de chien, assurer qu'il n'est pas atteint d'alcoolisme précoce, prouver que son billet de voyage n'est pas réglé en argent indonésien, s'engager par serment à ne pas assassiner le président des États-Unis, signer une déclaration assurant

---

1. Éditorial de *Mission de la France*, mars 1952.
2. *Ibid.*
3. *Ibid.*

que son épouse n'est pas une prostituée... « C'est à n'y pas croire », dit-il en regrettant le temps de Phileas Fogg [1].

Raoul Follereau noue donc de nouvelles amitiés après la guerre à la faveur de son engagement pour les lépreux. Il entre souvent en contact avec des gens qu'il ne connaissait pas auparavant, afin de mener à bien une opération concrète et précise. Il s'entoure de personnes qui peuvent l'aider, souvent par leur activité professionnelle : Aimée Altériet, Charles Hauguel, Georges Pin, le frère Fernand Davoine, le Dr Pierre Reynier... Il accorde vite son amitié quand il sent chez son interlocuteur une adhésion profonde à l'idéal de charité qui l'anime et il fait rentrer sans formalité dans le cercle de ses intimes ceux sur lesquels il peut compter. Comme beaucoup de ses amis ont disparu après la guerre, il a donc procédé à un renouvellement de son entourage même si des hommes comme Élisée Servigne assurent la liaison entre l'avant-guerre et les années cinquante. Nous remarquerons que plus de la moitié des « nouveaux amis » de Raoul Follereau n'avaient, bien que croyants pour la plupart, pas d'engagement caritatif ou religieux marqué avant de le connaître. C'est sa rencontre qui a donné un sens nouveau à leur vie.

Raoul Follereau a établi aussi des contacts étroits avec des ministres français qui sont des amis et facilitent ses déplacements.

Le Dr Aujoulat en premier lieu. Sous-secrétaire d'État puis secrétaire d'État à la France d'outre-mer d'octobre 1949 à janvier 1953, un peu plus tard ministre de Pierre Mendès France, le Dr Aujoulat suit de près l'action de Raoul Follereau. Il le rencontre régulièrement et une amitié fraternelle lie bientôt les deux hommes, qui se rencontrent aussi à leurs domiciles privés [2]. Le docteur Aujoulat soutient tous les efforts entrepris dans la lutte contre la lèpre dans l'Union française.

C'est d'ailleurs lui qui en 1951 remet la Légion d'honneur à Raoul Follereau. Ce dernier avait déjà reçu de nombreuses distinctions étrangères mais aucune décoration française.

Par ailleurs, vers 1950, le curé de la paroisse Sainte-Jeanne-de-Chantal à Paris met en contact Raoul Follereau et Maurice Schumann.

Profondément catholique, Maurice Schumann est un des hommes politiques les plus en vue alors. Sa vie a basculé en 1940 quand il a rejoint à Londres le général de Gaulle et est devenu le porte-parole de la France libre à la radio de Londres. Cet engagement en fait l'un des principaux chefs de file du M.R.P. au lendemain de la guerre.

Sans la guerre, Maurice Schumann serait devenu écrivain. Né en 1911 dans une famille israélite, il s'est converti au catholicisme. Il est profondément marqué par Marc Sangnier, qui reste pour lui un modèle. Journa-

---

1. *Ibid.*
2. Témoignage de Jean-Marie Aujoulat, recueilli le 11 février 1988.

liste, il s'est engagé résolument pendant les années trente en publiant plusieurs brochures contre ce qu'il appelle lui aussi les « barbaries », dont *Le Germanisme en marche,* rédigé sous le pseudonyme de Sidobre et préfacé par François Mauriac. Suivit un pamphlet contre Mussolini. Il fut de ceux qui réclamèrent des sanctions majeures contre l'Italie à la suite de son invasion de l'Éthiopie en 1935. Chef adjoint du grand reportage à l'agence Havas, il fut aussi le spécialiste de politique étrangère de plusieurs revues chrétiennes influencées par les Dominicains : *Sept, La Vie intellectuelle* et *Temps présent.*

On le voit, les engagements de Maurice Schumann avant et même durant la guerre sont presque l'inverse de ceux de Raoul Follereau. Schumann, qui ne connaît pas les engagements de Follereau avant la guerre [1], dit à l'apôtre des lépreux qu'il lui fait penser à Marc Sangnier [2]. Raoul Follereau écoute avec attention. Avant la guerre, il aurait bondi à une telle évocation, car Marc Sangnier était la « bête noire » des sympathisants de l'Action française. Il reste silencieux, preuve que ses rapports avec le monde politique ont changé après la guerre, même s'il a conservé l'essentiel de ses idées.

Quand ils se rencontrent, les deux hommes ne parlent pas de politique mais évoquent surtout les problèmes techniques liés aux déplacements de Raoul Follereau et à ses initiatives multiples [3]. Ils prennent parfois le temps d'un échange sur cet essentiel qui les fait vivre. Une sympathie s'établit tout de suite entre eux, et leur amitié durera tout au long de leur vie, même s'ils ne peuvent se rencontrer aussi souvent qu'ils le souhaiteraient, tant ils sont l'un et l'autre sollicités.

À l'occasion de leur première rencontre, Maurice Schumann, élu du Nord, aide Raoul Follereau à organiser son voyage dans ce département et il lui sera par la suite d'un grand secours dans la préparation de ses déplacements à l'étranger. Ils se rencontrent toujours pour une question précise : ouverture vers un pays indépendant ou relevant d'un autre État que la France. Maurice Schumann est très introduit, et Raoul Follereau le voit beaucoup au début des années cinquante, quand il préside la commission des affaires étrangères de l'Assemblée, puis lorsqu'il devient secrétaire d'État aux Affaires étrangères de Robert Schuman.

Grâce à Maurice Schumann, Raoul Follereau et Robert Schuman se rencontrent [4].

Très économe de son temps et surchargé de travail, ce dernier n'entretient pas de relations suivies avec Raoul Follereau, pas plus qu'avec aucun de ceux qu'il côtoie. Très secret, ascétique, ce célibataire d'une intégrité absolue évolue comme dans un cloître invisible jusque dans les palaces où ses fonctions le conduisent. Il ne se confie pas, et même ses collaborateurs

---

1. Maurice Schumann ignorait ces engagements lorsqu'il nous a reçus le 8 février 1988.
2. Témoignage oral de Maurice Schumann lors du même entretien.
3. Id.
4. Id.

les plus proches ignorent son cheminement intérieur. Maurice Schumann nous confie que Robert Schuman est tout au long de sa vie hanté par la vie missionnaire et l'évangélisation des terres lointaines. C'est pourquoi il économise sou par sou chaque jour et limite ses dépenses autant que faire se peut : il est toujours vêtu très modestement, ce qui lui vaut les plaisanteries amusées de ses proches. Ceux-ci ignorent que tous les deux ou trois ans, Robert Schuman adresse des sommes considérables aux missions, à des missions qu'il a choisies avec le plus grand soin et sur lesquelles il se renseigne avec précision. Par ailleurs, il suit de très près l'évolution du tiers monde et de l'Afrique. Très tôt convaincu que la décolonisation est imminente et inéluctable, il souffre beaucoup de ne pouvoir prendre la parole à ce sujet, malgré les hautes responsabilités qui sont les siennes. Il sait en effet que sa politique européenne est très contestée et il doit limiter son champ d'intervention, sous peine de la compromettre. Il mène avec l'outremer une politique qui n'est pas conforme à ses convictions profondes et il en souffre. Il pense peut-être autant à l'Afrique qu'à l'Europe mais ne s'exprime publiquement qu'à propos de cette dernière. Toutefois, il suit attentivement l'action menée par le Dr Aujoulat, ancien médecin missionnaire laïc, qui agit avec son soutien entier et pour lequel la foi est aussi au cœur de l'engagement politique. Tout se passe comme s'il y avait eu comme une « répartition des tâches » entre ces hommes politiques, chrétiens avant tout : le Dr Aujoulat s'occupe de l'Afrique noire et de l'outre-mer, Robert Schuman s'occupe de l'Europe. Dans les deux cas, il s'agit d'actions de longue haleine qui sont aujourd'hui acceptées et saluées par la plupart des responsables politiques mais qui, au début des années cinquante, semblent aventureuses, utopiques et suscitent partout des critiques très vives.

Robert Schuman veille à ce que les voyages de Raoul Follereau s'effectuent dans les meilleures conditions. Il ne s'occupe pas directement de cette question mais donne des instructions à ses collaborateurs, en particulier à Jacques de Bourbon-Busset. Ce descendant de Saint Louis, diplomate et surtout écrivain profondément inspiré par sa foi catholique, est enthousiasmé par l'œuvre de Raoul Follereau et met tout en œuvre pour faciliter ses déplacements. Cependant, les deux hommes se rencontreront peu en dehors du ministère [1].

À l'occasion des départs de Raoul Follereau, Georges Pin essaie de réunir des journalistes travaillant dans les quotidiens de grande diffusion à Orly ou au Bourget. Sans grand succès. La presse française ne voit pas là un événement digne d'intérêt, et ce d'autant qu'il s'inscrit dans une démarche de très longue haleine. Seuls deux ou trois journalistes se déplacent parfois. *Le Monde et Le Figaro* ne semblent guère intéressés.

---

1. Bien des années plus tard, Jacques de Bourbon-Busset suivra toujours avec attention et sympathie la vie des fondations Follereau. Il présidera par exemple la remise des prix Raoul-Follereau lors du congrès international des fondations Follereau à Paris en 1987.

Dans l'avion comme dans le train, Raoul Follereau travaille [1]. Il prend des notes, met au clair ses observations de la veille, réfléchit à ses interventions, consulte des journaux ou des revues.

Au bout de quelques années, quand il s'envole pour l'Afrique, la moitié des passagers au moins le connaît et le salue. Il s'agit souvent d'une clientèle d'habitués. Raoul Follereau ne joue pas à l'homme affairé ou débordé et, si quelqu'un l'aborde, il interrompt volontiers son travail pour converser avec son interlocuteur, quelle que soit la condition de ce dernier.

À son arrivée dans une capitale du tiers monde, Raoul Follereau est accueilli par les autorités locales et souvent, en Afrique, par le chef d'État en personne. Les représentants de l'ambassade de France sont là également. Raoul Follereau rencontre les responsables politiques du pays et les chefs des services de santé. Une conférence de presse lui permet de rencontrer des journalistes beaucoup plus nombreux et intéressés qu'en France. Assez souvent, il est interrogé à la radio. Ses visites font les gros titres des journaux en Afrique noire dès la fin des années cinquante.

Il prononce bien sûr des discours et des conférences. Il aime se promener seul avec son épouse avant de parler devant un auditoire et lui indique les anecdotes qu'il compte citer et l'ordre qu'il pense suivre en ayant soin d'introduire des variations à chaque fois. Madeleine Follereau lui apporte quelques suggestions et l'aide à effectuer certains choix.

Dans les capitales, Raoul Follereau et son épouse logent dans un hôtel confortable, ou parfois à l'ambassade de France ou dans la maison d'une congrégation religieuse. Il leur faut en effet se reposer dans de bonnes conditions, s'ils veulent mener à bien leur mission et limiter les risques de maladie. Mais, hors des villes, au cours de déplacements en brousse, ils peuvent dormir dans des conditions précaires. Raoul Follereau passe très facilement de l'hôtel de luxe à la case.

Car il ne reste pas dans les grandes villes. Il a un programme très précis de visites d'hôpitaux, de missions, de dispensaires et de léproseries dans tout le pays. Il veut se rendre lui-même dans les endroits les plus reculés, voire les plus inaccessibles, de la brousse et de la forêt pour constater comment vivent les lépreux. Il emprunte les moyens de transport les plus divers : train, Jeep, pirogue, chameau... Il subit la poussière et les pistes pleines d'ornières. Son épouse l'accompagne dans tous ses déplacements. Souvent, il faut marcher longtemps sous un soleil de plomb. Raoul Follereau est un homme de terrain qui veut regarder et écouter avant de parler. Il revient plusieurs fois au même endroit dans les secteurs francophones, afin de mieux mesurer les évolutions.

---

1. Témoignage de Georges Pin cité *altius*.

Raoul Follereau se lance donc dans de grandes expéditions, car il veut effectuer un véritable tour du monde des lépreux. Il n'est pas le premier à le faire, mais jusque-là ce genre d'expédition était surtout le fait de médecins ou de spécialistes travaillant pour des instituts spécialisés. Lui veut parcourir le monde pour alerter l'opinion et le grand public, en posant les questions simples du non-spécialiste. Et il souhaite savoir réellement ce qu'est la situation sur le terrain. Il travaille à la manière d'un grand reporter et sa méthode fait penser à celle d'Albert Londres, dont les reportages cherchaient à dénoncer des drames cachés ou oubliés du monde entier [1] – celui qu'il publia sur Cayenne et l'Île du Diable ayant même débouché sur une campagne d'opinion et sur la suppression de ce bagne. Héritier de Veuillot pendant les années vingt et trente, Raoul Follereau se fait disciple d'Albert Londres en se mettant au service des lépreux au début des années cinquante.

De prime abord, les médecins se méfient un peu d'un tel visiteur ainsi que des simplifications et des déformations journalistiques. Mais Raoul Follereau est chaleureusement recommandé par les meilleurs spécialistes du temps. D'autre part, il écoute et pose des questions judicieuses. Il ne cherche pas à « jouer au médecin », il reste à sa place et, grâce à ses associations, il apporte souvent au corps médical une aide en matériel ou en argent s'il en a besoin.

En février 1951, Raoul Follereau entreprend un grand voyage en Afrique. Il visite essentiellement le Tchad, le Togo, la Côte-d'Ivoire, dont Adzopé, le Dahomey, le Cameroun, le Gabon, et notamment Lambaréné, Madagascar et l'Égypte. En soixante-dix-huit jours, il parcourt ainsi quarante mille kilomètres, visitant soixante-dix-neuf léproseries, hôpitaux et dispensaires et prononçant cinquante-huit conférences [2].

Il commence à être connu en France pour son action en faveur de la lèpre. À la veille de son départ, plusieurs grands quotidiens et illustrés, comme Le Figaro, La Presse, Radar, La Vie catholique, Franc-Tireur consacrent au problème de la lèpre, traité comme une révélation, des articles ou des dossiers importants. Par ailleurs, l'éditeur Vitte publie une brochure, Le Vagabond de la charité [3], qui raconte la vie de Raoul Follereau, ses initiatives et ses voyages dans le monde en reproduisant aussi ses textes les plus fameux. La couverture s'orne d'un portrait de Raoul Follereau exécuté par l'artiste Bilis.

Partout en Afrique, hauts-commissaires, ambassadeurs, gouverneurs, vicaires apostoliques président les manifestations où il prend la parole. La radio diffuse plusieurs de ces conférences. Durant ce voyage, Raoul Follereau distribue plus de deux cent mille comprimés de Disulone et plus d'un

---

1. Pierre Assouline, *Albert Londres, vie et mort d'un grand reporter, 1884-1932*, Balland, 1988.
2. Chiffres cités dans *Mission de la France*, mai-juin 1951.
3. Déposée aux archives des fondations.

million de francs [1] à des œuvres missionnaires et à diverses organisations de secours, en choisissant assez librement l'affectation des fonds selon les situations qu'il rencontre.

Son parcours est émaillé de nombreux temps forts [2].

À Adzopé, les lépreux interprètent pour lui une pièce de Molière. À Marana (Madagascar), les lépreux et la religieuse missionnaire qui partagent leur vie depuis quarante ans lui réservent un accueil bouleversant. A Madagascar toujours, un des instigateurs du soulèvement nationaliste de 1947 tient à lui serrer la main et lui dit : « Ah... si on nous parlait davantage de cette France-là !... » De la chaire de la cathédrale Sainte-Anne-du-Congo, Raoul Follereau parle de la charité devant trois évêques et une assistance considérable où Noirs et Blancs sont mêlés. En Égypte, le ministre de l'Instruction publique lui offre à deux reprises le micro de la radio nationale et le dispense de l'obligation de soumettre son texte à la censure. Faveur exceptionnelle.

Et surtout, Raoul Follereau passe le Vendredi saint de 1951 à Lambaréné avec le Dr Schweitzer [3]. Dans sa léproserie, ce dernier joue, à l'orgue, les *Chorals de la Passion* de Bach tantis que les gazelles apprivoisées tournent autour d'eux. Instant saisissant que l'entrevue dans ces circonstances de ces deux géants de la charité. Raoul Follereau a toujours essayé de rencontrer ceux qu'il admire ou d'entrer en contact avec eux. L'apôtre d'Adzopé et le bâtisseur de Lambaréné ne manquent pas de sujets de conversation.

Raoul Follereau n'ignore pas que le Dr Schweitzer est critiqué par les médecins militaires et par de nombreux responsables de toute sorte. Mais peu lui importe, il considère Albert Schweitzer comme un exemple. Le Dr Aujoulat partage cette opinion. Le dévouement aux Africains et le rayonnement spirituel du Dr Schweitzer sont alors de plus en plus reconnus dans le monde, grâce aux journalistes américains et scandinaves notamment et il va recevoir le prix Nobel de la paix en 1952, un an après la visite de Raoul Follereau.

Cependant ce dernier note le dénuement poignant de nombreux dispensaires africains. « On ne guérit pas la syphilis ou la fièvre jaune avec seulement de la tendresse ! » écrit-il dans son bulletin [4]. Ces dispensaires « manquent de tout, même de choses aussi élémentaires qu'un paquet d'ouate ou un comprimé de quinine ». Il cite le cas de religieuses « réduites à découper les draps de leurs lits pour faire les derniers pansements ». Il lance à ses amis médecins et pharmaciens un appel à des dons « non pas en espèces, mais en médicaments ».

Mais Raoul Follereau, au cours de ses conversations, constate que le

---

1. Chiffres cités dans *Mission de la France*, mai-juin 1951.
2. Tous évoqués, *ibid.*
3. *La seule vérité...*, tome II, p. 23.
4. *Mission de la France*, juillet-août 1951.

cannibalisme n'a pas disparu en Afrique noire et qu'au nom des traditions et de l'initiation des enfants et des jeunes subissent des mutilations et des sévices graves.

Il rapporte aussi le récit d'une jeune religieuse du Tchad. « Je connais Paris et j'ai vu Hollywood, dit-il, cette religieuse a les plus beaux yeux du monde. Elle est sage-femme. Dans une tribu du Tchad, avoir des jumeaux est un signe de malheur et presque un crime. L'un d'eux doit disparaître. Une femme qui avait eu des jumeaux a étranglé un de ses enfants et elle l'a mangé. » Raoul Follereau a hésité avant de rapporter cette histoire. « À part les vieux Africains qui savent, personne ne me croira [1]. »

Raoul Follereau ne recherche pas non plus par principe l'effet spectaculaire. Il ne veut pas choquer les lecteurs. Il lui semble utile toutefois de porter à la connaissance du public ces faits que les informations officielles occultent. D'autant qu'au même moment les intellectuels français remettent en cause les valeurs de la civilisation chrétienne et ont tendance à idéaliser les coutumes indigènes.

Par ailleurs, les voyages de Raoul Follereau ne sont pas sans dangers. Un soir, au Tchad, une énorme panthère se tient au milieu de la piste empruntée par la Jeep où lui, son épouse et leur chauffeur ont pris place. L'animal, menaçant, s'écarte au dernier moment. À d'autres moments les époux Follereau rencontreront des fauves ou des animaux dangereux sans être protégés par une voiture. Ils en réchapperont toujours indemnes.

Le 29 février 1952, Raoul Follereau et son épouse entreprennent un véritable tour du monde. En cent deux jours, ils parcourent soixante-cinq mille kilomètres et suivent l'itinéraire suivant : Istanbul, Liban, Syrie, Pakistan, Inde, Ceylan, Indochine, Siam, Philippines, Singapour, Indonésie, Australie, Nouvelle-Calédonie, Fidji, Tahiti, Hawaii, San Francisco, New York, Paris [2]. C'est le plus long voyage entrepris par Raoul Follereau, l'Asie et le Pacifique Sud étant les points forts du voyage.

Quelques mois avant son départ, Raoul Follereau demande aux lecteurs de son bulletin de lui faire parvenir le plus tôt possible tous les renseignements qu'ils pourront recueillir sur ces pays et notamment des adresses de personnes qui pourront l'aider sur place. Et, bien sûr, il lance de nouveaux appels à la générosité. Il commande avant son départ un million cinquante mille comprimés de Disulone qu'il répartit ensuite dans les plus pauvres léproseries d'Asie et d'Océanie.

Ce voyage est pour lui un véritable choc. Il est abasourdi par la misère qu'il rencontre en Asie et par la gravité des situations rencontrées.

Tous les problèmes se posent en effet en même temps dans ces pays d'Asie nouvellement indépendants. Même si l'Asie, et en particulier l'Inde, est la partie du monde où l'on compte le plus grand nombre de lépreux, la lèpre n'y est pas considérée comme une priorité et les lépreux restent au

---

1. *Ibid.* Repris dans *Tour du monde chez les lépreux.* Flammarion, 1953, pp. 161 à 163.
2. *Mission de la France*, juillet-août 1952.

mieux sans soins. Au mieux, car les préjugés en font souvent des suspects, des réprouvés. La famine, les épidémies, les désordres politiques et les crises diplomatiques accaparent l'attention des gouvernements, qui manquent de moyens matériels et financiers. Le personnel qualifié fait défaut, surtout après l'indépendance. Raoul Follereau entre en contact avec les parties les plus densément peuplées du monde et avec des populations habitant des villes, ou plutôt des bidonvilles, gigantesques. Il est impossible de mener en leur faveur une politique de santé publique comparable à celle des Antilles françaises par exemple, avec leur peuplement dense.

Raoul Follereau rapporte les faits les plus significatifs de son voyage dans son bulletin bimestriel. Il ne cite pas toujours le lieu ou le pays où se déroule le fait rapporté. Cette discrétion relative est nécessaire s'il veut y circuler de nouveau librement. Par ailleurs, il pourrait s'exposer à des dénégations des autorités qui lui feraient perdre du temps.

Écoutons-le : « Dans un terrain vague, dépotoir d'immondices, là où se jettent les ordures des fous, pourrissent une centaine de lépreux [1]. Ils habitent des cabanes misérables, entourées de fil de fer barbelé. Le médecin qui devrait s'occuper des malades craint la contagion et n'a jamais entendu parler des sulfones. « C'est à hurler ! » s'indigne Raoul Follereau. D'autant que cet abandon repose sur une erreur médicale.

Ailleurs, un médecin local a été affecté aux lépreux, mais il a peur d'eux et ignore tout des découvertes récentes. Les malades sont entassés dans une léproserie où ils ne reçoivent aucun soin sérieux. Pourtant, une religieuse missionnaire, docteur en médecine et très au fait des thérapeutiques nouvelles, serait prête à intervenir. Mais le gouvernement local, bien qu'il manque cruellement de médecins, ne reconnaît pas les diplômes de l'université de Paris et lui interdit toute forme d'exercice.

Dans une autre léproserie, le médecin a entendu parler des sulfones, mais il n'en a pas. Raoul Follereau propose de lui en envoyer, mais seule l'administration locale est autorisée à fournir des médicaments et le médecin risque de graves sanctions s'il contrevient à cette instruction impérative [2].

Au cours d'une réception, Raoul Follereau rencontre le ministre des Affaires étrangères d'un « pays d'Asie tout neuf, trop neuf », le Pakistan semble-t-il [3]. Il lui indique le motif de sa visite. Son interlocuteur lui répond : « Il n'y a pas de lépreux ici. » À peine sorti à quelques dizaines de mètres du ministère, Raoul Follereau aperçoit des lépreux qui circulent un peu partout dans la ville. Personne ne les soigne. Une femme serre contre elle son enfant de toute la force de ses moignons. À cause de la lèpre, elle n'a plus de mains et regarde le visiteur avec effroi. Dans la plupart des

---

1. *Ibid.*
2. *Ibid.*
3. Anecdote racontée d'abord dans *Mission de la France*, septembre-octobre 1952, puis dans *Tour du monde...*, pp. 50 à 52.

rues, les lépreux déambulent. Raoul Follereau regarde autour de lui. « C'est inexprimable de misère et de saleté », écrit-il. Il constate que de nombreux gouvernements, pour ne pas ternir leur image internationale, donnent des informations sanitaires falsifiées. Bref, quand un nombre élevé de lépreux est déclaré, c'est déjà le signe d'une victoire, car cela signifie que le gouvernement pense un peu à eux. Ce qui n'est pas le cas alors dans ce pays.

À Bombay, Raoul Follereau interroge le ministre de la Santé sur le nombre de lépreux : « Des milliers, des centaines de milliers... huit cent mille peut-être... » Ce dernier l'adresse à plusieurs spécialistes de la question, qui ne peuvent se montrer plus précis. Dans un hôpital, Raoul Follereau obtient cette réponse : « Deux millions, trois millions peut-être. Je n'en sais rien. Personne n'en sait rien. Ils sont trop [1]. »
Et lui de commenter :

Ils sont trop... » C'est le leitmotiv qui revient à chaque instant. Décou-
ragé. Désespéré. Trop de tout. Sauf de riz ou de pain.
Ils sont trop qui ont la lèpre, trop qui ont le cancer, trop la tuberculose.
Ils sont trop qui ont faim, qui crèvent de faim au bord des routes...
Et devant un cadavre, on arrive à se dire – c'est monstrueux –, à se dire :
« Un de moins »! [2]

Raoul Follereau comprend que le problème des lépreux est lié à la pauvreté générale et à l'insuffisance du système de santé publique. Il apprend qu'à Bombay, qui compte trois millions d'habitants, il y a moins de cinq cent cinquante lits d'hôpitaux affectés aux contagieux. Comment enrayer alors une épidémie ? Comment seulement la connaître ? Il apprend aussi qu'il y aurait un million de lépreux dans la province de Madras, mais que seuls quelques centaines d'entre eux seraient soignés dans une léproserie. On dit aussi que l'espérance de vie en Inde serait de trente et un ans... « Qu'attend l'Union indienne pour s'occuper de ses malades [3] ? » demande Raoul Follereau, qui accepte mal que ce pays dénonce l'action sanitaire et sociale de la France dans ses colonies.
Il vit un moment poignant quand il veut visiter un camp de réfugiés. Ils sont nombreux en Inde après l'indépendance et la « partition » avec le Pakistan. Écoutons-le :

Je voulais les voir, leur apporter quelque secours [4].
Qu'ai-je fait ? À peine descendu du taxi, une horde famélique, hurlante et
menaçante m'assiège, se rue sur moi, s'attache à mes vêtements, griffe mes

---

1. *Mission de la France*, septembre-octobre 1952, puis *Tour du monde...* pp. 52 à 53.
2. *Ibid.*
3. *Ibid.*
4. *Ibid.*, puis *Tour du monde*, pp. 53 et 54.

mains, me paralyse... J'ai l'impression atroce que je vais être renversé, pié-tiné, étouffé, avant d'avoir pu seulement dire à ces pauvres que je les aime.

Sans doute en riraient-ils d'ailleurs... Cela leur paraîtrait une étrange plaisanterie. Ou peut-être une insulte.

Personne, jamais, ne les aime. Pourquoi moi, qu'ils ne connaissent pas ?

Et puis qu'est-ce que ça peut leur faire ? Ils ne demandent pas à être aimés. Ils ont faim, voilà tout. Ils ont trop faim.

J'essaie de me dégager, d'atteindre ma poche. J'avais préparé pour eux... Mais c'est impossible. Tous ces visages collés au mien, qui ricanent ou qui hurlent. Toutes ces mains qui me ligotent...

Je suis leur prisonnier. Je voulais tant être leur ami...

Et il faut que la police – vous entendez : la police – me dégage...

Je dois fuir cette misère, me défendre contre ceux que je voulais aider...

Mon sauveteur, cependant, me regarde d'un air réprobateur.

Pour lui, comme pour tous ici, la misère est une punition du ciel. La faim est un châtiment qui expie des fautes commises dans une vie antérieure. Les pauvres sont des condamnés de droit divin. Ils paient leur dette à Dieu comme les bagnards à la société.

Alors, la Charité ?

C'est un mot qui ne peut pas avoir de sens, la pauvreté est une punition. Il n'y a pas à s'opposer à la volonté divine...

L'Asie semble alors au bord de l'effondrement. Les visiteurs européens sont presque tous effrayés par ces foules immenses, incontrôlées, sans res-sources. Le choc de Bombay et de Calcutta est décisif pour de nombreux visiteurs qui relancent leur action caritative ou qui décident de s'engager. On peut citer au cours des années cinquante et soixante Dominique Lapierre, Armand Marquiset, l'abbé Pierre, le père Pire, Edmond Kaiser et tant d'autres. Aujourd'hui encore, Calcutta bouleverse ses visiteurs plus que d'autres villes du tiers monde. Tout semble démesuré dans ces cités indiennes.

La forte croissance démographique dans des régions déjà aussi densé-ment peuplées semble le prélude à une catastrophe proche, car les experts estiment que la production agricole ne pourra pas suivre le rythme de l'augmentation du nombre des habitants. L'Occident prend peur. En 1952, l'économiste français Alfred Sauvy lance l'expression de « tiers monde » par analogie avec le tiers état de la Révolution française. En 1952, Josué de Castro devient président de la F.A.O., l'organisme des Nations unies chargé des questions alimentaires et agricoles.

En 1952 également, aux États-Unis, les mouvements de planning fami-lial veulent limiter par tous les moyens le nombre des naissances dans le tiers monde, pendant que, dans son laboratoire, le chercheur américain Pincus met au point les pilules contraceptives qui auront au cours des décennies suivantes des conséquences démographiques considérables et des effets immenses sur les mentalités dans le monde entier.

Raoul Follereau comprend que la maladie est souvent considérée par les indigènes comme un état normal. Elle a parfaitement sa place dans la vie du groupe social. Elle a un sens. Le système religieux traditionnel la justifie. Quelqu'un qui veut combattre la maladie, la lèpre en l'occurrence, quelqu'un qui juge la maladie injuste et inadmissible, risque d'être perçu comme quelqu'un qui remet en cause toutes les explications religieuses traditionnelles et qui ne respecte pas les valeurs du groupe indigène. Raoul Follereau doit donc veiller à ne pas heurter la culture et les croyances locales s'il veut se faire entendre.

Mais il n'est pas au bout de ses découvertes. Il se rend en Indochine, où il passe deux semaines.

À Cholon, la ville chinoise de Saigon, au cimetière cantonais, il voit des lépreux réunis [1].

Ils ne sont pas à côté du cimetière. Ils sont dedans. Ils y occupent une espèce de vieille pagode en ruine. Ils ne peuvent pas faire un pas sans buter sur une tombe...

Ils sont une trentaine, pêle-mêle, sur des grabats innommables, avec, devant eux, des tas d'ordures et d'immondices. Ils sont là, misérables et muets...

L'assistante sociale distribue des vivres. J'essaie de serrer quelques mains, de caresser les enfants, de leur sourire. Ils n'ont pas fait un geste, et ils n'ont rien dit. Ils ont dépassé la limite même du désespoir...

Par ailleurs à Saigon, plus de dix mille lépreux circulent hors de tout contrôle.

Raoul Follereau rencontre l'empereur Bao Dai, qui est soutenu par la France, et il lui dit d'une façon très directe ce qu'il pense :

« Les lépreux de Votre Majesté vivent à Saigon dans des conditions abominables. Sans contrôle, sans soins, sans secours [2]... »

L'empereur l'écoute très attentivement et s'efforce de faire face à cette situation dans la mesure de ses moyens, qui restent limités.

Raoul Follereau prononce plusieurs conférences, dont l'une à Hanoi pour les blessés de l'hôpital militaire de Lannessan. La guerre d'Indochine fait rage et, la route étant coupée par le Viêt-minh, il se rend par avion spécial de Saigon à la léproserie de Djiring où se dévouent sans relâche les sœurs de Saint-Vincent-de-Paul.

Ailleurs encore – Raoul Follereau ne cite pas le pays mais c'est aussi en Asie –, un médecin américain l'emmène visiter une léproserie.

Cette « léproserie » est entourée de miradors [3]. Des gardes armés de

1. *Mission de la France*, en 1952, puis *Tour du monde...*
2. *Tour du monde...*, pp. 75 à 78.
3. *Ibid.*, pp. 96 à 98.

fusils en surveillent les entrées. D'autres gardiens écoutent la radio sur un poste destiné aux malades. En pénétrant à l'intérieur avec le médecin, les époux Follereau découvrent un spectacle qui défie l'imagination. Les malades sont entassés pêle-mêle. Des épileptiques terrorisent des paralysés, des fous furieux côtoient des idiots au regard vide. Des malades agonisent en hurlant, des corps se décomposent déjà, de petits enfants passent également leur vie dans cet endroit. Et bien sûr, il y a aussi des lépreux dans ce qui est administrativement une léproserie.

Raoul Follereau s'insurge : « Ce n'est pas une léproserie : c'est une poubelle... Comme on est trop lâche pour tuer, on laisse pourrir [1]. »

Il découvre aussi des situations dramatiques en Océanie.

Par exemple à Taenga [2], l'une des quatre-vingts îles de l'archipel des Tuamotu. Une jeune mère de cinq enfants ayant été reconnue lépreuse a été abandonnée avec un chien dressé pour la pêche sur un atoll de corail. Chaque semaine depuis six ans, une pirogue lui jette quelques vivres. Faute de soins, le mal ne fait qu'empirer. Elle a les pieds totalement rongés, ses doigts pourrissent. Le fonctionnaire qui raconte cette dramatique affaire à Raoul Follereau craint qu'elle ne meure prématurément et qu'elle ne se fasse dévorer par le chien devenu agressif. « Et moi je ne peux rien, rien... », gémit le fonctionnaire. Le sang de Raoul Follereau ne fait qu'un tour. Il alerte aussitôt les autorités et l'administrateur des Tuamotu part lui-même chercher la malade avec un infirmier. Grâce aux sulfones, elle peut être soignée efficacement. La maladie laisse pourtant des séquelles et des mutilations graves. Situation d'autant plus déplorable que si les médecins avaient été alertés plus tôt, le mal pouvait être enrayé avant d'avoir provoqué des dommages irréparables. Raoul Follereau constate que les absurdités administratives et les préjugés des populations constituent un obstacle redoutable à une lutte efficace contre la lèpre.

Dès qu'il entend parler de lépreux, il suspend ses occupations du moment pour se rendre sur place. Fût-ce pour un seul cas, il alerte immédiatement tous les échelons de l'administration s'il le faut, surtout en territoire francophone. Mais il doit parfois compter avec la résistance des malades. Il raconte :

Je revois cette jeune fille – à peine atteinte! – que j'essayais sans succès de sortir de sa cabane infecte. « Je n'ose pas, me disait-elle, on me jetterait des pierres. Et puis j'ai honte. »

Je revois cette lépreuse qui – à force de désespoir, sans doute – avait perdu la raison et s'obstinait à marcher à quatre pattes, à tourner en rond dans sa case [3].

1. *Ibid.*
2. *Mission de la France*, juillet-août 1952, puis *Tour du monde...*, pp. 134 à 139.
3. *Mission de la France*.

Raoul Follereau rencontre pourtant dans les territoires français d'outre-mer deux réalisations exemplaires qui sont des havres de paix [1].

En Nouvelle-Calédonie, sur une presqu'île de la rade de Nouméa, la léproserie de Ducos, la triste léproserie de jadis, est devenue un sanatorium exemplaire pour les lépreux. Religieuse d'origine bourguignonne, sœur Othilde est l'âme de ce centre aux installations médicales remarquables où les maisons des malades sont propres et ornées avec goût.

À Tahiti, à quelques kilomètres de Papeete, la léproserie d'Orofara est installée dans une vallée d'aspect paradisiaque. La montagne, la mer, les fleurs et les arbres lui servent d'écrin. Les malades habitent des maisons coquettes. Chaque couple a sa petite plantation, son élevage et, avec les bénéfices de la vente, peut se procurer librement ce qu'il désire. Les malades sont soignés avec compétence et amour.

Les lépreux organisent une fête de nuit en l'honneur de la venue de Raoul Follereau. Une petite fille de cinq ans doit réciter un compliment. Elle est lépreuse. Émue, elle mélange un peu les paroles de son texte et, ne les trouvant plus, elle s'arrête, regarde l'apôtre des lépreux et lui saute au cou en le serrant très fort. Tout le monde se réjouit. Raoul Follereau ne pouvait mieux montrer que la peur de la lèpre n'est pas sérieuse. Les danses commencent ensuite, réunissant bien-portants et malades.

Follereau est aussi invité à un mariage à Orofara. Il conduit la mariée à l'autel. Celle-ci, oubliant les règlements de la léproserie, tend la main au médecin-chef, qui la serre longuement. Tous font de même. On s'embrasse ou on se serre la main. La peur est vaincue. Le dîner de noces et le bal se passent dans l'allégresse.

Raoul Follereau en oublie ses fatigues et ses inquiétudes. Il a des exemples de réussite totale à proposer à ceux qu'il rencontrera ailleurs. Remarquons toutefois, sans mésestimer l'action entreprise à Ducos et à Orofara, que les contraintes géographiques et humaines qui pèsent sur des États continentaux aussi peuplés que l'Inde sont d'une nature toute différente. On ne peut reproduire partout ce qui a été réalisé à Ducos et à Orofara, car dans les îles les déplacements de la population peuvent être mieux contrôlés et le territoire est moins étendu, la population assez peu nombreuse.

En septembre 1953, Raoul Follereau repart au loin, pour l'Afrique cette fois. En soixante-six jours il parcourt quarante mille kilomètres, traverse onze pays, prononce cinquante et une conférences. Il visite notamment des pays d'Afrique noire qui ne sont pas des colonies françaises. Il passe par le Congo belge et le Congo français avant de gagner le Mozambique [2].

Le consul général de France Robert Bogaers, que Raoul Follereau a

---

1. Décrites dans *Tour du monde...*
2. *Mission de la France*, novembre-décembre 1953.

connu avant la guerre au Pérou, organise admirablement sa venue [1]. Le gouvernement portugais, avec lequel Raoul Follereau entretient de bonnes relations depuis vingt-cinq ans, veille également à ce qu'il soit accueilli dans d'excellentes conditions. Son voyage au Mozambique est un réel succès. Il parcourt le pays avec son épouse à la rencontre des lépreux. Ils évitent de justesse d'être dévorés par une panthère aux abords du Zambèze. Le jour où Raoul Follereau quitte le pays, le grand journal *Noticias* demande que le prix Nobel de la paix lui soit décerné. Et surtout, l'*Heure des pauvres* se met en place dans ce pays après son départ.

Les époux Follereau arrivent ensuite au Kenya en pleine insurrection mau-mau. Puis ils parcourent Madagascar, les Comores, la Réunion, l'île Maurice, la côte des Somalis et vont enfin en Éthiopie, à la léproserie de Harar en particulier [2].

Au début de 1954 Raoul Follereau se rend en Afrique du Nord et, à la fin de l'année, en Afrique noire de nouveau [3].

À partir de cette même année, il est bien informé de la situation des lépreux dans le monde entier. Il peut intervenir avec autorité dans les débats qui traitent de leur condition. Il a en main toutes les informations nécessaires pour lancer une vaste campagne d'opinion. Il a également rencontré toutes les personnes célèbres engagées dans la lutte contre la lèpre : savants, responsables politiques, médecins, religieux et religieuses... Il est devenu le symbole de la lutte contre la lèpre, dans le monde francophone en tout cas.

Il a su admirablement utiliser les moyens de transport de son époque, en particulier l'avion à réaction et aussi la voiture tout-terrain. Il mène une croisade nouvelle car il se met au service des découvertes médicales de son époque, mais il les intègre et voit bien qu'elles ne sont qu'un des éléments du succès contre la lèpre. Il travaille à créer partout où il passe des changements de mentalités.

RÉCITS, PROPOSITIONS ET RÉALISATIONS

Après son premier tour du monde, Raoul Follereau souhaite publier un livre qui fasse le point sur la situation des lépreux dans le monde.

Il confie régulièrement aux lecteurs de son bulletin bimestriel *Mission de la France* ses notes de voyage. Il indique l'esprit de ses textes, dans son éditorial de juillet 1951, à son retour d'Afrique noire :

J'ai relu mes notes de voyage. Hâtivement inscrites, dans une Jeep ou un avion – ou au retour d'une longue course en brousse –, elles n'ont pas fière

---

1. *Ibid.*
2. *Ibid.*
3. *Mission de la France* rend bien sûr compte de ces voyages.

allure. Elles sont jetées sans art sur des papiers vulgaires. Et j'aurais voulu les « rédiger » pour vous, mes amis. Leur donner une forme plus correcte, sinon littéraire. J'ai commencé. Et puis... et puis j'ai eu très vite l'impression que « ce n'était plus ça ». En essayant de gagner l'estime des « lettrés », j'allais refroidir le message, diminuer sa force, éteindre sa flamme.

Alors – que l'Académie me pardonne! – je vous livre, amis, ces textes médiocres, griffonnés alors que battaient encore dans ma poitrine tant et tant de cœurs...

Raoul Follereau choisit donc un style d'écriture adapté au grand public. Il multiplie les anecdotes courtes mais lourdes de signification. Il émaille son propos de quelques statistiques et de réflexions plus ou moins générales. Il crée un style de communication original qui stimule la générosité des donateurs et intéresse des lecteurs de toute culture. Le lecteur vibre aux découvertes du Vagabond de la charité, dont le récit plaisant fait penser à un recueil d'aventures plus qu'à un rapport administratif. Nous en avons cité précédemment certains passages.

Raoul Follereau a beaucoup d'anecdotes en réserve. Mais comment les publier ? Jusque-là tous ses écrits ont été édités par ses soins. Il veut maintenant toucher un public plus large et s'adresse à plusieurs grands éditeurs parisiens. Ceux-ci n'acceptent pas d'éditer le texte proposé ou restent très évasifs. Pourquoi ? On touche là aux mystères de l'édition française, mystères qui s'expliquent assez difficilement. Raoul Follereau est en effet, à ce moment-là, acclamé dans le monde entier et en particulier dans toutes les villes francophones.

Toutefois, les choses changent dès qu'il rencontre Henri Flammarion. Né en 1910, ce dernier est entré à vingt-trois ans, après des études de droit et de sciences politiques, dans la maison d'édition fondée par son grand-père en 1876. Il y effectuera toute sa carrière et, depuis 1945, il en assure la direction générale. Avec Pasteur Vallery-Radot et Jean Hamburger, il fonde Flammarion Médecine-Sciences. Un peu plus tard il lance avec l'éditeur américain Western Publishing une collection qui révolutionne l'édition pour la jeunesse. En 1958, il créera avec des confrères les éditions « J'ai lu » et en 1964, avec les éditions Garnier, la collection « GF », au format de poche. Sous son impulsion, sa maison accueille de nombreux auteurs nouveaux et s'ouvre largement aux livres d'art.

Enthousiasmé par l'œuvre de Raoul Follereau, il lui fait signer un contrat. Raoul Follereau est désormais lié à Flammarion, qui publiera tous ses livres, lui évitant ainsi le souci de chercher un éditeur. Cependant, ses écrits sont un peu noyés parmi les centaines d'ouvrages que publie Flammarion. L'effort que la maison peut consacrer à la promotion des livres de Raoul Follereau reste donc limité.

En janvier 1953 paraît *Tour du monde chez les lépreux*, un livre de deux cent cinquante pages d'une lecture très accessible. La couverture présente des moignons de lépreux tendus comme pour implorer de l'aide.

Dans les vingt premières pages, Raoul Follereau présente la maladie et les connaissances scientifiques les plus récentes qui permettent d'affirmer que la lèpre n'est pratiquement pas contagieuse (3 % de risques de contracter la maladie pour ceux qui vivent en permanence au contact des lépreux) et qu'avec les sulfones on peut la guérir facilement. Il évalue de dix à douze millions le nombre des lépreux dans le monde, soit un chiffre sensiblement plus élevé que celui établi par les auteurs des enquêtes précédentes.

Il présente brièvement le déroulement de ses voyages et rassemble soixante et une anecdotes significatives, glanées au cours de ses déplacements, en trois parties : « L'Asie douloureuse », « Les îles heureuses », « L'Afrique noire en marche. »

Le livre se compose d'une suite de courts récits qui comptent au plus cinq pages, et plus souvent deux. Raoul Follereau raconte une petite scène dont il est le témoin ou une anecdote qu'il met en valeur. Il présente donc ses notes de voyage. La mise en page est toujours très claire.

Raoul Follereau ne parle ni du continent américain ni de l'Europe méditerranéenne. Il ne parle pas davantage des grandes léproseries, comme Carville, Culion ou Bamako : « Ces établissements sont universellement connus pour être des modèles. C'est dire qu'ils n'ont pas besoin de moi. » Il ne parle pas non plus des personnages célèbres qu'il a rencontrés, comme le Dr Schweitzer.

Ce qu'il veut, c'est sensibiliser l'opinion au sort des lépreux à travers le monde. « Je dis ce que j'ai vu. Comme je l'ai vu. Sans précautions comme sans fard. » Il a connu des situations hallucinantes, comme il l'écrit dans l'éditorial de juillet 1952 de son bulletin :

Des lépreux ? J'en ai trouvé en prison, chez les fous, enfermés dans un cimetière désaffecté, ou bien encore parqués dans le désert, entourés de fils barbelés, avec miradors et mitrailleuses.

Des lépreux ? J'en ai vu nus, affamés, hurlants, désespérés. J'ai vu leurs plaies grouillantes de mouches, leurs taudis infects, les pharmacies vides, et les gardiens avec leurs fusils. J'ai vu un monde inimaginable d'horreurs, de douleurs et de désespoir.

Mais Raoul Follereau ne se contente pas de décrire. Il donne son avis. Son livre est un livre à thèse. En Asie, la situation est catastrophique et inadmissible, les gouvernements portent une lourde part de responsabilités. Les conditions dans certaines îles sont presque satisfaisantes. L'Afrique noire est sur la bonne voie, grâce à la présence de la France et de ses missionnaires et religieuses. Ce sont eux qui, seuls, font reculer les préjugés. Ce sont eux qui font aimer la France dans le monde, mais leurs compatriotes les ignorent. Raoul Follereau reprend donc, à propos de la lèpre, des thèses proches de celles qu'il défendait durant les années trente.

Alors que l'Asie connaît la décolonisation, il laisse entendre que la plupart des peuples ne sont pas prêts. Parlant de l'Inde, du Pakistan, de Ceylan, il écrit :

Ces trois pays se sont « libérés ».
Les politiciens.
Pas les peuples.
Pour les peuples, l' « indépendance » c'est un surcroît de misères, de désordres, de souffrances...
Les politiciens, eux, plastronnant et vociférant à la tribune de l'O.N.U., prétendent aujourd'hui nous « donner des leçons ».
Pas des exemples...

Il fait allusion aux attaques violentes dont la France est l'objet à cause de sa présence en Afrique du Nord.
Ou encore, à propos de l'Indonésie :

L'Indonésie ? Il n'y a pas d'Indonésie ! C'est un mythe, bon tout au plus pour quelques messieurs de l'O.N.U.
Un pays inorganisé ? Pas même : c'est un pays inorganique.

Raoul Follereau a constaté qu'au moment où il parcourt le pays le gouvernement n'exerce aucune autorité réelle en dehors de la capitale. D'autres visiteurs s'inquiètent aussi de l'évolution d'une Asie qui semble alors partir à la dérive et qui, de tous les continents, est celui qui suscite le plus d'inquiétudes au début des années cinquante. Beaucoup de diagnostics sont alors très pessimistes. Raoul Follereau accuse avec quelque excès peut-être les gouvernements, car les politiques de santé publique applicables aux deux cent mille habitants de la Martinique ne peuvent être reproduites dans des pays comptant des dizaines ou des centaines de millions d'habitants. La décolonisation n'est pas seule en cause.
Raoul Follereau décrit longuement des réalisations exemplaires méconnues, comme les centres de Ducos et d'Orofara dont nous avons déjà parlé.
Mais, même si la lèpre occupe l'essentiel de son livre, il ne parle pas seulement de lépreux. « Pour aller d'une léproserie à l'autre, il faut faire du chemin, et je ne ferme pas les yeux sur la route. » Il parle donc des pays qu'il traverse, de leur situation politique et sociale, de la vie des populations. Il a sans doute fourni des renseignements de première main au gouvernement français. D'autant qu'il est reçu par de nombreux responsables officiels. Comme il va là où, d'habitude, personne ne se rend, il révèle des aspects des pays que leurs propres dirigeants ignorent parfois. Il énonce des vérités crues : le cannibalisme existe toujours en Afrique – en Côte-d'Ivoire et au Nigeria notamment, et même des personnes instruites le pratiquent. A Pondichéry l'ashram fondé par Sri Aurobindo est devenu, sous

la direction de « Mère », qui se prétend déesse, une fructueuse affaire financière... Répétons-le, Raoul Follereau travaille dans la tradition du grand reportage français illustré par Albert Londres.

Au cours de ses voyages, il relève de nombreux faits de société. Il propose des réflexions d'une remarquable acuité. Par exemple, il reprend dans ce livre un texte publié dans son bulletin en mai 1952 : *Je crois en un seul Dieu*. Il y raconte l'histoire du matsuanisme, une secte nouvelle d'Afrique noire. Dans le Bas-Congo, un catéchiste condamné pour escroquerie jouit de l'aura d'un persécuté. Raoul Follereau a vu les sectateurs de ce mouvement qui compte déjà ses « martyrs ». Il attribue ce succès à l'espérance qu'apporte la secte et invite les chrétiens européens à réfléchir devant un tel phénomène.

Le matsuanisme constitue un réel danger pour l'évangélisation du Congo. Ce « Christ noir » attire des foules auxquelles on a présenté un Sauveur trop loin d'eux et pour tout dire trop « européanisé ». Le matsuanisme, c'est la revanche du Noir... Il est temps d'arrêter cette douloureuse et dangereuse hérésie, et d'abord en donnant de la religion catholique universelle une interprétation qui parle aux Noirs, réponde à leurs aspirations, pénètre leur vie.

Raoul Follereau cite l'exemple du père Lecomte à Sainte-Anne-du-Congo : il a construit une cathédrale adaptée à la culture africaine. Ses ogives reprennent le profil des cases de la région, ses piliers ont une forme de palmier, sa tribune est une énorme pirogue de pierre... Le Vagabond de la charité connaît cette cathédrale où il a eu l'occasion de parler. Et il poursuit :

Chacun doit bâtir sa cathédrale. Dans son âme, et sous le ciel qu'il respire. Chacun a le droit de sculpter le Christ dans son cœur, à sa ressemblance et à sa dévotion. Il suffit que tous, nous nous retrouvions dans Son regard, que tous, nous nous rassemblions à Son appel.

Raoul Follereau pose avec beaucoup de lucidité la question de l'inculturation [1].

Le livre est d'abord tiré à six mille exemplaires.

Devant son succès, un second tirage a lieu en avril, de quatre mille exemplaires, puis un troisième en 1955, de trois mille. Au total, le livre est publié en treize mille exemplaires. Il est traduit en 1957 en grec. Dans ce pays en effet, la lèpre sévit toujours.

Notons que Raoul Follereau avait déjà publié de larges extraits du livre dans son bulletin au fil des numéros. Par ailleurs les scènes les plus mar-

---

1. Ce n'est pas seulement une annonce de la foi adaptée aux traditions et à la culture de chaque peuple. Chaque culture, en reformulant le message religieux, propose des approches originales de la foi qui révèlent aux croyants du monde entier des aspects insoupçonnés du mystère.

quantes sont reprises ensuite dans des ouvrages parus sous d'autres titres. Certaines anecdotes ont donc connu une diffusion bien supérieure au nombre d'exemplaires imprimés.

Pour intéressants que soient ces tirages, on ne peut parler de «best-seller ». On retrouve des tirages voisins pour la plupart des livres rédigés par Raoul Follereau. Aucun d'eux n'a ensuite été repris par le « Livre de poche », à la différence des textes de Guy Gilbert par exemple. Pourquoi ? Les tirages des livres de l'apôtre des lépreux seront beaucoup plus élevés en Italie qu'en France. Pourquoi ? Là encore, il est difficile de répondre. Nous essaierons toutefois de le faire un peu plus loin.

Raoul Follereau n'est pas seul à s'exprimer dans ce registre. Plusieurs journalistes indépendants publient des livres qui suscitent des prises de conscience importantes dans l'opinion. Comme écrivains, ils ont même plus de succès que lui.

Tibor Mende était en 1946 correspondant à Paris de l'*International Herald Tribune*. L'année suivante, l'empire des Indes accède à l'indépendance et il se rend en Inde pour voir ce pays vivre ses premiers mois d'autonomie. Il parcourt le sous-continent et rencontre ses responsables. En 1950, il publie *l'Inde avant l'orage*. En 1952, il voyage en Birmanie et en Amérique latine, publiant la même année *L'Amérique latine entre en scène*. En 1953 il se rend en Indonésie, en 1955 au Pakistan et au Japon, en 1956 en Indochine. Il rédige de nombreux livres et signe des reportages dans *Le Monde*, *Le Figaro*, *Ouest-France*. Ses conversations avec Nehru sont publiées en 1956. On dit souvent aujourd'hui qu'il a fait connaître l'Asie du Sud-Est aux Français, à une partie de l'opinion française en tout cas. Il évoque le désarroi profond des pays du tiers monde et montre que l'Asie et le Pacifique deviennent de nouveaux centres de gravité des équilibres planétaires. Il appelle de ses vœux un dialogue Nord-Sud. Ses livres sont traduits en plus d'une douzaine de langues et atteignent toujours des tirages élevés. Il est édité par les Presses universitaires de France et, à partir de 1952, par les Éditions du Seuil. Sa route ne semble pas avoir croisé celle de Raoul Follereau mais ses préoccupations recoupent en partie les siennes, ses livres bénéficiant cependant d'une meilleure diffusion. Il n'a pas en revanche le charisme exceptionnel de Raoul Follereau auprès des pauvres du tiers monde.

Gilbert Cesbron [1] est journaliste, directeur des programmes à Radio Luxembourg. À côté de sa vie professionnelle, ce chrétien écrit des romans inspirés par les réalités sociales du moment. Chaque livre est pour lui une prise de position. En 1952, il publie *Les saints vont en enfer*, où il décrit l'apostolat des prêtres-ouvriers et la misère des banlieues, après avoir rencontré régulièrement pendant dix-huit mois une communauté de prêtres-

---

1. Une biographie de Gilbert Cesbron est parue en 1989 aux Éditions du Centurion.

ouvriers. L'ouvrage est tiré à plus d'un million et demi d'exemplaires. En 1954, *Chiens perdus sans collier* évoque l'enfance délinquante. Le romancier a rencontré des juges, des éducateurs, des psychologues... Dans ses autres livres, il révèle des drames ignorés ou mal connus, sensibilisant l'opinion. Tous sont tirés à des centaines de milliers d'exemplaires.

Raoul Follereau aurait sans doute pu lui aussi publier un « livre événement » mais il a eu recours à d'autres moyens, quoique l'opinion aime alors assez être interpellée par ceux qui révèlent des détresses cachées, comme ces auteurs ou comme l'abbé Pierre, dont nous reparlerons plus loin. Raoul Follereau ne s'inscrit pas moins parmi tout un ensemble de grands sensibilisateurs d'opinion.

Grâce à l'impressionnante documentation recueillie au cours de ses voyages, Raoul Follereau est bientôt reconnu non seulement comme un homme de terrain mais aussi comme un spécialiste de la lèpre. Les étudiants en médecine qui préparent une thèse sur ce sujet viennent presque tous le consulter pour recueillir des informations de première main et lui rendent un hommage chaleureux dans leurs dédicaces. Par ailleurs, il est déjà, par ses conférences notamment, à l'origine de plusieurs vocations médicales.

En 1954, Raoul Follereau fonde un prix doté de cent mille francs que l'Académie française accepte de décerner tous les deux ans à des médecins, des missionnaires ou d'autres personnes qui travaillent au service des lépreux. En septembre 1955, le premier prix est attribué conjointement à deux personnes : Albert Delord est le directeur du sanatorium hansénien de Valbonne, fondé par son père, le pasteur Delord, dans l'ancienne chartreuse du Gard ; quant au médecin-général inspecteur Richet, nous en reparlerons plus tard.
Raoul Follereau garde donc toujours des liens étroits avec l'Académie française.
Il est par ailleurs membre depuis juillet 1952 de l'Académie des sciences coloniales, ayant été élu au siège laissé vacant par la mort de Paul Bourdarie, ce qui lui permet de prendre de nouveaux contacts utiles, même si la fréquence de ses déplacements rend difficile sa participation aux séances de cette académie.
Il attache aussi une grande importance à sa participation à la Société d'encouragement au bien, où il essaie, avec des personnalités diverses, de faire mieux connaître les actes de générosité accomplis en France. Il est d'ailleurs récompensé, et ses œuvres avec lui, à plusieurs reprises par cet organisme.

Raoul Follereau a pu constater sur le terrain la force des préjugés et les effets désastreux de règlements tatillons appliqués à la lettre. Sa formation de juriste lui fait saisir l'importance de la loi, aussi compte-t-il s'appuyer sur la loi et le droit pour libérer les lépreux. Le Dr Chaussinand, chef du service de la Lèpre à l'Institut Pasteur de Paris, confirme son analyse [1] :

L'internement des lépreux a pris de nos jours un caractère de sévérité inconnu au Moyen Âge... Aujourd'hui, on parle de séquestration à perpétuité, et les léproseries sont souvent placées dans des îles ou en des endroits désertiques pour prévenir toute évasion. Du temps que le bagne existait encore, les criminels n'y étaient pas toujours aussi sévèrement détenus que ne le sont aujourd'hui encore les lépreux dans certaines léproseries. Il y a, dans cette conception archaïque de la prophylaxie antilépreuse, une cruauté qu'on ne s'attend guère à trouver – du moins en temps de paix – dans un monde qui se prétend civilisé...

Ces mesures inhumaines pourraient, à la rigueur, s'excuser, si leur efficacité se révélait évidente. Mais il faut bien avouer que la prophylaxie de la lèpre basée sur l'internement obligatoire des malades est illogique, inefficace et dangereuse.

Raoul Follereau veut appuyer son action sur une base juridique solide, et c'est pourquoi il rédige le 20 septembre 1952 une requête à l'O.N.U. [2]. Croit-il en cet organisme ? A-t-il été inconsciemment marqué par l'« esprit de Genève » ? En tout cas, il souhaite mettre l'O.N.U. au défi et estime que la mission de cet organisme consiste précisément à garantir les droits de chacun. Il s'appuie sur l'article 13 de la charte des Nations unies sur la jouissance des droits de l'homme et des libertés fondamentales et sur le texte de Dumbarton Oaks selon lequel « les Nations unies veilleront à imposer... le respect universel et l'observation stricte des droits humains et des libertés fondamentales pour tous... ».

Dans une lettre adressée au président de la septième assemblée générale des Nations unies, il propose que le conseil de l'assemblée publie une déclaration proposant un projet de convention internationale fixant le statut des lépreux et assurant la sauvegarde de leur dignité. Il souhaite une charte universelle qui garantisse les droits des lépreux et que l'O.N.U. adopte des décisions concrètes et recommande à tous les pays membres :

– de recenser leurs lépreux ;

– de proclamer solennellement que les lépreux sont soumis aux lois communes et donc protégés par elles ;

– de prendre l'engagement de garantir leur liberté dès que les médecins responsables les auront déclarés non contagieux ;

– de leur donner les mêmes facilités, les mêmes avantages, les mêmes privilèges qu'à tous les autres citoyens, sans aucune exception.

---

1. *Mission de la France*, novembre 1952.

2. *Mission de la France* titre bien sûr sur cette initiative en novembre-décembre 1952. Le texte intégral de la requête à l'O.N.U. dans *La seule vérité...*, tome II, pp. 26 à 35. « Il constitue le document fondamental de la bataille de la lèpre », écrit Raoul Follereau en 1966.

Raoul Follereau demande que l'on ferme les « léproseries-prisons » pour les remplacer par des « sanatoria » pour les lépreux où « les malades seront traités en hommes et non pas en maudits [1]. »

Mais un homme seul peut-il interpeller l'O.N.U. ? Celle-ci est inondée de dossiers de toutes sortes. Raoul Follereau s'appuie donc sur les autorités officielles de son pays. Robert Schuman, ministre des Affaires étrangères, et Édouard Herriot, le président radical de l'Assemblée nationale, lui apportent un soutien rapide et enthousiaste, et le 3 février 1953, il remet sa requête au président de la République, Vincent Auriol, qui l'approuve.

Par ailleurs, en 1953, Raoul Follereau propose au ministère de l'Éducation nationale une campagne d'information dans les collèges et les écoles d'outre-mer pour apprendre aux élèves que la lèpre n'est pas une maladie honteuse. Le ministre [2] accepte et le prie de rédiger le texte de référence pour cette campagne.

Il se rend aussi dans plusieurs pays européens – Belgique, Luxembourg, Suisse, Italie, Grèce –, afin de mieux en sensibiliser les pouvoirs publics, la presse et l'opinion.

Toutefois, l'O.N.U. ne réagit pas à la proposition de Raoul Follereau. Celui-ci décide de donner un ton plus officiel à sa démarche. Son ami l'abbé Gau, député de l'Aude, dépose à l'Assemblée nationale un texte où il invite le gouvernement français à soumettre à l'O.N.U. la motion de Raoul Follereau. Cette proposition est présentée à l'assemblée le 9 mars 1954 par un délégué de chacun des partis politiques représentés au Parlement. Elle est votée à l'unanimité par les députés le 25 mai 1954. Situation exceptionnelle. Ce succès réconcilie vraiment Raoul Follereau avec ce monde politique français qu'il dénonçait avec tant de véhémence pendant les années trente. « J'ai compris alors combien certaines étiquettes étaient dérisoires ; qu'il y a de braves gens partout et de grands cœurs », écrira-t-il plus tard à propos de ce vote [3].

Son initiative reçoit les vifs encouragements de l'O.M.S. Les publications de l'Unesco en rendent compte avec beaucoup de sympathie. L'Osservatore romano publie le texte intégral de la requête. Raoul Follereau reçoit de nombreuses lettres de soutien, du général Weygand à Léon Jouhaux, en passant par Georges Duhamel. Le monde associatif, de l'ordre de Malte à la Société d'encouragement au bien, n'est pas en reste.

Malgré l'intervention du gouvernement français, la proposition de Raoul Follereau n'est pas inscrite à l'ordre du jour de l'assemblée générale de l'O.N.U. Cependant, les dispositions qu'elle suggère sont bien vite adoptées par de nombreux pays où sévit le fléau. Ils révisent leurs lois et règle-

---

1. *Ibid.*
2. André Marie.
3. *La seule vérité...*, tome II, p. 56. Raoul Follereau n'aurait pas écrit cela à la fin des années trente... Signe d'une évolution.

ments concernant les lépreux au cours des années suivantes. Non seulement la loi cesse peu à peu de justifier l'enfermement des lépreux, mais elle fonde leur droit à la liberté.

Par ailleurs, en 1953, Raoul Follereau décide de créer une Journée mondiale des lépreux.

L'idée lui est venue après une conférence prononcée à Nîmes. À l'issue de celle-ci, un prêtre, journaliste à *La Croix du Midi*, l'abbé Balez, vient le trouver [1]. Il est enthousiasmé par son action. Ils se promènent ensemble dans les jardins de la Fontaine et l'abbé Balez suggère alors à Raoul Follereau l'organisation, chaque année, d'une journée de prière en faveur des lépreux. Celui-ci est très intéressé et forme tout de suite le projet d'en faire une manifestation mondiale destinée à provoquer « une mobilisation générale des esprits et des cœurs ». Plus encore que secourir les malades, il veut surtout sensibiliser l'opinion.

Il propose d'organiser la première Journée mondiale des lépreux le 31 janvier 1954, troisième dimanche après l'Épiphanie, car l'Église catholique lit alors le récit de l'Évangile où Jésus rencontre et guérit le lépreux.

Il suggère à ceux qui le peuvent [2] « une visite d'amitié à une léproserie ou à des lépreux isolés ou une journée de prière ou d'information, éventuellement des quêtes destinées de préférence à un missionnaire enfant de la région », et surtout « une pensée tenace, obsédée, une pensée qui ira jusqu'à l'angoisse devant cette misère douloureuse et injuste entre toutes les misères du monde ». « Chacun fera selon son cœur, pas d'organisation hiérarchisée, pas de mot d'ordre unique. Un simple, un irrésistible élan d'amour. » Il demande aussi que des fêtes soient organisées dans les léproseries, que des cadeaux soient apportés aux malades, en laissant toutefois une grande marge d'initiative à ceux auxquels il s'adresse.

Par cette Journée mondiale des lépreux, Raoul Follereau veut contribuer à construire une « civilisation de l'amour », laquelle commence par la compassion.

Mais il souhaite aussi dédramatiser la maladie. Celle-ci n'étant pratiquement pas contagieuse, il ne s'agit plus d'aller dans une léproserie pour se sacrifier avec un dévouement héroïque mais pour passer un bon moment avec des amis et se divertir avec eux. Il convient d'effacer toute l'imagerie tragique qui accompagne la représentation de la lèpre. Cette journée des lépreux est une journée de musique, de danse, de spectacles en tous genres, de manifestations sportives, de cadeaux, de rencontres. La compassion, pour Raoul Follereau, doit mener non pas à la tristesse mais à la joie et à la fête.

Une telle journée permet non seulement des campagnes d'éducation

---

1. *Ibid*, tome II, pp. 92 et 93.
2. *Ibid.*, tome II, pp. 93 à 97. *Mission de la France* avait, en janvier 1954, présenté ce premier appel de Raoul Follereau.

populaire à la santé mais aussi la rencontre de personnes, de groupes et d'ethnies que tout sépare habituellement.

Raoul Follereau rédige un message à l'occasion de cette manifestation. Chaque année il composera un message différent. Ce texte est imprimé et diffusé à un grand nombre d'exemplaires et enregistré sur disque grâce à Jacques Robert, fondateur et directeur de la maison de disque Voxigrave, qui a pour lui une affection filiale. Le disque et le texte imprimé sont envoyés aux organes de presse et aux radios de la francophonie et même du monde entier, les ambassades de France jouant un rôle actif dans cette diffusion.

Une vingtaine d'États répondent à ce premier appel. Dans de nombreux pays, les lépreux sont visités et choyés par les habitants des villages proches des léproseries, ce qu'on n'avait jamais vu auparavant dans ces régions. Une révolution des mentalités s'amorce dans certaines régions, en Afrique noire francophone notamment.

Nous verrons plus loin le succès sans cesse croissant de la Journée mondiale des lépreux, succès tel qu'après sa mort Raoul Follereau a souvent été présenté avant tout comme le fondateur de cette journée.

· La même année 1954, en septembre, Raoul Follereau lance le premier de ses appels aux Américains et aux Soviétiques, afin qu'ils renoncent les uns et les autres à un bombardier pour permettre de soigner les lépreux. Nous en parlerons plus loin.

Raoul Follereau intervient donc sur plusieurs fronts simultanément.

En 1954 également, il se fixe un délai de douze ans [1] pour opérer « une mobilisation universelle des esprits et des cœurs en faveur des lépreux ». Il prévoit donc une action de longue haleine, sans mésestimer les difficultés. Ayant longuement réfléchi sur les phénomènes de société auparavant, il ne s'est pas assigné ce délai au hasard. S'il n'avait connu un succès assez rapide, il se serait peut-être orienté vers des actions de sensibilisation en faveur d'autres personnes que les lépreux. Il fixe donc des limites et des repères pour son action, ce qui stimule son ardeur et sa volonté d'aboutir rapidement. On voit aussi qu'il ne compte pas réduire son apostolat à la seule cause des lépreux, même s'il est prêt à tout endurer pour eux.

Les lépreux sont en effet de plus en plus des amis pour lui, et eux le considèrent presque comme un membre de leur famille. Et s'il veut mobiliser l'opinion en leur faveur, c'est qu'ils constituent selon lui « les plus douloureuses minorités opprimées du monde [2] ».

S'il avait rencontré au cours de ses déplacements des groupes plus déshérités encore, il se serait sans doute engagé à leurs côtés avec la même conviction. D'ailleurs, même au plus fort de sa bataille contre la lèpre, Raoul Follereau se sent appelé à d'autres combats pour la dignité humaine.

---

1. *La seule vérité...*, tome II, p. 93.
2. Une expression qu'il emploie fréquemment, dans des articles et lors de conférences.

CHAPITRE VII

Un prophète
au rayonnement international
(1954-1960)

SUR LE TERRAIN TOUJOURS

L'environnement de Raoul Follereau et sa vie quotidienne

À Paris, le cadre de vie de Raoul Follereau n'a pas changé de son mariage à sa mort, pendant plus de cinquante ans donc. Lui et son épouse occupent le même appartement, rue du Général-Delestraint, à Paris. « C'est là que je me sens le mieux », confie-t-il à ses proches [1]. Bien qu'ils habitent le 16e arrondissement, le logement est modeste. Il compte quatre pièces dont deux seulement sont consacrées à l'habitat. Le reste fait office de secrétariat ou d'entrepôt. Les époux Follereau disposent aussi d'un grenier en haut de l'immeuble.

Les nombreuses personnes qui fréquentent le logement peuvent constater que le mobilier y est réduit. Un divan fait office de lit. La place manque un peu. Écoutons Jean Toulat [2] : « Pas un emplacement, dans cet étroit domaine, qui ne soit chèrement disputé. Une pile de journaux et de revues monte en zigzag à l'assaut de la cheminée. Sur le marbre de cette dernière, un petit tas d'imprimés s'étale au pied d'une statue en bois du XIVe siècle. À même le parquet s'empilent des boîtes de produits pharmaceutiques qui attendent d'être transformés par Mme Follereau en colis destinés à quelque lointain dispensaire d'Afrique ou d'Asie. » Raoul Follereau n'établit donc pas de cloison entre sa vie privée et sa vie publique. On peut le rencontrer très facilement... s'il n'est pas en déplacement à l'autre bout du monde. Les époux Follereau mènent une vie très simple, « d'allure franciscaine », dit Jean Toulat [3]. Un éminent léprologue, le Pr Basset, raconte :

---

1. Cité par Jean Toulat, *op. cit.*, p. 125.
2. Id., ibid., p. 125.
3. *Ibid.*

« Je me rappelle certains entretiens dans son appartement, où Mme Folle-reau interrompait notre conversation pour se précipiter à la cuisine, afin d'empêcher le dîner de brûler [1]. »

Les journaux et les revues envahissent donc une partie du logement. Raoul Follereau est toujours à l'écoute de l'actualité mondiale et il reste à l'affût d'informations et de faits divers qu'il peut ensuite évoquer à l'occasion de ses conférences. Il s'intéresse aussi à la façon dont la presse traite l'information.

La radio est réglée sur France Musique. Les époux Follereau écoutent presque toujours la musique classique diffusée par ce poste le soir avant de se coucher. Raoul Follereau apprécie beaucoup la musique de Beethoven, laquelle s'accorde fort bien à son tempérament [2].

Son cabinet de travail est une pièce de petites dimensions. Quelques chaises et une bibliothèque en marqueterie entourent la table. La pièce est peu éclairée, ce qui lui donne une pénombre un peu austère. De la fenêtre, il aperçoit une petite cour intérieure et les platanes du jardin des Petites Sœurs des pauvres voisines, dont il aime sentir la proche présence [3].

Sur le mur, un planisphère. Et partout dans la pièce les objets les plus insolites et les plus divers, tous riches de souvenirs, de symboles, de présence. Une statuette athénienne, une amphore romaine, deux dépouilles de boa venant du Brésil rappellent ses passions d'avant-guerre qu'il n'a jamais reniées. Des photographies comme celle de Mermoz aux côtés de son avion ou celle d'une lépreuse guérie qui a retrouvé son enfant et qui lui sourit lui rappellent des rencontres marquantes. Sur le bureau, un presse-papier de Honolulu, un cendrier de Tahiti, une lampe en ivoire et en bois précieux d'Afrique équatoriale [4]. Tous ces objets ont été façonnés par des lépreux à son intention.

Sur son bureau aussi, l'image de saint Vincent de Paul interprété par Pierre Fresnay et la prière attribuée à saint François d'Assise :
« Seigneur, fais de moi un instrument de Ta paix...
Où est le désespoir, que je mette l'espérance...
Où est la tristesse, que je mette la joie. »

Tout près de là, un morceau du linceul ensanglanté qui recouvrit la tête du père de Foucauld assassiné et, à côté, un fragment de son premier cercueil avec le cachet du postulateur du procès en béatification. Également une lettre autographe du père Damien que lui a offerte un bénédictin belge [5].

Raoul Follereau vit donc au contact direct des saints et des héros. Leur présence est presque physique. Elle est une invitation permanente au

---

1. *Ibid.*
2. Témoignage de Françoise Brunnschweiler, recueilli en août 1987.
3. Jean, Toulat, *op. cit.* Élisée Servigne, dans la biographie qu'il consacrait à Raoul Follereau, décrivait aussi son cadre de travail en 1956.
Nous n'avons pu visiter le domicile de Raoul Follereau.
4. Id., Ibid.
5. *Ibid.*

dépassement, surtout aux moments de lassitude. Il se construit un univers mental. En expérimentant la communion des saints, il se donne les moyens de la vivre. Il entretient un dialogue permanent avec ses aînés disparus, dont il connaît si bien l'histoire et qui sont devenus ses intimes. Croyant, il considère qu'ils sont éternellement vivants et qu'ils suivent ses entreprises. Il se sent appelé à les imiter à sa façon.

Il n'oublie pas non plus ses amis disparus, comme la duchesse de Vendôme, Mgr Nouet, et beaucoup d'autres encore.

Et, dans son bureau, un classeur métallique contient un gros dossier à la couverture bleue rempli de lettres et de talons de chèque. Raoul Follereau reçoit en effet tous les dons à son domicile. Il lit personnellement et attentivement toutes les lettres reçues. Il a donc un contact direct et sans intermédiaire avec les donateurs. La taille de son œuvre le permet encore. Il rassemble les messages les plus émouvants et les garde comme un trésor. Ils constituent son « livre d'or de la charité ». Les écritures sont souvent maladroites et les fautes d'orthographe nombreuses, mais il lit ce courrier avec un infini respect et il y puise toute son énergie et la force de continuer. Il lui est souvent arrivé de repenser pendant un déplacement harassant à ce courrier. Citons quelques messages, parmi tant d'autres [1] :

« *Seule, estropiée depuis vingt ans, je vis de la retraite des vieux : voici tout de même cent cinquante francs.* »

« *Don d'un paralytique pour un lépreux.* »

« *Acceptez ces vingt francs. Ce n'est rien, je le sais. Mais je n'ai plus de ressources. Cependant, je ne me sentirai vraiment pauvre que le jour où, même en me privant, je ne pourrai plus rien donner.* »

« *De la part d'un groupe d'ouvriers et d'ouvrières licenciés de l'usine où ils travaillent, mais qui pensent à ceux qui sont plus malheureux qu'eux.* »

« *De la part des détenus de la maison centrale de C...* »

« *J'ai demandé à Dieu un miracle "inutile" pour guérir, mais il est préférable que des hommes comme vous aient la vie longue, car vous représentez une telle valeur spirituelle et vous avez encore tant de bien à faire...* »

« *Je suis communiste, et je le suis fièrement, croyez-le. Nous ne sommes pas en accord parfait. Mais là où nos idées se rencontrent, c'est sur ce thème merveilleux : aider et secourir nos frères malheureux.* »

« *Je ne suis qu'un modeste artisan franc-maçon, mais j'ai pour vous une profonde admiration ainsi que pour tous ceux qui se dévouent pour le bien de l'humanité, sans distinction de races ni d'idées.* »

Une classe d'élèves du primaire âgées de dix ans environ : « *Nous nous excusons de la petite somme que nous envoyons... Les unes ont donné pour les lépreux l'argent de leur tirelire, les autres se sont privées de bonbons.* »

---

1. Exemples cités dans *La seule vérité...*, tome I, pp. 65 à 70, et Jean Toulat, *op. cit.*, pp. 69 et 70.

Raoul Follereau a reçu des centaines de lettres de cette nature. Ce sont eux les « vainqueurs humbles et éblouissants » de la bataille de la lèpre, a-t-il toujours répété. Il confie que ces mots lui ont souvent donné « envie de se mettre à genoux ». Il ne dresse pas d'inventaire quantitatif ou statistique précis à propos des dons reçus. Il préfère s'attarder sur le « qualitatif ». Semblables lettres donnent un aperçu de l'impact qu'il exerce sur de larges couches de la population. Ses appels ont bouleversé la vie d'un grand nombre de personnes très modestes qui lui font une confiance totale. On devine les conversions intérieures que supposent autant de générosités, d'autant que nous ne pouvons parler de ceux qui ont donné sans rien dire. Raoul Follereau atteint ainsi l'un de ses buts : enrichir l'âme du donateur et redresser la communauté nationale en l'unissant autour de grandes causes, faire vivre les valeurs du christianisme à ceux qui ne croient pas en ses dogmes. Le Vagabond de la charité semble avoir été soutenu avant tout par un grand nombre de personnes aux ressources modestes qui lui apportent des sommes limitées, mais qui renouvellent assez fréquemment leur don.

Raoul Follereau prend aussi périodiquement le temps de méditer, de se délasser et de récupérer de ses fatigues. C'est l'un des secrets de sa persévérance et de sa relative longévité.

Soucieux d'épargner les tâches ménagères à son épouse le dimanche, il déjeune souvent, ce jour-là, avec elle et des amis très proches, comme Aimée Altériet, à la Madeleine [1]. Ensuite, ils se rendent assez souvent au théâtre, où ils ont réservé des places durant la semaine, pour ne pas avoir à faire la queue. Les goûts de Raoul Follereau sont très éclectiques. S'il apprécie les spectacles de la Comédie-Française et les interprétations de grands acteurs comme Fresnay ou Jouvet, il aime aussi passer un moment de franche détente en assistant à une pièce de boulevard, comme celles de Marcel Achard [2]. Parfois, il vont plutôt au cinéma, à la séance de dix-huit heures, à l'issue de laquelle ils prennent rapidement un croque-monsieur avant de rentrer. En fin de semaine, il se rend aussi à Fontainebleau, dans une modeste pension de famille dont il goûte l'atmosphère simple et paisible. Il peut y prendre un peu de recul, échappant au tourbillon parisien. Comme il n'a pas de voiture et qu'il ne conduit pas, un taxi l'y emmène, gratuitement le plus souvent, quand le chauffeur apprend le nom de son client. Parfois, des amis fidèles, comme Jacques Robert, l'y conduisent.

Raoul Follereau a en effet besoin d'un grand équilibre psychologique pour supporter les scènes horribles auxquelles il est confronté, pour soutenir le rythme éprouvant imposé par les voyages et les décalages horaires, pour parvenir à mener simultanément plusieurs campagnes d'opinion. S'il peut passer sans difficulté apparente de la misère absolue d'une léproserie

---

1. Témoignage d'Aimée Altériet, recueilli le 14 septembre 1987.
2. Id.

de brousse aux lambris dorés des salons, c'est qu'il garde un équilibre remarquable et qu'il se donne les moyens de le garder.

Cependant, lui et son épouse ne suivent pas de retraite spirituelle. On peut s'en étonner. Certes, les rencontres qu'ils font dans le monde ne peuvent que les élever en ce domaine. Par ailleurs la direction de conscience et l'accompagnement spirituel personnalisé semblent devenir moins utiles à beaucoup de chrétiens de cette époque, qui mettent en avant l'action et la charité.

Raoul Follereau n'est donc jamais seul en esprit et cela explique la ténacité de son action et son enthousiasme toujours intact.

Il est aussi admirablement épaulé.

Son épouse l'accompagne dans tous ses déplacements, assiste à toutes ses conférences. Ils n'ont guère passé de minutes éloignés l'un de l'autre depuis leur mariage. Ils partagent vraiment en permanence les mêmes préoccupations. Répétons-le, l'histoire de Raoul Follereau, c'est celle d'un couple chrétien engagé. Son épouse lui apporte la confiance et la tendresse qui lui sont si précieuses. Elle lui donne aussi le courage de continuer. « À deux, on est invincibles [1] », répète-t-il. D'autant que les époux Follereau ne sont pas découragés au même moment. La présence de Madeleine aide considérablement Raoul à gagner la confiance des malades. Ce n'est pas un intrus qui vient les visiter, mais un couple qui arrive. Madeleine Follereau s'adresse aux enfants, s'occupe d'eux, ce qui fait sourire leurs mères et gagne la confiance des hommes. Son mari peut alors intervenir plus facilement, il est mieux accepté que s'il venait seul.

Jusqu'en 1956, année de sa mort, la mère de Raoul Follereau vient passer Noël chez lui. Elle est très fière de son fils et soutient toutes ses initiatives. En revanche, Raoul Follereau ne voit presque jamais les autres membres de sa famille restés à Nevers [2]. Son frère et sa sœur sont tous deux mariés et ont des enfants. Son frère est à la tête d'une entreprise de taille moyenne. Cependant, il voit un peu plus souvent son neveu Jacques, venu à Paris pour ses études de médecine, et qui passe une thèse sur la lèpre. Mais le Dr Jacques Follereau s'orientera ensuite vers le thermalisme, ce qui l'éloignera de la médecine tropicale.

Par ailleurs, Raoul Follereau est entouré d'un groupe d'amis fidèles, qui lui sont entièrement dévoués : Aimée Altériet, Louis Hauguel, Élisée Servigne, Georges Pin, Pierre Reynier, le frère Fernand Davoine, Raymond Guérin (dans la famille duquel il passe Noël à partir de 1956) et Jacques Robert. Ce sont ses véritables intimes. Une fois par an, il s'efforce de les réunir tous ensemble. Il a connu chacun d'eux en leur demandant de lui rendre un service, à titre professionnel le plus souvent. Les services rendus, allant croissant, ils sont tous devenus ses collaborateurs et il les a fait presque tous entrer au conseil d'administration de l'ordre de la Charité. La

---

1. Cité par Françoise Brunnschweiler, *op. cit.*, p. 93.
2. Témoignage du Dr Jacques Follereau, recueilli le 1er février 1988.

taille de celui-ci reste modeste, mais Raoul Follereau peut y faire ce qu'il entend sans rechercher de compromis entre des tendances divergentes ni risquer de contestation. Ce qui n'est pas le cas de nombreux fondateurs, y compris de l'abbé Pierre à Emmaüs.

Raoul Follereau compte d'autres amis très chers, comme le Dr Aujoulat. Et il veille aussi à élargir ce cercle d'intimes. Plus tard, il se rendra souvent en fin d'année à Nice chez Pierre Poytou, qui le fait passer à la radio et à la télévision régionales et réunit autour de lui leurs amis vivant dans la région.

Tous ses amis évoquent la joie de vivre de Raoul Follereau et son humour. Il fredonne souvent des airs d'opéra ou d'autres musiques, il plaisante, il sait faire rire et animer une soirée ou un repas. Raoul Follereau n'est ni un timide ni un introverti. Toujours en mouvement, il n'engendre pas la mélancolie. Il est espiègle et aime taquiner gentiment ses proches [1]. Cette exubérance peut prendre un aspect inattendu. Écoutons Élisée Servigne [2] :

> *Il n'est pas rare qu'après une longue application il laisse soudain exploser la vitalité trop longtemps disciplinée, en faisant entendre de sa voix claironnante les accents inattendus de quelque refrain d'étudiant ou de soldat dont la fantaisie cocasse fait volontiers pardonner la verdeur. C'est sa manière à lui de crier son mépris des conventions, sa façon de se persuader que la lettre n'est rien et que seul importe l'esprit, d'éprouver en même temps la présence au-dedans de lui de cet optimisme qui est une de ses forces et qu'il défend jalousement contre toute atteinte du doute.*
>
> *Peut-être de semblables incartades sont-elles l'effet d'une secrète et malicieuse tentation : celle de déboulonner la statue que ses admirateurs lui ont élevée en pensée avec un zèle touchant ?*

Cet aspect de la personnalité de Raoul Follereau peut surprendre, voire choquer. Sa personnalité est complexe et parfois déroutante. Il n'a jamais abandonné certaines de ses pratiques estudiantines. Mais, s'il parle beaucoup, il prend aussi le temps d'écouter ceux qui l'entourent et qui lui confient volontiers leurs soucis. Tous reconnaissent que fréquenter Raoul Follereau a transformé leur vie.

En 1959, Élisée Servigne, un de ceux qui connaissent le mieux Raoul Follereau, car il appartenait déjà à l'Union latine, publie un livre de deux cent vingt pages sur la vie et le message de Raoul Follereau, intitulé : *L'homme qui embrasse les lépreux*. « Il n'y a qu'un ennui, c'est que je suis encore vivant », dit Follereau à Servigne, qui lui parle de son livre [3].

Autour de Raoul Follereau, le travail est entièrement bénévole durant ces années cinquante et le début des années soixante. Les frais généraux

---

1. Selon le témoignage concordant de tous ses proches.
2. *L'homme qui embrasse les lépreux*, 1956, p. 22.
3. *Op. cit.*, p. 5.

sont donc des plus réduits. Des sommes considérables passent entre ses mains, mais ni lui ni ses amis ne songent un seul instant à s'enrichir. Il recopie tous les dons reçus sur un cahier. Il répartit l'argent au gré de ses déplacements ou des demandes reçues. Il indique aux donateurs les affectations retenues, mais tous lui font confiance et aucun n'éprouve le besoin d'exercer un contrôle. Il obtient de nombreuses réductions de tarifs (imprimerie, billets d'avion...) qui lui permettent d'économiser autant pour les lépreux.

Il se donne à temps complet à son œuvre, créant en quelque sorte un métier nouveau pour un laïc. En plus de ses droits d'auteur, la générosité des donateurs lui permet de subvenir à ses besoins les plus immédiats [1] et de vivre très sobrement.

Le travail s'effectue toujours d'une manière artisanale. Quand ils lancent une grande opération de sensibilisation, le Vagabond de la charité et ses amis passent le dimanche après-midi dans l'appartement de Raoul Follereau, assis autour de la table, à écrire des adresses et à coller des enveloppes. Tous ses amis exercent une profession exigeante durant la semaine, rappelons-le.

Quelques dizaines de milliers de donateurs, anonymes le plus souvent, le soutiennent sans relâche tout au long de son entreprise. Il leur donne souvent la parole par les extraits de lettres qu'il publie dans son bulletin, lequel assure vraiment le lien avec ceux qui lui font confiance. Lui-même s'y ouvre très largement, y confiant ce qui lui tient à cœur. Il réserve seulement quelques jugements politiques ou religieux à ses intimes.

La sonnette et le téléphone retentissent fréquemment, au moment des grandes opérations surtout. Raoul Follereau et son épouse acquièrent peu à peu une organisation et un rythme de vie bien adaptés à leur semi-nomadisme. Un journaliste qui leur rend visite est surpris par le calme, l'absence de précipitation et la sérénité qui règnent dans l'appartement à la

---

1. *La seule vérité...*, tome II, pp. 70 et 71.

« Cependant vint le jour (en 1952) où, pour assurer de si coûteux déplacements... mes moyens personnels et ceux que je tenais de ma famille ne suffirent plus.

D'autre part, il était impensable qu'une partie, même minime, des fonds recueillis par nos soins pour le secours des lépreux fût affectée à ces déplacements, bien qu'ils eussent, en maintes occasions, constitué de véritables investissements.

Notre Conseil d'Administration, gérant et responsable de notre trésorerie, était de mon avis.

Il restait donc une seule solution : faire un appel spécial à ceux de nos amis qui comprenaient la nécessité de ces voyages et leurs bienfaisants effets, en leur précisant toutefois que leur éventuelle réponse ne devait en rien réduire l'offrande qu'ils avaient l'habitude de nous adresser chaque année pour les lépreux.

Afin qu'aucune confusion ne soit possible, il leur fut demandé de mettre au dos du chèque postal destiné à cette fin particulière : " Bon voyage, Président ! "

Il me manquait cette année-là, pour boucler mon budget de voyage, 500 000 francs. Ils m'envoyèrent 5 millions. »

veille du départ pour un voyage important [1]. Tout semble disposé comme à l'accoutumée et pourtant ils entreprennent un assez long déplacement.

Avec le médecin-général Richet

À partir de 1954, Raoul Follereau sillonne de plus en plus l'Afrique noire, en compagnie notamment du médecin-général inspecteur Pierre Richet [2]. Il vit avec lui une expérience sanitaire gigantesque et unique de lutte contre la lèpre menée à l'échelle d'une partie du continent. Cette partie francophone de l'Afrique noire est alors sous souveraineté française. Une fois encore Raoul Follereau et son épouse veulent vivre la lutte contre la lèpre sur le terrain.

Rappelons que Pierre Richet a l'âge de Raoul Follereau. Disciple de Jamot et de Muraz dans l'entre-deux-guerres en Afrique, il fut ensuite le médecin de la 2e D.B. du général Leclerc, avant d'être chargé d'organiser le service de santé du corps expéditionnaire français en Extrême-Orient.

Il arrive en mars 1946 à Saigon et s'impose rapidement par son esprit pratique et son ascendant sur le personnel. Il met en place les systèmes d'évacuation mobile en Indochine du Sud et dirige le service de santé des troupes qui y combattent. Il doit adapter à la guerre des rizières et des hautes montagnes les moyens lourds venus d'Europe et se plier aux exigences d'une guerre de mouvement. Il met au point le principe des équipes chirurgicales mobiles et les équipes mobiles avancées. De plus, il veille à l'assistance médicale auprès des indigènes. De février 1950 à décembre 1952, il sert au Tonkin avec de Lattre de Tassigny.

En 1953, il est de retour en Afrique, définitivement. Il a quarante-neuf ans.

À Brazzaville, il dirige de 1953 à 1955 le Service général d'hygiène mobile et de prophylaxie (S.G.H.M.P.) de l'Afrique-Équatoriale française.

La lèpre est alors considérée comme l'endémie majeure à combattre dans cette partie de l'Afrique. Le médecin-général Richet s'y emploie donc, et son arrivée marque une révolution dans les méthodes et les techniques de lutte contre ce fléau. Il reprend en fait les méthodes de prospection systématiques de Jamot et de Muraz, mais grâce aux sulfones, il dispose du moyen décisif pour guérir les malades.

Il met en place un immense service itinérant de lutte contre la lèpre fondé sur le nouveau traitement par la Disulone, une variété de sulfones. Il décuple les moyens mis en œuvre. Il recrute des militaires et fait appel à des membres contractuels des services sanitaires, Européens et Africains, pour composer ces équipes. Une forte motivation leur est demandée. Les

---

1. Selon le témoignage de plusieurs proches de Raoul Follereau, Aimée Altériet et Françoise Brunnschweiler en particulier.
2. Nous avons évoqué un peu plus haut les débuts de sa carrière. *Cf.* Hélène Gaudriller, *op. cit.*

réticents et les adversaires de ses méthodes sont écartés. Richet veut insuffler son enthousiasme à tous les membres de ces équipes, car il sait que la tâche demandée est rude.

Les territoires à parcourir sont entièrement quadrillés en secteurs. Les équipes et les véhicules sont répartis de façon à parcourir leur secteur rationnellement, selon des circuits itinérants dits « en marguerite » [1], le tracé suivi à partir du point fixe sanitaire faisant penser à la forme des pétales de cette fleur. Dans chaque secteur évoluent vingt véhicules et une centaine de bicyclettes, mais le cheval, la pirogue ou la marche sont parfois nécessaires là où une Jeep ou un vélomoteur ne peuvent progresser.

Médecins et infirmiers atteignent ainsi les endroits les plus reculés. Ils rejoignent les populations à des points de rassemblement fixés à l'avance, comme les « arbres à palabre ». Les chefs coutumiers ont été avertis quelque temps auparavant du passage de l'équipe sanitaire et, leur autorité sur les indigènes restant importante, ils ont pu rassembler toute la population locale. Celle-ci vient d'autant plus facilement qu'elle ne risque pas l'enfermement, vu les nouveaux soins proposés.

L'arrivée d'une colonne sanitaire au village constitue toujours un événement et donne lieu à des rituels d'accueil de la part des indigènes. Ensuite, les habitants se répartissent en deux files : les hommes d'un côté, les femmes et les enfants de l'autre. Ils pénètrent l'un après l'autre dans le camion ou la tente prévus pour la consultation. Ils se déshabillent alors, ce qui entraîne parfois des problèmes à cause de la pudeur de certains indigènes. L'infirmier vérifie si leur corps porte les taches qui signalent la lèpre. Des dessins lui ont été distribués précédemment afin de l'aider dans son diagnostic, même s'il est analphabète et ne connaît rien à la lèpre. Les malades sont facilement détectés. En cas d'hésitation, des prélèvements sont effectués puis examinés sur place au microscope ou adressés au laboratoire le plus proche. Les équipes sont cependant polyvalentes et diagnostiquent souvent d'autres maladies que la lèpre à l'occasion de ces tournées.

Chaque malade reçoit une fiche où sont indiquées toutes les informations utiles sur son état et son traitement, l'équipe sanitaire gardant un exemplaire de la fiche. Il n'est plus question d'isoler le malade ; un infirmier doit lui apporter régulièrement les médicaments qu'il doit prendre, tous les quinze jours environ, parfois tous les mois. L'usage étendu des « suspensions retard » permet en effet une posologie bimensuelle. Comme les malades ne savent souvent ni lire ni compter, l'infirmier leur remet un tas de petits cailloux : ils doivent en jeter un par jour et quand ils n'en auront plus, ils devront se rendre au dispensaire ou plutôt ils recevront la visite de l'infirmier.

Ce travail exige une rigueur sans faille et s'avère épuisant pour les

---

1. Médecin-général Lapeyssonnie, *op. cit.*

équipes sanitaires mobiles qui se déplacent sans cesse pour dépister d'abord, pour soigner ensuite.

Mais les résultats de cette entreprise se révèlent bientôt exceptionnels. On découvre que les lépreux en A.-É.F. ne sont pas quarante mille comme on le croyait, mais cent cinquante mille [1]. Cent trente mille suivront régulièrement leur traitement – soit une proportion exceptionnelle – et la moitié d'entre eux seront très rapidement guéris, au prix de sept millions de comprimés distribués et d'un million de flacons injectables. Par ailleurs, les malades contagieux sont pour la plupart « blanchis », c'est-à-dire rendus non contagieux, au prix d'un isolement très limité. D'ailleurs Richet fait rompre la ségrégation des lépreux dans les colonies agricoles.

Le succès paraît tellement exceptionnel et rapide que l'O.M.S. hésite à y croire. Le Dr Gay-Prieto, spécialiste mondialement reconnu de la lèpre, est envoyé sur place et confirme les rapports de Richet. L'O.M.S. parle désormais avec enthousiasme du « plan Richet » et les spécialistes britanniques du *French system*. Richet recevra d'ailleurs plus tard la plus haute distinction de la *Royal Society of Tropical Medicine* de Londres.

Le Dr Hemeryckx obtient également de bons résultats au Congo belge en suivant des méthodes similaires. De plus, Richet n'est pas seul : le médecin-général Labusquière accomplit un travail important, lui aussi.

Le succès de Richet repose sur la conjonction de plusieurs facteurs dont il a su admirablement tirer parti, en grand technicien de la santé publique :
– l'existence de médicaments enfin efficaces et peu onéreux, les sulfones ;
– la possibilité d'administrer des traitements simples ;
– une organisation sanitaire rigoureuse établie sur le modèle militaire avec une répartition des rôles très stricte, des tâches faciles à exécuter, des ordres clairs ;
– un pouvoir politique fort, le pouvoir colonial, qui permet la sécurité des déplacements et fournit les moyens matériels de cette politique de grande envergure ;
– l'autorité des chefs indigènes, qui peuvent rassembler toute la population.

À l'action du général Richet, il faut associer celle du Dr Aujoulat. Devenu secrétaire d'État puis ministre, il veille à organiser de façon rationnelle et cohérente la politique de santé publique menée par la France en Afrique noire [2]. À Paris, en 1952, lors d'une conférence des directeurs de santé d'Afrique noire et de Madagascar, il fait reconnaître la primauté de

---

1. Chiffres cités, *ibid.*, p. 202.
2. Étienne Thévenin, *Louis-Paul Aujoulat, un médecin chrétien au service de l'Afrique*, communication au colloque Églises et Santé dans le tiers monde, hier et aujourd'hui, du 19

la médecine de masse curative et préventive sur la médecine de soins purement individuels. Les services mobiles de prophylaxie mis en place par les médecins militaires sont alors gravement contestés en raison des rassemblements contraignants qu'ils imposent. Le Dr Aujoulat apporte son soutien aux militaires, lesquels l'ont pourtant combattu quand il est arrivé en Afrique pendant les années trente. Il entretient d'ailleurs d'excellentes relations avec le général Richet.

Raoul Follereau est bien vite au courant des résultats obtenus par Richet, qui le conforte dans l'idée qu'une victoire rapide contre la lèpre est possible. Les succès obtenus jusqu'alors portaient en effet sur des secteurs géographiquement limités, par exemple des îles. Là, il s'agit d'une partie de continent. Pourquoi ne pas recourir à des méthodes voisines dans d'autres continents, en Asie par exemple ? Il faut surtout que des moyens suffisants soient accordés et que les pouvoirs publics et les équipes sanitaires soient animés d'une réelle volonté de mettre fin au fléau.

Richet est ensuite nommé en Afrique-Occidentale française pour y accomplir le même travail de 1955 à 1957.

Il rayonne à partir de Bodo-Dioulasso. Ce centre médical vient de connaître des transformations rapides auxquelles le Dr Aujoulat n'est pas étranger. En 1948, le centre médical comptait trois ou quatre médecins. En 1955, au même endroit [1], des dizaines de médecins, de scientifiques et de techniciens effectuent des recherches de pointe dans des laboratoires remarquablement équipés : biochimie, bactériologie, parasitologie, immunologie, entomologie, travaux sur l'onchocercose, le paludisme... L'École Jamot forme plus de cent infirmiers par an pour le compte du S.G.H.M.P.

Plusieurs instituts sont d'ailleurs modernisés dans le même temps : l'Institut de la lèpre (Marchoux) et l'Institut d'ophtalmologie tropicale en Afrique (I.O.T.A.) à Bamako, l'Office de recherche sur l'alimentation et la nutrition en Afrique (O.R.A.N.A.) à Dakar. Ces centres sont repensés à l'échelle de toute l'Afrique-Occidentale française et ils travaillent en lien étroit avec les services de dépistage dont ils complètent l'action.

Le Dr Aujoulat a mené à bien d'autres actions importantes [2]. Devant des projets d'équipement hospitalier un peu anarchiques, il a créé une commission de standardisation du matériel et des installations sanitaires. Il s'est efforcé d'étendre les services sociaux embryonnaires du Cameroun et d'Afrique-Équatoriale vers l'Afrique-Occidentale française et Madagascar. Il s'est beaucoup intéressé au statut et à la formation des personnels sociaux, en privilégiant le recrutement d'autochtones. Il a fait mener des

---

au 21 octobre 1989 à Louvain-la-Neuve (les actes du colloque ont été publiés en 1991 aux Éd. Brill de Leiden).

1. Médecin-général Lapeyssonnie, *op. cit.*, p. 202.
2. S. et J. Foray, *op. cit.*, pp. 129 à 145.

expériences pilotes d'éducation de base en utilisant, en lien avec l'Unesco, des méthodes modernes d'éducation. Un code du travail est promulgué en décembre 1952, mais un vaste projet de réforme de la santé publique en outre-mer n'aboutit pas.

Le Dr Aujoulat apporte un soutien sélectif à quelques initiatives privées [1]. Le critère confessionnel n'intervient pas dans ses choix : des subventions ou un soutien sont apportés à des projets d'éducation, de santé, d'urbanisme mis en place par la Croix-Rouge, les missions protestantes ou catholiques et d'autres encore. Le Dr Aujoulat apporte son appui si, et seulement si, le projet s'intègre dans la politique sanitaire globale menée par les pouvoirs publics et si la démarche repose sur des bases scientifiques rigoureuses.

Un tel ensemble est alors sans égal dans le monde tropical. L'Afrique noire française semble bien partie sur le plan sanitaire. Mais elle est touchée à son tour par le grand souffle de la décolonisation et souhaite suivre l'exemple de l'Asie et du monde arabe. L'agitation gagne d'abord les grandes villes. Des partis et des syndicats de fonctionnaires deviennent les interlocuteurs directs des pouvoirs publics. Toutes les formes de présence française sont alors contestées, y compris la présence sanitaire. Le 23 juin 1956, la loi-cadre Defferre donne une grande autonomie interne aux colonies françaises d'Afrique noire. Richet se trouve une fois de plus dans une situation difficile et il choisit d'intensifier encore son action.

Même si la lèpre est alors la principale endémie à laquelle il se consacre, ce n'est pas la seule. Il mène, par exemple, un combat de longue haleine contre l'onchocercose, ou « cécité des rivières ». Il utilise pour le dépistage les mêmes méthodes que pour la lèpre et procède en 1956 au Tchad au premier épandage massif d'insecticide par hélicoptère [2].

Et c'est dans ce contexte qu'en 1957, du 22 mars au 28 avril, Raoul Follereau participe aux côtés du médecin-général Richet à une grande campagne de dépistage de la lèpre. Il est reçu officiellement à son arrivée à Dakar par le haut-commissaire en A.-O.F. Cusin. Ensuite, il entreprend avec son épouse et le général Richet une expédition de cinq semaines en brousse. Ils vont parcourir « six mille sept cent quatre-vingt-trois kilomètres ». Raoul Follereau a le souci des chiffres exacts. Partis de Dakar, ils traversent le Sénégal, la Casamance, la Guinée, la Côte-d'Ivoire, la Haute-Volta, avant de reprendre l'avion à Bobo-Dioulasso pour regagner Paris [3].

Les circuits de traitement ambulatoires sont alors en plein développement et leur action contre la lèpre prend cette année-là une ampleur jamais atteinte auparavant. Sous la direction de Richet, une centaine de Land

---

1. Étienne Thévenin, *op. cit.*
2. Hélène Gaudriller, *op. cit.*
3. *Mission de la France* rend compte de cette expédition dans son numéro de mai-juin 1957.

Rover sillonnent toutes les pistes, cinq cent vingt-cinq circuits de traitement à bicyclette atteignent les villages éloignés des routes. Des pirogues spécialement aménagées utilisent les voies fluviales. Dans le Sahel, les équipes utilisent souvent le cheval ou le chameau. Cinquante-six médecins et quinze cents assistants sanitaires, infirmiers ou aides-infirmiers constituent ce que Raoul Follereau appelle « une petite armée de la charité ». Ensemble, ils parcourent chaque mois plus de quatre cent cinquante mille kilomètres et portent régulièrement jusque dans les endroits les plus reculés le médicament libérateur [1]. Dans cette vaste entreprise, Richet fait figure de chef charismatique. Il sait communiquer son enthousiasme à tous les échelons de la hiérarchie. Il quitte souvent son quartier général de Bobo-Dioulasso pour superviser l'action sur le terrain, payer de sa personne et galvaniser les équipes. Richet, ce n'est pas seulement une méthode cohérente et efficace, c'est aussi une présence enthousiaste et chaleureuse sur le terrain.

Les patients ne sont pas faciles à convaincre. Il faut bien sûr triompher des méfiances et déculpabiliser là où la lèpre est considérée comme une faute et le lépreux mis à l'écart.

Dans certaines tribus, c'est au contraire l'insouciance la plus totale :

« Pourquoi n'es-tu pas venu te faire soigner puisque tu savais que tu as la lèpre ? » demande un médecin à un malade mutilé.

« Bien sûr, mais du moment qu'on a la santé ! » rétorque le patient qui ne s'inquiète pas de cette maladie qu'il considère presque comme « naturelle ».

Ailleurs encore, des familles peuvent cacher un malade pour lui éviter les contraintes d'un traitement médical.

La paresse et la peur expliquent bien des apathies devant ces équipes mobiles qui imposent la remise en cause des attitudes traditionnelles face à la maladie. Certains sorciers ne cachent pas leur hostilité devant cette « concurrence » nouvelle et très efficace. Les équipes mobiles de santé apportent plus qu'un médicament ; elles sont les agents d'une attitude nouvelle face à la santé. Elles véhiculent une lente révolution culturelle, un bouleversement des mentalités dans les villages. Les autorités traditionnelles pourront-elles intégrer cette irruption de la modernité ? Plus prosaïquement encore, les villageois accepteront-ils d'être dérangés dans leurs occupations quotidiennes ? Car, tant qu'ils peuvent se déplacer dans les champs, beaucoup d'indigènes ne se considèrent pas comme malades, même s'ils souffrent de la lèpre ou de parasitoses.

Raoul Follereau peut juger de tout cela durant les cinq semaines qu'il passe à accompagner Richet dans sa tournée en voiture [2].

Ils se lèvent à quatre heures du matin, afin de partir à cinq heures, avant le lever du jour. Ils roulent alors le plus vite possible, car ils savent qu'à partir de dix heures la chaleur accablante, le vent brûlant et le

---

1. Chiffres cités, *ibid.*
2. *Ibid.*

manque d'air rendent le trajet très pénible. Ils effectuent chaque jour de dix à douze heures de piste. Ils évitent de parler pour ne pas gaspiller leurs forces et ne pas augmenter davantage leur soif. Souvent la poussière colle à la peau et aveugle les lunettes. Cheveux au vent, fusil entre les jambes, des lunettes noires aux yeux, Richet a une allure de « baroudeur ».

Durant ce circuit, ils traversent des milieux très divers. Leur parcours est, comme il se doit, émaillé de plusieurs incidents techniques. Entre Gagnoa et Tiessalé, au début de leur itinéraire, ils rencontrent sur cent kilomètres un immense vol de papillons ; beaucoup d'entre eux s'écrasent sur la voiture et adhèrent au moteur, ce qui provoque une panne. Ils roulent longtemps dans un décor monotone, sec et toujours très pauvre. Seuls quelques buissons rabougris et des arbres dépouillés agrémentent le paysage. De loin en loin, un troupeau de cynocéphales ou un vol de toucans apporte un peu de fantaisie. La poussière rouge pénètre partout. Quand il faut traverser la forêt, les dangers sont omniprésents : moustiques, mouches tsé-tsé, serpents, caïmans qui évoluent dans les marigots que les véhicules traversent... Mais Richet comme Raoul Follereau ont l'habitude de ces déplacements et ils apprivoisent de plus en plus les difficultés...

Le soir, les deux hommes savourent le repos. Ils aiment, s'ils le peuvent, prendre sur une terrasse qui fraîchit doucement un whisky sous les étoiles. C'est « une des joies de la vie. Une joie plus profonde et plus grave qu'il n'y paraît », écrit Raoul Follereau dans son bulletin [1]. Il peut aussi, à l'occasion de ce long parcours, découvrir les spécialités culinaires locales : chou palmiste, rôti de porc-épic, mangues, pour ne citer que les plus courantes...

Au moment de l'étape et de la consultation, Raoul Follereau reste discret. Il se met à l'écart, il ne dit rien mais il observe et il écoute. Il ne s'intéresse pas seulement à la lèpre. Il s'informe des coutumes locales, comme l'initiation chez les Bassari.

Arrivé à Kolda le jour des élections aux conseils locaux prévus par les nouvelles lois, il assiste au dépouillement. Tout se déroule paisiblement, mais il remarque qu'un candidat a déclaré : « Si je suis élu, je ferai supprimer toutes les vaccinations obligatoires [2] », affirmation qui révèle à l'évidence un état d'esprit assez répandu dans la population.

Ailleurs, des Africains exécutent devant lui la « danse de la trypano ». Elle rappelle l'arrivée des premières équipes sanitaires mobiles d'Afrique, avant la Seconde Guerre mondiale. Elle évoque avec irrévérence et tendresse un lieutenant qui crie tout le temps mais sauve les malades. Le lieutenant est, depuis, devenu colonel. Plus loin, en pays Lobi, Raoul Follereau découvre dans une case le fétiche d'un général des services d'hygiène mobile : un petit bonhomme aux genoux cagneux, assis sur une chaise et coiffé d'un képi noir. Le Vagabond de la charité peut mesurer l'impact de ces services sur la population et l'affection qui finit parfois par les entourer.

---

1. *Ibid.*
2. *Ibid.*

Richet commence lui aussi à jouir d'une aura considérable auprès des autochtones. Il prend d'ailleurs le temps d'exécuter des tours de magie devant les indigènes réunis et il sait rire avec eux. Ce qu'ils apprécient, et ce qui renforce leur confiance...

Raoul Follereau est assez surpris de constater que, sans raison apparente, certains secteurs sont beaucoup plus touchés par la lèpre que d'autres. Dans les pays Dagari et Lobi, plus de 6 % de la population est touchée par la lèpre, ce qui est énorme. Richet décide d'ouvrir immédiatement un circuit supplémentaire et d'y affecter deux nouvelles voitures. Une Jeep permet de soigner deux à trois mille malades [1]. C'est Follereau qui permet d'acheter immédiatement ces véhicules. En effet, tout au long du chemin, il distribue l'argent rassemblé par son association et il le répartit en fonction des besoins urgents indiqués par Richet. Sur son trajet, il distribue ainsi plusieurs millions de francs de l'époque, qui permettent l'achat de plus d'une douzaine de véhicules, et il n'oublie pas de financer l'entretien de certains des trente dispensaires et centres de traitement de la lèpre qu'il a visités. Il prononce aussi des conférences.

Quand il raconte son voyage aux lecteurs de son bulletin, Raoul Follereau exalte l'action de Richet et de la France. Il ne dit mot des difficultés rencontrées par le médecin-général. Et pourtant celui-ci occupe une position de plus en plus difficile [2]. Au milieu de l'année 1957, quelques semaines après la visite de Raoul Follereau donc, il est nommé au poste de « conseiller du service commun de lutte contre les grandes endémies ». Est-ce une façon polie de le reléguer à un rôle purement honorifique ? Il ne se tient pas pour battu. Tout comme le Dr Aujoulat qui est maintenant conseiller au Ministère, il pense déjà à l'après-colonisation et, cherchant à préparer des successeurs, il prend contact avec les futurs responsables politiques africains. Sur le terrain, la situation se dégrade constamment. C'est alors qu'ils remportent leurs succès les plus éclatants que les services d'hygiène mobile mis en place par les médecins militaires français sont menacés de mort. Le personnel infirmier est de plus en plus influencé par les partis politiques nationalistes et ne veut pas obtempérer aux ordres des médecins militaires français. Les chefs locaux ne veulent pas apparaître comme des « collaborateurs » en rassemblant convenablement la population. Des escrocs vendent de fausses fiches sanitaires qui font croire que le malade est déjà traité. Le désordre s'étend peu à peu sur fond de décolonisation, la tristesse gagne les responsables des services de santé, qui refusent toutefois de se laisser aller au découragement. Raoul Follereau est bien sûr au courant de ces difficultés, elles le préoccupent, mais il n'en dit mot dans son bulletin, pensant sans doute que cela ne ferait que compliquer la situation et pourrait décourager la générosité des donateurs. En invitant à sou-

---

1. *Ibid.*
2. Le médecin-général Lapeyssonnie donne, dans son livre (*op. cit.*), une bonne idée des difficultés rencontrées alors par les médecins militaires.

tenir l'action de Richet et des services d'hygiène mobile, il peut contribuer à leur survie. Il ne ménage pas ses efforts en ce sens, mais sans recourir à la polémique.

Grâce à Richet, Raoul Follereau connaît de mieux en mieux les médecins militaires français. Il connaissait leurs noms, il les rencontre désormais régulièrement sur le terrain. Ils acceptent volontiers sa présence, car il se propose de les aider et ne cherche pas à les concurrencer ou à leur donner des leçons. En plus de Richet, Raoul Follereau connaît bien le médecin-général Labusquière, le général Merle [1], le médecin-général Lapeyssonnie et beaucoup d'autres encore...

Ces hommes de science et baroudeurs ont tous de fortes personnalités qui se sont affirmées dans l'inconfort et les moyens précaires des postes de brousse isolés où, jeunes officiers, ils ont exercé leurs premières responsabilités [2]. Militaires de vocation, mais presque toujours d'esprit frondeur et indépendant, ils se sentent proches de ceux qu'ils soignent et s'estiment investis d'un devoir moral d'assistance envers ces populations. Généralement curieux d'esprit, l'isolement et les problèmes rencontrés sur le terrain en ont fait des hommes polyvalents : médecin, chirurgien, chercheur, formateur, mais aussi bricoleur, bâtisseur, organisateur... Leur esprit de corps est légendaire, même si certains conflits de personnes peuvent être aigus.

Raoul Follereau circule donc de plus en plus en Afrique noire. C'est là qu'il noue les contacts les plus durables. Sa silhouette devient familière aux Africains qui l'appellent avec affection et respect « Papa Raoul ». Il fait presque partie de leur famille et n'est pas seulement un visiteur, comme il peut l'être en Asie ou dans les pays anglophones, dont il ne parle pas la langue.

Au cours de ses déplacements, Raoul Follereau n'oublie pas ses amis missionnaires. Il en connaît dans tous les pays qu'il visite et il constate que beaucoup d'entre eux, qui n'ont pas reçu de formation médicale, sont très embarrassés quand un malade vient les trouver. Il demande alors à son ami le Dr Reynier de rédiger à leur intention un petit manuel pratique leur indiquant les conduites à tenir dans les situations les plus courantes et les produits à utiliser. Il s'agit de concevoir un petit livre de vulgarisation sans prétention scientifique. Le Dr Reynier a beau se récrier en disant qu'il n'est jamais allé en Afrique, Raoul Follereau insiste, et il doit bien s'exécuter.

Le Dr Reynier rédige donc un petit manuel intitulé *Vos Schémas*. Le général Muraz, qui vit alors à Paris, en compose la préface. L'ouvrage,

---

1. Lequel a publié en 1983, sous le titre *Raoul Follereau m'a dit*, un petit livre de souvenirs sur leurs rencontres (fondations Raoul-Follereau).

2. Pour mieux connaître leur histoire :
   - Pierre Pluchon, *op. cit.*, Privat, 1985.
   - *Sillages et feux de brousse*, édité par l'association des anciens élèves de l'École du service de santé de Bordeaux, 1981 (recueil de nombreux souvenirs des médecins militaires ayant servi dans les colonies et outre-mer).

très pédagogique, s'adresse à ceux qui ne connaissent rien à la médecine. Il est édité gratuitement – le Dr Reynier l'a rédigé bénévolement – et tiré à quelques milliers d'exemplaires. Il est diffusé en Afrique [1], surtout grâce à Raoul Follereau, à son association et à des laboratoires pharmaceutiques, au premier rang desquels Roger Bellon. Ce manuel rend alors plus d'un service sur le terrain, même si le Dr Reynier, aujourd'hui, est (trop) sévère quant à son contenu.

De nouveaux voyages autour du monde

Bien qu'il commence, à partir de la fin des années cinquante, à privilégier l'Afrique noire, Raoul Follereau ne renonce pas aux voyages autour du monde. Il a déjà rencontré et embrassé des milliers de lépreux. Preuve supplémentaire que la maladie est très peu contagieuse, Raoul Follereau ne l'a pas contractée. Ces déplacements permanents l'ont fait connaître d'un très grand nombre de lépreux sur tous les continents. Il est vrai qu'il désire se rendre personnellement jusque dans les endroits les plus reculés.

En Amérique du Sud, au début des années cinquante, il franchit la cordillère des Andes en avion, puis survole l'Amazone sur sept cents kilomètres avant de descendre le fleuve en pirogue. Avec son épouse, il marche ensuite pendant des heures sur des pistes harassantes et assez dangereuses. Ils arrivent enfin à la léproserie où sont réunis huit cents malades. Leur chef lui dit : « Merci, nous t'attendions. Il y a vingt ans que personne ne nous avait tendu la main [2]. » Plus un endroit est difficile d'accès, plus Raoul Follereau désire s'y rendre.

Une autre fois, à Madagascar, il profite d'un moment de pause en compagnie de personnalités officielles. La conversation porte alors sur une léproserie que Raoul Follereau ne connaît pas et qui ne figure pas à son programme de visites. Il interrompt alors son repas et demande à s'y rendre tout de suite. Pourtant, il souffre alors d'une terrible crise de goutte. Tous veulent l'empêcher d'y aller, mais il insiste. La piste pleine de bosses et d'ornières est pour lui un véritable supplice. Ceux qui l'accompagnent le voient serrer les dents. Il transpire abondamment et souffre atrocement, mais il ne dit mot, refusant de s'arrêter. Après la visite, au retour, le chauffeur indigène lui dit : « J'ai vraiment vu que tu nous aimes. Ce que tu as fait aujourd'hui, je ne l'aurais pas fait. » Ce n'est pas Raoul Follereau qui rapporte l'anecdote mais une personne qui l'a bien connu [3].

De plus, les rencontres avec Raoul Follereau ne sont jamais banales.

---

1. Témoignage du Dr Reynier, recueilli le 11 février 1988.
Raoul Follereau évoque aussi ce petit livre dans : *La seule vérité...*, tome I, p. 78.
2. Cité par Jean Toulat, *op. cit.*, p. 51.
3. Témoignage inédit de Françoise Brunnschweiler, recueilli en août 1987.

Une fois, dans un camp, il tend la main à la première malade, Stella, une lépreuse, mais elle met ses mains derrière le dos. Le directeur, un peu gêné, explique à Raoul Follereau que le règlement indique explicitement qu'il est interdit de serrer la main des malades. « Est-ce que le règlement défend aussi de les embrasser ? » demande ce dernier. Les officiels restent bouche bée, le cas n'est pas prévu par l'administration. Raoul Follereau prend alors la lépreuse par les épaules et l'embrasse [1]. C'est une explosion de joie chez les malades, qui se précipitent pour embrasser leur bienfaiteur. Le protocole est pris de cours.

De semblables *fioretti* se répètent ensuite d'une léproserie à l'autre. Une légende se crée peu à peu mais elle repose sur des anecdotes véridiques. Les malades ne dissimulent pas leur émerveillement après avoir rencontré Raoul Follereau. « Il m'a serré la main, je suis un homme. Il est venu [2]. »

En 1955, Raoul Follereau parcourt de nouveau l'Asie. En six semaines, il parcourt trente-six mille cinq cents kilomètres : Irak, Viêt-nam, Thaï-lande, Macao, Hong Kong, Japon et Philippines, en distribuant au passage près de deux millions de francs de l'époque. Ce voyage est organisé avec l'appui conjugué du ministère des Affaires étrangères français et de l'Orga-nisation mondiale de la santé [3].

Mais le Vagabond de la charité ne peut aborder la Chine. Elle restera l'un des rares pays du monde où il n'a jamais pu se rendre. La dictature communiste y sévit depuis 1949. Raoul Follereau sait que les lépreux y connaissent des situations parfois dramatiques. Il cite le cas d'une cinquan-taine de lépreux vivant sur « un de ces innombrables îlots dont on n'a jamais su très bien s'ils étaient chinois ou portugais », au large de Macao. Un médecin de Macao faisait la navette pour les soigner. Un jour les communistes chinois débarquent pour prendre possession de l'île. Quand le médecin revient, il trouve cinquante cadavres : tous les lépreux ont été assassinés [4].

Raoul Follereau cite aussi le cas d'une centaine de lépreux brûlés vifs en avril 1951 à la léproserie de Hing Tchouang, dans le Yunnan, par des sol-dats communistes sur l'ordre du sous-préfet communiste [5]. Un mission-naire, le père François Le Dû, des Missions étrangères de Paris, visitait régulièrement ces lépreux. À partir de 1950, les communistes, chassant le missionnaire, déclarent aux malades qu'ils vont prendre soin d'eux. Ils leur promettent des distributions régulières de vivres et de vêtements. « Faites-le savoir à vos amis lépreux qui se cachent dans la montagne. Dites-leur de se joindre à vous. Nous vous protégerons, nous vous aiderons, nous vous soi-gnerons. » Plusieurs distributions ont effectivement lieu et, mis en

1. Raoul Follereau, *Trente Fois le tour du monde*, 1961.
2. Cité par Françoise Brunnschweiler, *op. cit.*, p. 50.
3. *Mission de la France*, juillet-août 1955.
4. *Ibid.*
5. *Mission de la France*, mai-juin 1953.

confiance, les lépreux qui vivaient disséminés dans la campagne gagnent la léproserie. En avril 1951, les communistes font savoir aux lépreux qu'ils ont besoin de chaume pour couvrir les maisons et leur demandent d'aller couper des herbes dans la montagne. Ils leur font miroiter en échange de larges distributions de vivres et de médicaments. Les lépreux font ce qui leur est demandé. L'herbe coupée est ensuite mise à sécher autour de la léproserie où sont rassemblés tous les malades. Des soldats mettent alors le feu aux herbes en bloquant toutes les sorties. Tous les lépreux sont brûlés vifs, à l'exception de trois, qui parviennent à s'enfuir.

Raoul Follereau rapporte cette tragédie dans son bulletin de mai-juin 1953. Il précise que « cet acte de barbarie ne fut pas hélas! un cas isolé ». Toutefois, il ne peut rien faire. La Chine communiste n'entretient pas de relations avec la France et lui-même ne peut donc circuler dans ce pays. Les contraintes politiques bloquent son action. Et la conception maoïste de l'homme a peu de chose en commun avec la conception chrétienne.

On ne s'étonnera donc pas que, dans ce contexte, Raoul Follereau exalte Macao. En juillet 1955, il écrit dans son bulletin :
« Face aux monstres matérialistes qui sont la négation de notre vie puisqu'ils nient notre raison de vivre, le Portugal, petit mais fier, riche de tout le bien qu'il a fait dans le monde, continue à monter la garde. Camoens, de la grotte où il composa les *Lusiades*, protège la petite cité. Cette cité, c'est la fierté du christianisme. Et un des derniers espoirs du monde. » Raoul Follereau est reçu et hébergé à Macao par les plus hautes autorités.

Il constate une fois encore que, dans tous les pays qu'il visite, des religieuses et des missionnaires français s'occupent des lépreux. En Irak, les Sœurs de la Présentation de Tours soignent chaque année plus de trente-cinq mille malades dans leur dispensaire de Bagdad. Au Viêt-nam, le départ officiel de la France n'empêche pas les religieuses d'ouvrir de nouveaux dispensaires. Raoul Follereau inaugure à Dalat un centre de traitement pour les lépreux fondé par Salve, puis il se rend aux léproseries de Djiring et de Kontum tenues par les Filles de la Charité. À Hong Kong, il visite l'hôpital français, fondé par les Sœurs de Saint-Paul-de-Chartres, le petit village de lépreux auquel se dévoue le père Chevalier, expulsé de Chine, et il rencontre les Petites Sœurs des pauvres et les Frères des écoles chrétiennes. Par ailleurs, *The Mission to the Lepers* se dévoue d'une manière exemplaire aux trois cent cinquante lépreux de Hay Ling Chau, un îlot au large de Hong Kong. Il en va de même aux Philippines [1].

Raoul Follereau est profondément touché par l'accueil qu'il reçoit au Japon. Son voyage a été préparé par le ministère japonais de la Santé et

---

1. *Mission de la France*, juillet-août 1955.

par la Société médicale franco-japonaise à la demande de l'ambassade de France [1]. À Tokyo, il est reçu officiellement et chaleureusement par le ministre de la Santé, qui le présente à ses collègues du Conseil des ministres. Il préside une conférence de presse où tous les quotidiens de Tokyo sont représentés et il est invité à deux émissions à la radio nationale. Il prononce aussi une conférence devant des médecins sur le problème social de la lèpre. Il s'entretient longuement avec le Dr Soné, directeur de la lèpre au ministère de la Santé, et avec le Dr Hamano, administrateur de *Tofu Kyokai*, une importante fondation japonaise pour le secours aux lépreux.

Raoul Follereau visite aussi cinq des quatorze léproseries que compte le Japon, un pays où la maladie reste alors assez répandue, quoique bien traitée. Il se rend à Nagashima, l'île des lépreux, où vivent plus de deux mille malades. Pour la première fois, ils voient un Français et ils l'accueillent en interprétant et en chantant *La Marseillaise*. Raoul Follereau en est bouleversé. Il regarde les choristes et cet orchestre où le violoniste n'a plus de lèvres et le trombone à coulisse plus de doigts. Il rencontre aussi Mitsuda, le léprologue mondialement connu, alors octogénaire. Depuis cinquante ans, il se consacre à la lèpre et aux lépreux. Depuis vingt-cinq ans, il vit parmi eux à Nagashima dans la plus grande simplicité. Il s'est converti au catholicisme et il raconte à Raoul Follereau comment les missionnaires français en fondant au Japon la première léproserie ont fait naître sa vocation de léprologue ; Follereau est impressionné par le calme rayonnement de Mitsuda : « La bonté, c'est cela qui domine en lui [2]. » Mitsuda guide Raoul Follereau à travers cette île où se dévouent de nombreux médecins, des infirmières et des religieuses. Entre autres dons, Follereau lui remet deux alliances destinées par un Français qui avait perdu ses parents à un an de distance à deux lépreux de Nagashima qui vont se marier. Comme Raoul Follereau raconte cette anecdote dans son bulletin, il reçoit dès lors de nombreuses alliances de ses donateurs.

Raoul Follereau rencontre donc de nouveaux exemples d'abnégation totale au service des lépreux. Il signale aussi dans son bulletin de mars-avril 1955 une nouvelle encourageante. L'Union indienne décide d'entrer activement dans la bataille de la lèpre en organisant le recensement de ses lépreux. De plus, une semaine de la lèpre est organisée dans l'État de Bombay du 7 au 13 mars 1955, afin de recueillir des fonds pour les malades et d'intéresser l'opinion publique à leur sort. De plus, le gouvernement annonce qu'il établit un plan quinquennal pour lutter contre le fléau, plan auquel il consacre une somme de trois millions de roupies. Par ailleurs, l'étude du traitement de la lèpre par les sulfones est entreprise. Certes, cela reste limité par rapport à l'ampleur du problème en Inde, mais un tournant important se prend dans ce pays. Les pouvoirs publics reconnaissent l'importance du problème et décident d'y consacrer les

---

1. Voyage raconté, *ibid.*
2. *Ibid.*

moyens dont ils disposent, même si ceux-ci restent limités. La visite et les protestations de Raoul Follereau ne sont certainement pas étrangères à ce revirement, car il a rencontré trois ans auparavant les principaux responsables de la politique de santé de l'Inde, et Nehru lui-même semble au courant de son action. Raoul Follereau s'est appuyé sur l'exemple de Bombay pour dénoncer les carences des pouvoirs publics en 1952. Il peut donc constater que son action porte quelques fruits, même en Asie.

Les voyages répétés de Raoul Follereau commençant à lui causer de sérieuses fatigues, ses amis médecins lui conseillent pour l'été 1956 le repos et une cure thermale :
« Évian ou Vittel : choisissez ! »
« Eau pour eau, je préfère le Pacifique [1] », répond-il.
« Quand tu te laisseras soigner, je croirai au miracle », soupire le Dr Reynier [2]. Mais il reconnaît que, malgré la goutte et une certaine lassitude, l'état général de son patient reste satisfaisant.

En trois mois, Raoul Follereau effectue en 1956 un nouveau tour du monde.
Il parcourt cinquante-deux mille kilomètres dont vingt-huit mille en avion et les vingt-quatre mille autres en bateau, pirogue ou Jeep. Ce voyage est l'un des plus importants et des plus difficiles qu'il ait jamais accomplis. De Marseille il gagne Tahiti sur le paquebot *Calédonien*, en passant par Alger, Madère, la Guadeloupe et la Martinique [3].
À Alger, malgré les événements, il se rend à Sidi-Ferruch avec les Frères des écoles chrétiennes. De Tahiti, il parcourt les îles du Pacifique-Sud, puis gagne l'Australie, les Nouvelles-Hébrides, la Nouvelle-Calédonie, les îles Loyauté. Il se rend ensuite au Viêt-nam, en Inde (Calcutta, Polambakkam, Madras, Bombay), au Pakistan (très brève escale à Karachi), en Iran et à Beyrouth.
Tout au long de son voyage, Raoul Follereau distribue plus de deux millions de francs de l'époque et six cent cinquante mille comprimés de Disulone. Il prononce quarante et une conférences, dont dix-huit sont radiodiffusées [4], et nous n'évoquons pas ses innombrables allocutions et toasts... Il retrouve beaucoup d'endroits qu'il a visités peu de temps auparavant.
Mais il ne s'agit pas simplement pour lui de mesurer les évolutions ou de s'installer dans ce qu'on pourrait appeler une « routine vagabonde ». Il souhaite donner de nouvelles orientations à la lutte contre la lèpre. Un peu partout, même si les mentalités sont lentes à évoluer, les pouvoirs publics ont pris conscience du problème et, tant bien que mal, « essaient de faire quelque chose ». Cependant, Raoul Follereau, conseillé par des amis méde-

---

1. *Ibid.*, novembre-décembre 1956.
2. *La seule vérité...*, tome I, p. 78.
3. *Mission de la France*, novembre-décembre 1956.
4. *Ibid.*

cins et fort de ses observations sur le terrain, estime qu'il ne faut pas faire n'importe quoi. Il empêche la construction de deux léproseries nouvelles. S'il inaugure de nouvelles installations modernes à Ducos en Nouvelle-Calédonie, il préside au départ joyeux de malades guéris à Tahiti, à Lifou. Il estime en effet que les circuits mobiles de lutte contre la lèpre, comme ceux de Richet, constituent la solution la plus satisfaisante. Les léproseries retranchent le lépreux de la communauté humaine et ne doivent être acceptées que dans des cas très précis de traitement de contagion ou de handicap grave.

À Karachi par exemple, Raoul Follereau convainc un directeur général du ministère de la Santé de renoncer au projet d'une grande léproserie [1] envisagé par le gouvernement et de le remplacer par la mise en place de circuits de traitement ambulatoires, auxquels il apporte une aide financière.

À Polambakkam, en Inde, il passe plusieurs jours aux côtés du Dr Hemeryckx [2]. Celui-ci a travaillé de longues années durant au Congo belge, où il a mis en place des circuits de traitement de la lèpre proches de ceux de Richet. Bruxelles l'a envoyé ensuite en Inde et ses circuits commencent à faire merveille à Polambakkam. Il est assisté de trois missionnaires chrétiennes laïques, les Auxiliaires féminines internationales : un médecin belge, le Dr Claire Vellut, et deux infirmières.

Le paquebot qui amène Raoul Follereau à Tahiti transporte un autre passager illustre vers lequel convergent alors tous les regards : Charles de Gaulle. Augustin Ibazizen, auteur du livre *Le Testament d'un Berbère*, participe aussi à cette traversée et observe le général de Gaulle :

Pendant tout le mois vécu dans son voisinage, un seul homme parvint à l'émouvoir visiblement : c'est Follereau, celui qui a conquis le monde par sa réputation d'apôtre des lépreux auxquels il a consacré sa vie... On l'avait invité à faire une conférence sur les lépreux dans les salons du bateau. Il avait mis tant de ferveur, et sans le chercher, il avait atteint un tel lyrisme que j'ai perçu des signes d'émotion sur le visage du général. Il ajoute : Le général, qui savait si bien rester de marbre, fut ému au fond de lui-même et nous en donna des signes perceptibles [3].

Raoul Follereau n'est pourtant pas gaulliste. Il reproche au Général la condamnation du maréchal Pétain. Mais, depuis qu'il s'est engagé dans la bataille de la lèpre, il tait en public ses sentiments politiques personnels, les réservant pour ses intimes. Il exprime dans ses notes personnelles certaines

---

1. *Ibid.*
2. *Ibid.*
3. Augustin Ibazizen, *Le Testament d'un Berbère, un itinéraire spirituel et politique*, Albatros, 1984.

remarques acerbes ou ironiques et toutes ne sont pas publiées dans le bulletin ou les livres.

À Papeete, Raoul Follereau reçoit un accueil chaleureux. Il a demandé à être accueilli par les lépreux. Vingt-cinq se tiennent un peu à l'écart. Le matin encore, ils étaient à la léproserie. La foule regarde. Raoul Follereau raconte la suite :

Il y eut un grand silence, un peu lourd. Du groupe de lépreux, une petite fille se détacha, une ravissante petite fille, avec déjà, sur son visage, les terribles stigmates. Elle tenait à bout de bras son collier de fleurs. Je lui tendis le cou. Elle me passa son collier puis, à la mode tahitienne, je l'embrassai sur les deux joues. Il y eut une seconde de silence, puis ce fut la ruée. Chaque lépreuse, chaque lépreux voulait me remettre son collier et avoir son baiser de bienvenue. Mon chapeau avait volé à l'autre bout du quai. Quant à moi, je ne voyais plus rien, aveuglé, étouffé par les fleurs, porté par cette ferveur, cette merveilleuse joie. Alors la foule a applaudi. Et c'est à ce moment-là que j'ai compris que nous avions remporté une grande victoire [1].

Raoul Follereau et le général de Gaulle suivent des chemins différents à Tahiti. Le Général doit visiter la périphérie de Papeete, mais aucun arrêt n'est prévu à la léproserie d'Orofara. Avec Tony Bambridge, dont le dévouement aux lépreux est là-bas légendaire, Raoul Follereau rassemble des lépreux pour dresser un barrage pacifique sur la route du Général. Il attend de lui un geste symbolique et prophétique, car il sait qu'il se veut un personnage charismatique. Il a pu l'observer pendant la traversée.

Un témoin raconte l'attente de Raoul Follereau et de ses amis : les lépreux baisaient les mains de leur apôtre. Nous en vîmes quelques-uns étreindre ce dernier de leurs moignons blanchis. C'était un spectacle tiré d'on ne sait quel mystère de charité inventé au Moyen Âge ou de la Légende dorée *pour l'édification de chrétiens et nous n'en croyions pas nos yeux. Follereau avait un sourire angélique et des yeux brillants de charité qui faisaient irrésistiblement penser à saint François d'Assise ou à certains visages de Fra Angelico* [2] ».

Le cortège du général de Gaulle arrive bientôt. Le Général s'approche aussitôt des malades. À tous, il serre longuement la main. Il arrive près de Raoul Follereau. Celui-ci tient dans ses bras une petite fille lépreuse dont les plaies sont encore ouvertes et purulentes. Le Général la prend spontanément dans ses bras. Qui sait s'il n'a pas pensé alors à sa fille Anne ?

Raoul Follereau et Charles de Gaulle. Singulière rencontre entre ces deux hommes qui ont grandi dans des climats intellectuels assez proches, marqués par le catholicisme et hantés par la grandeur de la France. Deux

1. *Mission de la France,* novembre-décembre 1956.
2. Augustin Ibazizen, *op. cit.*

hommes également habités par le sens du geste et de la mise en scène. Deux conceptions de la grandeur de la France ou plutôt deux façons de la vivre.

Peu après le départ de Raoul Follereau, le gouverneur de Tahiti décide de fermer la léproserie d'Orofara pour en faire un centre de traitement annexé à l'hôpital. Par ailleurs, les registres d'état civil y sont supprimés et nul ne peut désormais « naître ou mourir lépreux ».

Ces mesures réjouissent Raoul Follereau. Elles lui montrent qu'après la victoire médicale, la victoire sur les mentalités peut survenir. Tahiti fait donc figure de lieu pilote où le succès ne se mesure pas seulement en termes statistiques ou quantitatifs.

Les lépreux de l'île, conscients de ce qu'ils doivent à Raoul Follereau, le surnomment *Rau maire o te aroha*, ce qui signifie « fleur de l'arbre de la charité [1] ».

Mais ce n'est pas de cela dont Raoul Follereau veut parler en priorité à son retour. Il est totalement bouleversé par ce qu'il a vu à Calcutta. Il y consacre l'éditorial de son bulletin de novembre-décembre 1956, alors qu'il rentre de son long voyage :

À Calcutta, près du temple de Kali, j'ai vu mourir une femme de vingt-deux ans : elle pesait vingt kilos. Qu'on ne me demande pas si j'ai fait un bon voyage, si je suis en bonne santé, content d'être parti puis revenu : je ne sais rien, sinon que j'ai vu mourir une femme de vingt-deux ans qui pesait vingt kilos.

Les misérables qui agonisent dans les rues, la police les ramasse. Elle a pour consigne de les offrir successivement à trois hôpitaux. Si aucun des trois n'en veut, on les remet là où on les a trouvés : sur le trottoir, dans le ruisseau.

Non, non, n'accusez personne. Le gouvernement, m'assure-t-on, fait tout ce qu'il peut. Mais il ne peut pas tout. Et il y a tout à faire. Alors, il faut consentir la « part du feu ».

Mère Thérèse n'a pas consenti. Dans une annexe du temple de Kali, elle a organisé un « mouroir ». Une effroyable et sublime « morgue pour les vivants ». La police le sait et maintenant elle n'abandonne plus les agonisants dans les rues, mais les apporte à Mère Thérèse. Pour qu'au fond de leur désespoir, il y ait encore une espérance.

Il y a quarante places. Ils étaient quatre-vingt-douze à ce jour-là. Mère Thérèse va de l'un à l'autre. Parfois elle rabat une couverture, fait un signe. Et on emporte le corps immobile derrière ce rideau où rien ne bouge plus... On ne dit pas : « Encore un mort. » Mais : « On peut en prendre un autre. »

Je regarde cette héroïne, cette sainte. Visage tendu, yeux secs. Elle n'a pas le droit de perdre une parcelle de ses forces dans la douceur stérile des larmes. En elle, il n'y a pas de pitié, au sens sentimental. La pitié, c'est la

---

1. Jean Toulat, *op. cit.*, p. 52.

forme malingre de l'amour. Elle est l'amour. Le don lucide, volontaire, obstiné.

C'est là, près d'elle, que j'ai vu mourir cette jeune femme de vingt-deux ans.

Dans un livre, Raoul Follereau raconte l'agonie de celle-ci.

Je la vis, impuissant, se délivrer par petits soubresauts de son atroce vie. Et lorsque, dans un dernier geste, elle a tendu son bras, dégagé sa poitrine, je n'ai pas pu tenir, et j'ai fermé les yeux...

Lorsqu'elle fut morte, je fus saisi du désir terrible de la peser. Je pris dans mes bras ce petit tas d'os encore tiède et le portai sur une bascule. Elle pesait vingt kilos...

Dans son article de novembre-décembre 1956, Raoul Follereau poursuit :

Il ne s'agit pas de chercher les responsables (y en a-t-il seulement?). Il ne s'agit pas de gémir.

Il s'agit d'agir. Tout de suite. Et tous les hommes ensemble.

Ou alors de se résigner à prendre conscience des monstres que nous sommes devenus.

Les budgets d'armement du monde ont atteint l'an dernier mille milliards de dollars. Trois cent soixante mille milliards de francs.

Qu'une convention internationale – qui sera cette fois l'expression de la conscience humaine – décide que tous les pays donneront pour des œuvres de vie 10 % de ce qu'ils consacrent à des œuvres de mort...

Est-ce trop?

Qu'on ne me dise pas : c'est impossible. Les secours envoyés ne seraient pas les dons, plus ou moins spontanés, plus ou moins désintéressés de tel ou tel pays. La pénicilline n'a pas de religion, comme la faim n'a pas de patrie.

Quarante fonctionnaires, munis de passeports et de titres de circulation exceptionnels pourraient à volonté parcourir le monde, se rendre immédiatement à l'appel d'un pays, voir sur place, évaluer, contrôler. Chaque année, cette Haute Cour de la fraternité déciderait souverainement de l'emploi des fonds, à charge pour les pays assistés d'en justifier l'emploi. C'est tout.

Mon plan est sommaire, incomplet, imparfait. J'en suis persuadé. Qu'on le précise, qu'on le modifie, qu'on le perfectionne.

Mais qu'on fasse quelque chose. Tout de suite. Tout de suite.

Je viens de voir mourir une femme de vingt-deux ans. Elle pesait vingt kilos...

À Calcutta, Raoul Follereau éprouve un nouveau choc, comparable à celui qu'il avait reçu à Bombay en 1952. Cinq ans plus tôt, la lecture du livre de Josué de Castro l'avait bouleversé. Cette fois, il découvre lui-même le drame à son paroxysme et cette vision de la jeune femme morte de faim devant lui le poursuivra désormais jusqu'à la fin de ses jours. Raoul Follereau s'occupe toujours des lépreux, mais dès lors il parle de plus en plus de la faim dans le monde. D'autant qu'il comprend que les sulfones et la sympathie de l'opinion envers les lépreux ne servent à rien si ces derniers n'ont rien à manger. La faim les rapproche d'ailleurs des autres habitants du tiers monde.

Calcutta et Bombay. Aucune ville au monde ne bouleverse autant les visiteurs européens que ces deux métropoles de la démesure. Aucune ville au monde n'a sans doute donné naissance au cours de ces cinquante dernières années à autant de vocations généreuses. Même les chrétiens déjà engagés y ressentent un appel à élargir encore leur action. Armand Marquiset, l'abbé Pierre, le père Pire, Edmond Kaiser sont eux aussi bouleversés, au début des années soixante surtout, et décident de créer de nouvelles œuvres. Calcutta transformera de même la vie du journaliste Dominique Lapierre, qui raconte ses découvertes dans *La Cité de la joie* [1], au milieu des années quatre-vingt.

En 1956, Raoul Follereau rencontre donc Mère Teresa. Elle est alors peu connue en dehors de l'Inde, tandis que sa notoriété à lui est internationale. Par ailleurs, Teresa est anglophone et Raoul Follereau parle très mal l'anglais. De plus, il ne vient pas à Calcutta pour la rencontrer. Il la découvre alors qu'il s'intéressait au sort des lépreux. Il la décrit peu et cet article, le seul où il l'évoque, n'est pas centré sur elle mais sur la jeune femme qui vient d'agoniser. Il ne décrit pas davantage l'ordre qu'elle a fondé et sa spiritualité, qui repose sur un idéal de charité comparable au sien [2]. Il n'aura pas ensuite de relations suivies avec Mère Teresa et il ne l'aidera pas directement [3]. Et pourtant c'est, semble-t-il, la seule fois dans toute l'œuvre écrite de Raoul Follereau, articles compris, qu'il emploie le mot « sainte » pour parler d'une personne vivante.

Mère Teresa a installé ce local, ce « mouroir », dans les dépendances du temple de Kali, le 15 août 1952. C'est seulement en 1959 que les Missionnaires de la charité essaimeront dans d'autres villes indiennes que Calcutta et à la fin des années soixante que des journalistes occidentaux commenceront à parler avec insistance de son action.

À partir de 1957, l'année qui suit la visite de Raoul Follereau donc, Mère Teresa s'intéresse de plus en plus directement aux lépreux. Elle aussi est convaincue qu'ils sont parmi les plus déshérités des pauvres. Cinq lépreux rejetés de leur famille et de leur village sont venus la trouver. Elle décide de bâtir un village pour les accueillir. À deux cent trente kilomètres

---

1. Dominique Lapierre, *La Cité de la joie*, Laffont, 1985.
2. Rappelons que Raoul Follereau a fondé l'ordre de la Charité.
3. Il est cependant le premier en France à évoquer amplement, dans ses écrits comme dans ses conférences, l'action de Mère Teresa.

de Calcutta, dans une oasis de verdure, le gouvernement lui donne un terrain où elle commence à faire édifier le village de Shantinagar, le « lieu de la paix ». Elle veille attentivement au plan général, à la conception des pavillons et à leur disposition. Elle souhaite que l'ensemble, tout en restant simple, soit beau et ouvre à la beauté. Les familles peuvent s'y regrouper et y travailler. Mère Teresa s'emploie à convaincre que la maladie n'est pas un péché ou la conséquence du péché. Beaucoup croient en effet que la lèpre sanctionne une faute commise durant une vie antérieure par le malade ou un membre de sa famille. La sœur François-Xavier, religieuse yougoslave et médecin, est bientôt chargée d'organiser la vie à Shantinagar. Le projet n'est pas sans rappeler celui d'Adzopé. Raoul Follereau, cependant, n'en parle pas dans son bulletin. Tout se passe comme s'il fallait sans cesse recommencer Adzopé tant les mentalités évoluent lentement et surtout à des rythmes inégaux dans les différentes parties du monde.

Raoul Follereau a donc été profondément marqué par sa rencontre avec Mère Teresa. Quand on relit son article de 1956, on est saisi par la lumière avec laquelle il expose les faits. Il part d'un cas concret. La description du corps est brève, mais en quelques traits il la rend pathétique. Le thème ou plutôt la vision du corps déformé et meurtri revient souvent chez lui. Le nombre de personnes présentes est réduit : trois dans ce passage. Les phrases sont courtes, le présent rend le récit plus vivant et le rythme plus alerte. Il joue des oppositions et des symétries. Parti d'un événement ponctuel, il élargit son propos pour atteindre une dimension universelle. Il montre ainsi l'interdépendance entre des événements d'échelle différente.

Raoul Follereau ne met pas en cause le gouvernement local comme à propos du sort des lépreux en Asie au début des années cinquante. Il estime que l'humanité entière est concernée et, indirectement au moins, responsable. Il lance un appel à une prise de conscience universelle. Il n'est pas question de la France dans ce texte. Certes l'audience croissante sur le plan international de Raoul Follereau peut expliquer qu'il évoque moins directement sa patrie dans ses textes, mais l'essentiel n'est pas là. Il estime que les problèmes se mondialisent et que, face à certains drames, le réflexe universel doit être plus grand que le réflexe strictement national. Pour lui d'ailleurs, la culture française, imprégnée de christianisme, invite à cette conscience universelle.

Évolutions capitales.

Raoul Follereau s'efforce de quantifier le problème afin d'aider à lui trouver tout de suite une solution concrète, immédiatement applicable. Il s'attarde peu à rechercher les causes profondes de ce drame. Il évoque le coût du surarmement général mais ne dit mot de l'absence d'emploi dans les villes et les campagnes qui entraîne l'exode rural et la multiplication des bidonvilles et des sans-abri [1]. Il ne propose pas ici une réflexion globale

---

1. Faute de salaire régulier, les emplois proposés étant des plus rares, les familles ne peuvent payer un loyer ni se procurer les produits de première nécessité.

sur les problèmes du développement économique. Il présente ce drame de la faim comme un problème d'urgence. Il répugne à désigner des coupables, préférant évoquer la méconnaissance des réalités ou l'inconscience des responsables. Il espère ainsi susciter une démarche unanime.

Raoul Follereau s'exprime après Josué de Castro, mais avant les campagnes contre la faim lancées en 1960 par les organismes des Nations unies. Il propose une action souple et des moyens juridiques nouveaux. Il ne néglige jamais le cadre juridique. Il ne s'agit pas de se contenter d'une aide ponctuelle à la seule Calcutta, mais de mettre en place une structure souple qui agisse dans le monde entier et qui ne soit ni une « micro-réalisation » ni un lourd projet universel.

DES RÉSULTATS ENCOURAGEANTS

Raoul Follereau apporte un ton nouveau dans la lutte contre la lèpre. S'il dénonce avec force et indignation des situations dramatiques, il dédramatise la maladie en tant qu'affection physiologique. Il s'efforce de la banaliser en s'appuyant sur la raison, même si le sentiment reste omniprésent dans tous ses textes.

Mais les mentalités évoluent lentement, plus lentement que les connaissances médicales sur la lèpre et son traitement. La lutte pour convaincre est sans cesse à recommencer. Changer les lois est essentiel, mais ce n'est pas toujours suffisant. Raoul Follereau collecte de nombreuses anecdotes préoccupantes [1].

Aux Antilles, une femme prend un taxi mais, croyant que le chauffeur est lépreux, elle saute de la voiture et se casse la jambe. Aux États-Unis, une sténographe des services officiels est congédiée, car elle avait souffert d'une forme de lèpre non contagieuse. Aux États-Unis également, un Noir atteint de la maladie est emmené de force dans un centre d'isolement.

Raoul Follereau doit en appeler au président de la République française pour que soit supprimée la mention « né à la léproserie de X. » sur le livret militaire d'un sous-officier que ses camarades évitent pour cette raison. Et dans la chapelle d'une léproserie, une cloison de verre sépare le sanctuaire en deux : les malades reçoivent l'hostie par le « judas ».

Raoul Follereau déplore de nombreux autres drames.

Un petit garçon est retrouvé mort, le corps à moitié dévoré par les fourmis sur le chemin du sanatorium. Sa mère, les pieds rongés par la lèpre, était morte avant lui au bord de la route.

Dans un centre, quatre cent cinquante enfants lépreux de deux à dix ans

---

1. Citées dans Jean Toulat, *op. cit.*, pp. 45 et 46.

sont en observation. On les étudie comme des cobayes, « au nom de la science ».

Raoul Follereau constate que, dans un pays, l'administration dépense l'équivalent de trente francs par jour pour les détenus de droit commun et de huit francs pour les lépreux traités dans les centres. Il demande que, provisoirement au moins, les lépreux soient administrativement assimilés aux détenus pour bénéficier de certains de leurs avantages.

Il cite aussi le cas d'absurdités en sens inverse.

En 1956, il visite un centre où évoluent quatre-vingts malades dans un village au bord d'une lagune [1].

Bien nourris, bien soignés et pour la plupart... bien portants, [ils] ont les joues rondes, la peau lisse et brillante...

Ils sont lépreux.

Alors l'administration leur impose cette « résidence forcée » et doit les nourrir, les loger...

Ils sont rentiers. Rentiers malgré eux.

Le docteur qui m'accompagne est formel. Sur les quatre-vingts « malades », huit ou dix sont peut-être contagieux et peuvent avoir besoin d'être isolés.

Mais tout le monde est lépreux...

Alors, tandis que dans leurs villages, leurs cultures sont en friche, ils jouent au football, ou bien chantent ou se battent, selon l'humeur des jours...

Et ils réclament, bien sûr. Ce sont des « pensionnés de la peur ».

Avec ce qu'ils coûtent – bien malgré eux –, on pourrait soigner en brousse des milliers de malades qui ont besoin de l'être.

Ses voyages ont convaincu Raoul Follereau que, pour sauver les lépreux, il ne suffit pas de les guérir. « À quoi bon arracher un homme à la lèpre s'il demeure un " lépreux " ? S'il continue à être frappé de relégation, s'il reste un hors-la-loi, un maudit [2] ? » Raoul Follereau a sensibilisé les gouvernements, il lui reste à transformer les lois et les mentalités.

« Il faut guérir les bien-portants de la peur absurde, insensée et parfois criminelle qu'ils ont de cette maladie et de ceux qui en sont atteints [3]. »

C'est pourquoi il décide de frapper l'opinion internationale par « une manifestation de classe internationale [4] », un congrès « pour la défense et la réhabilitation sociale des lépreux ». Il souhaite y réunir les personnes les plus compétentes et « atteindre la conscience universelle [5]. »

---

1. Rapporté dans *Mission de la France*, mai-juin 1956. Il s'agit d'un extrait du discours prononcé le 16 avril par Raoul Follereau à la séance inaugurale du congrès organisé à Rome par l'ordre de Malte.
2. *La seule vérité...*, tome II, p. 61.
3. *Ibid.*
4. *Ibid.*
5. *Ibid.*

Il veut aussi amener les acteurs de la lutte contre la lèpre à se rencontrer, à ne pas rester isolés, à prendre l'habitude d'agir ensemble pour gagner en efficacité et en crédibilité et il souhaite permettre un contact direct entre les scientifiques, les associations et l'opinion.

Mais il sent qu'un tel congrès demande des moyens matériels puissants. Or, dans sa bataille contre la lèpre, Raoul Follereau agit comme un homme seul. Il crée parfois des comités locaux d'aide aux lépreux sur son passage mais aucun d'entre eux ne pourrait prendre en charge une manifestation aussi importante. En outre, il ne se sent pas l'âme d'un fondateur patient de structures imposantes comme peut l'être Jean Rodhain par exemple. L'ordre de la Charité est avant tout un lien spirituel et le nombre des personnes y travaillant, toujours bénévolement et en dehors de leur temps de travail, reste limité.

Il pense alors à s'adresser à l'ordre souverain de Malte qui, depuis le Moyen Âge, s'occupe des pauvres et en particulier des lépreux. Il a déjà eu des contacts avec l'ordre de Malte avant la guerre, nous l'avons vu. Et l'Ordre se rattache à l'Église catholique.

Raoul Follereau en parle au comte de Billy, ministre de l'Ordre à Paris. Avec lui il se rend à Rome [1]. Lors d'une réunion au palais Magistral, le 7 juillet 1954, réunion présidée par le comte Angelo de Mojana, il expose les raisons qui l'amènent à souhaiter un tel congrès et propose à l'ordre de Malte de le réunir. Sa proposition est immédiatement adoptée et l'assemblée le charge d'établir l'ordre du jour de cette manifestation et de rédiger les grandes lignes du programme.

Le congrès se tient les 16, 17 et 18 avril 1956 à Rome.

Le choix de cette ville n'est pas fortuit, car le pape suit personnellement de très près tout ce qui concerne les lépreux. Il se réjouit que l'ordre de Malte s'engage résolument dans une initiative de ce genre et le lui fait savoir. Pie XII reçoit les congressistes le 17 avril [2], et son discours montre qu'il est très au fait des problèmes de la lèpre. Peu de maladies retiennent autant l'attention des papes depuis une cinquantaine d'années. On peut rapprocher cette attitude de la très grande attention que Jean-Paul II accorde au sida et à ses malades depuis les années quatre-vingt, en favorisant et en soutenant les rencontres de toute sorte sur les moyens de faire face à ce fléau et surtout au problème de ceux qui en sont atteints.

Deux cent cinquante délégués et cinquante et un pays participent à ce congrès. La plupart sont médecins. Ils effectuent une remarquable mise au point scientifique sur les problèmes de la lèpre [3].

Ils estiment que les mesures d'exception prises contre les lépreux amènent beaucoup de malades à dissimuler leur mal et aggravent donc

---

1. *Ibid.*, tome II, p. 62.
2. *Mission de la France*, mai-juin 1956.
3. *Ibid.*

l'endémie. S'appuyant sur les succès obtenus en Europe contre la tuberculose, ils préconisent le dépistage et le traitement précoce de la maladie. Ils veulent que le malade ne quitte pas son milieu familial, sauf situation exceptionnelle, que les enfants ne soient pas séparés de leurs parents, que les gouvernements travaillent à la réadaptation des invalides et des handicapés à la vie sociale. Durant ce congrès, les participants demandent la fin des « léproseries prisons ». L'isolement ne doit durer que pendant la période contagieuse que la maladie peut éventuellement revêtir dans certains cas. Les congressistes déplorent également « cette oisiveté qui est un des drames des léproseries ». La rééducation est pour eux une priorité, et l'État doit montrer l'exemple en réintégrant comme fonctionnaires les lépreux soignés. Pour les lépreux infirmes et mutilés à jamais, la création d'hospices sous forme de petits villages où ils vivront entre eux est parfois nécessaire. Raoul Follereau précise que, là, « tout sera fait pour adoucir leur sort. La société, venue trop tard à leur secours, leur doit ses soins, son respect, son amitié [1] ».

Il participe aux travaux de commission avec des léprologues illustres : le Dr Muir (Grande-Bretagne), le Dr Doull (États-Unis), le Dr Rodriguez (Philippines), le Pr Gay-Prieto (Espagne), le médecin-colonel Aretas (France), le R.P. Perlini (Italie) [2]. Raoul Follereau est chargé de rédiger le vœu final, qui est adopté à l'unanimité :

Le congrès... considérant que la lèpre est reconnue comme une maladie relativement peu contagieuse et susceptible d'être efficacement traitée émet le vœu :

– que les malades atteints de cette affection soient traités comme n'importe quels autres malades (tuberculeux par exemple), sans aucune discrimination;

– et qu'en conséquence toutes les législations et règlements d'exception concernant les lépreux soient abolis;

– que dans tous les pays où la lèpre constitue un problème social, une campagne de propagande soit entreprise pour informer l'opinion publique de son vrai visage et pour détruire les superstitions et les préjugés attachés à cette maladie [3].

Le dernier point n'étant pas le plus facile à atteindre, car il s'agit d'opérer une véritable révolution culturelle et mentale dans certaines ethnies du tiers monde, sans paraître mépriser tout ce qui fait leur culture.

Le congrès remporte un tel succès que le pape évoque les possibilités d'une coordination permanente entre les personnes réunies, associations et médecins. Il suggère en privé que l'ordre de Malte joue un rôle de coordi-

---

1. *Ibid.*
2. *La seule vérité..., op. cit.,* tome II, p. 63.
3. *Ibid.*

nation [1]. Les congressistes ont en effet conscience qu'ensemble ils sont plus forts et plus persuasifs vis-à-vis de l'opinion. Le projet se heurte toutefois à de nombreux obstacles techniques [2]. Raoul Follereau lui-même prépare son prochain voyage autour du monde et il se sent plus l'âme d'un éveilleur ou d'un catalyseur que la vocation d'un bâtisseur de structures associatives. Il garde toutefois d'excellents rapports avec le comité international de l'ordre de Malte, qui siège à Genève et qu'animent ses amis Robert Vernet et le Dr Gilbert.

Le pape invite donc tous les chrétiens du monde à entourer d'une fraternelle charité les lépreux, membres souffrants du Christ. Dans un premier temps, les évêques européens et la presse catholique ne reprennent guère le message du souverain pontife et l'abbé Balez, grand ami de Raoul Follereau, le déplore. Mais, en 1958, la conférence plénière des évêques d'Allemagne, qui se réunit comme chaque année à Fulda, décide de mobiliser toutes les forces catholiques du pays dans un vaste mouvement de solidarité en faveur de ceux qui souffrent de la faim dans le monde et en faveur des malades de la lèpre. Ils s'engagent donc officiellement dans la lutte contre le fléau. Les évêques de France, s'ils soutiennent Raoul Follereau, qu'ils apprécient, ne jugent pas utile de s'engager de cette façon. Ils estiment qu'il touchera plus de personnes s'il agit sans mandat ou soutien officiel de l'église, comme l'abbé Pierre d'ailleurs.

En 1958, Raoul Follereau est invité à Tokyo au VIIe Congrès international de léprologie, auquel paticipent quatre cent cinquante léprologues de quarante et un pays [3]. Il est invité à titre de spécialiste et présente une communication où il rappelle que la lèpre est une maladie sociale et évoque les aspects sociaux de la lutte menée contre elle.

Son intervention est acclamée par les universitaires et les chercheurs. «Vous venez d'apporter un nouveau chapitre à la léprologie, lui dit le Dr Montestruc. La sociologie prend désormais sa place à côté des autres chapitres que sont l'immunologie, la bactériologie, l'épidémiologie, la thérapeutique de la lèpre. Les léprologues ont compris qu'ils avaient en vous l'élément décisif pour gagner la bataille de la lèpre», s'exclame le Dr Davey, du Nigeria, qui conclut le congrès. Comme aucun lépreux ne participe à cette manifestation, Raoul Follereau y est presque considéré comme le porte-parole des malades. «Tous derrière Raoul Follereau pour gagner la bataille de la lèpre», conclut le Dr Davey à la fin du congrès.

Tous les léprologues présents réclament solennellement l'abolition de

---

1. Témoignage de M. Marcel Farine, l'un des cofondateurs de l'E.L.E.P., recueilli en août 1988.

2. Le grand maître de l'ordre de Malte et son conseil ne suivent pas le souhait de Pie XII par crainte des engagements financiers qui en découleraient.

3. *Mission de la France*, janvier-février 1959 (le texte complet de l'intervention de Raoul Follereau est d'ailleurs publié dans le bulletin).

Françoise Brunnschweiler, *op. cit.*, pp. 94 et 95.

toutes les lois d'exception au sujet de la lèpre, déclarée peu contagieuse et guérissable. Richet, Laviron, Montestruc, Bouniol, Thooris, Rodriguez, Pinto, Cochrane, Gay-Prieto, Contreiras, Hemeryckx, Frazer, Lechat, Cap, Buu Hoi, tous les spécialistes de la lèpre acclament Raoul Follereau et reconnaissent qu'il leur ouvre des voies nouvelles, bien qu'il ne soit pas médecin. Lui en profite pour nouer des liens privilégiés avec plusieurs d'entre eux. Ces hommes ne sont pas seulement des hommes de science. Ils sont des lutteurs enthousiastes et des hommes passionnément dévoués aux plus pauvres. La lutte contre la lèpre forme un certain type d'homme et de médecin.

Au Japon, Raoul Follereau retrouve aussi Mitsuda, qu'il avait rencontré en 1955. Les deux hommes n'étaient pas en accord sur tout. En 1955, il avait dit avec force à Mitsuda qu'il désapprouvait les opérations pratiquées pour stériliser les lépreux. Pendant trois ans, ce dernier était resté sur ses positions sans pour autant que Follereau rende compte de ce désaccord dans son bulletin. Mais en cette fin d'année 1958, Mitsuda aborde Raoul Follereau, lui donne l'accolade et, pendant que les photographes fixent cette scène unique, il lui déclare à propos de son refus de la stérilisation des lépreux : « Maintenant, vous m'avez convaincu. » Raoul Follereau est bouleversé d'avoir pu, sans être médecin, influencer l'opinion de l'un des plus grands léprologues du siècle [1].

Dans les jours qui suivent, l'O.M.S. tient une conférence à Tokyo. À l'unanimité elle récuse la ségrégation obligatoire des lépreux. « La lèpre peut désormais être considérée comme l'une des nombreuses maladies contagieuses que l'on peut traiter à domicile. La lèpre est peu contagieuse parmi les populations dont l'état général est satisfaisant [2]. »

L'O.M.S. affirme aussi que les léproseries ne sont qu'une survivance médicale qui ne répond pas aux exigences thérapeutiques : « Les léproseries doivent être transformées en institutions capables de traiter les malades très contagieux qui désirent l'hospitalisation et surtout les malades en réaction, et servir de centre de réhabilitation chirurgicale et de réorientation professionnelle. Elles sont aussi nécessaires pour la recherche et pour l'entraînement du personnel nécessaire à l'extension de la campagne [3]. »

On le constate, tout ne repose pas sur les seuls services mobiles. Les points fixes restent nécessaires et les spécialistes de la lèpre aussi. Un important réseau d'infrastructures reste indispensable. Certains l'oublieront parfois, qui confondront fermeture des « léproseries prisons » et abandon de toute infrastructure d'aide aux lépreux.

A la conférence de Brazzaville, en 1959, l'O.M.S. demande que les enfants de lépreux ne soient plus suspectés d'être des malades, car aupara-

---

1. *Mission de la France*, janvier-février 1959.
2. *Ibid.*
3. *La seule vérité..., op. cit.*, tome II, p. 49.

vant on les enlevait à leurs parents pour les placer dans des prévento-
riums [1].

En 1961 à Istanbul, une autre conférence de l'O.M.S. reprend les
mêmes thèmes.

Des gouvernements révisent leur législation.

Dès le 6 septembre 1955, le Parlement grec vote une loi abolissant la
ségrégation et faisant des lépreux des hommes comme les autres. Raoul
Follereau connaît bien ce pays et son influence y a été déterminante pour
accélérer une telle décision. Quelques mois plus tard, il est en Grèce pour
fêter ce succès avec ses amis hellènes. Sur le fronton de la léproserie devenue hôpital, on peut lire : « L'amour a vaincu, les murailles sont tom-
bées [2]. »

Après le congrès de Rome, Sud-Viêt-nam et Liban abolissent la ségrégation [3]. Dans ce dernier pays, un Comité de secours aux lépreux s'est mis en
place et mène une campagne très active auprès de l'opinion. Des chrétiens
et des musulmans y collaborent activement et fraternellement.

Plusieurs anecdotes montrent que dans ces pays les mentalités changent.
En Grèce, après avoir entendu Raoul Follereau, des parents acceptent
qu'un ancien lépreux épouse leur fille.

Et, en Grèce toujours, l'histoire d'Amalia Massina (aujourd'hui
Mme Amalia Filia) montre comment les paroles et les gestes de Raoul Follereau peuvent bouleverser une existence [4]. En 1952, ce dernier parle à
Athènes et visite la léproserie de Santa Barbara. Il y embrasse tous les
malades et leur serre la main. Le lendemain, une toute jeune fille vient le
trouver. L'ayant vu agir ainsi, elle veut qu'il lui montre ses mains et lui
demande s'il utilise une pommade. Pour toute réponse, Raoul Follereau la
prend avec lui dans un taxi et l'emmène à Santa Barbara. Il la laisse à la
léproserie, car il lui faut repartir immédiatement, son avion devant bientôt
décoller. À son retour, il se demande s'il n'a pas été un peu brusque et se
reproche son attitude. Or, quelques semaines plus tard, il reçoit une lettre
de la jeune Amalia.

Elle lui apprend qu'elle n'a plus peur de la lèpre et des lépreux. Chaque
semaine elle se rend à la léproserie, elle y parle avec les malades et apprend
à lire à leurs enfants. Ils chantent et prient ensemble, ils parlent aussi de
Raoul Follereau. Les malades l'appellent la « nièce de Raoul Follereau » et
même « mademoiselle Follereau ».

Abandonnant sa timidité, elle s'engage de plus en plus en faveur des
lépreux et intervient assez vite auprès des pouvoirs publics. Plus tard, elle
sera la représentante de Raoul Follereau en Grèce.

---

1. *Ibid.*
2. Françoise Brunnschweiler, *op. cit.*, p. 72.
3. *Ibid.*
4. *Ibid.*, p. 71.

Par ailleurs, l'Union indienne confirme en 1956 que la politique de ségrégation est officiellement abandonnée dans le sous-continent et elle met en place un plan quinquennal de lutte contre la maladie. Raoul Follereau se réjouit, il sait que les responsables indiens de la santé ont étudié avec le plus grand soin ses propositions. Il pense que les décisions de l'Inde et les résultats qu'elle obtiendra auront une répercussion considérable dans toute l'Asie.

Raoul Follereau est très attentif à la sensibilisation des enfants, des jeunes, et du monde scolaire en général. Dans un nombre sans cesse plus grand de pays, le ministère de l'Éducation invite les enseignants à lire un message dans les classes à l'occasion de la Journée mondiale des lépreux.

En 1956, la D.R.A.C., choisit comme sujet de son concours annuel d'éloquence « la bataille de la lèpre ». Le R.-P. Ferrand, animateur infatigable de la D.R.A.C. est un ami de Raoul Follereau [1]. Plus de six cents collèges participent au concours, dont, pour la première fois, des collèges de l'étranger. Raoul Follereau assiste à la finale le 8 avril 1956, à l'Institut catholique de Paris. Pierre-Henri Teitgen préside la manifestation et rend un vibrant hommage à l'Apôtre des lépreux, lequel n'a pourtant pas dû apprécier toute l'action gouvernementale de Teitgen. Le jury couronne Simone Reboullet, de Lyon, et Jean-Claude Marin, de Dinan. Raoul Follereau fait offrir une coupe spéciale au meilleur discours venu de l'étranger, qui revient au frère Jean Bernard, de l'Institut des Frères des écoles chrétiennes, à Lamennais, au Canada.

Raoul Follereau prend aussi la parole dans certains « temples » de la culture française. On connaît ses liens avec l'Académie française. Il présente deux communications importantes à l'Académie des sciences morales et politiques en 1952 et en 1958 sur la « bataille de la lèpre [2] » et y reçoit les encouragements chaleureux de personnalités comme le pasteur Boegner, Gabriel Marcel, René Cassin, Jacques Rueff, Léon Noël, Paul Bastid...

Le 23 avril 1958, il est fait docteur *honoris causa* de l'université de Sherbrooke, au Canada.

On constate que Raoul Follereau veille à s'adresser à tous les types de public, si ceux-ci acceptent de l'entendre et de le recevoir, du collège à l'académie savante, et il passe sans difficulté d'un public à l'autre.

Mais la manifestation populaire qui a le plus d'impact est la Journée mondiale des lépreux.

Ce triomphe constitue l'un des grands sujets de satisfaction de Raoul Follereau durant la seconde moitié des années cinquante. En fondant cette

---

1. Raoul Follereau fut jadis un lauréat de ce concours.
2. Les textes de ses interventions sont déposés aux archives des fondations Follereau à Paris.

Journée mondiale, il ne savait pas si elle serait organisée pendant de nombreuses années ni si elle resterait localisée ou deviendrait vraiment universelle. Le succès dépasse ses espérances. Il a eu raison de parier sur le goût de la fête et sur la souplesse d'organisation.

En 1955, soixante pays et cent cinquante postes de radio ou de télévision participent à la Journée. Les États représentés sont trois fois plus nombreux que l'année précédente [1].

« Nous vous demandons d'étudier sans retard tout ce que vous pouvez faire. Car tout le monde peut faire quelque chose [2]. »

À Madagascar, un train spécial est nécessaire pour transporter les deux mille personnes qui se rendent de Tananarive à Mangarano pour visiter les lépreux. Le haut-commissaire supprime par arrêté tous les règlements d'exception qui frappaient encore les malades [3].

En 1956, soixante-douze pays participent et le nombre d'émissions de radio et de télévision s'élève à quatre cents [4]. À Rome, le cardinal Tisserant, doyen du Sacré Collège, dit sa messe du jour pour les lépreux. Des milliers de messes sont célébrées dans le monde ce jour-là à leur intention. Des cérémonies ont lieu aussi dans des temples, des mosquées, des pagodes... En Indonésie, le ministre de la Santé organise des visites d'enfants aux léproseries, une démarche significative si l'on se rappelle la situation des lépreux dans ce pays en 1952.

En 1957, quatre-vingts États sont représentés.

À la Martinique, le Dr Montestruc parle d'une « journée grandiose » au sanatorium hansénien de Fort-de-France. « Après la messe, la foule des visiteurs se rua sur les stands d'ouvrages fabriqués par les malades. Broderies, jouets, poteries artistiquement décorées, livres reliés avec art, tout fut enlevé en un instant. Il est maintenant certain que – sauf exceptions bien ridicules – la crainte absurde d'objets fabriqués par les malades est en train de disparaître [5]. » Et, après un concert, les lépreux organisent un bal qui dure pendant une bonne partie de la nuit. Raoul Follereau s'en réjouit, lui qui entend être un apôtre de la joie et ne veut pas d'une foi triste.

Lui-même célèbre, avec quelques jours de décalage, la journée à Madagascar, à la Réunion, à l'île Maurice. En 1953, à la Réunion, seules quelques dizaines de courageux avaient visité les lépreux à l'occasion de la première journée. En 1957, deux mille personnes, évêque et préfet en tête, se rendent en cortège à la léproserie de Saint-Bernard [6].

---

1. *La seule vérité...*, tome II, p. 120.
2. Françoise Brunnschweiler, *op. cit.*, p. 76.
3. *La seule vérité...*, tome II, p. 120.
4. Françoise Brunnschweiler, *op. cit.*, p. 77.
5. *La seule vérité...*, tome II, p. 123.
6. Françoise Brunnschweiler, *op. cit.*, p. 77.

En 1958, quatre-vingt-trois pays participent à la Journée mondiale des lépreux. Au centre Marchoux de Bamako viennent trente mille visiteurs. En Égypte, une Société d'assistance pour la réhabilitation professionnelle et sociale des lépreux est fondée. En Nouvelle-Zélande, le message de Raoul Follereau est diffusé à l'université grâce à l'ambassadeur de France, puis dans les collèges et les écoles [1].

En 1959, devant les succès des années précédentes, les pouvoirs publics participent de plus en plus directement à la fête. À Bangkok, le message de Raoul Follereau est lu par les souverains. « Votre manière de parler aux cœurs a remué tout le monde jusqu'aux larmes », lui écrit le Dr Miquel, envoyé de l'O.M.S. dans ce pays [2]. En Indonésie, un millier de personnes accompagnent le ministre de la Santé à l'hôpital de Tangerang.

D'une manière générale, un peu partout dans le tiers monde, les ministres se font un devoir de visiter une léproserie ou de passer une journée avec les malades. En proie à des tensions internes, les gouvernements des jeunes États en voie de développement acceptent avec joie cette initiative et la soutiennent. Ils voient dans cette fête unanimiste un moyen de construire une unité nationale, de renforcer leur popularité et leur légitimité. Raoul Follereau, de son côté, tient à associer les autorités officielles à ces manifestations. Il veut agir avec les officiels et non pas contre eux.

Il reçoit beaucoup de lettres cette année-là. Même du Leonard Wood Memorial, l'une des associations américaines, où il connaît assez bien le Dr Doull. En France, le ministre de l'Éducation nationale adresse une circulaire à tout le personnel enseignant afin d'associer les élèves à cette journée. Et l'U.N.I.C.E.F. annonce qu'il a prévu d'ouvrir un crédit d'un milliard deux cent cinquante millions de francs de l'époque pour la bataille de la lèpre en Afrique, car « trois Africains sur cent sont lépreux ». Par ailleurs, les experts de l'O.M.S. suivent avec le plus grand intérêt cette journée et ses effets dans les différents pays [3].

En 1960, pas moins de quatre-vingt-huit pays participent à la journée mondiale.

Le Cameroun fait de la « JML » une fête nationale, peut-être sous l'impulsion du Dr Aujoulat. Raoul Follereau est présent ce jour-là à Yaoundé et y inaugure un pavillon de chirurgie de la lèpre. Le président Ahidjo tient à assister à la cérémonie.

Le 30 janvier, Raoul Follereau est en Guadeloupe. Sur la place de la Victoire, à Pointe-à-Pitre, il parle devant plus de six mille personnes. « Vous avez guéri la Guadeloupe de la peur des lépreux », lui dit le maire de la ville.

---

1. *La seule vérité...*, tome II, pp. 123 à 125.
2. *Ibid.*, pp. 126 à 128.
3. *Ibid.*

Du Japon, on lui écrit : « Je ne connais pas de plus grande révolution pacifique que la vôtre. Tout un monde a changé ou est sur le point de le faire. Vous n'avez pas été le marteau qui enfonce l'idée, mais le stylet qui perce l'abcès. » Raoul Follereau n'est pas un inconnu au Japon : en 1958, le frère de l'empereur Hirohito a tenu à ce qu'il dîne à sa table [1].

Raoul Follereau enregistre ses messages avec Jacques Robert, le fondateur et directeur de la maison de disques Voxigrave, homme qu'il apprécie beaucoup. Celui-ci se met à son service. Né en 1928, il pourrait être son fils. La qualité de ses studios l'autoriserait à créer une maison de disques de très grande taille, mais il choisit de travailler « à taille humaine », car il goûte avant tout le contact personnel avec ses clients [2] et souhaite exercer son métier avec droiture.

Raoul Follereau vient lire le texte qu'il a composé. Intégralement rédigé, des traits au crayon y indiquent les moments où l'émotion – ou la colère – doit se manifester avec le plus d'intensité. Très aérées, les pages composées par Raoul Follereau sont fort harmonieuses. En général, il dit parfaitement son texte dès la première lecture. Toutefois, il en répète assez souvent jusqu'à cinq ou six fois la dernière phrase, car il y attache une grande importance : c'est celle qui reste le plus à la mémoire de l'auditeur [3]. Jacques Robert accompagne l'allocution de morceaux musicaux soigneusement choisis, de la musique classique le plus souvent, et Raoul Follereau ratifie ses choix en la matière. Jacques Robert connaît bien les goûts de ce dernier, qui correspondent très souvent aux siens propres. L'enregistrement sur bande étant fait, puis le montage, le disque est fabriqué à un millier d'exemplaires, dont la moitié environ sont adressés aux radios francophones du monde entier, Jacques Robert s'occupant de leur distribution.

Les deux hommes travailleront ensemble vingt-cinq ans, de 1952 à la mort de Raoul Follereau, en 1977. Un jour où Raoul Follereau veut payer un travail important de Jacques Robert, celui-ci lui déclare : « Quand je travaille pour vous, je suis encore avec vous [4]. » En effet, leurs relations ne sont pas seulement professionnelles ou techniques. Jacques Robert conduit souvent Raoul Follereau à la gare ou ailleurs. Il avoue que sa pensée et sa réflexion doivent beaucoup à son influence.

Raoul Follereau reçoit aussi, au bout de quelques années, l'aide de Pierre Fresnay pour ses appels de la Journée mondiale des lépreux.

Un jour, à Caen, Raoul Follereau prononce une conférence. Il est malade, il neige, la salle est presque vide et n'est pas chauffée. Pourtant, comme à son habitude, il met toute son énergie et sa conviction dans ses propos. Toutefois, il a un peu l'impression d'une « soirée perdue » en rentrant à Paris.

---

1. *Ibid.*, tome II, pp. 129 à 132.
2. Témoignage de M. Jacques Robert recueilli le 16 février 1988.
3. Id.
4. Id.

Or une auditrice, en constatant le peu de succès qu'il rencontre ce jour-là, écrit à Pierre Fresnay. Elle vient de voir ce dernier interpréter d'une manière bouleversante saint Vincent de Paul dans le film *Monsieur Vincent*. Parlant de Raoul Follereau, elle écrit à l'acteur :

« Il faut aider cet homme-là. Il a entrepris une tâche hors du commun. Alors, vous qui pour moi symbolisez " Monsieur Vincent ", j'ai pensé que vous pouviez faire quelque chose pour lui [1] ».

Pierre Fresnay est alors au sommet de sa gloire. Il est l'acteur le plus connu et le plus populaire de France. Il ne jette pas la lettre, car il est à un moment important de sa vie. Le rôle de Monsieur Vincent l'a bouleversé. Il a besoin de faire lui aussi quelque chose de gratuit pour les autres, de donner quelque chose de lui-même [2].

Emmanuel Renart, qui a réalisé plus tard des films avec Raoul Follereau, a bien connu les deux hommes. Fils d'un industriel, Fresnay constate que malgré sa gloire, sa famille ne le prend toujours pas au sérieux. Par ailleurs, il se sent alors mal à l'aise dans le monde du cinéma, qu'il trouve de plus en plus factice. Enfin, son union tumultueuse avec Yvonne Printemps cause bien des soucis à ce protestant austère et rigide. Celle-ci a abandonné Guitry pour vivre avec Fresnay, mais son caractère assez capricieux et volage est aux antipodes de celui de Fresnay qui, par cette union, se coupe aussi des règles morales traditionnelles. Au sommet de la gloire, Fresnay est un homme qui hésite et qui souffre. Cette lettre lui paraît une chance. Il ne connaît pas personnellement Raoul Follereau mais il décide de l'aider.

Il est environ vingt heures ce soir-là et les époux Follereau, très fatigués, se sont couchés, chose exceptionnelle, très tôt. On entend alors sonner. Raoul Follereau se lève en maugréant, il va à la porte, l'ouvre, et découvre... Monsieur Vincent, ou plutôt Pierre Fresnay. Celui-ci s'excuse presque de venir à ce moment :

« Voilà, je viens me mettre à votre disposition, si je puis vous être de quelque utilité. Évidemment, je pourrais vous signer un chèque, mais j'aurais mauvaise conscience de me débarrasser si facilement d'un devoir. Que puis-je donc faire pour vous [3] ? »

Une amitié est née, une amitié fondée sur l'estime et l'admiration mutuelles. Raoul Follereau a suffisamment pratiqué le théâtre et suivi la vie des arts pour reconnaître le talent immense de Fresnay. Il n'est pas mécontent de retrouver ce milieu des arts qu'il a un peu délaissé depuis la fin de la guerre. Il appréciait Fresnay avant de le connaître. Une fois encore, il goûte la joie d'être estimé de ceux dont il admire les qualités.

De son côté, Fresnay trouve en Raoul Follereau ce qui lui manque dans son milieu quotidien. Il est pour lui une porte ouverte sur l'élévation spirituelle alors qu'il commençait à errer dans des contradictions qu'il ne

---

1. Françoise Brunnschweiler, *op. cit.*, p. 99.
2. Témoignage de M. Emmanuel Renart, cinéaste qui a bien connu Pierre Fresnay et Raoul Follereau, recueilli le 12 février 1988 à Paris.
3. Jean Toulat, *op. cit.*, p. 78.

pourra jamais résoudre totalement d'ailleurs. Follereau lui permet de participer vraiment à une vie de charité, une vie qu'il a devinée à travers le rôle de Monsieur Vincent et dont il sent bien qu'elle peut l'aider à trouver une paix et une joie. Aussi apporte-t-il à Raoul Follereau toute sa conscience professionnelle quand il enregistre les messages composés par le Vagabond de la charité, à l'occasion de la Journée mondiale des lépreux notamment. Tout ce travail, Pierre Fresnay l'effectue d'une manière entièrement bénévole. On le constate donc, l'engagement des artistes pour de grandes causes humanitaires n'est pas né avec les années quatre-vingt.

L'APPEL AUX DEUX GRANDS ET LE RÔLE DE CONSCIENCE MORALE

Les deux bombardiers

En novembre-décembre 1951, dans l'éditorial de son bulletin *Mission de la France*, Raoul Follereau traite de la faim. Il commence par évoquer le livre de Josué de Castro, *Géopolitique de la faim*. Au milieu de son texte, il écrit ceci :

J'ai lu ce matin dans mon journal :
le prix actuel du bombardier B 52 est de sept milliards.
Vous avez bien lu : sept mille millions de francs.
Pour un engin de mort.
Dont tout ce qu'on puisse espérer, c'est qu'il vieillisse en paix,
se rouille en paix et ne sorte jamais de son hangar.
Un tel avion coûte aujourd'hui plus que son poids d'or.
Il paraît qu'on va construire des B 52 « en série ».
Je n'en nie pas hélas! l'urgente, l'inéluctable nécessité.
Mais je me dis à part moi : « Un de plus... un de moins... :
Un de plus sur le papier, un de moins dans les hangars...
Et cela ferait sept milliards de débloqués. Pour nourrir les pauvres gens,
pour les soigner.
J'en appelle aux médecins d'Afrique : sept milliards!
Le problème de la lèpre serait alors résolu pour d'immenses pays, pour
un continent peut-être.
... Sept mille millions, cela en ferait du pain et des remèdes, et des
comprimés, des ampoules... et des dispensaires! Cela en ferait des gens
nourris, des gens guéris, de l'espoir, du bonheur!
... Et cela ne ferait qu'un avion de moins dans un hangar...
Puisqu'il est hélas bien prouvé qu'il n'y a jamais de « crédits » pour soigner, pour nourrir les pauvres, peut-être pourrait-on quelquefois les demander aux budgets de la mort.

Et, au fond, ce serait moins un vol
qu'une restitution.

Raoul Follereau en reste à ces constatations. Il ne met pas alors en place une action mais veut seulement faire réfléchir ses lecteurs.

Mais, le 1ᵉʳ septembre 1954, il adresse une lettre ouverte au général Eisenhower, président des États-Unis, et à Gueorgui Malenkov, président du Conseil de l'Union soviétique [1].

Messieurs les Présidents,
Messieurs les Grands,
... Je suis un homme de bonne volonté. Comme vous...
Je suis un homme qui croit à la bonne volonté.
Et c'est pour cela que je vous écris.
... Vous êtes, Messieurs, les deux hommes les plus puissants du monde...
Ce que je vous demande est si peu... presque rien... Donnez-moi un avion, chacun un avion, un de vos avions de bombardement.
Parce que j'ai appris que chacun de ces engins coûtait environ cinq milliards de francs...
Alors j'ai calculé qu'avec le prix de deux de ces avions de mort on pourrait soigner tous les lépreux du monde.
Un avion de moins dans chaque camp, cela ne modifiera pas le rapport de vos forces... Vous pourrez continuer de dormir tranquilles.
Moi je dormirai mieux.
Et des millions de pauvres gens dormiront enfin...
Vous êtes les demi-dieux de ce siècle...
Vous ne croyez pas que ce serait une bonne occasion de « faire quelque chose »?
Dix millions de pauvres gens, ce n'est pas toute la misère du monde. Mais c'est déjà une grande misère...
Le problème n'en sera pas pour autant résolu ? Je le sais. Mais donnez déjà les deux avions : vous allez voir comme il va s'éclaircir.
Et quelle espérance naîtra alors dans des millions de pauvres cœurs qui ne seront pas seulement ceux des lépreux...
J'espère si fort que vous m'entendrez, que vous finirez par m'entendre... s'il plaît à Dieu,
à ce Bon Dieu auquel un de vous seul a foi, mais qui vous aime tous les deux...

Bientôt toute la presse francophone se fait l'écho de cette lettre [2]. Certains journaux et magazines en publient même le texte intégral. De nom-

---

1. Texte intégral dans *La seule vérité...*, tome III, pp. 47 à 50.
2. On peut penser que Raoul Follereau a adressé ce texte à de nombreux responsables officiels et à la plupart des organes de presse. Il retient l'attention du public, car ses initiatives en faveur des lépreux lui ont gagné la sympathie de l'opinion.

breux organes de presse des pays latins et du tiers monde signalent l'initiative de Raoul Follereau et se passionnent pour elle.

Il ne s'adresse donc pas à l'O.N.U. pour régler ce problème mondial, car il se rappelle le projet de charte des lépreux de 1952 et se méfie des lourdeurs des Nations unies. Il préfère se tourner vers ceux qui, guerre froide aidant, corégentent la vie internationale. Ils décident, ils disposent de moyens techniques et militaires sans égal. L'O.N.U., elle, n'aurait pas les moyens de financer cette campagne, faute de caisse commune.

Raoul Follereau simplifie à l'extrême le problème de la lèpre, le réduisant à une équation mathématique. La proposition est limpide et porte, dans sa concision, une forte charge émotionnelle. Une fois de plus, l'argumentation se veut aussi rationnelle que sentimentale.

Les sulfones semblent alors offrir la solution définitive au problème de la lèpre. Avec les progrès des moyens de communication et avec des entreprises comme celle de Richet en Afrique, il semble que l'on peut atteindre tous les malades si on le souhaite vraiment. Il faut cependant que la circulation des équipes de soignants ne soit pas entravée par une guerre ou de pesantes contraintes administratives. De plus, on prendra conscience plus tard des problèmes posés par la « résistance » aux antibiotiques, problèmes qui remettent en cause une partie de l'efficacité de ces médicaments. Par ailleurs, Raoul Follereau parle de « soigner » tous les lépreux du monde. Il ne parle pas de les guérir tous immédiatement. Il sait la longueur de certains traitements. Il évoque seulement les prix des soins administrés sur une durée d'un an en évaluant le prix des médicaments et de certains déplacements, mais intègre-t-il le coût des infrastructures et des véhicules de transport nécessaires pour mener à bien une telle campagne ?

Si chacun des deux Grands donne un bombardier, les lépreux du monde entier pourront être soignés pendant un an à condition qu'une équipe sanitaire puisse les atteindre régulièrement.

Or, une lecture superficielle du texte fait croire à une grande partie de l'opinion que le seul don d'un bombardier permettrait en quelques semaines de guérir tous les malades et d'éradiquer la lèpre de la surface du globe. Raoul Follereau ne dit pas cela, il parle de soins et pas de guérison immédiate. Aucun scientifique ne peut contester une seule de ses affirmations, mais il laisse un glissement s'opérer dans l'esprit du public et une ambiguïté s'installer : il veut frapper l'opinion pour la mieux convaincre.

Politiquement, le moment est bien choisi.

Staline est mort en 1953, ce qui laisse présager une certaine détente dans les relations internationales. La même année, les Soviétiques disposent de la bombe H. Les deux grandes puissances étant pratiquement à égalité pour l'armement, on commence à parler d'« équilibre de la terreur » et de « destruction mutuelle garantie » en cas de guerre. Une timide amorce de dialogue semble donc pouvoir s'ébaucher.

De plus, la pauvreté semble préoccuper ces chefs d'État. À New York, le 15 avril 1953, Eisenhower déclare :

Chaque canon qui sort de l'usine constitue un vol au détriment de ceux qui ont faim. Le monde en armes ne dépense pas seulement de l'argent. Il dépense la sueur de ses travailleurs, le génie de ses savants, les espoirs de ses enfants. Le coût d'un seul bombardier lourd correspond à celui de trente écoles modernes ou de deux hôpitaux parfaitement équipés [1].

On connaît également la mise en cause par Eisenhower du « complexe militaro-industriel ».

En outre, la place de la France dans le monde est sérieusement contestée. Elle se retire alors d'Indochine et de ses comptoirs en Inde, pendant que Tunisie et Maroc avancent vers l'indépendance et que la guerre d'Algérie éclate quelques semaines plus tard, en novembre. L'O.N.U., les deux Grands et les jeunes États du tiers monde critiquent de plus en plus durement la France pour sa politique coloniale en Indochine et surtout en Afrique du Nord. Raoul Follereau, en interpellant deux des accusateurs, les États-Unis et l'Union soviétique, veut les placer devant les responsabilités mondiales que leur confère leur statut de grande puissance et donner au tiers monde une image renouvelée de la France et de ses valeurs. Refusant que son pays se contente d'un rôle de spectateur dans la vie internationale, il poursuit son rôle d'agent d'influence de la France dans le monde.

Constantin Melnik, dans un livre récent où il traite des services secrets, évoque d'ailleurs le rôle de l'action humanitaire dans le cadre de la « guerre psychologique » et de la collecte d'information [2].

Ami de Raoul Follereau, Maurice Schumann soutient le projet, s'en fait le porte-parole dans les milieux politiques français et internationaux. Grâce à ses responsabilités gouvernementales, il veille à ce que le message soit effectivement transmis aux deux chefs d'État puis soigneusement étudié par eux. Les deux chefs d'État ont donc eu personnellement connaissance du message adressé par Raoul Follereau [3]. Maurice Schumann relaie très efficacement l'action de L'Apôtre des lépreux. Ce dernier s'appuie donc sur la diplomatie classique pour parvenir à ses fins. D'autre part, le président du Conseil d'alors, Pierre Mendès France, ne peut que saluer une pareille initiative, mais le Dr Aujoulat, ministre de son gouvernement [4], même s'il approuve la démarche de Raoul Follereau, est tout de suite très réservé sur ses chances de succès [5].

---

1. Source : service de presse de la présidence des États-Unis.
2. Constantin Melnik, *Des services très secrets*, De Fallois, 1989.
3. Témoignage de M. Maurice Schumann, recueilli le 8 février 1988.
4. Ce qui surprend d'ailleurs certains catholiques.
5. Témoignage de M. Jean-Marie Aujoulat, recueilli le 11 février 1988.

Raoul Follereau crée donc un événement dont s'emparent les médias. Une performance pour un homme seul! Sa démarche prend valeur de symbole, à lui qui agit en prophète. Mais une initiative privée, à vocation universelle, a-t-elle sa place dans la politique des États?

Raoul Follereau a sans doute longuement médité l'exemple de l'abbé Pierre. En février de cette même année 1954, celui-ci, en lançant un pathétique appel à la radio avait créé un mouvement de solidarité inespéré dans tout le pays. Par un froid terrible, des personnes sans ressources et sans abri risquaient de mourir à Paris, chose qui venait d'arriver à un enfant. L'opinion, alertée et bouleversée, se mobilisa, les ministres prirent conscience de la gravité du problème et décidèrent des mesures d'urgence. En quelques heures, l'œuvre de l'abbé Pierre était connue de tous les Français et des soutiens lui arrivaient de partout [1].

Raoul Follereau a sans doute espéré faire de même, mais à l'échelle internationale. Depuis son enfance, ses démarches les plus folles se sont souvent avérées les plus payantes. Pourquoi pas cette fois encore?

Malheureusement, il ne reçoit aucune réponse. Sa proposition n'est pas acceptée, même si aucun des deux États n'a voulu la refuser officiellement. Si l'un avait accepté, l'autre aurait peut-être suivi.

Le 1er septembre 1955, Raoul Follereau rédige une *Lettre à nos seigneurs de la guerre et de la paix* [2] où il reprend les mêmes arguments mais en appelant les grandes puissances en général à consacrer une infime partie de leurs budgets militaires à la lutte contre les pauvretés les plus urgentes.

Le 15 septembre 1959, il écrit à Eisenhower et à Khrouchtchev pour leur demander à nouveau deux bombardiers [3]. Les deux Grands doivent se rencontrer. Les relations entre eux sont meilleures qu'en 1954 et on attend beaucoup de cette entrevue. Raoul Follereau reprend espoir.

Mais, là encore, son attente n'est pas couronnée de succès.

Un jour toutefois, il lit dans un journal un avis émanant de la base aérienne Wright-Patterson, aux États-Unis [4]:

« À vendre : quatre-vingt-seize bombardiers d'attaque B 26 et cent dix avions de transport de fret C 46. Toutes facilités de paiement. »

Il écrit :

Cela me fait rêver. Moi, je n'en avais demandé que deux. Personne ne m'a répondu. Et voici qu'aujourd'hui on en offre quatre-vingt-seize. Par la voie de la presse. À n'importe qui. Pour n'importe quoi. Et payables à tempérament.
C'est trop beau!
C'est affreux.

---

1. Parmi les nombreux livres sur la question, citons : Pierre Lunuel, *L'Abbé Pierre, l'insurgé de Dieu*, Éditions n° 1, 1989.
2. *La seule vérité...*, tome III, pp. 51 à 57.
3. *Op. cit.*, pp. 58 à 61.
4. *Mission de la France*, septembre-octobre 1960.

Raoul Follereau, adolescent avec sa famille à Nevers (au second plan, à gauche).

En 1929, à Santiago du Chili, lors du congrès des Pères de Picpus.

En 1948, prêchant à la cathédrale de Tours.

En 1950.

En 1976.

En 1955.

Lors de la journée mondiale des lépreux en Côte-d'Ivoire.

En 1960.

En 1971: Raoul Follereau montre l'Ile Désirée dans la lagune d'Abidjan...
C'est là qu'étaient enfermés les lépreux avant que l'on construise Adzopé.

1971: inauguration d'Adzopé.

En 1973 : son 70ᵉ anniversaire.

En 1975 : lors de leur 50ᵉ anniversaire de mariage.

En 1957, à l'Ile de la Réunion.

En 1960, au Congo.

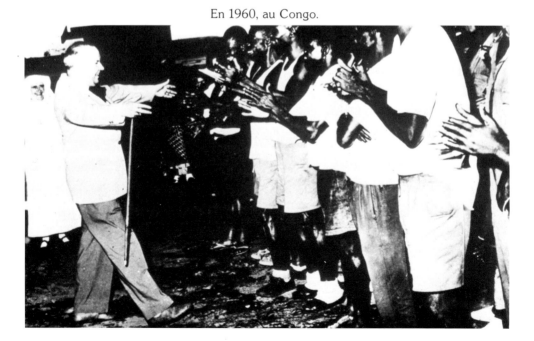

Toujours en 1960 au Congo, au moment de l'Indépendance.

En 1960, en Inde.

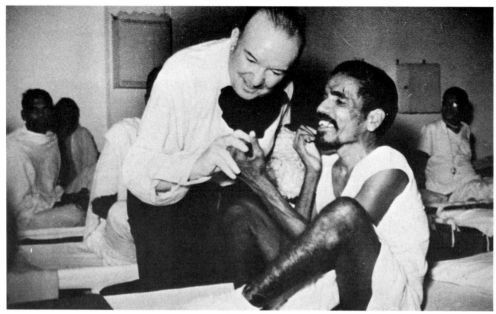

En 1965, en Inde

En 1971, à Adzopé.

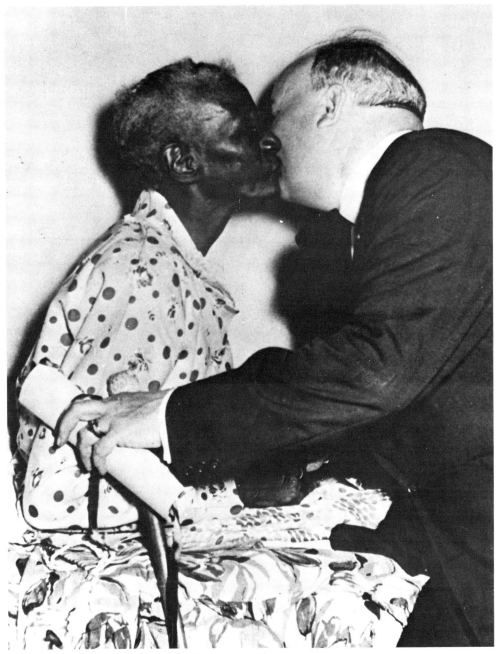

Le baiser au lépreux.

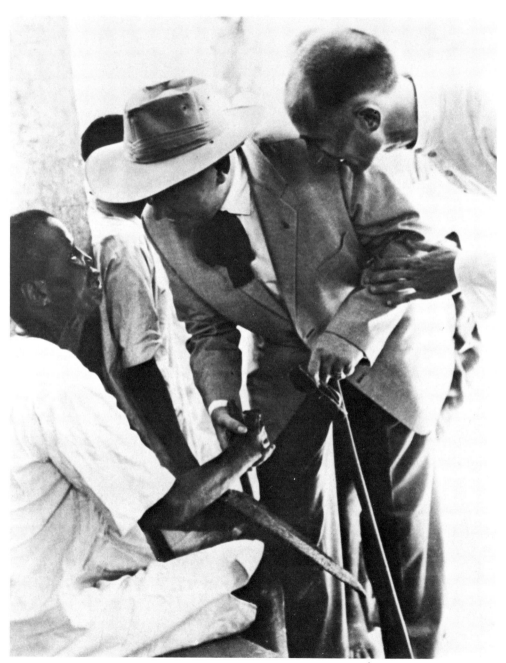

En 1969 à Madagascar, accompagné du Père Pierre Zevaco,
aujourd'hui évêque de Fort Dauphin.

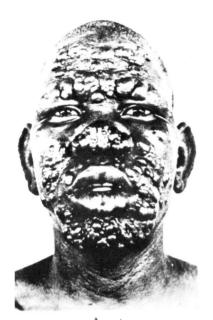

Avant.

Après.

En 1981 en Côte-d'Ivoire, le dernier voyage de Madeleine Follereau.

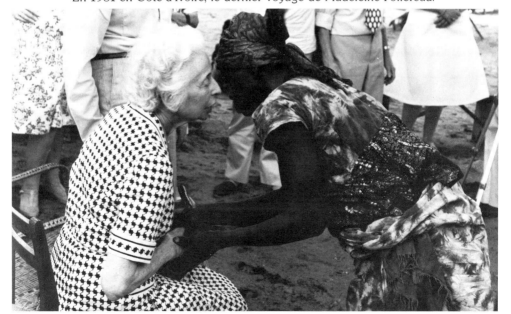

En 1969, avec André Récipon, l'actuel Président de l'Association française
Raoul Follereau.

Tombeau de Raoul Follereau (cimetière d'Auteuil).

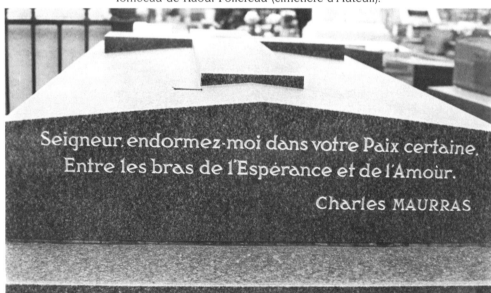

Seigneur, endormez-moi dans votre Paix certaine,
Entre les bras de l'Espérance et de l'Amour.

Charles MAURRAS

1982 : première campagne.

1991.

Regardez bien dans le tas : il y a les miens. Ceux qui eussent sauvé nos amis...

Et il ajoute :

Messieurs les grands, gardez vos avions, une fois de plus, ce n'est ni la puissance ni l'argent qui l'emporteront, mais l'amour [1].

Pourquoi cette attitude des deux Grands ?

Interrogé par Jean Toulat plusieurs années après, Raoul Follereau avance l'explication suivante [2] :

Le drame, c'est qu'à partir d'un certain degré dans la puissance ou la possession de l'argent, l'homme est comme déshumanisé. Il n'est plus ni américain, ni russe, ni allemand, ni français, ni catholique, ni protestant, ni israélite, ni athée : il est puissant ou il est riche. J'ai écrit une fois : « Ces géants qui ont cessé d'être des hommes. » J'y pense toujours.

Aujourd'hui le général Eisenhower est à la retraite; Khrouchtchev également. Si je pouvais les atteindre, maintenant qu'ils ne sont plus des grands, et s'ils pouvaient parler d'homme à homme, je suis sûr qu'ils comprendraient.

Raoul Follereau évoque donc une déshumanisation progressive par l'exercice du pouvoir. Il pourrait aussi parler de « déréalisation », de perte du sens de la souffrance réelle, des situations pratiques sur le terrain chez des hommes entourés de courtisans et vivant dans des conditions de plus en plus artificielles, devant se protéger et penser les problèmes à une échelle mondiale qui néglige l'individu et son bonheur personnel.

Cette explication ne nous paraît pas suffisante.

Raoul Follereau a personnalisé son appel. Il s'adresse à des hommes et non à des administrations anonymes. Il rêve du chef charismatique qui agit en héros de l'Antiquité. Mais peut-il attendre cela de la nouvelle génération d'hommes d'État ? Parlant des années soixante, le journaliste américain Cyrus L. Sulzberger, qui rencontre périodiquement les plus importants chefs d'État du monde, parle de l'« ère de la médiocrité [3] ». Son observation ne vaut-elle pas pour la fin des années cinquante ? Il constate que le monde manque de géants, que les nouveaux responsables sont des techniciens consciencieux mais sans génie politique et sans grand charisme, que leur pouvoir est à taille purement humaine, qu'ils sont avant tout le produit de systèmes politiques qui étouffent progressivement l'originalité et les fortes personnalités. Car, pour bondir sur la proposition de Raoul Fol-

---

1. *Ibid.*
2. Cité dans Jean Toulat, *op. cit.*, p. 87.
3. Cyrus Leo Sulzberger, *L'ère de la médiocrité*, Albin Michel. Il désigne surtout la période 1962-1972, mais nombre de ses observations sont déjà valables pour le milieu et la fin des années cinquante.

lereau, il aurait fallu un responsable d'une singulière audace doublé d'un grand communicateur.

Par ailleurs, Raoul Follereau surestime peut-être le rôle du chef d'État. Sa marge de manœuvre est-elle aussi forte que la médiatisation du pouvoir le laisse supposer ? Follereau se heurte en fait à des bureaucraties froides et ternes, celles des lourds États modernes, et à des structures d'ordre politique, militaire et idéologique qui évoluent très lentement.

À cet égard, la notion de défense prime tout chez les responsables politiques de cette époque. Elle passe avant la lutte contre la pauvreté. Ils ont peur, ils jugent leur pays menacé. Ils estiment que leur armement est le meilleur garant de la paix mondiale et croient que tout peut s'effondrer s'ils ne se montrent pas inflexibles, et ce d'autant qu'ils ont vécu la Seconde Guerre mondiale et ont souffert des ravages que peut causer un envahisseur. La guerre froide, qui entretient cet esprit de méfiance, ne perd que très lentement de son intensité durant cette période. Il faudra attendre 1963 pour que l'on puisse parler de Détente. Raoul Follereau a perçu l'évolution dans les relations internationales mais son appel arrive peut-être un peu tôt.

Dans le même ordre d'idées, on peut remarquer que, depuis Napoléon, le crime le plus grave pour le droit français est l'atteinte à la sûreté de l'État. En 1990, des projets de réforme très avancés envisagent de faire du crime contre l'humanité la faute la plus grave. On voit le basculement qui s'opère et le prodigieux changement de perspective qu'il suppose. Raoul Follereau intervient au cœur de cette évolution des mentalités.

Les deux Grands comprennent aussi qu'un tel geste constituerait un précédent exceptionnel. D'autres causes humanitaires pourraient être invoquées pour justifier le don d'autres bombardiers par la suite. Et Raoul Follereau risque de demander un bombardier tous les ans, car il parle de « soigner » les lépreux. S'ils acceptent de le satisfaire, les Grands devront rapidement céder plus d'un bombardier, leur acquiescement peut marquer un tournant capital dans l'histoire des relations internationales du XXe siècle.

Or, pour survivre, les deux blocs doivent s'affronter. Pour que les Alliés acceptent les contraintes qui leur sont imposées par les Américains et les Soviétiques, ces derniers doivent se garder d'une entente et d'une collaboration qui rendraient peu crédibles les discours sur la coupure du monde en deux blocs que tout oppose.

Par ailleurs, les objections techniques ne manquent pas.

Maurice Schumann le constate quand il présente le projet en France et même aux États-Unis. Jamais il ne rencontre l'indifférence et encore moins une hostilité de principe [1]. Les hommes politiques comme les hauts

---

1. Témoignage de M. Maurice Schumann, recueilli le 8 février 1988.

fonctionnaires du Quai d'Orsay réfléchissent très sérieusement à la manière de le réaliser concrètement. Mais, assez vite, Maurice Schumann comprend que le projet risque de s'enliser et de ne pas aboutir.

En effet les techniciens des ministères font remarquer que les programmes d'armement forment un tout et que remettre en cause un élément de la défense conduit à repenser l'ensemble du système. De plus des fonctionnaires du Quai d'Orsay estiment que, malgré l'admiration et la sympathie qu'ils éprouvent pour Raoul Follereau, lier réduction des armements et question sanitaire fausse le problème de la lèpre et n'aide pas à le résoudre. Le transfert financier ne sert à rien si des équipes ne sont pas là pour venir en aide aux malades. Il faudrait des Richet partout dans le monde, et c'est loin d'être le cas.

Raoul Follereau est bien sûr régulièrement informé de ces objections, mais il maintient son projet. Il a déjà connu des situations mal engagées. Au fond de lui-même, il espère le miracle. Et il voit de plus en plus dans cette campagne une occasion unique de sensibiliser l'opinion à la lèpre et à la pauvreté.

Certains responsables des questions sanitaires estiment enfin que la lèpre, qui ronge mais ne tue pas, ne doit pas constituer la priorité absolue en matière de santé publique : selon eux, il faut se consacrer avant tout à des endémies comme le paludisme, qui touche cent à deux cents fois plus de personnes dans le monde.

Enfin la démarche proposée par Raoul Follereau s'intègre mal dans la politique d'aide et d'assistance que conçoivent les deux Grands.

L'U.R.S.S. est bien informée mais ne répond pas. En pleine guerre froide, les Soviétiques ne veulent pas accepter une proposition humanitaire qui ne vient pas d'eux et dont ils ne pourraient s'attribuer le mérite. Par ailleurs, ils connaissent sans aucun doute les opinions anticommunistes de Raoul Follereau avant la guerre ; ils savent qu'il n'a rien d'un « compagnon de route » et il ne les intéresse guère de l'aider. En plus, la référence religieuse de la fin du message a pu les indisposer. Mais c'est aussi que leur conception de l'action sanitaire est différente.

Les Soviétiques estiment que le préalable à toute action sociale ou sanitaire vraiment efficace est une révolution politique. Il faut selon eux transformer les cadres de la société pour bâtir des changements durables et significatifs, y compris en matière sanitaire, où ils insistent sur le rôle de l'État. Par ailleurs, ils mettent en avant la prévention et l'environnement général. Isoler la question de la lèpre et l'aborder par les seuls sulfones ne correspond pas du tout à leur approche des questions de santé.

Enfin, ils veulent réserver leur aide et leurs conseils à leurs alliés.

Aux États-Unis, l'action humanitaire est surtout le fait des grandes associations privées, l'aide fournie par le gouvernement restant modeste. C'est là une tradition américaine : l'administration accorde des exonérations fiscales considérables aux particuliers pour leurs dons aux organisations humanitaires, lesquelles disposent ainsi de moyens sans égal et mènent une réflexion très importante sur les problèmes du tiers monde. De plus, les organisations américaines, confessionnelles ou non, ne ménagent pas leurs efforts en faveur des lépreux.

Le gouvernement américain peut accorder une aide d'urgence aux pays en situation de détresse, mais ce n'est pas ce que demande Raoul Follereau ici.

Accuser les Américains d'indifférence serait injuste. Ils sont, par exemple, en train de préparer la « révolution verte » en Asie et d'envisager de gigantesques campagnes de vaccination. Ils ne travaillent pas comme les Français et cette affaire de bombardiers révèle en fait deux approches de l'action humanitaire.

Par ailleurs, l'opinion américaine ignore assez largement cette initiative d'un particulier français. Grâce à Maurice Schumann, le *New York Times* a consacré un article à la question, mais il n'est guère suivi par les autres journaux. Raoul Follereau n'a ni le temps ni les moyens de monter un lobby aux États-Unis pour intervenir auprès des parlementaires. Car, il faut le rappeler, le président américain subit en matière financière comme en matière de défense un contrôle très strict de la part du Congrès.

De nombreuses raisons expliquent donc que le projet de Raoul Follereau ne soit pas retenu.

Il n'y a cependant pas lieu de déplorer outre mesure ce refus.

En effet, même si les bombardiers avaient été donnés, la lèpre n'aurait pas disparu de la Terre. Les résistances aux sulfones apparaissent au milieu des années soixante et révèlent que pour guérir tous les malades d'une région, il faut des moyens plus importants encore que la seule distribution de ces antibiotiques. Par ailleurs, l'échec de la campagne d'éradication du paludisme à la même époque montre les limites d'une telle action menée à l'échelle mondiale. Les difficultés politiques dans certains États n'auraient pas permis que les soins soient convenablement administrés. Le poids des mentalités demeure. Bref, la situation de nombreux malades se serait singulièrement améliorée, mais pas celle de tous les lépreux.

L'appel de Raoul Follereau a toutefois bouleversé l'opinion, dans les pays francophones et dans ceux de l'Europe latine en particulier. Le souvenir de cette affaire demeure vivant bien des années après. Aujourd'hui encore, des adultes d'âge mûr que l'on interroge sur Raoul Follereau répondent assez souvent : « Raoul Follereau ? Les deux bombardiers... »

Leur double refus ternit l'image des deux Grands. U.R.S.S. et États-Unis apparaissent comme des monstres insensibles. Cette attitude conduit au rejet symétrique des deux superpuissances par l'opinion. Comme l'image de l'U.R.S.S. était déjà passablement négative dans l'opinion non communiste, ce sont surtout les États-Unis qui font les frais de cette réaction. Ce n'est pas encore la vision très noire des États-Unis du temps de la guerre du Viêt-nam, mais ce n'est plus la vision idyllique du temps du plan Marshall. En matière de communication et d'image auprès de l'opinion, le silence a des effets plus négatifs peut-être qu'un refus solidement argumenté [1].

En 1989 ou 1990, la requête de Raoul Follereau aurait peut-être rencontré plus de succès, les deux grandes puissances voulant montrer de plus en plus concrètement leur volonté de paix.

Aux yeux de l'opinion, il semble que les deux Grands s'entendent tacitement pour se partager la domination du monde plutôt que pour rechercher le bien commun de l'humanité. Et l'une des vraies leçons de cette campagne, c'est que le monde n'a pas de maître. Raoul Follereau, qui est en permanence à sa recherche, ne saurait donc le trouver, car il n'existe pas. L'O.N.U n'a pas les moyens de sa mission et son système de fonctionnement reste très lié à la logique des États. Les deux Grands ont, eux, des moyens très importants, mais ni l'un ni l'autre ne suit une logique et une politique véritablement mondiale, car chacun ne domine qu'une partie du monde, lequel est donc orphelin. Humainement orphelin, car, aux yeux de Raoul Follereau, Dieu est le Père unique de tous les hommes.

Les gouvernements du tiers monde ont suivi avec beaucoup d'attention cette affaire. Ils ont souhaité le succès de Raoul Follereau. Beaucoup de chefs d'État le connaissent personnellement, même en Asie. Leur double refus amoindrit le prestige des deux Grands et montre que la solution aux problèmes du tiers monde ne passe pas forcément par les États-Unis et l'U.R.S.S. On peut remarquer que la conférence de Bandung se réunit en 1955, un an après le premier appel de Raoul Follereau. À cette conférence, les États en voie de développement renvoient dos à dos États-Unis et U.R.S.S. et affirment leur volonté d'entente et de non-alignement.

Raoul Follereau indique par ailleurs une voie nouvelle à la diplomatie française : la France peut jouer un rôle d'avocat ou de porte-parole du tiers monde auprès des grandes puissances, ce qui lui redonnerait une audience internationale. Une telle démarche réconcilierait également l'État avec l'opinion nationale et avec les valeurs sur lesquelles la nation s'est constituée. Une fois encore, l'initiative privée préfigure certaines initiatives gouvernementales en matière de relations internationales. Les voyages du général de Gaulle et les récentes interventions de la France à propos de la dette du tiers monde s'inscrivent un peu dans cette logique.

Raoul Follereau indique aussi une voie à la diplomatie vaticane, une voie qu'elle suit déjà d'ailleurs, en invitant à l'audace et à la médiatisation des actions menées.

---

1. Les Soviétiques procéderont plus tard autrement avec Samantha Smith, cette fillette américaine qui leur écrit pour leur dire sa peur de la guerre nucléaire. Mais la situation n'est plus celle des années cinquante.

En tout cas, dans l'immédiat, les bombardiers ont sensibilisé l'opinion au problème de la lèpre. Les États faisant la sourde oreille, tout repose désormais sur les donateurs privés, ce qui renforce leur ardeur. « Ce fut finalement un coup de publicité extraordinaire, » confient certains amis de Raoul Follereau. Ce dernier effectue une véritable démonstration aux yeux de l'opinion. Il la prend à témoin pour mieux lui faire prendre conscience de son rôle d'acteur dans la marche du siècle. Dans ce monde orphelin, les personnes privées et les associations doivent apporter ce que les États ne veulent donner. Elles doivent essayer de construire et de jouer le rôle d'une avant-garde qui invente des solutions nouvelles, qui crée une civilisation de l'amour : « Ce n'est ni la puissance ni l'argent qui l'emporteront, mais l'amour [1] », écrit Raoul Follereau à la suite de cet appel.

Cette campagne stimule la réflexion de certains intellectuels.

Alfred Sauvy, par exemple, cite souvent les bombardiers de Raoul Follereau dans ses conférences et ses écrits [2].

Le bombardier sert de plus en plus comme unité de mesure. En 1978, chiffrant son déficit, la Croix-Rouge internationale l'évalue ainsi : « C'est le prix d'un seul avion de combat [3]. » Raoul Follereau n'est cependant pas le seul à avoir comparé très tôt dépenses militaires et budgets humanitaires.

Un rôle moral de plus en plus reconnu dans le monde

Son action en faveur des lépreux et ses appels répétés à l'opinion et aux pouvoirs de toutes sortes font de Raoul Follereau une des consciences morales mondiales. Ses interventions et ses textes sont souvent cités dans les revues chrétiennes, celles destinées aux jeunes en particulier. Un peu partout, il est appelé pour des conférences où il n'est pas seulement question de lèpre.

Par exemple, le 7 septembre 1955, il parle à Lyon, au théâtre antique de Fourvière, devant deux mille séminaristes. Le cardinal Gerlier, primat des Gaules, préside la conférence, à laquelle assistent aussi Mgr Villot, alors secrétaire général de l'épiscopat français, Mgr Ancel, supérieur du Prado, et le secrétaire général de l'Action catholique.

Raoul Follereau prononce un discours sur la Charité. Il a longuement réfléchi à son texte. Il considère que cette conférence est très importante et il est sans doute assez grave et ému quand il s'adresse à cette assemblée peu commune. Il sait l'importance qu'une phrase ou une idée peut prendre dans la vie d'une personne, consacrée ou non. Il sait qu'il ne verra pas ger-

---

1. Jean Toulat, *op. cit.*, p. 86.
2. Dans son livre *Malthus et les deux Marx*, il rappelle sous le titre « Le précédent Follereau » l'affaire des bombardiers : « Sans doute, les Grands cette fois n'ont pas répondu, mais l'idée est lancée et elle ne manquera pas d'être reprise. Car cette direction est tellement prometteuse qu'il est impossible de s'en détacher... »
3. Exemple cité dans Jean Toulat, *op. cit.*, p. 87.

mer sur l'instant le fruit de ses paroles ; le fruit se révélera plus tard, dans la vie de chacun. Il veut donc donner le meilleur de sa pensée. Le texte est publié dans les premiers numéros de 1956 de *Mission de la France*. Nous en citons de courts extraits :

Le christianisme, c'est la révolution par la Charité.
Vous aussi, vous êtes destinés aux lépreux. Car il y a dans le monde d'autres lèpres que la lèpre. Aussi maudites et parfois bien plus repoussantes. Des lèpres beaucoup plus contagieuses que la lèpre et pour lesquelles, hors l'Évangile, il n'est point de salut.
C'est la misère, l'injustice sociale, le taudis. Et leurs pourvoyeurs : l'égoïsme, la lâcheté, l'envie, l'arbitraire et le fanatisme...
L'homme s'est forgé un nouveau maître, le plus tyrannique, le plus sordide, le plus triste qui soit : l'argent. C'est la pire des lèpres que vous aurez à combattre...
Réapprendre aux hommes à s'aimer.
Longtemps les hommes ont vécu les uns à côté des autres.
Aujourd'hui il leur faut vivre tous ensemble.
Et pour cela rendre Dieu au monde...
Vous serez prêtres, donc investis de la plus haute, de la plus éminente mission que puisse espérer un homme.
Vous aurez quitté le troupeau pour en devenir le pasteur. Mais le troupeau entend que le pasteur le conduise ; il ne vous reconnaîtra qu'à cette condition.
Que vous soyez des semeurs d'amour.
Ce monde a terriblement besoin d'aimer.
Or vous seuls posséderez le pouvoir de « rendre l'homme à l'amour ». Son message, c'est votre mission...

De nombreux autres passages seraient à citer. Raoul Follereau reprend beaucoup des idées et même des formules déjà énoncées en 1948. Il sait qu'il lui faut se répéter pour diffuser une idée. Il sait aussi que son action au service des lépreux donne un poids beaucoup plus important aux mots qu'il prononce.

Il s'adresse à la génération de séminaristes qui sera touchée quelques années plus tard par une vague sans précédent – si l'on excepte la Révolution française – d'abandon du sacerdoce.

En revenant sur les thèmes du christianisme intégral et de la mission du prêtre, il indique des repères pastoraux. Il prend en compte les mutations sociales, urbaines, culturelles et techniques du siècle pour mieux discerner le rôle spécifique et immuable du prêtre.

En 1955, l'abbé Pierre, devenu depuis février 1954 un véritable mythe vivant en France, s'adresse aussi à une assemblée de prêtres. Alors que certains remettent en cause la prière, il insiste sur la vie intérieure :

« Dans la vie invraisemblable que j'ai eue depuis quinze ans, une vie de fou... si j'ai tenu le coup à peu près, si j'ai pu, si je peux encore, c'est parce que pendant des années, pendant toutes ces années au couvent, j'ai eu tant d'heures de prière [1]... »

En effet, les séminaires et les milieux ecclésiastiques connaissent des évolutions lourdes de conséquences.

En juillet 1957, le jésuite Holstein publie dans la revue *Études* un « bilan de la spiritualité française aujourd'hui ». Il constate que l'ascèse n'est pas refusée, à condition que son utilité soit perceptible, et que l'efficacité apostolique prime tout, que les vertus « actives » sont valorisées. Même dans le sacrifice il constate une recherche de « productivité ». En juillet 1954, le dominicain Roguet, cité par Paul Vigneron, s'inquiète car il redoute que le renouveau liturgique, très positif en soi, ne fasse oublier la dévotion générale à l'Eucharistie et les visites au Saint Sacrement. Depuis la Seconde Guerre mondiale, le clergé français multiplie les initiatives de toutes sortes, souvent audacieuses mais il semble que peu à peu les méthodes de vie intérieure, la direction spirituelle, les longues heures de contemplation et de prière sont moins prisées. L'arrêt de l'expérience des prêtres-ouvriers en 1954 n'est qu'un épisode d'une crise plus profonde qui gagne peu à peu le clergé catholique.

En demandant à des hommes d'action comme Raoul Follereau et l'abbé Pierre de parler de la vie intérieure, la hiérarchie espère sans doute convaincre plus sûrement qu'avec des textes officiels.

Mais souvent la mémoire est sélective et il n'est pas impossible que des auditeurs aient retenu du discours de Raoul Follereau la condamnation de l'argent et qu'ils puisent là seulement des arguments pour combattre la société capitaliste en s'entendant, s'il le faut, avec des formations politiques marxistes. Tel n'est pourtant pas le propos de Raoul Follereau. Remarquons d'ailleurs que son intervention n'est pas liée à une époque précise ou à des événements d'actualité. Un pareil texte pourrait être lu aujourd'hui encore sans sembler dater d'une époque révolue.

L'Église de France s'intéresse toujours beaucoup aux plus pauvres du monde. Armand Marquiset, Jean Rodhain, l'abbé Pierre (malgré la maladie) continuent à se dépenser sans compter. De nouvelles intuitions suscitent des initiatives audacieuses. En désaccord partiel avec l'abbé Pierre, le père Joseph Wresinski met en place en 1957 à Noisy-le-Grand, véritable bidonville aux portes de Paris, les fondements du mouvement Aide à toute détresse, A.T.D.-Quart Monde. Un mouvement qui veut donner la parole aux familles les plus pauvres et les plus marginalisées de France et qui connaîtra bientôt un rayonnement international. Là encore, le mouvement

---

1. Paul Vigneron cite ce passage dans son étude sur *L'Histoire des crises du clergé français contemporain*, Téqui, 1976.

n'est pas confessionnel mais ses fondateurs sont des chrétiens fervents et leur engagement s'appuie sur une anthropologie d'inspiration chrétienne.

Et des prises de conscience décisives ont lieu à cette époque hors de France. Ainsi celle de dom Hélder Câmara en 1955 [1].

Depuis 1952, ce dernier est secrétaire général de la conférence des évêques. Non seulement il met en place une structure nouvelle, mais il y apporte une méthode de travail rigoureuse et passionnée qui annonce les travaux du CELAM. Nommé évêque coadjuteur de Rio en 1955, il est le grand organisateur du XXXVIe Congrès eucharistique international qui a lieu dans cette ville la même année. Des chrétiens du monde entier participent à ce gigantesque rassemblement qui est un succès total : plus de deux millions de personnes y assistent et six cent mille fidèles sont présents à la messe de clôture. Le thème aussi ne manque pas de grandeur : « Le Christ rédempteur et son règne social ». La ville vit au rythme de cet événement exceptionnel, des confessions ont même lieu dans les rues, dans le métro.

Le cardinal Gerlier, archevêque de Lyon, est à Rio. Entre deux cérémonies, il passe deux heures avec les Sœurs de Jésus – qui s'appuient sur le message de Charles de Foucauld – qui lui font visiter un bidonville, une *favela*. Les favelas commencent à se multiplier en Amérique latine. Cette visite le touche profondément. Le cardinal Gerlier va voir alors Hélder Câmara. Il le félicite pour l'accueil et l'organisation remarquable de ce congrès et il lui dit : « Ce talent, pourquoi ne pas le mettre au service des pauvres ? » Cette question provoque un choc chez Hélder Câmara, une conversion nouvelle, un retournement complet de perspective. Il décide de se consacrer aux pauvres et de se donner tout entier à eux [2].

Dans le même temps, les auteurs qui développent une conception athée, désabusée ou sans espoir de l'existence humaine connaissent une diffusion importante. Jean-Paul Sartre exerce toujours son magistère sur les milieux intellectuels. Les premiers romans de Françoise Sagan connaissent un succès foudroyant. Aux États-Unis, avec Elvis Presley et d'autres, une nouvelle culture se met en place autour du rock'n'roll. Et le succès, en 1956, du film de Bergman *Le Septième Sceau*, où la mort joue aux échecs avec un chevalier, traduit les angoisses d'une époque.

Devant l'ampleur des mutations culturelles qu'il sent monter, Raoul Follereau reprend périodiquement son appel : « Peuples chrétiens, unissez-vous ! » Il le dit à la page 4 de son bulletin de janvier 1956. Il cite une information communiquée par le *Service œcuménique de presse*, le bulletin – édité à Genève – du Conseil œcuménique des Églises : le général espagnol Kindelan propose une grande mission chrétienne internationale. Toutes les

---

1. Jean Toulat, *Dom Hélder Câmara, op. cit.*
2. Hélder Câmara avait déjà avant la guerre été très marqué par la culture et la sensibilité françaises.

« dénominations » chrétiennes seraient appelées à collaborer pour mener à bien l'évangélisation du monde. Ce mouvement serait « exclusivement tactique et nullement dogmatique ». Il ne « s'agirait pas de catéchiser ceux qui ont déjà une foi religieuse, même non chrétienne, mais surtout d'atteindre ceux qui ont été chrétiens et qui ne le sont plus, ceux qui n'ont jamais accepté aucun " credo " religieux, ou qui sont hostiles à toute religion ».

Il s'agit donc d'unionisme plus que d'œcuménisme. Raoul Follereau n'ajoute aucun commentaire à cette information, mais elle lui permet de sensibiliser ses donateurs à un problème important. Le Vagabond de la Charité perçoit l'ampleur des bouleversements culturels qui s'annoncent, ou plutôt se poursuivent, et il ne cesse de réfléchir à la meilleure façon d'y répondre.

Bien que laïc et n'ayant jamais exercé de responsabilité dans des organisations officiellement mandatées par l'Église, Raoul Follereau est donc considéré par la hiérarchie catholique de France comme une référence sûre. On peut rapprocher sa position de celle de l'abbé Pierre, à la même époque d'ailleurs.

Dans *Emmaüs ou venger l'homme en aimant* [1], l'abbé Pierre cite la lettre que Mgr Guerry, archevêque de Cambrai, lui adresse le 29 mai 1954 :

Mon cher ami,
Je vous remercie d'être venu éclairer et entraîner mes chers diocésains de Valenciennes. Votre conférence les a beaucoup émus et a fait un bien profond...
Il nous semble que notre rôle d'évêques est de vous laisser entière liberté pour votre action, qui atteint des milieux souvent très éloignés de l'Église : un patronage, qui cléricaliserait ou paraîtrait le faire, paralyserait sans doute auprès de beaucoup de gens votre action...
Mais cette attitude de discrétion auprès du public ne doit pas nous empêcher de vous exprimer nos remerciements et, pour ma part, mon fidèle attachement. Je remercie Dieu de vous avoir choisi pour son instrument dans cet apostolat si actuel et urgent du logement...

L'abbé Pierre répond aussitôt :
« Merci, cher Père. Vous venez de faire un miracle!... Vous m'avez envoyé la bénédiction avec la liberté! »

Si Raoul Follereau, comme l'abbé Pierre, n'est pas davantage soutenu par l'Église de France, ce n'est pas par omission ou indifférence. Il s'agit d'un choix délibéré afin de parvenir à une plus grande efficacité pastorale. Tous deux sont devenus des héros populaires dans tout le pays et même au-delà, plus que Mgr Rodhain, lequel est pourtant à l'origine de beau-

---

1. Le Centurion, 1987, pp. 250 et 251.

coup de démarches inédites; il est vrai que l'on parle plus du Secours catholique que de son inspirateur.

La notoriété de Raoul Follereau est telle à la fin des années cinquante qu'il apparaît de plus en plus aux yeux de l'opinion comme un prix Nobel de la paix possible. En septembre 1953, le grand journal du Mozambique *Noticias* demandait qu'il soit couronné. Son nom est officiellement proposé pour la première fois en 1959-1960, et ce par des pays d'Afrique et d'Asie en priorité [1], Raoul Follereau commençant à appartenir autant à ces pays qu'à la France.

Il ne reçoit pas le prix Nobel. La guerre d'Algérie a-t-elle joué contre sa candidature ? Peut-être. En 1958, le prix couronne le père Pire, prêtre belge qui a œuvré pour les réfugiés européens après la guerre, puis en 1959 le Britannique P. J. Noel-Baker et en 1960 le Sud-Africain A. J. Lutuli. Raoul Follereau n'aurait pas déparé cette liste.

---

1. On ne trouve pas dans les archives des différentes associations Follereau de document sur la candidature de leur fondateur au Nobel, pas même une liste des pays qui souhaitaient cette candidature.

TROISIÈME PARTIE

La mise en place de structures puissantes et la lutte contre toutes les lèpres

(1960-1978)

CHAPITRE VIII

Nouveaux défis et structuration (1960-1968)

L'INDÉPENDANCE ET LES NOUVEAUX CADRES DE LA LUTTE CONTRE LA LÈPRE

Les cadres de la santé publique – et donc de la lutte contre la lèpre – en Afrique noire sont remis en cause dès 1958 avec la décolonisation.

Les mouvements nationalistes qui se préparent à prendre le pouvoir veulent dans un premier temps rejeter tout ce qui rappelle la présence française et les contraintes coloniales. Or les services des grandes endémies sont dirigés par des militaires et imposent des rassemblements contraignants. Les supprimer semble une priorité aux yeux de nombreux chefs nationalistes et d'une partie de la population.

Cependant seuls ces services permettent d'obtenir des succès face aux grandes endémies. De plus, ils ont été pensés à l'échelle de toute une partie de continent : A.-O.F. ou A.-É.F. [1]. Mais les nouveaux petits États, jaloux de leur autonomie, répugnent à collaborer avec leurs voisins, y compris en matière sanitaire. Pourtant, les microbes n'ont pas de frontière. Si un État prend des mesures sanitaires efficaces et que son voisin les néglige, les maladies contagieuses pourront quand même se propager d'un pays à l'autre. D'autre part, si chaque pays met en place un service de lutte contre les grandes endémies, cela entraîne des gaspillages considérables, car certains pays sont petits, assez faciles à parcourir, et disposent de faibles ressources. Or, de 1958 à 1960, le S.G.H.M.P. [2] est remplacé par des services nationaux moins efficaces.

Le bouleversement politique va-t-il s'accompagner d'une régression sanitaire ?

---

1. Nous l'avons vu, en A.-O.F. pendant les années cinquante, plusieurs centres spécialisés ont été mis en place, chacun rayonnant sur toute la fédération.
2. S.G.H.M.P. : Service général d'hygiène mobile et de prophylaxie.

Certains Français estiment même que, les Africains réclamant l'indépendance, il n'est plus question de les aider.

Richet et Aujoulat, les deux amis de Raoul Follereau, jouent alors un rôle essentiel pour tenter de sauver ce qui peut l'être en matière sanitaire. Les deux médecins ne sont pas surpris par l'indépendance. Hommes de terrain, ils avaient pu mesurer les changements de mentalités et d'attitude à l'égard de la présence coloniale. Ils ont pu réfléchir à cette situation nouvelle et s'y préparer.

Leur action passe inaperçue, car les journalistes et l'opinion s'intéressent surtout à l'aspect politique des événements et négligent souverainement les questions sanitaires. Aujourd'hui encore les noms de Richet et Aujoulat ne sont pas évoqués dans les livres sur l'histoire contemporaine de l'Afrique noire. On peut s'en étonner.

Le Dr Aujoulat avait quitté le gouvernement en 1953, car il lui semblait irréaliste de s'opposer par principe à la décolonisation, et la politique de « maintien à tout prix » lui paraissait dangereuse. « Il faut savoir partir », disait-il alors[1]. Pierre Mendès France l'appela à son gouvernement. De juin 1954 à février 1955, ce catholique fervent fut son ministre de la Santé publique et du Travail. À ce titre, il poursuivit les actions entreprises précédemment. Mais il fut battu aux élections de 1956 au Cameroun. Les nationalistes africains lui reprochaient d'être européen et les Blancs le trouvaient trop réformateur.

Le Dr Aujoulat se retrouve alors « sans position sociale définie », d'autant qu'il est peu connu en métropole. Partout il se sent marginal. C'est le propre des visionnaires. De 1956 à 1958, il assure un rôle de conseiller et d'enseignant auprès d'organismes divers (Ad lucem, ministère de la Santé, O.M.S.). En 1958, il publie chez Casterman *Aujourd'hui l'Afrique,* un livre où il rassemble ses observations et ses réflexions sur ce continent. Il regarde vers l'avenir avant tout.

Revenu au pouvoir, le général de Gaulle l'appelle officieusement pour mener à bien une nouvelle action sanitaire en Afrique noire[2] et il prend alors la direction du service de la coopération technique au ministère de la Santé publique. Sa marge de manœuvre face aux nouvelles autorités africaines reste limitée. De Paris, il multiplie les coups de téléphone[3]. Il sait qu'en Afrique noire, dans une civilisation de l'oral, l'engagement verbal a plus de poids que l'écrit, et pendant des heures il s'efforce de convaincre les nouveaux responsables africains de ne pas laisser mourir les infrastructures et les services mis en place. Il tutoie tous ces hommes, ayant contribué à la formation de beaucoup d'entre eux.

Il travaille en liaison étroite avec le médecin-général Richet. Celui-ci

---

1. S. et J. Foray, *op. cit.,* pp. 65 à 87.
2. Témoignage de M. Jean-Marie Aujoulat, recueilli le 11 février 1988 à Paris.
3. Id. On le comprend, il reste peu de traces écrites de ces interventions.

était devenu en 1957 « conseiller du service commun de lutte contre les grandes endémies ». Or ce service est en train de disparaître et Richet n'a, de fait, plus aucun pouvoir de décision [1]. Pendant trois ans, il parcourt alors l'Afrique-Occidentale française, faisant le tour des capitales nouvelles et des ministères en voie de constitution. Il y connaît bientôt tout le monde. Toujours souriant, mais tenace et obstiné, il plaide sans relâche pour une action sanitaire rigoureuse et coordonnée. Il souhaite une organisation fédérale qui concerne les moyens et impose une unité d'action, de commandement et de doctrine en matière sanitaire sur toute l'A.-O.F. Dans ce but, il participe activement à deux importantes conférences interministérielles à Bobodioulasso en juin et en septembre 1959.

Les efforts de Richet et d'Aujoulat se concrétisent à la conférence d'Abidjan, qui réunit, le 25 avril 1960, les ministres de la santé des États francophones de l'ancienne A.-O.F., Guinée comprise. Représentant la France, le Dr Aujoulat joue un rôle décisif.

La primauté de la médecine de masse, la nécessité d'une médecine préventive structurée et d'une coopération sanitaire entre les États sont réaffirmées.

Une organisation de coopération et de coordination pour la lutte contre les grandes endémies (O.C.C.G.E.) est créée. Elle réunit les États qui correspondent à l'ancienne A.-O.F. : Côte-d'Ivoire, Sénégal, Dahomey, Haute-Volta, Niger, Mali, Mauritanie, Guinée. Le Togo les rejoint en 1964.

Le Dr Aujoulat refuse la direction de l'O.C.C.G.E., que lui proposent les Africains, mais il fait nommer le médecin-général Richet au poste de secrétaire général de l'organisation, dont le siège est fixé à Bobodioulasso, au centre de recherche et d'action médicale dont nous avons déjà parlé et qui porte désormais le nom de Muraz. La France paie la moitié des dépenses des divers instituts et met gratuitement à la disposition de cette organisation les médecins, pharmaciens, scientifiques, techniciens et administrateurs qui l'animent. Il s'agit donc d'une présence scientifique structurée. Par ailleurs, de nombreux chefs des services nationaux des grandes endémies restent des médecins coloniaux. La France met ainsi deux cents personnes environ au service de l'A.-O.F. L'Afrique noire manque encore de cadres [2].

Le succès de l'O.C.C.G.E. amène les États d'Afrique centrale de l'ancienne A.-É.F. à fonder en 1963 l'Organisme de coopération pour la lutte contre les endémies en Afrique centrale (O.C.E.A.C.). Il réunit cinq États : Congo-Brazzaville, Gabon, Cameroun, République centrafricaine, Tchad, et son siège est fixé à Yaoundé. Le médecin-général Labusquière devient le secrétaire général de l'organisation quand celle-ci commence réellement à fonctionner, en 1965.

---

1. Médecin-général Lapeyssonnie, *op. cit.*, pp. 200 à 208.
2. Id., *ibid.*

O.C.C.G.E. et O.C.E.A.C. organisent bientôt des conférences techniques communes.

Cette évolution rend le Dr Aujoulat assez optimiste pour la suite. Il connaît personnellement et depuis longtemps les chefs d'État, les ministres et presque tous les médecins d'Afrique noire francophone et il fonde sur eux de grands espoirs. Quand, en 1962, l'agronome René Dumont le rencontre pour lui présenter son livre *L'Afrique noire est mal partie*, il lui confie qu'il trouve son ouvrage trop pessimiste [1]. Alors, ces deux hommes qui ont beaucoup d'estime l'un pour l'autre s'engagent dans d'interminables discussions sur cette Afrique qu'ils connaissent et qu'ils veulent encore servir. Car tous deux en sont conscients, une nouvelle période commence.

Depuis plusieurs années Aujoulat et Richet s'efforcent de faire former des médecins africains. Après leurs études primaires et secondaires, les jeunes Africains les plus brillants sont généralement envoyés à l'école William-Ponty de Dakar, véritable pépinière par laquelle est passée toute une génération de cadres et d'intellectuels d'Afrique noire. Ensuite, les meilleurs vont poursuivre leurs études en France, le plus souvent à Paris ou à Bordeaux. Ils découvrent alors un autre cadre de vie, un autre système de valeurs. En effet, les pouvoirs publics n'envisagent pas alors que les universitaires français se rendent en Afrique pour y dispenser leur enseignement.

Comme les médecins africains sont peu nombreux, les pouvoirs publics et surtout le Dr Aujoulat encouragent les vocations médicales.

Pour des familles africaines de rang élevé, les études médicales constituent souvent une opportunité. Au moment de l'indépendance, dans chaque nouveau pays, les docteurs en médecine se comptent sur les doigts d'une main. Le titre jouit d'un grand prestige et ouvre alors la voie à une carrière politique au sommet ou à des postes de la plus haute importance dans le pays. « Investir » dans la médecine semble intéressant pour une famille. Certaines vocations médicales sont cependant réellement désintéressées.

De jeunes médecins africains soutiennent au début des années soixante des thèses où ils évoquent les questions sanitaires de leur pays.

Bahamat étudie *La Politique sanitaire dans les États de l'Ouest africain* en 1962. La même année, l'Ivoirien Félix Serie traite de *La Lèpre en Côte-d'Ivoire*. Un peu plus tard le Dr Goumba réalise une thèse remarquable sur la situation sanitaire de l'Afrique équatoriale [2]. Très souvent, durant les années soixante, les jeunes médecins rendent hommage au Dr Aujoulat et aussi à Raoul Follereau dans leurs pages de remerciements. Tous deux, le Dr Aujoulat surtout, ne ménagent ni leur temps ni leur peine pour aider

---

1. Témoignage de Jean-Marie Aujoulat, recueilli le 11 février 1988 à Paris.
2. Bahamat, *Politique sanitaire dans les États de l'Ouest africain*, thèse, Bordeaux, 1962. Félix Serie, *La Lèpre en Côte-d'Ivoire*, thèse, Bordeaux, 1962.
Abel Goumba, *Évolution de la politique de santé dans les États d'Afrique centrale*, thèse, Bordeaux, 1968.

ces jeunes médecins auxquels ils fournissent aussi une documentation abondante sur les questions sanitaires. En Afrique, Richet prend contact avec les plus remarquables d'entre eux et achève la formation de ses successeurs.

Le Dr Cheik Sow est le successeur africain de Richet. Il est né à Bamako en 1925[1] et, après être passé par l'école normale William-Ponty de Dakar, il effectue ses études de médecine à Paris. Diplômé en 1956, il commence par occuper un poste en brousse à Kita, au Mali. C'est là qu'il rencontre Richet et le Dr Sominé Dolo, ministre de la Santé malien, qui met en place le plan décennal de santé publique de son pays. Cheik Sow se découvre alors une vocation de médecin de santé publique. Il est de nouveau envoyé à l'étranger pour y effectuer de nombreux stages à Atlanta, à Londres, à Hambourg, et aussi en Israël et au centre Muraz de Bobodioulasso. De retour au Mali, il est nommé directeur des services des grandes endémies et de la médecine socio-préventive. Richet, qui apprécie ses qualités professionnelles et humaines, le prend pour adjoint en 1967, et en 1970 il lui cède volontairement sa place de secrétaire général de l'O.C.C.G.E. Il occupe également plusieurs fonctions importantes à l'O.M.S. Choisissant les responsabilités médicales, il renonce donc à une carrière politique[2]. Bien que son rayonnement soit international, il reste très cordial et accessible à tous, à l'image de Richet, son « patron ». Il connaît par ailleurs très bien Raoul Follereau et le Dr Aujoulat.

Né à Issia, dans le centre-ouest de la Côte-d'Ivoire, le Dr Félix Serie passe également par l'incontournable école normale William-Ponty de Dakar avant d'effectuer ses études de médecine à l'École africaine de médecine de Dakar, puis à Bordeaux[3]. C'est à Bordeaux qu'il rencontre en 1958 le Dr Montestruc, revenu en métropole, qui lui communique sa passion pour la lèpre et les grandes endémies. Grâce à Montestruc et Aujoulat, il fait la connaissance de Raoul Follereau et de Richet... Chrétien fervent, il décide de se consacrer aux plus pauvres de son pays. De retour en Côte-d'Ivoire, il commence par servir comme médecin de brousse puis il devient directeur des grandes endémies et finit sa carrière comme directeur général de la santé.

Étudiant dans sa thèse *L'Histoire et l'Organisation de la médecine en Côte-d'Ivoire,* le Dr Michel Brisson[4] montre que le gouvernement de ce pays met progressivement en place au cours des années soixante une infras-

---

1. Biographie du Dr Cheik Sow, communiquée par la fondation Follereau à Paris (centre de documentation).
2. Témoignage du Dr Cheik Sow, recueilli le 15 novembre 1987 à Paris.
3. Biographie communiquée par la fondation Follereau à Paris (centre de documentation).
4. Michel Brisson, *L'Histoire et l'Organisation de la médecine en Côte-d'Ivoire,* thèse, Paris-VII, 1979.

tructure et un système de santé importants. Le réseau hospitalier se calque sur les hiérarchies urbaines, les équipes mobiles jouant un rôle toujours essentiel. Les recettes substantielles que le pays commence à tirer de ses exportations de cacao et de café ainsi que les aides internationales lui permettent de financer la mise en place des équipements, mais aussi leur maintenance et leur entretien. Le président Houphouët-Boigny, qui a fait des études médicales, suit avec attention ces questions sanitaires. Le gouvernement se tourne vers une médecine moderne adaptée aux besoins du pays alors que la population reste encore assez attachée aux pratiques traditionnelles. Toutefois, les règlements administratifs reproduisent souvent les lois françaises alors que les réalités sociales sont toutes différentes. Les remboursements des consultations n'étant réservés qu'à une minorité, le développement de la médecine libérale se trouve freiné. Les Ivoiriens s'habituent à ce que les questions de santé soient l'affaire de l'État. Parfois, des institutions d'origine extérieure, comme l'hôpital américain de Ferkessédougou dans le nord du pays, jouent un rôle local important.

Richet continue à parcourir l'Afrique. Il y est chez lui. Il transmet ses techniques à toute une génération de médecins et de responsables africains qui le considèrent comme un sage [1] et auprès desquels il joue le rôle de consultant permanent, mais il est aussi connu et vénéré de nombreuses familles pauvres en Afrique. Depuis 1962, il porte le titre officiel de « médecin-général inspecteur ». Il ne s'intéresse pas qu'à la lèpre et lutte contre toutes les grandes endémies.

Les établissements qui, en Afrique-Occidentale française, symbolisaient le plus la lutte contre la lèpre disposent de moyens encore accrus.

L'Institut Marchoux, de Bamako, reste toujours, en 1960, dans le cadre de l'O.C.C.G.E., le grand organisme de recherche et de lutte contre la lèpre. Il rayonne sur toute l'Afrique occidentale et devient une petite ville en miniature, toujours pleine d'animation. De nouveaux schémas thérapeutiques y sont élaborés à partir des informations recueillies sur le terrain. Des auxiliaires médicaux continuent à y être formés, des biologistes et des chirurgiens de haut niveau y travaillent. Les Sœurs de Notre-Dame-d'Afrique, dont certaines ont une solide formation médicale, y apportent toujours leur paix et leur inlassable dévouement.

Prêtre et journaliste, Jean Toulat visite Adzopé en 1952 [2]. La Côte-d'Ivoire compte alors cent vingt mille lépreux. Le chiffre élevé indique surtout que le mal est mieux dépisté. Les équipes sanitaires mobiles soignent les malades à domicile. Seuls les plus atteints sont envoyés à Adzopé.

Le matin, trois cent cinquante malades sont rassemblés devant le dispensaire et, à l'appel de leur nom, ils s'avancent et reçoivent un comprimé qu'ils avalent avec une gorgée d'eau. « Parfois il faut aider la main mutilée

---

1. Hélène Gaudriller, *op. cit.*
2. Jean Toulat, *Raoul Follereau...*, *op. cit.*, pp. 33 à 36.

à porter le verre aux lèvres », note Jean Toulat. Le D.D.S. est toujours utilisé mais, pour les formes de lèpre bénignes ou tuberculoïdes, le Sultirène, médicament plus récent et distribué par l'Unicef, est utilisé. En cas de difficulté, le remède peut être administré sous forme de piqûre.

Jean Toulat poursuivit sa visite : « Dans d'autres salles, c'est un défilé de plaies. Des infirmiers noirs à blouse blanche nettoient les chairs, coupent, projettent du permanganate dans d'énormes trous sous la plante des pieds. Au bloc chirurgical, on ampute, on enlève des os nécrosés, on transplante des muscles ou des tendons. »

Deux hôpitaux permettent de soigner les lépreux atteints d'autres maladies. Une maternité accueille des femmes. Religieuse et docteur en médecine, la sœur Élisabeth-Judith joue un rôle essentiel dans la léproserie. D'une manière générale, la compétence médicale des Sœurs de Notre-Dame-des-Apôtres à Adzopé ne cesse de s'affirmer et elles s'emploient à former des Ivoiriens. Une vingtaine de lépreux travaillent à l'atelier de rééducation où, avec des mains sans phalanges, ils parviennent à modeler, à tisser, à tricoter. Le père Miet, Vendéen d'origine, est l'aumônier du centre. Protestants et animistes se joignent volontiers aux catholiques pendant les offices, les musulmans restant davantage à l'écart. Et le dimanche soir, c'est la fête, le temps du théâtre et de la danse.

De 1965 à 1968, le centre connaît d'importantes transformations réalisées par le gouvernement de Côte-d'Ivoire avec le Fonds d'aide et de coopération de la France et l'aide des associations mises en place par Raoul Follereau.

Le 30 octobre 1968, le village d'Adzopé devient officiellement, par la volonté du gouvernement ivoirien, l'Institut national de la lèpre de la Côte-d'Ivoire et il porte désormais le nom de Raoul Follereau. Le gouvernement est maintenant le responsable du centre, mais les sœurs continuent à y travailler tout en suivant de fréquents recyclages. Le centre constitue la clé de voûte du système ambulatoire de traitement de la lèpre en Côte-d'Ivoire. Il travaille aussi à la réinsertion des malades et pratique les techniques les plus modernes : chirurgie réparatrice ou corrective, orthopédie et atelier de prothèses, électroradiologie et photographie, rééducation manuelle, pour ne citer que les plus importantes, sans oublier bien sûr les laboratoires de recherche [1].

Avec ces centres et surtout le dépistage et les soins à domicile par les équipes mobiles, la lutte contre la lèpre semble marquer des points importants jusqu'en 1968 en Afrique noire. Raoul Follereau publie régulièrement dans son bulletin les chiffres victorieux que lui communique Richet. Le nombre des malades guéris ne cesse d'augmenter. Éradiquer la lèpre en vingt ans semble possible.

Car l'optimisme prévaut en matière sanitaire en Afrique noire et d'une

---

1. Brochures et fiches diverses sur Adzopé sont disponibles au centre de documentation des fondations Follereau à Paris.

manière générale dans le tiers-monde au début des années soixante. Il semble que les antibiotiques et les vaccins vont permettre de résoudre la plupart des difficultés. On croit aussi que l'augmentation progressive du nombre de médecins et d'infirmiers formés permettra de conforter les succès obtenus rapidement.

De fait, les résultats ont été importants.

De 1960 à 1975, la mortalité infantile avant l'âge d'un an dans le tiers monde passe de 200 ‰ à 100 ‰ (elle est dans le même temps de 10 ‰ environ en France)[1]. C'est l'un des plus grands succès sanitaires de toute l'histoire de l'humanité par le nombre d'enfants préservés. Les vaccinations systématiques et l'utilisation des médicaments anti-infectieux sont pour beaucoup dans ce succès, qui concerne plus l'Asie et l'Amérique latine que l'Afrique noire.

En 1955, l'O.M.S. se donne dix ans pour éliminer le paludisme de la terre. Cette maladie est la plus répandue du monde ; elle menace ou touche deux milliards de personnes. Le D.D.T., utilisé pour la première fois aux États-Unis en 1943, permet, en tuant les moustiques vecteurs de la maladie, les anophèles, de freiner sa propagation. Des antibiotiques de synthèse comme la chloroquine permettent de soigner efficacement les malades. La campagne d'éradication du paludisme s'engage donc sur tous les continents du début des années soixante dans un grand climat d'optimisme[2].

La Côte-d'Ivoire mène une politique efficace de lutte contre la variole. Entre 1961 et 1963, pratiquement toute la population de ce pays est vaccinée, en reprenant les circuits et les méthodes de l'époque coloniale. Le président Houphouët-Boigny, qui a fait des études de médecine, nous l'avons vu, suit de très près les opérations. En 1963, la variole semble avoir disparu de son pays. En 1965, l'O.M.S. lance une campagne mondiale d'éradication de cette maladie[3], que financent très largement les Américains. L'Afrique semble bien engagée dans la lutte et, une fois encore, l'espoir prévaut.

Richet combat sur tous ces fronts et sur beaucoup d'autres encore. La trypanosomiase semble maîtrisée désormais, mais les tréponématoses causent des soucis importants. Et, bien sûr, le nombre des lépreux diminue, la ségrégation n'étant plus qu'un souvenir dans beaucoup de régions d'Afrique noire francophone.

Richet se donne beaucoup à la lutte contre l'onchocercose[4], ou cécité des rivières, comme on l'appelle parfois, car cette filariose sévit près des cours d'eau et constitue l'une des premières causes de cécité en Afrique. De 1960 à 1966, Richet, qui circule notamment au Mali, en Haute-Volta et en

1. Claire Brisset, *La Santé dans le tiers monde*, La Découverte-Le Monde, 1984, p. 156.
2. P. G. Janssens, « La lutte anti-paludique : de l'euphorie à l'anarchie », *Santé, médicaments et développement*, publié par Liberté sans frontières, 1987, pp. 125 à 139.
3. Pierre Darmon, *Histoire de la variole*, Paris.
4. Hélène Gaudriller, *op. cit.*

Côte-d'Ivoire, fait multiplier les études sur les simulies, qui sont les insectes vecteurs du parasite, et dépister les malades. Il alerte l'ORSTOM, l'O.M.S. et les organismes internationaux sur l'ampleur du fléau : la Haute-Volta compte un peu plus de quatre millions d'habitants, on y dénombre quatre cent mille onchocerciens et quarante mille d'entre eux sont déjà aveugles. Lutter contre ce mal impose d'intervenir sur un milieu naturel favorable à la survie et à la reproduction des simulies. Vaincre l'onchocercose permettrait à de nombreux paysans, comme ceux du bassin des Voltas, de travailler sans crainte et sans danger sur des terres alluviales fertiles qu'ils fuient à cause des simulies. C'est là l'un des principaux combats de Richet durant les années soixante.

Le Dr Aujoulat n'exerce plus de responsabilités officielles et ne dispose désormais d'aucun pouvoir de décision. En tant qu'inspecteur général des affaires sociales au ministère de la Santé, il est chargé d'effectuer des missions de consultant et d'expert dans le tiers monde, en particulier en Afrique noire, où il préside aussi des jurys d'examen. Bien que sa famille réside désormais à Paris, il passe chaque année plusieurs semaines en Afrique. De plus, il enseigne à l'Institut international d'administration publique à Paris et à l'École nationale de santé publique de Rennes [1].

Le doyen Jacques Parisot, qui avait présidé son jury de thèse, l'introduit davantage dans les structures d'éducation sanitaire et sociale. Le Dr Aujoulat devient donc directeur général du Centre national d'éducation sanitaire et sociale et, en juillet 1962, secrétaire général de l'Union internationale d'éducation à la santé [2], une organisation non gouvernementale qui entretient des relations suivies avec l'Unesco et l'O.M.S. Cette médecine préventive s'inscrit dans la tradition des offices d'hygiène, mais son objectif est plus vaste encore. Selon ses responsables, la médecine ne doit pas seulement soigner des malades, elle doit prévenir les maladies et s'attaquer à leurs causes, en agissant sur toutes les formes d'environnement. Ils estiment également que la santé ne consiste pas seulement en l'absence de maladie physiologique, mais qu'elle est un état de bien-être physique, psychologique, social, culturel, voire spirituel. Les médecins ne doivent donc pas être les seuls acteurs permanents de la santé. Toute personne est concernée par sa santé et par celle des autres ; les approches multidisciplinaires sont souhaitables et des campagnes d'éducation et d'information indispensables.

Le Dr Aujoulat se fait l'apôtre de cette conception de la politique de santé, mais il se heurte à la critique ou à l'indifférence de nombreux médecins qui considèrent que cette médecine préventive est un luxe, qu'elle emploie des termes trop généraux, que la « vraie » médecine s'y dissout dans un ensemble vague et indistinct [3]. À cette époque, on croit beaucoup,

---

1. S. et J. Foray, *op. cit.*, pp. 107 à 110.
2. Id. *ibid.*
3. Étienne Thévenin, *op. cit.*

dans les milieux administratifs et médicaux, en Europe comme dans le tiers monde, à la toute-puissance des antibiotiques et des vaccins, les résistances aux antibiotiques n'étant survenues qu'un peu plus tard. On construit des centres hospitalo-universitaires équipés de matériel récent et élaborés dans l'optique d'une médecine exclusivement curative ne pratiquant que les seules techniques de pointe. Les chapelles et les références religieuses ont d'ailleurs été soigneusement évacuées de ces centres aux plans standardisés. On dédaigne les praticiens de médecine générale et on leur préfère des spécialistes aux fonctions de plus en plus parcellisées, et donc limitées. De plus, on décide de sélectionner les étudiants en médecine à partir de leurs résultats en mathématiques et en sciences physiques, comme si l'on devait former des « ingénieurs du corps humain », et l'on attend de l'intervention médicale des résultats rapides et immédiatement perceptibles, se méfiant des actions de trop longue haleine [1]. Il est facile de deviner les présupposés implicites sur lesquels reposent de tels choix, qui s'effectuent alors sur tous les continents.

Le Dr Aujoulat doit donc se battre en permanence pour faire admettre ses idées. Les institutions qu'il essaie de mettre sur pied manquent de personnel et de ressources. Sans cesse il doit négocier, manœuvrer, pour suggérer la nomination de personnes gagnées à ses convictions aux postes importants de santé publique. Il observe avec intérêt les réalisations des autres pays et publie ainsi en 1967 les notes d'un voyage en U.R.S.S. [2].

Il peut développer ses idées à l'O.M.S., où, avec le doyen Jacques Parisot, il dirige la délégation française. Il passe le mois de mai à Genève, dont il apprécie l'ambiance studieuse des commissions de travail et l'atmosphère conviviale propice aux rencontres informelles. L'approche des problèmes de santé par l'O.M.S. lui convient. Pour celle-ci, « la santé est un état de complet bien-être physique, mental et social et ne consiste pas seulement en l'absence de maladie ou d'infirmité; c'est un droit fondamental de l'être humain [3] ». On le constate, la dimension spirituelle est occultée. Elle est pourtant essentielle dans les écrits du Dr Aujoulat. L'O.M.S. compte en effet beaucoup d'humanistes non chrétiens, libres penseurs laïcs ou communistes. Plusieurs conceptions de l'homme s'affrontent. Louis-Paul Aujoulat porte un regard plutôt positif sur les approches humanistes de la santé et s'en inspire parfois, même si elles ne viennent pas de chrétiens.

Il ne faudrait pas voir en lui un adversaire de l'hôpital. Si, pour convaincre, il insiste sur la prévention, il n'abandonne pas pour autant les techniques de pointe. Il cherche à articuler action préventive et action curative et à maintenir un équilibre entre les deux [4]. En novembre 1963, à

---

1. Id., *ibid.*
2. Louis-Paul Aujoulat, *Ce que j'ai vu en U.R.S.S.*, Comité français d'éducation sanitaire et sociale, 1967.
3. Cette définition de la santé est rappelée dans la plupart des textes importants de l'O.M.S., la déclaration d'Alma-Ata en 1978 par exemple.
4. Étienne Thévenin, *op. cit.*

Enugu au Nigeria, il préconise la création de centres ruraux de santé rassemblant des services spécialisés. Pragmatique, il ne veut pas réduire l'action sanitaire à des slogans qu'il faudrait appliquer de manière uniforme. Son expérience de terrain l'a prémuni contre de telles erreurs. Il veut tenir compte des situations locales avant tout. En mai 1966, il s'oppose vivement à un projet de politique démographique à l'échelle planétaire conçu par l'O.M.S. pour réduire autoritairement la natalité. Il rappelle que l'O.M.S. doit seulement « conseiller scientifiquement et techniquement les gouvernements ». Par ailleurs, le contenu et la finalité de ce projet lui semblent néfastes dans la mesure où ils font peu de cas du choix des familles et où ils envisagent les questions de la contraception et de l'avortement.

La publication de livres et la rédaction de rapports lui permettent de faire connaître ses idées et ses propositions pour le tiers monde. En 1967, par exemple, il publie *Une éducation sanitaire pour l'Afrique*, aux Éditions nouvelles et Impressions, à Paris. En 1969, Armand Colin publie *Santé et développement en Afrique* et *Action sociale et développement*. Le Dr Aujoulat insiste dans ces ouvrages sur la nécessité de synchroniser le développement économique et social et les politiques sanitaires si l'on souhaite obtenir des résultats significatifs et durables. Partant de l'analyse détaillée d'exemples africains, il réfute le lien entre surpeuplement et déficience protéique : c'est la sous-formation qui entraîne la sous-exploitation des ressources et les carences responsables des déséquilibres alimentaires et de la faim. Il invite les nutritionnistes à ne pas bouleverser la nourriture traditionnelle, mais à se borner à la compléter. Ces recommandations, qui excluent le sensationnel et repoussent des idées reçues, ne rencontrent pas, sur le moment, l'écho qu'elles méritent.

Le Dr Aujoulat reste en effet un inconnu du grand public, à la différence d'un René Dumont, d'un Josué de Castro, d'un Tibor Mende et d'autres encore. D'un tempérament réservé, il ne joue pas la médiatisation, jugeant que ce serait perte de temps. Il ne cherche pas à publier de livre à thèse mais préfère rédiger des rapports ou publier des articles dans des revues spécialisées.

Dans le même temps, ses liens d'amitié avec Raoul Follereau se renforcent et tous deux s'entretiennent longuement [1] sur les sujets qui leur tiennent à cœur. Follereau parle d'ailleurs d'Aujoulat comme d'un « frère ». Les deux hommes sont très complémentaires et l'Apôtre des lépreux traduit en formules chocs pour le grand public les principales idées du médecin, en particulier les liens entre santé et développement économique.

Raoul Follereau constate en effet que la carte de la lèpre et celle de la faim coïncident [2]. C'est vrai pour la lèpre plus encore que pour beaucoup

---

1. Témoignage de M. Jean-Marie Aujoulat, déjà cité.
2. Les deux cartes sont souvent juxtaposées dans le bulletin à partir de la fin des années soixante, au moment de la Journée mondiale des lépreux en particulier.

d'autres maladies tropicales, car elle n'est pas liée à un climat ou à la présence d'un insecte. Mais, là où sévissent sous-alimentation et malnutrition, manque d'hygiène et promiscuité, mortalité infantile et analphabétisme, la lèpre apparaît. Elle prévaut encore à l'époque en Inde, au Pakistan, en Indonésie, en Corée et en Afrique tropicale. La lèpre projette Raoul Follereau dans le problème plus général du « sous-développement ». Ses voyages, en Inde en 1956 par exemple, lui ont fait toucher les liens entre richesse et santé et ses lectures [1] l'y ont sensibilisé. Ses discussions avec le Dr Aujoulat le renforcent dans ses convictions.

Raoul Follereau soutient toujours l'action du médecin-général Richet, qui est maintenant un de ses plus proches amis. Tous deux estiment nécessaire de consolider encore les circuits d'hygiène mobile, d'autant que les nouveaux États manquent de moyens financiers et hésitent parfois à consentir des dépenses importantes sur ce point.

En 1963, Raoul Follereau demande à ses amis et donateurs, à l'occasion de ses soixante ans, soixante voitures afin d'ouvrir, en Afrique et en Asie, soixante circuits nouveaux de traitement de la lèpre [2].

Il reçoit finalement cent quatre voitures venues de France, de Belgique, de Suisse, d'Italie, du Luxembourg et du Canada. Il est le premier surpris par un tel succès : « Cent quatre voitures ! Et dire que je ne sais même pas conduire... »

Et, en décembre, alors qu'il neige sur Billancourt, les cent quatre véhicules sont réunis, pavoisés aux couleurs des États auxquels ils sont destinés. De nombreux ambassadeurs assistent à cette cérémonie.

Aujoulat et Richet ont permis à Raoul Follereau de ne pas vivre douloureusement la décolonisation. Il ne s'exprime pas sur le sujet, y compris pendant la guerre d'Algérie, ce qui contraste singulièrement avec ses positions des années trente et quarante, et même du début des années cinquante. Ses amis lui ont montré que l'indépendance politique officielle était inéluctable mais qu'elle ne signifiait pas la rupture des relations entre la France et les autres continents, la France ayant toujours un rôle essentiel à jouer.

Raoul Follereau voyage toujours beaucoup, quoique moins qu'auparavant. En effet, sa santé l'obligeant à limiter les tournées trop lointaines [3], il se déplace surtout en Afrique noire à partir des années soixante. Et il apparaît que c'est dans cette partie du continent et dans les pays francophones que son influence est la plus grande. Comme il ne parle pas couramment l'anglais ni aucune autre langue, son influence géographique se

---

1. Josué de Castro par exemple.
2. Appel lancé dans *Mission de la France*, dès la fin de l'année 1962.
3. Selon le témoignage concordant de tous ses proches, lui-même ne jugeant pas utile de parler de ses problèmes de santé dans le bulletin des fondations.

réduit au moment où son discours devient, nous le verrons plus loin, universel.

Il continue à parcourir l'Afrique, malgré des troubles politiques des plus graves, car il veut garder contact avec les lépreux. Son arrivée coïncide parfois avec des situations dramatiques, comme au Kenya qui est en pleine insurrection mau-mau. Et surtout au Congo, juste après des troubles à Léopoldville. Les lépreux l'accueillent au cri de « Papa Raoul est revenu! » Le terme « Papa » indique que pour eux il fait partie de la famille, de leur famille. Il ne faut y voir aucune forme de soumission, mais un lien affectif très fort.

Quand il se déplace, Raoul Follereau pense aux malades et aux pauvres exclusivement et il veut les rencontrer. Son action amène de nombreux Européens à dépasser leurs attitudes premières à l'égard des peuples nouvellement indépendants. Il reçoit ainsi un jour un courrier de Rome dans lequel un prêtre lui adresse l'offrande d'un groupe d'enfants de la banlieue de la capitale italienne. Ils demandent que l'argent soit attribué à une léproserie du Zaïre pour « témoigner de notre pardon fraternel envers la population qui, un sombre jour de novembre 1961, massacra treize aviateurs italiens au service de la Croix-Rouge dans le Kivu [1] ».

Et, signe le plus éclatant peut-être du succès de Raoul Follereau, la Journée mondiale des lépreux rencontre un succès croissant dans le monde entier.

En 1961, cent seize pays la célèbrent [2].

L'Union indienne la fixe le 30 janvier, date anniversaire de la mort de Gandhi, et en fait une fête nationale. Pour la première fois des pays d'Europe de l'Est y participent : Pologne, Tchécoslovaquie, Yougoslavie et même... Albanie!

Raoul Follereau passe la journée en Grèce au « centre de traitement » de Santa Barbara (il n'est plus question de « léproserie »), où il dîne avec les malades. Il a fallu refuser des demandes d'inscription au repas, tant le nombre de convives aurait été important. La soirée s'achève par une farandole où les mains des visiteurs se lient à celles des malades.

Raoul Follereau note alors : « Elle m'apparut, cette farandole, comme la " chaîne d'amour " qui doit un jour lier tendrement toute la terre. Bénis soient mes pauvres amis dont la misère en aura forgé les premiers maillons. » Pour lui, la démarche suivie face à la lèpre doit préfigurer des entreprises beaucoup plus larges encore.

Il faut noter que le roi et la reine de Grèce reçoivent personnellement Raoul Follereau. Ils ne parlent pas que de la lèpre. Comme la reine lui

---

1. Jean Toulat, *op. cit.*, p. 71.
2. Compte rendu dans le bulletin. Un fascicule imprimé d'une centaine de pages indique les rapports officiels venus du monde entier. Il est imprimé par l'association et il en sera ainsi tous les ans désormais.
L'essentiel est repris, année par année, dans le second tome de *La seule vérité...*

confie très librement ses craintes devant la situation du pays, il répond brutalement : « Une reine ne doit pas avoir peur [1]. »

Raoul Follereau gagne ensuite Ouagadougou, où il participe à la fête en compagnie des présidents de Haute-Volta, du Niger et du Dahomey. Réunis en conférence, ils suspendent leurs travaux pour rendre visite aux lépreux de la capitale voltaïque.

De nombreux souverains ou chefs d'État viennent en personne visiter les lépreux : au Sénégal, Senghor, au Mali, Keita, à Madagascar, Tsiranana, au Tchad, Tombalbaye... À Bangkok, le roi et la reine de Thaïlande président la fête et emmènent leurs invités, le roi Léopold et la princesse Liliane de Belgique, dans une léproserie. Le corps diplomatique visite aussi les lépreux. Le président camerounais Ahidjo et le président indien lancent des appels solennels à la radio de leur pays.

De nombreuses rencontres sportives sont organisées, et notamment des matches de football qui mettent aux prises des équipes de malades et les formations des cités voisines. Des centaines de séances de cinéma sont données au profit des lépreux, surtout dans les léproseries. Un festival Charlot est ainsi organisé à Ouagadougou. Dans les cinémas publics, les malades se mêlent tranquillement à la foule des bien-portants, ce qui eût été inconcevable dix ans plus tôt.

À Ouidah, au Dahomey, les lépreux organisent une séance de tam-tam sur la grand-place et des milliers de personnes se pressent pour les écouter. En Malaisie, des petits calendriers en couleur sont distribués par milliers, avec le slogan « la lèpre est guérissable ». Les coordonnées des organismes d'aide aux lépreux sont indiquées. Des quêtes sont organisées dans tout le pays. Toute la presse cite Raoul Follereau et rend hommage à son action. Au Viêt-nam et un peu partout dans le tiers monde, des malades composent des chants à sa gloire.

La Journée mondiale des lépreux est une grande journée de prière dans le monde, prière qui déborde les frontières confessionnelles.

Comme tous les ans, le cardinal Tisserant, doyen du Sacré Collège, célèbre sa messe pour les lépreux et Radio Vatican parle largement de cette journée. Sur Radio Lausanne, l'émission d'instruction religieuse protestante lui est consacrée. Au Liban, toutes les communautés religieuses du pays participent à une collecte pour les lépreux. À Westminster, un meeting réunit les représentants des différentes confessions et sectes chrétiennes : anglicans, catholiques, luthériens, presbytériens. Raoul Follereau reçoit un message du « Très Vénérable Lama » Che-Won-Ming, directeur de l'Association bouddhique chinoise, et président du temple de Ling-Yuen à Formose.

Quelques années plus tôt, Raoul Follereau avait composé sa *Prière pour*

---

1. Selon le témoignage de plusieurs proches de Raoul Follereau.

tous les pauvres gens du monde[1]. Déjà traduite en dix-huit langues, elle est, en 1961, éditée en arabe. Nous en citons les passages les plus significatifs :

« Seigneur, apprenez-nous à ne plus nous aimer,
à ne plus nous contenter d'aimer les nôtres...
Seigneur, apprenez-nous à ne penser qu'aux autres,
à aimer ceux, d'abord, qui ne sont pas aimés.
Seigneur, faites-nous mal avec la souffrance des autres...
Seigneur, ayez pitié de tous les pauvres gens du monde.
Ayez pitié des lépreux
auxquels Vous avez tant souri, jadis, sur cette terre,
des millions de lépreux
qui tendent vers Votre Miséricorde
leurs mains sans doigts, leurs bras sans mains...
Seigneur, ne permettez plus que nous soyons heureux tout seuls.
Donnez-nous l'angoisse de la misère universelle,
et délivrez-nous de nous-mêmes
... si telle est Votre volonté. »

Raoul Follereau n'est pas le seul à composer une prière de cette nature. La plupart des grandes figures chrétiennes de l'action caritative ont éprouvé le besoin de composer des prières en l'honneur des plus pauvres : Mère Teresa, Sœur Emmanuelle, l'abbé Pierre, Jean Rodhain, le père Wresinski, Armand Marquiset... Tous portaient en eux une vocation poétique avant de s'engager dans l'action humanitaire...

L'inspiration chrétienne de cette imploration est manifeste : la référence à l'attitude du Christ envers les lépreux est explicite. Cependant, cette prière est récitée alors avec ferveur par des chrétiens (catholiques, protestants, orthodoxes), mais aussi par des israélites, des musulmans, des bouddhistes et d'autres encore. Raoul Follereau contribue ainsi à un rapprochement concret des croyants du monde. Ses propos rejoignent le devoir d'aumône des musulmans par exemple.

Remarquons toutefois qu'il parle de « ne plus nous aimer, de ne penser qu'aux autres », alors que l'Évangile parle d' « aimer les autres comme soi-même ». Raoul Follereau est bien allé au bout de ses forces pour venir en aide aux plus pauvres, et l'on peut voir là un appel au sacrifice, sacrifice assez fréquent dans le militantisme chrétien de cette époque, où nombre de personnes consacrent l'essentiel de leur temps libre aux œuvres, au détriment parfois de leur santé et de leur vie familiale, ce qui entraînera ensuite un retour vers un individualisme méfiant et la réhabilitation d'un certain équilibre de vie. Mais Raoul Follereau ajoute : « Si telle est Votre

---

1. Le texte de la prière figure sur des cartes éditées par les fondations et est repris intégralement dans de nombreuses publications, en particulier la biographie de Raoul Follereau par Françoise Brunnschweiler, p. 183.

volonté », ce qui sous-entend que l'homme ne décide pas de sa mission mais la reçoit et que Dieu peut lui proposer quelque chose d'inattendu ou de différent de ce qu'imaginait Raoul Follereau.

Le succès de ces manifestations amène les gouvernements à intensifier encore leur action contre la lèpre. Le Sénégal élabore un plan de dix ans pour éradiquer la lèpre sur son territoire. Les gouvernements du Liban et de la Côte-d'Ivoire décident eux aussi de consacrer des sommes importantes à la lutte contre la lèpre. Remarquons toutefois que ces pays ne sont pas les plus pauvres du tiers monde pendant cette période. La croissance économique et une relative prospérité due à l'accroissement des exportations expliquent cette générosité.

Au Mali et dans beaucoup d'autres pays, on constate que les lépreux viennent de plus en plus librement et spontanément se faire soigner dans les dispensaires quand ils se sentent atteints de la maladie. Le dégoût et l'héroïsme commencent à faire place à la sérénité en Afrique noire francophone.

Et, en Guyane, le directeur de l'institut Pasteur résume bien l'évolution de la situation : « Le plus important à mes yeux, c'est que, par leur répétition annuelle, ces manifestations annuelles sont maintenant entrées dans les mœurs. Elles contribuent très largement à modifier l'esprit du public et son comportement vis-à-vis des lépreux [1]. »

Dans les semaines qui suivent la Journée mondiale des lépreux, la Radio suisse romande diffuse le jeudi 30 mars 1961 une importante émission sur la lèpre et les lépreux dans le monde. Elle est présentée par Roger Nordmann et Paul Vallotton, dans le cadre de la célèbre émission *La Chaîne du bonheur*. Elle est retransmise en direct ou en différé dans vingt-sept pays et entendue de cinquante millions d'auditeurs environ. Le Dr Gay-Prieto, directeur du service lèpre de l'O.M.S., indique que la maladie est peu contagieuse, facilement guérissable, surtout si on la soigne à son début, et que sur deux millions et demi de malades en traitement, plus de la moitié sont déjà guéris. Mais des millions restent sans soins. Raoul Follereau, « pèlerin de l'impossible » selon le présentateur, présente ensuite longuement le problème social de la lèpre, ce qui lui vaut après cette émission de recevoir de nombreuses lettres du monde entier où l'on propose même des engagements de travail pour les lépreux guéris [2].

En 1962, la Journée s'avère de nouveau un succès. Les engagements officiels sont de plus en plus nombreux. Le président Kennedy adresse un message de soutien aux organisateurs [3], mais Raoul Follereau reste large-

1. *La seule vérité*..., tome II, pp. 141 et 142.
2. Françoise Brunnschweiler, *op. cit.*, pp. 80 et 81.
3. *La seule vérité*..., tome II, p. 145.

ment inconnu des Américains. Il a d'ailleurs renoncé à intervenir régulièrement aux États-Unis.

En Iran, l'impératrice Fara Diba Pahlavi lit elle-même à la radio le message consacré à la Journée mondiale des lépreux. Son pays entreprend une action importante en faveur des lépreux : une association se met en place, sous le patronage de la souveraine, le « Chahinchah ». Il s'agit « d'aider les lépreux en les mettant sous observation, au lieu de les enfermer. Il sera créé des villages où ils s'adonneront à l'agriculture, afin qu'ils puissent à nouveau réintégrer la société humaine [1] ». La chabanou se rappelle les conférences que Raoul Follereau avait prononcées dans son école lors de ses premières visites en Iran, quand elle était encore élève.

En 1963, le Cambodge crée un Comité national de lutte contre la lèpre, que le prince Norodom Sihanouk soutient fermement.

Raoul Follereau passe la Journée mondiale de 1964 en Inde, à Polambakkam, avec le roi Baudouin et la reine Fabiola. Les jeunes souverains belges, chrétiens fervents tous les deux, suivent avec beaucoup d'attention les initiatives prises en faveur du tiers monde et des plus pauvres ou des malades en général. Raoul Follereau est toujours leur invité quand il se rend à Bruxelles. On sait que Polambakkam a été créé en 1955 par le Dr Hemeryckx à cent kilomètres de Madras environ. Le centre couvre un secteur de trois mille kilomètres carrés, cinq cent cinquante mille habitants et huit cent quatre-vingt-quatre villages [2]. 4 % de la population souffre de la maladie. En dix ans, vingt-trois malades ont été soignés, et plus de seize mille sont déjà guéris. La guérison de la lèpre demande des années, comme son incubation. Cinq médecins et une cinquantaine d'assistants, infirmiers, laborantins, physiothérapeutes, travailleurs sociaux, parcourent la région sous la direction du Dr Claire Vellut. À Polambakkam, on trouve une salle d'hospitalisation, une salle d'opération et deux laboratoires. Le long des routes, cinquante-deux postes ambulants apportent aux malades ce dont ils ont besoin. Raoul Follereau salue comme il se doit cette réalisation exemplaire.

Raoul Follereau peut, cette année-là, dresser un bilan assez encourageant des évolutions en cours. Certes, il déplore que trop de lépreux demeurent encore abandonnés, mais beaucoup sont désormais guéris et vivent avec les autres et comme les autres, exerçant un métier et gagnant leur vie. Ils sont maçons, charpentiers, menuisiers, cultivateurs, infirmiers, employés de bureau...

À Madagascar, un malade s'adresse à lui en ces termes :

« Lors de votre première visite ici, vous nous avez dit beaucoup de choses à propos de notre guérison prochaine...

Nous vous avons écouté, nous vous remercié votre charité.

Mais au fond, nous n'avons pas cru.

---

1. *La seule vérité...*, tome II, pp. 146 et 147.
2. Chiffres cités, *ibid.*, p. 52.

Maintenant, les faits s'accomplissent. Nous voyons que nous n'étions que des idiots. Vous avez dit la vérité[1]. »

Raoul Follereau reçoit aussi des lettres de lépreux ;
« Vous êtes notre liberté[2]. »
« Nous étions crucifiés ; c'est toi qui as arraché les clous[3]. »

À l'oasis de Miria, dans la région de Zinder, au Niger, un malade s'approche de lui et lui tend un panier de choux. Il n'a plus de doigts ni de mains :
« Père des lépreux, écoute mon histoire. Oui, j'ai eu la maladie. Oui, j'ai fait l'idiot, et quand l'infirmier passait pour me soigner, je m'enfuyais. Alors tu vois, j'ai perdu mes doigts et mes mains. »
Il raconte qu'ensuite il se décida à se faire soigner, ce qui permit d'enrayer la progression du mal. Il poursuit son récit :
« Je ne voulais pas être un parasite, un déchet d'humanité... Alors, j'ai appris à me servir de mes mains ... sans mains. Je viens de cueillir mes premiers légumes. Tu vois : ce sont des choux... Je te les donne parce que c'est toi qui m'as appris que j'étais un homme[4]... »
Le message de Raoul Follereau a donc été entendu et retenu grâce aux excellents relais qu'il a pu mettre en place auprès de la population civile et grâce à sa présence infatigable sur le terrain.

En 1965, à l'occasion de la Journée mondiale, dont les dates ont été aménagées pour lui permettre d'être présent, Raoul Follereau visite de nouveau l'Afrique noire francophone : Mauritanie, Côte-d'Ivoire, Haute-Volta, Mali, Sénégal. Il se rend surtout dans les capitales, où il rencontre les officiels. Il reçoit les insignes de commandeur de l'ordre national du Sénégal et de grand-officier de l'ordre national de Mauritanie, dont son épouse devient commandeur. Bien que souffrant et ayant annulé tous ses rendez-vous, le président Houphouët-Boigny tient à le rencontrer.
À Bamako, cent mille personnes au moins accompagnent le gouvernement, le corps diplomatique au grand complet et Raoul Follereau à l'Institut Marchoux. Certains viennent de très loin. Toute l'assistance acclame Raoul Follereau et l'écoute avec recueillement. Le maire de Bamako termine son allocution par ces mots :
« Vive le président Raoul Follereau !
Vive la solidarité internationale !
Vive la paix dans le monde[5] ! »

---

1. Françoise Brunnschweiler, *op. cit.*, pp. 81 et 82.
2. *Ibid.*, p. 83.
3. Id.
4. *Ibid.*, p. 82.
5. Bulletin *La seule vérité, c'est de s'aimer* (ce titre remplace *Mission de la France*), premier numéro de 1965.

Raoul Follereau, président de l'ordre de la Charité, est reçu dans ces pays à l'égal d'un chef d'État. Jamais il n'a reçu pareil accueil en France.

À Tombouctou, sur la grand-place, toute la population est réunie. De nombreux Touareg, venus parfois de fort loin, ont voulu lui dire toute leur sympathie [1].

À la Réunion, le R. P. Grémion, aumônier de la léproserie, peut lui aussi mesurer les évolutions [2] :

« Lors de la première Journée, il y a douze ans, nous étions vingt-cinq personnes et avions, pour tout cadeau, trois bouteilles de vin blanc et deux paquets de biscuits. »

En 1965, les participants sont plus de deux mille, dont le ministre de l'Information, le préfet et toutes les autorités de l'île. À l'issue de la messe, le lépreux Adrien prononce des paroles émouvantes. La Journée est une immense kermesse populaire à laquelle participent activement la Légion de Marie, le Lion's Club et de nombreux mouvements de jeunes. Un bureau de poste temporaire est même installé à la léproserie et près de dix mille lettres y sont timbrées.

Raoul Follereau signale cependant des situations aussi inattendues et absurdes que tragiques. À San Francisco, en décembre 1964, une Américaine a tenté de mettre fin à ses jours. Elle a eu jadis la lèpre, mais elle en est totalement guérie. Cependant, si la loi américaine n'oblige pas les lépreux guéris à vivre isolés, elle leur interdit d'entrer en contact avec les jeunes enfants. Les enfants, en parfaite santé, de cette jeune femme, ont donc été contraints de vivre chez leur grand-mère et, ne pouvant ni les approcher ni les embrasser, elle a été conduite au désespoir [3].

De telles situations font figure de survivances. Survivances tenaces cependant.

Toutefois, Raoul Follereau peut dresser un bilan positif à l'issue de cette douzième Journée mondiale, célébrée et fêtée dans cent-vingt-sept pays :

L'œuvre est-elle achevée ?
Certainement pas, la lutte se poursuivra tant qu'un seul malade aura besoin de notre secours, de notre amour.
Mais le mouvement est irréversible.
Nous avons ouvert des yeux et des cœurs qui ne peuvent plus oublier.
Le problème de la lèpre pèsera désormais sur la conscience universelle [4].

---

1. *Ibid.*
2. *La seule vérité...*, tome II, pp. 157 et 158 (ne pas confondre cet ensemble de trois volumes, le recueil de souvenirs de Raoul Follereau et le bulletin).
3. Bulletin *La seule vérité...*, premier numéro de 1965 (janvier-février-mars).
4. *La seule vérité...*, tome II, p. 114.

En lançant la Journée mondiale, Raoul Follereau s'était donné douze ans pour sensibiliser l'opinion internationale au sort des lépreux. Il n'a pas dit ce qu'il aurait entrepris en cas d'échec ou de semi-échec. Il n'a pas dit non plus quels auraient été pour lui les signes de l'échec.

Ces douze années étant révolues, Raoul Follereau se passionne toujours pour la cause des lépreux, mais il fait surtout confiance aux personnes qu'il a sensibilisées à cette question. Les déplacements lui deviennent aussi de plus en plus difficiles, et la goutte n'est pas seule en cause désormais.

Il revient à des préoccupations plus générales : la faim, la paix. Il pense de plus en plus à l'échelle du monde et parle de moins en moins explicitement de la France, même s'il reste aussi attaché à sa culture qu'autrefois. Son rêve, c'est une civilisation de l'amour, même s'il n'emploie pas l'expression. Et pour lui, la lutte contre la lèpre n'en est qu'une préfiguration.

Et il n'est pas seul désormais, car dans son sillage de puissantes associations se structurent, dans plusieurs pays européens, et même ailleurs parfois.

LES PREMIÈRES ASSOCIATIONS NATIONALES CONTRE LA LÈPRE EN EUROPE

L'opinion européenne est de plus en plus sensible au sort des lépreux. En outre, les États nouvellement indépendants manquent de moyens matériels et financiers pour mener seuls la lutte contre la lèpre. Pour ces deux raisons, de puissantes associations non gouvernementales se mettent en place dans la plupart des pays d'Europe de l'Ouest au début des années soixante. Les cent quatre voitures reçues par Raoul Follereau en 1963 alors qu'il n'en demandait que soixante indiquent bien l'intérêt des Français, des Belges, des Suisses, des Italiens, des Luxembourgeois et des Canadiens pour la cause des lépreux.

En République fédérale d'Allemagne

En R.F.A., les évêques réunis en 1958 [1] à Fulda ont invité toutes les forces catholiques du pays à se mobiliser dans un vaste mouvement de solidarité en faveur des lépreux.

Une puissante organisation, le D.A.H.W. – *Deutsches Aussätzigen Hilfwerk* – se met en place à ce moment.

Le journaliste Hermann Kober en est la cheville ouvrière [2]. Licencié ès lettres, puis mobilisé à l'école d'officiers de Potsdam, il est fait prisonnier par les Russes et ne peut revenir en Allemagne qu'après cinq ans de capti-

---

1. *Mission de la France*, septembre-octobre 1958.
2. Renseignements biographiques obtenus auprès du service de documentation des fondations Follereau à Paris.

vité, en 1950. Cette épreuve forge son caractère. Il se marie alors et travaille dans un journal local de Würzburg. C'est là qu'il entend parler de l'œuvre accomplie au service des lépreux par un médecin français, le Dr Féron, à Harar en Éthiopie. Après s'être rendu sur place en été, il décide de l'aider en lançant un appel aux lecteurs de son journal. Les dons affluent et, le résultat ayant dépassé toutes ses espérances, il décide d'élargir son action.

À cette fin, il fonde une association, le D.A.H.W., dont le siège se trouve à Würzburg. Celle-ci travaille à l'échelle nationale, même si son siège est bavarois et proche de l'Allemagne de l'Est. Elle se veut non confessionnelle, réunissant catholiques, protestants et non-croyants. Elle se veut aussi apolitique. Cette double attitude n'est pas fréquente dans les mouvements caritatifs allemands, où les liens entre les Églises, les fondations mises en place par les partis politiques et les associations tiers-mondistes sont fréquents. Hermann Kober compte de nombreux amis parmi ses collègues journalistes dans tout le pays, et cela aide beaucoup le D.A.H.W ; la télévision naissante s'intéresse tout de suite à la jeune association et lui consacre régulièrement des émissions importantes qui la font vite connaître dans tout le pays.

Hermann Kober demande au comte von Ballenstrem d'accepter la présidence de l'association. Le comte incarne la dignité dans l'épreuve, lui qui a vu plusieurs membres de sa famille tués dans des conditions atroces par les Russes à la fin de la guerre en Allemagne de l'Est.

Hermann Kober connaît, bien sûr, Raoul Follereau. Les principaux ouvrages que ce dernier a consacrés aux lépreux sont d'ailleurs traduits en allemand durant les années soixante et efficacement distribués dans le pays. Toutefois, le sigle de l'association ne mentionne pas le nom de Raoul Follereau. Les messages où celui-ci ne traite pas directement de la lèpre – les messages à la jeunesse par exemple – restent très peu connus en Allemagne. Il est vrai qu'il ne fait que de rares et très courtes visites en Allemagne, pays dont il ne parle pas la langue. Raoul Follereau ne sert donc pas de référence officielle à l'action du D.A.H.W. C'est un choix délibéré. Hermann Kober confie en privé que les événements des années trente et de la guerre ont rendu les Allemands allergiques à une personnalisation trop forte de la vie publique ou associative et qu'il veut éviter absolument tout ce qui pourrait ressembler, même de loin, à une forme de culte de la personnalité. D'ailleurs, si dès le départ le D.A.H.W. s'organise méthodiquement en dépassant le cadre artisanal, il limite ses interventions au seul problème de la lèpre et des lépreux et ne cherche pas à délivrer un message général sur le développement ou le sens de la vie.

Le D.A.H.W. ne détient pas le monopole de l'aide aux lépreux en Allemagne de l'Ouest. De nombreuses autres initiatives sont prises pendant cette période. Par exemple, en 1959, le Dr Hartdegen part pour la Thaïlande afin d'y soigner des lépreux, et une association soutient son action. En 1967, dans le cadre de cette même association, le Hartdegen-Fund, le

Dr Müller-Bütow passe un an en Thaïlande comme chirurgien puis opère au Pakistan et à Hong Kong [1]. Et en 1974, cette association fusionne avec le D.A.H.W., beaucoup plus puissant.

En Suisse

En Suisse, l'association d'aide aux lépreux Emmaüs-Suisse est créée et connaît elle aussi un développement très rapide. Son président, Marcel Farine, en est le moteur.

Celui-ci est aujourd'hui encore un inconnu pour la plupart des chrétiens européens, et pourtant son histoire est un exemple de l'engagement d'un chrétien laïc marié et père de famille dans la vie de son siècle. On pourrait même dire que sa vie propose un chemin de sainteté.

Marcel Farine est né en 1924 dans le Jura suisse [2]. Il a un frère, et ses parents sont extrêmement pauvres. En 1933, ils doivent déménager en plein hiver dans un camion non bâché. Son père tient ensuite un petit commerce dans le canton de Vaud. La situation de la famille s'améliore un peu et ses parents peuvent payer ses études.

Marcel Farine n'a jamais oublié son enfance difficile, de même qu'il n'a jamais oublié la foi profonde de ses parents. Mais il n'aime pas s'attarder sur le passé. Pour lui, seul compte le présent, qui permet de bâtir l'avenir.

Jeune, il lit beaucoup, surtout des ouvrages religieux ou traitant de questions sociales. Il médite l'*Imitation de Jésus-Christ* et les encycliques pontificales. Il apprécie l'œuvre de Cesbron. Dès sa jeunesse il s'engage dans l'action sociale.

Il entre à l'École de commerce de Lausanne. Ensuite, devenu fonctionnaire postal, il se rend en Suisse alémanique au lendemain de la guerre. Il est frappé par le désœuvrement, la pauvreté et l'isolement des jeunes Romands qu'il voit sur la place de la Gare à Berne. Quittant leur famille et leur village, ils se placent dans des familles bernoises comme employés de maison ou travaillent difficilement comme employés dans des épiceries ou des usines. Marcel Farine crée un groupement pour faciliter leur accueil et, avec des amis, il organise des sorties et des soirées pour rompre leur solitude et leur désœuvrement. La J.O.C. est assez proche de cette initiative. Au même moment, Marcel Farine est nommé président d'une toute nouvelle équipe de ping-pong, qui deviendra l'une des meilleures de Suisse. Il prend aussi la direction d'un groupe de syndicalistes chrétiens à Berne. Il rédige alors des articles sur les rapports entre socialisme et christianisme. Son syndicat est lié au parti conservateur catholique, lui-même s'attachant

---

1. Brochure éditée par l'I.L.E.P. en 1986 et présentant les associations membres de l'organisme ; elle est déposée au service de documentation des fondations Follereau à Paris.
2. La plupart de ces renseignements biographiques ont été recueillis lors d'un long entretien avec M. Marcel Farine le 18 août 1988 à Berne.

à l'enseignement social de l'Église. Il semble bien parti pour mener une carrière politique de tout premier plan.

Mais sa vie prend une tout autre orientation en 1949, car il est appelé à l'Union postale universelle, l'un des organismes spécialisés de l'O.N.U. Il doit renoncer aux responsabilités politiques en raison du devoir de réserve imposé aux fonctionnaires internationaux. En revanche il entre par sa profession dans le monde de la coopération technique internationale, tout en menant de front ses engagements sociaux antérieurs.

En 1949 également, il se marie. Il a vingt-cinq ans, son épouse en a vingt. Ils se connaissent depuis cinq ans. Chrétienne fervente, sa femme est animée elle aussi du désir d'aider les plus pauvres. Désireux de s'engager ensemble à leur service, ils s'adressent à l'Église pour savoir s'il existe dans leur région des mouvements chrétiens qui leur permettraient de vivre cet engagement. On leur répond qu'il n'y en a pas, car « il n'y a pas de pauvres dans cette partie de la Suisse ». Ils poursuivent donc d'une façon informelle leurs activités antérieures, en rendant visite à des familles en difficulté, en leur apportant une aide matérielle, en leur apprenant à tenir un budget et en leur offrant un soutien spirituel. Ils sont conscients qu'un travail plus important encore serait accompli dans le cadre d'une institution.

En février 1956, en Suisse comme en France, les records de froid sont battus. L'abbé Pierre est alors de passage à Berne, où il prononce une conférence qui impressionne profondément Marcel Farine et son épouse. Ils sont marqués notamment par ce que l'abbé Pierre raconte de la naissance d'Emmaüs. Son premier compagnon fut un homme qui sortait de prison après vingt ans de réclusion, car il avait tué son père. Ne parvenant pas à se réadapter à la société, il voulait se suicider. L'abbé Pierre lui dit alors : « Tu veux mourir, tu n'as rien qui t'embarrasse. Alors, est-ce que toi tu ne voudrais pas me donner ton aide pour aider les autres ? » Le visage de l'homme s'éclaira, il accepta, sa vie basculait, Emmaüs était né. La démarche de l'abbé Pierre, loin de réduire la charité à l'aumône, consiste à offrir à chacun la possibilité d'être un être humain à part entière, quel que soit son passé, quelle que soit sa situation présente. Il ne s'agit pas de donner seulement de quoi vivre, mais de donner des raisons de vivre. Et, pour l'abbé Pierre, riches et pauvres doivent relever ensemble le défi lancé par la misère et les pauvretés.

À l'issue de cette conférence, Marcel Farine va trouver l'abbé Pierre. Il lui demande ce qu'il faut faire dans l'immédiat à Berne. L'abbé Pierre lui suggère de créer un comité réunissant des personnes de toutes tendances et de voir ensuite ce qui peut être entrepris. Mais Farine ne suit pas vraiment ce conseil. Avec son épouse il poursuit ses visites aux familles en difficulté, alors que pendant trois semaines, en ce mois de février, les températures atteignent −20°.

Marcel Farine demande deux semaines de congé à son bureau et contacte l'abbé Candolfi, de sa paroisse ; il avertit également le pasteur, et avec des jeunes ils se rendent dans la basse ville, le secteur le plus pauvre de Berne et ils visitent ensemble toutes les familles, maison par maison. Ils sont tous bouleversés par ce qu'ils découvrent. Il y a souvent de la glace par terre dans ces logements non chauffés et les nombreux malades restent privés de soins, faute d'argent. Des photographies sont prises, la presse est mise au courant. En apprenant cela, la mairie s'inquiète et s'interroge sur les raisons de cette campagne. Marcel Farine est convoqué à l'hôtel de ville, et, en guise de réponse, il emmène les magistrats municipaux visiter les familles. La plupart des édiles ne soupçonnaient pas un tel dénuement dans leur cité.

Un comité d'aide et d'action se met alors officiellement en place. De nombreux adultes rejoignent les jeunes. Marcel Farine organise les distributions de secours d'urgence, en particulier du charbon et des vêtements. Chaque famille reçoit une fiche.

À la fin de l'hiver le comité se réunit et fait le point. Un de ses membres considère que, la mission de secours étant accomplie, le comité peut mettre fin à son action. Marcel Farine intervient alors vivement. Pour lui, il n'est pas question d'arrêter. « C'est maintenant seulement que nous allons faire quelque chose. » Il est partisan de poursuivre certaines distributions, mais surtout de continuer les visites, d'aider les familles à équilibrer leur bugdet, de permettre aux chômeurs de trouver du travail, de vivre avec ces personnes démunies de véritables relations d'amitié, en n'hésitant pas à les recevoir à son domicile. C'est cela qu'il appelle un véritable « travail social ».

Inspiré par l'exemple de l'abbé Pierre, le comité se transforme en Amis d'Emmaüs-Berne, et Marcel Farine en devient le président. Une partie seulement des membres de l'ancien comité poursuit activement l'action entreprise.

De nombreux groupes prenant le nom d'Emmaüs fleurissent en Suisse en 1958. Ces créations ont lieu d'une manière spontanée et les intentions comme les compétences sont très variables d'un endroit à l'autre. Des problèmes d'organisation et d'argent ne tardent pas à se poser, d'autant qu'Emmaüs entend que les marginaux occupent des responsabilités importantes dans le mouvement. Afin de conserver une crédibilité au mouvement Emmaüs et à l'esprit de l'abbé Pierre, une fédération Emmaüs se met peu à peu en place en Suisse. Les qualités d'organisateur et la rigueur de Marcel Farine étant reconnues de tous, il devient président de la fédération Emmaüs-Suisse. C'est la première fédération nationale Emmaüs au monde. Elle précède même la fédération française.

Le travail ne manque pas. Marcel Farine constate que des détournements de fonds ont eu lieu dans certains groupes. Et, si les générosités et les dévouements ne font pas défaut, beaucoup de responsables sont totalement inexpérimentés et agissent d'une façon brouillonne. D'autre ont tendance à oublier l'esprit de pauvreté et de service des pauvres de l'abbé Pierre. Marcel Farine arrive, non sans mal, à ordonner un peu cette fédération pour répondre au souhait de l'abbé, mais sa démarche rigoureuse inspire confiance, car il reste président jusqu'en 1989.

Avec ses passions et ses contradictions, cette vague de comités Emmaüs constitue un vivier de générosités qui s'épanouissent ensuite au sein d'organisation caritatives très diverses. L'exemple d'Edmond Kaiser est très significatif à cet égard. Ce dernier avait déjà mené de nombreuses actions en faveur des plus pauvres au lendemain de la guerre à Lausanne. En 1957, à la demande de l'abbé Pierre, il fonde à Lausanne un groupe, Amis d'Emmaüs, qui devient en 1958 les Compagnons d'Emmaüs. Il apprécie la véhémence avec laquelle l'abbé dénonce la misère. Mais, à la suite de difficultés de toutes sortes et d'un conflit avec un responsable mis en place par l'abbé Pierre, il se retire, malgré les conseils de Marcel Farine. Il fonde alors, en 1960, un périodique qui donne son nom à une nouvelle association, *Terre des hommes*. Elle se propose d'abord d'aider les personnes rassemblées dans les camps de regroupement mis en place par la France pendant la guerre d'Algérie puis, au cours des années soixante, elle devient une organisation tiers-mondiste internationale et célèbre [1].

En 1959, un ami de Marcel Farine à Emmaüs, qui est aussi secrétaire d'un conseiller fédéral haut placé, s'intéresse au sort des lépreux. Il revient enthousiasmé de Paris, où il a entendu parler Raoul Follereau. Aussi suggère-t-il à Marcel Farine d'étendre les activités d'Emmaüs-Suisse à l'aide aux lépreux. Ce dernier songe depuis plusieurs années à des interventions dans le tiers monde, mais il ne veut pas se limiter à l'aide aux seuls lépreux : il souhaite aussi aider les pauvres de ces régions. Son interlocuteur et ami lui objecte que les lépreux sont bien souvent les plus pauvres des habitants du tiers monde.

Marcel Farine est dès lors convaincu et il met son talent d'organisateur au service des lépreux. Il crée un nouveau groupe au sein d'Emmaüs-Berne, un groupe distinct des précédents et qui se consacre exclusivement à l'aide aux lépreux. Il prend contact avec Raoul Follereau et avec l'association allemande D.A.H.W., qui fait déjà figure de modèle par son organisation rigoureuse. De plus, il lance à Berne une première campagne de sensibilisation au sort des lépreux en faisant distribuer dans toutes les boîtes aux lettres par des équipes de jeunes un papillon accompagné de l'appel de Raoul Follereau et de la liste des premiers projets soutenus par Emmaüs-Suisse en Inde du Sud et au Cameroun. Cette première campagne rapporte trois cent soixante mille francs suisses, ce qui indique un incontestable succès et encourage à poursuivre ce type d'action.

Avant d'aller plus loin, Marcel Farine souhaite rencontrer Raoul Follereau et s'entretenir avec lui. Jusque-là leurs contacts ont été épistolaires

---

1. Edmond Kaiser raconte son itinéraire dans : *La Marche aux enfants*, Éditions P.-M. Favre, Lausanne, réédité en 1989.

seulement. Or le Vagabond de la Charité doit prononcer une conférence à Genève. Les deux hommes conviennent d'un rendez-vous dans cette ville un peu avant la conférence. Quand il arrive à Genève, Marcel Farine découvre avec surprise que Raoul Follereau loge dans l'un des hôtels les plus luxueux de la ville. Il s'y rend cependant et il voit que l'Apôtre des lépreux évolue avec une très grande aisance dans ce décor prestigieux. Sur le coup, Marcel Farine est choqué. Raoul Follereau l'accueille pourtant avec beaucoup de sympathie :

« Je vous offre le déjeuner. Que voulez-vous prendre ?

– Monsieur, je ne suis pas venu pour déjeuner mais pour parler des lépreux », répond Marcel Farine d'un ton glacial [1].

Raoul Follereau ne s'offusque pas pour autant. Il engage aussitôt la conversation sur l'aide aux lépreux. Au bout d'un moment, Marcel Farine est conquis par la personnalité de son interlocuteur. Pourtant leurs façons de vivre la charité sont et resteront toujours très différentes.

Singulière rencontre que celle de ces deux géants de l'action humanitaire. Marcel Farine n'en est alors qu'au début de son engagement ; il est à la tête de comités encore modestes. Mais, par la suite, outre l'action menée en faveur des lépreux, il sera l'artisan de la mise en place d'Emmaüs international qui s'efforcera de réunir les communautés Emmaüs du monde entier. Il permettra de structurer souplement et d'organiser l'œuvre de l'abbé Pierre dans le monde. Ses qualités d'organisateur sont unanimement reconnues des responsables du monde caritatif, même s'il reste inconnu du grand public. De par son métier et ses responsabilités associatives, il voyagera dans le monde entier et il sera amené à connaître les grands de ce monde. Il rencontrera personnellement Jean XXIII, Paul VI, Jean-Paul II. Il se rendra quinze fois à l'O.N.U. à New York, il fréquentera aussi la F.A.O. et l'O.M.S...

Pourtant, dans son action caritative, Marcel Farine reste entièrement bénévole. Il exerce toujours, jusqu'en 1979, son métier à l'Union postale universelle, de sept à dix-sept heures. C'est le soir, de dix-huit heures à minuit, qu'il se consacre à ses engagements associatifs nombreux, puisqu'il cumule jusqu'à quinze présidences, toutes entièrement bénévoles. Et il ne se contente pas de figurer sur un organigramme. Pour lui, accepter une présidence signifie vouloir y donner le meilleur de soi-même. Son épouse est engagée dans d'autres associations, d'inspiration très proche de celles de son mari. D'autre part, avec huit enfants nés entre 1950 et 1968, la vie familiale des époux Farine n'est pas monotone. Il n'établissent pas de cloison entre le vie associative et leur vie familiale. Leur domicile tient lieu de siège social à plusieurs associations et les lettres et les appels téléphoniques sont chaque jour très nombreux. Ils reçoivent aussi beaucoup de visiteurs et de personnes en difficulté qui ont besoin d'une aide urgente.

---

1. Anecdote rapportée par Marcel Farine et par des proches de Raoul Follereau.

Si Raoul Follereau et son épouse n'établissent pas non plus de cloison entre leur vie privée et leur vie publique, sauf en de rares occasions, en revanche lui concentre son activité sur l'association qu'il a fondée, une association dont les interventions sont souvent multiformes, il est vrai. Et surtout il est un véritable « professionnel » de la charité. Il s'y consacre à temps complet. Ses droits d'auteur et la générosité de ses donateurs constituent ses seules sources de revenus. Il a même inventé un métier nouveau, un métier à sa mesure.

Comme Raoul Follereau et son épouse, les époux Farine puisent leur énergie dans leur foi chrétienne. Pendant trente ans, ils appartiennent à une équipe de foyers chrétiens qui se réunissent régulièrement pour faire le point sur leur vie à la lumière de leur foi et pour approfondir certains aspects de cette foi. Ce ressourcement régulier leur apporte une base religieuse et spirituelle solide et le soutien fraternel des autres foyers est précieux pour vivre le quotidien.

Cependant Marcel Farine, à la différence de Raoul Follereau, ne se sent pas appelé à rédiger des messages d'inspiration spiritualiste. Il se veut homme de réalisation pratique avant tout. Lui et son épouse souhaitent vivre comme les pauvres. Ainsi, avec leurs nombreux enfants, ils subsistent pendant plusieurs années avec pour seule ressource l'allocation minimale accordée aux familles les plus pauvres de la ville. Cette démarche leur impose de nombreuses privations, mais ils ne la regrettent pas et elle leur permet d'aller à l'essentiel. Ils n'ont pas d'automobile. En même temps, partout où il passe, Marcel Farine recherche l'endroit le plus modeste et il s'y rend le plus discrètement possible. Quand il se déplace dans le tiers monde, il fuit les palaces. Un jour, en Thaïlande, ses amis le croient dans un grand hôtel de Bangkok où une chambre lui a été réservée. Or il a préféré dormir dans une léproserie très pauvre, afin de mieux partager la condition de ceux en faveur desquels il effectue ce voyage [1]. De même, il met toute son ingéniosité à ne pas se mettre en avant lors des cérémonies et dans toutes les circonstances de la vie. Dans *Plus de joie pour les lépreux* (*Mehr Freude* pour la version en langue allemande), le bulletin de l'association Emmaüs-Suisse Aide aux lépreux, il veille à ce que sa photographie ne soit pas publiée. Il ne souhaite pas être admiré pour ce qu'il fait.

Raoul Follereau suit une démarche toute différente. Il n'a jamais considéré la notoriété et la recherche de celle-ci comme une faute morale ou une manifestation d'orgueil, à partir du moment où il s'agit de promouvoir la beauté et les valeurs chrétiennes. L'artiste Raoul Follereau a besoin d'un public pour communiquer ce qu'il éprouve. Il estime aussi que pour faire connaître la situation des lépreux, il doit se soumettre à certaines règles et contraintes sociales. Un jour, son neveu l'interroge sur la raison qui le pousse à s'installer dans des hôtels très confortables quand il prononce une conférence dans une grande ville :

---

1. L'anecdote n'est pas rapportée par Marcel Farine mais par des membres de l'association française Raoul-Follereau.

« Je pense que Saint Vincent de Paul aurait logé ailleurs, lui dit son neveu.

— Si je ne le fais pas, les journalistes ne viendront pas. Je n'ai pas le choix », répond-il [1].

Par ailleurs Raoul Follereau ne refuse jamais une décoration officielle, car il considère qu'à travers lui ce sont les lépreux qui sont reconnus. Ceux-ci ne cachent pas leur fierté quand il est reçu à l'égal d'un chef d'État en Afrique noire.

Raoul Follereau et Marcel Farine acceptent leurs différences et éprouvent l'un pour l'autre un très grand respect. Farine devient le principal artisan de la lutte contre la lèpre en Suisse. Follereau ne cherche pas à contrôler ses initiatives, il lui fait une grande confiance.

Marcel Farine est aussi le principal représentant de l'abbé Pierre en Suisse. Il connaît admirablement l'homme, avec ses immenses qualités et ses quelques travers, sur lesquels il refuse de s'étendre. Marcel Farine se met donc au service de l'œuvre de deux prophètes. S'il apprécie les prophètes, il ne les idéalise pas, car il connaît les hommes derrière les personnages publics. Il leur dit toujours clairement sa pensée et même ses critiques. Raoul Follereau comme l'abbé Pierre apprécient cette franchise. Ils admirent également la rigueur d'organisateur de leur ami.

L'association de Marcel Farine, si elle lutte aux côtés de Raoul Follereau contre la lèpre, garde son individualité et ne cherche pas à diffuser les messages du Vagabond de la charité qui concernent les sujets autres que la lèpre.

En Belgique

En Belgique aussi, une importante organisation se constitue peu à peu au cours des années soixante.

La tradition d'aide aux lépreux est ancienne dans ce pays. Au Moyen Âge déjà, comme dans toute l'Europe, les milieux chrétiens des villes prenaient en charge les lépreux, et beaucoup de commissions d'assistance publique de villes belges sont à l'origine des léproseries. À la fin du XIXe siècle, la vie du père Damien à Molokaï rappelle aux Belges l'existence des lépreux. En 1936, son corps est ramené en Belgique. Les Pères de Picpus entretiennent sa mémoire. Leur couvent de Suarlet, près de Namur, s'efforce de sensibiliser la population aux problèmes des lépreux, par des campagnes comme « le Sou du père Damien », qui permettent d'aider les missions et de construire des chapelles dans les léproseries.

Interrompue pendant la guerre, l'aide aux missions reprend ensuite.

Dans de nombreuses localités, des groupes paroissiaux, catholiques, surtout, organisent des collectes, des soupers de moules, des goûters de crêpes et des fêtes pour obtenir de l'argent afin d'aider des missionnaires, souvent

---

1. Anecdote rapportée par le Dr Jacques Follereau le 1er février 1988.

issus de la région, qui s'occupent de lépreux. Des communautés religieuses engagées dans l'action sanitaire mènent aussi campagne en leur faveur. Les photographies des malades suscitent la pitié et stimulent la générosité des donateurs. Ces démarches mettent en avant le sort du lépreux plus qu'elles ne parlent de la lutte contre la maladie.

Quand Raoul Follereau commence en Belgique ses tournées de conférences sur la lèpre, il ne propose pas seulement une aide charitable mais aussi une aide médicale. Les médecins qu'il a rencontrés lui ont présenté les premiers résultats obtenus avec les sulfones. À l'issue de certaines de ses conférences, de nouveaux groupes se mettent en place.

Avec la Journée mondiale des lépreux, Raoul Follereau offre à tous les groupes du pays la possibilité d'agir simultanément.

Sous son influence, des groupes apparaissent donc d'abord à Bruxelles – avec notamment Jacques Vellut –, puis à Mons, Tournai, Lessing, Tramerie, Namur, Liège et dans le Borinage [1].

Au même moment, en décembre 1953, un groupe de notables belges crée la Fondation belge de lutte contre la lèpre en Inde. En effet un raz de marée en mer du Nord avait entraîné la rupture de digues en Belgique et aux Pays-Bas et provoqué de graves dégâts. Apprenant cela, des Belges et des jésuites vivant en Inde y réquisitionnèrent un important stock de sacs de jute qui fut acheminé sans attendre par un avion militaire indien vers la Belgique. Ce geste symbolique d'un jeune État du tiers monde aux prises avec tant de difficultés internes toucha beaucoup les Belges. Pour remercier l'Inde, le roi Léopold III et d'autres personnalités, apprenant que l'Union indienne mettait en place un programme de lutte médicale contre la lèpre, décidèrent d'envoyer le Dr Hemeryckx dans ce pays. Au Zaïre, ce dernier avait mis en place des services d'hygiène mobile comparables à ceux de Richet. À cent kilomètres de Madras, dans le Tamil Nadu, dans le sud du pays, Polambakkam devenait le centre belge de lutte contre la lèpre. Trois femmes belges travaillaient alors avec le Dr Hemeryckx. Claire Vellut, médecin, Simone Liégeois, infirmière, mais chargée surtout de la formation et de l'évaluation du personnel infirmier, Debi Utard, infirmière puis monitrice à l'école d'infirmières. Un assez vaste mouvement de solidarité se constitua alors autour de ce noyau de pionniers, par-delà les clivages linguistiques et confessionnels.

À l'occasion de la Journée mondiale des lépreux, ces groupes sont peu à peu amenés à se rencontrer et à agir ensemble. En 1962, les groupes francophones se réunissent dans une association tout de suite indépendante dans ses orientations politiques et religieuses, les Amis du père Damien. En 1964, cette association devient nationale car les groupes flamands la

---

1. Archives des Amis du père Damien et témoignages de Pierre Decombele et Jacques Vellut, recueillis les 12 et 13 avril 1988.

rejoignent [1]. Ces derniers ne font pas référence à Raoul Follereau, parce qu'il ne parle pas cette langue et n'a pas de traducteur permanent. En revanche, ils vénèrent la mémoire du père Damien, un Flamand.

Les Amis du père Damien font référence à Raoul Follereau dans leur sous-titre. Ils relèvent d'ailleurs de l'Association internationale Raoul-Follereau, ce qui n'est pas le cas du D.A.H.W. ni celui d'Emmaüs-Suisse. Toutefois, cette référence à Raoul Follereau ne figure pas dans le texte officiel marquant la naissance de l'association, texte paru dans *Le Moniteur belge*.

Les Pères du Sacré-Cœur-de-Picpus jouent un rôle assez important dans les débuts de l'association [2]. L'un d'entre eux, le père François-Xavier, Pierre Van den Wijngaert pour l'état civil, joue un rôle clé. De formation littéraire et classique, professeur dans un collège des Pères, il n'est jamais allé sur le terrain, mais il intéresse beaucoup de jeunes aux missions avant d'être appelé au service de l'association, où ses qualités d'organisateur sont remarquées de tous. Polyglotte, il prend aussi de nombreux contacts avec les associations d'autres pays. Il devient l'un des principaux interlocuteurs de Raoul Follereau en Belgique, mais ce dernier garde toujours des contacts directs avec les responsables de groupes locaux, celui de Tournai par exemple.

En Italie

En Italie, la référence à Raoul Follereau est plus explicite encore.

Celui-ci s'est toujours senti très à l'aise dans ce pays qu'il considère presque comme sa seconde patrie. Il s'y rendait souvent pendant les années trente. Après la guerre, il va surtout à Rome et au Vatican, mais il ne séjourne guère en Italie durant les années cinquante.

Ses livres sur les lépreux y sont pourtant traduits et appréciés d'un large public. Les Comboniens [3] de Bologne assurent la publication de ses œuvres en italien, et il se lie d'amitié avec l'un d'entre eux, le père Corti, qui traduit en italien ses propos quand il prononce une conférence en Italie.

Le père Corti est né à Lecco, le 5 septembre 1929 [4], une génération après Raoul Follereau donc. En 1949, il entre au séminaire combonien, il prononce ses vœux en 1954 et devient prêtre en 1955. Il est ensuite missionnaire au Soudan de 1955 à 1962. Curé de Khartoum, il est expulsé du Soudan et une maladie de cœur l'empêche de retourner dans le tiers monde. Il doit retourner à Bologne. Polyglotte, il parle le français, l'allemand, l'anglais, l'arabe. Il traduit donc les livres de Raoul Follereau pour les édi-

1. Id.
2. Id.
3. Comboniens : ordre religieux et missionnaire d'origine italienne fondé à Bologne par D. Comboni.
4. Renseignements biographiques disponibles dans un dossier déposé au centre de documentation de l'association française Raoul-Follereau.

tions des Comboniens. Et quand ce dernier se rend en Italie pour des tournées de conférences, à partir des années soixante surtout, il est tout désigné pour assurer les traductions simultanées, car le Vagabond de la charité, partout où il parle en public, s'exprime en français. Raoul Follereau apprécie la bonté rayonnante du père Corti, sa pureté, son détachement à l'égard des contingences matérielles, sa joie et sa simplicité toutes franciscaines.

À Bologne un groupe de jeunes (Giovanni Pelagalli, Luciano Elmi et le Dr Sini) entend parler des livres de Raoul Follereau [1]. Ils se rendent à la librairie Pavoniana, qui diffuse les livres des éditions Nigrizia, les éditions des pères missionnaires comboniens. Ils y rencontrent Vittorio Sancini, qui les adresse au père Galimberti, le directeur des éditions Nigrizia. Ce groupe de jeunes chrétiens s'intéresse beaucoup à l'œuvre de Raoul Follereau et souhaiterait y participer. Ils sont sans expérience et sans moyens mais les Comboniens acceptent de les aider, de mettre à leur disposition une assistance technique pour la diffusion des informations sur les manifestations qu'ils organisent. Ces jeunes commencent par organiser la Journée mondiale des lépreux dans leurs paroisses. Ils parlent non seulement des lépreux mais aussi des messages de Raoul Follereau.

Et puis, grâce aux Comboniens, un bulletin trimestriel commence à paraître en 1962 : *Amici dei lebbrosi* [2].

Bologne constitue un cas, comme toutes les grandes villes italiennes d'ailleurs. Bologne est la ville rouge, rouge par la couleur de ses murs, rouge par son orientation politique, car c'est la seule grande ville du pays qui, depuis 1945, a été constamment dirigée par une municipalité communiste. Bologne représente le bastion du communisme municipal en Italie et même en Europe occidentale. Siège de la plus ancienne université d'Europe, elle est aussi un lieu de rencontre, de discussion, de remise en cause, de brassage des idées.

En ce début des années soixante, le cardinal Lercaro [3] est archevêque de Bologne. Il joue un rôle essentiel tout au long du concile et son influence sur la rédaction de certains textes comme ceux traitant de la présence des chrétiens au cœur du monde est reconnue de tous. Il s'intéresse tout de suite à la jeune association qui se constitue, il se rend aux manifestations qu'elle organise [4], il soutient ses initiatives. Elle stimule sans doute sa réflexion sur l'Église et la mission de tous les baptisés. En tout cas, il connaît bien l'œuvre et le message de Raoul Follereau.

1. Raconté dans une brochure de présentation de l'association italienne publiée par cette association au milieu des années quatre-vingt. Les statuts de l'association figurent également dans cette brochure que l'association diffuse très largement.

2. Nous avons consulté ce bulletin au siège de l'association, à Bologne.

3. Cardinal Lercaro : né en 1891, ordonné prêtre en 1914, archevêque de Bologne en 1952, cardinal en 1953.

4. Les premiers bulletins signalent ses visites répétées lors des manifestations organisées par l'association.

Les premiers numéros proposent régulièrement des textes de Raoul Follereau, souvent traduits de *Mission de la France*.

Ainsi, dans le second numéro du bulletin *Amici dei lebbrosi*[1] :

Être un ami, ce n'est pas seulement aider.
Le malade de la lèpre a besoin de vous.
Pour sauver cet homme, il ne suffit pas de le soigner. Le lépreux a besoin de votre amour...
L'homme n'est pas vraiment libre s'il ne se sent pas responsable et respecté...
Mille lires suffisent à payer les sulfones pour guérir un malade...

Raoul Follereau compare ce prix, très faible, à celui d'un bombardier ou de la bombe atomique.

L'association italienne se crée au moment où Raoul Follereau commence à lancer ses grands appels aux jeunes du monde pour les mobiliser en faveur de la paix et contre le sous-développement. Dès le départ, les Italiens prennent l'habitude de lier tous ces problèmes et d'établir entre eux des relations directes. L'association italienne aborde donc dès sa naissance des thèmes qui dépassent très largement l'aide directe aux lépreux. La proximité du Vatican renforce cette attitude. Comme l'Italie ne dispose pas de l'arme atomique, les pouvoirs publics ne sont pas choqués par l'ardeur protestataire de la jeune association.

Au début, le bulletin est trimestriel et envoyé gratuitement. En plus des textes de Raoul Follereau et des responsables italiens de l'association, des lettres de lecteurs sont publiées avec les réponses apportées par la rédaction. Le ton peut être très spontané, comme celui des enfants d'un institut de Florence : ils écrivent à Raoul Follereau en le tutoyant et prient la Madone pour son œuvre et pour que quelqu'un dans leur groupe se fasse missionnaire[2].

Les bonnes volontés ne manquent pas. Des lecteurs disent qu'ils veulent correspondre avec des lépreux du tiers monde. Il faut leur expliquer que ces lépreux sont le plus souvent analphabètes, ce qui pose le problème de l'éducation dans le tiers monde, un problème que l'association évoque sans avoir le temps de le développer.

Le bulletin lance aussi des appels aux volontaires pour l'organisation de la Journée mondiale des lépreux. Certains groupes se mettent alors en place et de nombreux établissements scolaires tenus par des congrégations religieuses se mobilisent. Dans les paroisses et les mouvements d'action catholique, des groupes de jeunes proposent leurs services. Beaucoup de jeunes sont alors avides de « faire quelque chose ». L'initiative de Raoul

---

1. Paru en 1962; conservé aux archives de l'association italienne.
2. Bulletin *Amici dei lebbrosi*, 1962.

Follereau constitue une aubaine pour nombre d'adultes responsables de mouvements de jeunes qui se demandaient comment passer simplement de l'enseignement théorique et de la discussion à l'action concrète à laquelle ils ne cessaient d'inviter les jeunes. Loin de porter ombrage aux institutions ecclésiales déjà existantes, Raoul Follereau leur donne le moyen de trouver une nouvelle vigueur.

Dans le même temps, des missionnaires, italiens pour la plupart, qui travaillent au service des lépreux, se font connaître au siège de l'association et demandent une aide. Les premières demandes viennent du Soudan et de Corée du Sud [1]. Ce pays fait alors figure de pays très pauvre, presque aussi pauvre que le Soudan. On sait ce qu'il est devenu aujourd'hui... Les missionnaires qui s'occupent des lépreux sont souvent oubliés dans les vastes campagnes menées en faveur du développement dans une région. La naissance de cette association italienne constitue pour beaucoup un espoir, mais les demandes excèdent bientôt les ressources et l'association doit se doter de moyens sans cesse plus importants. Il faut noter cependant que toute l'aide aux lépreux en Italie ne passe pas obligatoirement par l'association italienne. Bien des groupes, sensibilisés par les appels de la revue, aident un missionnaire originaire de leur région sans envoyer à Bologne l'argent recueilli.

De nombreux groupes locaux très dynamiques organisent des conférences d'information. En même temps, des missionnaires, expulsés parfois du pays où ils se trouvaient, comme le père Corti ou le père Piazza du Soudan, parcourent l'Italie au service de l'association [2]. Les livres de Raoul Follereau permettent aussi de mieux informer les Italiens des réalités de la lèpre.

Raoul Follereau séjourne de plus en plus fréquemment en Italie.

Au début de 1963, il rend visite à des pères du concile [3], en mars il est à Turin. Il circule en Italie du Sud du 4 au 17 mai, afin d'y rencontrer les lépreux italiens [4]. En 1964, il effectue de nouvelles tournées. À Bologne arrivent des lettres de toute l'Italie. Des comités locaux en cours de constitution demandent que Raoul Follereau prononce une conférence dans leur commune. De fait, même en Italie, ce dernier ne se limite pas aux grandes villes. Il procède comme il le faisait en France pour la construction d'Adzopé. En 1964, par exemple, il est le 5 mars à Turin, le 6 à Mondovi, le 7 à Biella, le 8 à Novata, le 9 à Milan, le 10 à Monza, le 11 à Bergame [5].

D'ailleurs, quand Raoul Follereau va en Italie, il ne s'intéresse pas seulement aux Amici dei lebbrosi. D'autres démarches, comme celle de l'asso-

---

1. *Ibid.*, de 1962 à 1964 notamment.
2. *Ibid.*
3. La première session du concile s'est tenue d'octobre à décembre 1962.
4. *Ibid.*
5. *Ibid.*

ciation Mani tese [1], née à Milan, retiennent son attention. Cette jeune association tiers-mondiste d'inspiration chrétienne s'efforce elle aussi de sensibiliser l'opinion sur la misère et de réunir des fonds pour agir, notamment en lançant des campagnes de pétitions et en menant une action rigoureuse auprès des jeunes Italiens.

Raoul Follereau rencontre un réel succès en Italie dans les années soixante. La R.A.I., la radio nationale italienne, l'interroge. À Turin, il visite le siège du grand hebdomadaire catholique *Famiglia christiana,* dont certains journalistes soutiennent son action et toutes ses initiatives par des articles chaleureux [2]. Et surtout, il séjourne désormais un ou deux mois chaque été en Italie [3], à Gardone, là où il avait rencontré D'Annunzio. En cours d'année, il multiplie les déplacements de quelques jours dans le pays. L'Italie devient vraiment sa seconde patrie.

Le 28 juin 1964, les statuts officiels de l'association Amici dei lebbrosi sont signés [4]. Raoul Follereau en est le président honoraire. Treize membres fondateurs signent ce texte. Le père Corti et le père Galimberti jouent un rôle important au début, mais l'association ne se veut pas cléricale [5]. Les laïcs, majoritaires, sont soucieux de leur autonomie, au moment où le concile Vatican II les appelle à prendre leurs responsabilités dans le monde qui se construit. L'assemblée générale et surtout le comité directeur de l'association disposent de pouvoirs plus étendus que le président. Celle-ci devient alors le seul interprète autorisé et le seul représentant direct de l'œuvre de Raoul Follereau en Italie.

Les initiatives des Amici dei lebbrosi connaissent assez vite un retentissement important. En 1964 toujours, du 25 janvier au 3 février, à Bologne, à l'occasion de la Journée mondiale des lépreux, l'association organise une importante exposition, *Faim et lèpre dans le monde.* Le cardinal Lercaro et la municipalité communiste visitent cette manifestation à laquelle les artistes de cette ville universitaire apportent leur concours [6]. D'autres expositions remarquées sont organisées dans le pays, à Imola par exemple. À Gênes, une fête est organisée en l'honneur des lépreux soignés dans la ville. Le pape adresse lui aussi un message aux lépreux d'Italie [7]...
À partir de 1964, l'association lance sa campagne « Un jour de guerre

1. Selon le témoignage de proches de Raoul Follereau, comme Aimée Altériet et Françoise Brunnschweiler.
2. Photographies et copies d'articles déposées aux archives de l'association. Il est difficile de donner la date exacte de tous ces événements.
3. Témoignage d'Aimée Altériet déjà cité.
4. Texte intégral dans la plaquette (*op. cit.*) présentant l'association italienne.
5. La plaquette présentant l'association italienne insiste sur ce point.
6. Compte rendu dans le bulletin en mars 1964.
7. Les papes ne laissent jamais passer la Journée mondiale des lépreux sans faire au moins allusion à ces derniers.

pour la paix », qui rencontre un grand succès auprès des adolescents et des étudiants. Nous en reparlerons plus loin.

L'association italienne fait donc sans cesse référence au message de Raoul Follereau.

Au Luxembourg

Au Luxembourg également, le message de Raoul Follereau est largement diffusé par une association, fondée officiellement le 7 décembre 1966, sous le nom d'« ordre de la Charité, fondation Raoul-Follereau ». Elle se propose de « promouvoir la fraternité et la solidarité entre les hommes et d'entreprendre toutes les missions charitables, et en particulier la sensibilisation du public à la lutte contre la lèpre dans le monde, conformément à la pensée de Raoul Follereau et dans un esprit d'indépendance absolue vis-à-vis de toutes les opinions politiques, religieuses et sociales [1] ». Le message de Raoul Follereau prime donc, la lutte contre la lèpre ne faisant en principe qu'illustrer ce message.

Raoul Follereau n'est cependant pas un inconnu au Luxembourg quand l'association est officiellement fondée. Depuis trente ans, Alphonse Nockels, chef du bureau du directeur des chemins de fer du pays et ancien de l'Union latine, est son délégué personnel au Luxembourg et lui-même se rend périodiquement dans le pays. Il parle à plusieurs reprises au Grand Théâtre de Luxembourg et visite des établissements religieux comme le pensionnat de la Sainte-Famille à Luxembourg ou le pensionnat des Sœurs de la Doctrine chrétienne de Diekirch [2]. La famille grand-ducale le reçoit toujours avec joie, même s'il arrive au palais sans avoir demandé d'audience. Les journalistes ne manquent pas de rendre compte de son passage. La lutte contre la lèpre augmente sa renommée dans le pays et la formation de l'association donne davantage de moyens à ses amis.

Les fondateurs de l'association sont tous des catholiques fervents [3]. Le chanoine Aloys Biel, premier président, joue un rôle important dans l'Église du pays et il adhère avec enthousiasme au message de Raoul Follereau. Pierre Ney, qui prend alors sa retraite, a été chef de service à l'imprimerie Saint-Paul, qui imprime le *Luxemburgischer Wort*, le premier quotidien du pays, qui est un journal catholique. Sans oublier, bien sûr, Alphonse Nockels.

---

1. Plaquette de présentation figurant dans les archives de l'association luxembourgeoise Raoul-Follereau.
2. Sources : dépouillement régulier de *Mission de la France* et témoignage de Mme Theissen-Ney, recueilli le 8 avril 1988 à Luxembourg.
3. Témoignage de Mme Theissen-Ney, déjà cité. Actuellement secrétaire de l'association luxembourgeoise et fille de l'un de ses fondateurs, Pierre Ney, elle était bien placée pour nous fournir un témoignage qualifié.

Les établissements religieux jouent déjà un rôle important pendant la Journée mondiale des lépreux, une journée qui dure plutôt une semaine au Luxembourg. Le Pr Eugène Heinen aide les élèves du pensionnat de la Sainte-Famille de Luxembourg à monter une pièce chaque année[1]. Et de multiples initiatives sont prises un peu partout dans le pays.

Aux Pays-Bas

Aux Pays-Bas, une association d'aide aux lépreux, Nederlandse Stichting voor leprabestrijding, N.S.L., est fondée en 1967 à l'initiative de Mme Anten, une femme qui réunit des fonds pour soutenir l'action de son fils en Tanzanie[2]. Le Dr Leiker, de l'Institut de médecine tropicale d'Amsterdam, et le D.A.H.W. soutiennent vite cette initiative privée. Professionnelle, l'association se spécialise dans la coopération médicale contre la lèpre, et des liens s'établissent avec l'O.M.S. Elle travaille beaucoup en Indonésie. Elle soutient les chercheurs et, sur le terrain, favorise de plus en plus l'intégration graduelle des services de lutte contre la lèpre dans les services de santé généraux, comme les autres associations d'ailleurs.

Cette association utilise très tôt la publicité, dans un pays où pouvoirs publics et particuliers se montrent très généreux à l'égard du tiers monde. En revanche, Raoul Follereau reste peu connu aux Pays-Bas.

Au Canada

Les Européens ne sont pas les seuls à s'occuper des lépreux. Nous avons déjà évoqué l'action des États-Unis. Au Canada, le message de Raoul Follereau est diffusé dans tout le pays, non sans succès. Des associations nouvelles voient également le jour au début des années soixante.

Secours aux lépreux Canada est fondé en 1961 à Montréal par P. Théorêt. L'association soutient des actions médicales et sociales ainsi que la recherche scientifique. Le Pr Lechat, un Belge installé en Amérique du Nord, joue le rôle de conseiller médical[3].

L'*Institut Fame pereo pour les lépreux* est mis en place en 1962 par le cardinal Paul-Émile Léger pour combattre la lèpre. *Fame pereo* signifie : « Je meurs de faim. » Le cardinal entend montrer par là que beaucoup de lépreux ne meurent pas de la lèpre mais de faim[4]. Raoul Follereau disait de même à son retour de Calcutta en 1956. Cet institut, dont le siège est à

---

1. Id.
2. Brochure de l'I.L.E.P., présentant les associations de lutte contre la lèpre, parue en 1986 à l'occasion du XXᵉ anniversaire de l'E.L.E.P. devenu I.L.E.P.
3. *Ibid.*
4. *Ibid.*

Québec, est une filiale de la fondation Jules-et-Paul-Émile-Léger et entretient assez vite des relations étroites avec Raoul Follereau.

L'histoire du cardinal Léger est peu banale [1].

Né en 1904, il a presque l'âge de Raoul Follereau. Prêtre en 1929, il rejoint les Sulpiciens à Issy-les-Moulineaux, près de Paris. Sa vocation de missionnaire y mûrit et, de 1933 à 1939, il est au Japon. Il doit ensuite rentrer au Canada, où il devient pour sept ans vicaire général du diocèse de Valleyfield et curé de la cathédrale. Il vit au sein d'une communauté chrétienne très fervente et le discours est son moyen d'expression privilégié. Pasteur et enseignant, il multiplie les homélies et les conférences, notamment sur *Claudel, poète chrétien*. Une nouvelle fois, nous retrouvons l'approche artistique des « chrétiens caritatifs » qui ont eu vingt ans en 1925.

Déjà il organise des collectes pour venir en aide aux habitants de Rome éprouvés par la guerre.

En 1950, il est fait archevêque de Montréal et en 1953, cardinal. Il est alors le plus jeune cardinal de la curie. De 1950 à 1967, il joue un rôle essentiel dans la société québécoise.

Le cardinal reste un enseignant, un docteur, et de 1950 à 1955, il prononce deux mille sept cent quatre-vingt-six allocutions et préside mille deux cent quarante-deux cérémonies [2]. Sentant que la tradition religieuse québécoise est progressivement remise en cause, il cherche à réveiller les chrétiens et à les mobiliser. Mgr Léger propose des thèmes de méditation afin de soutenir l'action : le rosaire en 1950, la moralité en 1951, l'Eucharistie en 1953. Il s'inscrit dans la tradition épiscopale québécoise de fidélité à Rome, d'intransigeance morale, d'attention à la fois paternelle et fraternelle aux plus souffrants. Il rêve d'une forme de chrétienté urbaine. Une réforme morale lui semble le seul remède possible aux maux de la société. Il considère Montréal comme une cité moralement menacée, voire assiégée. Attitude comparable à celle de Raoul Follereau avant la guerre et à celle de Hélder Câmara avant 1955.

À Montréal, il veut mobiliser la population contre la pauvreté et fonde des refuges pour les sans-abri. Il transforme un ancien édifice en hôpital pour les malades chroniques. La Corvée du cardinal réunit des ouvriers de tous métiers qui offrent gratuitement des heures de travail pour la réalisation de l'hôpital. Le Cardinal veut que tout le monde se sente concerné par la pauvreté [3].

En même temps, il se préoccupe du tiers monde. « Les Canadiens surali-

---

1. Un livre illustré raconte sa vie : Ken Bell et Henriette Major, *Un homme et sa mission : le cardinal Léger en Afrique*. Les Éditions de l'homme, Montréal, 1976.

2. Jean Hamelin, « Le catholicisme québécois contemporain, de 1940 à nos jours », *La Croix et le Nouveau Monde, histoire religieuse des francophones d'Amérique du Nord*, Éditions C.L.D.-C.M.D., Montréal, 1987.

3. Ken Bell et Henriette Major, *op. cit.*

mentés s'abritent derrière leurs tas de blé, alors que les deux tiers de la population du globe crèvent de faim [1] », déclare-t-il aux membres de la chambre de commerce de Montréal en 1962. Le cardinal parle à ce propos de « péché collectif que les bien nourris commettent en toute inconscience contre la justice et l'humanité [2] ».

Il participe activement au concile Vatican II, où il joue un rôle important dans l'élaboration des textes sur la liberté religieuse et sur l'œcuménisme. Il réfléchit aussi sur le rôle de l'évêque. « L'évêque doit servir et non être servi [3] », déclare-t-il lors du concile. Aussi propose-t-il un usage plus discret des insignes, des vêtements, des titres en usage chez les ecclésiastiques de haut rang.

À Montréal, le cardinal Léger voit s'effondrer peu à peu l'organisation sociale traditionnelle. À Montréal, la pratique religieuse dominicale, de 61 % en 1961, passe à 30 % en 1971 [4]. Chez les jeunes de vingt à trente-quatre ans, le taux est passé à moins de 15 %. Le nombre des divorces augmente aussi d'une façon spectaculaire. Les bureaucrates prennent peu à peu la place des clercs dans l'organisation sanitaire, scolaire et sociale. Les médias véhiculent d'autres modèles culturels que ceux préconisés par l'Église. La sécularisation s'installe tranquillement, et les effectifs encore élevés de certains mouvements ne s'accompagnent pas, tant s'en faut, d'une intériorisation profonde et massive de la spiritualité chrétienne dans la population québécoise, jeune surtout. Une certaine chrétienté semble s'effacer peu à peu [5]. Le cardinal Léger en souffre certainement.

En décembre 1963, durant le concile, il visite les missions canadiennes en Afrique [6]. Bouleversé par le dénuement des populations rencontrées, il se sent appelé à répondre à cette misère par des actes et non par de simples paroles. La faim, l'analphabétisme et tous les problèmes du sous-développement le saisissent. Il est profondément marqué par les colonies de lépreux, qui lui semblent les plus pauvres parmi les pauvres. C'est pourquoi il décide de fonder, à son retour du concile, Fame pereo.

Mais il veut aller plus loin encore. Et en 1967, à la stupeur générale, il annonce qu'il abandonne son archevêché de Montréal pour vivre en Afrique comme simple missionnaire. Désireux de se mettre au service des lépreux, il passe six mois à Bafia, au Cameroun, dans une colonie de trois cents lépreux. « Il faut vivre avec les lépreux pour comprendre leur détresse », affirme-t-il.

Même si Raoul Follereau a déjà fait changer beaucoup de choses en Afrique, il reste énormément à faire.

---

1. *Ibid.*
2. *Ibid.*
3. *Ibid.*
4. Jean Hamelin, *op. cit.*, p. 228.
5. Id., *ibid.*
6. Ken Bell et Henriette Major, *op. cit.*.

Le cardinal demande à ses amis canadiens une aide financière pour les lépreux d'Afrique. Ses appels sont entendus, et il peut bientôt aider des léproseries dans une vingtaine de pays. Cette aide revêt des formes très diverses : construction de cases pour les malades, édification et équipement de dispensaires, adduction d'eau et d'électricité [1].

Le cardinal quitte Bafia pour Nsimalen, une mission du diocèse de Yaoundé dirigée par des Canadiens. Il y sert pendant trois ans comme vicaire du curé, le père Bouchard.

En 1970, il fonde « Le cardinal Léger et ses œuvres », une « corporation » sans but lucratif qui répond à des besoins urgents dans le tiers monde et qui participe à de multiples actions de développement. Il s'intéresse beaucoup aux enfants handicapés et infirmes d'Afrique. Les œuvres du cardinal se multiplient par la suite et constituent bientôt l'un des grands pôle de l'action caritative et humanitaire des Canadiens dans le tiers monde [2].

En France

Paradoxalement, en 1967, la France est l'un des seuls pays d'Europe occidentale où n'existe pas encore de grande association nationale de lutte contre la lèpre. Raoul Follereau en est partiellement responsable, car il est un peu une association à lui tout seul. Et quand il prononce une brillante conférence, des comités locaux d'aide aux lépreux se mettent souvent en place. Ils organisent la Journée mondiale dans leur région, ils aident un missionnaire ou une institution de leur choix ou, plus souvent, ils adressent l'argent récolté à Raoul Follereau, qui le distribue ensuite en fonction des priorités que lui indiquent ses amis médecins. Il possède, dans certaines régions, des amis qui le représentent personnellement. Mais tout existe de manière informelle.

Or, Raoul Follereau constate la mise en place dans les autres pays d'associations puissantes à l'échelle nationale. Ses problèmes de santé de plus en plus fréquents, la fatigue qui le gagne l'amènent à réfléchir à l'avenir de la lutte contre la lèpre en France quand il aura disparu. Enfin, l'ampleur des moyens désormais mis en œuvre dépasse de plus en plus les capacités de travail d'un seul homme. Une association officielle devient indispensable. Enfin, Raoul Follereau souhaiterait, à la fin de sa vie, aborder d'autres sujets que la lèpre, mais il veut aussi que l'œuvre commencée se poursuive.

À la fin des années soixante, en 1967 notamment, Raoul Follereau pense que sa fin est peut-être proche. Son état de santé lui cause de sérieuses

---

1. Id., *ibid.*
2. *Ibid.*

inquiétudes [1], les médecins l'invitent de plus en plus à se ménager, à limiter ses déplacements. Il décide alors d'installer un successeur, ou plutôt un héritier, à la tête de son œuvre.

Mais qui choisir ? Ses plus fidèles compagnons ont son âge et il veut un homme jeune, qui puisse poursuivre assez longtemps son œuvre, un homme compétent et capable de diriger efficacement une organisation de grande dimension. Et, par-dessus tout, il cherche un homme qui adhère totalement à son message d'amour et qui en vive.

C'est ainsi que Raoul Follereau demande à André Récipon d'être son héritier.

Né en 1925 [2], vingt-deux ans après Raoul Follereau, André Récipon est un banquier important. Il est le gendre de Michel Rameaud, le grand ami de Raoul Follereau, qui l'avait hébergé pendant la guerre. Michel Rameaud étant mort pendant le conflit, c'est Raoul Follereau qui conduit sa fille à l'église le jour de son mariage avec André Récipon. Il connaît ce dernier depuis de longues années et il l'apprécie, car sa rigueur professionnelle n'altère pas ses qualités de cœur. André Récipon avait lu les premiers textes de Raoul Follereau, comme *La Trahison de l'intelligence*, dès les années trente, avant même de connaître leur auteur, et il en avait été enthousiasmé.

Le 14 février 1968, chez un notaire parisien, Me Bonsergent, Raoul Follereau transmet officiellement son œuvre à André Récipon.

Raoul Follereau rappelle d'abord les circonstances dans lesquelles celle-ci est née, pendant la guerre, et il termine ainsi :

Je déclare que je considère M. André Récipon, gendre de M. Michel Rameaud, dont le dévouement et la fidélité se sont manifestés si souvent déjà, comme mon fils spirituel, mon disciple, et que je le charge d'assurer, en France, la poursuite de mon œuvre.

À cet effet, il sera procédé, après cette déclaration, à la création d'une association régie par la loi de 1901 et qui prendra pour titre :
Fondation Raoul-Follereau (ordre de la Charité [3]).

Ensuite, Raoul Follereau évoque les buts de l'association ; nous y reviendrons.

Raoul Follereau n'ayant pas d'enfant, il fait vraiment d'André Récipon son fils adoptif. Sa familiarité avec l'Antiquité romaine, où l'adoption était chose courante dans les grandes familles, a pu le préparer à prendre une telle décision. Il croit profondément en d'autres parentés que la parenté

---

1. Selon les témoignages concordants de tous ses proches.
2. Au cours de plusieurs longs entretiens, M. Récipon a retracé pour nous les principales étapes de sa vie et de ses engagements. La plupart des renseignements biographiques indiqués ici proviennent de ce témoignage essentiel.
3. Brochure de présentation de l'association internationale, *op. cit.*

biologique. D'ailleurs, il s'adresse à plusieurs personnes en leur disant ou en leur écrivant « fils » ou « fille [1] ». Il réserve cette appellation aux gens plus jeunes que lui qui partagent profondément ses aspirations, même s'il les connaît depuis peu de temps. Mais André Récipon est le seul à être désigné officiellement par Raoul Follereau comme son « fils ».

Ce dernier croit aux personnes plus qu'aux structures. C'est pourquoi il veut transmettre son œuvre à une personne et non à un conseil, où pourraient se jouer des luttes d'influence.

André Récipon répond, devant Me Bonsergent :
« Je déclare accepter cet héritage et ces consignes, et les recevoir autant comme le plus grand honneur de ma vie que comme un devoir familial et sacré. Je ferai tous mes efforts pour rester digne de la confiance qui m'est témoignée et fidèle à l'exemple de ceux qui m'ont précédé et montré le chemin.

Je demande à M. et Mme Follereau de demeurer, leur vie durant, mes conseillers et mes guides, étant bien entendu qu'aucune modification des buts poursuivis, aucune initiative nouvelle ne saurait être prise sans leur consentement total [2]... »

André Récipon se sent donc investi d'une mission et prononce presque des vœux de fidélité, voire de consécration, à l'idéal de Raoul Follereau. Ce dernier garde cependant un important droit de regard et d'intervention dans la vie de l'association.

Et, en juin 1968, dans le bulletin trimestriel des fondations Raoul-Follereau [3], *La seule vérité, c'est de s'aimer* (titre qui remplace celui de *Mission de la France* depuis janvier 1965), les lecteurs découvrent l'héritier de Raoul Follereau. Une grande photo montre Raoul Follereau et André Récipon côte à côte sous un grand titre : « Le Vagabond de la charité a transmis le flambeau : les fondations Raoul-Follereau continuent son œuvre. »

Raoul Follereau présente lui-même le changement [4] :

Mes chers Amis,
Dans mon message pour la XVe Journée mondiale des lépreux, je vous disais ma décision de remettre la « bataille contre la lèpre et contre toutes les lèpres » en des mains plus jeunes et plus dynamiques.
C'est fait.
Mon successeur (non ! je n'aime pas ce mot : mon héritier) s'appelle André Récipon. En lisant le document ci-après (la déclaration devant Me Bonsergent), vous comprendrez les raisons de mon choix. Tous ceux qui le connaissent n'ont pas eu besoin d'apprendre à l'aimer : ce fut, pour tous mes vieux collaborateurs, le « coup de foudre ».

---

1. Selon les témoignages concordants des proches de Raoul Follereau.
2. Brochure de présentation de l'association internationale, *op. cit.*.
3. Déposé aux archives des fondations.
4. En première page du bulletin.

Le président André Récipon dit souvent en riant : « Je suis biologique-
ment " follereautiste ". »
   Seulement, c'est un Raoul Follereau qui a quarante-deux ans...
   Bien sûr que non, je ne vais pas vous quitter : j'en serais bien trop mal-
heureux!...
   Avec lui, en toute affection, je continuerai la Bataille au rythme que
m'imposent désormais mon âge (au diable l'état civil!) et ma santé un peu
moins résistante.
   Mais si Dieu le veut, je ne suis pas à la veille d'être réduit à l'immobilité
et encore moins au silence! Et dans chacun de nos bulletins, et à la pointe de
chacun de nos combats, vous me retrouverez.
   Je le redis : « Hier à vos côtés : je serai toujours avec vous. »
   Donc, rien n'a changé, sauf que vous avez maintenant deux Follereau
– Papa Raoul et son fils spirituel – à aimer.

Le ton n'a rien d'un compte rendu officiel et administratif. Raoul Follereau
veut que son œuvre reste une véritable famille unie par l'affection et des liens
fraternels. D'une certaine manière, il se décharge des tâches administratives
et routinières, qui devenaient de plus en plus lourdes, pour se consacrer de
nouveau à son rôle d'éveilleur de consciences. En même temps, il étale son
départ sur plusieurs années. Il restera présent jusqu'à sa mort, mais en laissant à son successeur une autonomie de plus en plus grande.

André Récipon est donc né en 1925, dans le nord de la France mais, son
père étant militaire de carrière [1], il se déplace dans toute la France pendant
ses études. Il est douloureusement affecté par la débâcle de 1940, l'année de
ses quinze ans. Ne pouvant rester spectateur, il est bientôt engagé volontaire. Si ses engagements en tant que militaire et résistant le placent parmi
les « gaullistes de guerre », il se sent très proche du message de « Révolution
nationale » et de reconstruction morale du maréchal Pétain, comme de
nombreux catholiques d'ailleurs. La lecture des textes de Raoul Follereau,
comme *Ce que le monde doit à la France,* enthousiasme son adolescence.
   Ayant passé son baccalauréat de mathématiques élémentaires, il entre
tout de suite comme employé de banque au Comptoir d'escompte de Saint-
Étienne, où sa famille est alors installée. Ses exceptionnelles qualités de
gestionnaire et d'organisateur sont vite remarquées, et il gravit très rapidement tous les échelons de la hiérarchie. À la fin de sa carrière professionnelle, il préside trois banques [2]. Réticent à l'égard des interventions de

---

1. Renseignements biographiques fournis par André Récipon lui-même lors des entretiens qu'il nous a accordés. André Récipon reste en effet discret. Il ne cherche pas à attirer
l'attention des médias sur son parcours personnel. Même les brochures de la fondation ne
comportent pas de biographie du président Récipon.
2. La B.F.I.C., la banque Brière et la banque Mélinot. La première existe toujours, et se
nomme AXA Banque. André Récipon prit la présidence des deux autres pour les sauver du
désastre et éviter ainsi la ruine des petits déposants. Aujourd'hui, elles ont fusionné pour
former la banque de Picardie.

l'État, il reste fidèle à la banque privée, malgré des propositions d'organismes bancaires contrôlés par l'État.

André Récipon est également un chrétien fervent engagé très tôt dans le militantisme et la vie associative. Responsable fédéral de la J.E.C., responsable scout, membre actif de la Conférence de Saint-Vincent-de-Paul pendant sa jeunesse, il s'engage ensuite dans le mouvement familial, en particulier aux Associations familiales catholiques. Il s'occupe aussi des problèmes du logement social près de Saint-Étienne après la guerre et occupe de très hautes responsabilités à la F.N.A.G.E.C. (Fédération nationale de gestion de l'enseignement catholique.)

André Récipon devient président de la fondation Raoul-Follereau tout en poursuivant son métier de directeur de banque, et ce n'est qu'à partir de 1981 qu'il se consacrera entièrement à la fondation.

Au début, concilier ses multiples tâches professionnelles et associatives ne lui est pas facile. Il lui faut de plus mettre en place des structures nouvelles. Mais, peu à peu, avec le soutien des amis de Raoul Follereau, il s'adapte bien à ces obligations supplémentaires.

Raoul Follereau indique officiellement, le 14 février 1968 toujours, chez Mᵉ Bonsergent, les buts qu'il fixe à la fondation Raoul-Follereau (ordre de la Charité) [1] :

Cette association essentiellement charitable aura pour but de poursuivre, d'animer, de réaliser les diverses initiatives que j'avais proposées dans ma brochure : La charité sauvera le monde, *parue en 1948, et telles que je les ai reprises dans mon livre :* La seule vérité, c'est de s'aimer *[ouvrage en trois tomes paru en 1966 où Raoul Follereau raconte les moments les plus importants de sa vie et où il cite ses principaux textes].*

Chaque année, elle lancera, comme je l'ai fait moi-même pendant quinze ans, une souscription : « Pour la lutte contre la lèpre et toutes les lèpres », afin d'assurer les dépenses nécessaires au maintien et au développement de ces batailles fraternelles, présentes et à venir, et spécialement à l'éclat et au succès de la Journée mondiale des lépreux hors de France.

Elle devra enfin développer et mener à son terme la campagne que j'ai entreprise sous le vocable de : « Un jour de guerre pour la paix ».

Sans renoncer — bien au contraire — aux réalisations pratiques, les fondations Raoul-Follereau agiront d'abord comme un éveilleur de conscience, un catalyseur. Elles s'efforceront, dans ce but, d'assurer le rayonnement des idées lancées depuis quarante ans par mes soins, la diffusion des livres où je les ai consignées, comme aussi de donner la vie aux initiatives que je pourrai proposer à l'avenir.

---

1. Brochure de présentation de l'association internationale, *op. cit.* (texte en quatre langues).

Ce passage, et notamment le dernier paragraphe, montre que Raoul Follereau ne renie pas ses engagements de l'avant-guerre, et qu'il existe pour lui une continuité entre 1928 et 1968. L'entrée dans la bataille de la lèpre ne constitue selon lui qu'un épisode d'un engagement de plus large portée.

Par ailleurs, les textes de référence sont à ses yeux ceux de 1948 où il précise la mission et l'inspiration de l'ordre de la Charité, et non ceux où il traite de la situation des lépreux.

Enfin, Raoul Follereau ouvre à ses héritiers de vastes possibilités d'intervention. Il ne veut pas les enfermer dans un carcan ou dans un problème, y compris celui de la lèpre. Il n'entend pas créer une association limitée à l'action charitable. Il souhaite surtout préserver une attitude de cœur et d'esprit. La priorité, c'est l' « éveil des consciences », sur tous les problèmes qui le méritent. La fondation pourra donc revêtir, après le départ de Raoul Follereau, des formes très inattendues, et c'est un outil d'utilisation très souple qu'il lègue à ses héritiers.

Raoul Follereau précise ensuite l'organisation de la fondation [1] :

Les fondations Raoul-Follereau seront habilitées à recevoir des dons et legs destinés à poursuivre mon œuvre et à en assurer l'emploi selon les vœux des donateurs.

Suivant la règle qui fut celle de toute ma vie, leur action s'exercera dans un esprit d'indépendance absolue vis-à-vis de toutes les options politiques, religieuses et sociales.

La direction et l'administration des fondations Raoul-Follereau seront assurées par André Récipon, qui prendra le titre de président-délégué général.

Il sera assisté par un conseil de sept membres, dont les noms suivent (par ordre alphabétique) :
Mlle Aimée Altériet;
M. Pierre Blainville;
frère Fernand Davoine;
M. Louis Hauguel;
M. Henri Marchand;
M. Georges Pin;
M. le Dr Pierre Reynier.

Remarquons que Raoul Follereau parle d'indépendance vis-à-vis des options religieuses, car son association n'est pas confessionnelle. Mais cette indépendance ne signifie pas neutralité. Raoul Follereau n'est pas le porte-parole d'une Église, mais il se réserve le droit de parler, de donner son avis de chrétien laïc, sans que cela lui soit demandé, et sans avoir à soumettre son texte à une autorité supérieure.

---

1. *Ibid.*

L'E.L.E.P.

De puissantes associations nationales d'aide aux lépreux se sont donc mises en place en Europe occidentale et dans d'autres parties du monde. Dès lors, plusieurs générations d'associations coexistent, du millénaire ordre de Malte à la centenaire Leprosy Mission et aux jeunes associations inspirées par Raoul Follereau.

Coordonner l'action de ces associations semble souhaitable. Le pape Pie XII le suggère en 1956 à Rome. Depuis 1874, Leprosy Mission coordonne l'action des Églises protestantes du monde. Mais elle n'intervient pas hors de ce cadre.

En 1963, les responsables de l'association allemande D.A.H.W. proposent de regrouper toutes les associations d'aide aux lépreux. Ils appuient leur proposition de nombreux arguments techniques et offrent leur expérience au service de ce projet, car le D.A.H.W. fait figure de modèle pour les autres associations. Il s'est en effet structuré de façon efficace et puissante. Finalement le projet allemand, trop ambitieux peut-être, ne se concrétise pas.

En 1965, Pierre Van den Wijngaert, qui est devenu la cheville ouvrière des Amis du père Damien, va trouver Raoul Follereau et lui propose de créer un « Marché commun de la lèpre [1] ». Dans son esprit, une fédération ne peut aboutir que si elle se propose d'abord des objectifs raisonnables et limités.

Il s'agit de rassembler d'abord les principales associations européennes qui luttent contre la lèpre. Ensuite, les autres associations se joindront peut-être à elles. Rassembler ne veut pas dire fusionner, renoncer à son originalité et à son autonomie. Mais des rencontres régulières doivent réunir les responsables des associations et une coopération technique est impérative afin que l'action sur le terrain soit plus efficace encore.

Polyglotte, Pierre Van den Wijngaert multiplie les contacts dans toute l'Europe. Marcel Farine joue aussi un rôle important.

Et, le 2 octobre 1965, à Bruxelles, à l'initiative des Amis du père Damien, sous la présidence de Raoul Follereau, se tient le premier colloque européen des associations de lutte contre la lèpre. Les groupes suivants sont représentés [2] :
– Amis du père Damien (Belgique);
– Foperda (fondation Père-Damien, Belgique; officielle, mais moins importante que la précédente, à laquelle elle est de plus en plus liée);

---

1. Expression souvent utilisée alors dans le bulletin.
2. Bulletin *La seule vérité...*, Noël 1965 (le bulletin est alors devenu trimestriel).

– Emmaüs-Suisse;
– Amici dei lebbrosi (Italie);
– D.A.H.W. (Allemagne fédérale);
– fondation Raoul-Follereau de France;
– fondation Raoul-Follereau du Luxembourg;
– U.L.A.C. (United Leprosy Aid Committee); il s'agit de la coordination de quatre associations britanniques : Leprosy Mission, de loin la plus importante, St. Francis Leper Guild, The Order of St. Lazarus of Jerusalem, et enfin The Order of Charity (cette dernière association, modeste, a été créée en Grande-Bretagne pour y diffuser la pensée de Raoul Follereau);
– comité exécutif de l'ordre de Malte pour l'assistance aux lépreux (C.I.O.M.A.L.) installé à Genève;
– Ordre souverain et militaire de Malte.
À l'issue de la rencontre, une commission est créée pour mettre au point « les modalités pratiques de collaboration dans le sens d'un " marché commun " pour l'assistance aux lépreux [1] ».

En septembre 1966, à Berne, à l'occasion de la seconde réunion de ces associations, la Fédération européenne des organisations de lutte contre la lèpre, ou E.L.E.P., est officiellement créée.
À l'unanimité, Raoul Follereau en est élu président d'honneur à vie, Pierre Van den Wijngaert en devenant le secrétaire général. Avec eux, Marcel Farine a beaucoup fait à Berne pour trouver une solution qui convienne à la fois aux partisans d'une grande autonomie des associations et à ceux d'une coopération très étroite. Raoul Follereau, qui redoutait le gigantisme déshumanisant, ne voulait pas d'une fusion [2].
Les associations doivent harmoniser leurs interventions, se répartir le travail et les lieux où agir, afin d'éviter le double emploi et l'éparpillement des efforts. Il convient qu'elles aussi recourent aux mêmes méthodes d'action sanitaire et sociale. Une commission médicale composée de léprologues et d'hommes d'expérience comme le Dr Aujoulat est mise en place afin d'indiquer le type d'intervention à promouvoir. Enfin toutes les demandes de secours adressées à l'une des associations nationales doivent être soumises à l'E.L.E.P.
L'E.L.E.P. n'a pas de ressources directes. Elle est financée par les associations qui la composent. Elle ne dispose pas d'un centre de recherche autonome, indépendant des associations. Elle ne mène pas d'action directe sur le terrain; celles-ci sont le fait des associations nationales. Par ailleurs, les décisions ne sont pas toujours faciles à prendre, car l'unanimité est rarement réalisée. Les susceptibilités sont réelles, les caractères souvent affirmés, et le secrétaire général doit faire preuve de beaucoup de tact.
L'E.L.E.P. offre cependant un exemple unique de coordination et de

---

1. *Ibid.*
2. Témoignage de Marcel Farine, recueilli le 18 août 1988 à Berne.

coopération internationale permanentes entre organisations humanitaires agissant dans le tiers monde. Il ne s'agit pas d'une association qui crée des filiales à l'étranger, mais de la libre association d'organismes riches d'une tradition, d'une culture et d'une expérience.

L'exemple de l'E.L.E.P. intéresse beaucoup Mgr Rodhain qui met en place Caritas international [1].

La plupart des associations évoquées ici se disent neutres en matière religieuse. Cependant, leur répartition européenne rappelle celle de l'Europe des dévots du XVIᵉ et du XVIIᵉ siècle évoquée par Louis Châtellier dans un livre récent [2] où il s'intéressait beaucoup à l'implantation des congrégations mariales. Les organismes protestants sont aussi implantés dans des lieux de vieille tradition religieuse. Faut-il s'en étonner ? Il y a là plus qu'une tradition d'aide au plus souffrant. Depuis des siècles, dans ces provinces, les Églises appellent de leurs vœux l'engagement du laïc dans la vie de la cité et dans la transformation du monde.

On peut aussi remarquer que la plupart des associations nées après la guerre sont dirigées par des personnes instruites issues des classes moyennes, alors que beaucoup d'organismes antérieurs étaient présidés par des personnages officiels ou des aristocrates. Toutefois l'aristocratie s'intéresse toujours de près aux lépreux, l'exemple de l'Allemagne le montre bien, avec le comte von Ballenstrem pour le D.A.H.W. et la princesse von Bismarck pour le Hartdegen Fund.

Le 1ᵉʳ octobre 1967, à Anvers, devant six cents personnes représentant les associations de l'E.L.E.P., Raoul Follereau annonce qu'il compte confier à l'E.L.E.P. le soin d'animer, à partir de 1969, la Journée mondiale des lépreux. Un nouveau signe de retrait. L'élan lancé, Raoul Follereau ne cherche pas à « s'installer au pouvoir ».

Les délégués lui répondent avec émotion.

« Nous sommes tous vos fils ou vos filleuls... », lui dit l'un d'eux.

Et le Dr Hemeryckx, de la commission médicale de l'E.L.E.P. :

« Au nom des cinq millions de lépreux soignés et guéris, nous vous disons : Merci, monsieur et madame Follereau ! Au nom des dix millions de lépreux qui nous attendent, je dis aux jeunes, et je le dis avec vous, mon cher ami, continuez votre mission ! achevez votre œuvre [3] ! »

---

1. Témoignage d'André Récipon, recueilli le 12 octobre 1987.
2. Louis Châtellier, *L'Europe des dévots,* Flammarion, 1987.
3. Bulletin *La seule vérité...,* Noël 1967. Un très grave accident de voiture empêche André Récipon de participer aux premières réunions de l'E.L.E.P. La première à laquelle il assista est celle d'Anvers en 1967.

Appels aux jeunes et messages prophétiques
dans la vague du concile

L'opinion publique mondiale ne prend vraiment conscience de la misère dramatique du tiers monde qu'au début des années soixante. Auparavant, « tiers monde » était associé à « décolonisation ». Avec les années soixante, « tiers monde » devient presque synonyme de « faim ». En 1960, l'Organisation des Nations unies et ses organismes associés lancent la première campagne mondiale contre la faim. En réponse à cet appel, de nombreux organismes publics et non gouvernementaux se mettent en place dans le monde entier. Citons seulement en France le Comité français contre la faim [1], mis en place par le gouvernement du général de Gaulle, et le Comité catholique contre la faim et pour le développement (C.C.F.D.) institué par la hiérarchie catholique. Un peu partout en Occident, des jeunes d'une vingtaine d'années partent comme volontaires pour la coopération dans le tiers monde, dans des organismes mis en place par le gouvernement [2] ou les églises [3]... À Genève, dès 1958, le Conseil œcuménique des Églises recommande aux pays riches de donner 1 % de leur revenu aux pays pauvres. Dans ses encycliques *Mater et Magistra* (juillet 1961) et *Pacem in terris* (avril 1963), le pape Jean XXIII lie les questions de la justice sociale, de la faim, du développement et de la paix et invite les chrétiens à prendre une part essentielle à ce combat aux côtés de tous les hommes de bonne volonté pour rendre à l'homme toute sa dignité.

De nombreuses initiatives privées sont prises également pendant les années soixante [4]. Des personnes qui intervenaient jusqu'alors en Europe décident d'étendre leurs activités au tiers monde. Chez les chrétiens francophones, beaucoup de vocations sont nées de la découverte de la misère en Inde ou au Pakistan oriental.

Prix Nobel de la paix en 1958 pour son action auprès des réfugiés d'Europe de l'Est après la guerre, le père belge Gaston Pire visite le Pakistan oriental dévasté par un cyclone et, à son retour, il met en œuvre un nouveau projet, *les Îles de paix* [5]. Il s'agit d'établir un îlot d'espoir au milieu d'un vaste territoire accablé par la pauvreté, la maladie, le climat, en secteur rural essentiellement.

---

1. *1960-1980 : vingt ans de lutte contre la faim,* édité par le C.F.C.F., 1980.
2. Peace Corps aux États-Unis, Association française des volontaires du progrès, créée en 1963 par le ministère de la Coopération français.
3. Délégation catholique pour la coopération en 1967.
4. Charles Condamines, *L'Aide humanitaire entre la politique et les affaires.* L'Harmattan, 1989.
5. Documentation sur les Îles de paix disponible aux archives des Amis du père Damien.

L'abbé Pierre parcourt le monde dès la fin des années cinquante [1]. Il aide les communautés naissantes d'Emmaüs à se mettre en place dans le tiers monde, en particulier en Amérique du Sud et en Inde. Entre 1959 et 1965, il se rend même au Gabon, au Sénégal, au Rwanda, au Japon, en Corée, en Indonésie. Un naufrage en 1963 dans le río de la Plata l'amène à préparer sa succession et à structurer Emmaüs international. Emmaüs prend donc en compte les réalités du tiers monde. L'abbé Pierre lance aussi en 1971 des opérations de jumelage de coopération avec les Bengalis en fuite à cause de la guerre et il est à l'origine de la fondation de 1 % Tiers Monde, dont les membres sont invités à consacrer 1 % au moins de leurs revenus à l'aide au tiers monde. Ces deux organismes fusionneront plus tard pour constituer *Peuples solidaires*. L'abbé Pierre participe aussi au lancement en France des boutiques tiers monde, qui vendent des produits de l'artisanat du tiers monde et informent sur ses réalités. *Artisans du monde* en est l'exemple le plus connu actuellement en France.

Armand Marquiset passe Noël 1964 au mouroir de Mère Teresa, à Calcutta [2]. Il voit les malades, les mourants et surtout les lépreux. Il ne peut qu'offrir des roses aux agonisants. En regardant la haie de roses rouges au milieu des corps des moribonds et des morts, il éprouve l' « immense respect dont nous devons honorer chaque corps qui entoure l'âme que Dieu nous a donnée ». Il éprouve un choc comparable à celui ressenti par Raoul Follereau huit ans plus tôt.

De retour en France, il se demande ce qu'il peut faire. Il voudrait « nourrir les enfants du tiers monde ». La faim et le sort des enfants constituent le souci prioritaire des Occidentaux, qui découvrent alors Calcutta et ne veulent pas rester sans rien faire. Comme certains lui disent que les moyens sont dérisoires par rapport aux besoins, il répond : « Dire qu'on n'a pas d'argent équivaut à dire " on n'a pas la Foi ". » Il fonde alors *Frères des hommes* et abandonne la direction des *Petits Frères des pauvres*. Les premières équipes de volontaires de Frères des hommes partent bientôt pour Delhi, en Inde, dès 1965, et d'autres centres ouvrent ensuite, à Calcutta en 1966, à Ouagadougou, Lima et Recife en 1967, et ailleurs encore.

À Lausanne, Edmond Kaiser [3] a fondé *Terre des hommes* pendant la guerre d'Algérie, pour aider les familles des camps de regroupement. L'association grandit tout au long des années soixante. Terre des hommes France naît en 1963 et d'autres associations nationales en Europe (Belgique, Pays-Bas, Luxembourg, R.F.A., Danemark, Norvège). Terre des hommes vient en aide aux enfants du tiers monde les plus pauvres, en particulier les orphelins, les enfants abandonnés ou infirmes. Elle propose des

---

1. Pierre Lunuel, *L'Abbé Pierre, l'insurgé de Dieu*, Éditions n° 1-Stock, 1989.
2. Numéro 58 (4ᵉ trimestre 1981) du bulletin des Petits Frères des Pauvres *(Nouvelles des Petits Frères)* entièrement consacré à la vie d'Armand Marquiset, mort cette année-là.
3. Edmond Kaiser, *op. cit.*

adoptions en Europe, ce qui lui vaut des critiques, les autochtones comme certains tiers-mondistes européens parlant de déracinement. Mais les causes défendues par Terre des hommes et l'enthousiasme de ses volontaires lui valent de nombreuses sympathies dans l'opinion. À partir de 1965, Terre des hommes alerte l'opinion sur les ravages de la guerre du Viêt-nam en montrant des photos d'enfants brûlés au napalm par les bombardements américains. Edmond Kaiser intervient aussi au moment de la guerre du Biafra, pour tenter de venir en aide aux populations affamées. Le romancier Bernard Clavel contribue, par son livre *Le Massacre des innocents*, à faire connaître *Terre des hommes*.

Des organismes plus anciens s'ouvrent aussi aux problèmes du tiers monde : Secours catholique, Cimade, Scouts de France, Associations familiales rurales, Vie nouvelle... En mai 1961, le groupe La Vie catholique, dirigé par Georges Hourdin, lance le premier numéro du mensuel *Croissance des jeunes nations* [1], qui traite des problèmes du tiers-monde à l'intention d'un large public et d'une manière très documentée.

Le père Lebret [2], comme François Perroux d'ailleurs, poursuit ses travaux sur le tiers monde. Il est de plus en plus consulté par les gouvernements comme par l'Église. De 1959 à 1964, il est le conseiller personnel du président libanais Chehab et, de 1959 à 1962, celui du président sénégalais Mamadou Dia. Paul VI le nomme expert au concile Vatican II et il représente le Vatican à la première conférence des Nations unies sur le commerce et le développement (C.N.U.C.E.D.) à Genève en 1964. Il aime réfléchir à une large échelle sur les mécanismes structurels qui conduisent au sous-développement et il cherche à enrichir les concepts d'analyse de cette réalité.

Mgr Rodhain [3] ne partage guère cette approche. Le Secours catholique répond aux appels de la campagne contre la faim par des microréalisations, comme l'installation de puits dans un village. Cette approche limitée dans ses ambitions immédiates suscite dans un premier temps bien des critiques.

Edmond Kaiser mis à part, la plupart des initiatives non gouvernementales nouvelles dont nous venons de parler sont le fait de chrétiens fervents et charismatiques. Raoul Follereau s'inscrit donc dans un courant plus large. Même s'ils n'agissent pas de concert en coordonnant leur action, ces chrétiens éprouvent la même indignation devant la misère qu'ils découvrent et réagissent sans se préoccuper de l'impact réel de leur action

---

1. J.-N. Cadeboche, *Conscience chrétienne et tiers-mondisme : itinéraire d'une revue, « Croissance des jeunes nations »*, thèse, Rennes, 1987.
2. Denis Pelletier, « Sociabilité catholique et générations intellectuelles ; l'exemple du mouvement Économie et Humanisme », *Générations intellectuelles, effets d'âge et phénomènes de génération dans le milieu intellectuel français*, cahier de l'Institut d'histoire du temps présent, novembre 1987, pp. 75 à 85.
3. Charles Klein et Jean Colson, *Jean Rodhain, prêtre*, Éditions S.O.S., 1984, 2 tomes.

sur le tiers-monde en général. Ils agissent pour sauver des hommes ou des enfants.

On constate cependant qu'à travers leurs initiatives les chrétiens sont de plus en plus invités à travailler au développement économique et social du tiers monde, au mieux-être matériel de ses habitants. Auparavant, il était davantage question de mission, de conversion au christianisme, de prière, de sacrements. La confrontation avec les discours économistes, marxistes et le tiers-mondisme politique, la prise de conscience de la résistance des religions traditionnelles, la volonté de ne pas gêner les églises autochtones peuvent expliquer semblable « sécularisation » du discours des « prophètes » chrétiens. L'action, le départ de volontaires sur le terrain, l'aide technique et financière semblent les moyens les plus sûrs d'apporter le bonheur aux peuples du tiers monde que l'on croit alors « en retard » seulement. L'exigence de justice paraît l'emporter dans les mouvements sur celle de charité ou de liberté.

Les chrétiens ne sont pas seuls à réagir, même s'ils sont dans la société européenne ceux qui mettent en place les organismes les plus puissants et les plus durables. Les Francas, le Secours populaire, la Ligue de l'enseignement, les syndicats et des établissements scolaires envoient eux aussi des vivres, des médicaments, des couvertures, de l'argent et quelques volontaires avant de s'orienter davantage vers des actions de développement plus global. Tout le monde ne partage pourtant pas cet engouement pour l'aide au tiers monde : « Plutôt la Corrèze que le Zambèze », écrit Raymond Cartier, journaliste à *Paris-Match*, en 1964.

En 1961, Raoul Follereau adresse aux jeunes son message pour la Journée mondiale des lépreux. Il leur parle un langage direct : « Ne dites pas : " J'ai faim ! " mais pensez aux quatre cents millions de jeunes filles et de jeunes gens qui ne mangeront pas aujourd'hui. Car la moitié de la jeunesse du monde a faim [1]. » Il évoque ensuite le sort des lépreux, et il rappelle la jeune lépreuse rencontrée cinq ans plus tôt à Calcutta, et morte de faim sous ses yeux à l'âge de vingt-deux ans, elle qui ne pesait plus que vingt kilos.

Cet exemple résume tous les maux que Raoul Follereau veut combattre : la maladie, la faim, le sous-développement, l'exclusion, l'inégalité, l'indifférence des puissants. Tout ce qu'il appelle « les lèpres ». Mais il ne s'en tient pas à des mots. Il invite les jeunes à se mobiliser et à refuser cet état de fait. C'est presque d'un « envoi en mission » qu'il s'agit :

« N'acceptez plus d'être heureux tout seul.

Montez à l'assaut.

Empêchez les responsables de dormir. »

Il propose donc une démarche en trois temps, comme il les affectionne

---

1. L'association française Raoul-Follereau a décidé de rassembler en un seul livre, édité par Flammarion, tous les messages adressés par Raoul Follereau aux jeunes de 1961 à 1977 : *Vous aurez vingt ans en l'an 2000*, Flammarion, 1986.

quand il s'adresse à un auditoire : témoignage, réflexion, action. Remarquons qu'il est inconsciemment influencé par le célèbre « Voir, juger, agir » de l'Action catholique, dont il n'a pourtant jamais fait partie.

Pourquoi cet intérêt porté à cette tranche d'âge, celle des jeunes de quinze à vingt-cinq ans environ ?

Remarquons d'abord que ce n'est pas nouveau. Les grands courants politiques des années trente n'ont pas ménagé leurs efforts pour gagner les jeunes à leurs idées, et les régimes totalitaires ont tout mis en œuvre pour les endoctriner. L'Église se soucie, depuis plus longtemps encore, de l'éducation des jeunes en s'intéressant à tout ce qui fait leur personnalité [1]. Raoul Follereau lui-même s'est penché sur les problèmes des jeunes avant la guerre, mais il s'adressait surtout aux jeunes artistes de l'Europe latine. Or, il s'adresse maintenant aux jeunes de tous les milieux et de tous les pays.

En effet, il perçoit, et d'autres avec lui, qu'arrive dans la société une nouvelle génération, différente des précédentes, ou plutôt, dont les conditions de vie et l'univers culturel sont différents de ceux des générations précédentes.

La génération du « baby-boom [2] » entre dans l'adolescence. Cette génération est nombreuse. Elle ne connaît ni la pénurie ni le rationnement et en a oublié jusqu'au souvenir en ces années soixante où la société de consommation s'installe peu à peu en France. La guerre d'Algérie terminée, les soucis d'une guerre proche s'éloignent. Cette génération est de plus en plus massivement et longuement scolarisée, dans le secondaire en particulier. Entre l'enfance et l'entrée dans la vie active, l'adolescence devient une période de la vie à part entière, que l'on découvre alors. Au sortir de l'enfance, les jeunes ne sont plus intégrés directement dans la société des adultes. Par ailleurs, avec la multiplication des magazines, pour les jeunes notamment, avec l'apparition du transistor puis le développement de la télévision, ces adolescents sont de plus en plus rapidement informés de ce qui se passe dans le monde entier. Les informations reçues sont-elles toujours les plus importantes ? En tout cas les médias, tant les magazines que l'audiovisuel, prennent une place plus grande qu'auparavant dans leur formation.

Habitués à vivre de plus en plus souvent ensemble, au lycée, dans des associations sportives ou autres, les jeunes élaborent de plus en plus leurs propres codes, leur culture, et Jean Duvignaud parle un peu plus tard de la « planète des jeunes » pour désigner cet univers où ils vivent et dont ils ne cherchent pas toujours à sortir. Marchands et publicitaires ont très tôt

---

1. Les nombreux travaux dirigés par Gérard Cholvy montrent bien l'expérience éducative des mouvements de jeunesse chrétiens. Citons notamment un ouvrage publié sous sa direction : *Mouvements de jeunesse chrétiens et juifs; sociabilité juvénile dans un cadre européen : 1799-1968*, Le Cerf, 1985.

2. Due à une forte natalité de 1944 à 1964 dans les pays industrialisés.

perçu l'importance du marché potentiel qu'ils représentent. L'industrie de la mode et les maisons de disques prétendent se mettre à leur service ou leur imposer des goûts de plus en plus uniformes d'un milieu social à l'autre, et même d'un pays industrialisé à l'autre. L'argent de poche et le vélomoteur les rendent plus ou moins autonomes.

La mixité se généralise dans la vie des jeunes. En 1959 le ministère de l'Éducation nationale décide de ne construire que des lycées mixtes, mais l'évolution ne concerne pas que le monde scolaire et la France. Filles et garçons pratiquent de plus en plus d'activités communes [1]. Leur habillement, leur formation, leurs façons de parler tendent à s'uniformiser. Les tabous sur la sexualité sont remis en cause, timidement d'abord, avec agressivité ensuite.

Ces jeunes manquent souvent de racines ou de réponses charpentées à leurs interrogations. Leurs parents découvrent eux-mêmes de nouveaux modes de vie et sont, à leur manière aussi, des déracinés. L'exode rural a été rapide et la vie urbaine engendre de nouveaux comportements. Les parents sont un peu étourdis par l'abondance matérielle apportée par la croissance économique des « Trente Glorieuses » et cherchent à en « profiter ». Par ailleurs, ils ont souvent durement travaillé pour offrir à leurs enfants la sécurité matérielle et pensent leur avoir donné ainsi quelque chose d'essentiel. On constate aussi que, dans les milieux aisés, l'idéal éducatif change. À l'humanisme de l'homme cultivé, on préfère de plus en plus la froide efficacité du technocrate qui gère mais ne crée pas, et qui, ne se préoccupant pas du sens des actions qu'il mène, est incapable de proposer un idéal.

Le temps de loisir s'allonge et les manières de l'occuper ne manquent pas. La prospérité semble presque devenue un dû, le seul problème étant alors d'en distribuer les fruits équitablement. L'homme marche sur la lune en 1969, et tout semble techniquement possible à plus ou moins longue échéance. Tous les rêves paraissant, grâce à la technique, devenir réalité, le seul obstacle au rêve semble la mauvaise volonté de quelques-uns ou une mauvaise organisation de la société. Le bouleversement technique peut-il être suivi d'un bouleversement social ou moral ? Beaucoup veulent y croire ou y aspirent. D'autant qu'ils constatent que ce progrès, s'il apporte un incontestable mieux-être matériel, ne suffit pas à donner la joie et la paix intérieures.

Raoul Follereau sent que cette génération nouvelle est appelée à intervenir tôt dans le débat public. L'âge de la majorité civique est alors fixé à vingt et un ans en France, et les familles admettent encore difficilement qu'un enfant ou un adolescent puisse formuler un avis en matière de politique. Les partis voient surtout dans les jeunes une force d'appoint intéressante à certains moments mais ne songent guère à demander leur avis.

---

1. L.-H. Parias (sous la direction de), *Histoire générale de l'enseignement et de l'éducation en France*, tome IV : *1930-1980*, Nouvelle Librairie de France, 1981.

Raoul Follereau, lui, estime qu'ils ont à intervenir activement dans les décisions prises par les adultes. Il n'est pas le seul laïc chrétien à le penser. Serge Dalens et Jean-Louis Foncine, avec la collection « Signe de piste [1] », estiment également que les adolescents doivent prendre la parole et qu'il ne faut pas nier leur maturité devant les problèmes essentiels.

Raoul Follereau s'adresse d'autant plus facilement aux adolescents qu'il sent que les adultes ne sont pas près de suivre ses propositions les plus radicales. Il reporte donc ses espoirs sur la génération suivante et entreprend un travail de longue haleine : former l'opinion de ceux qui feront la société future. Il le fait avec d'autant plus d'énergie qu'il sait les pressions que certains courants de pensée commencent à exercer sur cette génération.

On pense bien sûr à l'influence de Sartre, de Marcuse et de Mao. Par l'âge, ils pourraient être les grands-pères des adolescents des années soixante, mais ils exercent sur beaucoup d'entre eux une grande séduction. Ces « grands-pères » considèrent que les adolescents et les jeunes peuvent faire triompher leurs idées et ils les invitent à détruire la société dans laquelle ils vivent. Ils prétendent créer un nouvel humanisme sans Dieu et y parvenir par la violence au besoin. Marxisme et psychanalyse appellent au bouleversement de la société et au rejet de ses fondements religieux chrétiens. Ne mésestimons pas l'influence des idéologies véhiculées dans les milieux étudiants parisiens et rappelons-nous que le sinistre Pol Pot, l'un des responsables du génocide perpétré au Cambodge, a effectué ses études en Sorbonne, un peu plus tôt il est vrai.

Cette jeunesse a besoin de bouger. Les disques et les transistors véhiculent des rythmes gais et endiablés qui étonnent les aînés. La musique offre aux adolescents un moyen d'évasion et une possibilité de se distinguer des adultes. Le monde des variétés et des médias façonne de plus en plus les façons de vivre et de penser des jeunes.

L'itinéraire de Daniel Filipacchi est très instructif à cet égard. Né en 1928 [2] à Paris dans une famille modeste, il exerce de nombreux métiers au sortir de l'école communale. Il entre enfin à Europe 1 et, sur cette station de radio périphérique, il lance l'émission de variétés *Salut les copains*, dont le succès est tel qu'elle donne naissance en juillet 1962 à un magazine qui tire à un million d'exemplaires en 1964. Des études montrent la composition de cette publication [3] : 70 % du contenu est réservé aux vedettes de variété, 20 % à la publicité, 6 % à la mode, au cinéma et aux livres, 4 % aux problèmes (affectifs et familiaux surtout) des jeunes. Il n'est pas question de problèmes politiques et sociaux, ni du sort des plus démunis, du

---

1. Alain Gout (sous la direction de), *op. cit.*.
Pascal Ory, *op. cit.*
Nous avons également rencontré Serge Dalens (le 15 février 1988) et Jean-Louis Foncine (le 5 mars 1988).
2. Renseignements figurant dans le *Who's who?*
3. L.-H. Parias (sous la direction de), *op. cit.*

tiers monde. Les références religieuses sont évacuées. En revanche, le culte de la vedette bat son plein avec des posters géants détachables. Les jeunes sont invités à imiter les vedettes : Johnny, Sylvie, Sheila, Claude François... On les présente comme de grands frères ou de grandes sœurs qui ont travaillé dur pour arriver mais qui restent simples et familiers. Rien n'est dit des combinaisons financières mises en place par les maisons de disques pour promouvoir les uns par rapport aux autres ni de certaines rivalités qui déchirent le monde du spectacle. Et cette démarche transforme insidieusement les mentalités. Le magazine catholique *Christiane*, qui s'adresse aux adolescentes de quinze à vingt ans environ, demande à ses lectrices ce qu'elles pensent de la phrase prononcée à la radio : « Johnny Hallyday, vous êtes le pape de la jeunesse moderne [1] ! » La rédaction de *Christiane*, qui s'attendait peut-être à un rejet indigné d'une telle proposition, constate que ses lectrices sont en fait divisées et que, pour une partie non négligeable d'entre elles, Johnny Hallyday constitue une référence et parfois un modèle. Et l'on peut se demander si les influences les plus fortes ne portent pas vers un désengagement à l'égard des thèmes politiques et religieux, désengagement dont on verra les effets quand ces adolescents parviendront à l'âge adulte, pendant les années quatre-vingt notamment. À long terme, Filipacchi aura eu peut-être plus d'influence sur cette génération que Sartre, Marcuse ou Mao. La presse catholique comme la presse communiste pour les jeunes doivent s'adapter à cette concurrence nouvelle et à ces attitudes inédites des jeunes. Et Raoul Follereau redoute ce désengagement peut-être autant que l'influence marxiste ou gauchiste.

Daniel Filipacchi lance aussi, dès 1965, *Mademoiselle âge tendre*, autre magazine tirant à quelques centaines de milliers d'exemplaires et destiné aux adolescentes. Les questions de la sexualité y sont abordées régulièrement. Le flirt, les relations sexuelles entre adolescents, la contraception y sont bientôt considérés comme choses « normales » et innocentes et présentés comme le souci quasi unique des jeunes. Les préoccupations d'aide aux plus démunis sont totalement évacuées ainsi que l'enseignement de l'Église catholique.

Le phénomène n'est pas spécifique à la France. Les Beatles annoncent fièrement qu'ils sont plus connus que Jésus-Christ et ils s'en réjouissent. Aux États-Unis, des chanteurs comme Bob Dylan et Joan Baez sont beaucoup plus contestataires, et, guerre du Viêt-nam aidant, s'engagent sur les grands problèmes du monde.

Et, évolution capitale, la télévision commence à se généraliser dans les foyers européens.

Il convient de remarquer qu'une génération nouvelle de journalistes s'engouffre dans les nouveaux médias que sont les transistors, la télévision, les magazines les plus récents pour adolescents. Raoul Follereau et beaucoup d'hommes de sa génération n'ont pas accès à ces médias. Qu'aurait pu

---

1. Dans un numéro du début des années soixante.

faire Raoul Follereau si une émission hebdomadaire ou quotidienne lui avait été confiée par un poste de radio périphérique ? Son audience aurait pu être considérable. Qu'aurait-il fait s'il avait pu accéder régulièrement à la télévision ? Il reste d'autant plus à l'écart qu'il se déplace fréquemment à l'étranger et, pour pénétrer dans les cénacles de l'audiovisuel parisien, il faut faire partie d'un « microcosme » très étroit. D'une manière générale, les chrétiens de France, malgré les invitations des papes et du concile, perçoivent mal l'importance de la redistribution médiatique qui s'opère alors. Elle sera lourde de conséquences, pour l'évolution des mentalités et des façons de vivre plus que pour celle des comportements politiques d'ailleurs.

Raoul Follereau s'adresse donc aux jeunes avec ses médias à lui.

Il attend d'autant moins une solution des gouvernements qu'il adresse, en vain, en 1962, un message à tous les chefs d'État du monde. En voici les passages les plus importants [1] :

Je m'adresse à vous... afin d'implorer... la grâce de quinze millions d'hommes parfaitement innocents et qui sont condamnés à la pire des morts : les lépreux...

Atteints d'une maladie jadis maudite et parfaitement désespérée, ils sont aujourd'hui parfaitement guérissables. Deux millions d'entre eux sont déjà délivrés de leur mal et de la malédiction qui les accablait : c'est une preuve.

Mais des millions d'autres demeurent sans soins, sans secours, sans amour : la « bataille de la Lèpre » n'est pas terminée...

Si, à chaque fois qu'elles ont, en 1962, sacrifié un million en vue de la guerre, toutes les puissances, petites ou grandes, avaient donné cent francs pour soigner les lépreux, tous les lépreux du monde auraient été soignés.

Un million pour tuer : cent francs pour guérir.

C'est si facile et cela paraît si dérisoire qu'on n'ose pas imaginer qu'un seul pays puisse les refuser.

Voulez-vous donner à tous cet exemple, et à quelques-uns cette leçon ?

Le geste que je vous suggère, quelle qu'en soit la réalisation matérielle, aura la valeur retentissante d'un symbole. Il ouvrira la route à cette reconversion des armes de mort en œuvres de vie dont dépend le salut même de l'humanité.

Tandis que certains se défient ou jouent aux boules dans la stratosphère, le monde court, à la vitesse d'une avalanche, vers le plus grand cataclysme de son histoire.

Les hommes qui ont faim représentaient, en 1938, 35 % de l'humanité. Ils en sont les deux tiers aujourd'hui. Dans dix ans, ils en seront les trois quarts.

Si, dans ce siècle même, un irrésistible élan d'amour ne soulève pas la conscience humaine, la faim des hommes précipitera la fin du monde.

---

1. *La seule vérité*, tome III, p. 62 à 65.

Un million pour tuer : cent francs pour guérir. Entendez-vous mon appel ?

Un pays n'est pas grand parce qu'il est fort, parce qu'il est riche, mais seulement s'il est capable de beaucoup d'amour.

En accomplissant, à égalité avec les plus grandes puissances, cet acte de solidarité humaine – ou en leur montrant ainsi leur devoir –, vous proclamerez que dans ce monde – hommes, peuples ou patries – personne n'a le droit d'être heureux tout seul.

Alors, l'histoire dira où se trouvaient les Grands.

Aucun chef d'État ne donne une suite favorable à cette demande, et ce pour des raisons analogues à celles des deux Grands. Même s'il demande des sommes plus modestes que celles recommandées par l'O.N.U. pour l'aide au tiers monde (1 %, puis 0,7 % du P.N.B.), Raoul Follereau pose un problème aux États, car il lie la somme aux budgets militaires; or ceux-ci sont prioritaires et incompressibles dans la démarche des États contemporains. L'enjeu dépasse celui de la lèpre. Raoul Follereau espérait peut-être que quelques pays accepteraient, pour des raisons de prestige extérieur au moins. Il n'en est rien.

En plus des raisons humanitaires, Raoul Follereau, qui a longuement réfléchi sur l'histoire, est convaincu que la suprématie militaire et même l'invasion ne peuvent pas permettre à un peuple d'exercer durablement son influence sur un autre peuple. Les stratèges de la fin des années quatre-vingt, étudiant les événements de l'Indochine, de l'Afghanistan et de l'Europe de l'Est, soutiennent des idées assez voisines de nos jours. Mais la vision de Raoul Follereau est un peu en avance sur celle des décideurs de son époque, qui vivent encore à l'heure de ce qu'ils appellent la *Realpolitik*, sans se rendre compte des présupposés sur lesquels ils fondent leurs attitudes.

À la fin de son intervention, Raoul Follereau adopte un ton apocalyptique. Il a coutume de présenter les situations d'une manière dramatique et urgente. D'autres prophètes de sa trempe, comme René Dumont ou Josué de Castro, travaillent ainsi, et un peu plus tard les rapports du Club de Rome se voudront aussi solennels dans leurs mises en garde.

Il s'inscrit aussi dans une tradition apocalyptique chrétienne ancienne, très courante au Moyen Âge. L'appel à la conversion, s'il n'est pas entendu, engendrera les catastrophes les plus graves. Ici, c'est d'une conversion à la générosité qu'il s'agit. Et d'une générosité à l'égard du tiers monde, alors qu'un siècle auparavant c'est le sort du prolétariat ouvrier qui suscitait dans des fractions non négligeables de la bourgeoisie et de l'aristocratie chrétiennes une compassion et une crainte comparables.

Cependant, Raoul Follereau laisse toujours apercevoir une solution possible. Il ne plonge jamais l'auditoire dans un fatalisme désespéré mais s'efforce de le gagner à une nouvelle forme de réalisme, qui intègre davantage d'éléments que ceux mis en avant par les tenants de la *Realpolitik* traditionnelle. Il veut faire partager ses vues à l'auditeur en faisant appel à la générosité, à la raison, à la peur, à l'intérêt. Il postule l'unité du genre humain et il considère que l'humanité est entrée dans une période nouvelle de son histoire, celle de la mondialisation des problèmes.

Il s'appuie encore sur des statistiques et des arguments quantitatifs. Ces statistiques sont issues des enquêtes effectuées par les organismes spécialisés de l'O.N.U. et sont largement diffusés auprès du public, sous forme de slogans parfois.

Raoul Follereau s'adresse alors, en 1962 toujours, aux jeunes du monde entier. Il leur rappelle ses appels aux deux Grands – « ces géants qui ont cessé d'être des hommes », écrit-il – et leur présente sa lettre à tous les chefs d'État du monde. Il leur demande de l'aider [1] :

Voulez-vous m'aider ? prendre la relève, poursuivre la lutte, livrer les derniers assauts, vaincre ? et par-delà le but poursuivi, gagner une grande bataille – la seule bataille qui compte – contre l'ignorance, l'égoïsme, la lâcheté.

Si cet appel devient vôtre, vous avez les moyens de le faire entendre.

Les hommes n'ont plus que cette alternative : s'aimer ou disparaître. Il faut choisir. Tout de suite. Et pour toujours.

C'est vous qui choisirez.

En imposant cette reconversion symbolique d'armes de mort en œuvres de vie, vous ne gagnerez pas seulement la bataille de la lèpre, mais vous direz « non » à la peur, à la haine, à la fatalité.

Pour cela, une seule consigne :

Soyez intransigeants sur le devoir d'aimer. Ne cédez pas, ne composez pas, ne reculez pas. Riez au nez de ceux qui vous parleront de prudence, d'opportunité, qui vous conseilleront de « maintenir la balance égale » : les minables champions du « juste milieu ».

Et puis, surtout, croyez en la bonté du monde. Il y a dans le cœur de chaque homme des trésors prodigieux d'amour : à vous de les faire surgir.

Le plus grand malheur qui puisse vous arriver, c'est de n'être utile à personne, c'est que votre vie ne serve à rien.

Soyez fiers et exigeants. Conscients du devoir que vous avez de bâtir du bonheur pour tous les hommes vos frères...

Dénoncez à haute voix. Ne permettez pas qu'on triche autour de vous. Soyez vous-même et vous serez victorieux...

Tandis que je vous parle comme à des fils, je vous regarde comme des frères.

Je vous ai précédés.

Je vous attends.

---

1. *Vous aurez vingt ans en l'an 2000*, pp. 43 à 53.

Raoul Follereau aime les jeunes, lui qui a tant souhaité avoir des enfants. Son regard de poète voit en eux ce qu'il y a de plus beau au monde. Il leur parle avec émotion et entend aller tout de suite avec eux à l'essentiel. Il est leur aîné, mais il veut rester proche d'eux, comme s'il travaillait à un processus d'identification entre eux et lui. Il leur parle sans intermédiaire : « je », « vous ». Il est un ami, ou plutôt un frère aîné exigeant.

Il s'exprime en 1962, alors que la guerre d'Algérie s'achève dans des conditions dramatiques. Mais il n'en dit pas un mot, de même qu'il n'évoque pas dans son bulletin le sort des harkis et des rapatriés d'Afrique du Nord. Plus jeune, il se serait indigné. Et au fond de lui, il ressent sans doute cet événement comme une blessure, même si depuis quelques années, il ne se rend que très rarement en Afrique du Nord. Le Dr Aujoulat l'a peut-être convaincu que la décolonisation politique était inéluctable. Et Raoul Follereau vit un peu la cause des lépreux comme si elle lui imposait les exigences d'une véritable raison d'État ; il limite le champ de ses interventions et veille à ne pas compromettre, par des déclarations intempestives les actions entreprises en faveur des malades [1]. Conseillé par le Dr Aujoulat, il veut fonder la lutte contre la lèpre sur des relations cordiales avec les gouvernements du tiers monde. Il n'a d'ailleurs pas le choix s'il veut poursuivre son action humanitaire. En même temps, il souhaite redonner un but aux jeunes de France et ne pas les entretenir dans le souvenir de problèmes qui se terminent dramatiquement. Et il veut les sensibiliser à des questions qui ne sont pas celles de l'actualité immédiate et brûlante.

Enfin et surtout, il s'adresse à tous les jeunes du monde qu'il convient donc de mobiliser sur un problème universel.

Raoul Follereau s'adapte au vocabulaire des années soixante, vocabulaire d'ailleurs très simple et qui contraste singulièrement avec les écrits marxistes et gauchistes de ces années. Raoul Follereau n'emploie d'ailleurs pas de terme en « isme », pas plus qu'il ne ramène les problèmes à des rivalités économiques ou idéologiques. Pour lui, le problème est moral avant tout. À l'heure où des psychanalyses vulgarisées s'interrogent sur ce qui motive l'homme et le fait avancer et tentent d'analyser différentes formes de pulsions, il est convaincu que l'explication ultime au mystère de l'homme est l'amour révélé au monde par Jésus-Christ. Et pour lui seul le recours aux catégories de l'amour permet d'entrevoir une solution et une issue aux problèmes les plus graves qui assaillent l'humanité et menacent de la détruire. Les papes formulent de semblables propositions et Raoul Follereau s'inspire de leurs analyses en même temps qu'il enrichit leur réflexion.

« Amour » commence à remplacer « charité » dans ses textes, car il s'aperçoit que le mot « charité » est de plus en plus mal compris et perçu par les chrétiens eux-mêmes [2] et, en homme de communication, il prend

---

1. Certes il ne le dit pas dans son recueil de souvenirs *La seule vérité*..., mais on le devine à certains de ses silences.
2. Même s'il ne l'écrit pas dans son bulletin ou dans un livre.

acte de cette évolution. Il s'est pourtant longuement battu en faveur du mot « charité » lors des années précédentes, mais le mot « amour » lui permet de retrouver toutes les vertus chrétiennes. Ce vocable, à la fois religieux et profane, est acceptable par la société sécularisée. Encore faut-il qu'il ne soit pas trop vague. Il introduit une dimension affective dans les relations humaines qui est essentielle aux yeux de Raoul Follereau, lequel trouve sans doute « solidarité » et « justice » un peu juridiques et froids.

Par ailleurs la « mort » du malade est identifiée au « mal ». « Mort », « guerre », « peur », « faim », « fatalité », « malheur », « lèpre » sont autant de mots associés pour désigner ce que Raoul Follereau veut combattre. Le Vagabond de la Charité mobilise les jeunes en usant d'un vocabulaire militaire : « lutte », « bataille », « assauts », « vaincre », « prendre la relève ». De plus, il utilise fréquemment l'impératif.

Il présente les problèmes d'une manière globale, en les simplifiant à l'extrême, d'une manière manichéenne. Il n'envisage pas de troisième voie mais pousse les jeunes à l'intransigeance et à l'ardeur protestataire, à un âge où ils ont assez spontanément de telles attitudes. Il retrouve ainsi la puissance polémique du temps de l'étudiant de l'Action française, hostile au « juste milieu ».

Réapparaissent là quelques constantes de la pensée de Raoul Follereau. L'humanité n'est pas soumise à des lois incontournables et le libre arbitre humain peut à tout moment renverser le cours des choses. Une carapace enferme les trésors de générosité enfouis dans le cœur de chaque homme. La peur et l'aveuglement empêchent les hommes de laisser jaillir cette générosité. Au fond, pour Raoul Follereau, le vrai combat serait moins celui du bien contre le mal que celui entre inconscience et réalisme véritable. Sa démarche n'est pas pure contemplation. Le mot « utile » apparaît dans le texte. C'est aussi le signe de l'époque et de la société occidentale. Chacun doit être « utile », pour le bonheur des autres.

Car pour Raoul Follereau cette époque est déterminante et unique, et des choix décisifs sont à prendre. Les historiens ont constaté que depuis le XVIᵉ siècle au moins, en Occident, chaque génération a l'impression de vivre l'un des moments cruciaux de l'histoire de l'humanité. Le thème n'est donc pas nouveau en soi. Raoul Follereau note bien cependant la mondialisation de certains problèmes. Il comprend que le progrès des techniques et des communications interdit de parler d'un « éternel recommencement » de l'histoire. En cela, il s'affranchit de la vision de l'histoire de Maurras et de Bainville. Il va au-delà des problèmes des nations européennes et de leurs cultures. La mort de Maurras l'a peut-être obligé à formuler une pensée plus indépendante qu'auparavant. Ses nombreux déplacements dans le monde, ses contacts avec l'Église universelle ont aussi accéléré cette évolution.

Il est en tout cas convaincu que seule une solution universelle peut permettre de régler des problèmes comme ceux de la faim, de la pauvreté et des grandes endémies. Et c'est pourquoi il s'oriente vers la formulation d'une morale universelle, une morale faite d'impératifs catégoriques, pour ne pas se laisser décourager par les contraintes techniques qui pèsent sur la recherche de solutions rapides. Il s'efforce ici de provoquer un changement des mentalités et non d'offrir une solution technique. Il demande que des moyens financiers supplémentaires soient mis à la disposition de certains malades mais ne propose pas, comme dom Hélder Câmara, des projets de réforme concrets des structures économiques et sociales.

Raoul Follereau rédige cet appel quand s'ouvre le concile Vatican II. Le ton prophétique qui l'imprègne, comme celui de plusieurs chrétiens engagés que la médiatisation a rendus célèbres dans le monde entier, ne peut qu'inciter les pères du Concile à abandonner une partie du langage technique traditionnel pour adopter des formules plus percutantes et prophétiques que celles des conciles précédents.

Outre les armements, Raoul Follereau met en cause la conquête spatiale. Il parle de « ces joujoux qu'on s'amuse à lancer dans le ciel [1] » : les spoutniks, les fusées. Il précise sa pensée : « Avant d'essayer de promener des gens dans la lune, il serait peut-être opportun de les empêcher de mourir de misère, de lèpre et de faim sur la Terre [2]. »

Il n'est pas seul à protester ainsi. Faut-il toutefois lier misère et progrès technique ?

Dans cet esprit, il rédige une lettre ouverte à Youri Gagarine, le premier cosmonaute du monde. Le gouvernement soviétique lui ayant ouvert un compte illimité à la banque d'État, il est donc, en principe, l'homme le plus riche du monde. Comme il affiche haut et fort ses convictions communistes, Raoul Follereau lui demande de distribuer cet argent aux pauvres. Follereau reste vague et ne mentionne pas nommément les lépreux. L'appel reste sans réponse. Gagarine est en fait contrôlé par l'État soviétique, qui l'a choisi pour la conquête spatiale car, en plus de ses qualités professionnelles, il était « idéologiquement sûr » et docile, l'homme idéal pour une campagne de propagande internationale.

Raoul Follereau suit aussi de près le déroulement du concile Vatican II. Le 25 janvier 1959, le pape Jean XXIII annonce la convocation d'un concile œcuménique. Pie XI et Pie XII en avaient déjà eu le projet, mais il ne s'était pas concrétisé. Raoul Follereau connaît bien Jean XXIII, car celui-ci était nonce à Paris au lendemain de la guerre, et, à Paris, à Reims et à Venise, il a présidé à cinq reprises une de ses conférences ; c'est dire qu'il comprend toute la portée de son message. Devenu pape, il accorde très vite une audience particulière au Vagabond de la Charité.

Une rencontre entre ces deux hommes ne pouvait être banale. Raoul Follereau en raconte [3] les débuts. Ils confirment l'image que l'on se fait alors de Jean XXIII :

---

1. Jean Toulat, *op. cit.*, p. 100.
2. *Id, ibid.*
3. En 1966 dans *La seule vérité, c'est de s'aimer* (premier tome, p. 18).

J'étais à genoux quand il entra. Sans dire un mot, il se planta devant moi et me regarda avec une sorte de curiosité insatisfaite. J'attendais, intrigué.
Visiblement, il cherchait quelque chose, quelque chose qui manquait...
Il le découvrit enfin et je vis dans ses yeux qu'il l'avait découvert :
« Mais, me dit-il, où est votre bâton ? »
Le pape désigne la canne qui accompagne partout Raoul Follereau.
« Où est votre bâton ? répéta le Saint-Père.
— Dans le coin, lui dis-je. Votre Sainteté se souvient sans doute que je ne pourrais pas me relever sans lui.
— Oh, mais si ! me dit le bon pape Jean. Cette fois, c'est moi qui vous aiderai. »
Et il me tendit les bras.

Raoul Follereau n'est pas le seul Français reçu aussi chaleureusement : l'abbé Pierre, Jean Guitton, Maurice Schumann, pour n'en citer que quelques-uns, entretiennent eux aussi des rapports étroits avec ce pape. L'influence des chrétiens de France et de la pensée française est alors assez importante au Vatican.

Élu à l'âge de soixante-dix-sept ans, Jean XXIII semble d'abord un pape de transition. Ses premières décisions montrent qu'il n'en est rien. Sa première encyclique, *Ad Petri cathedram* débouche sur la création en 1960 ; du secrétariat pour l'Unité des chrétiens et sur l'invitation lancée aux non-catholiques d'envoyer des observateurs au concile. Le pape se préoccupe de la paix, de la justice sociale et du développement, et de l'attitude de l'Église face à la société nouvelle dans ses encycliques *Mater et magistra*, en 1961, et *Pacem in terris*, en 1963. La personnalité de Jean XXIII séduit les contemporains. Ce pape sourit, plaisante même, bouscule le protocole et, toujours très simple, il se montre partout d'une infinie bonté. Il quitte le Vatican pour visiter des malades, des prisonniers.

L'annonce de Jean XXIII convoquant le concile passe presque inaperçue. La curie se met au travail. Les consultations d'évêques, de supérieurs d'ordres religieux, de théologiens et d'universités catholiques se multiplient. Les commissions préparatoires se mettent en place. Il semble qu'il s'agisse d'abord d'une affaire d'ecclésiastiques.

Le 11 octobre 1962, les télévisions du monde entier retransmettent la cérémonie d'ouverture. Et l'opinion comprend alors qu'un événement très important commence. Un des événements majeurs de ce temps. Les évêques du monde entier sont là, des « experts » ont été invités ainsi qu'une quarantaine d'observateurs des autres Églises chrétiennes. Et, à la suite d'une intervention du cardinal Liénart, il est bien précisé que ce sont les pères du concile et non la curie qui prennent en charge la responsabilité du concile.

Les journalistes du monde entier attendent les conférences de presse et s'efforcent de cerner les tendances qui s'affirment. Car le concile ne se réduit pas à la publication régulière de textes officiels; il se déroule aussi de manière informelle hors des enceintes officielles. On parle beaucoup dans les couloirs, des groupes de réflexion et d'échange se mettent en place en fonction des sensibilités.

Hélder Câmara n'intervient jamais officiellement dans le concile, mais il joue un rôle important en coulisse, avec l'appui du cardinal Suenens, l'un des quatre modérateurs du concile. Il veille à ce que les évêques d'Amérique latine prennent le temps de se retrouver [1]. Il insiste en effet beaucoup sur le rôle des évêques et des conférences épiscopales dans la vie de l'Église. Et il organise, au collège belge de Rome, des rencontres de l'Église des pauvres auxquelles participent régulièrement une cinquantaine d'évêques des cinq continents qui se préoccupent des problèmes de pauvreté et du sous-développement. Les cardinaux Lercaro [2] et Gerlier participent à ces rencontres où les Sud-Américains sont les plus nombreux. L'ambiance y est simple, chaleureuse et studieuse. Raoul Follereau a sans doute eu connaissance de l'existence de ce groupe et il ne pouvait qu'encourager cette initiative.

Jean XXIII a annoncé une *aggiornamento* lors de l'ouverture du concile. Il s'agit d'une « mise à jour » de la parole de l'Église adressée à un monde contemporain en pleine mutation. Et dès l'ouverture du concile, le 20 octobre 1962, les cardinaux adressent un message « à tous les hommes ».

Ce concile est le premier à ne prononcer aucune condamnation doctrinale. D'ailleurs il n'est pas réuni pour régler une crise ecclésiale ou doctrinale grave. Il porte un regard positif sur les valeurs du monde moderne et sur les efforts entrepris par les hommes de bonne volonté pour améliorer ce monde. L'Église veut se mettre au service de l'humanité en marche. Elle ne souhaite pas définir sa position par des rejets d'idéologies, mais entend appuyer sa démarche sur la Bible et sur des concepts originaux inspirés de l'Évangile. Le mot « amour », le projet d'une « civilisation de l'amour » sont à la base de cette lecture de l'histoire et du mouvement du monde. Beaucoup n'y voient que des banalités ou des déclarations générales, en fait l'Église acquiert une indépendance de plus en plus grande vis-à-vis des idéologies en proposant des cadres de pensée originaux. Car réfuter point par point une idéologie conduit à rentrer dans sa logique. Or l'Église considère qu'elle voit proposer et non pas « perdre son temps » à se défendre.

Raoul Follereau a vécu cette évolution, lui qui s'efforçait de préserver des situations culturelles et politiques durant les années trente et qui élargit sa vision du monde après la guerre et durant les années soixante. Dom Hélder Câmara également, qui, au début des années soixante, comme évêque coadjuteur à Rio, rencontre de plus en plus de difficultés avec son évêque. Ce dernier considère en effet que le problème principal du pays est la lutte contre le

1. Jean Toulat, *Dom Hélder Câmara, op. cit.*, pp. 37 à 47.
2. Lequel connaît bien les initiatives et le message de Raoul Follereau, comme nous l'avons vu plus haut.

communisme, le principal danger social selon lui. Hélder Câmara, quant à lui, estime qu'il faut d'abord lutter contre l'injustice sous toutes ses formes et que les chrétiens doivent prendre des initiatives nouvelles. Il participe activement au concile et devient en 1964 évêque de Récife, dans le Nordeste, la partie pauvre et déshéritée du Brésil.

Le concile porte aussi un regard positif sur les autres religions et les autres Églises, en particulier les autres confessions chrétiennes, et il encourage l'œcuménisme.

En rappelant que chaque baptisé est appelé à la sainteté, le concile invite les laïcs à prendre des responsabilités et des initiatives dans la vie de l'Église. Il leur rappelle aussi leurs responsabilités essentielles dans la vie du monde.

Si le concile insiste sur la mondialisation des problèmes, il indique que l'annonce de l'Évangile doit être adaptée à la mentalité et à la culture locales. Le souci d' « inculturation » doit donc guider les choix pastoraux.

Les réformes liturgiques sont importantes. Le latin n'est plus obligatoire pour la messe. Les évêques et les conférences épiscopales reçoivent une assez large autonomie pour traduire les orientations du concile en tenant compte des spécificités locales.

Raoul Follereau suit avec intérêt ces débats et il y puise une inspiration nouvelle pour adapter lui aussi son message. Il se rend à plusieurs reprises au Vatican quand les pères travaillent [1]. Il peut ainsi rencontrer des personnalités qui vont l'aider pour la préparation de certains de ses déplacements. Curieux de nature, il aime se trouver là où se vit un événement important. Et surtout il écoute et il profite certainement de ses rencontres pour proposer quelques suggestions. Il connaît en effet de nombreux pères, et pas seulement les Français et les Italiens. Ses déplacements dans le monde entier lui ont permis de converser avec de très nombreux évêques. Et la plupart d'entre eux l'estiment et l'ont déjà entendu parler.

Il connaît aussi personnellement le pape Paul VI, qui remplace Jean XXIII mort le 3 juin 1963, bien avant la clôture du concile. Raoul Follereau n'est cependant pas invité comme expert au concile. Le père Lebret est considéré par les cardinaux comme une référence essentielle pour les questions du tiers monde. Mais des laïcs, comme Joseph Folliet ou Jean Guitton, sont des experts officiellement reconnus. Raoul Follereau, lui, joue plutôt un rôle officieux. D'une manière générale, l'Église de France, clercs comme laïcs, théologiens et pasteurs comme témoins et pourvoyeurs d'idées, joue un rôle très important à ce concile.

---

1. Dans la salle de presse du concile, il parle de ses campagnes auprès de l'opinion. En octobre 1965, il est invité par le secrétariat général de presse du concile à présenter une conférence. En effet, les réunions plénières du concile ont été suspendues cette semaine-là. Mr Vallainc, secrétaire général des services de presse, la présente en termes très chaleureux. Le jour suivant, c'est le cardinal Zoungrana qui parle, puis le père Arrupe et le cardinal Alfrink.
Une photographie dans *La seule vérité...* (tome III, p. 95) rappelle l'événement.

Plusieurs textes importants rejoignent les préoccupations de Raoul Follereau.

D'abord, en décembre 1963, le décret sur les moyens de communication sociale, puis en novembre 1964, *Lumen gentium*, la Constitution dogmatique sur l'Église et le décret sur l'œcuménisme. Et surtout, en 1965, la déclaration sur l'éducation chrétienne, la déclaration sur les relations de l'Église avec les religions non chrétiennes, le décret sur l'apostolat des laïcs, la déclaration sur la liberté religieuse, le décret sur l'activité missionnaire de l'Église et bien sûr *Gaudium et spes*, constitution pastorale sur l'Église dans le monde de ce temps. Le cardinal Lercaro, de Bologne, a d'ailleurs joué un rôle primordial dans l'élaboration de ce dernier texte, l'un des plus remarqués du concile, et il a sans doute pensé souvent au message de Raoul Follereau et à l'action menée dans cet esprit par l'Association italienne d'aide aux lépreux, née à Bologne.

Raoul Follereau se sent en profonde communion avec les messages adressés par le concile lors de sa clôture, le 8 décembre 1965. Les pères s'adressent successivement aux gouvernants, aux hommes de pensée et de science, aux artistes, aux femmes, aux travailleurs, aux pauvres, aux malades, à tous ceux qui souffrent, et enfin aux jeunes. De chacun de ces appels émanent un immense enthousiasme et une profonde confiance dans les personnes. Pour le message adressé aux jeunes, le ton est tellement proche de celui de Raoul Follereau que l'on peut se demander si ce dernier n'a pas influencé, au moins indirectement, les pères dans sa rédaction.

Raoul Follereau se sent en parfaite harmonie avec l'esprit du concile. Il n'y voit d'ailleurs par une révolution mais une confirmation de ce qu'il avait compris de la foi et de la vie de l'Église depuis de nombreuses années avec l'ordre de la Charité. De plus, il expérimente depuis longtemps la dimension universelle de l'Église. Il a en quelque sorte préparé par sa vie le concile, il l'a anticipé.

Raoul Follereau aurait-il souhaité, comme dom Hélder Câmara, un concile plus prophétique encore ?

Artiste et poète dans l'âme, ce dernier aurait aimé que le concile s'achève par une grande liturgie à laquelle eussent participé des personnes de religions différentes. À l'issue du concile [1], il présente sous le titre *Ce que le concile n'a pas pu dire* un bilan sévère de la situation du tiers monde. Il suggère aussi que le pape réunisse, à Jérusalem ou à Bombay, des évêques et des experts des pays en voie de développement et des pays industrialisés pour une sorte de « Bandung chrétien » où l'Église pourrait s'adresser à la conscience universelle. Comme Raoul Follereau, Hélder Câmara croit beaucoup aux gestes prophétiques bien relayés par les médias pour provoquer des prises de conscience pouvant

---

1. Jean Toulat, *op. cit.*

accélérer des changements profonds des mentalités. La mise en place, en 1967, par Paul VI de la commission Justice et Paix tient assez largement compte des recommandations du groupe informel de l'Église des pauvres pendant le Concile.

Mais, en 1964, l'action de sensibilisation de Raoul Follereau auprès des adolescents prend un tour nouveau.

L'année 1964 n'est pas seulement importante dans la vie de l'Église.

Tous les observateurs notent, depuis la fin de l'année 1962 et la crise de Cuba, une détente dans les relations internationales. Américains et Soviétiques semblent soucieux d'éviter désormais les crises diplomatiques majeures. La décolonisation est, politiquement, presque terminée. De plus, la croissance économique est générale en Occident. La prospérité économique et la croissance continue des échanges internationaux favorisent la détente diplomatique.

Même pour le tiers monde quelques espoirs semblent apparaître. À la suite de l'Américain Rotow, des experts affirment que les problèmes où il se débat sont dus à de simples retards qui seront peu à peu rattrapés. Cette année-là, à Genève, la première conférence des Nations unies sur le commerce et le développement (C.N.U.C.E.D.) étudie les prix des matières premières et des autres produits exportés par le tiers monde. Des hommes comme le père Lebret et Tibor Mende participent très activement à ces travaux. Dans le même temps, Josué de Castro poursuit ses engagements. Il ne se contente pas d'écrire. Président de la F.A.O. en 1952, il est en 1963 ambassadeur du Brésil à l'O.N.U. et il y dénonce vivement le coût des dépenses militaires. Les tiers-mondistes célèbres semblent donc considérer que les Nations unies peuvent être un endroit intéressant pour faire avancer le débat sur le tiers monde. Les prophètes se rapprocheraient-ils des lieux de la décision ? Les prophètes peuvent-ils prendre le pouvoir ou plutôt faire adopter leurs idées à force de ténacité en ce milieu des années soixante ? N'oublions pas non plus le rôle discret mais efficace du Dr Aujoulat à l'O.M.S.

En 1964, les militaires prennent le pouvoir au Brésil. Josué de Castro est alors expulsé de son pays, perd ses droits civiques et s'installe à Paris, où il poursuit ses engagements en faveur de la justice et du développement. Il ne semble pas qu'il ait eu l'occasion de rencontrer Raoul Follereau, lequel connaît bien ses livres cependant.

En 1964, l'Asie du Sud-Est fait toujours figure de région menacée, l'Inde semblant le pays le plus accablé par la misère. En revanche, l'Afrique noire inspire confiance.

Un peu partout cependant, on voit poindre des changements de mentalités importants. La baisse de la natalité observée à partir de 1964 en Europe et en Amérique du Nord est très significative à cet égard. Henri Mendras et les sociologues de son équipe parlent de l'année 1965 comme d'un retournement majeur, de la grande rupture, du début de la « seconde Révolution française [1] ». En effet, les façons de travailler, de consommer, les loisirs, les attitudes familiales et religieuses commencent à changer notablement à ce moment. Avec la société de consommation, la généralisation de l'automobile et de la télévision, l'allongement du temps de loisir, la vie des Français se transforme, leurs buts aussi peut-être. La pratique religieuse commence à baisser. La mise en ballottage du général de Gaulle par François Mitterrand et Jean Lecanuet en 1965 est un signe de ces changements silencieux mais profonds et durables. Les mouvements d'Église constatent que les comportements et les attentes des adolescents changent.

Tout se passe comme si l'on commençait à aspirer au retour à des démarches à taille humaine pour mieux reconstruire l'homme. Comme si l'on commençait à rechercher davantage son intériorité. En 1964, le père Caffarel, fondateur des Équipes Notre-Dame [2], ouvre une maison de prière à Troussures, dans l'Oise. Il sent monter des besoins nouveaux. En 1964 également, Jean Vanier, ancien officier de marine qui, après un doctorat en philosophie, enseignait à l'université de Toronto, fonde la communauté de l'Arche. Il s'installe dans une petite maison délabrée à Trosly, un village de l'Oise, avec deux hommes handicapés mentaux qui étaient abandonnés dans un asile. L'Eucharistie est le cœur de la vie de Jean Vanier, qui voit Jésus dans chaque pauvre. Par son attention aux handicapés mentaux, cet intellectuel affirme que l'essentiel d'un être humain se situe hors de l'intelligence, en une démarche assez proche de l'attention portée par Raoul Follereau aux lépreux.

À partir de 1964, l'action de Raoul Follereau est étroitement liée aux démarches du pape. Effet du hasard ? Certainement pas.

Le 3 juillet 1964, Raoul Follereau prononce à Rome une conférence à la Domus Mariae pour clore le Congrès de la Jeunesse féminine d'action catholique. Il parle devant une salle comble car les deux cent cinquante présidentes diocésaines du mouvement ont été rejointes par beaucoup d'autres personnes [3]. L'agence Fides, organe officiel de la Sacrée Congrégation de la propagande, rend compte de la séance et présente ainsi Raoul Follereau : « l'Apôtre des lépreux, qui, en trente-deux années a fait trente et une fois le tour du monde pour porter secours et affection aux plus abandonnés de tous les hommes ». Lui-même dresse surtout un bilan terrifiant de la faim, « dont la lèpre est la fille aînée ». Celle-ci sévit en effet dans les pays ou dans les quartiers pauvres. On voit que Raoul Follereau n'a pas présenté la lèpre et les lépreux d'une façon identique tout au long de sa vie publique.

Le lendemain, 4 juillet, le pape Paul VI reçoit en audience Raoul Follereau. « Continuez à parcourir le monde pour y faire rayonner un message d'authentique charité, lui dit le pape, et portez à vos chers enfants, les

---

1. Dans un livre paru en 1989.
2. Mouvement de spiritualité pour les couples fondé en 1939.
3. *Mission de la France* relate cette journée.

lépreux, la bénédiction du pape et son amour [1]. » Mais les deux hommes ont pu s'entretenir sur de nombreux sujets importants, et Raoul Follereau présente sans doute au pape l'initiative qu'il compte prendre en septembre. Les pères du concile n'ont pas encore fini leurs travaux. Paul VI s'est rendu en janvier 1964 à Jérusalem, où il a rencontré le patriarche Athénagoras avec qui il a sans doute parlé de cette « civilisation de l'amour » qui leur est si chère. L'influence de Raoul Follereau sur certains discours du pape a peut-être été plus grande qu'on ne l'imagine parfois.

Le 1er septembre 1964, soit dix ans exactement après la lettre aux deux Grands à propos des bombardiers, Raoul Follereau envoie une lettre ouverte à U Thant [2], secrétaire général de l'O.N.U. [3]. Il commence par lui rappeler ses initiatives précédentes : lettre à Roosevelt en 1944, lettres aux deux Grands, lettre de 1962 à tous les chefs d'État du monde, puis il formule le vœu suivant :

> *Que toutes les nations présentes à l'O.N.U. décident que chaque année, à l'occasion d'une Journée mondiale de la paix, elles prélèveront sur leurs budgets respectifs ce que leur coûte un jour d'armement et le mettront en commun pour lutter contre les famines, les taudis et les grandes endémies qui déciment l'humanité.*

Raoul Follereau ne lance pas cette proposition sans espoir. Il sait que la détente s'installe peu à peu dans les relations internationales. Et surtout, il sait que, grâce à la décolonisation, les pays du tiers monde sont désormais majoritaires à l'assemblée générale des Nations unies. Une telle proposition pourrait être adoptée par une majorité de représentants, semble-t-il. Raoul Follereau offre également à l'O.N.U. l'occasion de prendre une initiative importante et autonome dans la vie internationale. Mais le souhaite-t-elle ?

Certains hauts fonctionnaires avancent des projets voisins, des projets plus exigeants parfois, comme l'obligation pour chaque pays industrialisé de fournir 1 % de son P.N.B. aux pays les plus pauvres. Mais il s'agit de discussions en commission, et Raoul Follereau estime qu'il convient de sensibiliser toute la population à ces problèmes. Pour lui, comme pour Gandhi d'ailleurs, la politique se construit par des gestes prophétiques.

Le même jour, 1er septembre 1964, Raoul Follereau invite les jeunes du monde entier à signer des pétitions en faveur de cet appel et à les envoyer à l'O.N.U. à New York. Il explique ainsi sa demande [4] :

---

1. *Ibid.*
2. *La seule vérité...*, tome III, pp. 85 à 88.
3. U Thant est birman et occupe ces fonctions de 1961 à 1971. Discret, il s'efforce de ne pas heurter trop brutalement les deux grandes puissances.
4. *Vous aurez vingt ans en l'an 2000*, p. 56.

Seul, mon appel risque, une fois de plus, de demeurer vain. Errant d'étage en étage, s'égarant, s'enlisant de bureau en bureau, il est condamné à finir, comme les précédents, dans les oubliettes de cette tour de Babel qui fut le tombeau déjà, de tant d'espérances...

Si, chaque jour, par milliers, ceux qui ont pouvoir – et devoir – de répondre, reçoivent le témoignage exigeant de vos jeunes volontés, on finira bien, à tous les étages de l'O.N.U., par s'en apercevoir. Submergeons donc de nos appels leurs bureaux et leurs bureaucrates. Il faut que leurs dossiers cessent de jouer à cache-cache avec nos vies.

Trois puissances ont aujourd'hui l'audience et le respect du monde : le nombre, la force et l'argent.

Mettre le nombre, non plus à la remorque de la force aveugle ou de l'argent pourri, mais au service du rayonnant amour, voilà votre tâche humaine. La seule vérité, c'est de s'aimer.

Raoul Follereau lance donc une véritable pétition internationale d'un genre très différent des pétitions d'intellectuels qui foisonnent alors et où s'illustre Jean-Paul Sartre. L'art de la pétition s'est forgé à droite au lendemain de la Première Guerre mondiale, et Massis en avait été l'un des maîtres [1]. Follereau en avait aussi fait signer, nous l'avons vu précédemment.

Raoul Follereau fait confectionner des cartes dans les principales langues du monde, y compris l'arabe, le japonais, le chinois, etc. Elles sont alors mises gratuitement à la disposition des jeunes de quatorze à vingt ans. Ces cartes numérotées comportent deux volets. Le premier, qui peut recevoir dix signatures, est envoyé directement à l'O.N.U. tandis que le second revient à Raoul Follereau qui peut ainsi, chaque jour, contrôler le nombre de signatures reçues par l'O.N.U., leur répartition géographique et, en cas de contestation, appuyer ses estimations sur des preuves, les cartes étant en effet numérotées.

La carte présente la photographie d'un enfant mourant de faim et le texte suivant [2] : « Nous, jeunes de quatorze à vingt ans, faisons nôtre l'appel " un jour de guerre pour la paix " adressé par Raoul Follereau à l'Organisation des Nations unies, et nous nous engageons à user, le moment venu, de nos droits civils et politiques pour en assurer le succès. »

Raoul Follereau communique cette lettre aux chefs d'État, aux autorités des différentes confessions, à des responsables de mouvements de jeunesse. Le bulletin *La seule vérité c'est de s'aimer* rend régulièrement compte du déroulement de cette opération qui en arrive même à remplacer la lèpre

---

1. Jean-François Sirinelli, *Intellectuels et passions françaises : manifestes et pétitions au XXᵉ siècle*, Fayard 1990.
2. On trouve quelques exemplaires de ces cartes dans les archives des associations française et suisse.

comme sujet majeur du bulletin. Les lépreux ne sont pas oubliés, mais désormais cette opération fait de plus en plus les gros titres du bulletin, car Raoul Follereau y attache un grand prix.

Le 5 décembre 1964, quatre-vingt-quatorze mille deux cent soixante-deux jeunes de cinquante-cinq pays ont déjà signé l'appel de Raoul Follereau [1]. Ce dernier conduit une action de masse, qui demande du temps. Il sait que pour mener à bien une pareille entreprise, la suggestion est encore préférable à l'éloquence. La clarté, l'assurance, la concision, le choc des images sont indispensables. Il se comporte en véritable artiste de la communication de masse moderne. Il se rappelle comment les régimes totalitaires ont fanatisé les jeunes. Sans rechercher ce but, il estime que le meilleur moyen de mobiliser les jeunes consiste à en faire des acteurs. Il ne sait pas exactement ce qui peut sortir d'une pareille initiative, personne ne connaît la nature exacte des mouvements de masse, mais il est sûr qu'il y a là une fabuleuse réserve d'énergie pour l'avenir et même déjà pour le présent.

De son côté, le pape Paul VI regarde de plus en plus au-delà de l'Europe. En octobre, il canonise les vingt-deux martyrs de l'Ouganda. Et, du 2 au 5 décembre 1964, il se rend à Bombay, en Inde, pour le XXXVIIIᵉ Congrès eucharistique mondial. Une immense foule l'acclame, une foule de chrétiens, mais aussi de musulmans, de bouddhistes, d'hindouistes. Le pape rencontre les responsables civils et religieux du pays. Il sacre six évêques. Et, le 5 décembre, il lance aux dirigeants des pays les plus riches un appel ou plutôt un cri angoissé. Il les supplie de renoncer à la ruineuse course aux armements et leur fait une suggestion concrète :

« Puissent les nations cesser la course aux armements et consacrer, en revanche, leurs ressources et leurs énergies à l'assistance fraternelle aux pays en voie de développement. Puisse chaque nation ayant des pensées de paix et non d'affliction et de guerre, consacrer fût-ce une partie de ses dépenses militaires à un grand fonds mondial pour la solution des nombreux problèmes qui se posent pour tant de déshérités (alimentation, vêtements, logements, soins médicaux) [2]. »

Le pape fait don de la voiture utilisée pendant son séjour en Inde à Mère Teresa « pour l'aider dans son universelle mission de charité [3] ».

Le Vatican fait parvenir officiellement un texte reprenant la proposition du pape à U Thant le 15 janvier 1965.

Ce même jour, quatre cent mille jeunes de soixante et onze pays ont déjà signé l'appel de Raoul Follereau. Chaque jour, des milliers de cartons arrivent dans son appartement.

U Thant ne tarde pas à répondre au message du pape :

« Je suis si profondément ému par cet appel que je suis prêt, au nom des

---

1. Chiffres communiqués dans le bulletin.
2. École française de Rome, *Paul VI et la modernité dans l'Église*, actes du colloque de Rome du 2 au 4 juin 1983, 1984.
3. *Ibid.*

Nations unies, à examiner immédiatement s'il serait possible à Votre Sainteté de paraître devant l'assemblée générale siégeant en séance spéciale au cours de la 19ᵉ session [1]. »

Et c'est ainsi que Paul VI prend la parole à New York devant l'assemblée générale, le 4 octobre 1965. Il se présente, au nom de l'Église « experte en humanité », devant cet « auditoire unique au monde ».

Il poursuit : « S'accomplit un vœu que nous portions dans le cœur depuis près de vingt siècles. Nous célébrons ici l'épilogue d'un laborieux pèlerinage à la recherche d'un colloque avec le monde entier depuis le jour où il nous fut commandé : " Allez, portez la Bonne Nouvelle à toutes les nations. " C'est vous qui représentez toutes les nations [2]. »

Et bientôt le pape lance son appel prophétique, son cri, un cri déchirant, voix d'une Église qui se veut servante du monde et accompagnatrice des plus pauvres : « Jamais plus la guerre! Jamais plus la guerre! C'est la paix, la paix qui doit guider le destin des peuples et de toute l'humanité [3]. »

Paul VI indique les voies à suivre vers la paix.

« La première est celle du désarmement [4]. »

Ensuite, le pape traite du respect de la vie :

« Votre tâche est de faire en sorte que le pain soit assez abondant à la table de l'humanité et non pas de favoriser un contrôle artificiel des naissances qui serait irrationnel, en vue de diminuer le nombre des convives au banquet de la vie [5]. »

Le Saint-Père sait en effet les pressions terribles qu'un homme comme le Dr Aujoulat doit subir, en cette année 1965, à l'O.M.S., de la part des tenants d'une politique démographique autoritaire de limitation des naissances imposée par tous les moyens à l'ensemble des pays du tiers monde.

En conclusion, le pape lance un appel à la conscience :

« Le péril ne vient ni du progrès ni de la science... Le vrai péril se tient dans l'homme. » Et il invite à construire « l'édifice de la civilisation moderne sur les principes spirituels, les seuls capables de le soutenir, de l'éclairer, de l'aimer [6] ».

Ensuite Paul VI rencontre le président Johnson puis célèbre la messe dans un stade devant quatre-vingt-dix mille personnes, avant de retourner au Vatican où il retrouve l'assemblée conciliaire. Celle-ci, qui achève ses travaux en décembre, précise certains des thèmes abordés par le pape.

On peut constater que Raoul Follereau et Paul VI effectuent alors des démarches parallèles. Raoul Follereau fait même figure de précurseur,

---

1. *Ibid.*
2. *La Documentation catholique* publie bien sûr le texte de cet important discours.
3. *La Documentation catholique* et *Paul VI et la modernité dans l'Église*, op. cit.
4. *Ibid.*
5. *Ibid.*
6. *Ibid.*

ouvrant ses messages des voies reprises ensuite par la papauté; il a aussi montré l'importance du déplacement personnel pour la propagation d'un message. La papauté commence à se faire itinérante avec Paul VI, elle le sera bien davantage encore avec Jean-Paul II, un homme qui connaît bien l'histoire de Raoul Follereau et qui aime lui aussi s'adresser aux jeunes et aux organismes internationaux.

L'Église catholique travaille de plus en plus étroitement avec les différents organismes des Nations unies, grâce à des laïcs chrétiens dont la compétence professionnelle est reconnue, comme Marcel Farine ou le Dr Aujoulat. Grâce aussi au statut d'État du Vatican qui fait du pape un chef d'État disposant de la représentation diplomatique correspondant à cette situation. Grâce enfin au souci de certains fonctionnaires internationaux désireux d'associer les Églises à certains de leurs travaux.

Le 1er novembre 1965, Raoul Follereau a déjà reçu un million de signatures venant de cent deux pays. Il ne veut pas s'arrêter là. D'ailleurs, les demandes de cartes continuent à affluer.

Il adresse alors un nouveau message aux jeunes :

...Un million. Vous êtes un million qui m'avez répondu. Merci. J'avais besoin de votre présence...
Maintenant, je sais que je n'ai pas lutté, crié en vain. Maintenant je sais que j'avais raison. Puisque vous êtes là.
Dans ma vieille poitrine battent désormais un million de cœurs...
Mais ce n'est pas un jour par an qu'il faut lutter, qu'il faut aimer...
Parce qu'aujourd'hui l'amour a déserté le monde... et que le monde est sur le point d'en mourir [1]...

Raoul Follereau évoque la destruction de quatorze millions de doses de vaccin antipolio par une société pharmaceutique :

Mais personne, personne n'a songé à les donner. Personne, personne n'a songé que ce geste élémentaire eût sauvé des millions d'enfants...
Quand l'amour déserte le monde, les crimes collectifs sont légalisés [2].

Il cite ensuite l'exemple de boxeurs qui, pour une seconde de match, touchent le revenu annuel de cent paysans algériens :

Quand l'amour déserte le monde, les monstres sont rois [3].

Une fois encore Raoul Follereau invite les jeunes à se mobiliser sans relâche.

---

1. *Vous aurez vingt ans en l'an 2000*, pp. 61 à 64.
2. *Ibid.*
3. *Ibid.*

En cette fin d'année 1965, les pères du concile promulguent *Gaudium et spes*, constitution pastorale sur l'Église dans le monde de ce temps. Et les derniers mots officiels du concile sont destinés aux jeunes :

> *C'est vous qui allez recueillir le flambeau des mains de vos aînés et vivre dans le monde au moment des plus gigantesques transformations de son histoire. C'est vous... qui allez former la société de demain : vous vous sauverez ou vous périrez avec elle...*

On croirait entendre Raoul Follereau. Les rédacteurs ont sans doute lu ses messages. Le texte du concile poursuit :

> *L'Église... vient de travailler à rajeunir son visage pour mieux répondre au dessein de son Fondateur, le grand Vivant, le Christ éternellement jeune...*
>
> *L'Église est soucieuse que cette société que vous allez constituer respecte la dignité, la liberté, le droit des personnes, et ces personnes, ce sont les vôtres.*
>
> *Elle est soucieuse surtout que cette société laisse s'épanouir son trésor toujours ancien et toujours nouveau : la foi, et que vos âmes puissent baigner librement dans ses bienfaisantes clartés. Elle a confiance que vous trouverez une telle force et une telle joie que vous ne serez pas même tentés, comme certains de vos aînés, de céder à la séduction des philosophies de l'égoïsme et du plaisir ou à celles du désespoir et du néant, et qu'en face de l'athéisme, phénomène de lassitude et de vieillesse, vous saurez affirmer votre foi dans la vie et dans ce qui donne un sens à la vie : la certitude de l'existence d'un Dieu juste et bon.*
>
> *C'est au nom de ce Dieu et de Son Fils Jésus que nous vous exhortons à élargir vos cœurs aux dimensions du monde, à entendre l'appel de vos frères et à mettre hardiment à leur service vos jeunes énergies. Luttez contre tout égoïsme. Refusez de donner libre cours aux instincts de violence et de haine qui engendrent les guerres et leurs cortèges de misères. Soyez généreux, purs, respectueux, sincères. Et construisez dans l'enthousiasme un monde meilleur que celui de vos aînés !*
>
> *L'Église vous regarde avec confiance et avec amour... Elle est la vraie jeunesse du monde... Regardez-la et vous retrouverez en elle le visage du Christ, le vrai héros, humble et sage, le prophète de la vérité et de l'amour, le compagnon et l'ami des jeunes. C'est bien au nom du Christ que nous vous saluons, que vous nous exhortons et vous bénissons* [1].

La parenté avec les thèmes développés par Raoul Follereau est nette. Même le style, enthousiaste et lyrique, présente des analogies. Toutefois Raoul Follereau ne fait pas de référence ecclésiale et ne propose pas une

---

1. *Concile œcuménique Vatican II*, centurion, édition 1982, pp. 733 et 734.

contemplation du Christ. Il veut, par son message, gagner aux valeurs du christianisme les jeunes du monde entier, quelle que soit leur religion, et il se doit donc d'obéir à certaines règles.

L'intérêt porté aux jeunes et à la spécificité de leur démarche est partagé par beaucoup de chrétiens.

La communauté de Taizé vit depuis 1942 une expérience œcuménique. Et, pendant les années soixante, elle commence à organiser des rencontres avec les jeunes. Cela commence par des retraites prêchées à des garçons, catholiques et protestants. L'Église de la Réconciliation est inaugurée en 1962. En 1966, la première rencontre importante de jeunes est organisée : elle réunit deux mille participants.

Raoul Follereau offre donc une occasion unique à des jeunes qui ne disposent pas encore du droit de vote de faire entendre leur voix. Il leur donne l'occasion de communiquer avec les Nations unies sans passer par l'intermédiaire des États. Il offre d'ailleurs à l'O.N.U. une occasion de changer son image dans le monde. Mais ses membres sont nommés par les États, et ces derniers se méfient d'initiatives qui pourraient réduire leurs prérogatives.

Ajoutant un petit mot au carton signé, des jeunes font connaître leur opinion à Raoul Follereau. Nous en citerons quelques-uns seulement.

Une jeune étudiante :

Je viens simplement vous dire toute mon admiration et surtout je voudrais vous remercier pour votre opération « une journée de guerre pour la paix ».

En effet si, dans notre monde actuel, il ne nous est plus guère possible d'ignorer ce problème de la paix, de la faim, vous êtes le premier à nous proposer une action valable pour nous, les jeunes. Des discussions, des conférences à propos du problème de la paix, de la faim... on en a suffisamment entendu. Il existe même des films. Mais jusqu'à présent, on ne nous avait jamais offert une action pour nous. On s'est toujours contenté, après avoir éveillé notre sensibilité, de nous réclamer de l'argent. À nous, jeunes, cela ne nous suffit pas...

Même si votre campagne n'a pas un résultat spectaculaire auprès de l'O.N.U., je sais qu'un tas de jeunes sauront découvrir une nouvelle dimension à la vie, et alors, effectivement, feront quelque chose...

Pour ma part, j'ai pleinement confiance en vous, et vous remercie pour votre témoignage de vie [1].

---

1. *Renversez la vapeur : cinq années, trois millions de jeunes de cent vingt-cinq pays, un seul cri*, Association internationale Raoul-Follereau, 1969, p. 26.

Raoul Follereau est déjà un héros chrétien vivant. De nombreuses revues destinées aux jeunes chrétiens parlent de son œuvre et diffusent son message.

La vie des héros chrétiens vivants – l'abbé Pierre, Martin Luther King, Mère Teresa, et plus tard Wałesa, Hélder Câmara... – commence à être plus connue que celle de la plupart des saints.

Pour accéder à ce cercle relativement étroit, pour avoir le « droit » d'apostropher les jeunes, il convient d'avoir auparavant fait ses preuves dans l'action. Ce que Raoul Follereau a fait pour les lépreux lui confère une incontestable aura.

Sa proposition rencontre le succès, car elle est simple, facile à réaliser, et ne sera jamais entièrement achevée. Elle offre un moyen d'entrer en contact avec les autres par le seul bouche à oreille.

Un dirigeant de la J.E.C. (Jeunesse étudiante chrétienne) :

Je voudrais surtout vous dire combien il faut tenir bon et continuer votre lutte pour les plus pauvres. Vous pouvez devenir comme le porte-parole de milliers de gens qui ne peuvent plus accepter des structures qui ne tiennent pas compte de la dignité de l'homme, quel qu'il soit.

Je pense que les chrétiens ont à donner ce témoignage aujourd'hui, dans la ligne du schéma XIII du concile : rapports de l'Église et du monde moderne (surtout l'immense monde des plus pauvres). Votre combat soutient efficacement le réveil des chrétiens, et il est temps de passer aux choses concrètes [1].

On sait que la J.E.C. est assez critique à l'égard des institutions.

Les paroles et les actes de Raoul Follereau peuvent être intégrés par des chrétiens traditionalistes comme par des chrétiens dits « de gauche ». Les lectures de ses engagements pour la justice ont été faites de manières très différentes.

Raoul Follereau reçoit aussi des cartes de jeunes du tiers monde, d'Afrique noire en particulier, qui signent en disant qu'ils souffrent de la faim.

D'un prêtre « dont toute la vie fut consacrée à la jeunesse » :

Je suis dans l'étonnement et l'admiration devant l'enthousiasme de nos jeunes. Chez les guides, les jécistes, les étudiants, nous trouvons tout de suite des bonnes volontés dès que nous parlons des cartes pour la paix. Déjà toutes celles que vous avez envoyées à la secrétaire fédérale de la J.E.C. ont été arrachées. Des guides aînées vont aller en proposer dans les foyers des jeunes. À la fac de médecine, des étudiants veulent prendre le micro après un cours pour mettre les autres au courant. Hier, en week-end fédéral J.E.C.F., toutes les militantes unanimes ont décidé de proposer des cartes à

---

1. *Ibid.*, p. 27.

leurs camarades d'école... Et je n'en finirais pas de vous citer des faits. La meilleure « idée » vient d'un groupe d'étudiants et de guides qui voudraient fréter un autobus pendant les grandes vacances et aller de ville en ville donner chaque soir une veillée sur les grands problèmes auxquels vous vous affrontez. Je souhaite que cela se réalise et je ferai tout pour les y aider...

Même si les cartes ne sont pas remplies, elles obligent les jeunes à contacter les autres, à s'expliquer, à dialoguer. Avec la carte, le chrétien peut aborder n'importe quel camarade, marxiste, anticlérical... et dialoguer. N'est-ce pas un peu de paix qui s'établit par le fait même ?

C'est un grand souffle qui parcourt notre coin grâce à vous [1].

Raoul Follereau et ses messages stimulent de nombreux groupes chrétiens déjà constitués : catéchisme, scouts, action catholique, croisade eucharistique, tous tirant parti des initiatives du Vagabond de la charité. Sans cet important réseau déjà constitué, la campagne de Raoul Follereau n'aurait jamais eu le succès qui est alors le sien [2]. Loin de concurrencer les mouvements de jeunes, Raoul Follereau leur donne une vitalité nouvelle, à un moment où ils s'efforcent d'adapter leur pédagogie aux générations nouvelles de jeunes. Il propose de fait des formes de pédagogie active. Une nouvelle fois, comme à l'occasion de la Journée mondiale des lépreux, il est à l'origine d'initiatives de toutes sortes et permet de renouveler les formes d'apostolat et de transmission de la foi. Il souhaite également créer l'unanimité dans cette génération.

Des adultes secondent les jeunes, des enseignants en particulier :
« J'ai lu votre appel à mes élèves. Ils y ont été très sensibles.
Permettez-moi de vous dire que vous réussissez à dépasser le stade des contestations et des conflits de générations pour entraîner les jeunes dans une action dynamique et généreuse au service de tous les hommes [3]. »
Également :
« Depuis votre conférence, vos paroles n'ont cessé de continuer à chanter en moi. J'ai compris tout mon devoir : d'abord " vivre " cette charité pour en convaincre ensuite les étudiantes [4]. »

Des responsables politiques prennent parti.
Dès la fin de l'année 1964 le ministre de l'Éducation nationale de Belgique, Henri Janne, adresse à tous les établissements scolaires du pays une circulaire où il demande « que les jeunes soient dûment informés de cette initiative [5] ».

---

1. *Ibid.*, p. 25.
2. Raoul Follereau dispose quant à lui de moyens matériels très réduits pour entreprendre seul une mobilisation de jeunes.
3. *Renversez la vapeur...*, op. cit.
4. *Ibid.*
5. *Ibid.*

En Afrique noire, de nombreux chefs d'État écrivent à Raoul Follereau et diffusent son appel. Ils s'adressent souvent à lui par l'intermédiaire de leur ministre de l'Éducation nationale ou de la Santé, car ces derniers connaissent personnellement Raoul Follereau. Le Tchad demande trente-cinq mille cartes et cent disques. Togo, Haute-Volta, Guinée, Dahomey, Niger en veulent également [1].

Le ministre de la Santé du Niger conclut ainsi sa lettre à Raoul Follereau :

« Avec toutes mes salutations amicales, je vous prie de transmettre à Mme Follereau nos sentiments affectueux et les meilleurs souvenirs de mon épouse [2]. » Raoul Follereau est de plus en plus considéré par les Africains comme s'il était l'un des leurs. Ses revendications sont les leurs.

À la tribune de l'O.M.S., en mai 1966, le Dr Dolo Somine, ministre de la Santé publique du Mali, plaide pour cet appel [3].

Et, tournant important, le 3 mai 1966, le chah d'Iran décide d'offrir « l'équivalent d'un jour entier du budget militaire de son pays, soit sept cent mille dollars, pour ouvrir aux deux tiers de l'humanité qui stagnent dans l'ignorance la route de la lumière et du développement économique et social [4] ».

Il met donc à la disposition de l'Unesco, pour lutter contre l'analphabétisme, l'équivalent d'un jour de son budget militaire. Les souverains iraniens, très francophiles, ont également décidé de prendre des mesures d'envergure pour la lutte contre la lèpre, car ils connaissent bien l'œuvre de Raoul Follereau. Le don iranien est d'autant plus élevé que, grâce au pétrole, les ressources financières du pays sont considérables.

Le 26 mars 1967, Paul VI publie l'encyclique *Popularum progressio*.

Dans la lignée des grandes encycliques sociales, il invite les chrétiens et tous les hommes de bonne volonté à réfléchir sur la pauvreté et le développement. Le pape s'est beaucoup renseigné avant de rédiger ce texte. Il s'inspire de l'Écriture, des Pères de l'Église, des encycliques de ses prédécesseurs, du concile et aussi de théologiens, de philosophes et d'économistes contemporains. Les pères Lebret, Chenu, de Lubac sont cités en référence, tout comme Jacques Maritain ou Colin Clark. Mais de nombreux visiteurs et correspondants réguliers entretiennent en permanence le Saint-Père des déséquilibres qu'ils sentent croissants entre les peuples. Raoul Follereau et le Dr Aujoulat sont de ceux-là. Et leur expérience compte aux yeux du pape. Une encyclique est en fait le résultat du travail et de la réflexion de toute une génération chrétienne et elle oriente ensuite l'action du peuple chrétien, lui révélant certains problèmes.

---

1. *Ibid.*
2. *Ibid.*
3. *Ibid.*
4. *Ibid.*

Dans cette encyclique, Paul VI affirme que la question sociale est désormais mondiale. Il comprend l'interdépendance qui existe désormais entre les différentes parties du monde. Le pape proclame que le développement est le nouveau nom de la paix. Les notions de paix et de faim sont donc de plus en plus étroitement mêlées. Les chrétiens s'habituent peu à peu à un type de vocabulaire et à établir des relations entre des problèmes qui, quelques années plus tôt, ne leur semblaient pas forcément liés.

Cette encyclique pousse des hommes politiques à s'engager davantage.

En Italie, le 19 avril 1967, le député de Bologne Marchiani dépose sur le bureau de l'Assemblée une proposition signée par cent trente-sept de ses collègues. Votée à l'unanimité le 15 février 1968, elle demande au gouvernement italien de proposer à l'O.N.U. de « former un fonds global de lutte contre la lèpre, la faim et la misère dans tous les pays du monde [1] ».

Par ailleurs, les conseils municipaux de Naples, de Bologne, de Crémone, de Mantoue et de vingt-six autres villes italiennes formulent la même demande [2]. Ces conseils municipaux sont de tendances politiques très diverses.

Pourquoi une telle unanimité ?

L'association italienne des Amis des lépreux mène une campagne très dynamique. Elle peut s'appuyer sur un réseau paroissial très dense et sur des mouvements actifs dans tout le pays.

Le message du pape a été bien diffusé et les Italiens sont sensibles aux relations établies entre désarmement et développement. Par ailleurs, certaines tendances de partis comme la Démocratie chrétienne ne reculent pas devant les propositions hardies, au contraire.

L'Italie ne dispose pas de moyens militaires comparables à ceux des Grands. Le pays ne se sentant pas menacé par un conflit immédiat, réduire un peu le budget militaire ne bouleverse pas l'opinion. Préconiser le désarmement partiel permet à l'Italie de retrouver un rôle original sur la scène internationale.

Enfin, beaucoup d'hommes politiques italiens sont de jeunes pères de famille, pères d'adolescents, la chute du fascisme ayant accéléré le renouvellement du personnel politique italien. Ce sont leurs propres enfants qui signent les appels de Raoul Follereau et ils peuvent difficilement y rester insensibles. Ils estiment donc que la politique doit aussi tenir compte des aspirations des jeunes.

Le 19 juin 1967, le député de Bruxelles Saintraint dépose une proposition semblable au bureau de l'Assemblée législative [3]. Il cite le discours de Paul VI à Bombay et l'encyclique *Popularum progressio*. Son texte est signé par des représentants de toutes les familles politiques de la Chambre. Des conseils provinciaux et communaux soutiennent également l'initiative.

---

1. *Ibid.*
2. *Ibid.*
3. *Ibid.*

On ne remarque rien de tout cela en France.

Seuls quelques conseils municipaux, comme celui de Vesoul, le 12 octobre 1967, soutiennent officiellement le projet. Ou des communes très petites comme celle de Cours, dans le Rhône, qui le fait à la demande de l'Association roannaise d'aide aux lépreux [1].

On peut s'interroger sur les raisons d'un tel silence.

Remarquons d'abord que la classe politique française est frappée de stupeur quand éclatent les événements de Mai 68. Les hommes politiques ne comprennent pas, ils n'ont rien vu venir. Or les contestataires de 1968 correspondent à la tranche d'âge des jeunes concernés par l'appel de Raoul Follereau.

Le personnel politique français commence à vieillir, et, beaucoup de ses représentants n'ayant plus de contact régulier avec des adolescents, même au sein de leur propre famille, ils saisissent mal l'ampleur des changements de mentalité en cours. Raoul Follereau leur offrait la possibilité de les comprendre, ils ne savent pas la saisir.

La France et en particulier les catholiques ont tendance à considérer les rapports établis par le pape entre développement et désarmement comme des idées généreuses mais parfaitement irréalisables. Ils attendent donc assez peu de chose du projet de Raoul Follereau, qui reste avant tout pour eux l'Apôtre des lépreux, tout comme l'abbé Pierre est l'Apôtre des sans-abri. Les messages où ce dernier invite à la transformation de la société sont assez facilement oubliés eux aussi.

Et le général de Gaulle?

Raoul Follereau a peut-être espéré que le Général saisirait l'occasion pour créer un événement sur la scène internationale. De Gaulle ne peut en tout cas ignorer sa démarche.

La décolonisation achevée, le général de Gaulle se déplace beaucoup dans le tiers monde. Il souhaite qu'une politique nouvelle de coopération se mette en place et que la France joue un rôle de chef de file pour ceux qui refusent l'affrontement entre les blocs. Et il estime que le tiers monde doit s'affranchir des tutelles imposées par les deux Grands.

S'il évoque le génie de la France, il affirme aussi que « la seule querelle qui vaille est celle de l'homme ; c'est l'homme qu'il s'agit de sauver ». Par ailleurs, il a montré à plusieurs reprises son attachement à la liberté. Quand il entreprend en 1964 une grande tournée en Amérique latine, il y développe le thème de la latinité. L'accueil des masses et des pauvres est plus chaleureux et cordial que celui des dirigeants.

Une chose toutefois sépare de Gaulle et Follereau : la notion d'État.

Pour le premier, la raison d'État demande des sacrifices incontournables. Elle exige une certaine forme de dureté qu'il faut accepter si l'on veut pré-

---

1. *Ibid.*

server la patrie. Un armement nucléaire et conventionnel de poids est le préalable indispensable à toute forme de politique étrangère et à toute forme d'intervention dans la vie internationale. Par conséquent le général de Gaulle – qui reste général – se refuse à entamer les budgets militaires. Ses collaborateurs les plus proches l'encouragent d'ailleurs en ce sens.

Persuadés tous deux du rôle éminent que la France doit jouer dans le monde, Raoul Follereau et de Gaulle empruntent des voies différentes pour y parvenir. Cela n'empêche pas le Général et les « barons » du gaullisme d'éprouver pour Raoul Follereau la plus vive admiration, mais il n'est pas question pour eux de le suivre dans cette voie d'un désarmement même symbolique.

Cependant l'action se poursuit. En octobre 1968, deux millions de jeunes de cent vingt pays ont signé la pétition [1]. Et ce n'est pas fini. Il apparaît de plus en plus nettement que l'O.N.U. ne pourra rester longtemps encore silencieuse. Raoul Follereau peut déjà envisager l'étape suivante, celle du débat à l'Assemblée. Mais seuls des représentants des États peuvent intervenir. Des gouvernements d'Afrique et d'Asie promettent leur appui et donnent des instructions précises à leurs représentants à l'O.N.U. Les présidents Senghor (Sénégal), Houphouët-Boigny (Côte-d'Ivoire), Hélou (Liban), Bongo (Gabon), Tombalbaye (Tchad), Ahidjo (Cameroun), Sihanouk (Cambodge) font connaître leur soutien actif à Raoul Follereau, tout comme la république islamique de Mauritanie et le Rwanda [2].

Le prince Sihanouk, qui connaît bien Raoul Follereau, déclare :

« Il est en effet scandaleux que des crédits et des moyens fabuleux soient consacrés à la course aux armements, ou surtout que les États-Unis utilisent leur richesse matérielle pour détruire le Viêt-nam et anéantir le peuple vietnamien, alors que les grandes endémies et les famines poursuivent leurs ravages [3]. »

L'accusation est claire. Raoul Follereau, toutefois, n'intervient jamais officiellement à propos de la guerre du Viêt-nam, à la différence d'Edmond Kaiser par exemple, car il craint sans doute de faire le jeu des communistes en critiquant les États-Unis [4]. Il n'intervient pas davantage à propos de la guerre du Biafra.

Canada, Luxembourg, Italie et Belgique le soutiennent aussi. Dans tous ces pays, des associations actives diffusent le message du Vagabond de la charité depuis plusieurs années.

Tout au long de ces années, Raoul Follereau publie de nouveaux livres et procède à la réédition d'anciens titres. Souvent, dans ses nouveaux ouvrages, il reprend des anecdotes déjà citées dans les précédents ou

---

1. Chiffre indiqué dans le bulletin.
2. *Renversez la vapeur...*, *op. cit.*
3. *Ibid.*
4. Cependant il ne l'écrit ni dans son bulletin ni dans ses livres.

publiées dans son bulletin. Il garde en effet le même style tout au long de ses livres : de courts récits avec témoignage, réflexion, invitation à l'action.

Tour du monde chez les lépreux, Des hommes comme les autres, Si le Christ demain frappe à votre porte étaient parus pendant les années cinquante. Ils sont réédités et traduits, en anglais, en allemand, en italien, en espagnol, en grec notamment. *Trente fois le tour du monde* est paru en 1961 et *Une bataille pas comme les autres* en 1964. Déjà, Raoul Follereau y mesure le chemin parcouru depuis les débuts de sa bataille contre la lèpre.

Le tirage de chaque livre en France n'excède pas quinze mille exemplaires [1]. Un public existe donc, mais moins important que celui des conférences. Raoul Follereau publie toujours chez Flammarion.

Cependant, à la fin de l'année 1968 [2], André Récipon constate que le livre *Si demain le Christ frappe à votre porte...* a été tiré à dix-huit mille exemplaires en France (et ce en deux éditions, en 1954 et en 1962), alors que le même livre, édité en Italie en 1963, a déjà atteint les cent mille exemplaires. L'édition allemande, parue en 1965, a été tirée à cinquante mille exemplaires. Les amis de Raoul Follereau s'étonnent de ce décalage.

André Récipon propose alors à tous ceux qui le peuvent d'adresser un livre ou un disque de Raoul Follereau à l'école, au collège ou au lycée le plus proche de leur domicile. Et il poursuit, toujours dans le bulletin de la fin de l'année 1968 : « Il appartient à chacun d'entre vous de faire connaître notre action. Car la " bataille contre la lèpre et contre toutes les lèpres " ne sera pas gagnée si nous conservons pour nous seuls le message de Raoul Follereau. Elle ne se gagnera que dans la mesure où nous le diffuserons dans toutes les circonstances de notre vie quotidienne, familiale, sociale et professionnelle [3]. »

En fait, l'ampleur de ce message est déjà mieux comprise à l'étranger qu'en France.

En 1966, sous le titre *La seule vérité, c'est de s'aimer*, Raoul Follereau publie en trois tomes son autobiographie accompagnée de ses textes les plus marquants, le tout agrémenté de photographies.

Il fait là le bilan de son œuvre, Union latine comprise. Bien sûr il ne prétend pas à l'exhaustivité qu'auraient des mémoires. Il indique seulement ce qu'il veut que l'on retienne de sa démarche. Ce livre doit en effet servir de référence pour ceux qui poursuivront son œuvre, Raoul Follereau ayant déjà conscience d'être « entré dans la légende ».

Le premier tome, intitulé *Personne n'a le droit d'être heureux tout seul*, retrace ses débuts, présente ses premières œuvres, et des morceaux choisis de ses textes sur le thème de l'argent et du bonheur.

1. Chiffres communiqués par les éditions Flammarion et indiqués dans les sources.
2. Dans le bulletin des fondations.
3. *Ibid.*

Le deuxième tome, *Quinze millions d'hommes,* raconte la bataille de la lèpre.

Le troisième tome, *S'aimer ou disparaître,* évoque les combats de Raoul Follereau contre la faim et la course aux armements et ses messages à la jeunesse. Des textes de lui extraits d'ouvrages épuisés terminent ce volume.

L'ensemble est tiré à treize mille exemplaires en français. Des traductions sont assez rapidement effectuées, grâce au travail des associations nationales d'aide aux lépreux le plus souvent, et ce en anglais, en allemand, en italien, en espagnol, en castillan, en portugais, en grec, en néerlandais et en japonais [1]. Les tirages étrangers, italiens notamment, dépassent les français.

Raoul Follereau adresse les trois volumes à des personnalités officielles et à des personnes pour qui il a de la considération ou de l'admiration. Il s'efforce en effet, à chaque réalisation nouvelle, d'entrer en contact avec des interlocuteurs nouveaux qu'il estime en raison de ce qu'elles sont ou de ce qu'elles font.

Certaines réponses sont très chaleureuses, comme celle du général de Gaulle, du président Houphouët-Boigny, d'Edmond Michelet, de Gilbert Cesbron, de Jacques Rueff, de Mgr Gantin, alors archevêque de Cotonou, au Dahomey, du cardinal Agaganian, de la Sacrée Congrégation De Propaganda Fide au Vatican [2]. À lire ces lettres, on comprend que toutes ces personnalités ont parcouru attentivement les livres et que cette lecture les touche.

Citons Edmond Michelet :

« Je connaissais déjà quelques-uns des textes émouvants que vous avez repris, mais mes enfants et mes petits-enfants s'instruiront à la lecture de vos pages admirables. Ils s'instruiront et s'édifieront.

Cher Raoul Follereau, vous êtes un de ceux qui permettent de ne pas désespérer de l'homme et de ses incroyables possibilités d'amour quand on sait, comme vous, toucher son cœur ! qui lui interdisent même ce désespoir !

Merci donc. Et soyez assuré de mon affectueuse et très fidèle, et très chaude sympathie [3]. »

Et Gilbert Cesbron :

« C'est une joie profonde pour tous vos amis, pour tous ceux qui luttent, qui tentent de lutter pour la dignité de l'homme, de posséder à présent cette " somme ". Ce n'est pas seulement de ces trois ouvrages que je vous remercie, mon cher Raoul Follereau, mais d'être ce que vous êtes [4]. »

Cette dernière phrase est importante et peut nous aider à comprendre la façon dont les Français perçoivent Raoul Follereau. Pour beaucoup, sa vie est suffisamment éloquente pour remplacer tous les discours qu'il peut

---

1. Renseignements communiqués par les éditions Flammarion.
2. Réponses publiées dans le bulletin tout au long de l'année 1966.
3. *Ibid.*
4. *Ibid.*

tenir. Connaître, par des articles de presse, l'essentiel de la vie du Vagabond de la charité, entendre l'une de ses conférences, éventuellement l'aider dans ses œuvres, suffit pour réfléchir et tirer de profondes leçons.

On retrouve un phénomène comparable à propos de nombreux chrétiens vivants (Jean-Paul II, Hélder Câmara, le frère Roger, l'abbé Pierre...). Beaucoup applaudissent leur vie et acclament leurs interventions mais ne jugent pas utile d'approfondir les textes qu'ils ont composés et qui présentent pourtant un intérêt certain.

Pierre Fresnay travaille à faire connaître la vie et l'œuvre de Raoul Follereau par la caméra. Il tourne une émission sur ce dernier pour la B.B.C., en anglais [1].

Et surtout, en 1967, un film de dix-huit minutes, *Le Courage d'aimer*, raconte la vie et l'œuvre de Raoul Follereau. La maison Taddié Cinéma, qu'il connaît depuis de longues années, assure la réalisation de ce film, dont la direction est assurée par Emmanuel Renart. Le photographe de presse de renommée internationale Pierre Pittet qui, en quinze ans, a souvent suivi Raoul Follereau dans ses déplacements, renonce à tous ses droits de reproduction en faveur du film.

Pierre Fresnay raconte la bataille de Raoul Follereau et lit des textes. Il donne le meilleur de lui-même à ce travail. Raoul Follereau, qui le voit recommencer onze fois une séquence parce que « ce n'était pas encore tout à fait ça », commente : « J'étais éreinté, exaspéré, émerveillé [2]. »

Un disque rassemblant les appels de Raoul Follereau pour la Journée mondiale des lépreux, deux 33-tours contenant une conférence au Châtelet et une autre à la Sorbonne, un disque de prières dites par Raoul Follereau sont réalisés à la fin des années soixante [3].

D'octobre 1967 à juin 1968, la revue *Témoins* publie une vie de Raoul Follereau racontée aux moins de quinze ans par Rose Dardennes, sur des illustrations de Pierdec. Les éditions Prière et Vie diffusent l'ensemble sous forme de brochure à la fin de l'année 1968 [4].

De nombreuses revues chrétiennes, comme *Christiane*, diffusent les messages de Raoul Follereau tout au long des années soixante.

Il n'est pas possible de comptabiliser toutes les prises de conscience et toutes les vies bouleversées par l'écoute du message de Raoul Follereau. Il a fait naître des vocations médicales ou paramédicales, des vocations sociales ou caritatives en Europe comme en Afrique et ailleurs parfois. De nombreux jeunes choisissent de partir comme coopérants ou volontaires dans le tiers monde après avoir entendu Raoul Follereau. Il a donc un

---

1. Témoignage d'Emmanuel Renart, recueilli le 12 février 1988.
2. Raconté par Jean Toulat, *Raoul Follereau...*, *op. cit.*, p. 78.
3. Archives des fondations.
4. Signalé dans le bulletin à la fin de l'année 1968.

impact indéniable sur une certaine partie de la jeunesse. Certes, cette génération du « baby-boom » est plus éloignée de l'Église que la précédente,
mais le message tiers-mondiste de Raoul Follereau « passe bien ». Citons
quelques extraits de lettres reçues par Raoul Follereau. Elles proviennent
de personnes d'âge fort variable :

« Devant un immense chagrin, j'ai voulu disparaître, et puis j'ai pensé
aux souffrances de vos lépreux et j'ai décidé de continuer à lutter moi
aussi [1]. »

Une jeune fille : « Je ne veux plus continuer à me droguer : je veux vivre
pour aider les autres [2]. »

Une adulte : « Je lis vos livres... Ils me font mal. Cette femme qui mange
trop richement quand d'autres ont faim, c'est moi. Cette femme qui fait des
cadeaux à ceux qui possèdent, c'est moi [3]... »

Des enfants économisent, se privent de confiserie, de cinéma, lavent des
voitures, organisent des expositions, des conférences, lancent des opérations
« bol de riz » où l'on saute un repas, dont le prix est envoyé à une œuvre [4].
Raoul Follereau inspire une telle confiance que certains lui écrivent
pour lui confier des problèmes personnels auxquels il ne peut rien faire.
Par exemple, à la fin des années soixante, une religieuse belge qui connaît
une crise intime et des difficultés avec sa supérieure les lui confie [5]. On
pourrait citer d'autres cas, de laïcs cette fois, un peu comme si tous ces gens
attendaient de Raoul Follereau une solution toute prête.

Raoul Follereau sent que le matérialisme gagne du terrain dans la
société de consommation de la fin des années soixante.
Il s'insurge contre la tendance croissante des magazines et des marchands à présenter Noël comme une occasion de repas somptueux et de
réjouissances bruyantes. Il explose quand, dans l'avion Douala-Paris, il
voit la couverture d'un magazine qui présente une actrice déshabillée pour
son numéro de Noël. « Noël, c'est l'heure des anges, pas celle des grues,
écrit-il. Pitié pour Noël [6] ! » Il a compris que cette anecdote révélait un
phénomène très profond d'oubli des traditions chrétiennes.

Raoul Follereau est aussi animé de plusieurs colères prophétiques au
cours des années soixante. Il écrit de nombreux commentaires à l'occasion

---

1. Cité par Françoise Brunnschweiler, *op. cit.*, p. 100.
2. Cité par les biographes de Raoul Follereau.
3. *Id.*
4. Dans *La seule vérité...*, Raoul Follereau cite de nombreuses anecdotes en ce sens.
5. Lettres dans les archives des associations belge, italienne, française...
6. *La seule vérité...*, tome I, pp. 157-158.

d'articles ou d'informations parus dans la grande presse et les magazines [1], où il voit un double signe de folie ou d'inconscience.

Folie des journalistes qui mettent en exergue l'information futile et relèguent l'essentiel dans les dernières pages, s'ils ne l'oublient pas. Pour Raoul Follereau, il s'agit là d'une désinformation de fait, d'autant plus dangereuse que l'opinion n'en a pas conscience.

Folie de certaines personnalités richissimes, qui gaspillent leur argent en futilités alors qu'elles pourraient aider les œuvres humanitaires.

Raoul Follereau cite de nombreux exemples en ce sens, où le risible le dispute au grotesque et au tragique [2]. Plusieurs viennent des États-Unis, un pays qu'il comprend mal et qu'il n'admire guère :

« Un perroquet hérite de vingt mille dollars. »

« Un Américain laisse trois millions de dollars pour l'entretien de la tombe de son cheval de course. »

Mais il dénonce aussi les comportements de certains Français :

« Un industriel parisien a acheté pour l'anniversaire de son chien un collier en or et diamants de deux millions. Le soir, pour fêter cet heureux événement, il a invité deux cents personnes (à six mille francs par tête) dans un cabaret. Le chien a mangé en entier un énorme gâteau d'anniversaire. »

Raoul Follereau cite la phrase de saint Augustin : « Le superflu des riches, c'est le bien des pauvres. » Et il rappelle l'apostrophe de saint Jean Chrysostome aux riches de Byzance au IVe siècle de notre ère : « Vos chiens sont nourris avec soin et vous laissez mourir de faim non un homme mais Jésus-Christ lui-même. » Il reprend donc une ancienne tradition des moralistes chrétiens. Il reproche aux personnes qu'il dénonce non leur richesse et la façon dont elles l'ont amassée, mais la façon dont elles l'utilisent. L'étude des textes de l'Antiquité classique l'a habitué à la philanthropie des grands et il a du mal à comprendre cette attitude de nombreuses personnes aisées de son temps.

Mais il n'interpelle pas seulement les grandes fortunes, il s'adresse à la société tout entière quand il compare les dépenses annuelles des Français en produits de beauté, tabac, paris, loteries, et les aides qu'ils apportent dans le même temps au tiers monde [3].

Pour ce faire, il utilise l'argent comme unité de mesure, alors qu'il pourrait aussi comparer les heures de travail ou les efforts de recherche des industries de luxe, souvent supérieurs à ce que peuvent mettre en œuvre les bénévoles des organisations humanitaires.

---

1. Commentaires réunis pour la plupart, *ibid.*, pp. 111 à 162. « Ces commentaires que j'écrivis à l'occasion de nouvelles dites sensationnelles, mises en vedette et parfois applaudies par ce qu'il est convenu d'appeler la grande information, je vous les livre aussi, jeunes filles et jeunes gens qui répondirent à mon appel, afin que vous partagiez mes colères avant de vous unir à mes joies. »

2. *Ibid.*

3. Raoul Follereau essaie de chiffrer les besoins médicaux du tiers monde : coût d'un vaccin, d'un médicament. Il veut montrer qu'il suffit de peu d'argent pour mener une action efficace.

Raoul Follereau cherche en revanche à faire connaître les vies de dévouement. Il appuie l'action de la Société d'encouragement au bien (S.E.A.B.). Celle-ci récompense régulièrement les actes de vertu, de courage, et les dévouements de toutes sortes, en particulier les plus anonymes. Raoul Follereau fut l'un de ses lauréats, mais la plupart sont, répétons-le, des personnes modestes. L'impact de la S.E.A.B. reste cependant très faible dans l'opinion. Patronnée par de nombreuses personnalités, elle semble officielle à beaucoup et n'accède pas aux grands médias de l'époque. À moins qu'elle ne néglige trop les règles de la communication moderne avec l'opinion.

Parfois, Raoul Follereau intervient d'une façon plus directe encore. Il feuillette beaucoup les magazines, car il y voit un reflet des préoccupations de son époque et, surtout, un puissant moyen utilisé par des journalistes et des responsables de presse pour modeler, à son insu, l'opinion.

Dans un quotidien [1], le 29 juin 1960, une jeune fille de dix-huit ans déclare :

« Mon rêve, malheureusement irréalisable, serait d'avoir une baignoire remplie de bijoux pour m'étendre dedans [2]. »

Raoul Follereau ne peut rester sans réaction. Dans son bulletin, il écrit une lettre ouverte qui s'achève ainsi [3] :

« Vous croyez que je me fâche ? Peut-être même que je vous insulte ? Ce n'est pas vrai, mon petit. Je vous aime bien et je vous plains. Je vous plains parce que, vous qui avez tout, tout vous manque. »

Au fond, Raoul Follereau trouve que cette jeune fille est une victime. Victime de son environnement et de son époque. Un peu comme le personnage de Colombine, dans sa pièce *Pauvre Polichinelle,* avant la guerre.

À l'inverse, sa colère éclate quand, à la suite de déceptions sentimentales, une actrice déclare, dans une pose nonchalante, qu'elle aurait envie d'aller à Lambaréné soigner les lépreux [4] :

Votre petit cœur étant « blessé », vous voulez partir pour soigner les lépreux. Et à Lambaréné, avec ça. À l'hôpital du Dr Schweitzer. Pas moins...

Vous êtes une pauvre petite fille assoiffée de publicité et dont les ambitions ne s'intéressent que de fort loin au bonheur de nos pauvres amis.

Seulement, vous vous êtes dit : « Quelle belle occasion de faire parler de moi. »

---

1. *L'Aurore.*
2. *La seule vérité...,* tome I, pp. 130 à 134.
3. *Ibid.*
4. *Ibid.,* pp. 135 à 140. Le texte est paru sous forme d'article dans le numéro de Noël 1965 du bulletin.

*Vous avez beaucoup de « dons naturels ». Pour vous lancer, usez, s'il vous
plaît, de tous les moyens et de n'importe lesquels...*
Mais pas des lépreux. Non, pas ça...
*S'il faut être un héros pour embrasser un lépreux, voire pour lui serrer la
main, c'est que la lèpre n'est pas une maladie comme les autres...*
*En fait, vous n'avez jamais eu l'intention d'aller soigner les lépreux.
Tout au plus de faire un voyage publicitaire jusqu'à Lambaréné.
C'est ça qui est scandaleux...*
*Allons, oublions ces sottises. Chacun à sa place.
Et chacun à sa lèpre...*

Un peu plus tôt, Brigitte Bardot avait manifesté le même désir d'aller
soigner les lépreux et Raoul Follereau avait réagi de la même façon [1]. Nous
ne nous prononcerons pas sur la sincérité personnelle de ces actrices
lorsqu'elles tenaient de tels propos. Toujours est-il qu'elles ne parlent plus
des lépreux ensuite [2]. Raoul Follereau supporte d'autant moins ces interventions que ces comédiennes bâtissent leur carrière sur des rôles qui
bafouent les valeurs morales traditionnelles. Il ne veut pas que la cause des
lépreux soit « récupérée » par des personnes qui diffusent des façons de
vivre qu'il juge scandaleuses [3].

Mais sa réaction dépasse la simple antipathie personnelle : il devine les
perversions et les hypocrisies auxquelles peuvent conduire certaines formes
de « charité médiatique ». Si les artistes peuvent être sincères, leurs agents le
sont moins, qui ont tendance à voir dans la générosité médiatisée un moyen
idéal pour « vendre » le film ou le disque d'une vedette. Raoul Follereau ne
veut pas de cela, lui qui constate grâce à Pierre Fresnay ce que signifie le
véritable engagement de l'artiste au service d'une cause humanitaire.

Il montre aussi les dommages que certaines déclarations hâtives peuvent
causer auprès de l'opinion [4]. Un peu plus tard, les organisations tiers-
mondistes dénonceront les opérations d'aide d'urgence déclenchées par les
chaînes de télévision, qui sensibilisent l'opinion mais déforment le problème du tiers monde à force de le simplifier et de le réduire à des slogans.
Le problème de la compétence des médias et de la formation du public est

---

1. Brigitte Bardot est devenue une célébrité nationale du cinéma français en créant le
scandale, en paraissant nue dans plusieurs films, en interprétant des personnages bafouant
la morale familiale traditionnelle. Bref, elle n'incarne en rien l'idéal féminin de Raoul Follereau, qui ne la ménage pas.
2. « Ce subterfuge a sombré dans le ridicule », écrit alors Raoul Follereau dans *La seule
vérité...*
3. Il réagit cependant presque aussi durement qu'avant la guerre face à Victor Margueritte, l'auteur de *La Garçonne,* qui voulait s'intéresser aux questions humanitaires.
4. En faisant apparaître les lépreux comme des malades plus « dangereux » que les
autres. Ou en laissant croire que leur situation est sans issue : « Une photo devant la case du
Dr Schweitzer, avec une douzaine de lépreux résignés, c'est une première page toute cuite
dans un grand organe d' " information ". C'est ça qui est scandaleux. » *La seule vérité...,*
tome I, p. 138.

posé. Raoul Follereau invite, par ce texte, les éventuels candidats à l'action humanitaire à s'informer avant d'agir.

Raoul Follereau mène aussi à la fin des années soixante une campagne active au Vatican pour que le père Damien soit canonisé[1]. Il joue de ses nombreuses relations sur place et compte obtenir une avancée substantielle. Il aimerait que les lépreux aient un saint patron.

Le 17 avril, conduisant une délégation qui comprend notamment le supérieur de la compagnie du Sacré-Cœur, un représentant anglican et un membre de l'ordre de Malte, Raoul Follereau présente au pape Paul VI une requête signée de trente-deux mille huit cent soixante-quatre personnes originaires de cinquante-deux pays et relevant de cent soixante et onze centres de lépreux. Chacune a indiqué son nom, son prénom, sa religion et signé.

Raoul Follereau veut susciter une démarche œcuménique dans l'esprit de Vatican II.

La pétition a été envoyée à tous les évêques comptant des lépreux dans leur diocèse. Trois cent deux évêques catholiques ont d'ailleurs signé ce texte. Mais les catholiques, neuf mille trois cents à avoir signé, ne sont pas la majorité des signataires. On compte en effet onze mille hindouistes (les plus nombreux), deux mille deux cents protestants, douze cents musulmans, mille bouddhistes et un peu plus de huit mille personnes d'autres religions ou sans religion. Les Européens sont très minoritaires : onze cent cinquante-sept personnes seulement, dont six cent cinquante et un Italiens. La demande vient du tiers monde avant tout. Les Asiatiques sont les plus nombreux : vingt mille ont signé. On compte aussi trois mille Zaïrois[2].

La démarche n'aboutit pas. Pourtant, Paul VI reçoit personnellement la délégation et dit tout le bien qu'il pense de son initiative. Raoul Follereau se trouve un peu dans la situation qui était la sienne trente ans plus tôt quand il s'efforçait d'obtenir la canonisation du père de Foucauld.

L'indépendance du père Damien à l'égard de ses supérieurs expliquerait peut-être la lenteur des bureaux romains.

Raoul Follereau avait pourtant présenté fort habilement le dossier.

---

1. Important dossier dans les archives des Amis du père Damien.
2. Dossier des archives des Amis du père Damien.

CHAPITRE IX

Contre toutes les lèpres
(1968-1978)

UN RAYONNEMENT DE PLUS EN PLUS LARGE

En France

Quand éclatent en France les événements de Mai 68, Raoul Follereau s'inquiète, car il redoute qu'ils ne dégénèrent en affrontements très graves [1].

Il apprend aussi que certaines de ses phrases (nous ne savons pas lesquelles) ont été inscrites par des étudiants sur les murs de la Sorbonne [2].

Les contestataires appartiennent à la génération qui a signé l'appel « Un jour de guerre pour la paix ». Depuis 1964, Raoul Follereau s'adresse sans relâche aux jeunes de quatorze à vingt ans, leur demandant de bouleverser le monde où ils vivent. Ces jeunes ont entre dix-huit et vingt-quatre ans en 1968. Raoul Follereau a, presque inconsciemment, préparé les esprits à la révolte, en particulier dans les milieux chrétiens, très attirés alors par les mouvements contestataires, voire gauchistes. Les événements le surprennent cependant, comme la plupart de ses contemporains. Il réfléchit et décide d'agir à sa façon.

Raoul Follereau n'est pas seul à être intéressé aux jeunes au cours des années précédentes. Le philosophe Henri Lefebvre [3], né en 1901 – de deux ans son aîné donc – avait depuis plusieurs années déjà des contacts étroits avec des groupes d'étudiants gauchistes de la région parisienne, très actifs en Mai 68. Henri Lefebvre se définit comme « situationniste » : entre socialisme et anarchie, il veut avant tout déclencher des situations inédites, en

---

1. Témoignage d'Aimée Altériet, recueilli le 14 septembre 1987.
2. *Id.*
3. Son témoignage a été diffusé lors de plusieurs émissions de la série *À voix nue, entretiens d'hier et d'aujourd'hui,* en 1988, sur France Culture.

étant convaincu qu'elles vont obliger à trouver des solutions nouvelles et qu'elles vont bouleverser beaucoup de situations établies. Ce sont ces solutions neuves qui l'intéressent et non pas l'exercice du pouvoir ou l'application des articles d'un programme strict et précis. Il pense qu'il faut avant tout changer la vie quotidienne, par le biais des comportements et des mentalités. Mai 68 répond donc pleinement à son attente et il a contribué à le préparer.

À sa manière, Raoul Follereau procède d'une démarche comparable, même si ses idées sont diamétralement opposées à celles d'Henri Lefebvre. En lançant sa campagne de pétition auprès des jeunes en 1964, Raoul Follereau voulait avant tout créer une situation inédite et provoquer des prises de conscience. Mais il ne s'est pas interrogé sur les conséquences de ces prises de conscience.

On peut d'ailleurs constater que la révolte étudiante de Mai 68 prend parfois l'allure d'une révolte des grands-pères face à la société construite depuis vingt ans par les parents des étudiants. Sartre, Marcuse, Mao servent souvent de référence, or ils sont déjà très âgés.

Raoul Follereau comprend immédiatement que cette crise n'est que pour une part politique et sociale. Un séisme culturel se produit, ou plutôt se révèle, car Raoul Follereau voyait depuis plusieurs années l'univers des jeunes se transformer. Et le fait que les événements éclatent en Sorbonne, cette Sorbonne qu'il considère toujours comme le temple de l'esprit, ne peut que le conforter dans cette idée.

Raoul Follereau réédite en 1968, et pour la dernière fois, sa brochure *Ce que le monde doit à la France*.

André Récipon voit venir à lui plusieurs professeurs de la Sorbonne totalement désorientés [1]. Ils lui demandent aide et soutien face à la tourmente universitaire. André Récipon est connu par ses interventions, quelques années plus tôt, dans la réorganisation de l'Institut catholique de Paris. Et c'est ainsi que, soutenu et conseillé par Raoul Follereau, il joue un rôle important dans la naissance, à Paris, de la F.A.C.L.I.P. ou Faculté libre de philosophie comparée.

Cette faculté est créée « pour réagir contre l'effondrement de l'université d'État ». Ses fondateurs dénoncent « la révolution culturelle insidieuse qui vise à abolir la civilisation occidentale et dont l'enseignement public est la cible privilégiée. Cette révolution culturelle s'en prend à l'homme, vise à transformer son être moral, intellectuel et même affectif. Les visions du vrai, du bien, du beau sont bouleversées. La subversion est réussie quand parents et enfants ne se comprennent plus, ont un langage et des notions différentes, ne s'aiment plus. C'est par l'enseignement du français, de l'histoire, de la philosophie que l'on peut former et déformer la pensée de la jeunesse. La F.A.C.L.I.P. propose un enseignement conforme au patri-

---

1. Témoignage d'André Récipon, recueilli en septembre 1987.

moine intellectuel de la France et respectueux des valeurs traditionnelles de la civilisation chrétienne[1] ».

Cette fondation est vécue comme un combat. L'image d'une forteresse assiégée, comme dans les textes de Raoul Follereau quarante ans auparavant, imprègne les fondateurs. La F.A.C.L.I.P. se réfère à la parole de Pie XII : « De la forme donnée à la société dépend le bien et le mal des âmes. » C'est surtout André Récipon qui intervient dans cette affaire, mais il reçoit l'approbation et l'appui de Raoul Follereau.

La F.A.C.L.I.P. existe toujours actuellement et elle a trouvé son « rythme de croisière ». Une centaine d'étudiants sont inscrits, ce qui crée l'atmosphère d'une communauté universitaire à taille humaine. Ils sont sélectionnés après le baccalauréat et un entretien avec le doyen de la F.A.C.L.I.P. Lettres, philosophie, histoire, langues, administration économique et sociale y sont enseignées. La faculté prépare à l'École des chartes et à Sciences-Po. Des conventions sont signées avec la Sorbonne et l'université de Paris-X pour la délivrance des D.E.U.G., licences et maîtrises.

Raoul Follereau et André Récipon sont intervenus pour le lancement de la F.A.C.L.I.P., mais ensuite ils ne participent pas à son fonctionnement. André Récipon déplorant les conflits qui opposent assez vite plusieurs membres de la direction de la F.A.C.L.I.P. Le doyen Natter prend en charge les destinées de la F.A.C.L.I.P. Il n'est bientôt plus fait état de celle-ci dans le bulletin de l'association Follereau.

En revanche, la pétition adressée à l'O.N.U. fait toujours les gros titres du bulletin. Les signatures continuent à affluer chez Raoul Follereau. Ce dernier pense aux événements de mai quand il rédige, pour le début de septembre, son message annuel aux jeunes, message dont nous citons quelques extraits[2] :

La place exorbitante prise d'assaut par la technique, monstre jamais repu, menace de réduire l'homme à un nouvel esclavage. Plus que jamais, il a besoin de ce « supplément d'âme » que réclamait déjà Bergson... lorsque j'avais vingt ans.

La critique d'une technique déshumanisante est un thème courant chez les écrivains européens depuis le début des années trente au moins. Georges Duhamel écrivait déjà en ce sens. En faisant référence à ses vingt ans, Raoul Follereau semble indiquer que les contestations de 1968 ne sont pas entièrement nouvelles et qu'il convient de ne pas en dramatiser la portée.

Que les jeunes soient impatients d'accélérer – ou de freiner – le processus de cette évolution, rien de plus conforme à leur nature et à leur vocation. Mais pas dans le désordre, la violence, l'arbitraire.

---

1. Brochure publiée par la F.A.C.L.I.P.
2. Livre de messages aux jeunes, *Vous aurez vingt ans en l'an 2000*, p. 86.

Tenter de détruire les vieilles structures sociales — fussent-elles péri-mées — comme un enfant casse des jouets parce qu'ils ont trop servi n'est pas le témoignage d'un esprit adulte, la preuve qu'on est déjà un homme.

Ne devenez pas la proie des voyous de l'intelligence : ils vous mèneront sur des chemins sans fleurs, et qui débouchent sur le néant.

Méfiez-vous des systèmes et détournez-vous des sectes. Ne vous laissez pas impressionner par les abouliques du sophisme, les maniaques du refus. Ils vous laisseront vides, l'intelligence trahie et le cœur en cendres.

Raoul Follereau prend donc nettement ses distances avec les contesta-taires les plus connus et avec des intellectuels comme Sartre. On retrouve les thèmes de *La Trahison de l'intelligence*, texte rédigé en 1936 :

Votre jeunesse doit être création, élévation, service et joie.

Vous ne réformerez le monde qu'en enrichissant son cœur.

Pour cela, il vous faudra museler la machine qui menace de dévorer l'homme, dominer la vitesse dont il s'est fait le prisonnier, reconquérir le temps d'aimer...

Votre point d'appui, c'est l'amour...

Oui, révoltez-vous en apprenant qu'un porte-avions atomique représente la valeur de trois millions de tonnes de blé...

La révolution ? Oui, en faveur de ceux qui, ce soir, se coucheront — souvent par terre — avec la faim, ces deux milliards d'hommes parmi les-quels 60 % ont moins de vingt ans.

Les richesses du monde sont à tout le monde. Voilà la vérité qu'il vous faut conquérir, imposer...

Le bonheur, c'est d'abord le bonheur des autres.

C'est le refus, c'est le dégoût d'être tout seul...

La bouleversante multitude des pauvres s'efforce de survivre en s'aimant.

C'est vers eux qu'il faut aller. C'est pour eux qu'il faut combattre. C'est eux qu'il faut aimer.

Vous cherchez un but à votre vie ?

Il manque dans le monde trois millions de médecins : devenez des méde-cins.

Près d'un milliard d'êtres humains ne savent ni lire ni écrire : devenez des enseignants.

Deux hommes sur trois ne mangent pas à leur faim : devenez des semeurs et, des terres incultes, faites surgir les récoltes qui les rassasieront.

Vos frères ont besoin de vous : dans n'importe quelle discipline, devenez très simplement, très noblement, des « ouvriers ».

Devenez quelqu'un, pour faire quelque chose.

Refusez de mettre votre vie au garage. Mais refusez aussi l'aventure où l'orgueil a plus de place que le service.

Dénoncez, mais pour exalter.

Contestez, mais pour construire.

Que votre révolte elle-même, et sa colère, soit amour.
Sont forts ceux qui croient, et qui veulent bâtir : bâtissez le bonheur des
autres.
Demain aura votre visage.
Le monde va en se déshumanisant : soyez des hommes.

Raoul Follereau invite donc les jeunes à s'engager dans une action à long terme, en utilisant autant que possible leurs compétences professionnelles, et il repousse par là même l'idée d'un « grand soir » qui résoudrait soudainement tous les problèmes.

Il invite les générations nouvelles à choisir en priorité certaines professions. Beaucoup croient en effet qu'un simple transfert de personnes peut venir à bout de la crise du tiers monde. Depuis plus de vingt ans, on sait que des médecins sont au chômage dans le tiers monde, faute de moyens pour les payer. De plus, les candidats européens à l'enseignement et à l'exercice de la médecine dans le tiers monde sont souvent repoussés aujourd'hui par les autorités locales comme par les organisations humanitaires européennes, qui ne veulent pas créer de concurrence aux diplômés des pays en voie de développement, lesquels éprouvent beaucoup de difficultés à trouver un emploi. La solution est donc moins simple que ce que suggère Raoul Follereau. Mais celui-ci ne parle pas pour régler les détails techniques. Prophète avant tout, il veut réveiller les consciences.

Car il estime que la solution à la crise morale de l'Occident comme à la détresse du tiers monde passe avant tout par un changement de regard sur le monde et sur les autres, par une conversion intérieure, laquelle est selon lui le préalable indispensable à l'action et constitue le seul garant de son succès. Cette conversion intérieure lui semble oubliée par de nombreux contestataires et c'est pourquoi il est assez pessimiste quant à l'avenir de leur mouvement. Il se demande s'ils ne vont pas rentrer dans le rang, désabusés, au lieu de chercher, leur vie durant, à transformer le monde.

Mais la contestation ne touche pas seulement les institutions universitaires et politiques de la France.

L'Église catholique se trouve de plus en plus écartelée entre des tendances traditionalistes et des tendances dites progressistes, qui estiment que le concile n'est « pas allé assez loin » et que l'Église doit se transformer et modifier profondément l'annonce de son message. Par ailleurs, dans la foulée du concile, au nom d'une inculturation étrangement interprétée, des initiatives hasardeuses sont prises par des groupes plus ou moins représentatifs, initiatives qui déconcertent souvent le « peuple chrétien ».

Dans le livre *La Civilisation des feux rouges,* paru en 1969, Raoul Follereau évoque, en de très courts chapitres, divers problèmes de société. Il dit ouvertement le malaise qu'il éprouve devant certaines évolutions vécues dans l'Église de France après le concile, sur le plan liturgique notamment.

Il dénonce « les églises dépouillées », « les églises hall ou hangar », « les églises extravagantes », « les saintes mal habillées », les crèches stylisées, décors qu'il trouve « bêtes, tristes, ennuyeux », l'abandon des statues anciennes, envoyées brutalement au brocanteur. Il n'aime pas non plus les « messes en yéyé » avec des « êtres qui ne sont ni garçons ni filles ». Il n'apprécie pas l'usage systématique des « slogans, chiffres, graphiques ». Il se méfie des esprits subtils « férus de nouvelles théologies » et qui manipulent Dieu « comme un théorème ». D'une manière générale, il déplore la volonté de désacralisation qui touche une partie du clergé.

En revanche, il réaffirme son attachement aux ex-voto, aux anges gardiens, à l'angélus et aux cloches, aux fêtes solennelles des saints, aux statues avec cierges près desquelles les fidèles peuvent prier.

Et il explique : « J'ai la foi du charbonnier. »

Il déplore aussi, en privé [1], l'abandon du latin, lui qui, vu ses déplacements, assiste souvent à la messe à l'étranger.

Il n'est pourtant pas un conservateur, ses engagements et ses messages aux jeunes le montrent bien. Il a aussi inspiré à sa manière certains textes ou messages des pères du concile. La catéchèse, beaucoup moins dogmatique que les précédents catéchismes, intègre assez largement la pensée de Raoul Follereau. Certains de ses textes sont repris, le coût des armes nucléaires et des bombardiers est souvent dénoncé. D'assez nombreux « progressistes » ne sont sans doute pas loin de penser que Raoul Follereau est des leurs.

Et pourtant il se sent assez mal à l'aise devant l'évolution de l'Église de France. Mais il ne consacre pas à ces problèmes les gros titres de son bulletin. La campagne auprès de l'O.N.U. mobilise d'abord toute son énergie, puis les comptes rendus de la lutte contre la lèpre reprennent à nouveau toute leur importance. En effet la fondation française Raoul-Follereau se structure de plus en plus.

André Récipon a donc la lourde charge d'organiser en France les fondations Follereau. Il ne s'agit pas, au début, de gérer mais de créer, car Raoul Follereau affectionne les structures souples et informelles et travaille d'une façon artisanale. Mais l'audience de plus en plus grande de l'homme et de ses œuvres oblige à passer à la dimension supérieure et à travailler autrement. Ce n'est pas facile, d'autant qu'André Récipon mène en même temps une activité professionnelle exigeante. De plus, l'état de santé de Raoul Follereau interdit désormais à ce dernier de se déplacer tous les soirs pour prononcer une conférence : le Vagabond de la Charité doit désormais mesurer ses engagements. Un secrétariat se met en place. Le siège des fondations se trouve rue Laugier, dans le 17e arrondissement de Paris, mais le Comité national d'assistance aux lépreux a son siège rue Spontini, dans le 16e arrondissement [2].

André Récipon est un passionné, exigeant envers lui-même et envers les

---

1. Selon les témoignages concordants de ses proches.
2. Ces indications figurent bien sûr dans le bulletin.

autres. Ses colères deviennent vite proverbiales [1]. Rendu très diplomate par l'expérience, Raoul Follereau lui conseille souvent de modérer son indignation quand, pour des raisons diverses, des personnes n'ont pas tenu leurs engagements à l'égard de la fondation.

Le Dr Aujoulat dirige la commission médicale des fondations, qui doit effectuer un tri rigoureux parmi les nombreuses demandes d'aide. Le Dr Aujoulat, qui est membre actif de la commission médicale de l'E.L.E.P., privilégie à ce moment-là l'aide apportée aux jeunes gouvernements africains. Le général Richet joue un rôle important dans cette commission.

Un comité national d'assistance aux lépreux doit rassembler pour les fondations Follereau les offrandes destinées aux secours des lépreux. Le général Charbonneau, premier président d'un comité encore modeste, en devient président d'honneur, en 1968, année où lui succède le Dr Aujoulat. Ce comité cherche à installer des délégations dans tous les départements français.

Des comités locaux actifs existent dans quelques régions, grâce au dynamisme de quelques personnes enthousiasmées par le message de Raoul Follereau. On peut citer le comité du Nord (animé par le Dr Lavergne), le comité de Tourcoing, le comité de Boulogne-Billancourt et celui de Saint-Cloud, celui de la Gironde (Mme Durou), celui du Rhône (Mlle Dusserre), et ceux du Var, des Vosges, de l'Aveyron, des Alpes-Maritimes, du Tarn, de Roanne, de Saint-Étienne, de Montbrison... André Récipon et le Dr Aujoulat veulent regrouper ces comités et en créer de nouveaux afin de mener une action plus efficace sur le terrain.

En effet, les dons reçus en France pour la lutte contre la lèpre restent faibles si on les compare à ceux effectués dans les pays voisins. Par exemple, en 1968, le comité français peut distribuer un million de francs (cent millions de centimes) pour l'action contre la lèpre, alors qu'en Belgique, pays cinq fois moins peuplé, l'association reçoit l'équivalent de trois millions de francs...

Jean Masselot, ancien directeur de cabinet du Dr Aujoulat au temps où celui-ci était ministre, est chargé de mener à bien cette tâche essentielle. Il s'en acquitte remarquablement.

Directeur de l'inspection des colonies depuis 1964 [2], Jean Masselot a vécu intensément la décolonisation et la fin du corps des inspecteurs des colonies. En retraite à partir de 1969, il est disponible pour de nouvelles tâches, et le Dr Aujoulat, qui a gardé avec lui d'excellents rapports, le fait entrer au Comité national d'assistance aux lépreux, dont il devient le président à la mort de ce dernier en 1973. De 1970 à 1980, Jean Masselot consacre l'essentiel de son temps aux fondations Raoul-Follereau et à la

---

1. Selon le témoignage de tous les proches de Raoul Follereau.
2. Témoignage de M. Jean Masselot, recueilli le 15 octobre 1987.

mise en place de nouveaux comités. Ils étaient vingt en 1970, ils sont environ soixante-dix en 1980. La plupart sont départementaux.

Jean Masselot procède méthodiquement. Quand quelqu'un envoie régulièrement des dons à la fondation ou se rend à la réunion annuelle du Comité national à Paris, il vérifie si cette personne habite un département où n'existe pas encore de comité. Si tel est le cas, il prend alors contact avec elle, ce qui explique qu'il se rende souvent en province pour rencontrer directement les personnes concernées. Au début, la plupart des personnes sollicitées craignent de ne pas être « à la hauteur ». À la fois doux et tenace, courtois et persuasif, Jean Masselot prend le temps d'écouter et il sait mettre ses interlocuteurs en confiance. En général, les comités apparaissent pour organiser dans de bonnes conditions la journée mondiale des lépreux. Ensuite, plusieurs d'entre eux proposent des manifestations plus originales.

Jean Masselot rencontre ainsi des gens très divers, à l'image du public qui soutient Raoul Follereau. En Alsace, le Dr Lehmann, de retour en France après de longues années passées à Madagascar, dirige le comité local. Ailleurs, on peut trouver des retraités ou des adultes dans la force de l'âge. Les anciens comités observent souvent avec un peu d'inquiétude le rôle grandissant de Paris dans la nouvelle organisation qui se met en place. Jean Masselot visite également ces comités et assure qu'il n'est pas question de leur imposer des directives autoritaires. Il souhaite respecter leur autonomie.

Au cours de toute cette évolution, Raoul Follereau reste très discret. Il ne veut pas gêner l'action de ses héritiers, des héritiers qu'il a choisis, car il les estimait compétents pour mener à bien cette entreprise. Une fois par mois environ, Jean Masselot lui rend visite pour lui présenter son travail et la situation des comités [1]. Raoul Follereau écoute toujours avec beaucoup d'attention mais ne cherche pas à remettre en cause les décisions prises. D'une manière générale, il s'en remet aux personnes auxquelles il a confié une responsabilité et s'efforce ensuite de ne pas intervenir, sauf en cas de situation exceptionnelle.

André Récipon ambitionne de rendre les fondations plus performantes encore en centralisant davantage. Il souhaite un unique budget, national, au lieu de la juxtaposition des budgets de comités locaux. Il impose lentement l'idée d'adresser tous les fonds à un seul compte parisien, pour gagner en efficacité dans l'action. Il fait aussi réunir l'argent destiné à l'action médicale sur le terrain et l'argent de la « bataille de la lèpre », qui finance les opérations de propagande et d'information.

Ces nouveautés suscitent à chaque fois des réserves, voire des oppositions. Oppositions plus sentimentales que vraiment techniques, d'ailleurs. André Récipon doit faire face à des assemblées générales assez tumul-

---

1. Id.

tueuses au début. Cependant, il finit par faire prévaloir ses idées, et ses contradicteurs du moment ne remettent pas en cause leur participation à la vie des fondations.

Et hors de France

L'influence de Raoul Follereau hors de France se confirme.

À Pâques 1968, un million et demi de jeunes avaient signé l'appel à l'O.N.U., en octobre ils sont deux millions de cent vingt pays [1]. Et ce n'est pas fini.

Les Italiens sont une fois encore les plus nombreux à avoir signé. Les responsables de l'association italienne avaient promis un million de signatures à Raoul Follereau [2]. Ils en ont récolté six cent soixante mille [3]. Cinq cent mille Français, deux cent mille Espagnols, cent mille Belges ont aussi signé [4].

On constate qu'en France, en Italie et en Belgique la proportion de jeunes signataires est comparable. Environ 10 % des adolescents de ces trois pays signent la pétition. Certains ne la signent pas car ils la trouvent utopique, mais ils en approuvent les mobiles. Le succès est donc incontestable. Il est dû pour une large part à l'appui des mouvements et institutions catholiques, qui jouent un rôle de relais très efficace.

Raoul Follereau entasse les talons reçus dans le grenier de l'immeuble où il réside et il note le nombre de signatures reçues, mais il ne se livre pas à une étude portant sur l'origine géographique et sociologique des réponses obtenues. Les talons ayant disparu, semble-t-il, nous ne pouvons donner davantage de précisions sur leur origine.

Quelques pays prennent des mesures.

Le Canada, qui étudiait la question depuis 1966, décide en novembre 1967 qu'à partir de 1968 il versera la valeur d'un jour de son budget de défense nationale à l'aide au développement et à des œuvres de secours aux malades et d'assistance sociale [5].

Le 24 octobre 1968, la commission des finances et du budget de la Chambre des députés du Luxembourg décide de réduire ses crédits militaires pour 1969 et de mettre à la disposition de l'O.N.U. la somme correspondante pour que puisse être mis en place le fonds international réclamé par Raoul Follereau [6].

---

1. Chiffres publiés dans le bulletin.
2. Lettre envoyée au début de la campagne (archives de l'association italienne).
3. Chiffres consignés dans les archives de l'association italienne.
4. Chiffres trouvés dans les archives de l'association française.
5. Brochure *Renversez la vapeur...*, pp. 60 à 64.
6. *Ibid.*

Enfin, le 28 novembre 1968, un projet de résolution soutenant la demande de Raoul Follereau est présenté par quinze pays à la deuxième commission de l'O.N.U. [1].

Ces pays sont les suivants : Cambodge, Cameroun, Congo-Brazzaville, Côte-d'Ivoire, Gabon, Ghana, Madagascar, île Maurice, Niger, République centrafricaine, Rwanda, Sénégal, Tchad, Togo. Raoul Follereau connaît personnellement les chefs d'État de tous ces pays et entretient avec eux des liens cordiaux d'estime et parfois de réelle amitié. Ces pays savent qu'ils seraient les premiers bénéficiaires du plan proposé par Raoul Follereau et ils sont donc les premiers à le soutenir.

La France n'est pas du nombre des signataires du projet, ni aucun pays industrialisé, qu'il soit libéral ou socialiste.

Vingt-quatre orateurs interviennent lors de ce premier débat en commission. Dix-huit d'entre eux se déclarent favorables sans réserve au projet et certains proposent qu'il soit voté sans discussion.

Mais les quatre Grands demandent un délai de réflexion.

La commission décide cependant que le projet sera inscrit à l'ordre du jour de l'assemblée générale de l'O.N.U., à l'automne 1969.

Raoul Follereau comprend que le projet entre dans une phase décisive et que certains pays, les quatre Grands en particulier, comptent sur un essoufflement du mouvement. Il s'adresse de plus belle aux jeunes [2] :

Assiégez-les! Envahissez-les! Assourdissez-les!...
Vous êtes deux millions à avoir écrit à l'O.N.U.
Vous devez être trois millions avant la fin de l'année.

Effectivement, à la fin de l'année 1969, trois millions de jeunes de cent vingt-cinq pays ont signé l'appel de Raoul Follereau [3].

Ce que ce dernier commente ainsi :

Si trois millions de voix ne sont pas suffisantes pour les émouvoir, dans six mois, dans un an, dans cinq ans, nous serons quatre millions, cinq millions, dix millions.

La mobilisation a été forte en Espagne [4]. Les *Colejos mayores*, les radios populaires, l'Association espagnole contre le cancer, Medicus Mundi, l'Académie royale d'histoire, l'Association catholique nationale des propagandistes, des associations d'architectes, d'ingénieurs, de pharmaciens se mobilisent. Les deux cent mille étudiants de la *Confederación misional de*

---

1. Source : compte rendu des débats de l'O.N.U. (bibliothèque de l'O.N.U. à Genève).
2. Bulletin *La seule vérité...*, Pâques 1969.
3. Bulletin *La seule vérité...*, octobre 1969.
4. *Renversez la vapeur...*, pp. 49 et 50.

estudiantes envoient leur adhésion par une lettre de leurs délégués nationaux, qui effectuent un grand travail de sensibilisation dans le pays.

Raoul Follereau est déjà connu dans la péninsule Ibérique pour sa lutte contre la lèpre, une maladie qui y sévit encore. Par ailleurs, il connaît personnellement le général Franco, qui le reçoit chaleureusement quand il se rend en Espagne [1].

La deuxième commission de l'O.N.U. débat donc une nouvelle fois du projet le 28 novembre 1969 [2].

La proposition de Raoul Follereau n'est pas la première en son genre. Déjà, en 1921, à la S.D.N., à l'initiative de Nansen, l'assemblée avait accordé cinq millions de livres afin de soulager quelques millions d'affamés. L'O.N.U. rappelle ses résolutions du 7 décembre 1953, du 18 décembre 1962, du 20 décembre 1965, du 6 décembre 1966 et du 19 novembre 1968 concernant l'affectation à des besoins pacifiques des ressources libérées à la suite du désarmement.

En 1969, le monde vit à l'heure de la Détente dans les relations internationales, mais la course aux armements reste aussi effrénée. Et les deux Grands ne sont pas seuls en cause. Les pays du tiers monde soutiennent toujours aussi vigoureusement le projet.

L'attitude des grandes puissances change un peu. La déléguée américaine, Mrs. Black, se félicite du « caractère réaliste et important du projet [3] ». La France, par la bouche de son représentant Maurice Viaud, apporte cette fois son soutien au projet. Le général de Gaulle n'est plus au pouvoir, et Georges Pompidou a nommé Maurice Schumann aux Affaires étrangères. Ami de longue date de Raoul Follereau, ce dernier donne aux diplomates français des consignes très précises pour soutenir avec force le projet. Si la France s'en fait donc l'un des avocats, les réticences ne manquent pas cependant. Les Pays-Bas, qui ne rechignent pourtant pas à aider le tiers monde, doutent des liens directs existant entre désarmement et aide au tiers monde.

Les critiques les plus vives viennent de l'U.R.S.S. et de ses alliés. L'U.R.S.S. ne veut pas d'un accord partiel, mais d'un accord de « désarmement général et total ». La Biélorussie – fiction juridique à l'O.N.U., mais elle a droit de vote comme un État – reprend toutes les interventions soviétiques et conteste jusqu'au titre du projet : elle ne se considère pas en guerre et veut pas que l'on parle de « journée de guerre pour la paix » comme le proposait Raoul Follereau. La France propose de parler de « journée de la paix ». Ces arguties ne doivent pas tromper ; les Soviétiques

---

1. Raoul Follereau publie d'ailleurs, en 1966, dans *La seule vérité...*, (tome III, p. 62) une photo où il serre la main du général Franco, et ce à un moment où les critiques internationales contre le régime de ce dernier sont très nombreuses.
2. Source : compte rendu des débats consulté à la bibliothèque de l'O.N.U. à Genève.
3. Id.

sont hostiles au projet pour les mêmes raisons qu'ils s'opposaient au don des deux bombardiers.

Un texte est enfin proposé le 5 décembre 1969 à l'assemblée générale des Nations unies à New York. Il s'agit du « point 42 de l'ordre du jour » de cette 24e session. Ce texte est adopté par quatre-vingt-douze voix et sept abstentions. Aucun pays n'a osé voter contre. Il correspond au projet de la commission à la fin de l'année 1968. Les propositions de Raoul Follereau sont singulièrement édulcorées.

Voici le passage principal du texte retenu :

L'Assemblée générale des Nations unies... reconnaissant l'importance des mesures de désarmement comme un des moyens de libérer des ressources supplémentaires en vue du progrès économique et social dans le monde, et en particulier dans les pays en voie de développement.

1) invite les États membres à désigner chaque année une « Journée de la paix » consacrée à l'étude des effets que pourraient avoir sur le développement économique et social toutes mesures de désarmement.

2) prie les États membres d'examiner à cette occasion, au cas où des mesures effectives de désarmement réussiraient à libérer des ressources supplémentaires, la possibilité d'utiliser ces ressources, compte tenu des objectifs de la deuxième décennie des Nations unies pour le développement;

3) suggère aux États membres de l'assemblée générale, lorsqu'ils feront des rapports... de joindre les observations qu'ils jugeraient opportunes sur les résultats escomptés des études effectuées par eux dans le cadre d'une « Journée de la paix. »

Comme l'écrit Raoul Follereau, l'O.N.U. répond « à la manière onusienne », avec une prudence un peu timorée. Il estime cependant que cette réponse constitue un succès pour l'opération entreprise depuis un peu plus de cinq ans, même si le résultat obtenu ne correspond pas pleinement à sa demande.

Les États gardent leurs prérogatives et leur liberté d'action. La création d'une caisse universelle gérée par l'O.N.U. pour lutter « contre les famines, les taudis et les grandes endémies » ne se concrétise pas. Les obstacles juridiques et administratifs étaient trop importants. De plus, les organismes spécialisés de l'O.N.U. travaillent déjà à ces problèmes. Et, surtout, les États ne veulent pas abandonner leur souveraineté.

Les États ne sont pas contraints d'agir mais invités à étudier le problème, cette formule offre un prétexte commode à ceux qui veulent se soustraire à la solidarité internationale.

Désormais, pour Raoul Follereau et les jeunes qu'il a mobilisés, l'action se déroule à une autre échelle : celle de chaque État. Il invite en effet

chaque État à donner l'argent prélevé sur les budgets militaires à des
œuvres internationales (Unicef, O.M.S....) ou à des œuvres nationales[1].

Ce dernier appel est inégalement entendu. La France, par exemple,
décide en 1970 de prélever cette somme... au profit de la lutte contre le cancer, l'une des premières causes de mortalité en France. Ce n'est pas ce
qu'attendait Raoul Follereau...

Pour poursuivre efficacement l'action, il conviendrait de mettre en place,
dans un grand nombre de pays, des associations puissantes faisant pression
sur les pouvoirs publics, afin de parvenir à un changement. Raoul Follereau en a-t-il les moyens?

Il rêve de toucher un public toujours plus large, chez les jeunes en particulier. La crise de Mai 68 lui permet d'observer avec intérêt le succès du
Petit livre rouge, qui rassemble les principales citations et pensées de Mao
Tsé-toung. Distribué à tous les jeunes de Chine et traduit dans le monde
entier, il est largement lu par les jeunes autour de 1968.

Raoul Follereau trouve la formule intéressante et il décide de composer
Le Petit Livre d'amour, recueil de ses principales pensées. Il en dicte bien
sûr la composition à sa secrétaire, Aimée Altériet. Le titre de l'opuscule
reprend celui de la première conférence de Raoul Follereau, prononcée à
Nevers alors qu'il avait quinze ans. Raoul Follereau pense au format de ce
petit livre qui doit être facile à porter en toute circonstance : soixante pages
de format 9 × 13. La couverture bleue comporte sont portrait.

Le premier tirage, en 1970, est de trente mille exemplaires. Le succès est
tel que, les petits livres étant épuisés, de nouveaux tirages s'imposent.

Raoul Follereau veut qu'ils soient distribués gratuitement et ne fassent
l'objet d'aucune opération commerciale. Ce souhait embarrasse André
Récipon, qui pense tout de suite au coût de l'opération, aux frais d'impression en particulier. Les dépenses nécessaires à la parution du *Petit Livre
d'amour* réduisent d'autant les moyens financiers consacrés à la lutte contre
la lèpre. André Récipon confie son inquiétude à Raoul Follereau, mais ce
dernier ne revient pas sur sa décision[2]. *Le Petit Livre d'amour* doit être
distribué gratuitement et le plus largement possible. André Récipon
s'incline.

Raoul Follereau annonce ses intentions : « Le message doit pénétrer
dans tous les milieux, sans frontière géographique, politique, raciale, sans
frontière religieuse non plus, car il n'y a qu'un ciel pour tout le monde... Il
contient les idées qui ont mené, conduit et éclairé toute ma vie. Je l'offre à
la jeunesse de tous les pays comme un témoignage d'espérance et un hommage à son avenir[3]. »

---

1. *Renversez la vapeur...*, *op. cit.*
2. Raoul Follereau et André Récipon étant en contact quasi permanent, cette décision ne
donne pas lieu à un échange de lettres; tout se déroule oralement.
3. En introduction.

Les pensées de Raoul Follereau sont regroupées autour des thèmes suivants : de l'amour et de la charité, de Dieu, du christianisme et des chrétiens, de la misère et de l'injustice sociale, des pauvres et des riches, de l'homme, du bonheur et de la civilisation, de l'argent, de la patrie et de l'humanité, de la lèpre (deux pages seulement sur ce sujet), bombe atomique ou charité, messages à la jeunesse du monde.

Raoul Follereau cherche ensuite des traducteurs. Il reprend pour certaines langues les spécialistes habituels, comme le père Corti en Italie. La traduction en grec est effectuée très tôt également et elle rencontre un grand succès, étant tirée à cent mille exemplaires et distribuée dans les écoles où elle fournit des sujets de dissertation.

Mais Raoul Follereau n'attend pas que les traducteurs se manifestent, il lui arrive souvent de prendre les devants. Il décide ainsi de rencontrer des Polonais qui peuvent traduire la brochure dans leur langue [1].

Souvent, des religieux et des missionnaires prennent l'initiative de traduire le livre dans la langue du pays où les conduit leur apostolat. Traduit en de multiples idiomes asiatiques ou océaniens, il rend de grands services aux missionnaires qui entrent en contact avec des cultures très différentes de celles de l'Europe chrétienne. Là où le christianisme est minoritaire, dans les pays musulmans ou asiatiques par exemple, il offre une base intéressante au dialogue entre personnes de religions différentes. En effet, il rassemble les grands enseignements de la spiritualité, de la foi et des valeurs chrétiennes, sans se perdre en considérations théologiques, beaucoup de missionnaires constatant que la confrontation théorique et doctrinale avec d'autres religions s'avère souvent infructueuse et frustrante ; la véritable annonce évangélique semble alors se situer dans le « vécu » plus que dans le « dire ». Le nom de Raoul Follereau suscite déjà le respect dans le tiers-monde. Ce dernier propose des réflexions remarquablement adaptées aux questions des hommes de son temps, quelle que soit leur culture. Il ne cache pas sa foi chrétienne mais il n'a pas l'agressivité intolérante de certains propagandistes.

Le *Petit Livre d'amour* apporte aussi l'espoir dans des pays où sévissent persécutions et entraves à la liberté religieuse. En Europe de l'Est, dans tous les pays pratiquement, des jeunes le recopient des nuits entières et se passent des exemplaires sous le manteau [2]. On ne pourra jamais mesurer l'impact réel du livre de Raoul Follereau sur ces jeunes, mais il n'est pas négligeable, d'autant qu'il circule des années durant. On peut considérer que Raoul Follereau travaille ainsi, un peu indirectement, à maintenir l'espoir et la ferveur spirituelle et religieuse dans ces pays ; espoir et ferveur sans lesquels on ne peut comprendre les grands mouvements de 1989, que Raoul Follereau a, pour une petite part, préparés.

---

1. Témoignage d'Aimée Altériet, recueilli le 14 septembre 1987.
2. *Jean Toulat, op. cit.*, p. 127.

Mais le livre n'intéresse pas seulement des jeunes. Raoul Follereau reçoit un jour une lettre d'un chef d'entreprise qui, pendant une maladie, l'a lu : « Qu'est-ce qu'il faut faire maintenant ? Car je ne peux plus vivre comme avant de l'avoir lu », écrit-il [1].

Parfois une phrase provoque un déclic :

« Votre beau livre d'amour m'a plu et surtout la phrase " Le plus grand malheur qui puisse vous arriver, c'est de n'être utile à personne, c'est que votre vie ne serve à rien ", car elle m'a éclairée sur ma vie et sur la voie que j'ai à suivre en tant que jeune aujourd'hui dans le monde, auprès des gens que je côtoie tous les jours mais que je n'ai jamais pris le temps de rencontrer et de découvrir [2]. »

En 1990, le *Petit livre d'amour* avait été traduit en trente-sept langues – dont le chinois, le japonais, le khmer et l'éthiopien – et diffusé à plus de douze millions d'exemplaires.

Raoul Follereau sait que des associations officielles sont nécessaires pour assurer une diffusion profonde de son message dans chaque pays. Il est à l'origine de nombreux comités dans le monde entier. La plupart s'occupent du sort des lépreux mais propagent également son message. C'est le cas de grandes associations nationales (France, Belgique, Italie...). Cependant, certaines associations de l'E.L.E.P. ne portent pas le nom de Raoul Follereau et ne font pas connaître ses écrits, car elles ne veulent pas entendre parler de chef charismatique ; Leprosy Mission et même le D.A.H.W. sont dans ce cas. Raoul Follereau, de son côté, ne veut pas que l'on réduise son message à la seule réhabilitation des lépreux et il aspire, pour ses comités, à un cadre distinct de celui de l'E.L.E.P.

Et c'est pourquoi, en octobre 1971, l'Association internationale des fondations Raoul-Follereau est officiellement créée. Une assemblée générale constitutive a lieu à Paris et les statuts officiels sont déposés chez Me Bonsergent, le notaire ami de Raoul Follereau. L'association est mise en place à la suite d'un échange de lettres entre Raoul Follereau et André Récipon en février 1971.

Je pense que l'heure est venue d'élargir les structures de notre organisation aux dimensions actuelles de notre croisade, écrit alors André Récipon à Raoul Follereau.

Je me permets donc de vous demander de bien vouloir m'autoriser à créer l'Association internationale des fondations Raoul-Follereau, qui constituera

---

1. Cité dans la biographie de Raoul Follereau par Françoise Brunnschweiler, p. 159.
2. *Ibid.*

la fédération de tous les comités ou délégations, créés ou à venir, qui à tra-
vers le monde portent votre nom et continuent votre œuvre [1].

On reconnaît la volonté d'André Récipon de structurer ce qui existe déjà
afin de lui permettre un meilleur développement. Remarquons qu'il s'agit
de « fédération » et non de fusion. Chaque groupe doit garder son autonomie en principe. Le souhait d'un rayonnement mondial est clairement
affirmé lui aussi.
André Récipon précise sa demande :

Pour lui permettre d'assurer une unité de pensée et d'action... je vous
propose de confier la responsabilité de cet organisme international à un
directoire de trois ou quatre membres, choisis par vous parmi vos jeunes col-
laborateurs les plus fidèles et dévoués. Vous n'aurez, je le sais bien, que
l'embarras du choix. La présidence de ce directoire serait assurée à tour de
rôle par un des quatre membres renouvelable chaque année...
Si j'attire votre attention sur l'âge des membres éventuels de ce directoire,
ce n'est point que je sous-estime le mérite de ceux qui furent à vos côtés au
début de cette grande bataille et qui sont, en fait, les véritables pionniers de
votre œuvre ; leurs conseils et leur amitié me seront toujours d'un grand et
précieux appui. Mais je pense qu'afin d'assurer le fonctionnement de
l'Association pour de nombreuses années à venir, il serait préférable que ce
directoire soit composé par des hommes en pleine activité. Si tel n'est pas
votre avis, je me conformerai comme toujours à vos vœux [2]...

André Récipon propose qu'Aimée Altériet devienne la secrétaire générale de cette association et que le Dr Aujoulat en soit le conseiller technique pour la « bataille de la lèpre ».

« Je ne saurais vous dire combien j'ai été ému en lisant votre lettre [3]... »
Raoul Follereau se réjouit de la proposition d'André Récipon. Il propose
que trois personnes composent, avec ce dernier, le directoire :
– le père Corti, alors président des fondations Raoul-Follereau d'Italie ;
– René H... [4], directeur général des Amis du père Damien, l'association
belge ;
– Joseph Hilger, secrétaire général des fondations Raoul-Follereau du
Luxembourg.

---

1. *Association internationale des fondations Raoul-Follereau, son histoire, ses buts,* édité
par l'association, s. d. Ce recueil contient tous les textes qui donnent naissance à l'association et qui font d'André Récipon l'héritier et le fils spirituel de Raoul Follereau. André
Récipon aime se référer à ces textes. Le même texte est publié en quatre langues : français,
anglais, allemand, italien. Cette brochure est disponible au centre de documentation des fondations à Paris.
2. *Ibid.*
3. *Ibid.*
4. Pour diverses raisons, nous ne pouvons indiquer son identité précise.

Raoul Follereau précise :

« Je pense répondre à vos vœux, puisque vos trois futurs collègues se tiennent aux environs de la quarantaine. Je crois que, de ce fait, c'est vous qui deviendrez l'aîné, comme vous demeurerez, bien entendu, mon "fils aîné [1] ". »

En effet, quand il écrit à René H... ou à Joseph Hilger, Raoul Follereau leur dit « fils », comme il le fait avec d'autres personnes, Jacques Robert, par exemple. Il confirme cependant André Récipon dans son rôle d'héritier de son œuvre.

Des statuts précisent le fonctionnement de l'association internationale. L'assemblée générale constitutive se tient le 10 octobre 1971 au Cercle interallié, sous la présidence d'André Récipon [2]. Vingt-deux pays sont représentés. Les associations nationales sont de poids très inégal. France, Italie, Belgique, Canada, Luxembourg sont alors très influentes dans leur pays et, nous le verrons plus tard, une importante association se met en place en Suisse.

Dans la plupart des pays d'Afrique noire francophone une association existe officiellement, mais son statut est semi-officiel : les pouvoirs publics la prennent en charge, l'orientant surtout vers la lutte contre la lèpre, ce qui en réduit un peu l'impact auprès de la population et fait passer au second plan la diffusion du message. Des comités très actifs existent cependant. À Madagascar, Mᵉ Pain et M. Rabenoro lancent l'Association malgache d'aide aux lépreux et à leur famille. Au Sénégal, se constitue l'Association sénégalaise d'aide aux lépreux.

Au Viêt-nam, M. Phang Missao met en place le Secours aux lépreux du Viêt-nam, disparu après la victoire des communistes.

Certaines petites associations ont une grande importance symbolique. À l'île Maurice, avec M. Ithier, les Amis du Moulin à poudre (nom du principal centre de traitement de l'île) ont accompli un énorme travail en faveur des lépreux. À Malte, The Order of Charity s'inspire beaucoup du message de Raoul Follereau.

En Grande-Bretagne, le major Angus Jones diffuse le message de Raoul Follereau. Cet ancien officier de l'armée des Indes avait entendu Raoul Follereau au lendemain de la guerre, quand ce dernier fondait l'ordre de la Charité. Il avait alors décidé de le faire connaître dans son pays. Cependant, l'influence de l'association se réduit essentiellement aux milieux francophiles du sud-est de l'Angleterre, son siège étant à Ipswich, dans le Suffolk. D'ailleurs, Raoul Follereau ne se rend que très exceptionnellement en Angleterre, un pays dont il ne parle pas la langue.

---

1. Brochure sur l'Association internationale.
2. Le bulletin *La seule vérité...* rend compte de cette réunion, mais assez rapidement. Au début, il est prévu une présidence annuelle tournante entre André Récipon, Joseph Hilger, René H... et le père Corti. Mais, après les problèmes dus à René H..., André Récipon est nommé président à vie.

Des léprologues d'envergure internationale président ou dirigent certaines associations. Le Pr Latapi, président de l'association mexicaine, a formé tous les léprologues éminents d'Amérique latine. En Espagne, avec Augustín López, le Dr Contreras a fondé *Amigos de los enfermos de lepra*.

Les initiatives ne manquent donc pas et correspondent à des réalités sociales et culturelles fort diverses.

Ces associations peuvent-elles maintenant transformer les mentalités et les comportements dans leurs pays respectifs ?

D'autres œuvres s'internationalisent aussi pendant ce temps : Emmaüs, A.T.D. Quart Monde, les Petits Frères des pauvres, Terre des hommes... Toutes ces œuvres ne procèdent-elles pas d'une inspiration commune ? Ne s'agit-il pas de favoriser l'éclosion de nouveaux comportements sociaux à l'heure où des partis politiques parlent de « changer la vie » et où bien des sociologues invitent à des comportements renouvelés dans tout ce qui fait l'existence ?

Si son œuvre prend une dimension nouvelle, Raoul Follereau vit toujours simplement avec son épouse. Ils habitent toujours le même appartement où la place manque un peu parfois. Quelques cadeaux de chefs d'État ou de lépreux complètent le décor, comme une tenture sonraï offerte par le président malien Modibo Keita. Revues, imprimés et colis de toutes sortes sont toujours aussi nombreux. Raoul Follereau garde en permanence un crayon près de lui pour noter les phrases et les idées qui lui viennent soudainement à l'esprit, même s'il est loin de sa table de travail.

S'ils écoutent la radio, les époux Follereau ne veulent pas acheter la télévision et, si une émission les intéresse vraiment, ils vont la regarder chez Aimée Altériet, qui habite non loin de chez eux.

Les goûts musicaux et littéraires de Raoul Follereau n'ont guère changé non plus. Dans sa bibliothèque, on trouve de nombreux livres de Pagnol, Pierre Benoit, Saint-Exupéry, Jean Orieux. Sans oublier les œuvres complètes de Molière, de Victor Hugo, de Verlaine, ainsi que des livres d'art, sur la peinture italienne notamment, et des livres de voyages. Raoul Follereau connaît Maurice Genevoix. Des amis, comme André Castelot, lui envoient leurs livres. Les ouvrages de Mgr Ducaud-Bourget figurent en bonne place également sur ses rayonnages.

Raoul Follereau est aussi un grand amateur des albums de Tintin. Il en conseille la lecture à certains de ses proches très affairés. Il connaît personnellement Hergé, les deux hommes s'estiment. L'auteur lui envoie régulièrement ses albums nouveaux et il les lit avec beaucoup de plaisir. Hergé avait même envisagé, à plusieurs reprises, de consacrer un album à Tintin confronté au problème des lépreux ou d'évoquer les lépreux à travers une rencontre de Tintin vivant une aventure dans le tiers monde [1].

---

1. Témoignages de Françoise Brunnschweiler et d'Aimée Altériet, déjà cités.

Finalement, aucun de ces projets ne se concrétise, mais Hergé comme Raoul Follereau y ont sérieusement songé et restent en excellents termes.

Du vendredi soir au dimanche soir, Raoul Follereau et son épouse quittent de plus en plus souvent Paris et se rendent à Versailles. Raoul Follereau emporte son travail et des piles de journaux et de magazines. Un ami chauffeur de taxi ou certains de ses proches les conduisent jusqu'à l'hôtel où ils passent la fin de la semaine. Ils peuvent se reposer sans être soumis aux contraintes ménagères. Ils se rendent au Pavillon Henri-IV ou au Trianon Palace, un grand hôtel dont Pierre Fresnay leur a donné l'adresse. Aimée Altériet les y rejoint souvent le dimanche.

À la chapelle royale de Versailles, la chapelle de Louis XIV, ils assistent à la messe chantée en latin à 11 h 30 par le chanoine Gaston Roussel. Un millier de fidèles, des habitués pour la plupart, assistent chaque dimanche à cet office. Beaucoup viennent d'assez loin. Ce n'est pas seulement à cause du cadre prestigieux mais car on y chante admirablement le *Credo*, le *Salve Regina*, les œuvres de Lalande ou de Palestrina. Raoul Follereau, on l'a déjà dit, supporte assez mal l'évolution liturgique en France après le concile.

Mais il ne se fige pas dans son expérience passée. Il reste toujours curieux de tout, avide de connaissances.

Un jour, par exemple, il demande à son ami Georges Pin de l'emmener assister aux courses de chevaux. Il ne veut pas jouer mais observer l'atmosphère des champs de courses, regarder les réactions du public. Ils se rendent donc trois ou quatre fois à Longchamp ou à Vincennes pour y passer la journée. Raoul Follereau observe avec intérêt et amusement les comportements de chacun [1].

Une autre fois, il demande à Georges Pin de l'emmener dans une « boîte de nuit » [2]. Le Vagabond de la Charité déroute souvent son entourage, mais cette fois Georges Pin est atterré. Raoul Follereau lui explique : il ne renonce pas à son idéal de vie mais, n'ayant jamais fréquenté ce genre d'établissements, il veut voir à quoi ils ressemblent avant d'écrire sur eux. Georges Pin l'emmène dans un établissement « bien élevé » des Champs-Élysées et Raoul Follereau note avec intérêt les attitudes souvent toutes de composition des personnes venues là...

Raoul Follereau et son épouse passent toujours leurs vacances d'été à Gardone, au bord du lac de Garde. Depuis qu'André Récipon est à la tête de l'association française, ils y passent même deux mois au moins chaque année. Gardone et l'Italie deviennent la seconde patrie de Raoul Follereau. Celui-ci pense de plus en plus à l'échelle internationale. Les époux Follereau ont leur chambre réservée dans l'immense hôtel de Gardone, avec vue

---

1. Témoignage de Georges Pin, recueilli le 21 septembre 1987.
2. Id.

sur le lac. Quand il retourne à Paris, il laisse à l'hôtel quelques affaires qu'il retrouve à son prochain séjour : une lampe, un sous-main, quelques livres...

Mais les vacances de Raoul Follereau sont toutes relatives. Sa secrétaire Aimée Altériet lui adresse le courrier arrivé à son domicile parisien. Il lui donne les consignes nécessaires [1]. Le matin, il travaille et écrit le plus souvent. Il reçoit aussi à Gardone de nombreux visiteurs, les dirigeants de la très active association italienne notamment. Il y compose ses messages et y réfléchit aux thèmes à développer pendant l'année suivante.

L'après-midi, il se promène. Toute la cité le connaît et il est fait citoyen d'honneur de la ville. Il peut contempler la magie de ce site enchanteur. Gardone est le lieu où il évoque le mieux sa jeunesse. Il peut méditer sur le chemin parcouru, sur ce qui reste à faire, sur ce qui est éteint. Le souvenir de D'Annunzio plane toujours sur ces lieux. Mais Raoul Follereau ne vient pas faire une cure de nostalgie. Il puise à Gardone une énergie renouvelée pour poursuivre les combats dans lesquels il est engagé. Et surtout il s'abreuve aux sources de la beauté. Il a besoin de cette beauté pour continuer à avancer dans l'univers de tristesse et de misère qu'il parcourt et qu'il veut illuminer.

Parfois lui et son épouse partent une journée entière. Un chauffeur de taxi se met toujours spontanément à leur disposition. Raoul Follereau prononce en effet quelques conférences dans les environs. Il lui arrive aussi de se déplacer pour d'autres raisons. Aimée Altériet rejoint plusieurs fois les époux Follereau le 16 août et tous trois fêtent l'anniversaire du Vagabond de la charité le lendemain dans un petit hôtel-restaurant de l'autre côté du lac. Une fois, ils se rendent ensemble aux arènes de Vérone pour assister à un ballet. Raoul Follereau comptait assister en simple spectateur à cette représentation, mais il est vite reconnu par les jeunes, qui l'applaudissent à tout rompre [2].

Il suit d'ailleurs de près les actions de sensibilisation entreprises par les jeunes Italiens. Les associations – Amici dei lebbrosi bien sûr, mais aussi Mani tese – le tiennent régulièrement informé de leurs activités. Le 19 octobre 1970 par exemple, dom Hélder Câmara et Raoul Follereau adressent un message de chaleureux soutien aux jeunes de Mani tese qui organisent une marche de sensibilisation arrivant à Vérone [3].

En 1972, Raoul Follereau est victime d'une grave crise de péritonite. Il est opéré en septembre. Durant plusieurs jours, sa vie est en danger d'autant que, d'une manière générale, sa santé s'altère gravement. Ses déplacements répétés l'ont épuisé. Malgré tout, il surmonte cette épreuve.

---

1. Aimée Altériet nous a confié ces lettres. Raoul Follereau suit toujours de près les campagnes entamées et il s'enquiert avec beaucoup de délicatesse des soucis plus personnels de ses collaborateurs.
2. Témoignage d'Aimée Altériet, déjà cité.
3. Copie trouvée dans les archives de l'association Amici dei lebbrosi à Bologne.

Cependant, les médecins lui interdisent désormais tout déplacement lointain. Il est d'ailleurs sérieusement diminué physiquement. Il doit suivre de nombreux traitements, y compris à la cortisone. 1972 constitue donc un tournant dans sa vie itinérante.

Malgré tout, il est en novembre à Florence où Mani tese, grande association tiers-mondiste d'inspiration chrétienne, l'a invité à l'occasion d'un grand rassemblement. Venus par cars et par trains de toute l'Italie et même d'une quinzaine d'autres pays, vingt-cinq mille jeunes se pressent dans la capitale toscane. Un cartel « Non à Mani tese » tente sans succès de perturber cette manifestation [1].

Il ne s'agit pas seulement d'un rassemblement sous le signe de l'émotion et de l'enthousiasme collectif des mouvements de foule. Les jeunes réclament des mesures précises [2] :
– une réforme du commerce international ;
– que les pays les plus riches consacrent au moins 1 % de leur P.N.B. à l'aide au tiers monde ;
– la constitution d'un fonds pour le développement ;
– une politique scolaire pour former des enseignants et des éducateurs ;
– la multiplication des microréalisations et une mobilisation de l'opinion.

Ces propositions indiquent que Mani tese veut que se forge peu à peu une mentalité de « citoyens du monde ».

La Pira, le célèbre maire de Florence, assiste bien sûr à ce rassemblement. Célibataire, vivant dans la pauvreté, La Pira, qui sert au moins une messe chaque jour, intervient régulièrement sur les problèmes sociaux de l'Italie et du monde. Ce personnage charismatique, discuté parfois mais respecté, vit une vocation de laïc chrétien qui marque profondément ceux qui le rencontrent. Il n'est pas surprenant, dans ces conditions, que le rassemblement de Mani tese se tienne à Florence.

Avec Raoul Follereau, le frère Roger de Taizé et dom Hélder Câmara sont les grands témoins invités. Leur prestige auprès des jeunes chrétiens est immense, car ils agissent concrètement. Et c'est parce qu'ils agissent concrètement que les jeunes leur reconnaissent un droit à parler.

Les trois hommes sont d'ailleurs conduits ensemble de la place Michel-Ange au stade, où ils doivent parler avant que ne soit célébrée une messe. À leur passage, les jeunes crient : « Follereau ! Follereau ! » Raoul Follereau en est presque gêné pour les deux autres invités à ses côtés mais leur sourire amical le rassure. Le frère Roger et dom Hélder Câmara, loin d'être offusqués par son succès, s'en réjouissent avec lui. Même s'ils se rencontrent exceptionnellement, ces trois hommes savent ce qu'ils accomplissent l'un et l'autre et ils s'apprécient profondément. Ils ont conscience de travailler aux mêmes buts.

---

1. Compte rendu de presse conservé dans les archives de l'association Amici dei lebbrosi à Bologne.
2. Id.

L'enthousiasme des jeunes Italiens ce jour-là cause une joie immense à Raoul Follereau [1]. Il le confie à tous ses proches. Il traverse en effet une période difficile pour les raisons que l'on a indiquées, et cet accueil lui donne une énergie nouvelle dans laquelle il puise pour continuer les combats quotidiens.

Il rencontre ensuite semblable enthousiasme en Suisse et en Grèce. Plus qu'en France d'ailleurs.

Cet accueil préfigure les triomphes de Jean-Paul II dans les stades auprès des jeunes. Ceux-ci structurent de plus en plus leur vie et leur réflexion de chrétiens autour de l'exemple offert par des « héros chrétiens vivants » qui proposent des chemins actuels pour vivre l'Évangile. Raoul Follereau est incontestablement l'un des chrétiens vivants les plus célèbres en Italie à cette époque.

Le bulletin français des fondations Follereau s'attarde très peu sur cet épisode si important dans la vie de leur fondateur, les diverses fondations Follereau étant amenées à vivre à l'échelle nationale plus qu'international.

Raoul Follereau poursuit sa collaboration avec Mani tese. En novembre et au début du mois de décembre, avec l'abbé Pierre, il participe à une série de rassemblements qu'elle organise en Italie. Il n'est pas rare que dix mille personnes se rassemblent à l'occasion de ces réunions. Le 13 décembre, à Vicence, Mani tese organise une marche manifestation pour les droits de la vie et les questions d'alimentation, d'éducation, de travail [2].

Raoul Follereau devient aussi un témoin de l'œcuménisme.

Le 13 mai 1972, il est reçu par le patriarche Athênagoras et lui remet *Le Petit Livre d'amour*. Les deux hommes ont une conversation très amicale.

Le 13 avril 1973, Raoul Follereau parle dans la cathédrale protestante Saint-Pierre de Genève. Elle est comble. L'événement est de taille. Pour la première fois depuis quatre siècles, un catholique s'y adresse à l'assistance. « Depuis deux mille ans, l'ère chrétienne ; mais quand commencerons-nous à être chrétiens ? » interroge Raoul Follereau [3].

Deux jours plus tôt, il avait lancé le même appel à la fraternité dans la cathédrale protestante de Lausanne. Son intervention est intégralement diffusée au soir du Vendredi saint sur la radio suisse romande [4].

Cette fois encore, Raoul Follereau confirme la démarche de Paul VI. Le 10 juin 1969, le pape s'était en effet rendu à Genève à l'occasion du cinquantième anniversaire de l'O.I.T. (Organisation internationale du travail) et il avait aussi rencontré le Conseil œcuménique des Églises, avant de célébrer la messe dans la ville de Calvin, où les catholiques sont de plus en plus nombreux.

1. Témoignages de Françoise Brunnschweiler et d'Aimée Altériet, déjà cités.
2. Archives de l'association italienne à Bologne.
3. Bulletin *La seule vérité...*, juin 1973.
4. *Ibid.*

Raoul Follereau reçoit des consécrations officielle de plus en plus nombreuses.

En octobre 1973, trois mille personnes se pressent à la Sorbonne pour lui rendre hommage à l'occasion de ses soixante-dix ans [1]. La Sorbonne, un autre temple de sa jeunesse. Alain Poher, Pierre Messmer, alors Premier ministre, Houphouët-Boigny et Jean Rostand participent à la cérémonie.

La seule lecture de ces noms donne une idée de l'influence multiforme de Raoul Follereau. Pierre Messmer, par exemple, n'a pas soutenu les interventions de Raoul Follereau en faveur du désarmement, mais il ne lui tient pas rigueur de ces initiatives; il a connu le Vagabond de la charité en Afrique et l'estime profondément. Jean Rostand est humaniste athée, mais on l'a vu, il connaît Raoul Follereau depuis longtemps déjà.

Plusieurs timbres sont émis à son effigie : en 1973 au Togo et au Sénégal, en 1974 au Mali, en 1975 en Côte-d'Ivoire. Selon Jean Toulat, Raoul Follereau est le Français qui, de son vivant, a eu le plus de timbres émis de son vivant hors de France [2].

D'autres timbres seront émis après sa mort, au Niger par exemple. Il faut attendre 1987, soit dix ans après son décès, pour que les Postes françaises émettent un timbre à son effigie, d'une valeur de 1,90 franc, à tarif réduit donc.

Des rues commencent, de son vivant, à porter son nom. On peut citer en France les villes de Montbrison, Lyon, Saint-Étienne, Romans, Aubenas, Aussillon (Tarn). La présence dans ces villes de comités locaux d'aide aux lépreux très actifs explique ces choix. La première fois qu'il inaugure l'une de ces rues, Raoul Follereau demande à son épouse : « Tu n'as pas l'impression d'être veuve [3] ? »

Dans d'autres pays la référence est plus fréquente encore. Au Canada par exemple, du vivant de Raoul Follereau, vingt-quatre villes ont une rue Raoul-Follereau, y compris dans la partie anglophone du pays (Vancouver, Niagara Falls). Bien entendu en Afrique noire francophone, à l'île Maurice et dans beaucoup de pays où la lèpre recule, le nom de Raoul Follereau est très souvent cité. Des hôpitaux portent son nom à Bamako, à Butaré (au Ruanda), à Mysore (en Inde), à Audung (en Corée). Un peu partout des promotions d'infirmières ou des troupes scoutes le choisissent pour parrain, dans le tiers monde en particulier. Raoul Follereau est l'un des Français les plus connus et les plus populaires dans le tiers monde, ce tiers monde où vit plus des trois quarts de la population mondiale.

---

1. Le bulletin de l'association française rend longuement compte de la cérémonie.
2. Jean Toulat, *op. cit*, p. 109.
3. Id., *ibid*.

Il est aussi plébiscité en Italie. À Naples, Silvana Tuccillo soutient une thèse universitaire sur La *Poésie de l'amour chez Raoul Follereau* [1], un sujet qu'ignorent totalement les universitaires français.

Il reçoit des décorations officielles de toute sorte. Elles ne changent rien à son mode de vie toujours simple, mais il accepte ces récompenses, car il y voit un moyen de mieux diffuser encore ses idées et de faire reconnaître la dignité des pauvres, dont il se fait le porte-parole.

En France, il est, entre autres, commandeur de la Légion d'honneur, commandeur de l'ordre de la Santé publique, médaille de vermeil de la lutte contre les épidémies... Il est aussi grand officier ou commandeur des ordres nationaux de la quasi-totalité des États d'Afrique noire franco-phone.

Toutefois, malgré les efforts de nombreux amis et les démarches des États d'Afrique noire, il ne reçoit pas le prix Nobel de la paix, alors qu'à plusieurs reprises la presse le cite comme lauréat possible.

Une autre association suisse, avec Françoise Brunnschweiler

La naissance de l'association suisse Raoul-Follereau est l'une des grandes joies de Raoul Follereau au cours des années soixante-dix.

À l'origine de cette association, une femme : Françoise Brunnsch-weiler [2].

Née en 1914, elle a onze ans de moins que Raoul Follereau.

Catholique, Françoise Brunnschweiler vit très jeune l'œcuménisme. Son père, médecin originaire de Suisse alémanique et installé à Lausanne, est protestant non pratiquant. Sa mère, elle, est catholique fervente ; elle fut une pianiste célèbre sous son nom de jeune fille : France Pastorelli [3]. De santé fragile, elle ne put avoir qu'une fille, Françoise. Et, dès l'âge de qua-rante-huit ans, en 1928, elle était totalement immobilisée. Cette situation douloureuse dura trente ans.

Cette épreuve aurait pu la rendre aigrie. Or France Pastorelli voit là une occasion de grandir dans la foi. Fervente et mystique, elle rédige un livre :

1. *Ibid.*

2. Nous tenons à remercier Mlle Françoise Brunnschweiler pour l'aide précieuse qu'elle nous a apportée tout au long de ce travail. Non seulement elle nous a longuement reçu à plusieurs reprises, en août 1987 et en août 1988 notamment, mais elle nous a communiqué les coordonnées de nombreuses personnes proches de Raoul Follereau. Elle a retracé pour nous la genèse et l'histoire de l'association suisse à l'occasion des entretiens qu'elle nous a accordés.

3. Elle travailla avec Vincent d'Indy.

Grandeur et servitude de la maladie [1]. Ce livre lui vaut très tôt l'estime et la visite de très grands auteurs et artistes : Paul Claudel, Georges Duhamel, Pierre Fresnay, qui lit des passages du livre à l'occasion d'émissions.

Françoise Brunnschweiler connaît donc très jeune ces auteurs et artistes célèbres. D'ailleurs, elle lit beaucoup. Elle aime Péguy et Saint-Exupéry. Elle apprend jeune le piano et y manifeste de réelles aptitudes. Elle apprécie particulièrement les œuvres de Bach et de Beethoven. Elle grandit donc dans une atmosphère artistique.

La maladie de sa mère lui fait prendre très tôt conscience du drame de la souffrance. Elle se sent attirée par les questions sociales. Elle souhaiterait exercer une profession qui lui permette de se mettre au service des plus démunis. Elle passe ainsi une licence en sciences sociales à Lausanne. Elle envisage de travailler dans des organismes internationaux, comme le Bureau international du travail à Genève. Mais la maladie de sa mère perturbe le déroulement de ses études. Elle doit aussi aider son père à accueillir ses clients. Toutefois, ces épreuves n'altèrent en rien sa gaieté et sa joie de vivre.

Elle éprouve une passion pour l'art. De 1945 à 1956, elle séjourne à Paris, où elle travaille la peinture. Elle admire particulièrement les œuvres de Velásquez et de Van Gogh. Elle travaille dans l'atelier d'André Lhote dont elle apprécie peu les tableaux, mais qui est un remarquable professeur. Elle expose à Lausanne et à Paris, au Salon des indépendants. Un directeur de galerie l'encourage à poursuivre une carrière qui s'annonce prometteuse, mais elle choisit de rentrer à Lausanne. La santé de sa mère empire en effet : elle meurt en 1958, à l'âge de soixante-dix-huit ans.

Les liens de Françoise Brunnschweiler avec Raoul Follereau sont alors des plus limités.

Elle l'entend à la radio en 1948, alors qu'il lance un appel en faveur des lépreux et explique que l'on peut faire changer les choses. Comme tant d'autres, Françoise Brunnschweiler lui envoie alors de l'argent et se procure ses livres. Elle le fait régulièrement jusqu'en 1958.

Cette année-là, à la demande du père Carré, un ami de la famille, elle réédite le livre de sa mère. Elle l'adresse à un certain nombre de personnalités et, disposant des coordonnées de Raoul Follereau, elle décide de le lui envoyer. Il ne tarde pas à répondre. Il se dit enchanté par la lecture du livre. Il adresse à Françoise Brunnschweiler ses ouvrages les plus récents et il l'invite à le rencontrer quand elle passera à Paris ; or elle est beaucoup plus libre de son temps depuis le décès de sa mère.

---

1. France Pastorelli, *Grandeur et servitude de la maladie*, Cerf.
Ce livre a été réédité à plusieurs reprises. Il est toujours disponible actuellement chez l'éditeur.
Sous le titre *Un toit de tuiles*, Françoise Brunnschweiler a fait rééditer aux Éditions Ouverture de Lausanne les meilleurs passages du livre.

Vers le milieu des années soixante, elle propose à Raoul Follereau de l'aider davantage. Ce dernier accepte avec empressement et lui demande de lancer en Suisse sa campagne « Un jour de guerre pour la paix ».

En accord avec lui, Françoise Brunnschweiler choisit de commencer cette campagne en participant à des émissions de la Radio suisse romande, appelée aussi Radio Lausanne. Raoul Follereau est déjà bien connu de cette station : Paul Valloton, le directeur, est un de ses amis et il lui a permis de parler à plusieurs reprises des lépreux sur son antenne [1].

Françoise Brunnschweiler prend surtout contact avec Émile Gardaz, le directeur des programmes, qui est aussi reporter et poète. Il accepte avec enthousiasme de l'aider. Elle présente donc la campagne « Un jour de guerre pour la paix » dans le cadre d'une émission de variétés intitulée Les souris dansent. Diffusée tous les après-midi, destinée à un large public, cette émission mêle la détente, le sourire, la chanson et quelques sujets présentés par des invités. Françoise Brunnschweiler revient s'y exprimer à quatre reprises. Par ailleurs, Raoul Follereau étant de passage à Genève, il parle dans le cadre d'autres émissions, ce qui accroît d'autant l'audience du message.

Un courrier assez abondant parvient bientôt à Françoise Brunnschweiler. Des enseignants diffusent le message dans les établissements scolaires. Un fichier peut être constitué. Finalement soixante mille signatures environ sont recueillies, en provenance de Suisse francophone surtout. Rapporté au nombre d'habitants, le taux est assez voisin de celui relevé en France pour la même opération. La radio a, plus que la presse écrite, été le principal moyen de communication de masse utilisé, son influence étant relayée par un important réseau d'éducateurs, d'enseignants et de paroisses.

En octobre 1968, Roul Follereau, de passage à Genève, rencontre Françoise Brunnschweiler et lui déclare :

« J'aimerais vous avoir comme déléguée en Suisse pour diffuser ma pensée et mes œuvres [2]. »

Un peu surprise, elle multiplie d'abord les objections. Elle se dit âgée, et met aussi en avant les problèmes de santé que connaît son père. Mais Raoul Follereau insiste :

« Peu importe, vous ferez ce que vous pourrez, je vous veux comme délégués. »

À la fin de l'année 1968, le père de Françoise Brunnschweiler meurt. Celle-ci décide alors de consacrer tout son temps à la mission confiée par Raoul Follereau. Elle a cinquante-quatre ans.

---

1. Créée par Roger Nordmann, la célèbre émission La Chaîne du bonheur a contribué à faire connaître au public suisse le sort des lépreux dans le monde.
2. Témoignage de Françoise Brunnschweiler déjà cité.

Dans l'immédiat, elle achève la campagne de sensibilisation des jeunes au message « Un jour de guerre pour la paix. »

Et elle s'efforce, comme le lui indique Raoul Follereau, de répondre aux demandes d'aides présentées par le Dr Aujoulat. Le Sahel est en effet de plus en plus durement touché par la sécheresse et les problèmes sanitaires s'y multiplient. Il ne s'agit donc pas d'aide aux lépreux cette fois. La construction et l'équipement d'un dispensaire dans la banlieue de Ouagadougou sont la première action soutenue par l'association suisse.

Le Dr Aujoulat se rend à plusieurs reprises en Suisse où il prononce, pour la jeune association, des conférences sur l'Afrique et ses problèmes. Le public apprécie ses exposés solides et rigoureux et, au moment du débat, il découvre la chaleur et la passion qui animent cet homme qui écoute avec beaucoup de concentration les questions de chacun et excelle ensuite à présenter en termes simples et à l'aide d'exemples très concrets les problèmes souvent complexes du développement. Il montre surtout l'interdépendance entre santé, alphabétisation, agriculture et travail. Il insiste sur la nécessité de penser le développement à long terme et met en garde contre certaines actions d'aide d'urgence trop ponctuelles et limitées dans le temps. Il initie le grand public aux questions du développement. Françoise Brunnschweiler écoute attentivement le Dr Aujoulat et, à la mort de ce dernier, en 1973, elle s'efforce de poursuivre l'action humanitaire de l'association suisse en restant fidèle aux principes ainsi définis.

Quand Raoul Follereau publie *Le Petit Livre d'amour*, Françoise Brunnschweiler adresse une lettre à tous les prêtres et pasteurs de Romandie ainsi qu'aux instituts et écoles catholiques, sans oublier bien sûr toutes les personnes figurant déjà sur le fichier de l'association naissante. Il est difficile d'évaluer précisément le nombre d'exemplaires du *Petit Livre d'amour* ainsi diffusés en Suisse romande. Ni Françoise Brunnschweiler ni Raoul Follereau ne tiennent de statistique précise sur la diffusion par région. De plus, les livres diffusés en Suisse sont tous imprimés en France et il arrive que des prêtres ou des pasteurs en commandent cinquante ou cent en s'adressant directement à Paris, sans passer par l'association suisse. Le bouche à oreille est pour beaucoup dans la diffusion de ce petit ouvrage sur lequel l'association insiste encore de nombreuses années après sa parution.

Comme les dons en argent se font de plus en plus nombreux, la création d'une association officielle devient nécessaire. Jusqu'alors en effet, Françoise Brunnschweiler agissait à titre personnel en tant que déléguée de Raoul Follereau en Suisse.

Cependant, ce dernier s'est engagé quelques années plus tôt auprès de l'ordre de Malte et d'Emmaüs-Suisse à ne pas créer d'association à son nom. Ces deux associations travaillent en effet en faveur des lépreux, et la notoriété de Raoul Follereau en Suisse est telle qu'il les priverait d'une importante partie de leurs ressources.

C'est pourquoi il demande à Françoise Brunnschweiler que la nouvelle association Raoul-Follereau s'occupe seulement de diffuser sa pensée et son message [1], sans parler ni des lépreux ni de la lèpre. Elle ne doit lancer aucun appel à l'occasion de la Journée mondiale des lépreux [2]. Cette démarche originale amène Françoise Brunnschweiler à mettre en valeur le cœur du message de Raoul Follereau, un message dont la lutte contre la lèpre n'est qu'une application parmi d'autres.

Raoul Follereau se réjouit que l'on parle de son œuvre sans la réduire à la seule action en faveur des lépreux. Il en est même soulagé et, à plusieurs reprises, en remercie chaleureusement Françoise Brunnschweiler. « Merci de me libérer de la lèpre », lui dit-il [3].

Le 2 février 1972, l'association suisse Raoul-Follereau est donc officiellement créée.

Le bulletin *Aimer-Agir* paraît tous les trimestres à partir de décembre 1973. Auparavant, des lettres diffusent les messages – de Noël par exemple – et les appels à tous les membres de l'association.

Raoul Follereau compose, avec Françoise Brunnschweiler, le comité directeur de cette nouvelle association. Elle en est bien sûr la présidente. Paul Vallotton, évoqué précédemment, fait aussi partie du comité.

Le pasteur Alain Burnand est une autre personnalité marquante de l'association. Auteur de plusieurs livres, il signe de nombreux articles dans le grand quotidien de Lausanne. Aumônier de groupes de jeunes, il a fondé et dirige une chorale assez renommée, la Croix de Camargue, qui rassemble trente à quarante jeunes issus souvent de familles connaissant des difficultés d'ordre divers. Cette chorale donne un ou deux concerts par mois et elle contribue aussi à diffuser le message de Raoul Follereau, la recette de certains concerts étant destinée à l'association suisse Raoul-Follereau. Le pasteur Burnand accompagne de plus Raoul Follereau dans la plupart des conférences que ce dernier prononce en Suisse romande.

L'abbé Blanc, curé de Saint-Paul de Genève, connaît Raoul Follereau depuis le début des Journées mondiales pour les lépreux. Alain Gagnebin, né en 1947, est alors le plus jeune membre du comité directeur. Il est attiré par la pensée et le message de l'Apôtre des lépreux.

Deux autres personnes viennent bientôt les rejoindre. D'abord un missionnaire qui a vécu sept ans au Tchad. Mais, nommé vicaire épiscopal dans le Jura, il manque vite de temps. André Gachet, lui, est un jeune né après 1950. Françoise Brunnschweiler a en effet le souci d'associer très tôt les jeunes aux responsabilités et aux décisions dans l'association.

---

1. Id.
2. Malgré tout, quelques sections locales d'Emmaüs-Suisse restent longtemps assez inquiètes et réticentes à l'égard de cette association nouvelle. Cependant, tout s'arrange peu à peu.
3. Témoignage de Françoise Brunnschweiler déjà cité.

Françoise Brunnschweiler est une catholique d'esprit très œcuménique. Les membres du comité sont des croyants fervents, mais l'association n'est pas explicitement religieuse. Raoul Follereau y tient beaucoup. Il n'a pas voulu, malgré des demandes très précises, participer à la mise en place d'une filiale de Pax Christi [1]. L'association suisse Raoul Follereau est d'ailleurs indépendante des autres O.N.G. [2] et groupes d'O.N.G.

Il s'agit surtout de rassembler les bonnes volontés autour de certaines valeurs. Non confessionnelle, l'association n'est pas aconfessionnelle. Elle s'efforce d'élargir les espaces de contact entre confessions différentes à l'aide du message de Raoul Follereau et de certaines actions caritatives et campagnes d'opinion. Plus que d'unanimisme, il conviendrait de parler ici de démarche œcuménique réelle. Quelques musulmans, des étudiants en particulier, ont aussi pris contact avec l'association et lu avec intérêt les messages de Raoul Follereau [3].

Françoise Brunnschweiler diffuse les messages de Raoul Follereau auprès des jeunes et organise un peu partout en Suisse romande des réunions et des soirées. Des publics très divers sont ainsi touchés : paroisses, groupes de jeunes, établissements scolaires, groupes de personnes âgées... La soirée peut être centrée sur la musique, le chant ou la récitation de textes, textes qui ne sont pas tous de Raoul Follereau d'ailleurs. Des films présentant la vie de ce dernier [4] ou des réalisations exceptionnelles, comme *Monsieur Vincent*, sont également proposés. Les livres ou les textes du Vagabond de la charité sont bien entendu vendus ou diffusés.

Raoul Follereau adresse aussi des suggestions à Françoise Brunnschweiler. Un jour, il lui parle avec enthousiasme de John Littleton, qu'il vient de découvrir à Rome lors d'un concert [5], et lui fait écouter ses premiers disques. Les publics français et suisse ignorent encore très largement ce chanteur chrétien noir américain. John Littleton sera, un peu plus tard, un des grands amis de l'association suisse Raoul-Follereau, pour laquelle il effectuera de nombreuses tournées.

Raoul Follereau et Françoise Brunnschweiler travaillent en parfait accord. Tous les mois – et même une fois tous les quinze jours aux débuts de l'association –, elle se rend à Paris pour le rencontrer. En une heure ou deux, ils font le point de la situation et règlent les problèmes en suspens. Quand c'est lui qui se rend en Suisse, elle prépare ses déplacements et l'accompagne.

---

1. Id.
2. O.N.G., organisation non gouvernementale.
3. Témoignage de Françoise Brunnschweiler déjà cité.
4. *Le Courage d'aimer*, film de quarante minutes en noir et blanc sur des documents photographiques et cinématographiques. Pierre Fresnay y raconte la vie de Raoul Follereau.
5. Selon le témoignage de Françoise Brunnschweiler, qui ne peut cependant préciser la date exacte.

Et un jour, il lui demande de composer sa biographie. Elle se récrie, elle rappelle que d'autres le connaissent depuis plus longtemps qu'elle. Mais il insiste : il tient à ce qu'elle compose ce livre : elle dispose de temps, il apprécie ses qualités d'écriture, et surtout il estime qu'elle a compris d'une manière privilégiée son message.

Raoul Follereau apprécie les auditoires qu'il rencontre en Suisse. Il le dit à Françoise Brunnschweiler : « En France, ils sont habitués à m'entendre parler de la lèpre seulement [1]. » Il considère qu'il ne peut « pas dire tout ce qu'il voudrait [2] » dans son pays d'origine.

Françoise Brunnschweiler entame donc la rédaction de l'ouvrage demandé. Quand elle a terminé un chapitre, elle le lit à Raoul Follereau, qui indique parfois quelques corrections de détail. Car le Vagabond de la charité a une idée très précise du livre qu'il veut voir écrit. Quand Françoise Brunnschweiler souhaite développer certains passages, il lui répond : « Ce n'est pas une grosse thèse que je veux. Il faut un livre facile à lire, pas trop long, qui soit lu par les jeunes [3]. » Quand elle entend donner des précisions sur la vie de Raoul Follereau avant 1942, il lui rétorque : « Ce n'est pas important, ce qui compte, c'est ce qui a été fait pour les pauvres gens [4]. » Et quand elle lui demande des précisions sur certaines dates, elle s'attire la même réponse : « Ce n'est pas important. »

Raoul Follereau veut que le livre paraisse en Suisse. Françoise Brunnschweiler se charge donc de l'édition. Il souhaite un tirage de dix mille exemplaires et envisage de donner ce livre gratuitement à tous les nouveaux comités. Françoise Brunnschweiler préfère tirer à six mille exemplaires et s'adresse à un imprimeur suisse ami de l'association, qui consent un prix avantageux. Elle obtient aussi de dom Hélder Câmara la rédaction d'une courte préface.

Or, dans le même temps, à Paris, l'association française Raoul-Follereau commande une biographie de Raoul Follereau à Jean Toulat. Prêtre et journaliste-reporter bien connu, ce dernier a déjà composé de nombreux ouvrages. Lui aussi a parcouru les terres francophones du Canada comme de l'Afrique noire. Il a rencontré Raoul Follereau à plusieurs reprises. Leurs préoccupations se rejoignent. Jean Toulat est un défenseur inconditionnel du respect de la vie, de la conception à la mort naturelle, ce qui l'amène à combattre l'avortement, la peine de mort, l'euthanasie. Il défend aussi l'objection de conscience, s'oppose à la bombe atomique française. Il parle en faveur des enfants handicapés et dénonce la pilule contraceptive. Il exalte celles et ceux qui, tantôt d'une manière prophétique, tantôt d'une façon discrète dans l'humble quotidien, édifient peu à peu la « civilisation de l'amour » si chère aux papes, celle des « forces de l'amour, de la joie, de

---

1. Id.
2. Id.
3. Id.
4. Id.

l'espoir ». De Jean Vanier à Mère Teresa en passant par dom Hélder Câmara et Raoul Follereau, il s'intéresse aux héros chrétiens vivants, et le livre qu'il consacre à Raoul Follereau s'inscrit dans le cadre d'une démarche littéraire et spirituelle très large, comme on peut le constater.

Et c'est ainsi que deux biographies consacrées à Raoul Follereau paraissent presque simultanément en 1978, un an après le décès de Raoul Follereau. Les deux ouvrages sont de format comparable (un peu moins de cent quatre-vingts pages) et tous deux de grande qualité : il s'agit de présenter la vie de Raoul Follereau et son message à un vaste public d'une manière aussi précise que possible.

Raoul Follereau confie volontiers que la création de cette association suisse constitue l'une des grandes joies des dernières années de sa vie. Mais il est bien éprouvé par ailleurs.

DES ÉPREUVES DOULOUREUSES

Les difficultés dans le combat contre la lèpre

Dès la fin des années soixante, il apparaît clairement que la lutte contre la lèpre marque le pas. À partir de 1970-1972, il faut même parler de semi-échec, en Afrique noire notamment. Les espoirs des années cinquante ne se concrétisent pas. Richet, s'appuyant sur l'évolution observée depuis 1952, envisageait l'éradication de la lèpre en Afrique pour 1980. Au cours des années soixante-dix, il apparaît clairement que cet objectif est utopique et que, dans nombre de secteurs, le nombre des lépreux tend à augmenter de nouveau. Raoul Follereau en est bien sûr très affecté. La déception est à la mesure de l'immense espoir né durant les années cinquante et soixante. Cependant, ni lui ni les responsables d'associations d'aide aux lépreux ne veulent décourager les donateurs et ils demeurent discrets, dans leurs bulletins et revues, sur les échecs rencontrés, préférant insister sur les évolutions positives.

Que se passe-t-il donc ?

D'abord, un phénomène qui surprend beaucoup de responsables de santé publique, les résistances aux antibiotiques. D'abord vulnérables à ces derniers, les bacilles parviennent au bout d'un certain temps à s'adapter, à élaborer leur propre système de défense et à résister efficacement aux médicaments administrés au patient. Un antibiotique ne permet plus de guérir rapidement tous les malades, même s'il suffit à guérir beaucoup de malades. Souvent, il convient d'associer plusieurs antibiotiques pour parvenir à la guérison du patient, mais cela occasionne des dépenses importantes. Deux bombardiers ne suffiraient plus à guérir tous les lépreux du monde.

Les sulfones ne permettent donc plus de guérir tous les malades. Cette vérité ne s'impose qu'assez lentement aux acteurs de la lutte contre la lèpre, qui se refusent à l'admettre. Richet pense d'abord que les malades n'ont pas suivi les traitements fixés. Et les résistances n'apparaissent au début que dans des secteurs limités.

La lèpre n'est cependant pas la seule endémie qui résiste aux traitements. Le cas le plus spectaculaire est celui du paludisme. Au milieu des années soixante, l'O.M.S. entamait une campagne mondiale d'éradication du paludisme, l'une des plus gigantesques campagnes de santé publique de l'histoire. Dès les années soixante-dix, il faut dresser un constat d'échec et prendre acte des résistances à la Nivaquine et aux antipaludéens utilisés [1].

Ces difficultés retardent les perspectives de victoire définitive. Les organismes sanitaires internationaux des Nations unies modifient sensiblement leurs priorités, se tournant de plus en plus vers les programmes de vaccination d'enfants, en Asie notamment. La protection du nourrisson fait l'objet de soins attentifs. Et, là, les résultats sont spectaculaires et des plus encourageants. De 1960 à 1975, selon l'O.N.U., la mortalité infantile avant l'âge d'un an dans le tiers monde passe de 200 à 100 ‰ [2]. Cette évolution, la plus rapide de l'histoire, va avoir des conséquences démographiques et culturelles considérables.

L'Unicef cesse alors de financer l'achat des sulfones destinées à la lutte contre la lèpre [3]. C'est une catastrophe pour les organisations humanitaires, qui doivent consacrer désormais une partie de leurs ressources à l'achat de ces médicaments, tout en sachant qu'il ne s'agit plus d'un remède miracle. Plus que jamais, ces associations ont besoin d'argent. Il leur faut en trouver davantage, aussi doivent-elles recourir à des méthodes de collecte plus efficaces encore.

D'autres certitudes sont remises en cause. On prend conscience que la lèpre est plus contagieuse qu'on ne l'avait cru durant les années cinquante. Des missionnaires qui travaillent en permanence aux côtés des malades les plus pauvres sont atteints. Raoul Follereau avait pourtant bâti ses campagnes d'opinion sur l'idée que la lèpre n'est pas contagieuse, ou à peine.

En fait, la contagion n'a lieu que lorsque le malade est atteint des formes les plus graves – mais pas les plus fréquentes – de la maladie, formes dites lépromateuses. De plus, il faut un contact prolongé et presque permanent avec ce type de malade pour être éventuellement touché à son tour. La lèpre reste moins contagieuse que la plupart des autres grandes endémies.

---

1. P. G. Janssens, *op. cit.*
2. Claire Brisset, *La Santé dans le tiers monde*, La Découverte, 1984.
3. Cette nouvelle est indiquée dans le bulletin, mais d'une façon discrète, afin de ne pas décourager les donateurs.

Il n'empêche que les partisans de l'isolement et de l'enfermement des malades[1] trouvent là un argument de poids pour justifier leur politique.

En même temps, en Afrique noire, on assiste à une désorganisation progressive des services des grandes endémies. Ceux-ci existent toujours sur le papier, mais ils fonctionnent de plus en plus mal. Les États voisins ont beaucoup de mal à coopérer en matière sanitaire et craignent qu'une politique sanitaire commune ne conduise à un abandon de souveraineté.

Et, à l'intérieur des États, les règlements sanitaires n'étant pas appliqués de manière rigoureuse et contraignante par les autorités, les malades se soumettent de moins en moins aux exigences d'un traitement long. Les infirmiers répugnent parfois à se déplacer, les malades ne veulent pas se rendre régulièrement au dispensaire. Il arrive que moins d'un malade dépisté sur trois suive correctement le traitement. Des sulfones pris irrégulièrement n'ont aucun effet positif sur l'évolution de la lèpre et tendent même à aggraver l'état du malade[2]. Comment mener à bien une politique sanitaire dans de telles conditions ?

Le Dr Aujoulat estime que seule l'éducation sanitaire des populations peut permettre une évolution des comportements mais il s'agit d'un travail de longue haleine qui exige la participation active d'éducateurs, d'enseignants, d'infirmiers et des autorités traditionnelles et nouvelles. Raoul Follereau s'efforce de diffuser, à l'occasion de réunions techniques, les idées du Dr Aujoulat.

Par exemple, le 2 mai 1972, une conférence technique réunit à Paris les ministres de la Santé publique de l'Afrique noire francophone, de Madagascar et de l'île Maurice ainsi que l'association française Raoul-Follereau. Ce dernier connaît tous ces hommes personnellement, et ils ont de nombreux souvenirs communs.

Il commence par rappeler les temps héroïques de la bataille contre la lèpre avec Richet, quelques années auparavant[3] :

C'était l'époque où, dans l'enthousiasme de l'effort, dans la joie de l'action féconde, on s'exaltait de toutes les espérances.
L'époque où, dans l'euphorie générale, la plus haute instance internationale avait établi déjà le calendrier de la victoire sur la lèpre.
L'échéance est venue.
La victoire n'est pas au rendez-vous...

---

1. Il en existe toujours, en Asie notamment, où la parole de Raoul Follereau a moins pénétré.
2. Signalé dans les thèses parues quelques années plus tard et par des témoins de cette période.
3. Texte paru dans le bulletin de l'association française en octobre 1972.

Raoul Follereau évoque ensuite tous les problèmes rencontrés. Après quoi, il propose :

Alors, la coercition ? C'est un mot que ma bouche a du mal à prononcer. Disons d'abord l'information, et, par l'information, la persuasion... et pour cela un développement intensif... de l'éducation sanitaire jugée – bien inconsidérément parfois – négligeable, voire futile.

Mais il faut que la santé soit la priorité de ces gouvernements dont les ressources demeurent bien limitées. Raoul Follereau utilise une argumentation adaptée à ses interlocuteurs :

Le premier capital d'un pays, c'est la santé. Pour avoir des paysans, des soldats, des contribuables, il faut d'abord qu'il y ait des hommes, des hommes bien portants, capables d'assumer leur devoir.

Et, voulant rester optimiste, Raoul Follereau fixe une nouvelle échéance :

Avant la fin du siècle, nous gagnerons la bataille de la lèpre.

Les négligences des malades ne sont pas seules en cause. La spécialisation des services porte souvent préjudice à une action sanitaire cohérente. Dans sa remarquable thèse sur la situation sanitaire en Afrique équatoriale francophone, le Dr Goumba [1], un Africain encouragé par le Dr Aujoulat, rapporte les faits suivants observés au Cameroun (et dans la plupart des pays de la région d'ailleurs) :

« À cinquante mètres d'un dispensaire de santé publique, une équipe des grandes endémies qui a fait deux cents kilomètres sur piste en Land Rover est installée sous un arbre pour traiter des lépreux, car l'enceinte du dispensaire est interdite aux lépreux. Les employés du service de la lèpre injectent leurs sulfones sous l'œil goguenard des trois infirmiers du dispensaire, qui depuis longtemps déjà ont examiné et traité leurs dix consultants journaliers.

Un infirmier de la santé publique, voulant profiter d'une Land Rover de retour de prospection pour évacuer deux malades, s'entend répondre : " Nous, on est des grandes endémies. Demandez une ambulance à votre médecin-chef. " »

Le Dr Goumba rapporte aussi qu'un jour où il participait au dépistage de la maladie du sommeil, le médecin-chef du secteur lui retira les médicaments destinés à d'autres maladies et son matériel de petite chirurgie, de sorte qu'il se trouvait totalement démuni en cas d'urgence grave, dans un secteur où les centres de soins fixes sont éloignés de plus de cent kilomètres les uns des autres et les pistes difficilement praticables.

---

1. Abel Goumba, *op. cit.*

Visiblement une organisation renouvelée s'impose. Le médecin **général** René Labusquière, présent en Afrique centrale au titre de la coopération, réalise patiemment un réseau de centres de santé ruraux qui se veulent polyvalents et d'où partent aussi des équipes polyvalentes. Là où une telle organisation se met en place, une amélioration sanitaire s'observe rapidement. Elle dépend cependant de la motivation du personnel et de l'autorité des pouvoirs publics. Là où les médecins militaires français supervisent les opérations, en République centrafricaine par exemple, les progrès sont notables.

Le médecin-général Labusquière consigne son expérience dans un important manuel de santé rurale qui demeure aujourd'hui encore une référence[1]. Il connaît bien Raoul Follereau et l'estime profondément. Il joue également un rôle actif dans la commission médicale de l'association Follereau, avec Richet. Si on ne parle pas de « plan Labusquière » – alors que l'on évoque le « plan Richet » –, cela tient aussi à sa personnalité. Généreux mais assez bourru, Labusquière n'est pas aussi chaleureux que Richet et il établit moins de contacts avec les personnes extérieures au monde de la santé publique. Cependant, il propose des solutions à la fois souples et rigoureuses, assez bien adaptées aux conditions nouvelles d'exercice de la médecine tropicale dans cette partie de l'Afrique.

Raoul Follereau et surtout le Dr Aujoulat sont également très déçus de l'attitude de nombreux jeunes responsables africains dont ils avaient financé les études en France et qu'ils avaient soutenus à plusieurs moments importants de leur carrière. Devenus ministres ou hauts responsables, beaucoup pratiquent la corruption, le clientélisme, détournent de l'argent, font passer la solidarité familiale avant le service de l'État et de la communauté nationale, négligeant les problèmes sociaux du pays. Les médecins préfèrent s'installer dans une capitale pour s'enrichir, alors qu'en brousse ils manquent tragiquement de ressources. Le Dr Aujoulat en souffre cruellement. Il avait critiqué, au début des années soixante, le pessimisme de René Dumont, qui écrivait alors : « L'Afrique noire est mal partie. » À la fin de sa vie, le Dr Aujoulat, un peu désabusé, se rapproche du diagnostic de René Dumont[2].

Le Dr Aujoulat aimerait écrire lui aussi des livres de réflexion sur l'Afrique et le développement. Il n'en a pas le temps. Il meurt en décembre 1973, à soixante-trois ans, d'un accident cardiaque lié à une parasitose sanguine – probablement contractée en Afrique – d'abord méconnue et qui a évolué sans bruit[3]. Raoul Follereau prononce son éloge funèbre lors des obsèques.

---

1. Médecin-général Labusquière, *Santé rurale et médecine préventive en Afrique*, 2ᵉ édition, diffusé par la librairie Le François, Paris, 1979.
2. Témoignage de son fils, Jean-Marie Aujoulat, le 11 février 1988.
3. S. et J. Foray, *op. cit.*

Avec lui, Raoul Follereau perd plus qu'un ami, un frère, tant leurs passions et leur idéal les réunissaient. Les deux hommes se complétaient admirablement. Le Dr Aujoulat a aidé Raoul Follereau à proposer des actions de santé publique rigoureuses et cohérentes. Sans lui, Follereau n'aurait pas eu le rayonnement qui fut le sien dans le monde politique, médical, associatif et dans les organismes dépendant de l'O.N.U. Aujoulat l'a aidé à négocier le virage de la décolonisation. De son côté, Raoul Follereau a permis au Dr Aujoulat de réaliser plusieurs de ses projets sanitaires.

Ensemble, ces deux laïcs chrétiens ont vécu une aventure exceptionnelle : utiliser tous les moyens nouveaux du XXe siècle pour les mettre au service de la charité chrétienne. Science, politique, organisation rationnelle, campagnes d'opinion deviennent des instruments privilégiés de cette charité chrétienne qui, à terme, devait conduire selon eux à un bouleversement des mentalités et des comportements.

Le Dr Aujoulat disparu, l'œuvre de Raoul Follereau n'est pas menacée cependant, car les deux hommes avaient préparé leur succession. Nous en reparlerons plus loin.

Par ailleurs, des bouleversements extérieurs compromettent les résultats fragiles obtenus en matière sanitaire. Les guerres entre États, entre ethnies, entre factions rivales ruinent des pays déjà pauvres. Et, à partir de 1973, la grande sécheresse s'abat sur l'Afrique noire sahélienne, celle que Raoul Follereau connaît si bien. Elle oblige les États concernés à reconsidérer leurs priorités, et la lèpre n'en est plus forcément une. D'autre part, beaucoup de malades étant pauvres, il leur est de plus en plus difficile de se faire soigner. Nombre de lépreux souffrent avant tout de la faim. Ils sont eux aussi des victimes de la sécheresse.

De plus, certaines aides envoyées par les associations Follereau en Afrique ne parviennent pas à leur destinataire ou sont utilisées à des fins très éloignées de l'amélioration du sort des lépreux. Il arrive que des infirmiers utilisent des véhicules pour leurs déplacements privés exclusivement, que des fonds destinés à la construction d'un dispensaire servent à agrandir la villa d'un haut fonctionnaire. Quand il en est informé, Raoul Follereau demande que des mesures immédiates soient prises par les autorités compétentes, mais ce n'est pas toujours possible. Parfois aussi les équipements médicaux réclamés par les autorités locales et mis en place grâce à l'aide financière des associations Follereau ne sont pas adaptés aux besoins locaux des lépreux.

Certes ces déceptions ne constituent pas la règle générale. Raoul Follereau ne les mentionne pas dans le bulletin afin de ne pas décourager les donateurs. Cependant, leur nombre grandissant oblige les responsables de l'association à envisager un contrôle plus strict de l'utilisation des aides sur le terrain.

Enfin, dans le même temps, certains Africains s'interrogent sur l'opportunité de maintenir une attention aussi soutenue au sort des lépreux.

Depuis que Raoul Follereau a parlé en leur faveur, leur situation s'est considérablement améliorée en Afrique noire et, retournement imprévu, ils font parfois figure de privilégiés.

Le président tchadien Tombalbaye se fait le porte-parole de ces Africains critiques quand il remet au Dr Aujoulat, en 1972, un message destiné à Raoul Follereau.

Le président tchadien demande à ce dernier de « pousser plus loin encore son œuvre ». Il précise :

À la faveur d'une bataille sociale qui a été gagnée, c'est une bourgeoisie de la lèpre qui s'est constituée. Ce sont des pensionnés de la charité mondiale. Or beaucoup d'entre eux ont l'espoir très ferme de sortir un jour de leur maladie. Va-t-on continuer indéfiniment à s'occuper des seuls lépreux[1] ?

La lèpre devient donc une source de revenus pour les familles et constitue presque une chance pour celles-ci. Trop assisté, le lépreux devient inactif ou plutôt sa condition de malade lui tient lieu de profession.

François Tombalbaye a l'impression qu'on « oublie les autres, comme les aveugles, les paralysés, les invalides et même les malades mentaux, qui sont condamnés à vie[2] ».

Le président tchadien n'est pas seul à formuler de telles remarques.

Raoul Follereau lit cette lettre avec beaucoup d'attention. Il y répond et communique largement son texte, auprès des membres de l'E.L.E.P. comme auprès des lecteurs de son bulletin. Il rappelle que, depuis 1961 surtout, il élargit son combat à la lutte contre « toutes les lèpres ». Et, surtout, il fait remarquer que le succès remporté au Tchad contre la lèpre reste malheureusement exceptionnel :

« Il y a quelques mois, j'ai trouvé sur un autre continent des lépreux entourés de fil de fer barbelé, traités comme les pires des criminels[3]. »

Quelque temps plus tard, le président Tombalbaye est assassiné. La guerre civile s'engage au Tchad, pour de longues années. Le pays connaît alors une telle désorganisation que le suivi sanitaire des populations ne peut plus être effectué correctement. La lèpre reparaît, la condition des lépreux devient à nouveau préoccupante.

Mais les préjugés à l'égard des lépreux ont-ils été complètement éradiqués ? On peut en douter, même en Europe.

En septembre 1973, les représentants de l'association Amici dei lebbrosi (association italienne Raoul-Follereau) de Naples écrivent à Bologne, au siège national de l'association : ils supplient que la conférence que Raoul Follereau doit prononcer à Naples sur la lèpre soit reportée. On parle en

---

1. *Mission de la France*, décembre 1972, p. 14.
2. *Mission de la France*, décembre 1972, p. 14.
3. *Ibid.* p. 15.

effet avec inquiétude de plusieurs cas de lèpre à Naples. « On parle tant de la lèpre à Naples aujourd'hui qu'une conférence de Raoul Follereau poserait des problèmes et pourrait déclencher une insurrection [1]. » De fait, la conférence est annulée. On peut ainsi mesurer le poids des peurs et le rythme d'évolution très lent de certaines mentalités, malgré une information très largement diffusée qui indique que la lèpre est très peu contagieuse et toujours guérissable. En France même, les préjugés à l'égard de la lèpre demeurent mais ne s'expriment pas, faute de lépreux.

Les difficultés s'accumulent donc en Afrique noire. Nous insistons sur cette partie de continent car c'est surtout d'elle que s'occupent désormais Raoul Follereau et ses collaborateurs les plus proches. Le temps des grands voyages autour du monde semble temporairement révolu. Au moment où le message de Raoul Follereau se fait de plus en plus universaliste [2], son action en matière de lèpre se circonscrit au monde tropical francophone surtout.

Les aléas politiques font disparaître certaines associations d'aide aux lépreux montées avec le concours actif de Raoul Follereau. La chute de Saigon en 1975 entraîne la disparition de l'association vietnamienne d'aide aux lépreux. Ses dirigeants sont supposés être des ennemis d'un régime qui suspecte les initiatives privées. Et que dire du sort des lépreux cambodgiens ?

Un grand espoir semble naître cependant en Iran où une fondation remarquable par son organisation se met en place au cours des années soixante-dix. Dotée de moyens considérables, elle doit commencer avec des ressources au moins égales à celles de l'association allemande D.A.H.W. [3] (le D.A.H.W. fournit alors 40 % des revenus de l'E.L.E.P., devenu I.L.E.P., et ses ressources sont presque dix fois supérieures à celles de l'association française). La lèpre est un problème de santé publique réel en Iran, mais des succès importants sont enregistrés dans la lutte contre cette endémie. L'association envisage d'agir bien au-delà du cadre national et souhaite soutenir des actions menées dans le monde entier.

Le chah d'Iran encourage ces efforts. Son épouse suit la question de très près. Fara Dibah se rappelle le jour de son enfance où elle avait entendu Raoul Follereau, encore jeune, prononcer une conférence dans son école [4]. Devenue souveraine, elle s'est efforcée de diffuser les messages de Raoul Follereau en Iran, ses appels en faveur des lépreux notamment. Rappelons

---

1. Lettre inédite conservée aux archives de l'association italienne à Bologne.
2. Alors que dans les années cinquante, Raoul Follereau se faisait le héraut des valeurs françaises.
3. Témoignage d'André Récipon, recueilli le 12 octobre 1987.
4. Témoignage d'Aimée Altériet (le 14 septembre 1987), qui avait eu l'occasion d'échanger quelques phrases avec elle lors d'une cérémonie à Paris, à laquelle Raoul Follereau n'avait pu assister.

aussi que l'Iran est l'un des pays qui soutiennent le plus le projet « Un jour de guerre pour la paix » et l'un des rares qui en adoptent les propositions. Raoul Follereau et son message exercent une incontestable influence sur l'élite francophone et francophile du pays. « Dites à Raoul Follereau que l'on fait tout ce que l'on peut », dit un jour Fara Dibah à des proches de Raoul Follereau [1].

La révolution islamique et la chute du chah en 1979, un peu après le décès de Raoul Follereau, entraînent l'abandon de tous ces projets.

Des associations nouvelles se constituent cependant. En 1974, le Sasakawa Memorial Health est fondé au Japon.

M. Sasakawa [2], président d'une entreprise de construction navale, secteur très florissant alors au Japon, s'intéresse depuis longtemps à la lèpre et aux lépreux. Il décide de leur consacrer une partie de sa fortune personnelle. Avec le Pr Ishidate, un pharmacologue japonais et chrétien qui, dès le début des années quarante utilisait les sulfones, il organise cette association. Elle soutient d'importants programmes de recherche, fournit du matériel et des médicaments à ceux qui agissent sur le terrain, tout en coopérant avec les gouvernements des pays touchés par la lèpre. En dépit des efforts on a quand même l'impression que les moyens engagés par les Japonais restent modestes au regard de leur puissance économique. Au fond, l'opinion et les pouvoirs publics japonais se soucient moins de la lèpre que les Européens, même si, individuellement, quelques personnes choisissent de consacrer toute leur existence aux lépreux. La longue imprégnation chrétienne de l'Europe expliquerait-elle cette différence ? D'autant que ce sont souvent des chrétiens qui, parmi les Japonais, se dévouent auprès des lépreux.

L'association japonaise noue assez tôt des contacts avec les grandes associations privées établies sur les autres continents.

Les associations d'Europe occidentale font figure de modèle non seulement en raison de leur organisation nationale, mais surtout à cause des liens souples mais réels qui les unissent dans le cadre de l'E.L.E.P. Les associations d'Amérique du Nord, – l'American Leprosy Mission de New York et les associations canadiennes – comme les associations japonaise et iranienne désirent bientôt se joindre aux membres de l'E.L.E.P. Cette dernière doit donc modifier son sigle et devient l'I.L.E.P., « international » remplaçant « européen ». C'est le 12 avril 1975 à Bonn que le changement de noms devient officiel, dix ans après la fondation de l'E.L.E.P. [3].

Les associations membres aident alors six cent cinq centres répartis dans

---

1. Id.
2. Brochure de présentation : *I.L.E.P. 1966-1986, de la léproserie aux essais de vaccin*, éditée par l'I.L.E.P., 1986 (toutes les associations membres de l'I.L.E.P. y sont présentées).
3. *Ibid.*

soixante-quinze pays et disposent de treize millions et demi de dollars de ressources annuelles [1]. Les ressources doublent à la fin des années soixante-dix, et ce n'est pas dû à la seule inflation.

Les membres de l'I.L.E.P. aident et soignent un million et demi de malades environ.

Mais le nombre de lépreux dans le monde est dix fois supérieur au moins.

Et Raoul Follereau est tellement conscient de l'importance du travail qui reste à faire qu'il adresse en 1975 à l'O.N.U. le texte d'une *Déclaration universelle des droits des malades de la lèpre.*

Il reprend son idée de 1952 qui, alors, n'avait pas abouti. Ce texte pourrait tenir lieu de référence universelle en cas de discrimination à l'égard des lépreux et constitue un élément juridique décisif dans l'hypothèse d'un litige. Raoul Follereau y attache une grande importance, le présentant comme son « ultime appel », et ajoutant : « Il sera la conclusion de ma " bataille de la lèpre ", et, je l'espère, son couronnement [2]. » Il sait que la Déclaration des droits de l'homme de 1948 a été suivie au cours des années suivantes par des déclarations plus précises, celle des droits de l'enfant par exemple. Et en 1975, l'année de la femme est célébrée dans le monde. Cette requête s'inscrit donc dans un contexte plus général de déclarations de droits universels garantis à des groupes bien définis.

Il remet en mains propres son texte à Gaston Thorn, Premier ministre du Luxembourg, alors président en exercice de l'O.N.U. Il estime que l'occasion est favorable, car le Luxembourg a toujours soutenu avec empressement toutes ses initiatives. Il informe aussi tous les chefs d'État membres de l'O.N.U.

Citons des extraits des quatre articles de cette déclaration, sans oublier que Raoul Follereau a une formation de juriste [3] :

1. Les lépreux sont des malades comme les autres, soumis aux lois communes et également protégés par elles.

2. Nul n'a le droit d'attenter à leur liberté, ni de la restreindre de quelque manière que ce soit lorsqu'ils sont atteints d'une forme de lèpre non contagieuse...

3. La règle générale demeure le traitement à domicile...

Lorsque l'état du malade impose une hospitalisation temporaire, elle devra, dans toute la mesure du possible, être assurée dans des établissements de médecine générale, comme pour les autres malades.

Les cas provisoirement contagieux y seront alors groupés dans des pavillons spécialisés... Leur isolement ne durera pas un jour de plus que le médecin ne l'aura jugé nécessaire...

---

1. *Ibid.*
2. Texte publié dans le bulletin *La seule vérité, c'est de s'aimer,* juillet-août 1975, et publié dans le bulletin en janvier 1976, p. 2 et 3.
3. Françoise Brunnschweiler, *op. cit.* p. 88 et 89.

4. Toute action s'inspirant de motifs discriminatoires et tendant à refuser aux malades ou anciens malades de la lèpre un emploi, un logement et, d'une manière générale, toute forme de coercition exercée à leurs dépens et inspirée par leur maladie présente ou passée, sera poursuivie et punie par la loi.

Toute référence à leur maladie présente ou passée, faite dans une intention maligne, sera considérée comme diffamatoire et réprimée comme telle.

La plupart des responsables approchés approuvent la démarche de Raoul Follereau.

Mais le texte n'est pas présenté à l'O.N.U.

Il se peut que les experts des Nations unies aient redouté ensuite une inflation de déclarations universelles portant sur les catégories les plus diverses de malades ou de déshérités et qu'ils n'aient pas voulu « favoriser » les lépreux sous la pression d'un lobby bien organisé grâce à Raoul Follereau et ses amis. Ce texte leur semble peut-être inutile, de multiples lois nationales garantissant les droits des lépreux, même si elles ne sont pas toujours convenablement appliquées.

L'indifférence, l'oubli et la surcharge de travail peuvent aussi expliquer l'attitude de l'O.N.U.

Raoul Follereau est président d'honneur de l'E.L.E.P. comme de l'I.L.E.P.

Même si sa santé lui interdit d'assister à tous les congrès annuels de ces organismes ou à certaines de leurs réunions de travail importantes, il adresse des messages qui sont lus pendant les congrès. Il n'intervient pas dans les détails techniques mais, bien conseillé, il indique des orientations d'ensemble et des pistes de réflexion.

En 1975, il souhaite que l'accent soit mis « davantage encore sur les recherches intéressant la prophylaxie de la lèpre, recherches qui trop souvent piétinent, voire s'essouflent, faute de moyens matériels, faute aussi d'une coordination suffisante, voire suffisamment désirée [1] ».

Il semble que, sur la fin de la vie, Raoul Follereau attend plus le succès du vaccin que des antibiotiques, lesquels montrent alors leurs limites. En 1975 toujours, il déclare [2] :

Le vaccin tant espéré, tant attendu, seul permettra la victoire absolue sur cette maladie millénaire [3]. Il n'aura ni nationalité, ni politique, ni religion. Il sera l'œuvre des hommes, tous ensemble, voués au service de tous les hommes. Il sera, lui aussi, une œuvre d'amour.

---

1. Bulletin *La seule vérité...*, juillet-août 1975, p. 2 (discours prononcé, le 12 avril 1975 à l'assemblée générale de l'I.L.E.P. à Bonn).

2. *Ibid.*

3. Des propos très différents de ceux des années cinquante, dans lesquels Raoul Follereau, relayant les médecins, annonçait la victoire absolue grâce aux sulfones.

Ces dernières phrases montrent bien que Raoul Follereau comprend les conditions du travail de recherche scientifique moderne. Il n'attend pas la solution d'un savant génial isolé dans son laboratoire, car il sait que la mise au point d'un vaccin exige de forts investissements financiers, des échanges d'informations permanents et qu'elle est aussi le résultat de choix économiques, sociaux et politiques ainsi que d'un long travail collectif.

Mais il insiste en permanence sur un thème. Il ne veut pas que le succès transforme la nature de l'I.L.E.P. et en fasse une bureaucratie anonyme. Dans son discours de 1972, il déclare [1] :

Nous sommes un mouvement, un élan né dans la générosité, fortifié chaque jour par l'amitié. Ne devenons pas un ministère...
Ne vous laissez pas hypnotiser par les chiffres, ligoter par ces sirènes modernes que sont les statistiques...
Que l'hypertrophie de nos trésoreries – si un jour, par miracle, elle se produisait – ne réduise jamais la place de notre cœur, ni n'attente à sa primauté.

Son inquiétude manifeste se retrouve chez d'autres prophètes initiateurs de courants de solidarité de dimension internationale, comme l'abbé Pierre lorsqu'il s'adresse aux membres des communautés d'Emmaüs international. Raoul Follereau sent venir ce que Bernard Kouchner appellera, seize ans plus tard, le « charité business [2] ».

Pour faire face, Raoul Follereau comme l'abbé Pierre appellent à un ressourcement, à la contemplation des origines et des sources du mouvement :

Nous nous sommes réunis, il y aura bientôt dix ans, simples et braves gens, pour mettre en commun notre amour au service de ceux que j'appelais « les plus douloureuses minorités opprimées du monde »...
Notre véritable force, notre arme secrète, c'est notre amitié.
On ne fait pas un tremplin avec un coffre-fort [3]...

Quand il assiste à des réunions, Raoul Follereau prend le temps de manifester personnellement sa sympathie à chacun. Il demande à ses interlocuteurs des nouvelles de leur travail, mais aussi de leur famille. Il embrasse facilement les personnes rencontrées et témoigne d'une attention délicate à tous, même à ceux qui accomplissent des tâches d'exécution [4].

Raoul Follereau précise ses craintes [5] :

---

1. Bulletin *Mission de la France*, juin 1972.
2. Pour reprendre le titre du livre publié par Bernard Kouchner.
3. Bulletin *La seule vérité...*, juillet-août 1975 (discours de Bonn, *op. cit.*).
4. Témoignage de Marcel Farine (recueilli au mois d'août 1988) et de plusieurs autres membres de l'I.L.E.P.
5. Bulletin *La seule vérité...*, juillet-août 1975.

Il ne faudrait pas que ces statistiques presque géantes donnent le vertige à nos premiers enthousiasmes, que notre si belle amitié soit éprouvée par les tentations du prestige ou du succès, que l'émulation fasse un jour place à la rivalité, et que les rivalités se nouent en discorde... Tout ce qui s'accomplit sans idéal est voué, tôt ou tard, à la déchéance ou à la pourriture.

Les difficultés de certaines associations

Plusieurs associations Raoul-Follereau, et parmi les plus importantes, connaissent de graves déchirements.

L'association italienne tout d'abord.

Traducteur des œuvres de Raoul Follereau en Italie au début des années soixante, le père Corti tient naturellement une place importante dans la vie de l'association italienne. Une profonde amitié, ou plutôt une profonde communion de cœur et de pensée le lie à Raoul Follereau. La grande douceur et la bonté du père Corti frappent tous ceux qui le rencontrent. Beaucoup évoquent la figure de saint François d'Assise quand ils parlent de ce combonien de santé fragile qui s'abandonne à la Providence.

Mais le père Corti n'a pas le tempérament d'un organisateur de structures puissantes à l'échelle d'un pays entier. En Italie, beaucoup commencent à lui reprocher de ne pas se montrer assez directif, de manquer de précision dans ses instructions et de rigueur dans l'exécution. Le débat aurait pu rester strictement technique. Mais bientôt des attaques personnelles blessantes visent le père Corti. Des membres du conseil directeur de l'association veulent l'exclure de toute fonction en son sein, et pas seulement des postes de direction ou d'organisation. Le père Corti fait figure de bouc émissaire : toutes les difficultés, souvent inévitables, de la jeune association, lui sont attribuées. Il est une cible d'autant plus commode qu'il ne répond pas aux attaques, restant doux envers tous. Les attaques sont de plus en plus nombreuses, car à l'acharnement de certains laïcs un peu anticléricaux de l'association s'ajoute la jalousie de certains comboniens. Sa situation devient intenable, il est victime de mesquineries toujours plus nombreuses. Un jour, il constate qu'il ne peut accéder à son bureau, la porte en ayant été fermée à clef sans qu'il en ait été informé. Visiblement, beaucoup veulent le faire partir et, pour y parvenir, lui rendent la vie de plus en plus difficile [1].

Raoul Follereau finit par être au courant de sa situation. Il en est profondément affecté, car il se sent très proche du père Corti. Il lui est cepen-

---

1. Selon les témoignages concordants d'amis de Raoul Follereau de nationalités différentes.

dant difficile d'intervenir directement, car les statuts indiquent bien que l'association italienne est souveraine sur ses questions d'organisation interne. Par ailleurs, il vit assez loin de Bologne et il ne peut vérifier en permanence ce qui s'y passe. Enfin, l'association mène un travail sérieux de collecte de fonds en faveur des lépreux et de diffusion du message du Vagabond de la Charité. Et au fond ne s'agit-il pas de la banale crise de croissance d'une association tiers-mondiste en plein essor ? Une intervention mal adaptée n'aurait-elle pas trop d'effets négatifs pour la cause des lépreux ?

Raoul Follereau refuse de satisfaire aux demandes de responsables de l'association qui souhaiteraient qu'il retire sa confiance au père Corti et désavoue son travail. Au contraire il l'appelle non seulement à exercer des responsabilités dans l'I.L.E.P. mais surtout dans l'association internationale Raoul-Follereau. Au plus fort des critiques, il s'agit d'une sorte de promotion. Et nul ne peut protester, les statuts de l'association internationale permettant qu'il en soit ainsi.

Les responsables de l'association italienne sont cependant divisés. Certains souhaiteraient une réconciliation. Le 6 décembre 1972, Raoul Follereau écrit à l'un d'entre eux [1] :

J'ai appris par le directoire de l'association internationale votre pensée délicate et gentille d'aller saluer le père Corti dans sa chambre [il est alors malade]. Votre geste, qui correspond tellement à mes vœux, m'a fait chaud au cœur. Vous ne pouviez donner un plus beau témoignage d'affection et d'attachement. Comme je vous l'ai dit à chaque occasion, je suis persuadé qu'il n'y a entre vous, mes fils, qu'une série de malentendus que vous vous efforcerez les uns comme les autres de dissiper pour le plus grand bien de l'idéal qui nous anime. Je vous embrasse bien affectueusement. Papa Raoul.

Raoul Follereau souffre d'autant plus de cette situation que, pour lui, les associations Follereau doivent permettre la sanctification de chacun de leurs membres. Il a l'impression qu'elles deviennent source de faute, à cause de la soif d'efficacité immédiate et de puissance qui touche certains.

Les derniers mots signalent l'esprit dans lequel il conçoit les rapports au sein de ses associations. Il les voit comme de grandes familles dont il voudrait faire des oasis d'amour fraternel et filial préfigurant une civilisation de l'amour. Il avait pensé que le rassemblement autour d'un idéal commun couplé au dévouement envers les plus démunis constituait le plus sûr antidote contre la mesquinerie et la méchanceté. Or il constate que là aussi la discorde et la souffrance parviennent à s'insinuer, même si le grand public ne s'en aperçoit pas.

Raoul Follereau commence alors à prendre peu à peu ses distances à l'égard de l'association italienne. Il ne désavoue pas son action mais la sou-

---

1. Lettre retrouvée dans les archives de l'association italienne. La plupart de la correspondance de cette association a cependant disparu dans l'incendie qui a ravagé ses locaux.

tient d'une manière plus évasive. Et quand il se rend en Italie, il participe de préférence aux grands rassemblements organisés par Mani tese, une autre grande association tiers-mondiste italienne d'inspiration chrétienne dont les préoccupations rejoignent les siennes. Il se sent très proche des dirigeants de Mani tese et il contribue largement au rayonnement de leur organisation dans toute l'Italie. Et, voulant soutenir Raoul Follereau, beaucoup d'Italiens aident Mani tese plutôt qu'Amici dei lebbrosi.

Les dirigeants d'Amici dei lebbrosi sont bientôt gênés par cette situation. Ils mesurent le rôle essentiel du patronage de Raoul Follereau dans le rayonnement de leur association. Par ailleurs, avec le renouvellement périodique des membres de son comité directeur, des responsables moins agressifs que les précédents y sont nommés.

Peu à peu, Amici dei lebbrosi raffermit ses contacts avec Raoul Follereau. Les responsables de l'association lui rendent visite et s'entretiennent longuement avec lui en été à Gardone. Il entretient des rapports privilégiés avec certains de ces dirigeants et leur porte une affection paternelle. Les autres se montrent très déférents, et leur volonté de diffuser largement le message de l'Apôtre des lépreux ne peut être mise en cause.

On peut considérer qu'à la mort de Raoul Follereau ses rapports avec l'association italienne étaient redevenus cordiaux.

Quant au père Corti, il effectue en Côte-d'Ivoire une mission au service des lépreux de 1972 à 1975 et, de 1975 à 1980, il se trouve à Londres au siège de l'I.L.E.P. Sa santé toujours fragile l'oblige à revenir en Italie en 1980. Il meurt le 10 septembre 1986 à Locarno, en Suisse, et il est enterré à Lecce, dans le caveau de famille [1].

La crise fut douloureuse mais assez peu visible de l'extérieur. Elle n'a pas compromis, à long terme, l'avenir de l'association italienne.

La crise belge est toute différente.

De 1968 à 1976, M. R... H... [2], ancien religieux des Sacrés-Cœurs de Picpus devenu laïc, se trouve à la tête de l'association belge. Raoul Follereau a souhaité que cette responsabilité lui soit confiée, car il lui fait une confiance totale et le considère comme l'un de ses fils spirituels. Il est de la génération d'André Récipon ou de Joseph Hilger. Raoul Follereau lui écrit « mon fils [3] », comme il le fait pour d'autres personnes d'ailleurs.

Or, le comportement de R... H... devient bientôt surprenant. Le manque de suivi administratif s'avère de plus en plus net. En revanche, les effectifs du personnel travaillant à Bruxelles au siège de l'association ne cessent d'augmenter : jusqu'à dix-huit personnes très bien payées. Par ailleurs R... H... s'octroie des salaires et, disent certains, des « primes » très élevés, presque

---

1. Fiche biographique composée par le centre de documentation de l'association française Raoul-Follereau.
2. Pour des raisons de discrétion, nous préférons ne pas citer le nom de cette personne.
3. Certaines de ces lettres figurent dans les archives de l'association belge.

sans contrôle. Plusieurs personnes le signalent à Raoul Follereau, qui n'intervient pas, estimant qu'il n'a pas à s'immiscer dans une affaire intérieure à une association nationale et qui lui rappelle un peu celle de l'association italienne : il y voit probablement exagération ou calomnie et garde toute sa confiance à R...H..., lequel lui adresse des lettres pleines d'affection.

Mais le scandale finit par éclater. L'association étant largement connue dans le pays, les rumeurs circulent de plus en plus. Un journal anarchiste dénonce l'utilisation des fonds. Par ailleurs, une lettre parvient à tous les prêtres de Belgique, leur demandant de ne pas soutenir les Amis du père Damien. La crise éclate au grand jour, l'association semble discréditée. Va-t-on vers un procès retentissant ou vers une affaire dont les journaux à sensation vont se faire l'écho ou plutôt l'amplificateur des mois durant ?

À l'annonce de ces nouvelles, Raoul Follereau est atterré. Au début, il ne veut pas y croire. Il lui faut pourtant se rendre à l'évidence : sa confiance a été abusée. Il y a eu détournement de fonds. Raoul Follereau est profondément meurtri[1]. Il se rendait souvent en Belgique et n'arrive pas à comprendre. Il s'agit là d'une des grandes blessures de la fin de sa vie. Il ne dit mot de cette affaire aux lecteurs de son bulletin et, même avec ses familiers, il ne s'étend guère sur la question. Nous l'avons dit, ses plus grandes souffrances restent des souffrances muettes. Raoul Follereau est à la fois très expansif et très pudique.

Des troubles psychologiques et des problèmes personnels permettent, semble-t-il, d'expliquer le comportement de R... H...

Mais si l'affaire a pris une telle ampleur, c'est qu'elle révèle des défauts d'organisation.

Cependant, nombreux sont ceux qui, en Belgique, veulent que l'association puisse poursuivre son œuvre. Les pouvoirs publics et de nombreux bénévoles se mobilisent alors immédiatement. La cause des lépreux et de Raoul Follereau est très populaire et estimée dans le pays. Il convient de rétablir immédiatement la confiance auprès de l'opinion. L'ancien ministre de la Justice Moyersoon prend temporairement en main l'association et, se portant garant de son intégrité, il s'engage à lui redonner de saines règles de fonctionnement et garantit que l'argent collecté servira effectivement à soigner les lépreux. Moyersoon jouit d'une grande estime dans le pays, où même ses adversaires politiques saluent son honnêteté. Un patronage semi-officiel est donc nécessaire à l'association belge pour se sortir de ce mauvais pas et regagner la confiance de l'opinion.

Des organisateurs compétents qui avaient pris leurs distances avec l'association à l'époque de R... H... sont rappelés. Jacques Vellut et Luc De Meersmann (le premier est un Bruxellois francophone, le second est

---

1. Selon les témoignages concordants de ses proches.

flamand) se répartissent les responsabilités administratives et le suivi des projets. Le personnel employé au siège est considérablement réduit (moins de dix personnes) et les salaires également. Par ailleurs, les membres du siège sont invités à pratiquer un bénévolat actif en faveur de l'association en dehors de leurs heures de travail.

Jacques Vellut et Luc De Meersmann ont tous deux une importante expérience du terrain. Ils font partie de la première génération de coopérants partie au début des années soixante, époque à laquelle Jacques Vellut était en Inde et Luc De Meersmann en Afrique. Jacques Vellut [1], qui a une formation initiale d'assistant social, a exercé de nombreux métiers avant de découvrir l'informatique à la fin des années soixante. Il fait tout de suite bénéficier l'association de ses compétences dans cette discipline encore étrange aux yeux de beaucoup. Il s'occupe des questions financières pour tout le pays et coordonne les actions menées par l'association en Asie. Les Amis du père Damien interviennent alors autant en Asie qu'en Afrique.

Ancien séminariste ayant suivi des études de communication sociale, Luc De Meersmann coordonne les actions entreprises en Afrique et l'animation des nombreux comités de l'association répartis dans toute la Belgique.

L'association belge sort finalement intacte de la crise, mais celle-ci a obligé les Amis du père Damien à repenser entièrement leur fonctionnement et leurs méthodes de travail et à se faire désormais extrêmement rigoureux. Les nombreux soutiens reçus à l'occasion de cette période difficile montrent que l'association est déjà bien enracinée dans le pays et qu'elle fait partie du « paysage associatif », dans la mesure où une large partie de l'opinion y est attachée.

Mais les difficultés ne sont pas terminées pour autant. Un débat assez sévère s'engage bientôt entre Raoul Follereau et les responsables de l'association canadienne.

Ces derniers souhaiteraient que Raoul Follereau, un peu comme la reine d'Angleterre, reçoive une rémunération et une dotation personnelle bien définies. La demande surprend les amis de Raoul Follereau. Celui-ci a toujours eu l'habitude de faire transiter des sommes d'argent recueillies à l'occasion de dons sur son compte avant de les répartir là où il le jugeait utile. Par ailleurs la modestie de son train de vie indique clairement qu'il ne détourne pas l'argent à son profit. Il a toujours souligné que ses déplacements étaient financés par l'argent des donateurs et ceux-ci le savent bien. Mais, très pointilleux sur les questions administratives, les Canadiens voudraient mettre en place un organisme chargé de superviser tout cela [2].

Par ailleurs, ils souhaitent réviser certains articles des statuts de l'asso-

---

1. Témoignage recueilli le 13 avril 1988.
2. Un dossier est consacré à ces échanges avec les Canadiens au siège de l'association française.

ciation internationale. Plusieurs échanges de lettres entre la France et le Canada tournent autour de la notion de « convention ». En fait, il semble que les Canadiens cherchent à s'affranchir d'une tutelle française qu'ils jugent un peu contraignante et mal adaptée à leur mentalité nationale. Raoul Follereau suit cette polémique, mais au fond il n'y intervient guère, car il est déjà très affaibli physiquement. C'est surtout André Récipon qui traite avec les Canadiens.

Finalement, l'association canadienne se retire temporairement de l'association internationale en septembre 1978. Elle se réorganise, se reconstitue, et se réfère désormais essentiellement au cardinal Léger, dont nous avons parlé précédemment. Même si ensuite l'association canadienne entretient de nouveau des liens avec l'association internationale Raoul-Follereau, il est clair qu'elle diffuse beaucoup moins qu'auparavant le message de Raoul Follereau.

Pourtant le Canada est, à la mort de ce dernier, le pays qui compte le plus de rues portant son nom. C'est le résultat du travail des comités Follereau locaux au cours des années précédentes. Ensuite ils entrent peu à peu en sommeil ou se réfèrent surtout au cardinal Léger ou bien encore évoquent le sort des lépreux uniquement.

Et en France ?

Aucune malversation n'y est observée et André Récipon ne manque pas de témoigner à Raoul Follereau son affection et son profond respect. Cependant ce dernier est de plus en plus déconcerté par les initiatives et les projets de son fils spirituel.

André Récipon estime que l'association Follereau doit impérativement se doter de moyens modernes et de structures puissantes pour se mettre à la hauteur des grandes associations européennes d'aide aux lépreux et pour s'adapter aux changements structurels et de mentalités qui touchent la société française. Il pense que les méthodes artisanales ne suffisent plus, qu'il convient de travailler autrement pour toucher un large public de donateurs, sans lequel une action efficace sur le terrain n'est pas envisageable.

André Récipon veut renforcer l'emprise du siège de Paris sur les comités locaux, afin d'assurer une action plus rationnelle sur le terrain [1]. Et, symbole des temps nouveaux, il envisage la construction d'un immeuble de huit étages rue de Dantzig, dans le 15e arrondissement de Paris, qui doit servir de siège à l'association. Cet immeuble doit rassembler tous ses services comptables et administratifs ainsi que les services de documentation et d'information et des salles de réunion pour les commissions médicales et le comité directeur de l'association. Raoul Follereau et ses premiers compagnons sont un peu abasourdis devant l'ampleur d'un tel programme et les plans présentés par André Récipon, qui a même prévu d'installer un grand

---

1. André Récipon le reconnaît : « Après la crise belge que je prévoyais et pour laquelle Raoul Follereau ne m'écoutait pas, je suis devenu plus intransigeant et j'ai imposé mes méthodes » (Lettre d'André Récipon à l'auteur en 1991).

bureau où Raoul Follereau pourrait travailler seul. Mais ce dernier fait savoir qu'il préfère demeurer dans son immeuble de la rue du Général-Delestraint, dans le cadre qui lui est familier.

Par ailleurs, André Récipon commence à embaucher un personnel à plein temps pour le travail comptable et administratif.

À chaque fois, il fait approuver ses projets lors de l'assemblée générale de l'association. Des anciens grognent parfois, mais ils ne veulent pas s'opposer à celui que Raoul Follereau a expressément désigné comme son fils spirituel. Et Raoul Follereau, de son côté, ne veut pas entraîner de crise dans l'association en exprimant publiquement ses inquiétudes. Il a toujours une profonde affection pour André Récipon et continue à lui faire confiance, malgré sa surprise.

Il se rappelle avec quelque nostalgie le temps des amis qui, le dimanche après-midi, se réunissaient autour d'une table de cuisine pour coller des enveloppes expédiées ensuite dans toute la France. Quand il pénètre dans les nouveaux locaux, il lui semble changer de planète. Il se demande au fond de lui-même si une telle modernité peut permettre la sanctification de ses acteurs au même titre que les pratiques artisanales de jadis. Il se sent un peu mal à l'aise dans cette mutation qui s'accomplit sous ses yeux.

Et il le dit à André Récipon. Les deux hommes se parlent souvent et leurs échanges s'effectuent dans un climat d'affection, de respect mais aussi de franchise. Ce ne sont pas seulement deux générations mais aussi deux formations professionnelles qui s'expliquent alors. Au banquier André Récipon, le poète Raoul Follereau dit sa crainte du gigantisme, du règne de l'argent et d'un éventuel dérapage. Raoul Follereau reste attaché à des symboles. Il tient à ce que les dons des enfants et des plus humbles soient toujours signalés dans le « livre d'or » du bulletin. Il insiste aussi pour que le *Petit Livre d'amour* soit toujours distribué gratuitement. Et quand André Récipon présente trop d'objections, Raoul Follereau répond par un affectueux mais ferme : « Je suis vivant et je reste encore le patron [1]. »

Plusieurs personnes jouent alors un rôle discret mais actif d'intermédiaire entre Raoul Follereau et son fils spirituel. Jacques Follereau, le neveu de Raoul Follereau, le Dr Reynier, et surtout le frère Fernand Davoine. Ce dernier veille dans l'ombre à ce que l'association n'oublie pas ses fondements spirituels. Mais il a aussi l'habitude des comptes précis et de la rigueur financière, car il a été le responsable des finances de sa congrégation à l'échelon international et il s'occupe en outre de la trésorerie et de l'organisation de multiples associations. À Raoul Follereau, il explique que le souci d'une gestion rigoureuse n'est pas un obstacle à la sanctification si les références spirituelles demeurent. Il ajoute que le recours à des méthodes nouvelles est indispensable pour assurer la péren-

---

1. Selon le témoignage concordant de plusieurs proches de Raoul Follereau. Les échanges principaux entre Raoul Follereau et André Récipon se faisant oralement, il n'en reste pas de trace écrite...

nité de l'œuvre commencée. À André Récipon, il fait comprendre qu'une évolution progressive, graduelle, est préférable à un bouleversement trop rapide et ne signifie en rien une perte de temps; il convient de ne pas oublier les personnes qui depuis de longues années se dépensent bénévolement et sans compter au service de l'idéal proclamé par Raoul Follereau.

Et c'est pourquoi le « passage de relais » s'effectue d'une manière finalement satisfaisante. Les différences sont transcendées par l'affection et surtout par les références à un idéal commun, idéal spirituel et religieux, vécu avec beaucoup de force et de sincérité.

Pour s'en convaincre, il suffit de regarder l'évolution d'autres grandes organisations humanitaires. Les rapports entre le fondateur prophétique et ses héritiers prennent souvent un tour très conflictuel.

Fondateur de *Frères des hommes* en 1965, Armand Marquiset est vivement contesté par les coopérants de retour de mission à la fin des années soixante et, esprit de Mai 68 aidant, il est peu à peu écarté des responsabilités dans l'association qu'il a fondée.

Edmond Kaiser, fondateur de *Terre des hommes* en 1972, entre en conflit avec les membres du comité directeur et quitte l'association. Il en fonde une autre, *Enfance et Partage*.

Bernard Kouchner, Max Récamier et les médecins fondateurs de *Médecins sans frontières* en 1971, au terme de l'affreuse guerre du Biafra, sont mis en minorité quelques années plus tard à l'issue d'une assemblée générale houleuse. Ils quittent cette organisation et créent alors *Médecins du monde*.

Le conflit serait-il inhérent aux associations humanitaires et tiers-mondistes en plein essor ?

Citons encore les dissensions quasi endémiques existant au sein d'*Emmaüs international* entre les communautés, chacune interprétant à sa manière le message de l'abbé Pierre. L'abbé Pierre, dont certaines orientations ou absences d'orientation suscitent des critiques passionnées. Marcel Farine, qui connaît Emmaüs international et les fondations Follereau, considère ces dernières comme un havre de paix en comparaison d'Emmaüs [1].

Il est vrai que Raoul Follereau a pris des dispositions afin de prévenir ce genre de situations. Il a installé un président unique qui est le vrai détenteur du pouvoir, ce qui éloigne les risques de conflit dans un comité directeur. Ce président a été désigné par Raoul Follereau et non pas élu, ce qui évite les tensions engendrées par des élections. Par ailleurs aucun des premiers compagnons de Raoul Follereau ne se pose en rival ou en héritier présomptif.

---

1. Témoignage recueili en août 1988.

Face aux changements de société et à l'opinion

Mais Raoul Follereau ne peut se contenter d'animer des communautés ou des associations. Il souhaite toujours prendre des initiatives nouvelles et interpeller l'opinion.

Cependant, son état de santé ne lui permet plus d'engager ces campagnes épuisantes qui ont fait connaître son message. Se déplacer lui devient de plus en plus difficile. Il suit un traitement à base de cortisone, ce qui lui donne un visage de plus en plus bouffi. Il le prend avec le sourire : « De quoi ai-je l'air de parler de la faim dans le monde en étant gonflé comme une otarie [1] ? » Ses amis sont frappés par sa sérénité dans la souffrance physique et son courage. Il ne se plaint en effet jamais.

Raoul Follereau reprend ses anciens thèmes de campagne en les actualisant. En 1973, après le choc pétrolier qui entraîne un quadruplement des prix du pétrole et consacre la richesse des pays exportateurs, il s'adresse aux « nouveaux rois », en particulier aux pays arabes membres de l'O.P.E.P. :

Donnez une heure de pétrole, chaque année, pour tous les lépreux du monde.
Deux heures de pétrole, cette année, pour vos frères du Sahel qui n'ont déjà plus la force de tendre vers vous les squelettes de leur bras [2]...

Raoul Follereau reprend l'argumentation et la proposition adressées jadis aux deux Grands.
Là encore pas de réponse, et ce pour les mêmes raisons.
Les médias n'ont pas pratiquement pas évoqué cette nouvelle initiative de Raoul Follereau, parce que l'idée n'est pas nouvelle et que les espoirs de succès sont des plus réduits, et aussi parce que les médias changent, ou plutôt que leur importance relative évolue. La télévision tient une place de plus en plus grande dans la vie des Français et des Européens. La plupart des familles disposent désormais d'un téléviseur et passent devant lui un temps important. Or Raoul Follereau a construit ses campagnes les plus célèbres avant que la télévision ne se répande et il connaît très peu de monde à la télévision française. D'ailleurs, il n'y est pas invité. De plus, les postes de radio périphériques l'ignorent. Une nouvelle génération de jeunes journalistes occupe de plus en plus ces médias. La plupart, marqués par l'esprit de Mai 68, rejettent les valeurs chrétiennes, l'Église, et un personnage comme Raoul Follereau leur est assez étranger. Il ne s'agit pas d'hos-

---

1. Phrase citée par Françoise Brunnschweiler lors d'un entretien en août 1988.
2. Bulletin *La seule vérité...*, juin 1974.

tilité, mais d'indifférence ou plutôt d'ignorance. Les campagnes engagées par Raoul Follereau ont donc un impact plus limité.

Avec la crise économique de 1974 et les nouveaux problèmes sociaux qu'elle engendre, Raoul Follereau demande à André Récipon de relancer l'Heure des pauvres ou de l'actualiser [1]. André Récipon rappelle à Raoul Follereau que les moyens de l'association demeurent limités et que la lutte contre la lèpre exige déjà des efforts très importants pour être significative sur le terrain. Raoul Follereau, de son côté, est trop affaibli pour mettre en place de nouvelles structures au sein de son association.

On peut constater aussi que Raoul Follereau ne s'engage pas à propos de débats importants qui secouent alors la société française.

Même dans son bulletin, il n'intervient pas, en 1974-1975, à propos de la loi sur l'avortement, qui est cependant contraire à ses convictions et traduit un bouleversement de mentalités dans la société française.

On peut d'ailleurs remarquer que Raoul Follereau se réfère peu à la morale familiale et sexuelle enseignée par l'Église catholique, même quand il s'adresse aux jeunes. Il parle de la justice, de l'amour, de la pauvreté, de la faim dans le monde, mais il élude les questions de morale familiale et sexuelle [2]. C'est l'une des grandes différences entre ses appels aux jeunes et ceux qu'adressera un peu plus tard le pape Jean-Paul II.

Pourquoi ce silence? Il est difficile à expliquer. La fatigue de Raoul Follereau à la fin de sa vie ne nous paraît pas seule en cause. Il se sent sans doute mal à l'aise pour évoquer trop longuement ces questions, lui qui, avec son épouse, a tant souffert de ne pas avoir d'enfant, comme il le confie à Jacques Chancel à l'occasion d'une *Radioscopie* [3] en 1970. Par ailleurs, il lui semble peut-être que les errements sexuels sont dus avant tout à un manque de confiance, à un manque d'espérance ou de foi et que sa mission personnelle consiste à réveiller cette espérance et cette foi, le pape ayant, lui, à rappeler l'enseignement de l'Église.

Par ailleurs, de nouveaux thèmes mobilisent les Français comme la torture et l'aide médicale d'urgence. Deux associations symbolisent ces combats : Amnesty International et Médecins sans frontières, dont les médias parlent de plus en plus abondamment. Raoul Follereau reste un peu à l'écart de ces thèmes.

L'association Follereau ne se mobilise pas à l'occasion de la guerre du Biafra, à la différence des groupes, associations ou organismes menés par Bernard Kouchner (Médecins sans frontières), Jean Rodhain (Secours

---

1. Témoignage oral d'André Récipon, le 12 septembre 1987.
2. Raoul Follereau et André Récipon s'engagent personnellement à propos de l'avortement, mais ils ne lancent pas, au nom de l'association, de grandes campagnes d'opinion.
3. Nom de la célèbre émission radiophonique de Jacques Chancel où ce dernier s'entretient pendant une heure avec un invité prestigieux.

catholique) ou Edmond Kaiser (Terre des hommes). En revanche, Raoul Follereau et André Récipon évoquent assez longuement la sécheresse qui commence à frapper le Sahel. L'association Follereau se situe donc dans une perspective de développement à long terme, même si elle utilise souvent les arguments, le vocabulaire et les thèmes traditionnellement employés pour solliciter une aide d'urgence.

De plus, Raoul Follereau reste assez vague dans sa dénonciation de la torture. Le Dr Aujoulat lui a sans doute expliqué les conséquences politiques et juridiques de la décolonisation. Raoul Follereau pratique aussi à sa manière une politique « réaliste ». Il sait que s'ingérer dans les affaires intérieures d'un État est très délicat. D'autre part, il hésite sans doute à compromettre le travail amorcé en faveur des lépreux par des déclarations intempestives. Il est presque prisonnier de la bataille de la lèpre. Il doit composer avec une sorte de raison d'État. L'expérience lui a appris la prudence. Fort des leçons des années trente et quarante, il répugne à mélanger les genres. Pourtant, il ne se fait sans doute guère d'illusions sur les dirigeants africains qu'il rencontre. Exceptionnels sont ceux qui, comme le président Senghor, respectent effectivement les droits politiques et la liberté d'expression des citoyens de leur pays. Plus fréquents sont les dirigeants autoritaires et corrompus, certains étant même des tyrans sanguinaires, Sékou Touré par exemple. Or Raoul Follereau reçoit d'eux tous de vibrants hommages. Sékou Touré s'adresse toujours à lui d'une manière très chaleureuse. Raoul Follereau est donc à même de mesurer le décalage qui existe entre les paroles et les actes, mais que peut-il faire ?

De même, au cours des années soixante-dix, les campagnes de Raoul Follereau en faveur du désarmement se font plus discrètes. Il ne se joint pas aux courants pacifistes et contestataires qui fleurissent chez les jeunes au sortir de mai 1968. Il ne soutient pas les contestataires du Larzac par exemple, ni les antimilitaristes et les objecteurs de conscience [1]. Il trouve en effet ces mouvements très ambigus. Ils manquent selon lui de bases spirituelles pour obtenir un succès durable. De plus, il estime que beaucoup de ces initiatives sont manipulées de l'extérieur et sont récupérées politiquement par des gauchistes ou des communistes. Il ne veut pas un désarmement unilatéral, celui de la France, mais un désarmement simultané de tous les pays du monde. Il ne dénonce pas davantage les expériences nucléaires françaises dans le Pacifique ou le programme atomique de la France, à la différence de chrétiens fervents, comme le général de Bollardière ou Jean Toulat. Pourtant le parcours intellectuel et spirituel de ces deux hommes présente plus d'une analogie avec le sien. Et une intervention de Raoul Follereau sur ces questions brûlantes aurait été signalée par les médias. Si celui-ci se tait, ce n'est pas par opportunisme mais par convic-

---

1. Il ne franchit pas ce pas, à la différence de Mgr Riobé par exemple. Cf. Jean-François Six, *Guy-Marie Riobé, évêque et prophète*, Seuil, 1982.

tion profonde. Il considère qu'il risquerait ainsi d'affaiblir la France et de favoriser indirectement l'Union soviétique.

Ce tassement relatif de l'audience de Raoul Follereau en France contraste singulièrement avec son rayonnement toujours considérable dans toute l'Europe méditerranéenne, en Afrique noire francophone, et dans des milieux plus ou moins restreints d'autres pays.

Ce sont d'ailleurs des pays d'Afrique et d'Asie qui proposent régulièrement la candidature de Raoul Follereau pour le prix Nobel de la paix. À plusieurs reprises, il est cité parmi les lauréats possibles, mais le projet ne se concrétise pas. Raoul Follereau ne s'en formalise pas.

Dans une lettre à Raymond Guerrin, l'un de ses amis les plus chers, Raoul Follereau écrit à ce propos : « Je crois que mes chances sont assez minces car il y a dans tout cela des influences et des tractations politiques où les pauvres lépreux ne sauraient avoir de part [1]. »

Plus tard, il confie à des proches : « De toute façon, le prix est donné de préférence à des socialistes [2]. »

Peut-être fait-il allusion à des lauréats comme Léon Jouhaux en 1951, l'Organisation internationale du travail en 1969, ou Willy Brandt en 1971. De plus, en 1966, 1967 et 1972, le prix n'est pas décerné. En outre, le jury, de 1970 à 1978, privilégie les responsables politiques par rapport aux personnes privées : Willy Brandt, Henry Kissinger et Lê Duc Tho, Sadate et Begin sont couronnés.

Mais Raoul Follereau ne se montre nullement vexé. Il se montre au contraire très heureux que certains aient pu penser à lui comme lauréat possible.

Son attitude peu avant sa mort ne laisse pas planer de doute sur son état d'esprit à ce sujet. En avril 1977, quelques mois avant la disparition de Raoul Follereau donc, le président d'Amici dei lebbrosi, Piero Cosi, écrit à Raoul Follereau et lui annonce qu'il compte, avec l'association italienne, profiter de la XXVe Journée mondiale des lépreux organisée à Rome en présence du pape et du président de la République italienne pour relancer la candidature de Raoul Follereau au prix Nobel de la paix. Raoul Follereau répond le 17 mai et sa lettre est claire [3] :

Je vous demande instamment de ne rien faire. Si ce prix avait dû m'être décerné, ce serait fait depuis plusieurs années et je préfère ne pas insister. Je n'ai aucun goût pour devenir le candidat perpétuel. Merci encore.

---

1. Lettre citée dans Jean Toulat, *op. cit.*, p. 108.
2. Témoignage d'Aimée Altériet, recueilli le 14 septembre 1987.
3. Lettre figurant dans les archives de l'association italienne, à Bologne. Raoul Follereau s'exprime en français, comme dans toutes les lettres qu'il adresse à cette association d'ailleurs.

Il estime que ses chances étaient réelles pendant les années cinquante et soixante, mais que désormais son heure est passée.

En 1977, Amnesty International est lauréat. Cette organisation est née très modestement à Londres en 1961. En 1979, Mère Teresa reçoit le prix. Des journalistes américains de passage à Calcutta ont été pour beaucoup dans sa notoriété grandissante. Elle a presque l'âge de Raoul Follereau, lequel fut longtemps plus célèbre qu'elle. La notoriété de Mère Teresa a été plus tardive que celle du Vagabond de la Charité, mais elle est certainement plus universelle et peut-être plus durable. Ce qui ne diminue en rien l'influence de Raoul Follereau.

Albert Schweitzer, le père Pire, Martin Luther King, Mère Teresa ont reçu le prix Nobel de la Paix. Raoul Follereau était de leur trempe. Il est certain que le prix Nobel lui aurait apporté un notable surcroît de notoriété, en particulier dans les pays anglo-saxons et anglophones, et que la tâche de ses héritiers en Europe occidentale en eût été facilitée au cours des années suivantes. Ses prises de position nationalistes de jadis n'ont peut-être pas été oubliées. La cause des lépreux semble sans doute trop connue déjà pour nécessiter l'octroi d'un prix Nobel à son propagandiste le plus zélé. Raoul Follereau est aussi très mal connu du public anglo-saxon et scandinave. En outre, il vit alors une semi-retraite et les membres du jury préfèrent couronner, leurs choix l'indiquent, une personne en pleine activité.

Or, à un peu plus de soixante-dix ans, Raoul Follereau est un homme épuisé. Le contraste avec Mère Teresa, l'abbé Pierre, René Dumont est saisissant. Ces trois personnes n'étaient guère plus connues que Raoul Follereau vers 1970. Mais elles ont « relancé » leur action au cours des années soixante-dix et quatre-vingt, parvenant à une notoriété de tout premier plan, en France au moins. Raoul Follereau, lui, qui a presque leur âge, est terrassé par la maladie. On peut penser qu'il n'aurait pas manqué d'intervenir d'une manière originale s'il avait été en pleine possession de ses moyens durant les années quatre-vingt.

Si Raoul Follereau ne peut plus recevoir le prix Nobel, l'I.L.E.P. ne pourrait-elle prétendre à cette consécration ? Associant dans la libre coopération des Associations de pays très différents, elle indique une voie pionnière dans l'action humanitaire privée. Sans les moyens qu'elle dispense partout dans le monde, nombre de gouvernements se trouveraient bien démunis face au problème des lépreux et de la lèpre. Elle associe enfin des personnes aux origines confessionnelles et spirituelles très diverses. Personne n'a, à notre connaissance, formulé cette proposition mais la nomination de l'I.L.E.P. ne déparerait pas la liste des lauréats du prix Nobel de la paix.

La fin de la vie de Raoul Follereau

Malgré sa santé déficiente – ou à cause d'elle –, Raoul Follereau apporte une très grande attention à la rédaction de ses derniers messages aux jeunes. Il le fait avec d'autant plus de soin qu'il lui semble que ce sont les derniers. Il aime les composer dans des paysages irradiant la beauté et enveloppés de silence et de lumière.

Après 1973, il cesse de rédiger un appel annuel aux jeunes.

En revanche, il prononce un discours qui résume sa pensée le 13 octobre 1974 à l'assemblée générale de l'association internationale Raoul-Follereau :

> *Tendre les mains, c'est s'élever...*
> *Que ceux qui me suivent comprennent bien que cette bataille de la lèpre ne fut qu'une étape, une victoire dans cette grande et bienheureuse guerre que nous devons livrer contre la misère, l'injustice, l'égoïsme* [1]...

En employant ces mots, Raoul Follereau ne cherche pas à noyer ses recommandations dans le flou. Il veut laisser chacun de ses disciples libre de s'engager là où il le juge nécessaire en fonction des circonstances. Il n'entend pas enfermer ses héritiers dans des carcans.

« Misère, injustice, égoïsme », ces termes évoquent non seulement les effets du malheur, mais ses causes. Un appel est aussi lancé au changement du monde extérieur ainsi qu'à la conversion intérieure.

En 1975, Raoul Follereau rédige pour l'O.N.U. la *Déclaration universelle des droits des malades de la lèpre*.

En 1976, il ne lance pas un appel à la jeunesse mais un appel à tous. Il dénonce « l'égoïsme, le fanatisme et la lâcheté ». Il semble percevoir les dangers d'un individualisme grandissant. Le texte paraît dans le numéro de mars-avril 1976 du bulletin *Lèpres* de l'association française Raoul-Follereau. Mais surtout il lance un appel à l'espérance dans une période où les valeurs spirituelles semblent s'effriter, voire sombrer, face à un matérialisme grandissant. La pratique religieuse s'effondre alors chez les jeunes, la loi autorisant l'avortement a été votée l'année précédente en France. Le titre du message constitue presque un défi : *Avant l'an 2000, un nouveau printemps fleurira*. Cette phrase ouvre et clôt le message.

L'an 2000 sert de référence presque millénariste, un peu comme l'an 1000 jadis. Remarquons que Raoul Follereau demeure lucide. Il parle de « printemps » et non d' « été ». Il mesure tout le chemin qui reste à parcourir. Mais il ne peut admettre que les tendances matérialistes soient inéluc-

---

1. *Vous aurez vingt ans en l'an 2000*, p. 137.

tables, il ne veut admettre que les valeurs auxquelles il croit soient mortes à jamais. Et il n'est pas seul à annoncer semblables thèmes. Quelques années plus tard, Daniel Ange fixe lui aussi l'horizon 2000 comme point de mire d'un renouveau spirituel chez les jeunes [1].

En 1977, Raoul Follereau rédige son dernier message aux jeunes, le treizième depuis 1961. Il sait que ce sera le dernier. Il a soixante-quatorze ans. Il y concentre l'essentiel de son enseignement et de son témoignage.

Il s'agit du *Testament de Raoul Follereau à la jeunesse du monde.*

L'abbé Pierre écrira un texte du même genre une dizaine d'années plus tard.

Culte de la personnalité? Pas vraiment. Raoul Follereau considère à juste titre que des réflexions morales « passent » mieux si elles sont le fruit d'un témoignage et non d'un exposé abstrait et impersonnel. Par ailleurs, il estime que suivre un guide galvanise les foules plus sûrement qu'adhérer à une théorie. L'histoire du XXᵉ siècle a pu l'en convaincre. Raoul Follereau met le culte de la personnalité au service d'un idéal et non pas l'inverse.

Il s'adresse aux jeunes. En cette fin de XXᵉ siècle, ceux-ci font presque figure de rédempteurs du monde, en tout cas d'interlocuteurs privilégiés des héros chrétiens de plus de soixante ans. L'abbé Pierre, Sœur Emmanuelle, Jean Vanier et surtout le pape Jean-Paul II accordent une très grande importance aux messages qu'ils délivrent à ces jeunes.

Raoul Follereau persiste à s'adresser à eux alors que ceux de 1961, en France en tout cas, semblent avoir oublié une partie de son message, eux qui, en 1977, sont déjà des adultes exerçant des responsabilités. Et la plupart d'entre eux semblent avoir abandonné la pratique religieuse : génération 68 ou génération Filipacchi plus que génération Follereau. Mais le propre d'une génération n'est-il pas sa diversité? Et le renouvellement d'une société ne se prépare-t-il pas souvent sur ses marges?

Ce message est donc particulièrement important. Il convient d'en citer d'assez larges extraits [2] :

L'Apocalypse est au coin de la rue...

Jeunes gens, jeunes filles, sur toute la Terre, c'est vous qui direz « non »
au suicide de l'humanité...

« Seigneur, je voudrais tant aider les autres à vivre », telle fut ma prière
d'adolescent. Je crois y avoir été, toute ma vie, fidèle...

Et me voici au soir d'une existence que j'ai poursuivie de mon mieux,
mais qui demeure inachevée.

Le trésor que je vous laisse, c'est le bien que je n'ai pas fait, que j'aurais
voulu faire et que vous ferez après moi...

J'institue pour légataire universelle la jeunesse du monde.

---

1. Daniel-Ange, *Les saints de l'an 2000, pourquoi les massacrer?* Éditions Saint-Paul, 5ᵉ édition, 1984.

2. *Vous aurez vingt ans...*, pp. 155 à 159.

Toute la jeunesse de tout le monde : de droite, de gauche, du milieu, du plafond : que m'importe!

Toute la jeunesse : celle qui a reçu le don de foi, celle qui fait comme si elle croyait, celle qui croit qu'elle ne croit pas. Il n'y a qu'un ciel pour tout le monde.

Plus ma vie approche de sa fin, et plus je sens le devoir de vous le redire : c'est en l'aimant que nous sauverons l'humanité.

Et de vous répéter : le plus grand malheur qui puisse vous arriver, c'est de n'être utile à personne, c'est que votre vie ne serve à rien.

S'aimer ou disparaître...

Il faut agir... à coups d'amour.

Les pacifistes de la matraque sont de faux combattants. En tentant de conquérir, ils désertent. Le Christ a répudié la violence en acceptant la Croix.

Écartez-vous des voyous de l'intelligence... Ils vous conduiront sur des chemins sans fleurs et qui débouchent sur le néant.

Méfiez-vous de ces « techniques divinisées »... Sachez distinguer ce qui sert de ce qui asservit.

Renoncez aux mots qui sont d'autant plus sonores qu'il sont vides...

Ce qu'il faut c'est délivrer le monde de certains « progrès » et de leurs maladies...

Écartez-vous de ceux pour qui tout se résume, s'explique et s'apprécie en billets de banque...

On ne fait pas un tremplin avec un coffre-fort.

Il vous faudra dominer l'argent, sans quoi presque rien d'humain n'est possible, mais par quoi tout se pourrit.

Corrupteur, qu'il devienne serviteur.

Soyez riches, vous, du bonheur des autres.

Demeurez vous-même. Et non un autre... Fuyez les douceurs lâches de l'anonymat.

Chaque être a un destin unique. Accomplissez le vôtre. S'il manque quelque chose à votre vie, c'est parce que vous n'avez pas regardé assez haut.

Tous pareils? Non.

Mais tous égaux.

Et tous ensemble.

Alors vous serez des hommes. Des hommes libres.

Mais attention!...

La liberté est le patrimoine commun de l'humanité. Qui n'est pas capable de la célébrer chez les autres est indigne de la posséder.

Ne faites pas de votre cœur un fourre-tout; il deviendrait vite une poubelle.

Travaillez. Un des malheurs de notre temps, c'est qu'il considère le travail comme une malédiction. Alors qu'il est rédemption.

Méritez le bonheur d'aimer votre devoir.
Et puis croyez en la bonté, en l'humble et sublime bonté.
Il y a dans le cœur de chaque homme des trésors d'amour. À vous de les
faire surgir.
La seule vérité, c'est de s'aimer.
S'aimer les uns les autres, s'aimer tous. Non pas à des heures fixes, mais
toute la vie. Aimer les pauvres gens, aimer les gens heureux (qui sont
souvent aussi de pauvres hères), aimer l'inconnu, aimer le prochain qui est
au bout du monde, aimer l'étranger qui est tout près de vous. Aimer.
Vous ne pacifierez le monde qu'en enrichissant son cœur...
Seul demeure ce suprême et sublime recours : être vraiment des frères.

Alors... demain ?
Demain, c'est vous.

Raoul Follereau reprend donc des phrases qu'il a déjà utilisées lors de discours précédents. Pour mieux convaincre, il a souvent répété les mêmes formules tout au long de ses déplacements. C'est l'une des règles d'or de toute communication de masse. Nous ne reprendrons donc pas l'explication de thèmes déjà analysés précédemment. Limitons-nous ici à quelques remarques complémentaires.

Raoul Follereau invite non seulement les jeunes à s'engager mais aussi et surtout à discerner, à réfléchir avant d'agir. Cela rappelle le célèbre « voir, juger, agir » de l'Action catholique. Raoul Follereau se rattache à cette génération, même s'il n'a jamais appartenu à un mouvement de l'Action catholique.

En revanche, il n'évoque pas la prière, les sacrements de l'Église, la pratique religieuse. Certes, il s'adresse à un public universel. Certes, il sait que les jeunes de 1977 sont souvent peu sensibles à ce type de recommandation, mais il a l'habitude de s'opposer aux idées ambiantes. En fait, il n'est pas un contemplatif absolu. Il n'a pas l'habitude d'adorer silencieusement Dieu de longues heures durant. En cela il se distingue d'autres héros chrétiens de sa génération. Son message se distingue aussi de celui de Jean-Paul II sur ce point. Raoul Follereau appartient à une génération d'hommes d'action [1].

Adversaire du marxisme, il ne le dénonce jamais ouvertement. Tout se passe au fond comme s'il le tenait déjà pour quantité négligeable. Pourtant, les Soviétiques semblent alors marquer des points importants en Indochine comme en Afrique noire, notamment en Angola, au Mozambique, en Éthiopie. En 1975, la publication de *L'Archipel du goulag* [2] a bouleversé de nombreux Occidentaux. Raoul Follereau considère presque que le succès

---

1. Mais, quelques années plus tard, les jeunes chrétiens des années quatre-vingt sont, de l'avis de nombreux sociologues, des « priants » plus que des « militants ». Le message de Raoul Follereau peut-il dès lors combler toutes leurs attentes ?
2. Le livre le plus célèbre de Soljénitsyne. En France, les trois tomes paraissent en 1974, 1975 et 1976.

du marxisme tient moins à son contenu qu'à une série de circonstances plus profondes (désespérance, injustice...) sur lesquelles il convient d'agir. Il pronostique en quelque sorte la faillite des idéologies et ne semble pas redouter le marxisme en tant que tel, car il l'estime en position fragile. À l'inverse, il redoute la fascination de l'argent, le culte de l'individualisme, la montée des solitudes. En ce sens, il se montre visionnaire, plus de douze ans avant la chute du mur de Berlin. Il discerne bien l'évolution des problèmes et des débats qui touchent la société occidentale et les nouvelles querelles qui s'annoncent à propos des valeurs.

Au vu d'un tel appel, on peut affirmer que Raoul Follereau prépare le terrain à Jean-Paul II. Les points communs entre les messages délivrés par les deux hommes sont beaucoup plus nombreux que les quelques différences que nous avons signalées.

La santé de Raoul Follereau se fait de plus en plus déficiente. Il ne souffre plus seulement de la goutte. Il suit des traitements de plus en plus nombreux. Il faut désormais l'aider à se déplacer. Il prend cela avec le sourire :

« J'ai fait trente-deux fois le tour du monde mais je ne pourrais pas faire deux cents mètres à pied. C'est la rançon, je pense », dit-il en 1977 à de jeunes Suisses [1]. S'il n'hésite pas, pour diffuser son message, à effectuer des déplacements à l'étranger, en Suisse, en Belgique, en Italie, ces déplacements sont plus limités cependant.

Mais, quand il se trouve devant un public de jeunes, Raoul Follereau retrouve une énergie insoupçonnée. Un film a été reconstitué grâce aux soins de Françoise Brunnschweiler et de plusieurs personnes, qui montre la conférence prononcée par Raoul Follereau à Thonon en 1975 [2] devant un auditoire de jeunes réuni grâce à Mme Duvernay, la très dynamique présidente du comité Raoul-Follereau des deux Savoies. Il faut soutenir Raoul Follereau pour qu'il arrive à la table de conférence, mais quand il commence à parler, debout, il retrouve toute sa puissance et son éloquence.

Oui, Raoul Follereau est prématurément usé. Il a vraiment donné sa vie, ses forces, sa santé aux lépreux et aux déshérités du monde. Et il n'est pas le seul. La santé de son épouse lui cause beaucoup de soucis. Dans leur appartement, elle reste prostrée pendant de longs moments, en proie à une fatigue due sans doute à l'anémie. Les amis médecins de Raoul Follereau la font même hospitaliser quelques jours. Comme lui, Madeleine Follereau a dû mobiliser une énergie considérable pour suivre toujours son mari autour du monde. Elle aussi paie la « rançon ». Son moral s'en ressent. Son

---

1. Témoignage de Françoise Brunnschweiler, en août 1988.
2. Film projeté régulièrement par l'association suisse Raoul-Follereau et que Françoise Brunnschweiler nous a montré. En couleurs, il dure vingt-six minutes. On peut aussi le visionner au siège des fondations Follereau à Paris.

mari éprouve une grande peine de la voir aussi ébranlée, et c'est pour lui une source de tristesse et de préoccupation [1].

Raoul Follereau doit subir au cours des années soixante-dix plusieurs hospitalisations à la clinique de Passy, que dirige son ami le Dr Reynier. La venue de Raoul Follereau anime toujours la vie de la clinique. Il se montre d'une gentillesse exemplaire envers tout le personnel, engageant la conversation avec ceux qu'il rencontre, ne se plaignant jamais, même à l'occasion d'examens douloureux [2]. Il reste gai et volubile. Il prend le temps d'écouter et beaucoup lui confient leurs difficultés personnelles; il s'efforce même de les aider dans la mesure de ses possibilités, marquant profondément ceux qui le rencontrent alors.

À une jeune infirmière qui s'occupe de lui avec beaucoup de conscience malgré de nombreux soucis familiaux, Raoul Follereau dit : « Mon petit, si un jour vous êtes en difficulté, n'oubliez pas de frapper à la porte des fondations Follereau. Je vous aiderai ou mes amis vous aideront [3]. » Et quelques années plus tard, elle se rend effectivement aux fondations Follereau et demande à rencontrer André Récipon. On pourrait multiplier les anecdotes de ce genre, Raoul Follereau ne se contentant pas d'aider les autres par ses interventions publiques mais aussi au hasard des rencontres de la vie...

De plus, Raoul Follereau vit très mal l'évolution de l'Église, en particulier en France. Il est bien placé pour suivre les événements. Il avait déjà exprimé son malaise dans *La Civilisation des feux rouges*. Au cours des années soixante-dix le malaise persiste et tend même à s'aggraver.

Raoul Follereau parle du clergé en termes très vifs : « Le problème dans l'Église, c'est que les curés sont des idiots [4] », confie-t-il à ses intimes en utilisant même des termes plus crus encore. Il critique aussi en privé l'attitude du pape Paul VI, qui manque d'autorité selon lui [5]. Cependant ces paroles ne dépassent pas le cercle de ses intimes, il ne se livre à aucune attaque publique contre l'Église ou les prêtres.

Il continue à fuir sa paroisse et assiste le plus souvent à la messe à la chapelle de Versailles. Il n'admet pas la disparition du latin et souffre des « errements liturgiques » [6] en France après le concile.

Il lui arrive d'ailleurs de ne pas assister à la messe dominicale, et ce délibérément. Quand l'opportunité d'un déplacement se présente, par

---

1. Les lettres qu'il écrit à ses collaborateurs, à Aimée Altériet par exemple, montrent bien le souci de Raoul Follereau.
2. Témoignage du Dr Reynier, recueilli le 11 février 1988.
3. Id.
4. Témoignage du Dr Jacques Follereau (le 1er février 1988) confirmé par plusieurs proches de Raoul Follereau.
5. Id.
6. Pour reprendre l'expression utilisée par certains de ses proches.

exemple [1], mais aussi parce qu'il n'a pas envie d'y aller. Et cela surprendrait beaucoup de ceux qui le soutiennent et voient en lui un véritable saint vivant.

Pourquoi une telle attitude? Anticléricalisme banal? Cela semble peu probable.

Remarquons que, durant sa jeunesse déjà, Raoul Follereau avait pris l'habitude de passer outre les recommandations de la hiérarchie : il lisait *L'Action française* malgré les interdictions romaines.

Orgueil ou contradiction? Tempérament indépendant, rebelle à toute structure? Peut-être.

L'absence de référence aux sacrements dans le message aux jeunes n'est donc pas fortuite.

Et nous pouvons poser la question : Raoul Follereau aurait-il connu une profonde crise spirituelle à la fin de sa vie?

Il est impossible de savoir ce qui se vit au fond des cœurs. Chaque personne garde enfouie en elle une parcelle d'intimité que nul intime, nul historien ne pourra jamais dévoiler, et c'est heureux.

De plus, nous avons vu que plus la détresse intérieure de Raoul Follereau est grande, moins il la confie. Les confidences de plusieurs de ses intimes nous ont fait entrevoir la complexité de sa personnalité. Sa joie, son espérance et sa bonhomie ont été, semble-t-il, le résultat d'un long combat intérieur qui mobilisa parfois toute sa volonté et son énergie et qui fut, à de courtes reprises au moins, remis en question.

Il paraît certain que la foi profonde de Raoul Follereau en Dieu, en Jésus, en la Résurrection et même en l'Église n'ont jamais été sérieusement en cause. En revanche, il semble qu'il a connu ces moments de découragement spirituel familiers aux plus grands mystiques qui, au sommet de leur ascension, ont souvent le sentiment qu'une nuit mystique les enveloppe où, comme désorientés, ils perdent leurs certitudes, leurs références. Les derniers temps de la vie de Thérèse de Lisieux sont édifiants à cet égard. Raoul Follereau n'a pas le tempérament d'un mystique, mais il n'est pas exclu qu'il soit, souffrance physique aidant, en proie à une période de « désert spirituel » qu'il lui arrive d'accepter assez mal.

D'autant qu'il ne pratique pas l'adoration et la dévotion eucharistiques. Pourtant, non loin de chez lui, habite Mgr Maxime Charles, un homme dont l'influence commence à marquer énormément le renouveau de l'Église de Paris et même au-delà [2]. Recteur de la basilique du Sacré-Cœur de Montmartre, Mgr Charles insiste avec force sur l'adoration eucharistique pour répondre à l'attente des chrétiens qui vivent la vie moderne avec toutes ses exigences. Était-ce là ce qui manquait à Raoul Follereau pour parvenir à une plus grande sérénité intérieure à la fin de sa vie?

---

1. Témoignage de Georges Pin (le 21 septembre 1987) confirmé par la plupart des proches de Raoul Follereau.
2. *La Politique de la mystique, hommage à Mgr Maxime Charles*, Criterion, 1984.

Cependant la sérénité et la dignité de Raoul Follereau à l'approche de ses derniers moments frappent tous ceux qui le rencontrent alors.

Parmi tous les témoignages, celui d'Emmanuel Renart est l'un des plus significatifs [1]. Cinéaste, il travaille pour la maison Taddié et a tourné déjà quelques films avec Raoul Follereau. Il a une solide expérience professionnelle derrière lui, ayant réalisé de multiples documentaires. Par ailleurs, il connaît admirablement le monde du cinéma et a aidé de nombreux réalisateurs à leurs débuts. Profondément croyant, ses échanges avec Raoul Follereau vont beaucoup plus loin que le simple contact professionnel.

Il a donc tourné le dernier film où paraît Raoul Follereau, *Demain l'aurore*. Celui-ci y raconte sa vie en conversant avec Julien Bertheau, de la Comédie-Française, un ami de Pierre Fresnay. Raoul Follereau tient à assister à la projection du film dès que le montage est terminé aux studios Taddié à Boulogne. Il s'y rend difficilement. Le lendemain, Emmanuel Renart va au domicile de Raoul Follereau afin de lui rendre les documents iconographiques empruntés pour les besoins du film : « Comme je dois rentrer à la clinique, je veux que tout soit en ordre », a dit Raoul Follereau [2].

Comme d'habitude, il reçoit Emmanuel Renart très simplement dans son bureau vers neuf heures et demie, ce samedi d'octobre. Les deux hommes sont assis de part et d'autre du bureau. Raoul Follereau sort de sa serviette les documents, vérifie, coche ce qui est rentré. Tout en effectuant cette opération, il converse avec son visiteur. Il est très calme et le remercie pour le travail accompli.

À la fin de l'échange, Raoul Follereau veut raccompagner Emmanuel Renart sur le pas de sa porte. C'est visiblement très éprouvant pour lui, mais il tient à le faire et à aucun moment il ne se plaint :

« C'est le dernier film que nous faisons ensemble », dit-il. Et comme il voit Emmanuel Renart se récrier, il poursuit : « Mais non, ce n'est rien. Vous en ferez d'autres, mais pas avec moi. »

La discussion se poursuit un peu. Emmanuel Renart ne veut pas l'interrompre. Puis Raoul Follereau déclare :

« Allez, maintenant c'est le moment de nous quitter. »

Emmanuel Renart raconte : « Je vois encore son regard. Il savait sa fin proche et la regardait avec une totale lucidité et un grand calme. Il était déjà ailleurs. »

Raoul Follereau l'embrasse en lui disant : « On ne quitte jamais ceux qu'on aime. »

Emmanuel Renart descend ensuite l'escalier et se retourne :

« Je revois toujours Raoul Follereau debout devant sa porte. C'était un "grand bonhomme". Et pourtant j'ai rencontré beaucoup de grands hommes au cours de ma vie. »

---

1. *La Politique de la mystique, hommage à Mgr Maxime Charles*, Criterion, 1984.
2. Id.

On peut comparer la fin de la vie de Raoul Follereau à celle d'Armand Marquiset, qui fonde le 8 décembre 1968 les *Frères du ciel et de la terre* [1]. Après avoir aidé les artistes, les enfants des banlieues, les vieillards, les populations du tiers monde, Marquiset pense aux autres, et en particulier aux personnes de vingt à soixante-dix ans qui vivent isolées et dans un état dépressif. Marquiset veut les aider à se réintégrer dans la vie. Il perçoit admirablement l'une des grandes détresses montantes de la fin du siècle dans les sociétés urbaines. Il décide de faire référence au « ciel » alors que l'on parle beaucoup de la sécularisation du monde. Selon lui, il est indispensable de « vivre la tête levée vers le ciel » pour parvenir à la joie intérieure, et « la lumière du regard et la tendresse du cœur » peuvent bouleverser les situations les plus compromises en apparence. Citons quelques phrases de Marquiset : « Notre demeure est au ciel, notre route la Terre. Si nous voulons faire rayonner le ciel sur la Terre, c'est par la tendresse que nous y arriverons. Il est plus facile d'être tendre avec le frère lointain qu'avec le frère proche. Avant tout autre vœu, faisons celui de tendresse les uns vis-à-vis des autres. »

Marquiset est victime d'un infarctus l'année suivante, en 1969. En 1975 paraît le film *Cinquante Ans de fidélité à Notre-Dame*, qui reconstitue son parcours, et en 1978 il publie son livre *De la terre au ciel*. Il meurt en 1981 en Irlande, où il s'était retiré dans la solitude.

À la fin de sa vie, cet homme d'action poursuit donc une quête mystique. Malgré les épreuves, il discerne lui aussi certains problèmes nouveaux qui vont se poser à la société au cours des années et des décennies suivantes. Il connaît également les remises en cause – les critiques ne manquent pas autour de lui – et une certaine forme de solitude, ainsi peut-être que la perte de certains repères intérieurs.

Par son parcours et même par la fin de sa vie, Armand Marquiset est l'un des hommes que l'on peut le mieux comparer à Raoul Follereau.

Les soucis de santé n'empêchent pas Raoul Follereau de poursuivre son travail et de songer à de nouveaux projets et rendez-vous.

Durant le printemps 1977, son état de santé s'aggrave encore [2]. À la suite d'une nouvelle intervention chirurgicale, des analyses de laboratoire révèlent qu'il est atteint d'un mal incurable. Il se rend cependant en vacances en Italie comme à l'accoutumée. André Récipon et son épouse, qui lui rendent alors visite, comprennent que le mal fatal progresse inexorablement. À son retour d'Italie, le 13 septembre, son état est quasi désespéré, et de nouvelles opérations sont à envisager.

Raoul Follereau enregistre son appel pour la Journée mondiale des lépreux de 1978 et surtout son appel à la jeunesse du monde, dont il fait sa légataire universelle. Il a clairement conscience qu'il prononce là ses derniers messages. Le Dr Reynier multiplie les examens pour mesurer l'évo

---

1. Brochure composée et diffusée par les Petits Frères des pauvres.
2. Selon le témoignage concordant de tous ses proches.

lution du mal et voir ce qui peut encore être tenté. Raoul Follereau assiste à la projection du film *Demain l'aurore* aux studios Taddié, puis il entre à la clinique de Passy le 25 octobre. De nouveaux examens ont lieu. Finalement une opération importante est envisagée pour le début du mois de décembre, afin de lui éviter de vivre handicapé et dépendant de trop nombreux appareils médicaux.

En clinique, Raoul Follereau poursuit son travail. Il corrige les épreuves du livre *Cinquante Ans au service des lépreux*, dédié au Dr Reynier et qui paraîtra le jour de la mort de son auteur. Il écoute l'enregistrement de la minicassette prévue à l'occasion de ses soixante-quinze ans. Il compose aussi ses derniers poèmes, où apparaît sa grande sérénité et sa confiance en Dieu : Dieu est bon, Dieu est amour. Raoul Follereau ne craint pas la mort. « Depuis Pâques, nous savons que la mort ne tue pas », dit-il. Le dimanche 4 décembre, à la veille de l'opération, il apprend que le pape célébrera à Rome la messe de la XXVe Journée mondiale des lépreux. Il s'en réjouit : « Je veux guérir pour être à Rome ce jour-là », dit-il à André Récipon [1]. La veille, il dictait encore son courrier à Aimée Altériet.

L'opération est pratiquée le lundi 5 décembre. Elle est réussie techniquement. À 22 heures, Raoul Follereau, parfaitement lucide, répond au téléphone au Dr Reynier.

Deux heures plus tard environ, à la première heure du mardi 6 décembre 1977, Raoul Follereau meurt d'une hémorragie interne.

Les réactions à l'annonce de la mort de Raoul Follereau sont des plus significatives [2].

L'émotion est immense en Afrique noire et dans de nombreuses régions de l'Europe méditerranéenne.

La plupart des chefs d'État de l'Afrique francophone adressent des télégrammes. Président de la Haute-Volta, le général Laminzana écrit : « Il sera pleuré non pas dans les grands immeubles des grandes cités mais dans toutes les chaumières, par tous ceux que le monde opulent avait voulu bannir de la société [3]. »

La nouvelle bouleverse les lépreux dans le monde entier. À l'Institut Marchoux de Bamako, les malades se réunissent dans la cour en présence de l'imam et de deux pères blancs, en hommage à Raoul Follereau. Des scènes semblables se produisent un peu partout en Afrique.

De Grèce, la directrice du lycée de Chalcis écrit : « Les élèves pleurent, car pour elles Raoul Follereau était le guide de leur vie [4]... » Ses textes sont en effet largement étudiés dans ce pays.

---

1. Témoignage d'André Récipon, déjà cité.
2. Nous avons pu consulter les dossiers composés par l'association française Raoul-Follereau à partir des articles parus dans la presse régionale, nationale et internationale au moment de la mort de son fondateur (dossiers déposés dans les archives de l'association).
3. Cité par Jean Toulat, *op. cit.*, p. 138.
4. Id, *ibid.*

La presse internationale, celle du tiers monde surtout, commente largement sa disparition et rappelle longuement sa vie. Nombre de quotidiens lui consacrent une page entière et annoncent la nouvelle à la une : en Afrique noire, au Brésil, en Grèce, à Malte... La presse canadienne publie des articles pertinents. *L'Osservatore romano*, le quotidien du Vatican, publie la nouvelle en première page et consacre deux autres pages à évoquer la vie de Raoul Follereau.

Et en France ?

Tous les quotidiens, de *L'Humanité* au *Figaro*, mentionnent la nouvelle en quelques lignes situées dans les dernières pages du journal. Seuls *Le Progrès* de Lyon et *Le Dauphiné libéré* lui accordent une place notable, car Raymond Guerrin, ami intime de Raoul Follereau depuis la guerre, y est journaliste.

Les journaux télévisés signalent sa disparition en quelques secondes dans les nouvelles brèves, à moins qu'ils ne l'omettent.

Quelles nouvelles importantes retiennent l'attention des médias français ? Le sacre de l'empereur Bokassa et un accident du jockey Yves Saint-Martin.

La mort du père Joseph Wresinski, quelques années plus tard, sera annoncée avec la même brièveté.

On peut comparer cette concision aux treize pages consacrées par le quotidien *Libération* à Coluche au lendemain de la mort de ce dernier.

Ce rapprochement permet de mesurer le décalage qui existe entre l'intelligentsia ou l' « intellocratie » parisienne (laquelle n'est d'ailleurs qu'une intellocratie parmi d'autres) et des prophètes comme Raoul Follereau, le décalage qui sépare l'univers mental et culturel des nouvelles générations de journalistes et celui de Raoul Follereau et de ses amis.

Les réactions sont similaires en Belgique. Les Amis du père Damien adressent, dès qu'ils apprennent la nouvelle du décès, de la documentation sur Raoul Follereau à la télévision nationale. Ils se heurtent au scepticisme de la rédaction : « Son éloquence appartient à une autre époque. Cela ne passera pas auprès du public. Des images pourraient sembler ridicules et faire rire [1]... »

L'heure de Raoul Follereau serait-elle passée ? Si l'abbé Pierre était mort à ce moment, sa disparition aurait sans doute suscité semblables commentaires. L'apparition des « nouveaux pauvres » au cours des années quatre-vingt a soudainement rendu l'abbé Pierre plus actuel et surtout plus populaire que jamais. Les sondages attestent en effet qu'il est le Français pour lequel ses compatriotes éprouvent le plus de sympathie à la fin des années quatre-vingt. Il est devenu un mythe vivant après une réelle éclipse durant les années soixante-dix. Éclipse que connaissent donc la plupart des « héros chrétiens » des années cinquante et soixante. Les années quatre-vingt voyant resurgir certains d'entre eux comme l'abbé Pierre, et appa-

---

1. Selon le témoignage (avril 1988) de l'un des responsables de l'association belge, qui fut accueilli ainsi par les journalistes.

raître de nouveaux héros : Mère Teresa (mieux connue après son prix Nobel), Wałesa, Jean-Paul II, Guy Gilbert et d'autres encore...

Dès le début des années soixante-dix, Raoul Follereau avait fait savoir à ses amis qu'il ne voulait pas que son enterrement ait lieu dans sa paroisse, Sainte-Jeanne-de-Chantal [1]. Il ne la fréquentait pas, il aspirait à une liturgie plus belle.

Le curé de cette paroisse ne manque pourtant pas de dynamisme et de ferveur : il s'appelle Jean-Marie Lustiger [2].

Raoul Follereau désirait que ses obsèques soient célébrées dans la chapelle des Petites Sœurs des pauvres, qui est mitoyenne de son immeuble. Il connaissait bien ces religieuses qui tiennent là une maison de retraite à laquelle il a toujours beaucoup donné. Mais cette chapelle serait trop petite pour accueillir toute l'assistance qui s'annonce, et il faut renoncer à ce projet.

André Récipon pense alors à l'église de Passy, proche de la clinique où est mort Raoul Follereau, mais, comme ce dernier doit être inhumé au cimetière d'Auteuil, le trajet entre l'église et le cimetière serait ensuite trop long.

Raoul Follereau a également demandé un office avec des chants en latin. André Récipon songe à solliciter Mgr Ducaud-Bourget, qui était un ami de Raoul Follereau dès le temps de l'Union latine et a toujours fait campagne pour la Journée mondiale des lépreux. Singulière situation, car Raoul Follereau a participé au moins indirectement à la réflexion du concile et s'est réjoui de ses travaux. Cependant, à y regarder de plus près, on perçoit quelques similitudes entre les parcours du clerc et du laïc, qui se connaissaient et s'appréciaient. L'un et l'autre ont, avant la guerre, cherché à conjuguer art et foi. Par la suite, ils se sont passionnés pour leur mission. Ils ont toujours suivi attentivement ce qui se décidait à Rome. Et tous deux ont eu le goût d'un ordre harmonieux qui laisse place à l'initiative audacieuse si nécessaire.

Cependant, dans le contexte religieux français de cette année-là, les propositions des amis de Raoul Follereau ne sont pas retenues par les autorités ecclésiastiques. La cérémonie doit prendre en effet un tour quasi officiel. De nombreuses personnalités et une foule importante sont attendus. Les autorités ecclésiastiques considèrent que l'usage du latin pourrait être interprété comme un soutien apporté aux intégristes et refusent jusqu'au *Dies irae*. La messe est finalement célébrée à Sainte-Jeanne-de-Chantal, paroisse officielle de Raoul Follereau. Vingt-six prêtres concélèbrent et, selon la volonté de Raoul Follereau cette fois, le père Carré prononce l'homélie.

Des représentants de toute l'Afrique assistent à la cérémonie. De nombreux ambassadeurs représentent leur gouvernement. La plupart des

---

1. Témoignage d'Aimée Altériet très clair sur ce point (le 14 septembre 1987).
2. Ce dernier raconte d'ailleurs son passage dans cette paroisse dans le livre où il s'entretient avec D. Wolton et J.-L. Missika : *Le Choix de Dieu*, éditions de Fallois, 1987.

ministres de la santé d'Afrique francophone ont effectué le déplacement jusqu'à Paris pour être présents.

Le gouvernement français, lui, est représenté par un conseiller du ministre de la Coopération...

Raoul Follereau est donc inhumé au cimetière d'Auteuil.

Au bord d'une allée sablée, sa tombe en granit noir est d'une grande simplicité. Un vase de roses rouges la surmonte.

L'inscription est très sobre. Aucun titre, aucune référence à l'épopée menée dans le monde entier :

Raoul Follereau
1903-1977

Suit un distique :

> *Seigneur, endormez-moi dans Votre paix certaine,*
> *Entre les bras de l'Espérance et de l'Amour*

L'auteur de ces deux vers s'appelle Charles Maurras, et ils sont extraits de *La Balance intérieure*, le recueil qu'il a composé à la fin de sa vie, en 1952.

Une preuve supplémentaire de l'attachement profond de Raoul Follereau à Maurras, à nombre de ses idées et surtout à son esthétique.

Raoul Follereau n'a pas renoncé à ses idées premières, il s'est surtout efforcé de les concrétiser d'une manière adaptée aux évolutions de la société où il vivait.

L'indépendance d'esprit et de comportement évoquée précédemment et un tempérament parfois un peu vif rendent difficile, semble-t-il, l'ouverture d'un procès en béatification et a fortiori en canonisation par l'Église catholique. Personne d'ailleurs ne le propose ni ne l'envisage parmi les proches de Raoul Follereau.

De plus, confient beaucoup, Raoul Follereau ne saurait être béatifié seul. Son épouse devrait absolument lui être associée.

Là est d'ailleurs l'une des grandes originalités de la démarche de Raoul Follereau et de son épouse. Il s'agit de l'engagement total d'un couple de laïcs chrétiens au service du monde. Les époux Aujoulat et les époux Farine ont fait de même. Tous ont vécu une forme de consécration novatrice qui peut aider les théologiens dans leur réflexion sur l'Église.

Madeleine Follereau est décédée en 1991 après de longues maladies. Le choc provoqué par la mort de son mari avait aggravé son état de santé déjà précaire. Des hospitalisations prolongées précédèrent le placement dans une institution spécialisée où des soins attentifs lui étaient prodigués.

QUATRIÈME PARTIE

Les héritiers
de Raoul Follereau
(1978-1990)

CHAPITRE X

Les combats d'André Récipon en France et dans les organisations internationales

L'ORGANISATION DE L'ASSOCIATION FRANÇAISE ET LA COLLECTE DE FONDS

Raoul Follereau disparu, son œuvre continue en Europe occidentale et en Afrique essentiellement.

Des successeurs compétents ont pris le relais. L'évolution des sociétés et des mentalités, les changements intervenus dans la lutte contre la lèpre au cours des dernières années amènent ces héritiers à recourir à des méthodes de travail sensiblement différentes de celles employées par Raoul Follereau.

Lui-même était d'ailleurs un pragmatique. Il avait demandé à ses successeurs de préserver un esprit, mais ne leur avait pas imposé des façons d'agir.

Nous analyserons donc la situation dans les différents pays où se poursuit l'œuvre de Raoul Follereau.

Nous insisterons sur l'association française. D'abord parce que c'est elle que nous avons étudiée le plus longuement pour des raisons de proximité. Certains problèmes qu'elle rencontre sont valables pour les autres associations. Ensuite et surtout, elle hérite directement de l'œuvre de Raoul Follereau, lequel habitait Paris. À sa tête enfin se trouve André Récipon, que Raoul Follereau a officiellement désigné comme l'héritier de son œuvre.

Nous tenons aussi à rendre hommage à la transparence de l'association. Malgré des emplois du temps très chargés, ses principaux responsables, à commencer par M. Récipon, nous ont accordé de longs entretiens et nous ont communiqué les documents que nous demandions et qu'ils pouvaient nous fournir [1]. Ils ont tout de suite compris l'intérêt de cette étude et nous ont laissé libre dans nos recherches. L'expérience montre que les associa-

---

1. Si certains documents manquent, c'est qu'on ne les a pas retrouvés.

tions n'ont pas toutes cette attitude. L'exemple des fondations Follereau doit être salué.

L'association française connaît une forte présidentialisation.

Depuis 1968, depuis vingt-quatre ans donc, et surtout depuis 1977 et la mort de Raoul Follereau, André Récipon la préside. Au début, il préside l'association française Raoul-Follereau tout en exerçant ses fonctions de directeur de banque privée. C'est seulement à partir de 1981 qu'il passe tous ses après-midi à l'association Follereau et en 1983 qu'il choisit de travailler à temps complet pour les fondations Follereau, ce qu'il fait encore aujourd'hui.

Dès le départ, André Récipon ne cherche pas à imiter Raoul Follereau : « Je ne suis ni un penseur, ni un poète, ni un orateur. Je ne me sens pas de taille à lancer des appels aux Grands. Mais je suis un organisateur, un administrateur [1]. »

Il ne faut pas s'y tromper. André Récipon a été bouleversé par les textes de Raoul Follereau et il les garde tous présents à l'esprit. Sa sensibilité est d'autant plus grande qu'il met tous ses soins à la cacher. Mais il veut apporter à la fondation ce qu'il sait faire, ce qui peut, à ses yeux, la faire progresser : la gestion, la rigueur, bref les méthodes de travail en usage dans les entreprises privées. Il entend réconcilier « le cœur et l'efficacité [2] », car il ne s'agit pas à ses yeux de deux valeurs opposées. Au contraire, il estime qu'elles doivent aller de pair pour que l'on puisse parler d'amour véritable.

« Cœur et efficacité. » On n'est pas très loin de l' « aimer-agir » de Raoul Follereau.

Les modèles d'André Récipon, cet homme d'action ? Les successeurs des grands fondateurs d'ordres, tel celui d'Ignace de Loyola [3]. Il admire aussi le père Planque, organisateur des missions en Afrique des Sœurs de Notre-Dame-des-Apôtres au siècle dernier, dont Raoul Follereau raconta la vie.

Plus de vingt ans après, l'enthousiasme, l'énergie et la passion d'André Récipon sont intacts. Il contrôle d'une main de fer la vie des fondations. Il s'entoure de techniciens très compétents dans leur domaine et auxquels une fonction bien précise est attribuée : finances, informatique, coordination des projets, service du bulletin...

La présence d'André Récipon est un signe de la continuité de la politique menée par les fondations depuis plus de vingt ans. Avec le décès du Dr Aujoulat et le retrait, peu après, de Jean Masselot, de nouvelles personnes sont entrées à la fondation. En principe, le directeur devrait exercer des responsabilités importantes, juste après le président. En fait,

---

1. Témoignage d'André Récipon, recueilli le 12 septembre 1987 à Paris.
2. Expression utilisée à plusieurs reprises par André Récipon lors des entretiens qu'il nous a accordés en 1987.
3. Id.

au cours de ces quinze dernières années, les jeunes directeurs se sont succédé à un rythme assez rapide et leur action a été très subordonnée à celle du président. Il y a une douzaine d'années, l'arrivée de Jean-Pierre Nougue, un jeune cadre bancaire coopté par André Récipon et très apprécié de tous avait pu faire penser qu'André Récipon avait trouvé là un futur président pour les fondations. Mais Jean-Pierre Nougue est mort tragiquement dans un accident de la route peu après son entrée aux fondations.

Quand on aperçoit l'immeuble des fondations, au 31, rue de Dantzig, une rue relativement calme, dans le 15ᵉ arrondissement de Paris, on est frappé par l'importance du bâtiment et de ses huit étages [1]. Et, comme le besoin de place se fait sentir, les fondations installent maintenant des bureaux et des archives dans l'immeuble voisin.

Raoul Follereau confondait son domicile et son lieu de travail. Ses héritiers les séparent davantage, développement de l'association oblige. Mais la coupure n'est pas très nette. André Récipon et son épouse, tout comme M. et Mme Georges Pin et la famille Hauguel résident dans l'immeuble voisin du siège des fondations.

Au rez-de-chaussée, une personne filtre les entrées, indique au visiteur le service cherché, répond aux appels téléphoniques ou les adresse au poste adéquat. À chaque étage correspond une activité différente : commission médicale, informatique, contacts avec les comités et documentation, service d'information, etc. Le bureau du président est au dernier étage. Au sous-sol, une salle à manger et une cuisine permettent aux personnes de la direction de déjeuner rapidement et d'accueillir certains visiteurs. Un Christ en croix y rappelle les fondements spirituels de l'association.

Un ascenseur permet de gagner rapidement l'étage souhaité. À chaque niveau, on évolue dans un décor de lampes au néon, moquette, mobilier moderne et fonctionnel issu des salons de bureautique, ordinateurs... Les hommes portent costume, chemise et cravate. Les femmes sont habillées sobrement et élégamment. André Récipon impose non seulement des méthodes de travail mais aussi un style.

Tous sont très affairés. Sommes-nous en présence d'une entreprise « comme les autres » ? Interrogées, la plupart des personnes salariées aux fondations, dans les services du secrétariat et de la documentation notamment, ne le pensent pas. Elles ont « choisi de travailler dans une organisation humanitaire » afin que leur travail « serve les autres » et pour réaliser une « unité dans leur vie » personnelle entre leurs convictions et leurs actes quotidiens. Par ailleurs, on constate que malgré les énervements, les fatigues et les problèmes de caractères, un très grand respect mutuel existe entre les personnes. Un esprit demeure.

---

1. Cet immeuble a été construit en 1986-1987.

La centralisation constitue un autre trait marquant de la vie des fondations. Au fil des ans, l'autorité de Paris sur les comités régionaux ou départementaux n'a cessé de se raffermir. André Récipon y tient beaucoup, pour des raisons d'efficacité, dit-il. Toutes les opérations importantes sont réalisées rue de Dantzig. Les attributions des comités locaux se sont rétrécies au fil des assemblées générales. Le C.C.P. national est indiqué sur les appels adressés aux donateurs dans tout le pays. Les comités doivent reverser les fonds recueillis au siège national. Paris envoie régulièrement aux comités des circulaires impératives concernant le déroulement des manifestations à organiser.

Présidentialisation et centralisation, ces deux traits rappellent les structures politiques de la France. Un peu comme si les structures politiques d'un pays finissaient par imprégner les mentalités du monde associatif national. On constate en effet que l'organisation de l'association belge et celle de l'association italienne reflètent assez fidèlement les structures politiques de ces pays.

La collecte de fonds constitue le principal souci d'André Récipon. Sans moyens financiers, tous les projets sont vains. À la mort de Raoul Follereau, l'association est assez connue en France, mais ses ressources financières restent modestes dans l'ensemble, si on les compare à celles des associations allemande, belge ou suisse... Or Raoul Follereau n'est plus là pour soulever les foules et déchaîner les générosités. Comment, sans lui, augmenter les recettes ? Car les causes humanitaires et tiers-mondistes se multiplient tout au long des années quatre-vingt. Comment faire face à cette concurrence nouvelle qui dispose souvent de moyens médiatiques considérables ?

André Récipon apporte au problème toute son expérience de banquier et de chef d'entreprise financière.

Le résultat est éloquent.

En 1979, les recettes totales atteignent plus de quinze millions de francs [1], soit un milliard et demi de centimes environ.

En 1989, les recettes atteignent 103 682 712, 20 francs, soit plus de 10 milliards de centimes [2].

En dix ans, elles ont donc été multipliées par plus de six. Certes, il faut tenir compte de l'inflation pour corriger l'augmentation en francs constants. En francs constants, on peut parler de quadruplement des recettes au moins.

Par le volume de ses recettes comme par le nombre de ses donateurs – environ deux cent cinquante mille [3] –, l'association française compte parmi

---

1. Chiffre indiqué dans le bilan annuel de l'association cette année-là. Le dossier financier complet et détaillé se trouve dans les archives de l'association à Paris.

2. Chiffre publié dans le bulletin de l'association, *Lèpres* (numéro de juillet-août 1990).

3. Même si certains tracts de l'association parlaient de quatre cent mille donateurs en 1990, le chiffre de deux cent cinquante mille semble plus proche de la réalité : cependant il ne prend pas en compte les personnes qui donnent lors d'une quête dans la rue.

les dix plus importantes associations humanitaires et tiers-mondistes du pays. Seuls ont des recettes un peu supérieures : la Croix-Rouge, l'Unicef, le C.C.F.D., Médecins sans frontières... En revanche, elle dépasse largement Terre des hommes, Frères des hommes, l'A.I.C.F., le C.F.C.F. Que s'est-il passé ?

L'association Follereau est l'une des organisations humanitaires françaises qui ont su le mieux utiliser les méthodes modernes de collecte de fonds grâce à un remarquable professionnalisme.

Les quêtes sur la voie publique et à domicile ne représentent plus qu'une infime partie des recettes des fondations. Elles ont pourtant joué un grand rôle quand Raoul Follereau a lancé ses premières campagnes.

La quête est organisée officiellement sur le plan national le dernier dimanche de janvier. Les comités se mobilisent longtemps à l'avance pour préparer cette date, solliciter l'autorisation de placer des troncs ou des quêteurs à l'entrée des églises ou de certains édifices publics ou le long de rues très fréquentées. La grande campagne nationale d'information prépare l'opinion à accueillir favorablement les quêteurs.

Leur réseau est plus ou moins dense selon les régions. Souvent, des personnes qui ont vu et entendu Raoul Follereau tiennent à quêter elles-mêmes chaque année. C'est pour elles un témoignage de fidélité à un idéal. Bien implantés dans la vie locale, certains sollicitent leurs amis pour quêter également.

Les jeunes constituent souvent l'essentiel des bataillons de quêteurs, comme pour la plupart des causes humanitaires d'ailleurs. Ils quêtent car un groupe paroissial, un établissement scolaire ou un mouvement de jeunes leur propose de le faire. Beaucoup entendent ainsi parler de Raoul Follereau et de son œuvre pour la première fois.

Deux mouvements ont proposé à la fondation Follereau les services de leurs membres dans toute la France pour cette quête de janvier : les Scouts d'Europe et l'Union nationale des parachutistes. André Récipon, au nom de la fondation, a bien sûr accepté.

Localement quelques querelles surgissent, à Paris notamment, entre les quêteurs de l'ordre de Malte et ceux de l'association Follereau, qui tous deux sollicitent simultanément la générosité des donateurs à l'occasion de cette journée. Ces querelles empoisonnent quelque peu l'atmosphère des relations entre les deux associations.

Il apparaît toutefois que, depuis ces dernières années, les responsables de l'association française s'investissent beaucoup moins dans l'organisation pratique des quêtes sur la voie publique. Les comités locaux estiment souvent que le matériel de collecte adressé par le siège parisien reste bien modeste. Cette constatation n'est pas fortuite. Les fondations Follereau attendent surtout des résultats des envois de « mailings » (ou publipostage), dont nous parlerons plus loin, et de l'impact du bulletin.

Il n'empêche que la quête demeure un moyen privilégié pour établir un rapport direct avec le public. Le contact d'un quêteur avenant ouvre souvent la voie à des dons importants quand une lettre vient « relancer » le donateur potentiel. D'autre part, la quête permet à beaucoup de bénévoles de vivre une expérience humaine enrichissante dans le froid, le vent et la pluie bien souvent.

Les fondations Follereau ne tiennent pas la quête pour domaine entièrement négligeable. Elles réagissent vivement quand, il y a une dizaine d'années de cela, les pouvoirs publics envisagent de réglementer sévèrement les quêtes sur la voie publique, voire de les remettre partiellement en cause. André Récipon adresse des lettres inquiètes aux responsables, qui le rassurent. Il n'empêche que, depuis toujours, l'association Follereau doit, comme toutes les autres associations, solliciter chaque année l'autorisation de quêter sur la voie publique. Juridiquement, cette autorisation pourrait être retirée à tout moment.

D'ailleurs, sur un plan strictement financier, cette méthode de collecte de fonds est celle qui entraîne les frais les plus réduits. Tout y repose sur le bénévolat.

Mais comme, de plus en plus, dans les immeubles, « colportage et mendicité sont interdits », la quête se trouve frappée d'interdiction de fait.

Une technique donne de bons résultats, mais au prix d'un travail lourd et patient : la distribution d'enveloppes personnalisées dans les boîtes aux lettres. Cette méthode est pratiquée en Haute-Savoie et dans le Nord, deux départements où le don moyen par habitant est élevé, ce qui en démontre l'efficacité. Il s'agit de relever, sur les boîtes aux lettres des immeubles, les noms des habitants et d'y glisser, quelques jours après, une lettre adressée à la personne dont le nom figure sur la boîte. Le timbre est ainsi économisé. L'adresse du comité local figure dans le courrier adressé de la sorte. Mme Duvernay, la présidente du comité des deux Savoies, est passée maîtresse dans l'art de solliciter avec tact et succès les habitants de sa région, devenue la plus généreuse de France, si l'on prend en compte le don moyen par habitant.

Autre forme ancienne de ressource : les legs. D'une manière régulière et discrète, la fondation reçoit des legs importants qui atteignent plus de dix millions de francs en 1989, soit 10 % de ses ressources. Ces legs ne viennent pourtant pas de personnes très engagées dans l'association. Ils aident à percevoir le bouleversement des cœurs et des consciences que produit silencieusement l'action tenace et patiente de la fondation au fil des ans et ils amènent celle-ci à entretenir des relations étroites avec la corporation des notaires, au congrès annuel de laquelle elle participe régulièrement depuis 1987.

Des artistes remettent aussi, ponctuellement, au bénéfice des campagnes de la fondation, des œuvres de leur composition (peinture, sculpture...) ou l'argent obtenu par la vente d'une de ces œuvres, ou par un concert. La réflexion sur la condition des lépreux rejoint leur recherche esthétique qui est aussi une quête du sens. Le plus souvent, ces artistes prennent l'initiative d'entrer en contact avec la fondation Follereau.

En 1988, le peintre Henri Bevilacqua fait ainsi don de son œuvre *La Course au vent*, estimée à trente-deux mille francs.

Mais, pour en revenir au démarchage, l'essentiel s'effectue aujourd'hui par correspondance. Ce n'est pas vrai pour les seules fondations Follereau. D'une manière générale, depuis 1975, en France, les sommes récoltées par le « mailing », ces lettres d'information et de sollicitation adressées par la poste, par l'envoi de bulletins et par les médias, le tout orchestré par les méthodes de marketing modernes, constituent l'essentiel des ressources des grandes associations humanitaires à rayonnement national et réduisent les quêtes à la portion congrue.

André Récipon a résolument engagé la fondation sur cette voie, dès que ces méthodes ont gagné la France.

Vers 1960, en effet, les spécialistes américains élaborent la théorie du marché du don. Ils considèrent en effet que le don charitable est un produit. En donnant, le donateur achète en fait la satisfaction de donner. Il se sent membre d'un groupe, il se sent généreux, il remplit un devoir social et moral. Et, pour ces théoriciens, la cause humanitaire qui recueille le plus d'argent est celle qui sait le mieux se vendre et qui répond le mieux aux besoins et aux attentes du public des donateurs.

Une association doit donc recourir à des professionnels de la communication, de la publicité, de la gestion et de l'informatique pour s'adresser à l'opinion. Ces professionnels la mettront en contact avec un public de donateurs plus que de militants prodigues de leur temps.

Le vocabulaire commercial s'applique donc à l'action caritative. Bernard Kouchner parle de « charité business ». Pour chaque association, il s'agit de conquérir une « part de marché », de « cibler » sa clientèle et de la « fidéliser ».

De nombreuses évolutions sociologiques observées à partir des années soixante concourent au succès de cette nouvelle approche. Nous en citerons quelques-unes seulement :

– la hausse du revenu moyen des Français. De 1950 à 1968, le pouvoir d'achat moyen des Français a doublé. Ils disposent désormais de ressources financières plus abondantes et supérieures à ce qu'exige l'achat des produits de toute première nécessité ;

– le vieillissement progressif de la population, dû à l'augmentation de l'espérance de vie et aux effets progressifs de la baisse de la natalité ;

– l'urbanisation progressive du pays. Quatre Français sur cinq habitent la ville en 1975. Les solidarités de voisinage cessent d'être déterminantes dans la vie sociale, les affinités sont plus électives. Les moyens de communication changent. La sollicitation adressée par la poste semble assez bien adapté au genre de vie citadin ;

– le changement des mentalités. Les Français se méfient des quémandeurs trop envahissants et aiment se réserver un délai de réflexion, donnant la préférence dans leur choix au sérieux efficace et au projet bien expliqué par des gens compétents sur les propositions aventureuses d'une personne rencontrée par hasard ;

– la baisse du coût des traitements informatiques les rend rentables pour les associations qui veulent disposer d'un fichier de donateurs important et bien actualisé.

D'une certaine manière, Raoul Follereau avait en son temps bouleversé certaines règles de la communication en matière humanitaire et sanitaire, car il avait remarquablement perçu les aspirations de son époque.

André Récipon doit engager la fondation Follereau sur la voie de nouvelles méthodes de collecte de fonds et de communication car, silencieusement, de véritables bouleversements sociaux et culturels se sont produits en France en un temps assez bref finalement : quinze ans environ, de 1975 à 1990.

On pouvait même se demander si la cause des lépreux serait encore à même d'intéresser les Français comme au temps de Raoul Follereau. Il a fallu repenser jusqu'aux arguments utilisés pour justifier la sollicitation.

Mais il faut avant tout faire savoir à toute l'opinion que l'on existe.

En 1980, un directeur d'agence publicitaire vient trouver André Récipon et lui propose de réaliser gratuitement pour les fondations une campagne de publicité. Jusque-là, l'association française s'y refusait. Raoul Follereau était critique à l'égard de ce type de démarche, alors que plusieurs associations de lutte contre la lèpre en Europe l'utilisaient déjà [1].

Or cette campagne de 1981 est un succès. Les recettes passent de dix-huit à vingt-sept millions de francs en un an. Séduit, André Récipon signe un contrat avec cette agence et les recettes s'élèvent en 1982 à trente-deux millions. Le seul changement notable entre ces campagnes, c'est l'utilisation de la publicité.

L'affiche réalisée alors frappe l'opinion. D'habitude, des lépreux au regard triste étaient censés émouvoir le public, ou au contraire des malades guéris. Cette fois, l'agence réalise une image originale. Elle présente un visage de femme coupé en deux : la moitié gauche est purulente, la moitié droite parfaitement saine. Et la légende est simple, inscrite en capitales blanches (le choix de la couleur n'est pas fortuit : le blanc indique les professions sanitaires et la pureté de l'action) : « Vous pouvez guérir un lépreux. » Plus bas figurent la date de la Journée mondiale des lépreux et les références des fondations Raoul-Follereau.

La phrase retenue mérite explication. L'énoncé doit être court pour

---

1. Témoignage oral d'André Récipon recueilli en septembre 1987.

frapper et retenir l'attention, le nombre des mots se réduit à cinq, on ne compte pas plus de deux syllabes par mot, le texte peut être compris de tous. L'image est statique, mais elle évoque une évolution possible ou plutôt deux évolutions. Elle transforme le donateur en acteur déterminant. Il en est d'autant plus flatté que souvent il n'est jamais allé en Afrique et qu'il rêve sans doute de faire de grandes choses dans sa vie. Et dans le texte, le donateur est cité en premier, le lépreux n'étant mentionné qu'à la fin de la phrase. Enfin, il s'agit d'un contact de personne à personne ; un lépreux suscite plus de générosité que « des lépreux », entité trop impersonnelle. Un visage de femme jeune et moderne va émouvoir un certain public, mais le masculin du mot « lépreux » satisfait l'autre partie du public. Enfin, en disant « pouvez », le texte joue sur la liberté laissée à qui le lit – les discours trop impératifs ou culpabilisateurs des années précédentes commencent à lasser – et sur la volonté de puissance qui sommeille en chacun.

Il faut constater qu'aucune indication de prix ne figure sur le document. Et pour cause. Au cours des années précédentes, Raoul Follereau a habitué le public à des résultats garantis de succès rapides à des prix très modiques. Les résistances aux antibiotiques obligent à recourir à des médicaments beaucoup plus coûteux pour des résultats assez incertains (« pouvez » indique seulement une possibilité de guérison). Il s'agit de ne pas dérouter les anciens donateurs, qui se sont habitués à des équations simples entre argent donné et nombre de guérisons.

Une telle réalisation montre que la qualité artistique peut se conjuguer avec l'efficacité commerciale au service d'une cause humanitaire.

Toutefois, les campagnes d'affiches sont souvent mal perçues de l'opinion. Beaucoup considèrent qu'il s'agit d'argent gaspillé. Nous avons souligné ce qu'il fallait en penser au vu de l'évolution des recettes. D'autre part, si l'association paie la conception et la réalisation des affiches, des espaces de plus en plus nombreux lui sont offerts gratuitement par divers organismes.

En 1982, les fondations disposent de deux mille quatre cents emplacements en province et à Paris, emplacements de 4 × 3 mètres ou de 1,2 × 1,6 mètres, jusque dans les gares et les stations de métro [1]. Par ailleurs, quatre camions portant de grands panneaux publicitaires sillonnent Paris pendant toute la Journée mondiale des lépreux.

En 1986, dix-sept mille affiches sont placardées, dont la moitié au format 4 × 3 mètres [2]. Là aussi, il s'agit d'emplacements offerts.

Pendant l'essentiel des années quatre-vingt, la plupart des grandes campagnes d'affichage des organisations humanitaires reposent sur l'offre gratuite d'emplacements publicitaires. Ce qui explique la brièveté de nombre

---

1. Ces chiffres sont cités dans plusieurs numéros de *Lèpres* parus cette année-là.
2. *Ibid.*

de ces campagnes et aussi qu'elles doivent se consacrer à une véritable politique de relations extérieures auprès des organismes et agences susceptibles
de délivrer l'accès à des emplacements publicitaires.

La situation pourrait changer sensiblement désormais. L'augmentation
du nombre des associations tiers-mondistes ne permet pas aux pourvoyeurs
d'espaces publicitaires d'offrir à tous des milliers d'emplacements. Seules
pourront éventuellement bénéficier de telles offres quelques associations
très privilégiées. Mais la concurrence se fait âpre parfois, et favoriser l'un
conduit à défavoriser l'autre. La plupart des associations devront de plus en
plus payer leurs espaces publicitaires. Seules les plus puissantes pourront
le faire. L'association Follereau sera-t-elle du nombre ? Choisira-t-elle de
maintenir une forte présence par les affiches ?

Car, et c'est l'autre critique formulée à l'encontre des affiches, l'affiche
ne peut que compléter les autres médias, audiovisuels ou écrits. Elle énonce
une affirmation (« Vous pouvez guérir un lépreux »), mais elle ne la
démontre pas. L'affiche est un moyen de sensibiliser, de rappeler que l'on
existe, mais elle suppose l'existence d'autres messages qui précisent l'opération entreprise.

Les fondations Follereau travaillent avec cette agence jusqu'en 1984.
Comme elle connaît de nombreuses difficultés financières qui l'obligent à
cesser ses activités, les fondations Follereau réalisent plusieurs autres
affiches avec des agences différentes.

De même que les autres associations de l'I.L.E.P., l'association Follereau s'efforce d'être suggestive sans tomber dans l'horreur ou un misérabilisme facile qui desservirait les lépreux en accréditant l'idée de personnes à
part, à retrancher de la communauté humaine. Tout au contraire, elle souhaite mettre l'accent sur l'espoir et la sérénité.

Les années 1989 et 1990 marquent du nouveau dans la conception des
affiches. En effet, elles sont conçues par l'effort conjoint de plusieurs des
grandes associations européennes membres de l'I.L.E.P. : France, R.F.A.,
Grande-Bretagne, Espagne, Portugal, Luxembourg – six pays au total –
s'unissent pour sensibiliser l'opinion par une campagne de publicité
commune. À l'heure de l'Acte unique et du « grand marché européen », une
Europe de la solidarité se bâtit. Cette coordination exemplaire n'a guère
d'équivalent, à notre connaissance, dans le monde des organisations tiers-
mondistes.

En groupant leurs efforts, les associations entendent économiser de nombreux frais techniques, ce qui leur permet de gagner autant d'argent mis au
service direct des malades. Ce travail commun leur donne la mesure de la
diversité culturelle de leurs pays d'origine. Les arguments qui séduisent le
donateur d'un pays peuvent rebuter le donateur du pays voisin. L'élaboration de l'affiche demande donc une très longue préparation, d'autant qu'il
s'agit de la première du genre.

Cependant, la comparaison avec l'affiche de 1981 ne traduit pas seulement une différence de culture nationale, elle indique aussi une évolution sensible des mentalités occidentales et françaises à l'égard du tiers-monde.

Quelques points communs d'abord : le fond bleu qui évoque la gravité et la profondeur, les lettres blanches, le slogan court : « La lèpre se guérit ! » Fort classique également dans la publicité humanitaire : la représentation d'une femme et de son jeune enfant, un fils. Toutes conditions égales par ailleurs, l'enfant suscite plus de sympathie chez le donateur que l'adulte. L'un et l'autre accroupis, leurs corps dessinent une pyramide qui engendre une impression de calme, de force assez sereine et majestueuse. L'enfant semble incarner un avenir confiant [1]. D'ailleurs ni lui ni sa mère ne semblent atteints par la lèpre : ou il s'agit de formes très bénignes, ou ils sont guéris, ou ils n'ont jamais souffert de cette maladie. Ils ne sont pas misérables, mais on voit néanmoins qu'ils sont pauvres. En les regardant, on pense aux populations du tiers monde en général plus qu'au peuple des lépreux.

Les associations de l'I.L.E.P. ont pris acte de l'engouement de l'opinion pour les actions d'aide au tiers monde au cours des années précédentes. Elles souhaitent donc se rattacher à cette dynamique : aider les lépreux, c'est aider le tiers monde. Par ailleurs, le discours se veut sobre et scientifique. On parle de la « lèpre » et non du « lépreux ». C'est comme si l'on venait de résoudre un problème technique. L'approche intellectuelle est privilégiée par rapport à l'appel au sentiment et à l'émotion.

L'usage du point d'exclamation peut surprendre, car depuis près de quarante ans les médecins annoncent que la lèpre se guérit. Les associations de l'I.L.E.P. estiment qu'il faut inlassablement répéter les mêmes phrases pour mieux convaincre les donateurs et pour en gagner de nouveaux.

Plusieurs signes évoquent des références à la modernité ambiante des sociétés d'Europe occidentale : le style très scientifique de l'annonce, la rédaction en trois langues – français, anglais, allemand – de la phrase : « La lèpre se guérit avec votre aide », à l'heure de l'accélération de la construction européenne. De plus, le sigle de l'I.L.E.P. fait face à celui des fondations Follereau. « I.L.E.P., Action commune de l'aide internationale contre la lèpre ». Par ailleurs il faut ajouter, en 1990, la référence au Minitel : le code « 36-15 LÈPRES » fournit tous les renseignements souhaités sur la question. Il s'agit de montrer que la lèpre n'est pas une histoire médiévale mais un sujet de la plus brûlante actualité réglé par des personnes très à l'aise dans leur époque.

Le numéro de C.C.P. de la fondation est indiqué, ce qui dispense les personnes pressées de recourir à d'autres sources d'information pour envoyer leur don.

---

1. La photo a été prise en Thaïlande, mais se veut difficilement identifiable quant à son origine géographique.

Une phrase suggère le montant de l'aide attendue : « Il suffit de 250 francs de médicaments pour soigner et guérir un lépreux. » L'I.L.E.P. ne se borne pas à envoyer des médicaments mais organise aussi des actions de prévention, de dépistage et finance des travaux de recherche. Cependant, pour le public auquel on s'adresse, l'important c'est le résultat rapide et surtout tangible, la guérison, qui se fait dans l'esprit de la plupart par des médicaments avant tout.

La somme réclamée indique que les associations attendent maintenant des dons assez importants. La petite offrande symbolique ne les satisfait pas pleinement, alors que c'est ce type d'offrande, venant de personnes démunies, que Raoul Follereau aimait à célébrer.

Enfin, en regardant de nouveau l'affiche, nous constatons que le père manque. Le donateur n'est-il pas implicitement appelé à jouer le rôle du père absent ? L'appel est d'autant plus puissant dans l'insconcient qu'il n'est pas formulé.

Par ce type de document, l'I.L.E.P. cherche à atteindre un public de jeunes cadres dynamiques, surtout des hommes, vivant dans les villes, férus de modernité, disposant de revenus confortables et désireux d'exercer une fonction de protection, qu'ils soient mariés ou célibataires. Ce type de donateur aspire inconsciemment aux valeurs familiales, même s'il n'est pas encore parvenu à fonder une famille solide. Ce public intéresse d'autant plus l'I.L.E.P. qu'il lui échappe en grande partie, beaucoup de donateurs étant plus âgés et plus attachés aux valeurs traditionnelles. Par ailleurs le nombre de ces jeunes cadres a beaucoup augmenté en quelques années, génération du « baby-boom » et plus large accès aux études supérieures obligent. Sommes-nous à un virage ?

Semblables images ne sont pas seulement visibles sur des panneaux publicitaires. L'association Follereau s'efforce de placer, à des formats plus réduits, ces images accompagnées de ses coordonnées dans le plus grand nombre de publications imprimées possible, de la revue médicale au magazine hebdomadaire à grand tirage.

Cependant, de telles opérations sont parfois hasardeuses et leurs résultats décevants. L'espace publicitaire des revues à faible tirage est bon marché mais entraîne parfois la réponse d'un nombre très faible de personnes. Et le public atteint est déjà informé sur la question par d'autres moyens. Les publications à grand tirage permettent de toucher un public important et souvent nouveau, mais au prix d'un très fort investissement financier qui peut faire légitimement douter du bénéfice de l'opération : une page de publicité dans un hebdomadaire à grand tirage coûte souvent plusieurs dizaines de milliers de francs.

C'est pourquoi l'association Follereau sollicite des espaces publicitaires gratuits auprès de toutes les publications possibles au moment de la Journée mondiale des lépreux. André Récipon a tenu à solliciter tous les organes de presse sans a priori, au lieu de se limiter aux titres d'inspiration religieuse, médicale ou s'adressant à un public bien « ciblé », comme le disent les stratèges du marketing.

André Récipon avait expressément précisé cette tactique à l'agence qui devait s'occuper des contacts avec les publications, mais il en résulta de grosses surprises. Pour des raisons diverses, des publications catholiques à grand tirage n'acceptèrent pas. En revanche, des magazines érotiques du groupe Filipacchi ouvrirent leurs pages gratuitement, et leurs lecteurs se montrèrent très généreux.

Signalons qu'André Récipon ne comptait pas s'adresser à ce dernier type de magazines. Il apprit que l'agence avait pris ces contacts, appliquant à la lettre les consignes données : solliciter toutes les publications sans exception. Il voulut faire marche arrière, mais il était trop tard. L'importance des dons reçus l'amena à reconduire l'expérience [1]. Par ailleurs, un magazine comme *Elle*, dont les idées sur la famille sont souvent aux antipodes de celles de Raoul Follereau et d'André Récipon, ouvre également largement ses pages aux appels en faveur des lépreux et les dons sont assez importants.

L'association Follereau entend de cette façon faire passer l'intérêt des lépreux avant toute autre considération. Catholique fervent, André Récipon se montre très pragmatique quand il s'agit de collecter l'argent destiné à aider les lépreux.

Les relations avec la presse écrite ne se limitent pas à l'insertion d'encarts publicitaires. Elles sont particulièrement intenses à la fin du mois de janvier, avec l'annonce de la Journée mondiale des lépreux.

Les relations avec la presse régionale et locale sont l'un des aspects importants de la vie des comités départementaux. Elles dépendent souvent de contacts personnels suivis. La présentation des buts de la Journée mondiale des lépreux, d'une exposition ou d'une conférence organisées dans la région peuvent donner matière à des articles suggestifs et parfois originaux.

Le siège parisien de l'association se réserve le contact avec les publications à diffusion nationale. Là aussi, les fondations ont adapté leur « stratégie ». Dans un premier temps, André Récipon faisait parvenir des documents sur la lutte contre la lèpre, voire sur l'œuvre de Raoul Follereau. Il recevait des journalistes de publications médicales pour leur présenter l'évolution de la situation de la lèpre dans le monde. Les résultats demeuraient assez maigres toutefois. Même l'envoi de reportages réalisés par des membres de la fondation suscitait peu de réactions.

Une nouvelle approche semble plus fructueuse. Les fondations Follereau proposent à des journalistes de revues diverses – en particulier des revues catholiques – de les emmener voir sur place, en Afrique ou ailleurs, fonctionner l'un des centres qu'elles soutiennent. Les journalistes sont libres ensuite de rédiger l'article qu'ils entendent. Tous calculs faits, les fonda-

---

1. Témoignage d'André Récipon, recueilli le 12 octobre 1987.

tions estiment que cette façon de faire est la plus rentable. Les résultats de l'année 1989 sont exemplaires à cet égard. Un reportage de plusieurs pages retient davantage l'attention du lecteur qu'un encart publicitaire, et des relations amicales et durables peuvent s'établir ainsi avec nombre de journaux et revues. Par ailleurs, envoyer plusieurs journalistes au même endroit suscite une émulation dans le reportage très profitable à la notoriété de l'association.

Les relations avec les médias audiovisuels présentent quelques analogies.

Quand d'énormes moyens médiatiques sont mis en action, les résultats peuvent être considérables. En 1988, la gigantesque opération Téléthon, déclenchée en France par les chaînes de radio et de télévision pour lutter contre la myopathie, permet de recueillir cent quatre-vingt-dix millions de francs venant de plus d'un million de donateurs [1]. Ce qui représente une somme supérieure aux recettes annuelles des fondations Follereau et un nombre de donateurs trois fois supérieur environ. Puissance de la mobilisation des médias audiovisuels, qui créent ici l'événement humanitaire.

Au prix d'un très gros effort, les fondations Follereau parviennent aujourd'hui à diffuser leur message, même très brièvement, sur pratiquement toutes les chaînes de radio et télévision à diffusion nationale ainsi que sur de nombreuses radios locales.

Les fondations apprivoisent lentement radio et télévision, qui ne leur ont vraiment pas facilité la tâche au cours des années précédentes. On a d'ailleurs un sentiment d'absurde quand on compare la situation de la fondation française à celle des associations des pays voisins. André Récipon a été davantage interrogé par la R.A.I., la télévision italienne, que par la télévision française. Celle-ci a même acheté à la télévision belge des films sur la lèpre que la R.T.B.F. tenait des fondations Follereau françaises. Les fondations Follereau avaient pourtant proposé à la télévision française de diffuser gratuitement ces films et avaient vu leur proposition dédaigneusement repoussée.

Alors que les chaînes de télévision françaises refusent d'accorder le moindre espace gratuit aux fondations, les chaînes allemandes, la R.A.I. en Italie, et d'autres encore, effectuent gratuitement de longs reportages sur les réalisations de la lutte contre la lèpre et les diffusent ensuite à des moments de grande écoute. Les associations nationales bénéficient donc, dans leur pays, d'un atout considérable : la télévision leur permet d'atteindre pratiquement toute la population sans débourser d'argent. Le soutien constant de la télévision est l'une des clés essentielles de leur succès.

En revanche la télévision française lance des opérations qui mettent en position difficile les fondations Follereau. On peut citer, en janvier 1986, le grand nombre d'heures consacrées aux restaurants du cœur de Coluche, en pleine campagne de la Journée mondiale des lépreux. Que peuvent peser

---

1. Chiffres indiqués sur les chaînes de radio et de télévision par les responsables de l'opération.

les courts appels en faveur des lépreux en face d'une telle mobilisation des médias, des vedettes du spectacle, de l'intelligentsia et du monde politique français ? La télévision française aime créer des événements qu'elle contrôle. Elle aime se donner une image de bienfaitrice. Elle affectionne les actions d'urgence susceptibles de procurer des émotions spectaculaires. Or la lutte contre la lèpre exige un travail patient, obscur et quotidien avant tout.

Prêtre et journaliste à Antenne 2, Jean-Claude Darrigaud joue un rôle important pour introduire les fondations à la télévision. Il fut missionnaire en Afrique avant que ses supérieurs ne l'invitent à regagner la France pour se former à l'audiovisuel. En Afrique, il a pu mesurer l'impact de Raoul Follereau et la nécessité de lutter contre la lèpre avec des méthodes rigoureuses. Durant l'été 1985, il se rend en reportage sur la lèpre à la Réunion, en Nouvelle-Calédonie et à Tahiti. Il présente ainsi les succès des fondations Follereau. Il intervient ensuite auprès des responsables des unités de production et de ceux de la programmation pour que les sollicitations des fondations Follereau soient davantage prises en compte. Ainsi il effectue d'autres reportages concernant les lépreux, jusqu'en Corée [1]. Voyant qu'une chaîne s'intéresse un peu au problème, les autres commencent à suivre son exemple. Les contacts se nouent peu à peu, à la fin des années quatre-vingt seulement. Là encore les fondations préfèrent payer le voyage à des journalistes plutôt que risquer un échec en proposant leurs propres productions.

L'appui de vedettes du cinéma et de la chanson est de plus en plus recherché par les associations humanitaires. On connaît l'exemple des concerts pour l'Éthiopie ou pour les restaurants du cœur ou encore l'A.I.C.F. (Action internationale contre la faim). Les vedettes elles-mêmes souhaitent soutenir des causes humanitaires et leurs imprésarios les y engagent. Les associations humanitaires peuvent ainsi créer des événements dans le monde du spectacle d'où elles tirent une notoriété indirecte mais fort profitable.

L'association Follereau avait joué un rôle de précurseur en ce domaine avec les appels lancés par Pierre Fresnay. Au début des années quatre-vingt, les fondations poursuivent cette tradition en sollicitant des artistes qui lisent gratuitement l'appel annuel : Jean Rochefort, Marie-Christine Barrault et quelques autres... Cette tradition est ensuite abandonnée, au moment même où les autres associations misent à fond sur ce procédé.

Ce n'est pas un hasard. Constatons que les fondations Follereau retiennent des artistes de talent, dont le professionnalisme est reconnu et la notoriété réelle, mais qui ne sont pas forcément des plus célèbres. En effet, ces artistes ne doivent pas leur succès à la recherche délibérée du scandale ou de la provocation. Les fondations ne veulent pas renier l'idéal de leur fondateur. Et elles ne cachent pas qu'elles se réfèrent aux valeurs chré-

---

1. Documents disponibles au centre de documentation des fondations à Paris.

tiennes. Elles défendent aussi une certaine conception de la beauté. De sorte qu'on imagine mal une collaboration entre des chanteurs comme Renaud et les fondations Follereau, lesquelles ne veulent pas cautionner les « produits » d'un système médiatique dont Raoul Follereau avait dénoncé les perversités.

Les fondations Follereau ne cherchent pas à réaliser un « coup médiatique » qui leur apporterait ponctuellement une recette importante. Elles désirent avant tout des recettes régulières qui permettent de mener une action durable. Il s'agit de « fidéliser » le donateur, de l'amener à répéter son don. Et pour ce faire, il convient de s'adresser régulièrement à lui et de ne pas miser sur sa seule émotion.

Les contacts ne sont pas seulement pris avec la direction de chaque chaîne à propos de la publicité et des bulletins d'information, mais aussi avec les responsables des émissions et magazines susceptibles de parler des lépreux, des émissions religieuses aux séquences de reportage. Les fondations prêtent de courts films à ceux qui le souhaitent. Cette méthode, qui exige du tact et de la patience, semble porter ses fruits peu à peu. Les comités locaux sont chargés d'adresser les enregistrements des appels pour la Journée mondiale des lépreux aux responsables des diverses radios locales de leur secteur.

La diffusion du journal *Lèpres* et les « mailings » (lettres envoyées aux particuliers) assurent aujourd'hui l'essentiel des recettes : respectivement 34 % et 15 % des recettes en 1988, soit 49 % au total. Les deux procédés sont de plus en plus étroitement liés en effet. Les fondations s'efforcent d'améliorer sans cesse ces deux moyens privilégiés d'atteindre le public.

Paraissant tous les deux mois, le bulletin était pour Raoul Follereau l'instrument privilégié du contact avec le public. Il y parlait de ses projets et de ses réalisations, il confiait les réflexions que lui inspiraient l'actualité. Il mettait à l'honneur les donateurs les plus émouvants, ainsi dans la rubrique « Le livre d'or de la charité », qui évoquait les dons les plus émouvants, ceux des enfants en particulier.

À partir des années soixante-dix et du retrait progressif de Raoul Follereau, la place consacrée à la lèpre et aux lépreux augmente. L'information se fait plus technique. Les textes de Raoul Follereau et le « livre d'or » sont toujours publiés. Les six numéros annuels sont d'importance assez comparable.

À partir du début de l'année 1986, une lettre mensuelle d'information est diffusée auprès des responsables de l'association ou des comités. Dépassant parfois la dizaine de pages grand format, elle signale les événements nouveaux de la vie de l'association, précise son fonctionnement, fournit des conseils et des indications pour l'organisation des manifestations à venir, évoque les problèmes qui peuvent se poser. Cela fait penser au courrier interne des entreprises. La taille grandissante de l'association rend nécessaire une telle mesure, qui crée donc une information à deux vitesses ou plutôt à deux étages.

À partir de 1987, un nouveau virage est pris. L'association édite six numéros dont deux de quatre pages, trois de seize pages et un de trente-deux pages où est publié le bilan financier complet de l'année précédente.

L'orientation prise est confirmée lors des années suivantes. Désormais l'association publie deux gros numéros, l'un au début de l'année pour la Journée mondiale des lépreux, l'autre avant les vacances d'été, où le bilan financier de l'association est présenté. Les autres bulletins se réduisent à des numéros de quatre pages faisant penser à des « mailings », à des lettres plus qu'au bulletin de jadis. Le « livre d'or » disparaît. Le don modeste du faible semble moins intéresser les fondations, qui ne le mettent plus en exergue.

Outre des informations sur les activités et les projets de l'association, les adresses de ses représentants locaux, les renseignements sur les différentes possibilités de participation financière, que contient le bulletin ?

Un texte de Raoul Follereau est toujours cité, intégralement bien souvent. Des phrases de lui sont mises en valeur en différents endroits du bulletin.

André Récipon signe un éditorial où il ne s'en tient pas à des généralités mais explique les projets de l'association et justifie les décisions prises. Il s'efforce de répondre aux questions le plus couramment posées. Dans un style clair, rigoureux et persuasif, il parle au donateur comme à un ami auquel il confie aussi ses émotions, voire ses indignations. Il ne cache pas ses sentiments chrétiens dans ses éditoriaux, même s'il n'en fait pas l'essentiel de son développement. Ses textes sont d'autant plus convaincants qu'ils n'imitent pas le style de Raoul Follereau. André Récipon a trouvé sa propre manière de communiquer.

D'autres personnes signent des reportages effectués sur le terrain qui s'achèvent par un appel à la générosité des donateurs. Parmi ces rédacteurs, il faut citer le journaliste Bernard Cabannes, un ami d'André Récipon auquel ce dernier a demandé de veiller à la stratégie de communication de l'association auprès des lecteurs du bulletin.

Qu'il s'agisse de la brousse congolaise, des plateaux sahéliens ou des archipels les plus lointains, on retrouve des procédés assez semblables dans les reportages proposés. Le reportage raconte une histoire, celle d'un malade ou au contraire celle d'une religieuse ou d'un médecin généreux, ce qui est préférable à un exposé général trop abstrait. Partir d'un cas concret amène insensiblement à traiter des questions plus générales. Les photographies rendent le texte plus crédible encore. Le lecteur découvre aussi une région lointaine qu'il ne connaît pas, ce qui satisfait sa soif d'exotisme. Les explications se veulent précises et complètes, ce qui satisfait un public davantage scolarisé qu'autrefois et, multiplicité des organisations humanitaires oblige, plus difficile à convaincre. Le récit s'arrête au moment où le lecteur peut entrer dans l'histoire en devenant acteur à son tour.

Par ailleurs, des membres de la commission médicale présentent régulièrement des informations techniques sur la lèpre et les moyens de la combattre.

Enfin, le bulletin est le support de la transparence financière de l'association voulue par André Récipon.

En juillet 1986, l'association crée en effet un événement de taille dans le monde associatif humanitaire français en publiant dans le journal, diffusé à trois cent cinquante mille exemplaires, l'intégralité de ses comptes en seize pages. Le fonctionnement de l'association y est entièrement expliqué, les sources de recettes et les postes de dépenses soigneusement détaillés.

Le grand prix du rapport annuel des associations et des fondations couronne en 1987 cette initiative inédite. Ce prix est décerné par un jury de professionnels des questions financières sous le patronage du journal *La Voie privée*, publication spécialisée dans la collecte de fonds. Pour l'année suivante, l'association est placée hors concours et André Récipon appelé à figurer au jury, ce qui rend impossible une nouvelle récompense pour l'association.

En 1989, l'association reçoit le prix Cristal de la transparence financière décerné par la compagnie régionale des commissaires aux comptes d'Île-de-France, une consécration très recherchée par des entreprises de toute sorte.

André Récipon explique :

« La transparence de nos comptes est notre honneur dans le combat que nous menons quotidiennement contre la lèpre, et c'est notre devoir de vous informer intégralement sur l'utilisation des fonds que vous nous confiez [1]. »

Cette transparence n'est pas financière seulement. On la retrouve aussi dans l'accueil réservé au projet d'une thèse consacrée à l'étude de Raoul Follereau et de l'association.

Cette transparence n'est pas seulement une preuve supplémentaire de l'honnêteté et du désintéressement des membres de l'association, mais aussi le signe de la rigueur avec laquelle le travail est accompli à tous les niveaux (à tous les échelons les comptes sont tenus avec le plus grand soin, André Récipon y tient beaucoup) et celui de la grande attention portée à la communication avec le public et les donateurs.

Cette transparence constitue un argument de prédilection aujourd'hui pour les fondations Follereau, à un moment où l'opinion se préoccupe de plus en plus de savoir si l'argent adressé parvient, et dans de bonnes conditions, aux populations concernées.

Bien des donateurs réagissent à la lecture de ces comptes. Certains écrivent pour dire qu'ils trouvent excessifs certains frais de fonctionnement ou le coût de certains services. André Récipon explique alors les décisions prises.

L'abonnement au bulletin reste modique : vingt-cinq francs annuels. Cela correspond aux frais de composition, d'impression et d'envoi. Par ail-

---

1. Bulletin *Lèpres*, juillet-août 1988, p. 14.

leurs, de nombreux journaux sont distribués ou adressés gratuitement à des institutions diverses. Le journal est ainsi envoyé à tous les centres de documentation des collèges et lycées français.

Le tirage atteint aujourd'hui quatre cent mille exemplaires environ.

Dans son livre, *L'Aide humanitaire entre la politique et les affaires* [1], Charles Condamines indique, à la fin de l'année 1988, le tirage des bulletins publiés par les plus importants organismes humanitaires français.

Le tirage de *Lèpres* est comparable à celui des bulletins du C.C.F.D. (trois cent quarante mille exemplaires), de *Médecins du monde* (trois cent cinquante mille exemplaires), de *Médecins sans frontières* (cinq cent cinquante mille exemplaires).

Des tirages très supérieurs aux bulletins de la Croix-Rouge (cent mille exemplaires), de Frères des hommes (cinquante mille exemplaires) ou de Terre des hommes (sept mille cinq cents exemplaires)... Mais *Messages* du Secours catholique reste « hors concours » avec un million huit cent mille exemplaires.

Le publipostage ou « mailing » consiste à envoyer par la poste à une personne un courrier présentant l'association et proposant d'effectuer un don. Généralement le courrier adressé réunit une lettre message, une carte-réponse et une enveloppe-réponse préaffranchie.

Le publipostage est apparu dès 1867, quand Aristide Boucicaut, le fondateur du Bon Marché, éditait un catalogue de cinquante pages au format de poche. En 1922, la Redoute lance son célèbre catalogue, mais il faut attendre les années soixante pour que se développe largement la vente par correspondance en France. À partir du début des années soixante-dix et surtout de 1975, cette méthode « scientifique » de collecte de fonds (*fundraising* pour les Anglo-Saxons) gagne les associations humanitaires françaises. Dans d'autres pays européens, et surtout aux États-Unis, ces méthodes étaient utilisées depuis longtemps déjà.

Ce publipostage devient peu à peu une véritable discipline à part entière qui exige l'intervention d'un nombre de professionnels de plus en plus important : rédacteurs, maquettistes, informaticiens... Il élabore peu à peu ses outils, ses règles, son discours, ses théories : des colloques en nombre croissant permettent à des spécialistes de confronter leur expérience. Il s'agit du moyen privilégié de collecte de fonds pour nombre d'organisations humanitaires. Il renforce l'anonymat du don, sa confidentialité, ce qui correspond à de nouvelles tendances du comportement social.

Le publipostage exige la possession d'un fichier aussi vaste, précis et actualisé que possible. Actualisé, car les décès et déménagements rendent vite un fichier insatisfaisant et des milliers de lettres parfaitement inutiles. Précis, car il convient de « cibler » la population recherchée. Adresser des courriers à tous exigerait des moyens humains et financiers trop considé-

---

1. À la page 186. Livre paru aux éditions L'Harmattan en 1989.

rables. Il convient donc de choisir les personnes auxquelles le courrier sera adressé. Quels critères retenir ? Les lecteurs de *La Croix* ne sont pas ceux de *L'Humanité*, ceux du *Figaro Magazine* ne sont pas ceux du *Nouvel Observateur*. Les jeunes donnent du temps plus que de l'argent et les adultes font plutôt l'inverse. Mais comment savoir qui est qui dans les listes de noms des annuaires ou des registres électoraux ? Certains achètent des fichiers auprès d'organismes divers, de journaux ou d'associations, au prix de cinquante centimes le nom par exemple. Ils évitent des frais, gagnent énormément de temps mais ne sont pas encore certains du résultat.

Par ailleurs, une grève des Postes peut prendre une allure de catastrophe pour les organisations humanitaires. Celle de décembre 1988 a touché la fondation Follereau en pleine préparation de la Journée mondiale des lépreux et a entraîné, selon André Récipon, une perte de huit millions de francs au moins, soit le prix des soins et de la guérison de trente-deux mille malades. Le ministre des Postes n'accorda à titre de compensation que l'affranchissement gratuit de deux numéros du bulletin et d'un « mailing », le tout représentant six cent mille francs environ [1]. Une compensation bien minime, on le voit, comparée au préjudice subi par l'association et surtout par les malades.

En effet, un donateur est toujours à reconquérir. Selon des chiffres cités par Antoine Vaccaro dans sa thèse sur le financement des organisations humanitaires [2], seules 10 à 15 % des personnes figurant dans un fichier renouvellent spontanément leur don. Il convient de « relancer » les autres pour qu'elles réagissent. Bulletins et courriers permettent de le faire plusieurs fois dans l'année. Par ailleurs, la fidélité moyenne d'un donateur est de trois ou quatre ans. Il cesse ensuite de se manifester, pour des raisons qu'il est difficile de préciser parfois. Une campagne de recrutement de nouveaux donateurs fidèles demande quatre à cinq ans. De plus, le rendement moyen d'un publipostage est de 3 à 4 %, soit trois dons pour cent courriers envoyés.

Ces chiffres généraux correspondent à ceux enregistrés par l'association Follereau. Par exemple, en 1987, l'association adresse un million quatre cent cinquante mille mailings ou messages qui amènent plus de cinquante-deux mille donateurs nouveaux [3]. D'autre part, plus de trois mille deux cents donateurs répondent avec retard à des mailings adressés en 1986.

Les résultats sont parfois plus limités. En janvier 1988, un mailing dit de « prospection » est envoyé à plus de deux cent mille personnes qui n'ont jamais encore adressé de don à l'association. Trois mille trois cent vingt-neuf d'entre elles répondent par un don, ce qui indique un « rendement » de 1,6 % environ. Par ailleurs l'opération a coûté plus de quatre cent

---

1. Tous ces chiffres sont indiqués dans le bulletin *Lèpres* au moment des comptes annuels, en juillet 1989.

2. Vaccaro Antoine, *La Bataille pour la générosité. Essai sur le financement privé des organisations caritatives ou de recherche*, thèse, université Paris-Dauphine, 1985.

3. *Lèpres*, juillet-août 1988, p. 22.

trente-cinq mille francs – dont plus de deux cent vingt mille francs d'affranchissement – pour une recette de plus de six cent quatre-vingt-trois mille francs. Le bénéfice immédiat se monte à environ deux cent cinquante mille francs [1], ce qui représente à peine la moitié des frais engagés ; ce chiffre est conforme au rendement des mailings de prospection. À mesure que la taille d'un fichier grandit, il devient de plus en plus difficile de trouver de nouveaux donateurs.

L'informatique permet de gérer ces fichiers. Les fondations Follereau s'informatisent dès 1978. Elles disposent alors d'un ordinateur Texas Instrument DX 10. Après dix ans d'utilisation, ce matériel est dépassé à cause des progrès de l'informatique et du développement impressionnant des fondations. Une nouvelle informatisation s'avère nécessaire.

Les fondations installent un nouvel ordinateur Digital Equipment et une base de données, Oracle. Par ailleurs, la société de service Unilog met au point à leur intention des programmes adaptés à la collecte de fonds et au service de l'aide aux programmes soutenus. Les fondations achètent également un nouveau programme de comptabilité. Afin de récupérer une partie des frais engagés, elles commercialisent leurs nouveaux logiciels.

D'autre part, les fondations proposent certains services de leur installation informatique à des organisations disposant de moyens plus réduits, des congrégations religieuses comme de petites associations tiers-mondistes. Les achats en commun, la gestion des fichiers, la tenue des comptabilités, le marketing, l'imprimerie et le service des paies sont offerts à ceux qui entendent coopérer avec les fondations Follereau. Celles-ci jouent un rôle de « moniteur » vis-à-vis des organisations plus jeunes ou plus modestes.

L'informatisation s'est donc effectuée dans d'assez bonnes conditions. Ce ne fut pas le cas pour beaucoup d'organisations humanitaires et, en France comme ailleurs, l'informatisation engendra quelques échecs retentissants [2]. La Fondation de France, Frères des hommes, Aide et Action, Delta 7, le Comité français contre la faim, pour n'en citer que quelques-uns, ont dû revoir leur équipement en raison des nombreuses difficultés rencontrées. Les problèmes sont d'autant plus nombreux que les associations veulent créer séparément leur propre logiciel, s'adressant au besoin à des sociétés de services qui ne leur fournissent pas toujours le produit adapté à leurs besoins. D'autant que, bien maîtrisée, l'informatique peut fournir presque instantanément des renseignements précis : l'origine des donateurs, éventuellement leur âge et leur profession, mais surtout le montant des dons effectués, leur fréquence, leur valeur moyenne. De telles informations permettent d'établir des sous-groupes dans le fichier, ce qui rend possible l'envoi de lettres de plus en plus personnalisées et accroît le montant des dons reçus.

---

1. *Lèpres*, juillet-août 1989.
2. Cités par Antoine Vaccaro, *op. cit.*

André Récipon souhaite développer autant que faire se peut le prélèvement automatique sur les comptes bancaires ou postaux des donateurs. Des
possibilités de prélèvement mensuel, trimestriel, semestriel ou annuel sont
proposées avec insistance dans les courriers et les bulletins. André Récipon
voit de multiples avantages à cette formule : moins de frais de courrier pour
les fondations comme pour le donateur, un gain de temps pour tous, et surtout des ressources régulières pour les fondations, qui peuvent donc mener
davantage d'actions à long terme. Cela permet enfin de réduire la diminution du nombre de dons enregistrée à partir de trois ou quatre ans. Au
milieu de l'année 1989, sept mille personnes ont adopté cette formule, elles
sont près de onze mille au milieu de l'année 1990 [1]. Cette évolution s'inscrit, dans un mouvement de société plus large encouragé par l'administration, les services publics et les banques.

Il est un autre changement de société qu'André Récipon veut promouvoir depuis de longues années déjà et en faveur duquel il milite activement
depuis 1978 au moins : les déductions fiscales reconnues aux donateurs des
associations. Si l'ensemble des réformes demandées par le successeur de
Raoul Follereau étaient adoptées, elles changeraient beaucoup l'aspect des
relations entre l'État et la société civile en France.
De quoi s'agit-il ?
André Récipon constate qu'aux États-Unis un particulier peut déduire
jusque la moitié de ses revenus pour des dons à des associations. Par ailleurs, de larges facilités sont accordées pour la création de fondations privées, lesquelles offrent aussi des possibilités de déduction aux donateurs
comme aux entreprises qui peuvent en être à l'origine. Les entreprises
jouent parfois un rôle important dans le soutien aux organisations humanitaires.
Au Canada, on peut aussi payer ses impôts par des dons à des associations, dans la limite de 50 % du montant de son imposition et de 20 % de
ses revenus [2].
Au Japon, on peut déduire jusqu'à 25 % de ses revenus.
En Grande-Bretagne, aux Pays-Bas et au Danemark, on peut déduire la
totalité de ses revenus si l'on s'engage pour plusieurs années.
En Allemagne, on peut déduire 10 % pour les dons, plus 5 % pour la
recherche. A cela s'ajoute l'impôt versé aux Églises chrétiennes.
En Belgique et au Luxembourg, 10 % des revenus.
En France, la barre est de 1 % jusqu'en 1982 et de 5 % aujourd'hui,
mais sous certaines conditions.
En Italie, elle est fixée à 2 % des revenus, aucune disposition n'existant
en Espagne.

---

1. Le bulletin *Lèpres* indique régulièrement le nombre des personnes qui ont adopté cette
formule.
2. Chiffres publiés dans la lettre mensuelle de mars 1989. Source identique pour les
chiffres suivants.

On constate que les taux français sont faibles, alors que les obstacles administratifs et juridiques sont plus importants que dans les pays anglo-saxons.

En 1988, la Documentation française publie le rapport *Argent associations, tiers monde* de la « commission Coopération-Développement ». Un document évalue pays par pays l'aide publique et privée apportée « par tête d'habitant » au tiers monde en 1985, en la convertissant en francs. On peut discuter les valeurs absolues proposées, mais les ordres de grandeur indiquent clairement la réalité.

Il apparaît ainsi qu'un Français donne en moyenne chaque année dix francs pour les associations d'aide au tiers monde, alors qu'un Norvégien y consacre cent treize francs, un Suédois quatre-vingt-quatre francs, un Suisse soixante-quatorze francs, un Allemand de l'Ouest soixante-deux francs, un Néerlandais ou un Canadien soixante et un francs, un habitant des États-Unis cinquante-sept francs, un Irlandais cinquante-six francs, un Britannique vingt-sept francs...

Le Japonais ne donne que sept francs, le Belge quatre francs, l'Italien un franc trente.

Le don moyen par habitant de l'O.C.D.E. se monte à quarante et un francs.

Le Français figure donc parmi les moins généreux.

Ce qui n'empêche pas de nombreux Français de verser de fortes sommes aux organisations humanitaires. Mais cela ne compense pas entièrement l'absence de millions de personnes qui n'effectuent aucun don. Le marché humanitaire français est donc loin de la saturation.

On constate que, d'une manière générale, les dons s'élèvent fortement quand les possibilités de déduction fiscale deviennent importantes.

Mais déduction fiscale signifie perte de ressources pour l'État.

Or, en France, l'État fournit l'essentiel de l'aide financière nationale au tiers monde : quatre cent cinquante-trois francs par habitant et par an en 1985 selon la source citée précédemment, plus de quarante fois la valeur de l'aide privée. L'aide publique française dépasse alors celle du Royaume-Uni (deux cent quarante-quatre francs), des États-Unis (trois cent cinquante-sept francs), de la Suisse (quatre cent seize francs) ou de la R.F.A. (quatre cent trente-deux francs).

Tout en restant très inférieure aux participations norvégienne (douze cent quarante-sept francs), suédoise, danoise, néerlandaise, canadienne...

En cumulant aide publique et aide privée, on constate que, rapportée au nombre d'habitants, l'aide française est comparable à celle offerte par la R.F.A. ou les États-Unis, très inférieure à celle des pays de l'Europe scandinave, supérieure à celle de l'Europe méditerranéenne.

Seulement l'originalité française, c'est la part prépondérante et même écrasante de l'État dans la distribution de l'aide.

D'ailleurs les moyens financiers des organisations humanitaires françaises semblent très faibles face aux géants américains, allemands et même britanniques. Les facilités juridiques et fiscales dont disposent ces organismes leur permettent de mettre en œuvre une puissante politique d'intervention.

Ajoutons qu'en Allemagne fédérale et en Suisse les pouvoirs publics accordent des subventions telles aux organismes humanitaires qu'elles peuvent atteindre l'équivalent de leurs autres recettes annuelles.

La fondation Follereau, elle, ne reçoit aucune subvention.

André Récipon, qui connaît les réalités de terrain, estime que l'aide publique française est lourde et mal adaptée aux problèmes réels du tiers monde, de l'Afrique noire en particulier [1]. Les interventions de l'État français manquent de souplesse et sont trop souvent entravées par des considérations politiques et diplomatiques qui en émoussent l'efficacité. L'aide au tiers monde finit souvent en aide à la militarisation ou en pensions versées au chef d'État et à sa famille. L'affaire de Carrefour du développement a donné quelques idées de l'usage perverti des fonds publics destinés à l'Afrique.

André Récipon propose donc une approche nouvelle de l'aide humanitaire de la France dans le tiers monde. Les citoyens français, par des dons aux organisations humanitaires de leur choix redeviendraient acteurs à double titre. Ils décideraient la cause qu'ils veulent soutenir et ils pourraient contrôler en permanence l'action de l'association grâce à la « transparence » à laquelle celle-ci devrait se soumettre. Ils pourraient aussi participer bénévolement à la vie de l'association au lieu de tout remettre à des ministres ou à des bureaucrates qui ne rendent guère de comptes. En plus, en cas de mécontentement, ils seraient à même de sanctionner l'association en ne lui adressant plus aucun don et en soutenant une autre, la démocratie du don étant plus contraignante parfois que celle des assemblées générales. Disposant de ressources importantes, les associations pourraient jouer un rôle essentiel dans la vie publique.

Ce qui est valable pour les organisations d'aide humanitaire pourrait être étendu à une foule d'autres secteurs, la recherche scientifique par exemple. André Récipon combat inlassablement pour un véritable bouleversement des habitudes en France. Ce combat est beaucoup moins spectaculaire que les appels de Raoul Follereau aux hommes d'État mais il peut être plus lourd de conséquences encore.

La haute administration des Finances comprend tout de suite les conséquences des propositions d'André Récipon. Ce grand corps s'estime investi d'une mission et il considère que si l'État commence à abandonner certaines de ses prérogatives, le pays tout entier risque de s'effondrer. Issus

---

1. Il évoque ce problème dans des commissions de travail de l'association comme à l'occasion d'entretiens, tels ceux qu'il nous a accordés.

eux-mêmes de la haute fonction publique, Valéry Giscard d'Estaing comme Raymond Barre font leurs ces présupposés de l'administration des Finances. Jusqu'en 1981, les donateurs bénéficient qu'une déduction fiscale limitée à 1 %, sauf la Fondation de France qui jouit de 1,5 %.

Cette obstination amène de nombreux responsables du mouvement associatif à se tourner davantage vers les partis de gauche, d'autant que François Mitterrand annonce des réformes sur ce point. Élu en 1981, il se heurte lui aussi à l'opposition de l'administration des Finances, qui manifeste une grande combativité sur ce sujet. Malgré tout, les déductions fiscales passent à 3 % sous le gouvernement Mauroy puis à 5 % avec le gouvernement Fabius, à la condition toutefois que l'association ou la fondation bénéficiaire soit reconnue d'utilité publique. C'est pourquoi en 1984 André Récipon et le frère Fernand Davoine créent la fondation Raoul-Follereau, qui est reconnue d'utilité publique le 12 décembre 1984. La fondation est habilitée à recevoir des dons auxquels l'association ne pouvait prétendre. Il n'existe à l'époque que quelques centaines de fondations officiellement reconnues en France, alors que l'on compte plus de cinq cent mille associations régies par la loi de 1901. Ce passage marque une date importante pour le statut juridique de l'œuvre créée par Raoul Follereau. La fondation verse l'argent reçu à l'association, et celle-ci bénéficie donc de ressources accrues.

Cependant, en 1987, Jacques Chirac étant Premier ministre, la loi Balladur élargit le champ des associations bénéficiaires, l'étendant en particulier aux cultes et aux partis politiques. André Récipon proteste énergiquement à propos de la déductibilité des dons aux partis politiques. Par ailleurs, le taux de 5 % n'est pas relevé. À l'heure des privatisations industrielles et bancaires, le gouvernement semble se méfier d'une plus grande privatisation de la vie associative.

Avec d'autres responsables d'organisations humanitaires, André Récipon adresse une lettre ouverte aux principaux candidats à l'élection présidentielle. Il souhaite publier les réponses à cette lettre dans *Le Monde*, les tarifs proposés par *Le Figaro* étant trop élevés. Beaucoup de responsables d'organisations humanitaires approuvent le texte de la lettre mais ne veulent pas contribuer aux frais de publication prévus, et André Récipon se retrouve bientôt seul à défendre ce projet avec Bernard Kouchner, qui représente Médecins du monde. Trois candidats répondent : André Lajoinie, Raymond Barre, François Mitterrand.

Ce dernier ayant été réélu, Bernard Kouchner devient secrétaire d'État aux Questions humanitaires et réunit une commission chargée de préparer un projet de loi complet sur les organisations humanitaires. André Récipon participe à ce travail. Des aménagements fiscaux sont prévus et aussi des avantages pour l'affranchissement postal. En contrepartie, les associations humanitaires doivent faire preuve d'une transparence totale et un Haut Conseil de l'humanitaire devrait exercer un contrôle sur les appels de fonds et sur leur utilisation. Tout se passe comme si certains hauts fonctionnaires entendaient redéployer leur autorité, abandonnant les tâches les plus fastidieuses pour mieux contrôler le dynamisme des associations et effectuer un tri entre elles, un tri dont tous les critères ne sont pas précisés.

Ce projet comporte d'indéniables ambiguïtés, mais André Récipon n'y voit que des avantages pour l'association qu'il dirige. Il le soutient donc. Toutefois l'administration des Finances reste hostile et le ministre du Budget ajoute en décembre 1989 un amendement au budget favorisant les dons aux associations qui servent des repas aux plus pauvres en France [1]. Les associations d'aide au tiers monde ne pouvant concrétiser toutes leurs aspirations, les discussions se poursuivent.

Désormais, les contestations ne viennent pas seulement de l'administration des Finances. Un très grand nombre d'associations en France vivent largement de subventions, subventions de l'État, des communes, des collectivités territoriales ; elles bénéficient parfois de détachements de fonctionnaires et elles craignent les effets d'un bouleversement trop brutal à leurs yeux. Elles devraient en effet consacrer de plus en plus de temps à la collecte de fonds, tout en étant soumises au contrôle sourcilleux d'organismes publics. Il leur faudrait compter avec des associations de très grande taille qui profiteraient de ces dispositions nouvelles pour mieux s'établir, quitte à aider de temps en temps les petites associations. Les fondations Follereau sont prêtes pour un tel bouleversement, mais la plupart des associations humanitaires françaises ne le sont pas et, misant sur la convivialité, certaines ne s'intéressent pas beaucoup à ces problèmes juridiques et financiers.

Quoi qu'il en soit, la mise en place du grand marché européen appelle d'importants changements en ce domaine. Les régimes fiscaux varient considérablement d'un pays à l'autre, nous l'avons vu. Par ailleurs, les associations humanitaires européennes les plus importantes peuvent envisager l'établissement de « filiales » dans les pays voisins. Ce sujet a été longuement discuté au grand congrès international des fondations Raoul-Follereau, le douzième, organisé à Viviers, en Ardèche, les 30 septembre et 1er octobre 1989, sur le thème « Raoul Follereau et l'Europe [2]. » Les fondations Follereau semblent bien armées face à ces données nouvelles.

André Récipon ne renonce pas à ses projets de réforme. Il souhaite une « diminution du rôle de l'État au profit des institutions privées, plus efficaces et plus économes. Donc moins d'impôts, donc moins de fonction-

---

1. André Récipon raconte toutes les péripéties de ce débat dans la lettre mensuelle de mars 1989.
2. Les textes des interventions ont été publiés dans une brochure disponible au siège de l'association.

naires, mais plus de moyens pour les associations, qui pourront ainsi créer des emplois nouveaux en nombre important [1] ». Banquier de formation, André Récipon manifeste donc de la réticence quant aux interventions de l'État. Mais les responsables associatifs ne partagent pas tous son point de vue.

André Récipon tente d'engager les organisations humanitaires françaises d'aide au tiers monde (en particulier les membres de la coordination d'Agen que nous présenterons plus loin) et les membres de l'association Follereau à écrire aux maires, aux députés, aux sénateurs pour les inciter à promouvoir ces changements. Au fond, il cherche à créer une sorte de lobby des organisations humanitaires, ce qui constitue un fait assez nouveau en France. Cette forme d'intervention dans le débat public sera-t-elle couronnée de succès et aura-t-elle valeur d'exemple pour d'autres causes ?

La collecte de fonds et la vie d'une organisation de cette taille engendrent des frais importants. La fondation les indique dans le détail. Pour résumer, on peut dire que les frais généraux (personnel, frais d'immeuble et de matériel, services postaux et informatiques...) absorbent 10 % des ressources et que les frais de collecte de fonds (journaux, « mailings », reportages, organisation de la Journée mondiale des lépreux) représentent 20 % des mêmes ressources. En cumulant ces deux sources de frais, on parvient à 30 %.

Des donateurs trouvent ces charges élevées. Peut-on envisager leur réduction ? Cela semble difficile, et pour plusieurs raisons.

D'abord le total obtenu correspond à la moyenne observée dans les autres grandes associations françaises. Des associations annoncent 10 % de frais seulement mais omettent de citer les dépenses engendrées par la collecte de fonds ou l'information ; si l'on prend tout en compte, on parvient à des chiffres voisins de 30 % là aussi. S'ils sont inférieurs, c'est que l'association bénéficie de subventions ou d'aides matérielles substantielles, venant des pouvoirs publics, des Églises, des médias.

Ensuite, on voit mal comment une association privée qui ne bénéficie d'aucune aide publique et d'aucun traitement de faveur de la part des médias pourrait atteindre l'opinion sans engager des frais importants. Pour obtenir des ressources, le « faire savoir » compte au moins autant que le « savoir-faire ». C'est l'augmentation des frais de fonctionnement qui a permis l'augmentation des ressources.

Par ailleurs, une partie des recettes n'est pas immédiatement utilisée par la fondation pour des programmes d'action. Il s'agit de constituer une « réserve » en cas de collecte décevante et de pouvoir faire face à une sollicitation ou un accident imprévus. En attendant, cet argent est placé en banque ou sert à l'achat de produits financiers, à des taux très intéressants.

---

1. Lettre mensuelle de mars 1989.

André Récipon, de par sa formation professionnelle, est un orfèvre en la matière. La fondation peut ainsi augmenter encore ses recettes.

Le mécénat d'entreprise n'est pas entré dans les habitudes en France. La fondation en attend peu pour l'instant. Cependant elle entretient des liens anciens et étroits avec des laboratoires pharmaceutiques, des entreprises de transport et de services divers... Comme elle est un client important et régulier, ces entreprises lui consentent des réductions de prix fort substantielles, ce qui lui permet de réduire ses dépenses et de se mettre au service d'un nombre plus grand de malades encore.

Au total, le résultat de la collecte de fonds s'avère impressionnant. On peut affirmer sans exagération que la fondation Follereau est l'une des organisations humanitaires françaises les mieux organisées en la matière, la mieux organisée peut-être. Sous l'impulsion d'André Récipon, elle veille à rester à la pointe des techniques de gestion et de communication.
La concurrence est des plus rudes cependant.
En douze ans, le nombre d'organisations non gouvernementales œuvrant pour le tiers monde a triplé en France. Par ailleurs, de nombreuses causes ont mobilisé les Français au cours de ces vingt dernières années. Tous les cinq ans, un nouveau thème humanitaire semble dominer les autres.
De 1970 à 1975 environ, les personnes âgées, à partir de 1975 les handicapés, puis le tiers monde à partir de 1980 et en 1985, les pauvretés en France. Le sida et l'Europe de l'Est sollicitent l'attention des Occidentaux aujourd'hui. Certaines causes restent stables depuis vingt ans, celle du cancer par exemple. L'association Follereau a dû tirer parti de ces thèmes pour moduler sa stratégie de communication, le lépreux étant présenté comme un handicapé, comme un habitant du tiers monde, comme un pauvre selon les besoins de la cause.
L'impact de la Journée mondiale des lépreux permet de mesurer la place de leur cause dans les campagnes humanitaires. Dans son livre *Charité business* [1], Bernard Kouchner constate que seize appels à la générosité publique ont été officiellement reconnus par le ministère de l'Intérieur en 1983. Il indique les résultats officiels de la collecte de fonds opérée à cette occasion, par ordre d'importance, en millions de francs :

Comité français FISE-Unicef	22,4
Association des paralysés et infirmes civils	16,5
Lutte contre la tuberculose et les maladies respiratoires	15,9
Jeunesse au plein air	12,4
Lutte contre la lèpre	10,8
Quinzaine nationale de l'École publique	10,5
Lutte contre le cancer	9,5
Journée nationale des aveugles et de leurs associations	6,4

1. *Op. cit.*

Croix-Rouge française	5,5
Campagne contre la faim	4,9
Bleuet de France	3,8
Semaine nationale du cœur	3,5
Semaine nationale des personnes âgées et de leurs associations	1,3
Union française des centres de vacances	0,7
Semaine nationale de la mère et de l'enfant	0,6
Fondation Maréchal-de-Lattre	0,2

Les causes sanitaires tiennent une place de choix, ainsi que celles où il est question de l'enfant. Mais la lèpre figure en très bon rang.

Bernard Kouchner s'interroge : « Pourquoi la lèpre et pas le paludisme, qui frappe un nombre infiniment supérieur de malades [1] ? »

Il met en valeur le rôle essentiel d'associations privées déterminées, comme les fondations Follereau.

Constatons aussi que les gouvernements et les administrations réservent en priorité leurs moyens à une endémie comme le paludisme. La lèpre, souvent négligée, devient l'affaire des associations privées.

Enfin, bien qu'elle ait disparu de la France métropolitaine depuis plusieurs siècles, malgré les campagnes d'information menées depuis plusieurs décennies par Raoul Follereau et ses héritiers, la lèpre reste un mythe, une maladie qui suscite la peur, l'effroi, une profonde compassion. La terreur engendrée par la lèpre résistera sans doute à la peur du sida. La lèpre et le lépreux demeurent des thèmes mobilisateurs pouvant mener à toutes les formes de sacrifice ou de don.

LA DIFFUSION DU MESSAGE DE RAOUL FOLLEREAU ET L'ESPRIT DE L'ASSOCIATION

L'œuvre de Raoul Follereau serait-elle devenue seulement une gigantesque machine à collecter des fonds ?

Quel est l'esprit de la fondation Follereau ?

Quelle place y tient la pensée de son fondateur ?

André Récipon sait le malaise de certains vieux « militants » et il pense à eux quand il ouvre l'assemblée générale de l'association en 1988 :

Je connais bien le travail des comités. Je l'ai connu à l'époque de leur création. Je mesure donc parfaitement la frustration dont vous avez le sentiment d'être victimes. Derrière un homme qui fut un géant de l'humanité, j'ai mis en place une structure pour assurer la pérennité de son œuvre. Je

---

1. *Ibid.*, p. 162.

suis resté comme vous un bénévole, et à plein temps depuis ma retraite. Je n'ai même plus les fins de semaine pour me reposer [1]...

L'assemblée générale et le congrès annuel constituent deux temps forts de la vie de l'association.

L'assemblée générale reste cependant une séance de travail. Les comptes de l'année sont présentés [2], André Récipon répond à quelques questions. La discussion prend parfois un tour plus animé, mais personne ne songe sérieusement à remettre en cause l'autorité des responsables de l'association, dont la compétence, l'honnêteté et le sérieux sont reconnus même des plus critiques.

Le congrès annuel des fondations constitue un temps important de retrouvailles. On pourrait presque parler de fête de famille. Il a lieu à la fin du mois de septembre et dure un samedi et un dimanche. Une fois sur deux le congrès est national, une fois sur deux il rassemble des représentants des associations Follereau de tous les pays [3].

Après s'être tenu dans des villes et des sites différents [4], le congrès semble s'installer dans le grand séminaire de Viviers, en Ardèche. Quatre cents personnes y ont participé au congrès de 1989. Les conditions financières y sont très avantageuses, les conditions d'hébergement particulièrement adaptées à des rencontres de ce type. Mais ce choix ne répond pas seulement à des impératifs d'organisation. Il s'agit d'un véritable ressourcement spirituel. C'est tout près de là que, pendant la guerre, Raoul Follereau entama sa bataille contre la lèpre dans une semi-clandestinité. Le calme du site invite à la méditation, loin du tumulte parisien. Et les bâtiments permettent de redécouvrir les racines spirituelles et chrétiennes de l'association.

Qu'ils se tiennent à Viviers ou ailleurs, on retrouve dans ces congrès une atmosphère à la fois studieuse et conviviale. En principe, tout le monde peut y assister. Des annonces dans le bulletin signalent le congrès plusieurs mois d'avance. Dans les faits, ce sont surtout les présidents des comités qui s'y rendent, accompagnés parfois de quelques membres de leur département. André Récipon souhaite que les participants soient toujours plus nombreux. Des panneaux ou des stands permettent de mieux découvrir

---

1. Bulletin *Lèpres* de juillet-août 1988, p. 16.
Compte rendu de l'assemblée générale disponible aux archives de la fondation à Paris.
2. Les comptes détaillés de la fondation peuvent être consultés, année après année, aux archives de la fondation. Une petite brochure est composée pour chaque assemblée générale.
3. À la suite de chaque congrès, les fondations Follereau de Paris établissent une brochure composée des textes de tous les intervenants, avec les discussions qui ont suivi les exposés. Cette brochure est adressée à chaque participant du congrès et aux personnes qui en font la demande. Comme chaque congrès se déroule autour d'un thème, une brochure fait le point sur un problème spécifique de la lutte contre la lèpre.
4. Au Novotel de la porte de Bagnolet à Paris, à Lyon...

certains aspects de la vie de l'association et de son action ainsi que des associations proches des fondations Follereau.

Le programme est éclectique, l'organisation rigoureuse. Un thème principal retient l'attention des intervenants. En 1986, « Lèpre et développement », en 1987 « Lèpre et formation », en 1989 « Raoul Follereau et l'Europe », en 1990 « Notre association aujourd'hui », en 1991 « Raoul Follereau après l'an 2000 ». Un ou plusieurs universitaires amis des fondations présentent des exposés sur un aspect de la lutte contre la lèpre. Un autre intervenant évoque l'annonce du message de Raoul Follereau. Le Luxembourgeois Joseph Hilger s'est fait une spécialité des interventions sur ce sujet. Des carrefours spécialisés cherchent à approfondir un thème du congrès. Une conférence d'inspiration spirituelle – sur le père Damien par exemple ou sur la communication – permet de redécouvrir les motivations profondes qui soutiennent l'action. Un spectacle peut occuper une partie de la soirée et de nombreuses pauses émaillent ces journées. Les repas étant de plus pris en commun, les occasions de rencontre et de discussion informelle abondent. Les universitaires ou les anciens ministres parlent volontiers avec les quêteurs les plus modestes ou les jeunes. Une simplicité sereine préside à ces journées.

Le dimanche matin, les projets de l'année suivante sont présentés. La remise des diplômes Raoul-Follereau récompense les militants les plus anciens et les plus dévoués. Elle permet de souder davantage encore le groupe. Ces diplômes sont décernés à des personnes qui ont fait de l'aide aux lépreux l'un des grands engagements de leur vie. Certains œuvrent depuis plus de quarante ans au service des causes présentées par Raoul Follereau. Des membres de l'association suggèrent de récompenser aussi solennellement les jeunes quêteurs, comme le fait l'ordre de Malte, afin de mieux leur faire prendre conscience de l'importance que la fondation accorde à un engagement qu'elle souhaite durable. Une idée à suivre...

La messe est souvent célébrée par un prêtre – du tiers monde par exemple – dont le témoignage et la vie marquent les congressistes. Tous ou presque y participent, y compris les Africains musulmans et les non-pratiquants habituels. Bien que non confessionnelle, l'association Follereau ne tait pas ses racines religieuses. L'atmosphère des congrès illustre bien l'esprit de la fondation. Parmi les grandes associations humanitaires, elle reste l'une de celles où les références religieuses et spirituelles explicites sont les plus nombreuses.

La vie des comités offre des possibilités de vivre au quotidien l'idéal de Raoul Follereau.

En France, toutefois, la plupart des comités départementaux s'animent surtout le temps de la Journée mondiale des lépreux. Les quêteurs sollicités à cette occasion reprennent ensuite leurs activités usuelles. Beaucoup de présidents de comités sont très occupés par des tâches multiples et, s'ils acceptent la présidence, c'est pour rendre service à l'association, car leur notoriété locale et leurs titres – chef de service hospitalier par exemple – confèrent un réel prestige au comité.

Parfois, comme en Haute-Savoie, un petit nombre de personnes, qui souvent ont bien connu Raoul Follereau, donnent une vie réelle à ces comités tout au long de l'année et assurent une diffusion profonde du message de l'Apôtre des lépreux dans leur département. Un petit groupe vit ainsi tout au long de l'année du message de Raoul Follereau. Ce n'est pas le cas de la majorité des départements.

Des groupes de jeunes s'étaient formés au milieu et à la fin des années soixante dans quelques villes autour du message de Raoul Follereau. À Nancy, des lycéens s'étaient déplacés en Lorraine pour le faire mieux connaître et essayaient eux-mêmes de le mettre en pratique par leurs engagements. À Nice, une initiative de même nature avait vu le jour. De telles démarches, si elles ont apporté beaucoup à ceux qui les ont vécues, sont restées isolées toutefois.

Et pourtant, annoncé avec conviction et finesse, le message de Raoul Follereau mobilise encore des jeunes. Sous l'impulsion du père Couronne, des jeunes de l'Aveyron effectuent actuellement un important travail de diffusion de ce message et surtout s'efforcent d'en imprégner toute leur vie quotidienne : Raoul Follereau est leur référence.

Cependant, cela ne donne naissance à aucune communauté de vie ni à aucun courant spirituel organisé. Alors que la richesse du message de Raoul Follereau ne rendait pas impossible a priori semblable évolution.

L'association Follereau ne délaisse cependant pas la diffusion du message de son fondateur. Pour mieux diffuser l'information sur la lèpre et les textes de Raoul Follereau, elle a installé peu à peu des représentants permanents qui parcourent la grande région dont ils sont chargés. La France est divisée en huit grandes régions : Nord, Centre, Ouest, Est, Sud-Ouest, Sud-Est, Rhône-Alpes, Île-de-France. Ces représentants organisent des conférences, visitent les établissements scolaires, adressent la documentation là où il convient.

Par ailleurs, la fondation Follereau est présente chaque année depuis 1981 à Lourdes, où elle diffuse les messages du fondateur et en particulier *Le Petit Livre d'amour* auprès des jeunes. En 1988 par exemple deux mille cinq cents personnes s'abonnent au bulletin *Lèpres*, qu'elles découvrent à cette occasion. *Le Petit Livre d'amour* rencontre toujours la faveur des jeunes auxquels il est offert et non vendu, selon le vœu de Raoul Follereau.

La fondation propose toujours dans son bulletin la liste des livres encore disponibles composés par Raoul Follereau ou écrits sur lui, mais les commandes ne sont pas très nombreuses même s'il y en a toujours [1]. Il en va de même pour les disques, cassettes, cartes et autres tee-shirts proposés...

---

1. Selon le témoignage des personnes chargées de cette diffusion à la fondation.

Deux initiatives marquantes ont été prises au cours des dernières années.

En 1987, paraît aux éditions Fleurus un album racontant la vie de Raoul Follereau en bande dessinée. Ce livre connaît alors un certain retentissement, car il obtient le premier grand prix de la bande dessinée chrétienne au célèbre Festival d'Angoulême, où se retrouvent tous les spécialistes du genre.

L'album est paru dans une collection dirigée par le père Berthier, lequel souhaite présenter, par la bande dessinée, de grandes figures chrétiennes. Dans cet esprit, il avait tout naturellement pensé à Raoul Follereau. La fondation lui fournit l'information et la documentation, les photographies qui, au milieu de l'album, complètent la bande dessinée. Le développement de l'association sous l'égide d'André Récipon est d'ailleurs évoqué.

Marie-Hélène Sigaut compose le texte et Bruno Le Sourd réalise les dessins. Auteur de plusieurs albums [1] déjà, ce dernier apporte son expérience de dessinateur. Il est aussi père d'adolescents et accompagnateur en aumônerie. Il ne choisit pas le dessin réaliste, comme l'avait fait une bande dessinée italienne parue quelques années plus tôt et traduite en France par la suite, mais une figuration simple, parfois volontairement naïve, montrant Raoul Follereau et son épouse aussi jeunes que possible et suggérant certaines de leurs aventures plus qu'il n'insiste sur elles.

Techniquement, cette bande dessinée est considérée comme une réussite par les professionnels et les spécialistes. La fondation en assure un tirage de cinquante mille exemplaires destinés essentiellement à l'Afrique. La diffusion en France reste en effet assez limitée. La baisse du nombre des enfants catéchisés en France et surtout les problèmes de distribution des publications chrétiennes expliquent cette diffusion somme toute assez moyenne.

La réunion en un seul volume, sous le titre *Vous aurez vingt ans en l'an 2000*, de tous les appels lancés aux jeunes par Raoul Follereau de 1961 à 1977 constitue une autre initiative d'envergure en 1986. D'envergure, car ce livre de cent quatre-vingt-cinq pages publié chez Flammarion est tiré à trente mille exemplaires et les fondations en adressent un exemplaire à tous les collèges et lycées français. Dominique Lapierre, l'auteur de *La Cité de la joie*, signe une préface qui n'est d'ailleurs qu'un extrait de son propre livre.

André Récipon remarque que les ventes ne dépassent pas les quelques milliers d'exemplaires habituels. « Les livres de Raoul Follereau ne se vendent pas en France [2] », constate avec une pointe d'amertume André Récipon, qui songe alors aux excellents tirages que ces mêmes livres connaissent en Italie ou en Grèce. La diffusion française n'est pas totalement négligeable cependant. Mais André Récipon compare les tirages

---

1. Sur l'histoire biblique en particulier.
2. Témoignage recueilli le 12 octobre 1987 à Paris.

modestes des livres et les sommes impressionnantes collectées pour l'aide aux lépreux.

On peut remarquer que les publications proposées en France par la fondation sont toutes éditées à Paris. Or Françoise Brunnschweiler a publié à Lausanne, outre la biographie déjà citée, une petite plaquette composée de phrases toutes extraites de l'œuvre de Raoul Follereau mais agencées d'une façon originale et inédite autour de thèmes choisis. Françoise Brunnschweiler souhaite donc adapter la présentation du texte, alors qu'André Récipon et l'association française, eux, souhaitent rééditer les textes originaux en n'y changeant rien. Par ailleurs, ils ne cherchent pas à faire connaître en France la publication éditée en Suisse.

Malgré ces tirages modestes, Raoul Follereau demeure une référence dans les milieux chrétiens. Il est nommé dans le missel des dimanches français de 1987 à l'occasion de la Journée mondiale des lépreux. Une de ses phrases est aussi citée : « Je ne connais pas Dieu mais je suis connu de Lui et c'est cela qui est l'espérance. » Dans des revues chrétiennes, dans des missels, dans des retraites ou des sessions de jeunes, certaines de ses initiatives, certaines de ses pensées sont citées.

La fondation Follereau a commandé quelques études pour « mesurer » la notoriété de Raoul Follereau. La « notoriété spontanée » durant les années quatre-vingt serait comprise entre 10 et 25 % et la notoriété « assistée » (en aidant la personne interrogée) représenterait entre la moitié et les trois quarts de la population [1]. Mais les responsables de la fondation avancent ces chiffres avec beaucoup de prudence et les tiennent pour surévaluées. Il n'empêche que les campagnes répétées en faveur des lépreux ont fini par imposer le nom de Raoul Follereau en France mais il reste identifié à la cause des lépreux, les autres aspects de son œuvre étant le plus souvent ignorés.

Raoul Follereau est souvent cité comme un éveilleur de vocations chez des personnes engagées dans des voies très diverses, aujourd'hui encore. Élisabeth de Villepin, une infirmière lauréate du prix de la Vocation, des jeunes proches de Daniel-Ange [2], des militants d'A.T.D. Quart Monde, des personnes vraiment très diverses mentionnent l'influence du message de Raoul Follereau sur leurs grands choix de vie [3]. Un message découvert d'une manière très variée.

L'influence de Raoul Follereau est certainement plus forte encore en Grèce, en Italie et en Afrique noire francophone. Nous en reparlerons, car en Afrique noire son message semble imprégner en profondeur une nou-

---

1. Selon des brouillons d'études communiqués en 1988 par le service « marketing » de la fondation.

2. Prêtre bien connu dans le renouveau charismatique, auteur de plusieurs livres destinés surtout aux adolescents et fondateur d'une communauté de jeunes pour l'évangélisation : Jeunesse-Lumière.

3. Témoignages découverts au hasard des revues ou des rencontres.

velle génération de responsables dans la société civile comme dans l'Église. Alors qu'en France l'influence de ses idées sur la nouvelle génération de responsables et de « prétendants » politiques semble inexistante, toutes tendances politiques confondues.

L'influence de Raoul Follereau semble sensible dans des milieux parfois modestes et imprégnés de culture chrétienne. Pas forcément des milieux très fervents. On ne trouve pas de stand des fondations Follereau à Paray-le-Monial aux sessions de l'Emmanuel alors que l'A.C.A.T., l'Aide à l'Église en détresse et des mouvements en faveur des handicapés sont présents. La fondation Follereau ne se dit pas d'Église. En revanche, on peut trouver des stands de la fondation à des fêtes populaires, y compris à celles organisées localement par des partis politiques de droite ou de gauche. Raoul Follereau peut être une référence pour des groupes très traditionalistes en France, alors qu'en Italie sa pensée stimule aussi des groupes très contestataires.

On peut se demander quel sera l'accueil réservé au message de Raoul Follereau par les jeunes cadres dynamiques des villes vers lesquels les campagnes publicitaires les plus récentes semblent se tourner en priorité. L'aide aux lépreux leur paraîtra-t-elle suffisante, ou leur fera-t-elle découvrir le message ? Faudra-t-il choisir à leur intention certains aspects du message en priorité ? Celui-ci les amènera-t-il à se poser des questions et à remettre en cause certains de leurs comportements ?

Mais pour comprendre la place que peut tenir Raoul Follereau dans l'esprit des chrétiens de culture plus encore que de pratique, il faut le rapprocher d'autres grandes figures du christianisme contemporain.

Les fabuleux bouleversements des moyens de transport, de communication sociale et des médias observés depuis une cinquantaine d'années ont rendu familier le visage de chrétiens encore vivants dont la démarche à la fois courageuse, originale et prophétique bouleverse les foules. Le « héros chrétien vivant » ne sera pas forcément canonisé, il ne remplace pas le saint, mais il incarne à un certain moment l'idéal chrétien. Parmi ces figures emblématiques, on peut citer Jean-Paul II, Mère Teresa, dom Hélder Câmara, l'abbé Pierre, Martin Luther King, Lech Wałesa, Jean Vanier, le père Joseph Wresinski, voire Guy Gilbert.

Souvent, ces héros, qui n'ont pas de pouvoir de décision concret et immédiat, ne proposent pas une solution précise aux problèmes qu'ils soulèvent. Mais ils lancent un cri à la société au milieu de laquelle ils évoluent. Presque tous voient un être humain avec toute sa grandeur et sa beauté là où la société ne retient que l'image d'un être diminué, incomplet, pécheur : le Noir, le pauvre, l'embryon, le handicapé, le malade, le mourant, le délinquant ou sa victime, tous sont des êtres humains avant tout. Rien ne peut le remettre en cause. Et de leur conception à leur mort, tous les êtres humains sont égaux en dignité. Tous reçoivent le même amour total et inconditionnel de Dieu. Les autres hommes leur doivent le même amour total et inconditionnel pour obéir à la loi de Dieu. Recevoir et accepter cet amour constitue le véritable et le seul droit de l'homme. Ces prophètes, s'ils semblent agir en ordre dispersé, ne font qu'appliquer dans des contextes différents la même vision anthropologique. Cet appel radical motive les interventions de la hiérarchie catholique dans maints débats de société. L'Église paraît alors exigeante aux yeux de beaucoup.

Raoul Follereau participe de cette démarche. Cette nébuleuse de prophètes chrétiens s'illustre beaucoup dans le domaine de la charité [1], mais elle en vient à remettre en cause certaines formes de l'organisation sociale, certains préjugés sociaux parmi les plus tenaces. Dans une société occidentale pluraliste, la charité devient pour les chrétiens un moyen privilégié pour faire connaître à tous la spécificité de leur message. Le prophète frappe d'autant plus l'opinion qu'il semble seul et fragile [2].

Il n'est pas exclu que dans les années à venir de nouveaux héros chrétiens ne parviennent à la notoriété parmi ceux qui soutiennent les malades du sida, les drogués, les vieillards victimes de la maladie d'Alzheimer.

Outre les figures majeures citées précédemment, d'autres, moins connues, exercent un important rayonnement sur des groupes précis : les époux Allingrin pour l'adoption d'enfants handicapés, Marie-Hélène Matthieu pour les familles d'enfants handicapés, Daniel Ange pour les jeunes, Armand Marquiset... On pourrait dresser un panthéon avec ses hiérarchies, mais ce n'est pas l'objet de la présente étude.

D'autre part, la démarche de Raoul Follereau doit être rapprochée de la floraison de communautés nouvelles nées avant ou après le concile : Foyers de charité de Marthe Robin, Petits Frères des pauvres et Frères du Ciel et de la Terre de Marquiset, Emmaüs de l'abbé Pierre. A.T.D. Quart Monde, Taizé, communautés de Mère Teresa, Arche de Jean Vanier, communauté de Daniel Ange, communauté de l'Emmanuel et groupes charismatiques, communautés de base en Amérique latine... et combien d'autres encore, tel l'ordre de la Charité de Raoul Follereau.

Ces communautés s'efforcent de réaliser à une petite échelle cette « civilisation de l'amour » que les papes et les pères du concile appellent de leurs vœux. Cette civilisation de l'amour est le complément indispensable, la suite logique de la vision anthropologique énoncée précédemment. Pour tous ses promoteurs, l'être humain a besoin d'amour fraternel et il ne peut le combler que s'il se tourne avec d'autres vers Dieu et ses commandements. Et cela, il est appelé à le faire quelle que soit sa situation antérieure et quel que soit son état présent. Les besoins spirituels et les aspirations à la communion fraternelle sont inséparables en fait, et c'est là l'absolu profond de l'homme qui ne peut aller seul à Dieu. Il ne s'agit pas de nier les approches psychanalytiques mais de les dépasser et de les transfigurer.

---

1. Mais pas seulement dans la charité.
2. Comme Mère Teresa ou l'abbé Pierre.

Ces communautés semblent éparpillées et bien modestes si on les prend isolément. Toutefois, à les considérer ensemble, on s'aperçoit qu'elles touchent au total un nombre de personnes qui n'est pas négligeable et qu'elles contribuent à d'importants changements de mentalités, à propos de l'accueil des handicapés par exemple. Est-ce un prélude à d'autres changements du même ordre ?

L'organisation de ces communautés peut prendre des formes variées. L'abbé Pierre et Jean Vanier ont choisi la communauté de vie. La démarche de Raoul Follereau est plus mystique. Sa communauté, il la voit spirituelle. Question de tempérament : de caractère très sociable, aimant se déplacer, Raoul Follereau se serait sans doute senti enfermé dans une communauté de vie. Question de spiritualité aussi : il reste marqué par l'exemple du père de Foucauld qui, en plein désert, vivait en communion avec l'humanité entière.

Car, pour Raoul Follereau, « nul ne peut être heureux tout seul [1] ». Cette volonté de communion fraternelle s'exprime lors des rassemblements de jeunes auxquels il participe et qui annoncent les grands rassemblements autour de Jean-Paul II.

Cette notion de « civilisation de l'amour » bouleverse les cadres conceptuels français élaborés autour d'une analyse cartésienne à prétentions scientifiques qui entendait séparer sentiment et raison. C'est pourquoi elle a tant de mal à s'imposer jusque dans les milieux chrétiens.

Mais cette civilisation de l'amour ne bouleverse pas seulement les cadres conceptuels français. Rassembler sentiment et tentative d'explication du monde et de l'homme convient aux cultures africaines, pour lesquelles l'appartenance communautaire est essentielle. La civilisation de l'amour invite à s'ouvrir avec le même regard d'amour vers tout être humain, car il est un frère. Les différences ethniques, familiales, nationales volent en éclats, ce qui gêne certains Africains. De même la dignité de la femme égale à celle de l'homme remet en cause certaines pratiques traditionnelles.

Le concept de « civilisation de l'amour » et toutes les démarches qui lui sont associées peuvent gagner peu à peu les mentalités de nombreux peuples mais cela exigera alors sans doute une période très longue. Raoul Follereau et ses pairs agissent dans la « longue durée ». Ils font figure d'initiateurs pour les siècles à venir. Peut-être...

Remarquons toutefois que la démarche communautaire ou spirituelle de l'association Follereau a été moins mise en avant durant les années quatre-vingt qu'au moment de la fondation de l'ordre de la Charité. Mais rien dans les statuts n'empêche actuellement une nouvelle évolution. André Récipon lui-même est très serein à ce sujet, ne cachant pas qu'il a donné un

---

1. Phrase qu'il aimait répéter, ainsi que sa variante : « Nul n'a le droit d'être heureux tout seul. »

certain visage à la fondation pour qu'elle puisse faire face aux défis de son époque. Il estime que l'association peut ensuite connaître un visage très différent, combattre d'autres lèpres, lancer des appels prophétiques [1]...

C'est en pensant aux autres lèpres qu'en mars 1989 André Récipon met en place une nouvelle association, *Reconstruire le Liban*, fonds de solidarité dont le siège est installé au 33, rue de Dantzig, dans l'un des immeubles occupés par l'association Follereau. En pleine guerre, ce fonds se propose non seulement d'apporter des aides d'urgence mais surtout de soutenir des projets à long terme afin de reconstruire des infrastructures détruites ou menacées. Une dizaine de projets sont engagés dès la première année, du centre de traitement des grands brûlés au foyer pour étudiantes et au forage de puits pour l'alimentation en eau. Les projets touchant l'enseignement et l'éducation font l'objet de soins attentifs, car la scolarisation et la culture sont finalement considérées comme les enjeux essentiels.

André Récipon et l'association Follereau se mobilisent d'autant plus que la cause du Liban était chère à Raoul Follereau. Ce dernier se rendit dans ce pays à la fin des années trente, avant la guerre donc. Il y prononça par la suite des conférences à plusieurs reprises et eut des contacts très chaleureux avec tous les responsables libanais. Pour lui, le Liban était plus qu'un territoire ou une population : il était un double pari, celui de la coexistence tolérante et celui de la chrétienté et de la francophonie établies au cœur du monde arabe. Or tous ces espoirs se trouvent aujourd'hui menacés.

L'association Follereau n'est pas seule en cause. André Récipon travaille en étroite liaison avec d'autres associations humanitaires du forum d'Agen dont nous parlerons plus loin, surtout avec la Guilde européenne du raid et son dynamique président, Patrick Edel.

Cette association est riche des déplacements de ses membres dans le monde entier, ce qui lui assure des contacts très nombreux presque partout. Son sens de l'organisation pratique lui permet de conseiller efficacement ceux qui souhaitent se rendre dans un pays. En participant à des actions humanitaires, la Guilde ne cherche pas seulement à promouvoir chez ses membres le goût de l'aventure utile, elle espère rappeler à ceux qui la soutiennent que l'aventure lointaine ne constitue pas une fuite des difficultés du monde ou une quête solitaire, mais au contraire un moyen privilégié pour rejoindre les autres. C'est une forme d'éthique ou de morale de l'action.

L'association Follereau met au service du fonds de solidarité pour le Liban quelques moyens financiers initiaux, son réseau de relations, son fichier de donateurs et surtout son savoir-faire technique et administratif.

Comme pour la lutte contre la lèpre, le bulletin d'information constitue -

---

1. Témoignage d'André Récipon lors de l'entretien qu'il nous a accordé le 12 octobre 1987.

le fer de lance de l'opération. Il est envoyé comme un grand mailing : ce petit journal compte plusieurs pages et des photographies en couleurs permettent de mieux appréhender les réalités concrètes et quotidiennes du Liban. Les premiers numéros sont tirés à plus de cinq cent mille exemplaires, le premier paraît en mars 1989. Une grande campagne d'affichage a lieu en février 1989 (deux mille panneaux dont quatorze cents de format 4 × 3 m, le coût total étant de huit cent cinquante mille francs)[1]. Au total, pour la première année, les frais de collecte représentent 30 % du total collecté, ce qui est assez classique en pareil cas.

Pour l'année 1989, les fonds se montent à près de quinze millions de francs, les ressources de l'association Follereau pour la lutte contre la lèpre étant de cent millions de francs environ. Cette année 1989 fut d'ailleurs une année record pour la collecte d'argent destiné à la lutte contre la lèpre. Il apparaît que celle-ci n'a en rien souffert de la mise en place du fonds de solidarité pour le Liban. Les donateurs habituels ont souvent effectué un ou plusieurs dons supplémentaires en faveur du Liban mais n'ont pas réduit le montant de leur participation à la lutte contre la lèpre par souci de compensation. On peut penser que beaucoup de donateurs, sollicités par plusieurs associations d'aide à ce pays, ont choisi celle des fondations Follereau dont ils avaient pu apprécier depuis de longues années le sérieux et l'efficacité sur le terrain. La démarche de la fondation Follereau en faveur du Liban n'est pas unique. Nombre d'organismes humanitaires, à commencer par l'ordre de Malte, consacrent tout ou partie de leur activité à l'aide au Liban. Un Liban dont la cause devient lentement sympathique aux chrétiens français en cette fin des années quatre-vingt.

Cette intervention hors des champ d'action traditionnels de l'association Follereau montre qu'André Récipon s'appuie sur les succès obtenus en matière de lutte contre la lèpre pour élargir son action à d'autres domaines et lui donner une ampleur nouvelle. Les succès de l'association lui confèrent en effet une légitimité dans le milieu humanitaire français ainsi que le droit à la parole.

L'association Follereau est restée jusqu'à la fin des années quatre-vingt très discrète dans le débat d'idées autour du tiers monde. Elle n'éprouvait pas même le besoin de rejoindre un « collectif » d'associations tiersmondistes. Elle ne développait pas les thèmes culpabilisateurs pour l'Occident, la mise en cause des structures politiques et sociales et des conditions des échanges commerciaux. Elle ne voulait pas se laisser entraîner par des explications marxisantes ou globalisantes et très théoriques. Elle s'est refusée à soutenir l'objection de conscience ou à suivre les combats écologistes.

A la fin des années quatre-vingt, dans le sillage de la fondation *Libertés*

---

1. Chiffres communiqués par la fondation Follereau.

sans frontières, les discours tiers-mondistes des années soixante ont été vivement critiqués. L'aide humanitaire et la « culpabilité » de l'Occident sont aussi mis en cause dans des livres comme ceux de Jean-Christophe Rufin, *Le Piège*, ou de Pascal Bruckner, *Le Sanglot de l'homme blanc*. Là encore, la fondation Follereau et son président n'interviennent pas publiquement.

En revanche, André Récipon est l'un des promoteurs de l'entente entre des associations tournées vers les missions d'urgence et la coopération volontaire dans le tiers monde. Cette entente s'exprime par un grand forum qui se tient chaque année en octobre à Agen et réunit jusqu'à cent cinquante organisations non gouvernementales, parmi lesquelles Médecins sans frontières, Médecins du monde, l'A.I.C.F., S.O.S. Sahel, E.C.T.I., Enfance et Partage, AGIR, Opération Handicap international, Pharmaciens sans frontières, Aviation sans frontières, Vétérinaires sans frontières, Architectes sans frontières... La Guilde européenne du raid et Patrick Edel sont les promoteurs de cette manifestation originale.

Entre ces réunions annuelles, une « coordination d'Agen » assure des contacts permanents entre les membres de ces associations. La plupart des organisations présentes ont moins de vingt ans d'âge. L'association Follereau et André Récipon font figure d'aînés riches d'expérience. On trouve là les figures emblématiques de l'action dans le tiers monde actuellement : Bernard Kouchner, Rony Brauman, Antoine Vaccaro, Patrick Edel, et bien d'autres encore. Tous sont très critiques à l'égard des vieux dogmes tiers-mondistes et ils n'aiment guère se perdre en spéculations théoriques. Ce qui ne les empêche pas de réfléchir...

Bien qu'il soit peu connu du grand public – il semble d'ailleurs fuir la notoriété personnelle –, André Récipon est admiré par les dirigeants de ces associations. Il a d'ailleurs exercé la présidence de la coordination d'Agen. Il est considéré à la fois comme un sage et un « meneur » particulièrement déterminé. En 1989, il s'efforce de faire pression auprès des pouvoirs publics afin que soit réformé le système des exonérations fiscales dans lequel évoluent les O.N.G. Appuyé par le secrétaire d'État Bernard Kouchner, il cherche à créer une sorte de lobby des organisations humanitaires.

L'expérience des fondations Follereau est même officiellement reconnue au point que, de 1986 à 1988, le ministre de la Coopération Michel Aurillac leur demande – ou plutôt demande à André Récipon – d'exercer le rôle de conseiller technique du ministère. Médecins sans frontières est la seule autre O.N.G. admise à participer à ce travail. Certes il n'y a là aucun pouvoir de décision, mais l'association Follereau est de plus en plus officiellement sollicitée et saluée pour sa compétence. Michel Aurillac quitte le ministère après la réélection de François Mitterrand et l'expérience ne semble pas renouvelée. Toutefois les ministères de la Coopération, des Affaires étrangères, de l'Intérieur (à propos des quêtes sur la voie publique), du Budget (en matière de projets d'exoné ration fiscale), des Postes et d'autres encore sont fréquemment en contact avec les fondations.

André Récipon croit urgent de dénoncer certaines situations.
En novembre 1986, au congrès national des fondations Follereau organisé à Lyon, il déclare [1] :

Nos amis africains ne nous rendent pas la tâche facile...
*Pourtant ces hommes qui nous accusent ne font que réciter les cours que
nous leur avons appris.*
*Les idéologies, les révolutions qui sont les principales causes de cette
situation, c'est dans nos universités qu'elles leur ont été enseignées...*
*N'oublions jamais que les responsables du génocide cambodgien ont fait
leurs études en France avec une bourse du gouvernement français. On peut
toujours dire : nous n'avons pas voulu cela. Mais voilà où conduit un laboratoire d'idéologies.*
*On a fait naître des espoirs insensés. Le rêve de l'opulence se transforme
en un échec économique sans précédent et la démocratie aboutit à la tyran-
nie la plus barbare et la plus sanglante.*
*Regardez la Guinée, ou ce qui en reste. Regardez l'Éthiopie... Regardez
l'Angola...*
*Je pourrais continuer la liste, mais nous ne sommes pas des juges. Nous
avons fait depuis longtemps la preuve que nous voulons les aider. Si nous
dénonçons l'idéologie socialo-marxiste, c'est parce que la preuve est faite
qu'elle est un obstacle au développement.*
*Il n'y a pas, malheureusement, que cette idéologie que l'homme blanc a
enseignée à l'Afrique. Il y a aussi tous les grands projets que l'Occident a
financés et qui sont la cause de l'endettement vertigineux de ces malheureux
pays... Le transfert d'une technologie avancée à des pays non préparés à
conduit à l'échec et à une aggravation de la situation...*
*Le développement, c'est aussi la civilisation. Il ne s'agit pas seulement de
passer de l'âge de la pierre à la conquête du ciel. Cela, c'est la technique. Ce
n'est pas suffisant pour assurer le bonheur de l'homme...*
*Raoul Follereau va au cœur du débat quand il s'écrie : « La civilisation,
c'est de s'aimer. »*
*Aucun plan de développement, si élaboré soit-il, n'a de chance de réussir,
s'il n'a pas pour but d'assurer le bonheur des hommes concernés, s'il ne
prend pas en compte leur situation réelle, leurs aspirations, leur degré
d'évolution.*
*Le développement ne se fera pas avec de grandes déclarations, ni avec de
grands projets. Il se fera d'homme à homme, par des réalisations ponctuelles, précises, correspondant à un véritable besoin et avec le concours
décisif de ceux à qui elles sont destinées.*
Il y a actuellement en France un élan généreux en faveur du tiers monde.

---

1. Source : brochure rendant compte du congrès, composée à l'issue de celui-ci par la fon-
dation Follereau et diffusée par elle auprès des personnes qui en font la demande.
Pour les idées d'André Récipon, on consultera aussi *Associations : la révolution nécessaire*,
André Récipon et Jean-Claude Darrigaud, Fayard, 1990.

*Il se manifeste par un nombre important d'associations... Il ne faut pas lais-
ser passer cette chance... Il faut que le gouvernement laisse agir les Français. Ils le feront plus économiquement et plus efficacement que lui...*

Ce texte d'un homme de « terrain » et d'expérience est très marqué par
la vision chrétienne d'un développement « intégral » maintes fois réaffirmé
dans l'enseignement des papes.

La « civilisation de l'amour » est elle aussi au cœur du projet évoqué.

Comme la plupart des Français, André Récipon évoque le tiers monde à
partir de l'exemple de l'Afrique noire, car il s'agit de la partie du monde
qu'il connaît le mieux. Comme elle accumule les difficultés plus que les
autres régions en voie de développement, cela confère au propos une note
pessimiste que l'on trouve moins aujourd'hui chez les spécialistes de l'Asie.

Mais l'échange n'est pas à sens unique. Au congrès de 1988, à Viviers,
Mgr Sarah, archevêque de Conakry, prononce un discours remarquable [1]
où il traite du développement et des motivations profondes des personnes de
chaque société. L'association entretient aussi des liens étroits avec d'autres
personnalités issues du tiers monde.

À travers le forum d'Agen, la fondation Follereau commence à jouer le
rôle de protectrice, de soutien à l'égard des petites associations. Elle accorde
ainsi des subventions à des organismes qui ne s'occupent pas directement
de la lèpre mais qui agissent dans le tiers monde avec des moyens limités.
Le total de l'aide financière accordée représente 3 % des sommes consacrées
à l'action sur le terrain et 1,5 % environ des recettes totales de l'année.
Parmi les associations bénéficiaires, citons [2] :
- Enfants du Mékong ;
- Aide à l'enfance tibétaine ;
- Écoles sans frontières ;
- Malte-Thaïlande ;
- Aide odontologique internationale ;
- Enfance espoir (Bangladesh).
Et beaucoup d'autres encore.

On le constate, cette aide prend des formes variées. La fondation s'ouvre
ainsi au monde entier et en particulier à l'Extrême-Orient.

Les associations choisies s'efforcent toutes de promouvoir la dignité de la
personne et de ne pas réduire le développement à des techniques.

Les contacts avec ces associations sont noués de façon assez fortuite parfois. André Récipon prend là souvent des décisions rapides. Un jour, le
journaliste Dominique Lapierre, l'auteur de *La Cité de la joie*, vient le
trouver à Paris. Il demande l'appui des fondations pour une association qui

---

1. *Lèpre et développement, IXe Congrès national des fondations Raoul-Follereau à Lyon
les 15 et 16 novembre 1986*, édité par la fondation Follereau, 1987, pp. 65 à 69.

2. *XIe Congrès national de la fondation Raoul-Follereau à Viviers les 24 et 25 septembre
1988*, édité par la fondation Raoul-Follereau, 1989, pp. 33 à 45.

œuvre à Calcutta et qui vient en aide à des enfants très pauvres. Certes, il n'est pas directement question de lèpre, mais la fondation apporte quand même un soutien.

L'évolution du paysage humanitaire amène ces relations nouvelles entre associations de taille différente. Les coûts d'une campagne de collecte de fonds sont tels que seules les très grandes associations – comme les fondations Follereau – peuvent se les offrir à l'échelle d'un pays entier. Les petites associations, si elles veulent disposer de moyens significatifs, doivent demander aux grandes des subventions. Ces petites associations ne risquent-elles pas à la longue de devenir des satellites des plus grandes, qui pourraient alors exercer un droit de regard sur leur vie interne, voire faire sur elles pression ? Quelle peut être leur indépendance ? Elles sensibilisent souvent à des problèmes entièrement nouveaux. On avait pu croire que la floraison des petites associations locales – dans les communes, les écoles, les groupes professionnels – allait mettre en difficulté les géants de l'aide humanitaire [1]. Il n'en est rien, ces derniers s'adaptent remarquablement.

À travers les associations qu'elle soutient, l'association Follereau peut influer sur l'orientation du monde humanitaire français. Elle retrouve la démarche de Raoul Follereau à la fin des années quarante quand celui-ci apportait une aide à des associations ou à des congrégations qui en formulaient la demande.

La lutte contre la lèpre aujourd'hui

Où en est la lutte contre la lèpre aujourd'hui ?
Comment l'association Follereau a-t-elle pu s'adapter aux graves difficultés survenues au cours des années soixante-dix ?

On ignore toujours le nombre des malades, que l'on évalue à une quinzaine de millions. Seuls trois millions d'entre eux sont convenablement soignés. Un peu moins de deux millions le sont grâce aux investissements et subventions de l'I.L.E.P. [2].

Il y aurait huit millions de lépreux en Asie (dont quatre millions en Inde), cinq millions en Afrique (surtout en Afrique noire), quatre cent mille en Amérique du Sud, cinquante mille en Europe, trente-cinq mille en Océanie... et deux millions de malades non déclarés dans des pays communistes comme la Chine ou l'U.R.S.S. En proportion du nombre d'habitants, l'Afrique noire serait la plus touchée. La lèpre y sévit partout, frappant de 1 à 3 % de la population totale, avec localement des pointes à 5 %.

---

1. D'autant que leur petite taille favorise la convivialité qui tend un peu à disparaître dans beaucoup de grandes associations.
2. Chiffres communiqués par la commission médicale de la fondation. Cette commission regroupe des personnes très bien informées des réalités de terrain.

La seule association française Raoul-Follereau soigne deux cent mille malades ainsi répartis : cent cinquante mille en Afrique noire (essentiellement francophone), cinquante mille en Amérique et Océanie (Brésil, Haïti, Philippines) et deux mille quatre cents en Asie (Inde et Indochine) [1].

On citait déjà le chiffre de quinze millions en 1948. Rien n'aurait-il changé ? En fait, comme la population mondiale a doublé, cela signifie qu'en proportion les lépreux seraient moins nombreux aujourd'hui. Quinze millions reste une estimation, car dans de nombreux pays les malades ne sont pas recensés, et on en découvre aujourd'hui dans des pays où il semblait que la lèpre avait presque disparu [2].

En comparaison d'autres maladies, quinze millions n'est pas un chiffre très élevé, face aux deux milliards de personnes menacées par le paludisme ou aux quatre cent millions de victimes de la bilharziose.

Par ailleurs, la lèpre ronge, mutile, mais elle ne tue que très rarement. L'incubation dure de trois mois à plusieurs années selon les cas, de deux à cinq ans en moyenne. Pour qu'il y ait contagion, il faut une étroite et longue promiscuité dans de médiocres conditions d'hygiène et la présence de malades atteints des formes les plus graves de lèpre (lèpre lépromateuse) dont les crachats peuvent présenter des dangers pour leur entourage immédiat. Enfin, même si sa maladie est connue, le lépreux peut pendant quelques années poursuivre ses activités habituelles sans se sentir diminué, ce qui ne l'encourage guère à se soumettre aux exigences d'un traitement précoce.

Pour toutes ces raisons la lutte contre la lèpre est rarement considérée comme une priorité par les gouvernements ou les laboratoires pharmaceutiques.

La localisation de la lèpre épouse étroitement les zones de grande pauvreté dans le monde. La répartition de cette maladie encore mal connue des chercheurs n'est pas tributaire de conditions climatiques ou écologiques, comme peuvent l'être paludisme, onchocercose, méningite cérébro-spinale et tant d'autres endémies. La lèpre peut être considérée au fond comme une maladie sociale. Là où la pauvreté sévit, on est presque assuré de trouver des lépreux. Là où, à la suite de troubles divers, la population s'appauvrit, la lèpre apparaît ou reparaît : dans des pays en guerre comme le Tchad, dans des bidonvilles brésiliens ou dans les quartiers les plus pauvres des villes de l'Europe méditerranéenne.

Par conséquent, ceux qui luttent contre la lèpre se trouvent immanquablement confrontés à des problèmes sociaux dramatiques qui les amènent à dépasser le seul problème de la lèpre.

En conséquence aussi, les malades manquent de ressources pour payer

1. Id.
2. Haïti par exemple.

les soins. En moyenne, un Français gagne en un jour plus qu'un habitant du Sahel en un an [1]. Les malades manquent de temps également. Ils vivent dans des pays sans système de sécurité sociale et préfèrent poursuivre leurs activités quotidiennes plutôt que de se rendre dans un hôpital.

Par ailleurs, les gouvernements de ces États manquent d'argent pour assurer une politique sanitaire globale. Les pays sahéliens ne peuvent consacrer que des sommes inférieures à dix francs par habitant et par an à la santé. Ces sommes sont affectées en priorité aux vaccinations, puis à la lutte contre le paludisme ou les infections qui touchent les enfants. Il ne reste plus d'argent pour soigner les lépreux. Seuls les pays exportateurs de pétrole, comme le Gabon ou le Congo, peuvent se montrer légèrement plus attentifs aux lépreux.

L'intervention des organisations privées étrangères est donc déterminante. Elles seules financent les soins délivrés aux malades et s'efforcent d'apporter aux gouvernements comme aux soignants des moyens matériels efficaces. Sans les organismes privés, la plupart des gouvernements ne peuvent pas grand-chose. La lèpre est probablement l'une des endémies où le rôle des organismes privés par rapport aux organisations publiques est le plus déterminant. Encore faut-il que ces organisations privées puissent travailler dans de bonnes conditions.

Nous avons vu les difficultés rencontrées par les fondations Follereau pour s'assurer que l'argent et le matériel envoyés sont effectivement utilisés au service des lépreux.

Pour résoudre ce problème, l'association dispose désormais de représentants permanents sur le terrain, qui supervisent la réalisation du programme soutenu. De cette manière elle parvient à réduire considérablement les risques de détournement de fonds ou de matériel.

De 1976 à 1981, le fils aîné du Dr Aujoulat, Jean-Marie Aujoulat, est le délégué des fondations Follereau en Afrique occidentale. Une tâche considérable. Un espace immense, presque dix fois la surface de la France, pour une population souvent clairsemée. Des conditions écologiques et sanitaires extraordinairement variées, de la lisière du Sahara aux forêts tropicales en passant par les savanes, les plateaux sahéliens et les villes en pleine croissance. Des pistes difficilement praticables...

Jean-Marie Aujoulat est confronté à une situation nouvelle. Il doit créer cette fonction de délégué des fondations. Jusqu'alors l'association envoyait des médecins et des infirmières, exceptionnellement d'ailleurs. Là, il s'agit de tout autre chose. Et celui qui supervise l'action sanitaire n'est pas médecin.

---

1. Selon les statistiques communiquées par l'O.N.U. à la fin des années quatre-vingt.

Jean-Marie Aujoulat connaît bien cette Afrique où il est né en 1938 [1], alors que ses parents étaient missionnaires laïcs à Efok, au Cameroun. Après des études d'allemand, il a été l'un des premiers coopérants, en 1963, dans le nord de la Haute-Volta. Il retourne ensuite en Europe jusqu'en 1975, année où il entre aux fondations Follereau.

Il retrouve donc l'Afrique en 1976. Elle semble évoluer à des rythmes très inégaux. Depuis 1963, la Côte-d'Ivoire, riche de ses exportations de cacao et de café, a connu d'importantes transformations, et la situation sanitaire s'y améliore, les pouvoirs publics y attachent une grande importance. En revanche, Mali et Haute-Volta manquent de ressources et stagnent à tous points de vue. Il constate que de nombreux médecins africains formés en Europe ne se montrent pas à la hauteur des espérances placées en eux et se livrent à de nombreux trafics de toutes sortes. Souvent l'essentiel du travail est accompli par des congrégations religieuses et des organisations humanitaires occidentales.

Jean-Marie Aujoulat s'installe à Bododioulasso et, de là, il rayonne sur plusieurs pays. Il doit en effet se déplacer en permanence. Un tel poste exige une condition physique irréprochable et une forte motivation. Il lui faut vérifier que le dépistage et le traitement des malades s'effectuent correctement, coordonner l'action sanitaire menée par les fondations Follereau et les pouvoirs publics. Il rencontre aussi les gouvernements, les médecins, les responsables de centres afin d'évaluer les besoins en personnel, en médicaments, en vivres et en matériel de toute sorte. Il doit aussi rappeler chacun à ses responsabilités. Il invite le personnel à utiliser les vélomoteurs pour aller en brousse rencontrer les malades et les soigner. Dans cette partie de l'Afrique, les ruraux représentent plus des trois quarts de la population totale. La mobilité est donc indispensable à tout soignant qui se veut efficace. Jean-Marie Aujoulat s'efforce aussi d'informer la population, et en particulier les malades, afin qu'ils suivent correctement leur traitement.

Tout cela exige beaucoup de temps, de patience et surtout de « palabre », comme on dit en Afrique. Le palabre peut durer des heures. Le négliger, c'est se condamner à l'échec. Pour un étranger, imposer n'est plus possible ; il lui faut convaincre. Et pour cela il doit s'appuyer sur des arguments concrets, utiliser des images, connaître les coutumes locales et montrer qu'il apprécie certains aspects positifs de la tradition ; il doit prendre le temps d'écouter puis de proposer, sans arrogance mais avec assurance.

Un médecin compétent mais très cassant à l'égard des autorités du lieu et de ses subordonnés indolents risque un rapide isolement, des rapports administratifs défavorables, l'indiscipline des infirmiers, la méfiance de la population, s'il est trop directif, et peut-être un renvoi.

À l'inverse, des coopérants ou des médecins d'une grande égalité d'humeur, qui cherchent à vivre aussi pauvrement que les habitants et à se

---

1. M. Jean-Marie Aujoulat nous a confié son témoignage lors d'un long entretien à Paris, à son domicile, le 11 février 1988.

mettre à leur portée sont vite suspectés de faiblesse et subissent l'incompréhension, les critiques, voire les brimades de la population.

Jean-Marie Aujoulat prend vite la mesure de tous ces problèmes et il s'emploie à les résoudre peu à peu. Même si certains gouvernements manifestent quelques réticences devant ses interventions, il dispose d'un argument de poids : il apporte des sommes d'argent importantes et s'il lui est impossible de vérifier la manière dont elles sont utilisées, les fondations peuvent suspendre leur aide. Ce type d'argument n'est utilisé qu'en dernier recours, mais il l'est parfois.

Les problèmes ne sont pas tous résolus, d'autant que la sécheresse ravage cette partie de l'Afrique. Mais Jean-Marie Aujoulat se rappelle qu'en Afrique, « il convient avant tout de rester optimiste [1] », si l'on veut exercer une action durable et se dire, au soir d'une journée peu encourageante, que « ça ira mieux demain ».

Jean-Marie Aujoulat apporte aussi des informations de première main au siège parisien de l'association, ce qui amène celle-ci à réviser certains projets ambitieux mais mal adaptés aux réalités locales. En installant un représentant de cette qualité en Afrique occidentale, l'association Follereau épargne un argent considérable, à l'inverse d'organisations américaines qui disposent sur le terrain de contacts trop limités.

À son vif regret, Jean-Marie Aujoulat doit cependant quitter l'Afrique en 1981 pour des raisons de santé. Il travaille à former son successeur et son expérience sert beaucoup aux fondations Follereau.

Cette installation de délégués permanents devient l'un des points essentiels de la présence de l'association sur le terrain, en lui assurant un regain d'efficacité.

La plupart de ces délégués ne sont ni médecin ni infirmier.

À ce propos il convient de signaler un malentendu douloureux entre la fondation et certains jeunes qui souhaitent partir « aider les habitants du tiers monde » ou « se mettre au service des lépreux ».

Parmi eux, des infirmières et des médecins.

Raoul Follereau n'a-t-il pas, dans certains messages, invité les jeunes à devenir médecins ou enseignants afin de secourir les populations démunies du tiers monde ?

La fondation reçoit donc régulièrement des lettres de jeunes qui se disent prêts à partir dans le tiers monde [2]. Et régulièrement elle leur répond qu'elle n'a pas de poste à proposer.

On peut s'en étonner, alors que de nombreux lépreux restent sans soins.

C'est que les pays du tiers monde comptent de plus en plus de médecins et d'infirmiers formés en Europe ou en Afrique. Et beaucoup restent au chômage, car leur gouvernement n'a pas d'argent pour les rétribuer ou, s'il

---

1. Témoignage de Jean-Marie Aujoulat, déjà cité.
2. Témoignage d'André Récipon, recueilli le 12 octobre 1987.

s'agit d'un régime de médecine libérale, les populations les plus pauvres ne peuvent payer les consultations.

Les fondations Follereau ne cherchent pas à créer un système de santé parallèle aux services sanitaires publics autochtones, elles s'efforcent seulement de donner aux services autochtones les moyens de fonctionner correctement grâce à une aide matérielle adaptée. Si un médecin européen était envoyé, il faudrait le payer et régler au moins ses frais de voyage et de séjour. Les gouvernements locaux et les fondations Follereau ne le peuvent ni ne le souhaitent.

Le nombre des médecins et des infirmiers est insuffisant par rapport au nombre des habitants et aux maux dont ils souffrent. Mais le nombre des médecins et des infirmiers est presque trop élevé au regard des moyens financiers et matériels si faibles qui sont mis à leur disposition.

L'association Follereau ne peut donc répondre positivement à de telles demandes. C'est le cas de la plupart des grandes organisations tiers-mondistes françaises, ce qui explique la déception de nombreux jeunes qui « ne comprennent pas », et le succès des petites associations locales qui permettent à leurs membres d'agir directement sur le terrain. Beaucoup de « refusés » des fondations Follereau ont ensuite mené à bien des missions très intéressantes dans d'autres cadres associatifs.

Les délégués choisis par l'association viennent d'horizons professionnels très divers. Peu d'entre eux songeaient à travailler au service des lépreux quelques années avant leur entrée dans les fondations. La compétence professionnelle du candidat est le premier critère de choix pour les fondations, mais il est certain que la disponibilité demandée est telle qu'une forte motivation est nécessaire aux candidats. Les considérations religieuses ne sont pas prises en compte, alors que dans des associations chrétiennes d'aide au tiers monde, la vie d'Église est un aspect essentiel de la présence sur le terrain. Mais les racines spirituelles de la fondation ne sont pas cachées.

L'apparition de résistances aux sulfones constituait l'autre grand problème de la fin des années soixante-dix.

Les sulfones continuent à être efficaces dans certains cas, mais si des résistances apparaissent, leur effet sur le malade est plus négatif que positif. L'association de plusieurs antibiotiques puissants pris régulièrement et pendant une période longue, selon une posologie précise, paraît le seul traitement sérieux actuellement. La guérison est pratiquement assurée si cette polychimiothérapie est pratiquée rigoureusement. L'O.M.S. a édicté des recommandations très précises à cet égard en 1982.

Rifampicine, Clofazimine et Éthionamide constituent les fers de lance de ces associations d'antibiotiques [1].

La Rifampicine est difficile à synthétiser et cent fois plus chère que la

---

1. Antibiothérapie expliquée dans la plupart des manuels de médecine tropicale. Nous décrivons ici les traitements recommandés à la fin des années quatre-vingt.

Dapsone, principale sulfone utilisée auparavant. Comme la prise quotidienne de 600 mg de Rifampicine n'est pas plus efficace que la prise de 600 mg par jour pendant deux jours consécutifs une fois par mois, la posologie exigée par ce médicament est intéressante. De plus, non seulement son effet bactéricide est important mais sa toxicité reste faible.

La Clofazimine coûte cher, elle aussi. Peu toxique, elle est moins bactéricide que la Rifampicine mais elle reste efficace en prise mensuelle. Elle colore en brun-rouge les parties du corps exposées au soleil.

Éthionamide et Protonamide sont interchangeables et coûtent au moins dix fois plus cher que la Dapsone. Une prise quotidienne est nécessaire pour assurer une quelconque efficacité. On les considère comme des médicaments de second choix même s'ils remplacent couramment la Clofazimine en cas de troubles occasionnés par cet antibiotique.

Les schémas thérapeutiques peuvent varier d'un secteur et d'un médecin à l'autre, mais actuellement on trouve souvent les schémas suivants :
– pour la lèpre multibacillaire, ou lépromateuse, la plus grave, qui est aussi la plus contagieuse, Rifampicine et Clofazimine (ou Éthionamide) une fois par mois et un comprimé (100 mg) de Dapsone par jour. Le traitement doit durer au moins deux ans, car si la Rifampicine tue plus de 99 % des bacilles en moins d'une semaine, les rechutes sont possibles en cas d'arrêt prématuré du traitement ;
– pour la lèpre paucibacillaire, ou tuberculoïde, Rifampicine une fois par mois et Dapsone quotidienne doivent suffire dès lors qu'elles sont administrées pendant six mois au moins.

Après le traitement, un examen clinique annuel est nécessaire pendant deux ans pour la lèpre tuberculoïde, un examen clinique et bactériologique annuel pendant cinq ans au moins pour les formes lépromateuses.

Des formules intermédiaires sont prévues pour les formes dites *borderlines,* c'est-à-dire comprises entre les formes lépromateuses et tuberculoïdes.

On le constate, la notion de traitement à vie disparaît de ces recommandations.

La rigueur dans le traitement est essentielle. La mobilité des équipes sanitaires est nécessaire, car l'hospitalisation serait aussi inutile qu'impopulaire, sauf dans certains cas de formes très contagieuses.

Dans la pratique, l'application de cette polychimiothérapie se heurte à maintes difficultés.

Le personnel doit être très correctement formé, pour effectuer **un dépistage** précoce et précis de la forme de lèpre et ne pas se tromper **dans ses** prescriptions. Du temps de Richet, dans les années cinquante, un personnel analphabète pouvait remplir des fiches de schéma clinique [1] et remettre un comprimé de sulfone au lépreux. Ce n'est plus suffisant aujourd'hui.

---

1. En cochant le dessin qui se rapprochait le plus de la forme observée chez le patient.

Le personnel doit aussi veiller à ce que le malade reçoive régulièrement ses médicaments et ne pas hésiter à se déplacer fréquemment dans les villages. Or certains infirmiers préfèrent attendre confortablement dans le dispensaire où ils sont affectés.

D'autre part, les malades adaptent les prescriptions. Ils ne se rendent pas au dispensaire ou sont absents quand passe l'infirmier. Ils se procurent des boîtes d'antibiotiques d'une façon plus ou moins légale, car un marché noir du médicament fleurit en Afrique et désorganise les actions sanitaires entreprises. Si le malade dispose d'une boîte de Dapsone, il lui arrive de consommer tous les médicaments en une prise ou deux au lieu de les prendre régulièrement chaque jour durant plusieurs semaines. Ou alors il arrive que le malade cesse le traitement dès qu'il constate une amélioration, ce qui constitue une grave erreur, car la maladie risque de revenir en force.

Enfin, l'usage d'un médicament est souvent subordonné à l'avis d'un guérisseur. Plutôt que les attaquer, les médecins préfèrent s'en faire des alliés : qu'ils ne contestent pas les prescriptions médicales et les médecins ne chercheront pas à remettre en cause les explications qu'ils donnent au patient sur le sens de sa maladie. La quête du sens de ce qu'il vit étant au moins aussi importante pour le malade africain que le souci de sa guérison, une guérison qui doit également être intérieure, selon les sages africains.

De tels traitements coûtent beaucoup plus cher que ceux des années cinquante. Deux bombardiers ne suffiraient plus à soigner tous les lépreux du monde aujourd'hui, même si l'on peut affirmer qu'il est médicalement possible de les guérir tous. Le défi thérapeutique est donc relevé, mais à un coût assez élevé et au prix d'un encadrement rigoureux qui ne peut actuellement être mis en place partout.

Quelques résistances isolées sont signalées par endroits, mais leur nombre est encore très négligeable. Toutefois, médecins et chercheurs ne se font plus d'illusions : ils estiment que le succès d'un antibiotique est seulement provisoire.

Une nouvelle génération d'antibiotiques, plus puissante et plus rapidement efficace encore, vient d'être mise au point, les fluoroquinolones. Le Pr Jacques Grosset et son équipe ont joué un rôle capital dans la découverte de ces nouveaux médicaments actifs contre la lèpre. Ofloxacine et Ciprofloxacine sont deux sortes de quinolones en effet. Ces médicaments sont très coûteux, cependant, et leur utilisation est encore réservée à des cas très ponctuels. Mais des recherches importantes sont menées actuellement pour rendre ces fluoroquinolones mieux adaptés encore aux problèmes de santé publique rencontrés.

Par ailleurs, un autre antibiotique, la Pyrazinamide, laisse également entrevoir d'excellents résultats.

Toutefois l'association Follereau se préoccupe actuellement d'étendre les secteurs où la polychimiothérapie (Rifampicine-Clofazimine-Dapsone) est appliquée de façon rigoureuse.

Des protocoles sont donc signés entre la fondation et les responsables locaux de la santé publique, accords dans lesquels les tâches de chacun sont clairement indiquées. Des évaluations précises sont effectuées. En cas de résultat positif, le secteur concerné est étendu progressivement.

Les malades bénéficiant d'une polychimiothérapie efficace ne sont qu'une minorité : moins de deux millions dans le monde, soit environ un malade sur dix. La simple Dapsone reste le lot de beaucoup.

Parfois, il n'y a rien. Dans de nombreux endroits d'Afrique et du tiers monde, des religieuses enroulent des bandes de tissu autour des plaies meurtries des malades, car elles ne disposent de rien d'autre pour leur venir en aide. Et dans des régions particulièrement démunies et reculées d'Afrique équatoriale, il n'y a même plus de tissu, les religieuses ayant utilisé jusqu'aux draps de leur lit pour réaliser ces bandes. Les malades ne reçoivent donc aucun soin et leur état s'aggrave inexorablement, les corps se décomposant peu à peu sous l'effet des plaies et des mutilations. Les religieuses lancent alors des appels à leurs amis d'Europe ou d'Amérique, qui répondent avec plus ou moins d'empressement. Et des associations comme la fondation Follereau ne peuvent faire plus que ce que leur permet la générosité de leurs donateurs.

Cependant, les espoirs des chercheurs et des associations ne reposent plus sur les antibiotiques. Tous attendent de la mise au point d'un vaccin la victoire définitive [1].

En l'absence d'un vaccin spécifique, le B.C.G. est souvent utilisé pour prévenir la lèpre. Cette pratique est ancienne en Amérique du Sud. Les résultats varient beaucoup selon les secteurs concernés, les degrés de protection s'échelonnant de 20 à 80 %.

Utile, le B.C.G. n'est donc pas suffisant. Actuellement, des essais de vaccin associant le B.C.G. et le bacille de Hansen tué sont expérimentés dans quelques secteurs, en particulier au Malawi avec la fondation Follereau. L'O.M.S. soutient largement cet axe de recherche, mais les résultats préliminaires satisfaisants observés au Venezuela ne semblent que partiellement se confirmer. De plus, la période d'incubation de la maladie est tellement longue que l'efficacité d'un vaccin ne peut être appréciée qu'après de longues années d'observation.

Par ailleurs, on ne parvient toujours pas à cultiver le bacille de Hansen, bien que le savant norvégien l'ait découvert dès 1873. Il ressemble pourtant au bacille de Koch, mais tous les efforts des chercheurs ont échoué pour l'instant. On pouvait seulement le cultiver dans le coussinet de la patte de la souris. Vers 1975, on a pris conscience que le foie de tatou infesté de

---

1. Sur la question du vaccin, *cf.* une mise au point très complète d'Isabelle Annaheim, *Actualité de la vaccination contre la lèpre,* thèse de médecine, Nancy, 1988.

bacilles d'origine humaine était un bon « réservoir » de bacilles. Mais le tatou, animal assez rare vivant notamment en Guyane, est peu prolifique, et les élevages de tatous ne permettraient pas de répondre pour l'instant à une demande mondiale de vaccin.

C'est pourquoi des mycobactéries tuées autres que le bacille de Hansen sont actuellement testées : *Mycobacterium* I.C.R.C. (Indian Cancer Research Center) et *Mycobacterium* W. Les résultats préliminaires sont assez proches de l'association B.C.G.-*Mycobacterium leprae* tué.

Mais le problème de la vaccination demeure. Périodiquement, des journalistes en mal de sensationnel annoncent la découverte d'un vaccin contre la lèpre. Des essais nombreux sont effectués dans plusieurs directions, mais on ne peut parler de mise au point d'un vaccin actuellement. Les articles intempestifs rendent plus douloureuse la déconvenue quand les expérimentations à large échelle ont révélé les limites du vaccin proposé.

Et c'est pourquoi on peut penser que le progrès décisif viendra probablement d'un vaccin de deuxième génération mis au point grâce aux techniques de la biologie moléculaire. L'étude de la composition antigénique du bacille de Hansen fait l'objet de soins attentifs et s'avère très complexe. La lèpre pourrait bénéficier de la révolution de la conception des vaccins apportée par le génie génétique. À l'Institut Pasteur, des chercheurs commencent à utiliser pour le bacille de Hansen les techniques déjà expérimentées pour d'autres maladies.

Par ailleurs, il se peut qu'un vaccin utile et efficace contre la lèpre soit mis au point en songeant à une autre maladie, les laboratoires ne voulant pas engager des dépenses exorbitantes sur un mal aussi peu « rentable » financièrement que la lèpre.

Un nombre limité de chercheurs travaillent aujourd'hui à temps complet sur la lèpre.

Deux laboratoires aux États-Unis, à Atlanta et à Carville, et un en Grande-Bretagne sont subventionnés par leurs gouvernements depuis de longues années et consacrent toutes leurs recherches à la lèpre. En France, en Belgique, en Allemagne, au Japon, en Inde, en Chine, un laboratoire au moins consacre une très large part de son activité à la lèpre. Bref, une dizaine de laboratoires de haut niveau dans le monde se consacrent en priorité aux recherches sur la lèpre depuis de longues années [1]. De nombreux chercheurs sont également amenés à étudier certains aspects de cette maladie au cours de travaux plus généraux. La lèpre reste en effet une maladie mystérieuse dont l'étude stimule beaucoup les esprits curieux et les fondamentalistes.

Il n'empêche que l'effort consacré par les savants et par les laboratoires aux recherches sur la lèpre reste très inférieur aux efforts fournis contre le paludisme ou le sida. Les seuls Américains mettent chaque année au point plus de deux cent mille molécules nouvelles pour lutter contre le palu

---

1. Estimation du Pr Jacques Grosset, de la commission médicale de la fondation Follereau, le 19 février 1988, lors d'un entretien à Paris.

disme. Ils savent que le premier qui apportera un remède efficace verra s'ouvrir à lui un marché colossal. Quant aux recherches sur le sida, elles avancent très rapidement, car de puissants groupes de pression aux États-Unis et ailleurs savent se faire entendre : beaucoup de malades appartiennent à des familles riches et influentes, ce qui n'est pas le cas des lépreux.

Diverses spécialités médicales travaillent sur la lèpre. La léprologie n'existe pas comme spécialité ou plutôt n'est pas reconnue dans les universités. André Récipon le regrette, mais d'autres responsables d'association et des médecins, comme le Pr Gentilini, estiment qu'il est préférable pour des raisons à la fois scientifiques et humaines de ne pas isoler l'étude de la lèpre de celle des autres maladies tropicales.

Depuis 1978 environ en France, les immunologistes (en particulier Mlle Offenbach, MM. Lagrange et Marienbach), lui consacrent beaucoup d'efforts. Le Groupe d'étude lèpre (G.E.L.) de l'institut Pasteur, créé en 1980 et dirigé par le Pr Durosoir, bien connu aux fondations Follereau, est à la pointe des recherches. Le Pr Durosoir a dirigé autrefois l'Institut Pasteur de Papeete et a beaucoup travaillé sur la lèpre. Il veille à coordonner les travaux accomplis sur le terrain par les différents instituts Pasteur d'outre-mer.

On constate en effet que la lèpre entraîne une immunodépression dans sa forme lépromateuse seulement. À quoi ces réactions immunitaires différentes sont-elles dues ? Y a-t-il moyen de renverser le mécanisme ? Comment agir sur les gènes et les antigènes ? Si une solution était trouvée à propos de la lèpre, elle pourrait sans doute rendre de grands services à la lutte contre d'autres maladies immunodépressives, à commencer par le sida et réciproquement d'ailleurs. C'est pourquoi les recherches sur la lèpre intéressent plus de scientifiques aujourd'hui. Les progrès accomplis en matière de lèpre seront sans doute très utiles à la guérison du sida et réciproquement.

La lèpre peut être guérie, mais trop souvent les malades prennent contact avec les centres de soins quand il est trop tard. La maladie peut être enrayée, mais les corps commencent à se décomposer. Les chirurgiens doivent intervenir... s'ils sont là. Car, en leur absence, les missionnaires ou les responsables sanitaires de secteur doivent souvent improviser... ou laisser le mal empirer.

Quand le membre devient insensible ou les plaies trop graves, le malade n'ayant pas voulu se faire traiter assez tôt, la traditionnelle amputation demeure la règle. Elle reste un drame pour le malade : « Ce pied me fait mal, mais je l'aime quand même », s'écrie une jeune Haïtienne au missionnaire qui la soigne et parle d'amputation [1]. Missionnaires et médecins s'efforcent de réaliser des prothèses, afin que le malade puisse poursuivre ses activités habituelles, mais celles-ci sont plus ou moins réussies. Il arrive

---

1. Épisode cité dans une brochure sur la lèpre composée par la fondation Follereau pour informer le public au milieu des années quatre-vingt.

que le malade les rejette si elles ne lui sont pas adaptées. La prothèse doit
être solide, bon marché, facile à réparer, constituée de matériaux disponibles sur place. Quand l'enfant appareillé grandit, la prothèse devrait être
modifiée, ce qui n'est généralement pas le cas. Seule une infime partie des
besoins en prothèses sont satisfaits. Le même problème s'observe pour les
chaussures, nécessaires quand le malade est atteint de « maux perforants
plantaires » qui rongent ses pieds [1].

D'autres formes de chirurgie se sont progressivement affirmées au cours
des dernières décennies. Les médecins militaires du Pharo à Marseille ont
une fois de plus joué un rôle déterminant.

La chirurgie réparatrice des paralysies lépreuses [2] est apparue durant les
années cinquante quand les sulfones permettaient enfin de stabiliser la
maladie, sans en faire disparaître certains effets antérieurs, des paralysies
notamment. Le chirurgien Brand lança alors la chirurgie réparatrice, cor-
rection d'une paralysie. À partir de 1958, le Pr Bourrel inaugure la pratique de cette chirurgie à l'Institut Marchoux de Bamako. Il travaille à
simplifier les techniques, pour qu'elles soient utilisées par le plus grand
nombre. On compte cependant un insuccès sur quatre.

La chirurgie directe de la névrite lépreuse s'est généralisée un peu plus
tard. Elle agit sur le nerf directement, travaille à le décomprimer avant
qu'il ne soit détruit. En effet, le bacille de Hansen peut se localiser sur les
nerfs dont le volume augmente, ce qui engendre des douleurs. Si l'intervention est trop tardive, le nerf risque d'être détruit. Inaugurée par quelques précurseurs en 1953, cette chirurgie s'est diffusée à partir de 1975
grâce à Carayon et aux chirurgiens du Pharo.

En Afrique noire, les centres chirurgicaux où toutes ces opérations pratiquées sont rares : Adzopé, Bamako (Institut Marchoux), Dakar, Yaoundé.

Seul un petit nombre de lépreux peut bénéficier de ces soins.

C'est pourquoi des hommes comme le médecin-général Bourrel, spécialiste de la chirurgie aux fondations Follereau, s'efforcent de codifier, stan-
dardiser et surtout simplifier les gestes techniques nécessaires, afin que ces
interventions puissent être pratiquées jusqu'en brousse par des non-
chirurgiens. Les chirurgiens qui effectuent bénévolement des missions de
quelques semaines dans des endroits reculés d'Afrique sont très appréciés.

La commission médicale de la fondation Follereau rassemble six à huit
spécialistes de renommée internationale, des professeurs pour la plupart.
Le recrutement se fait par cooptation. La commission se réunit cinq fois
par an une journée entière, sans compter les réunions exceptionnelles. Il
s'agit donc pour chacun de ses membres d'un engagement exigeant. On
trouve réunies là des personnes qui proposent des approches complémen-

---

1. Source : commission médicale de la fondation et études universitaires récentes sur la
lèpre citées dans la bibliographie.
2. Mise au point très importante sur la chirurgie de la lèpre dans : *Vaincre la lèpre*, fondation Raoul-Follereau, 1985 (pp. 32 à 39 consacrées à la chirurgie de la lèpre).

taires de la maladie, du chercheur de laboratoire au chirurgien en passant par le médecin tropicaliste. L'association permet donc une confrontation intéressante aussi sur le plan scientifique.

La commission dispose d'un secrétaire permanent, le Dr Yannick Le Coroller. Responsable durant onze ans de l'institut Pasteur de la Guadeloupe, il exerce cette fonction de 1984 à son décès, en 1989.

En théorie, la commission a un rôle simplement consultatif ; en fait, son avis est déterminant pour le choix des projets soutenus par l'association.

Pour toute demande de subvention, la commission demande que soient remplis des questionnaires détaillés. Comme certaines questions se recoupent, les membres de la commission décèlent rapidement les demandes émanant de personnes peu compétentes et les projets peu rigoureux. La commission impose en effet que les schémas thérapeutiques qu'elle préconise et qui sont ceux de l'I.L.E.P. et de l'O.M.S. soient adoptés là où intervient l'association Follereau. Les délégués de la fondation Follereau sur le terrain peuvent être éventuellement consultés.

La commission refuse, nous avons vu pour quelles raisons, les candidatures de médecins qui veulent partir en zone d'endémie. Seuls deux médecins européens sont actuellement sur le terrain pour le compte des fondations Follereau, et afin de superviser des programmes sanitaires très précis, au Niger et à Madagascar.

La mort de Pierre Richet en 1981 et la retraite progressive de nombreux médecins militaires ont peu à peu changé l'atmosphère des réunions. Les chercheurs et les universitaires y ont pris aujourd'hui une place très importante.

Les choix sont parfois difficiles à effectuer, car ils posent des problèmes de conscience. Faut-il étendre les secteurs de la polychimiothérapie, ce qui assurerait la guérison rapide d'un nombre important de malades, ou faut-il subventionner un projet de recherche incertain d'où peuvent éventuellement surgir des informations intéressantes ? Il n'est pas toujours facile de trancher dans une telle situation.

Deux hommes symbolisent le dynamisme de cette commission médicale, les Prs Jacques Grosset et Marc Gentilini, tous deux médecins civils et recommandés à André Récipon par le Dr Aujoulat il y a une vingtaine d'années déjà.

Le Pr Jacques Grosset [1] est né en 1930. Atteint de tuberculose pendant son enfance, son exceptionnelle énergie lui permit de mener à bien de brillantes études médicales. Il se tourna d'abord vers la phtisiologie, pour mener des recherches sur la tuberculose.

C'est un peu par hasard qu'il s'intéressa à la lèpre, au cours d'un voyage au Japon, où il se rendait pour donner des cours sur la tuberculose. Un de

---

1. Le Pr Grosset nous a accordé un entretien le 19 février 1988 à Paris.

ses collègues japonais lui montra un bouillon de culture de bacilles de Hansen. Intéressé, le Pr Grosset décida d'en réaliser un semblable en France. Il s'informa alors davantage sur la lèpre, puis il entreprit des recherches sur le sujet. En effet, la tuberculose menaçait beaucoup moins l'Europe. Peu à peu, il consacra toutes ses recherches à l'étude du bacille de Hansen et aux moyens de le combattre.

Aujourd'hui, son laboratoire est le seul de France métropolitaine qui, à propos de la lèpre, recherche systématiquement les résistances aux antibiotiques et reçoive des souches de toute la francophonie. Son équipe essaie en permanence de nouveaux médicaments. C'est ainsi que les fluoroquinolones, les antibiotiques les plus actifs contre le bacille de Hansen, ont été mis au point par cette équipe : les essais accomplis à Adzopé ont donné des résultats exceptionnels. Quand on l'interroge sur sa méthode de travail, le Pr Grosset répond, avec beaucoup d'enthousiasme et de passion :

« Il faut travailler comme des fous. Quelque chose apparaît forcément... mais pas là où on l'attendait. Il faut regarder et être ouvert à tout [1]. »

Il cite l'exemple des fluoroquinolones, le seule classe d'antibiotiques dont il n'attendait pas grand-chose au départ et qui se révèle aujourd'hui si prometteuse.

Le Pr Grosset dirige aussi (comme *chairman*) le groupe lèpre de l'O.M.S., lequel recommande des schémas thérapeutiques précis diffusés dans le monde entier. Le recrutement se fait par cooptation, en tenant compte de la compétence scientifique et non de subtils dosages de nationalité et de politique. Si les débats y sont acharnés, le groupe reste très soudé et soucieux de parvenir à des résultats concrets sur le terrain.

Au sein des fondations Follereau, le Pr Grosset est un homme très écouté. Il se fait l'avocat des budgets de recherche et insiste sur l'importance du travail scientifique. Il estime que de nouvelles découvertes sont nécessaires pour que la lutte contre la lèpre avance d'une manière vraiment décisive. À tous, il demande de travailler en tenant scrupuleusement compte des travaux scientifiques : « Il s'agit de changer les mentalités plus encore que les méthodes, sur le terrain notamment [2]. »

Car sa situation, comme celle de presque tous les chercheurs, est assez inconfortable, voire fragile :

« J'ai besoin pour les recherches de mon laboratoire, de huit cent mille francs par an. L'Université m'en donne quarante-cinq mille, il faut que j'en trouve sept cent cinquante mille pour payer le personnel et le matériel. Je passe mon temps à me mettre à genoux devant tout le monde pour obtenir de l'argent. Je me mets à genoux devant le ministère, les laboratoires pharmaceutiques, les fondations Follereau, etc. [3]. »

Une fois encore, les fondations Follereau pallient les carences des pou-

---

1. Id.
2. Id.
3. Id.

voirs publics en matière de financement de la recherche scientifique. Quant aux laboratoires pharmaceutiques, leur aide reste aléatoire.

Le Pr Marc Gentilini [1] influence aussi les démarches de la fondation. Grand, mince, l'œil perçant, toujours très calme, la voix douce, mais animé d'une détermination farouche, il fait figure de « patron » de la médecine tropicale en France. Pour les étudiants en médecine francophones, son nom est attaché à son imposant précis de médecine tropicale, constamment réédité, qui fait office de référence suprême en la matière. Il conseille la plupart des grandes organisations humanitaires françaises, comme Médecins sans frontières ou Médecins du monde. Il est également consulté par les pouvoirs publics et la presse quand il convient d'analyser les rapports entre santé et développement. L'apparition du sida l'amène à intervenir pour définir et réclamer une politique de santé publique cohérente en la matière.

Son histoire est aussi celle d'une génération de médecins qui a commencé ses études dans l'euphorie de la découverte des antibiotiques et a vu s'obscurcir des horizons que l'on avait pu croire définitivement dégagés.

Marc Gentilini est né en effet en 1929. Son père travaillait à Reims dans les assurances. Il a onze ans quand la guerre éclate. Elle le marque profondément. Son père est prisonnier de guerre, les privations sont nombreuses. Les bombardements menacent tout le monde et rendent difficiles les études. Mais ces années de guerre et celles qui les suivent voient aussi la médecine progresser à pas de géant avec l'arrivée des antibiotiques, des antituberculeux, des corticoïdes, des antidiabétiques par voie orale. La médecine semble capable de trouver des remèdes décisifs à des souffrances dramatiques et anciennes.

De plus, toute l'éducation de Marc Gentilini est imprégnée d'esprit évangélique. Dans sa famille comme à l'école (il effectue ses études secondaires à Reims chez les Jésuites), on lui demande d'axer tous les actes de sa vie sur le don et l'attention aux autres. Le lendemain de la guerre est aussi marqué par l'ouvriérisme et on invite à s'intéresser aux plus démunis. C'est ainsi que Marc Gentilini consacre ses loisirs à l'animation d'un patronage. Il s'occupe des enfants de la banlieue de Reims, les emmène en colonies de vacances dans les Alpes, et anime pour eux durant le reste de l'année des activités diverses à Reims.

Il choisit donc de devenir médecin, espérant partir en Afrique pour y soigner les plus déshérités. Reçu premier à la fin de sa première année de médecine, il quitte Reims pour Paris, où il poursuit ses études et ses activités militantes dans les quartiers pauvres du Kremlin-Bicêtre. Ses brillants succès aux concours parisiens le retiennent alors en métropole. Mais l'Afrique le tente toujours. Et le monde aussi. Il contemple souvent le planisphère qu'il s'est acheté au début de ses études médicales.

Il veut alors créer un service autour de besoins nouveaux qu'il sent se

---

1. Le Pr Gentilini nous a accordé un entretien le 11 mars 1988 à Paris.

développer avec l'augmentation rapide de l'immigration africaine. Il fonde ce service sans personnel ni locaux et avec un microcospe monoculaire pour seul matériel. Il commence par des consultations et peu à peu met en place un ensemble de vastes dimensions. Son service des maladies parasitaires et tropicales à la Pitié-Salpêtrière comprend aujourd'hui des lits d'hospitalisation mais aussi des bâtiments d'enseignement, une unité de recherche, un central téléphonique où le public peut obtenir des renseignements sur les précautions à prendre en cas de voyage lointain ou de risque de sida.

Parallèlement, son secteur de recherche et sa renommée l'amènent à se déplacer de plus en plus dans le monde, à l'occasion de congrès, de cours à dispenser ou de missions sur le terrain. Il se rend surtout au Maghreb, en Afrique noire, au Canada, mais peu dans les pays anglophones. Il devient assez vite le médecin personnel de nombreux chefs d'État africains, lesquels viennent parfois se faire soigner discrètement à Paris. Mais, en Afrique, il ne veut pas rester dans les palaces des capitales. Des missionnaires se rappellent avoir reçu sa visite en toute simplicité dans des endroits reculés [1]. Partout où il passe, le Pr Gentilini s'intéresse au sort des plus démunis. C'est ce qui a amené ce célibataire à adopter de nombreux enfants tous originaires du tiers monde, mais de pays différents.

Muni des titres les plus prestigieux, sollicité de toute part, Marc Gentilini reste un non-conformiste. Son indépendance d'esprit le rend inattendu et inclassable. Son humour flegmatique mais parfois acide lui attire des rancunes. Ayant longtemps présidé le comité médico-social pour la santé des migrants, il a eu assez tôt des contacts avec les pouvoirs publics et a pu mesurer le peu de cas que les « décideurs » faisaient des informations communiquées par les médecins. Il voit se succéder les ministres de la Coopération et se montre dubitatif quant au résultat des travaux de nombreuses commissions spécialisées mises en place par les pouvoirs publics et auxquelles il participe.

Il apprécie la générosité et le sérieux des organisations non gouvernementales qui agissent en faveur du tiers monde et offre bénévolement ses services à beaucoup d'entre elles. Certaines ont une envergure considérable (Médecins sans frontières, Médecins du monde, Aide médicale internationale, fondations Follereau), mais d'autres sont de toute petite taille, comme l'association qui s'occupe de l'accueil de réfugiés cambodgiens dans l'Essonne.

Le Pr Gentilini, comme le Pr Grosset, a peu connu Raoul Follereau. Il se rappelle ses textes et il les cite souvent aux étudiants au détour d'un exposé sur la santé publique dans le tiers monde. Il souscrit à l'idéal de Raoul Follereau et, quittant la commission médicale, il est entré parmi les membres fondateurs de la fondation. Il intervient souvent dans les congrès de la fondation, prononçant des synthèses fort appréciées après les exposés médicaux et sociaux. Il plaide pour une approche plus globale des pro-

---

1. Selon le témoignage de missionnaires rentrés en France aujourd'hui.

blèmes de santé dans le tiers monde et trouve que l'association Follereau porte une attention trop exclusive parfois à la lèpre [1]. Ses avis sont partiellement entendus, puisque les fondations Follereau ont subventionné des recherches sur le paludisme dans des régions de forte endémie lépreuse [2], le paludisme touchant aussi les lépreux. Le Pr Gentilini aimerait que les fondations Follereau étendent leur attention à « toutes les lèpres » et aux différentes formes de marginalisation qui existent, même en France.

Ce refus du cloisonnement humanitaire ou intellectuel se retrouve dans l'Institut Santé et Développement qu'il a créé à Paris. Pluridisciplinaire, ce centre réunit des scientifiques de disciplines variées et des hommes de terrain qui confrontent leurs travaux et leurs expériences. De telles démarches sont assez rares en Europe et en Afrique ; on trouve des instituts de ce type à Bordeaux, à Anvers, à Heidelberg et à Dakar.

S'il refuse de s'engager en politique, le Pr Gentilini intervient fermement dans de nombreux débats scientifiques et techniques. Il le fait d'autant plus qu'il voit se détériorer la situation sanitaire dans le tiers monde. Il souffre de voir la catastrophe sanitaire que vit l'Afrique actuellement, d'autant qu'elle était largement évitable selon lui. Il déplore que les médecins disposent d'une si infime possibilité d'intervention. Il dénonce aussi les idéologies sanitaires qui ont amené des instances de l'O.M.S. à prendre des décisions inadaptées aux besoins des Africains et à refuser des hôpitaux. Il regrette la pauvreté de l'argumentation de certains milieux tiers-mondistes.

L'apparition du sida marque une tragédie sanitaire pour l'Afrique, un danger réel pour les pays à haut niveau de vie. Le Pr Gentilini fut l'un des premiers à signaler les menaces et l'ampleur de cette maladie. Il intervient périodiquement pour réagir à certaines propositions ou décisions inadaptées.

Avec sa compétence, ses titres et ses propositions, le Pr Gentilini pourrait se faire un nom dans le débat public. Mais il n'y tient guère. Il ne veut pas jouer les maîtres à penser. Il ne recherche pas la vie parisienne, l'agitation médiatique lui semble factice et au bout du compte limitée dans ses résultats. Timidité cachée, peut-être. Quand on lui parle du Dr Aujoulat, il répond : « Il avait un charisme que je n'ai pas [3]. » Cela est discutable, car il suffit de parcourir le service de la Pitié-Salpêtrière pour se convaincre du contraire. Le Pr Gentilini impose le respect sans élever la voix. Il imprime sa marque jusque dans l'agencement du service, où un étage est dédié à Raoul Follereau. Des planisphères rappellent à tous la dimension mondiale des problèmes, et l'Asie y figure au centre, afin de signaler où se situe le centre démographique de l'humanité.

Comblé d'honneurs, ne ressent-il pas l'impression d'un échec ou d'une

---

1. Témoignage déjà cité.
2. Cela est d'ailleurs signalé dans le bulletin *Lèpres*, au moment de la publication des comptes annuels de l'association.
3. Témoignage déjà cité.

désillusion, après avoir tant attendu de la médecine quand il était adolescent ?

Malgré tout, il garde l'espérance. Une espérance qu'il puise dans sa profonde foi chrétienne. Il aime prendre le temps de méditer et aspirerait à une forme de vie alternant les périodes d'immersion dans le monde et de retrait dans un monastère ou dans la contemplation [1]. Il incarne aussi une manière laïque de vivre les valeurs chrétiennes au XXe siècle.

Et au fond de lui-même il espère que la vraie coopération [2] avec le tiers monde commencera enfin, celle qui implique un échange entre deux partenaires et non l'assistance de l'un à l'autre.

Les fondations Follereau travaillent et ont travaillé avec de nombreux autres médecins renommés, et ceux-ci lui ont donné beaucoup de leurs temps également. Il ne s'agit pas d'un soutien de politesse mais d'un réel partenariat, chacun procurant à l'autre les moyens de mener à bien son travail.

La commission médicale est donc l'un des atouts majeurs de la fondation Follereau.

Quels sont les partenaires et la situation sur le terrain ?

L'association française Raoul-Follereau soutient plus de deux cents centres de lutte contre la lèpre, dans les pays francophones principalement, répartition par l'I.L.E.P. oblige.

Elle intervient surtout dans des projets nationaux et gouvernementaux après avoir signé des accords avec les pays concernés. Souvent, il s'agit actuellement d'étendre la P.C.T. (polychimiothérapie) au-delà des centres pilotes. D'autant que l'Afrique est là encore en retard : 20 % seulement des malades soignés le sont par la polychimiothérapie, alors qu'ils sont plus de 50 % en Asie [3].

L'aide à des centres privés est plus rare, sauf à Madagascar et au Cameroun. Les congrégations religieuses peuvent intervenir dans des cadres privés ou publics comme Adzopé ou l'Institut Marchoux à Bamako.

Quelle est la nature de l'aide apportée ?

Des médicaments, des véhicules – de la voiture au vélomoteur – pour permettre le dépistage et le traitement du malade à domicile, du matériel médical et chirurgical, du matériel didactique pour l'éducation à la santé, des revues scientifiques, des bourses d'études pour des infirmiers ou d'autres personnes [4]. Et bien sûr de l'argent pour entretenir les locaux, payer le personnel, l'essence, les réparations de toutes sortes. Sans compter

1. Id.
2. Id.
3. Source : commission médicale de la fondation.
4. Le détail de l'aide est indiqué dans le bulletin *Lèpres*, au moment de la publication des comptes annuels en particulier.

l'aide fournie aux laboratoires de recherche et aux organisateurs de congrès.

Des situations exceptionnelles justifient des aides encore plus classiques. Durant l'hiver 1985, les fondations Follereau fournissent cinq cent cinquante tonnes de riz pour onze mille lépreux du Sahel soignés dans des centres qui ne disposent plus de réserves alimentaires à cause des effets catastrophiques de la sécheresse [1]. La priorité des fondations n'est pas un type d'action, mais de répondre aux besoins les plus urgents des lépreux.

Elles paient ce qu'elles achètent pour l'adresser aux malades, mais elles ne sont pas un acheteur comme les autres. Ainsi pour les médicaments. Un particulier les achèterait en pharmacie puis devrait payer le prix des transports : de la France vers le pays concerné, droits de douane compris, puis du port ou de l'aéroport vers les centres concernés. Or, comme les fondations Follereau achètent des quantités considérables de médicaments, elles bénéficient de réductions substantielles. Elles achètent directement au laboratoire sans passer par le pharmacien et d'autres intermédiaires, évitant les taxes diverses, ce qui réduit encore les prix. Les fondations ont aussi signé des accords avec des compagnies de transport qui leur assurent des rabais substantiels. Des conventions ont été conclues avec les pays africains grâce auxquelles les fondations sont exemptes de droits de douane.

En 1989, André Récipon fait le compte [2] : avec deux mille quatre cents francs, un particulier peut acheter des médicaments pour soigner et guérir trois malades. Avec deux mille francs, les fondations Follereau peuvent en soigner douze, soit quatre fois plus. C'est pourquoi André Récipon répond, quand on lui demande ce qui parvient aux lépreux quand un donateur adresse aux fondations un chèque de cent francs : « cent vingt francs [3] ». Il pense à toutes ces réductions dont bénéficie l'association, réductions obtenues après de longues négociations, il faut le rappeler.

Il présente le même argument pour l'achat de véhicules et l'envoi de tout don en nature.

Le sort des lépreux est-il plus satisfaisant en Afrique noire depuis dix ans ?

On éprouve globalement une impression de stagnation malgré tous les efforts entrepris. À des stratégies sanitaires hasardeuses s'ajoute l'appauvrissement de l'Afrique.

D'une manière générale, l'Afrique est le continent le plus préoccupant sur le plan sanitaire.

Dans le tiers monde, l'espérance moyenne de vie est passée de quarante-six ans en 1960 à soixante-deux ans en 1987 [4]. Elle atteint entre soixante-

---

1. Épisode raconté dans *Lèpres*, numéro de mai-juin 1985, pp. 2 à 6.
2. Il s'exprime dans le numéro de juillet-août 1989 de *Lèpres*.
3. Réponse souvent donnée lors de la Journée mondiale des lépreux en 1989 et 1990.
4. Estimation forcément très approximative de l'O.N.U.

cinq et soixante-dix ans en Amérique du Sud, soixante ans environ dans nombre de pays d'Asie. À Hong Kong, selon l'O.N.U., elle est même un peu plus élevée qu'en France [1].

En revanche, en Afrique noire, elle reste souvent inférieure à quarante-cinq ans, en particulier dans des pays comme le Mali, le Burkina, la Guinée et d'autres encore.

La stagnation et même la dégradation sanitaire en Afrique noire sont donc presque atypiques.

Certaines théories de l'Organisation mondiale de la santé n'ont rien arrangé.

En septembre 1978, à l'issue d'une conférence internationale à Alma-Ata, en Union soviétique, l'O.M.S. publie une déclaration préconisant les « soins de santé primaires » dans le tiers monde. Ce texte, étrangement interprété, suscite les politiques sanitaires les plus aventureuses.

L'O.M.S. constate que, faute de moyens matériels, il est impossible de mettre rapidement en place dans le tiers monde une infrastructure sanitaire comparable à celle de l'Occident, avec de nombreux hôpitaux disposant d'un matériel sophistiqué et de nombreux médecins. Elle veut que la priorité soit donnée aux actions de prévention : vaccination, assainissement du milieu, enseignement des règles d'hygiène les plus élémentaires, traitement simple des maladies les plus fréquentes par un petit nombre de médicaments. Il s'agit là des soins de santé primaires. Les médications indigènes sont valorisées également.

Comme la plupart des pays manquent de médecins et surtout n'ont pas d'argent pour les payer, l'O.M.S. imagine que dans chaque village un « agent de santé villageois » rapidement formé soit chargé de mettre en œuvre et de superviser tous ces soins de santé primaires. Selon l'O.M.S., il convient de transférer les malades les plus gravement atteints à l'hôpital situé dans la grande ville la plus proche qui doit disposer, lui, d'équipements élaborés.

Or, beaucoup de responsables nationaux de santé publique retiennent seulement de ce texte qu'il faut rompre avec les systèmes de santé traditionnels : les services des endémies sont supprimés, des hôpitaux de brousse et des léproseries doivent fermer leurs portes. On attend le salut des agents de santé villageois. Or ceux-ci sont formés à la hâte, recrutés selon des critères politiques le plus souvent et ne jouissent pas d'une grande autorité dans leur village. Ils sont rapidement débordés par l'ampleur de la tâche à accomplir.

De sorte qu'un système sanitaire traditionnel disparaît sans être remplacé. Le désordre remplace une organisation imparfaite, mais qui avait au moins le mérite d'exister. Les médecines parallèles et le marché noir des

---

1. D'un an de plus selon l'O.N.U. en 1987.

médicaments fleurissent. Ce n'est pas la déclaration d'Alma-Ata qui entraîne ce désastre [1], mais l'interprétation que beaucoup en font.

Seuls les missionnaires et les religieuses assurent un suivi sanitaire cohérent des populations auprès desquelles ils se trouvent. Les microprojets des organisations privées occidentales constituent également quelques îlots de cohérence au milieu d'un désordre souvent affligeant. Les rapports officiels des administrations et des fonctionnaires internationaux de la santé essaient de minimiser l'ampleur de la catastrophe. Certes, dans quelques secteurs le changement s'effectue dans des conditions assez satisfaisantes, mais il s'agit d'exceptions.

À cela s'ajoute l'appauvrissement de l'Afrique noire francophone.

La plupart des États qui la composent appartiennent au petit groupe des « pays les moins avancés », c'est-à-dire des pays où le revenu moyen par habitant est le plus faible du monde. En moyenne, un Français gagne en un jour ce qu'un de leurs habitants gagne en un an [2].

Ces pays cumulent donc tous les handicaps.

La sécheresse et la désertification du Sahel, l'insuffisance des ressources naturelles n'expliquent pas tout.

Les taux de scolarisation y sont les plus faibles du monde et les cadres formés travaillent rarement au développement de leur pays. Ils préfèrent vivre en Europe, car ils ne reçoivent aucune offre d'emploi en Afrique. Beaucoup sont écartés ou emprisonnés par les régimes autoritaires et les dictatures qui tiennent le plus souvent en main les destinées de ces pays et qui redoutent les personnalités trop brillantes. Des incompétents occupent fréquemment les postes de décision, y compris en matière sanitaire. Le gaspillage des talents est l'une des plaies de l'Afrique noire. Le cas de la Guinée saccagée par la dictature de Sékou Touré jusqu'en 1984 n'en est que l'exemple le plus criant.

Les troubles politiques et les guerres ou menaces de guerre renforcent la militarisation de ces pays : les dépenses militaires prennent une place importante, l'armée semble souvent la seule force organisée du pays et fournit de nombreux responsables politiques. Les rivalités ethniques perturbent aussi la vie nationale, les frontières politiques tenant peu compte des réalités culturelles et sociales.

L'évolution du cours des matières premières rend presque impossible tout effort de planification à long terme; prenons l'exemple de la Côte-d'Ivoire, laquelle ne fait pas partie des pays les moins avancés cependant. Depuis 1973, avec les deux chocs pétroliers, la même quantité de pétrole

---

1. Ce mot n'est pas trop fort pour désigner la situation sanitaire que connaissent aujourd'hui certains pays d'Afrique noire qui semblaient pourtant en bonne voie au début des années soixante. Cette affirmation s'appuie sur les témoignages concordants de nombreux missionnaires, religieuses, coopérants, autochtones, voyageurs, en particulier ceux qui ont vu les secteurs éloignés des capitales.

2. Selon les statistiques de l'O.N.U. à la fin des années quatre-vingt.

achetée coûte dix fois plus cher. En revanche, les cours du cacao et du café, sur l'exportation desquels reposait l'économie nationale, se sont effondrés depuis 1980. Que faire dans de pareilles conditions ? On pourrait aussi citer le cas du Niger et de son uranium. Les projets sanitaires subissent alors des retards.

Les infrastructures de transport restent souvent embryonnaires alors que les densités de population demeurent faibles et les habitants très dispersés. Le Mali compte dix mille villages pour huit millions d'habitants et un territoire grand comme deux fois et demi la France. Les pistes sont difficilement praticables lors de la saison des pluies. En Afrique équatoriale, les densités rurales peuvent tomber à moins d'un habitant au kilomètre carré (Congo, Gabon...), les hommes occupant quelques clairières perdues dans la forêt vierge.

En 1983, le journaliste Jean-Claude Darrigaud [1] accompagne le Dr Mannoni et il leur faut quatorze heures pour parcourir deux cent cinquante kilomètres dans la forêt et atteindre un village qui n'avait pas reçu de mission médicale depuis vingt ans. Apprenant la nouvelle, des malades accourent des alentours. Toute la pathologie tropicale défile alors sous les yeux du journaliste. Des centaines d'enfants meurent de la rougeole dans ce secteur, alors qu'elle est parfaitement curable et que des vaccinations massives peuvent la prévenir. Quelques cas de lèpre sont bien sûr détectés au cours de cette journée de travail.

Il faut d'ailleurs signaler que la configuration des États africains ne facilite pas l'action sanitaire. Prenons l'exemple de l'Afrique occidentale, où les États sont découpés perpendiculairement au littoral. Ils recouvrent ainsi des milieux écologiques différents qui, sur le plan sanitaire, correspondent à autant de pathologies différentes : côte, forêt, savane, sahel, désert. De même, le travail en ville requiert des méthodes différentes de l'opération en brousse. Or les politiques sanitaires sont souvent conçues d'une manière très uniforme et les spécificités de chaque milieu sont insuffisamment prises en compte par les organigrammes administratifs.

La corruption décourage ceux qui interviennent dans ces régions. Elle explique la mise en place des délégués permanents par les fondations Follereau. La corruption est elle-même considérée comme une faute par ceux qui la pratiquent ? Le bien public des vieux États de droit semble étranger à la pensée de ceux pour lesquels la solidarité de la famille élargie constitue la plus haute valeur morale : qui parvient à une responsabilité et voit circuler des richesses doit en faire profiter les membres de sa famille sous peine de les trahir. Les valeurs de morale sociale africaines peuvent donner naissance à des interprétations diverses, parfois choquantes pour les Occidentaux et néfastes pour les programmes d'aide au développement.

Le sida compromet enfin l'explosion démographique de l'Afrique. Le fléau y sévit depuis les années soixante-dix au moins, et le Zaïre n'est pas

---

1. Il effectue alors un reportage pour les fondations Follereau.

son seul foyer. L'Afrique occidentale a aussi été l'un des points de départ de cette épidémie. Bien que les taux de natalité soient très élevés – plus de 40 $^0/_{00}$, ce qui représente plus de six enfants par femme –, la population de l'Afrique noire pourrait diminuer au cours des années à venir. On signale déjà en Afrique équatoriale, au Congo par exemple, des villages entiers où la quasi-totalité des adultes meurt peu à peu. Par ailleurs, le sida détruisant le système immunitaire, l'organisme se trouve démuni face aux agressions extérieures et le moindre microbe ou virus peut devenir fatal. Des fléaux semblent alors resurgir, le nombre des victimes du paludisme, de la peste... ou de la lèpre augmente. Des personnes meurent officiellement de ces affections, alors qu'elles sont en fait victimes du sida. Les spécialistes parlent de tragédie à propos du sida en Afrique. Ce mal va-t-il engendrer des exclusions nouvelles ? Verra-t-on naître en Afrique des hommes ou des femmes qui, en matière de lutte contre le sida, joueront un rôle dans l'opinion comparable à celui joué par Raoul Follereau à propos de la lèpre ? Les fondations Follereau ne veulent pas en tout cas que les lépreux soient oubliés à cause des ravages sans cesse croissants du sida, qui retient de plus en plus l'attention des autorités sanitaires.

Ajoutons enfin que l'Afrique noire intéresse de moins en moins les investisseurs, car le marché potentiel y semble bien étroit et que la qualification de la main-d'œuvre y est moindre qu'en Asie. Même les grandes puissances s'intéressent beaucoup moins à cette partie du monde en ce début des années quatre-vingt-dix qu'au cours des décennies précédentes, pour les raisons que l'on sait. Qui voudra encore s'intéresser à l'Afrique noire au cours des années à venir ?

Tel est le contexte où doivent intervenir les fondations Follereau. Leur marge de manœuvre reste limitée. Elles mènent un travail de longue haleine. Techniquement et sur le papier, la lèpre pourrait disparaître en quelques années en Afrique. Mais en raison des obstacles évoqués, la lutte contre la lèpre risque de se poursuivre pendant des décennies au moins, des siècles peut-être [1].

En Afrique occidentale, la peur des lépreux a énormément diminué grâce aux campagnes de Raoul Follereau et la Journée mondiale des lépreux reste un grand moment de ferveur collective. Le pape Jean-Paul II a d'ailleurs rencontré personnellement les lépreux à l'occasion de son voyage dans cette partie du continent africain au début de l'année 1990.

Mais la fin des peurs était due aussi aux succès obtenus contre la maladie, qui pouvaient faire croire à son éradication proche. Si la maladie revient en force, les mentalités ne vont-elles pas évoluer de nouveau, en un sens défavorable aux lépreux cette fois ?

---

1. En privé, en 1987, André Récipon confie qu'il faudra peut-être des siècles pour que la lèpre disparaisse enfin d'Afrique équatoriale.

Les fondations Follereau négocient donc leur intervention avec les États. André Récipon est reçu à l'égal d'un homme d'État quand il se rend dans ces pays. Il connaît personnellement de nombreux ministres africains, certains sont même devenus ses amis et il garde aussi envers eux son franc-parler, dénonçant ce qui lui semble incohérent. Mais les ministres eux-mêmes n'ont pas toujours les moyens de contrôler tout ce qui se passe dans leur pays.

Côte-d'Ivoire, Bénin, Mali, Burkina, Niger, Tchad, Mauritanie, Guinée, Congo, Cameroun, Madagascar sont les principaux pays où intervient l'association Follereau. La situation varie bien sûr considérablement d'un État à l'autre.

La Côte-d'Ivoire dispose du système sanitaire le plus complet et accueille des lépreux d'origine étrangère malgré ses difficultés présentes. Les léproseries y restent nombreuses. Adzopé demeure, avec l'Institut Marchoux, le grand centre de référence pour la lutte contre la lèpre en Afrique occidentale.

Au Burkina, pays sans débouché sur la mer et sans ressources naturelles importantes, les résultats obtenus contre la lèpre semblent encourageants. D'ailleurs il n'y a jamais eu de véritable léproserie dans ce pays, mais seulement des centres de traitement où les malades les plus touchés sont soignés de trois à six mois ; le traitement fini, ils reprennent leurs activités. Ce pays a beaucoup investi dans les soins de santé primaires mais, après des difficultés, les responsables du pays semblent désireux d'éradiquer avec des moyens importants lèpre et tuberculose. Un encadrement efficace de la population est en place, mais les mutations fréquentes des responsables sanitaires gênent la bonne marche de ces projets. Néanmoins, ce pays, qui comptait trente-deux mille lépreux en 1982, n'en aurait plus que douze mille aujourd'hui [1].

En 1990, Jean-Paul II visite le Sahel et, au Burkina, il rencontre les représentants de l'association Follereau. Quand on lui annonce le chiffre de douze mille lépreux dans le pays, il s'en étonne. Il s'attendait à un chiffre plus élevé. Les responsables lui disent alors la baisse du nombre des malades enregistrée :

« C'est une diminution de plus des deux tiers en huit ans...

– Grâce à Dieu ! » s'écrie le pape, comme soulagé.

Et le journaliste Bernard Cabannes ajoute :

« Son visage s'éclaire au nom de Raoul Follereau, de l'association et de la fondation qui portent son nom. Son regard direct nous fixe un instant.

" Vous faites du bon travail ! ", conclut-il avec conviction en nous serrant chaleureusement la main [2]. »

---

1. Chiffres fournis par la commission médicale de la fondation Follereau.
2. *Lèpres*, deuxième numéro de l'année 1990.

Au Bénin, les léproseries ont longtemps été nombreuses, mais l'emploi de la polychimiothérapie reste assez limité. Des efforts importants sont entrepris depuis 1987. Mais le personnel des léproseries et des équipes de lutte contre la lèpre a vieilli et son renouvellement reste insuffisant. Beaucoup de personnes compétentes ne sont pas remplacées [1].

Au Niger et au Mali des progrès sont perceptibles en matière de lèpre, mais il reste énormément à faire. Les résultats encourageants du Tchad à la fin des années soixante-dix sont désormais compromis par les années de guerre. En Guinée, tout est à entreprendre et l'association Follereau entretient des relations étroites avec ce pays depuis la mort de Sékou Touré, qui refusait l'aide des fondations [2].

En Afrique occidentale, le sort des lépreux semble souvent plus enviable que celui d'autres malades, même si tout reste relatif en la matière.

À Madagascar, la situation est des plus préoccupantes. Le nombre des malades reste inconnu, vraisemblablement compris entre cent mille et deux cent mille pour une population de dix millions d'habitants. Le pays est aux prises avec les difficultés les plus graves. Hors des villes, seuls les centres privés assurent une aide assez efficace.

L'association Follereau intervient dans d'autres pays, en collaboration avec les autres associations de l'I.L.E.P., ou afin de soutenir seule des opérations plus ponctuelles.

Européens ou africains, les représentants, les délégués et les correspondants de l'association sont choisis avec le plus grand soin.

Aly Cissé, au Mali [3], les Drs Serie, en Côte-d'Ivoire, et Cheik Sow, en Afrique centrale, ont connu Raoul Follereau et se consacrent depuis plusieurs décennies au développement de l'Afrique avec une persévérance et une rigueur morale exemplaires.

Xavier Surmont, Michel Chabod, Grégoire Detœuf, le Dr Blanc y travaillent depuis plusieurs années au service des lépreux [4].

Xavier Surmont est né en 1952. De vingt et un à vingt-sept ans, il travaille au cabinet d'un expert comptable puis, voulant donner « un sens humanitaire à sa vie », il écrit à la fondation Follereau, qui cherche des représentants sur le terrain. Sa candidature est retenue, et dès 1980 il représente la fondation au Mali et au Niger.

Michel Chabod est de la même génération. Franc-Comtois d'origine, il

---

1. Les fondations Follereau engagent un effort important en faveur du Bénin à la fin de l'année 1990. Il semble porter ses fruits.

2. Dans *Lèpres* ou dans la lettre mensuelle, les fondations publient très régulièrement des informations précises sur ces pays.

3. Nous le présenterons plus loin.

4. La lettre mensuelle des fondations les présente les uns après les autres, en 1986, 1987 et 1988.

travaille en Suisse dans la micromécanique. Il a accompli son service national au Cameroun, où il rencontre les lépreux. En 1982, il se marie et part pour le Burkina afin d'y représenter les fondations Follereau. Il intervient aussi au Bénin et au Mali.

Grégoire Detœuf est né en 1954. Il effectue des études scientifiques et effectue son service national dans le cadre de la coopération en Casamance, au Sénégal, où il commence par enseigner la technologie et les mathématiques. Il soutient la mise en place de plusieurs projets de développement. Depuis 1983, l'association française Raoul-Follereau et le D.A.H.W. allemand lui demandent de travailler à plein temps pour leur compte, d'abord comme administrateur des projets, puis comme représentant au Sénégal.

On constate que l'association Follereau recrute des personnes extérieures au monde médical. On pourrait faire une constatation similaire à propos d'une grande partie des recrues de Médecins sans frontières et de Médecins du monde.

Le Dr Blanc est soutenu par les fondations Follereau : il dirige le centre antilèpre de Niamey au Niger. Son père déjà était médecin de brousse avant devenir expert à l'O.M.S. Après avoir passé son enfance en Afrique et en Asie et effectué ses études à Abidjan et à Lille, il accomplit son service national comme médecin de brousse au Gabon puis se spécialise dans la biologie parasitaire et l'étude de la lèpre. À Niamey, depuis 1982, il suit avec attention les trois mille lépreux de la ville grâce à des équipes mobiles et à un fichier très complet. Il met ainsi en place la polychimiothérapie dans cette ville et s'occupe de la formation du personnel infirmier [1]. Mais il s'agit ensuite d'étendre cette polychimiothérapie aux régions rurales.

L'association Follereau travaille aussi en étroite liaison avec une nouvelle génération de cadres africains.

Le Dr Alfa Cissé [2], ancien ministre de la Santé, est l'un des hommes forts du Niger. Il est encore jeune. Homme de terrain, d'une intégrité totale et d'une puissance de travail étonnante, très exigeant envers lui-même comme envers ses collaborateurs, ce médecin musulman s'entend admirablement avec André Récipon. Alfa Cissé veille à ce que l'action sanitaire s'accomplisse dans de bonnes conditions. Quand des vaccins sont adressés au Niger, il vérifie personnellement que la chaîne du froid nécessaire à leur bonne conservation est convenablement assurée. André Récipon lui consent même en 1989 un prêt remboursable sur cinq ans pour la culture du riz ; mais ce prêt est remboursable en nature : du riz est livré aux malades de Niamey. Ce type de prêt vise à pallier les inconvénients de la variation des cours du riz, variations qui perturbent la vie des pays du tiers monde et favorisent leur endettement.

---

1. Données fournies par le service de documentation de la fondation Follereau.
2. Le bulletin *Lèpres* évoque régulièrement son action. Des témoignages de personnes travaillant aux fondations nous ont permis de compléter notre information.

Le Dr N'Deli est ivoirien [1]. Né en 1941 à Tiebissou, il accomplit ses études primaires et secondaires à Agboville puis ses études de médecine à Abidjan, où il se spécialise en chirurgie. À la différence de la génération précédente, celle des premiers médecins africains, il n'est pas obligé de venir en France pour ses études; lui-même se définit comme un « pur produit africain ». Chirurgien, il s'intéresse assez vite à la lèpre, suit un stage à l'Institut Marchoux puis travaille à Adzopé, où le bloc chirurgical était peu utilisé. Les Sœurs de Notre-Dame-des-Apôtres l'initient aux problèmes spécifiques de la lèpre et, en 1980, il prend la direction d'Adzopé, succédant à la sœur de Montaigne, cinq religieuses de la congrégation faisant toujours partie de l'équipe médicale d'Adzopé. Le Dr N'Deli effectue aussi un stage en 1982 au Pharo, à Marseille, auprès du Pr Bourrel, son épouse travaillant comme biologiste à l'Institut. Il participe au congrès de Viviers de 1989 des fondations Follereau. L'évolution d'Adzopé est l'une des fiertés de celles-ci, qui y envoient de nombreux journalistes à l'occasion de la Journée mondiale des lépreux en 1989 et en 1990. Le Dr N'Deli est donc fréquemment cité à l'occasion de ces campagnes.

L'Institut Marchoux de Bamako connaît une évolution assez voisine. Il ressemble aujourd'hui à une petite ville avec, répartis sur quarante hectares, vingt-cinq bâtiments d'analyses, de recherches, de soins, d'administration et quelques dizaines d'autres où logent et travaillent des malades. Pendant les pires moments de la sécheresse, beaucoup venaient au centre pour y trouver quelques moyens de survivre. Les sœurs assurent plus qu'un encadrement; elles apportent un supplément d'âme. À l'image de la sœur Marie de Lorraine, décédée en 1985, à soixante-treize ans, après quarante ans de présence en Afrique, dont vingt à l'Institut Marchoux, où elle était chargée de la salle Raoul-Follereau, la plus terrible, celle des plaies, des ulcères, des « maux perforants plantaires », celle des souffrances les plus cruelles... « Ce sont les meilleurs de ses enfants que la France a donnés à l'Afrique », écrit André Récipon à l'annonce de son décès [2].

Mais en 1991 les religieuses de Notre-Dame-d'Afrique, ou Sœurs blanches, doivent quitter l'Institut Marchoux après cinquante-cinq ans de présence. Elles y seront remplacées par la congrégation malienne des Filles du Cœur de Marie. Déjà, au Bénin, une congrégation béninoise des Oblates catéchistes Petites Servantes des pauvres ont remplacé la congrégation européenne. Africanisation de l'Église, vitalité de l'Église africaine et diminution des vocations sacerdotales et religieuses en Europe conjuguent leurs effets.

---

1. Id.
2. Le bulletin *Lèpres* rend compte régulièrement des activités du centre.

Cette évolution fait découvrir aux fondations Follereau les graves problèmes matériels de l'Église en Afrique. André Récipon écrit, en juillet 1990 [1] :

« Alors qu'en France, on estime à soixante-dix mille francs le coût annuel de la formation d'un prêtre ou d'une religieuse, les noviciats et séminaires d'Afrique ne disposent, dans le meilleur des cas, que de quatre mille six cents francs. Un religieux m'a dit : " Tout le monde fait du social, mais on finance plus facilement un élevage de porcs qu'un noviciat ou un séminaire. "

...Nous réfléchissons en ce moment à la mise en place d'une structure qui corresponde à ce nouveau besoin ; comme nous l'avons fait en créant le fonds de solidarité pour le Liban, en mars 1989. Tout cela dans le cadre de la bataille contre toutes les lèpres souhaitée par Raoul Follereau. »

Les problèmes matériels de l'Église en Afrique sont tels en effet que des évêques et des responsables de congrégation sont amenés à refuser des vocations, tant les candidats motivés sont nombreux.

La démarche de la fondation Follereau n'est pas unique cependant. À la fin des années quatre-vingt, dans une revue missionnaire, un religieux confiait : « Au début, je voulais développer pour évangéliser. Maintenant je suis convaincu qu'il faut évangéliser pour parvenir à un développement authentique. Ce qui évite aussi à beaucoup de partir avec la caisse... »

Dans le même temps, la Fidesco, organisme de coopération mis en place par la communauté de l'Emmanuel, répond aux demandes des évêques locaux et insiste sur la vie de prière de ses membres.

Surtout, face à l'effondrement des structures sanitaires étatiques, à la corruption quasi institutionnalisée, religieuses et religieux paraissent souvent les seuls partenaires fiables à beaucoup de groupes, même laïcs, qui souhaitent aider les Africains.

La redécouverte de la dimension spirituelle de toute vie sociale et de tout acte social constitue peut-être l'un des faits les plus importants de la vie du mouvement humanitaire d'inspiration chrétienne à l'orée des années quatre-vingt-dix.

L'association Follereau apporte son soutien à d'autres religieux et religieuses.

Aux Philippines, un jésuite français, le père Tritz, découvre des cas de lèpre dans les bidonvilles. Dès 1976, il fonde une association d'aide aux lépreux et met en place des équipes qui assurent un dépistage efficace. Il poursuit aussi une action d'évangélisation et d'assistance auprès des enfants des bidonvilles [2].

---

1. Dans *Lèpres*. Il s'adresse donc à tous ceux qui soutiennent l'action de l'association.
2. L'action du père Tritz est régulièrement évoquée au moment de la Journée mondiale des lépreux.

À Haïti, un pays où la densité dépasse deux cents habitants au kilomètre carré et où les ruraux forment 90 % de la population, un pays saccagé par la dictature lui aussi, le père Jean Ollivier, oblat de Marie Immaculée, découvre des lépreux en 1977 [1]. Officiellement, la maladie n'existait plus dans l'île. Un jour de consultation médicale de masse, il en diagnostique vingt cas et, poursuivant ses investigations dans le secteur, il en dépiste quelques centaines d'autres. En fait, tous les éléments sont réunis pour qu'apparaisse la lèpre : pauvreté, promiscuité... Le père met en place des services de dépistage mais aussi un centre de prothèses pour les lépreux mutilés.

En 1979, il se rend dans une famille où, dit-on, un enfant souffre de la gale. En fait il est atteint de la lèpre lépromateuse, la forme grave. Sa main gauche est perdue, il souffre d'ulcères aux jambes, sa figure est boursouflée, il est couché à l'extérieur de la maison, car ses plaies dégagent une odeur pestilentielle. Sa mère et quatre autres membres de la famille sont déjà contaminés par cette forme contagieuse de lèpre. Le père emmène l'enfant à l'hôpital, et il en sort guéri peu de temps après.

L'anecdote est digne des premiers reportages de Raoul Follereau. Quoique ce dernier ait parcouru Haïti et que son message y ait été diffusé, l'évolution des préjugés et des mentalités est très lente. La disparition temporaire du danger amène les responsables à relâcher leur vigilance, et il n'en faut pas davantage pour que de tels drames se produisent. La peur et la honte resurgissent quand on les croyait disparues.

En fait, rien n'est réglé en matière de lèpre tant que la pauvreté subsiste, et tout resurgit quand la pauvreté revient.

En 1990, le père Philippe Carles, missionnaire spiritain d'origine mauricienne, meurt à soixante-dix ans à Madagascar, où il travaillait depuis quarante-trois ans au service des lépreux, auxquels il se dévouait sans compter. Il avait correspondu avec Raoul Follereau depuis 1952 et était présent au congrès des fondations en 1987, où il avait reçu le prix Raoul-Follereau de l'Académie française. Sa simplicité et son immense douceur avaient profondément marqué l'auditoire. Il avait vu les sulfones perdre de leur efficacité et s'occupait cependant des malades avec la même constance.

Dans le sud de l'Inde, dans le Tamil Nadu, à Rawattakuppam, Sœur Regina [2] multiplie les cliniques itinérantes sous les arbres. Née en 1910, elle est de la génération de Raoul Follereau. Elle fait un peu penser à Mère Teresa, et la population locale la considère comme une déesse, alors qu'elle est d'un abord très simple envers tous et reste en toutes circonstances sereine et paisible. Depuis plus de trente ans, elle lutte contre la lèpre, dans l'une des régions du monde où l'endémie est la plus répandue.

---

1. Lettre mensuelle d'information, septembre 1986.
2. L'association Follereau a même réalisé en 1987 une cassette vidéo de treize minutes en couleurs présentant Sœur Regina et son action. Nous y ajoutons le témoignage d'un médecin, Marie-Sophie Garland, qui a rencontré la sœur en Inde.

Toute une équipe travaille à ses côtés, et ceux qui la visitent sont frappés par le mélange de bonhomie et d'efficacité de ces cliniques itinérantes sous les arbres. Sœur Regina rejoint ainsi les malades près du lieu de leur travail. Les tâches ne manquent pas : examens, pansements, don de médicaments, prélèvements pour l'analyse biologique... Une action de prévention et d'information est menée. Comme 10 % seulement de la population est alphabétisée et que plusieurs dialectes locaux ont cours, les messages sont délivrés par des dessins ou des séances de théâtre ou de marionnettes. Il s'agit de dédramatiser la maladie, de la banaliser, afin de prévenir les réactions d'exclusion et d'amener les malades à se présenter dès que les premiers symptômes de la lèpre sont apparus. La sœur Regina jouit d'une telle estime dans le secteur que son action sanitaire est remarquablement efficace dans une région où les catholiques représentent pourtant moins de 3 % de la population totale.

L'association Follereau intervient aussi d'une manière originale à Pondichéry, où les lépreux sont nombreux.

En 1969, Nicole Durieux, épouse d'un diplomate français en poste en Inde, et Marie-Rose Carlier, une artiste parisienne, fondent les ateliers de tissage Aux Fils d'Indra qui emploient des habitants pauvres des bidonvilles et surtout des lépreux de Pondichéry [1]. Il s'agit, par le travail, de leur redonner une place dans la société, une dignité et des moyens de subsistance. Les lépreux se trouvaient en effet rejetés de la société, leur maladie étant interprétée comme une punition divine consécutive à une faute commise par eux ou leurs parents au cours de leur vie présente ou d'une vie antérieure.

Nicole Durieux, ancienne déportée, s'est déjà occupée des plus démunis au Mexique ; elle étudie également l'hindouisme et les beaux-arts afin de mieux comprendre la culture des personnes qu'elle rencontre.

Le travail des brodeuses de l'atelier est de qualité, mais elles n'arrivent pas à le vendre sur place. Nicole Durieux songe alors à vendre ces articles en France. Mais, pour faire connaître ces réalisations, il faudrait organiser des expositions.

De passage à Pondichéry au cours des années soixante-dix, André Récipon rencontre les époux Durieux et leur propose l'aide de la fondation Follereau. Des expositions « Aux Fils d'Indra » ont donc lieu en France avec l'appui des fondations Follereau, qui en profitent pour se faire connaître. Les ateliers de Pondichéry se développent de ce fait : ils emploient bientôt trois cents brodeuses environ et font vivre quelque trois mille personnes, l'encadrement étant indien dès le début.

À la fin des années soixante-dix, Marc Bonnet et Meeuwis Van Rijswijk découvrent les ateliers de Pondichéry. Ils ont un peu plus de vingt ans et sont tous deux inscrits à la faculté d'Aix-en-Provence, où ils étudient

---

1. Témoignage de Mme Durieux, recueilli le 15 novembre 1987 à Paris.

l'économie et la psychologie pour Marc, l'économie, la gestion et l'administration des entreprises pur Meeuwis. Tous deux poursuivent en Inde une quête spirituelle, à la recherche d'un style de vie proche de la nature et empreint de végétarisme et de yoga. Ils apprennent alors à connaître l'œuvre des fondations Raoul-Follereau et, à leur retour en France, prennent contact avec elles. En 1980, les fondations les envoient à Pondichéry, où ils aident les lépreux et développent les ateliers, introduisant des techniques nouvelles (peinture, couture, fabrication de masques et marionnettes...) et surtout mêlant davantage encore lépreux et non-lépreux, afin de rompre vraiment avec les réflexes de ségrégation.

En 1983, les ateliers deviennent juridiquement autonomes par rapport aux fondations Follereau, et celles-ci se consacrent surtout au dépistage des lépreux, au traitement et à l'éducation à la santé par les spectacles de marionnettes. Ils travaillent également à la réinsertion sociale des lépreux. Peu à peu, les mentalités évoluent, les lépreux sont regardés autrement : « Les dieux sont plus favorables aux lépreux, ils commencent à leur pardonner [1]. » On le constate, la notion de faute préalable demeure dans l'esprit de la plupart des habitants, même si les attitudes se font plus bienveillantes.

Marc épouse une Indienne de haut lignage et joue un rôle de plus en plus important dans cette région qu'il sillonne à moto. Infatigable, il publie un bulletin très complet sur les activités de l'association à Pondichéry.

Meeuwis est appelé par les fondations Follereau à d'autres tâches, en Afrique d'abord, puis à Madagascar où, depuis 1985, il est leur délégué officiel, avec un énorme travail à accomplir.

En Europe, l'association Aux Fils d'Indra se développe grâce à l'ample réseau de relations des époux Durieux et de Rose-Marie Carlier. Elle s'implante dans les pays francophones et même en Allemagne. Les expositions prennent de l'ampleur et, à la fin des années quatre-vingt, l'association est assez grande pour acquérir son autonomie à l'égard des fondations Follereau, lesquelles lui ont permis de gagner un public.

Les fondations Follereau ont aussi travaillé temporairement avec les frères Raymond et Pierre Jaccard, prêtres *fidei donum* du diocèse de Besançon.

Originaires de Villers-le-Lac, ils partent pour le Cameroun pour y servir les lépreux. Ils constatent que beaucoup végètent dans les léproseries, amputés ou souffrant de maux perforants plantaires qui leur trouent les pieds. Ils décident alors de leur fabriquer des prothèses avec les matériaux dont ils peuvent disposer sur place : bouts de bois, vieux pneus... Ils fabriquent ainsi des appareillages simples, efficaces, bon marché, et qu'ils peuvent réparer. Leur succès attirant des malades lointains, ils créent alors un centre à Yaoundé, où ils forment des prothésistes, et ils commencent à publier des ouvrages ainsi qu'à perfectionner leurs techniques. L'association Follereau,

---

1. Id.

ayant entendu parler de leur action, prend contact avec eux, publie en 1978 le petit manuel qu'ils rédigent [1] et les aide un peu financièrement.

Les frères Jaccard partent ensuite régulièrement pour des missions de quinze jours un peu partout où on les demande dans le monde afin de former des autochtones aux techniques de prothèse. Les résultats sont très concluants avec les sœurs de Mère Teresa en Inde et au Yémen. Ailleurs, il arrive qu'ils soient moins fructueux. Le problème du suivi des malades appareillés se pose alors. Les frères Jaccard jouent un rôle d'initiateurs, tandis que les fondations Follereau voudraient soutenir des équipes assurant un encadrement de longue haleine des prothésistes et des malades et se tournent vers le Pr Bourrel et l'O.H.I. (Opération Handicap international), une association qui envoie des équipes accomplissant des missions d'un an au minimum.

Les frères Jaccard travaillent désormais avec la branche française de l'ordre de Malte.

Ils organisent régulièrement – une fois par an s'ils le peuvent – à Besançon des Journées de l'espérance où ils rassemblent leurs amis du monde entier. Il s'agit de proposer une vision de l'homme plus que collecter de l'argent. Jacques Lebreton et des handicapés de tous pays, des « témoins d'espérance » plus ou moins connus y prennent la parole pour témoigner [2].

L'association Follereau intervient dans beaucoup d'autres pays, mais n'y travaille qu'avec d'autres associations de l'I.L.E.P..

L'I.L.E.P. compte actuellement vingt-deux associations réparties dans le monde entier. L'association française Raoul-Follereau lui apporte environ 12 % de son budget [3] et est devenue au cours des années quatre-vingt l'un de ses principaux bailleurs de fonds.

L'I.L.E.P. soutient un millier de projets et soigne environ un million et demi de malades [4].

MEMBRES

Aide aux Lépreux Emmaüs-Suisse	Suisse
American Leprosy Missions	États-Unis
Amici di Raoul Follereau (Amici dei lebbrosi)	Italie

1. Pierre et Raymond Jaccard, *Un homme nouveau : le lépreux handicapé, opéré et appareillé*, édité par les fondations Raoul-Follereau, 1983.
2. Les témoignages de ces journées sont publiés chaque année sous forme de petit livre par l'association de leurs amis.
3. Chiffres fournis par le service de documentation de la fondation Follereau.
4. Brochure de présentation de l'I.L.E.P.

Association Française Raoul-Follereau	France
Comité exécutif international de l'ordre de Malte pour l'assistance aux lépreux	Malte
Damien Foundation Belgium	Belgique
Deutsches Aussätzigen-Hilfswerk (Association allemande pour l'aide aux lépreux)	Allemagne fédérale
Fondation luxembourgeoise Raoul-Follereau	Luxembourg
Fondation Père Damien	Belgique
Hartdegen Fund	Allemagne fédérale
Institut cardinal Léger contre la lèpre	Canada
Leonard Wood Memorial (American Leprosy Foundation)	États-Unis
LEPRA (British Leprosy Relief Association)	Royaume-Uni
Leprosy Trust Board	Nouvelle-Zélande
Le Secours aux lépreux (Canada) Inc.	Canada
Nederlandse Stichting voor Leprabestrijding (Association néerlandaise pour la lutte contre la lèpre)	Pays-Bas
Rädda Barnen (Association d'aide à l'enfance)	Suède
Red Barnet (Association d'aide à l'enfance)	Danemark
Redd Barna (Association d'aide à l'enfance)	Norvège
Sanatorio San Francisco de Borja (Fontilles)	Espagne
Sasakawa Memorial Health Foundation	Japon
The Leprosy Mission International	Royaume-Uni

ESPOIR

Dans le combat contre la lèpre, nous voyons enfin pointer l'espoir. Un long chemin reste encore à parcourir, mais pour la première fois dans l'histoire de l'humanité il est possible de croire en l'éradication de ce fléau ancestral.

■ Par des programmes de lutte intensifs, nous pouvons réduire les préjugés associés à la maladie, accroître le dépistage précoce, dispenser un traitement aux malades au sein même de leur communauté;

■ Par la polychimiothérapie, nous avons les moyens de guérir les malades de la lèpre ;

■ Par un dépistage précoce, nous pouvons prévenir les invalidités ;

■ Par la réhabilitation sociale, les programmes de chaussures orthopédiques et la chirurgie, nous pouvons surmonter les ravages de la maladie ;

■ Par la recherche, nous entrevoyons le développement de nouveaux médicaments et la mise au point d'un vaccin préventif.

Pourtant il reste beaucoup à accomplir. Seulement un tiers des malades estimés reçoivent une forme quelconque de traitement, dont un tiers par polychimiothérapie. Des premiers vaccins sont à l'heure actuelle testés, mais il faudra attendre plusieurs années avant que des outils préventifs fiables soient disponibles.

Grâce à la coordination de leurs ressources, les Membres de l'I.L.E.P. s'efforcent de renforcer l'impact des fonds collectés auprès de centaines de milliers d'individus. En concentrant leurs efforts là où le besoin se fait le plus sentir, les membres de l'I.L.E.P. espèrent accélérer l'avènement d'un traitement efficace pour tous les malades de la lèpre et, dans un avenir que nous pouvons espérer proche, la suppression de cette ancienne maladie.

Source : I.L.E.P.

Le bureau de coordination de Londres joue avant tout le rôle de distributeur d'informations, chaque association restant souveraine et tenant à le rester. Les bulletins de l'I.L.E.P. s'efforcent de gommer les divergences exprimées lors des réunions. Compétents et financièrement désintéressés, la plupart des responsables nationaux ont en effet des caractères assez entiers.

L'I.L.E.P. permet une répartition cohérente du travail entre ses membres, lesquels travaillent avec sérieux et compétence. Toutes les associations sont venues peu à peu aux méthodes de travail modernes que nous avons évoquées précédemment, allant plus ou moins loin en ce domaine. Face à l'O.M.S., l'I.L.E.P. est devenu un interlocuteur de poids.

L'axe franco-allemand est l'un des fondements de l'I.L.E.P. André Récipon et Hermann Kober s'apprécient, aiment travailler ensemble. Tous les dix mois ou tous les ans, les deux hommes se rencontrent pendant une journée afin de débattre de toutes les questions en suspens et de faire le point. Des traducteurs leur permettent un échange plus facile [1]. La similitude avec les relations au sein de la C.E.E. est assez frappante, d'autant que les Britanniques coopèrent plutôt difficilement. Les deux associations s'efforcent de jouer le rôle de « moteur » de l'I.L.E.P., en entraînant leurs homologues sur la voie d'une coopération plus étroite encore.

---

1. Les comptes rendus de ces rencontres peuvent être consultés au siège de la fondation.

La rigueur du D.A.H.W. semble avoir servi de modèle à André Récipon qui, avec des moyens très inférieurs, s'efforce de hisser l'association française à hauteur de l'association allemande. Le D.A.H.W. reçoit en effet d'importantes subventions des pouvoirs publics, comme toutes les grandes associations tiers-mondistes allemandes d'ailleurs, ce qui finit par en faire un organisme semi-officiel.

Par ailleurs, au sein de l'I.L.E.P., un bloc européen semble se constituer peu à peu. La réalisation de l'affiche européenne commune pour la Journée mondiale des lépreux constitue le signe le plus probant de ce rapprochement. Les rapprochements humanitaires tendent à suivre ou à précéder les rapprochements politiques officiels.

L'association Follereau s'oppose à l'entrée des Œuvres hospitalières françaises de l'ordre de Malte (O.H.F.O.M.) dans l'I.L.E.P. L'ordre de Malte international, dont le siège est à Genève, en fait pourtant partie.

Le contentieux entre l'association Follereau et les O.H.F.O.M. dure depuis plusieurs années déjà. L'ordre vient en aide à des lépreux du monde entier, mais ne s'occupe pas que d'eux. Certains de ses projets sont critiqués par les techniciens de la fondation Follereau. Toutefois, des médecins de grande qualité travaillent avec l'ordre et sont soutenus par lui. La rivalité pour la collecte de fonds explique assez largement l'état un peu tendu des relations entre les deux organisations, lesquelles se réclament pourtant du même idéal chrétien. Beaucoup, parmi les responsables des deux associations, appellent de leurs vœux une réunion de travail où tout serait mis en œuvre pour régler les différends qui les opposent [1].

---

1. Il faut distinguer :
– L'ordre souverain militaire hospitalier de Saint-Jean-de-Jérusalem, puis de Rhodes, puis de Malte. Reconnu comme État souverain, il échange des ambassadeurs. Les deux maisons de son siège à Rome bénéficient de l'extraterritorialité.
Cet ordre est aussi un ordre religieux soumis à l'autorité du Saint-Siège tout en échangeant avec lui une correspondance diplomatique ;
– Les associations nationales d'autre part. Elles sont de deux sortes :
une association qui regroupe les membres de l'ordre dans le pays concerné ;
une association caritative : en France, les Œuvres hospitalières françaises de l'ordre de Malte.
L'ordre de Malte ayant décidé que le C.I.O.M.A.L. de Genève représenterait à l'E.L.E.P. toutes les actions « lèpre » des associations caritatives de l'ordre à travers le monde, des problèmes entre C.I.O.M.A.L. et O.H.F.O.M. amènent ces dernières à poser leur candidature à l'I.L.E.P. André Récipon s'y oppose et le D.A.H.W. (association allemande) aussi, car son président, le comte Ballestrem, est membre du grand conseil de l'ordre.

COMPTES

RAOUL FOLLEREAU
BILAN CONSOLIDÉ AU 31/12/89

ACTIF	PARTIEL	NET
IMMOBILISATIONS INCORPORELLES		3 089 862,00
IMMOBILISATIONS CORPORELLES		30 599 718,51
Terrains, immeubles	23 014 091,37	
Aménagements	1 604 174,70	
Matériel mobilier équipement	5 981 452,44	
IMMOBILISATIONS FINANCIÈRES		8 848 136,05
ACTIF CIRCULANT		65 237 510,43
Fournisseurs acptes R.R.R.O.	113 385,08	
État	1 381 444,86	
Associations I.L.E.P.	1 156 735,73	
Produits à recevoir	1 029 491,82	
Débiteurs divers	2 142 779,55	
Valeurs de placement	45 676 726,03	
Disponibilités : banques	11 910 105,16	
caisses	22 694,37	
Comptes de régularisation Charges constatées d'avance	1 804 147,83	
TOTAL		107 775 226,99

PASSIF	PARTIEL	NET
FONDS DE DOTATION		8 731 840,73
RÉSERVES		66 404 379,74
EXCÉDENT		16 621 238,95
DETTES		16 017 767,57
Dépôts de garantie	74 350,00	
Fournisseurs, charges à payer	4 069 733,08	
Provisions/fonds d'urgence	7 960 565,71	
Créditeurs divers	3 913 118,78	
TOTAL		107 775 226,99

COMPTES DE GESTION CONSOLIDÉS AU 31/12/89

CRÉDIT			DÉBIT		
RESSOURCES	PARTIEL	NET	EMPLOIS	PARTIEL	NET
DONS ET VERSEMENTS	86 877 616,37		FRAIS DE COLLECTE DE FONDS		23 548 018,77
			JML	1 685 562,74	
			Journal	6 331 572,41	
			Mailings	6 220 295,70	
			Reportages	336 418,92	
			Information	1 031 192,91	
			Affranchissement	604 808,18	
			Honoraires publicitaires	1 070 560,47	
			Impression	158 357,90	
			Frais de gestion	332 651,93	
			Frais de personnel	5 776 597,61	
SUCCESSIONS	10 399 933,93		AUTRES SUBVENTIONS		93 720,00
AUTRES PRODUITS (Loyers)	553 624,32		FRAIS DE SUCCESSION		166 320,06
PRODUITS FINANCIERS	4 005 429,20		FRAIS GÉNÉRAUX COMMUNS		11 220 402,19
			Fournitures	198 275,96	
			Traitement informatique	375 400,02	
			Entretien/maintenance	652 149,58	
			Assurances	161 497,28	
			Charges copropriété	121 348,22	
			Honoraires	349 560,94	
			Réunions	686 641,78	
			Services PTT	166 302,06	
			Frais divers de gestion	1 007 674,63	
			Frais de personnel	3 669 761,75	
			Dotation aux amortissements	3 831 789,97	
RECETTES DIVERSES	1 846 276,53		AIDE		52 033 180,38
			Lépreux	47 404 316,93	
			Projets Liban	4 628 863,45	
			EXCÉDENT		16 621 238,95
TOTAL		103 682 880,35	TOTAL		103 682 880,35

NDLR : Le Fonds de Solidarité pour le Liban, créé par la Fondation Raoul-Follereau et la Guilde Européenne du Raid, publie ses comptes propres dans sa revue « Reconstruire le Liban » (n° 6 juin,-juillet-août 1990) envoyée à tous ses donateurs. Pour faire apprécier l'étendue de nos activités, nous vous présentons la consolidation de l'ensemble de nos comptes.

CHAPITRE XI

À l'étranger

Dans les autres pays, les associations Follereau poursuivent leur action. Il ne s'agit pas ici d'entrer dans les détails de leur fonctionnement. On pourrait éprouver rapidement le sentiment d'une répétition, car beaucoup d'évolutions sont comparables d'un pays à l'autre.

On insistera donc en priorité sur l'originalité de chacune de ces associations.

AU LUXEMBOURG

L'association luxembourgeoise Raoul-Follereau est aujourd'hui la première association tiers-mondiste du pays [1]. Elle est connue de presque tous les habitants de ce petit pays de trois cent soixante mille habitants. Les fonds recueillis en 1989 représentent l'équivalent de dix-huit francs français par habitant [2]. L'association française recueillait dans le même temps deux francs par habitant, mais la différence de taille entre les deux pays fausse les tentatives de comparaison.

Raoul Follereau et son œuvre sont connus depuis de longues années déjà au Luxembourg. L'Apôtre des lépreux est la principale figure de la charité pour les Luxembourgeois, plus encore que l'abbé Pierre, Mère Teresa ou Médecins sans frontières. Raoul Follereau n'est pas seulement synonyme d'aide aux lépreux. Son message est connu de nombreux responsables de la vie publique et il est assez bien diffusé par les établissements scolaires.

Et pourtant le pays a bien changé depuis la mort de Raoul Follereau. Avec la crise de la sidérurgie, le grand-duché s'est orienté vers les services financiers de toutes sortes, accueillant des sociétés (banques, compagnies d'assurances, sociétés financières) du monde entier. Aujourd'hui le chô-

---

1. Par les recettes et par l'impact auprès de l'opinion.
2. Chiffres fournis par l'association, qui tient ses comptes avec rigueur.

mage est très faible, voire inexistant, au Luxembourg, qui accueille de nombreux frontaliers et étrangers, sans que cela engendre des troubles, le pays se sentant une vocation d'ouverture internationale, fonctions européennes obligent. Le niveau de vie y est l'un des plus élevés du monde, un peu supérieur à celui des Français.

Le grand-duché a toutefois connu un changement des mentalités comparable à celui de la France, et peut-être plus profond encore. Le taux de natalité y est l'un des plus faibles du monde (11,2 $^0/_{00}$ en 1986 contre 14 ‰ en France), alors que le pays vit dans la prospérité. La pratique religieuse a fortement baissé, en particulier chez les jeunes, même s'il reste encore de petits groupes de jeunes chrétiens très motivés. Le grand calme de la vie politique ne doit pas faire mésestimer l'ampleur de cette évolution des comportements.

Malgré tout, l'attachement à l'association Raoul-Follereau semble demeurer. En effet, elle dispose pour la Journée mondiale des lépreux de soutiens nombreux : télévision, radios, journaux diffusent, très souvent gratuitement, les messages demandés. Reconnue d'utilité publique, l'association jouit de déductions fiscales intéressantes pour les donateurs et peut recevoir des legs. Mais pour le président Joseph Hilger, l'essentiel n'est pas là [1] : « L'appel que je lance à la télévision et qui rapporte trois millions de francs en trois minutes est beaucoup moins important que le bazar que prépare un groupe de femmes l'année durant et qui ne rapporte que trente mille francs. Les chiffres, ce n'est pas tout. " Donner son temps est mille fois plus généreux que donner son argent, ses biens ", disait François d'Assise. » Le nombre de petites kermesses et tombolas organisées par des groupes restreints d'enfants des écoles et des catéchismes ou d'adultes est élevé dans ce pays.

Joseph Hilger imprime sa marque à l'association. Il est le sous-directeur de la deuxième compagnie d'assurances du pays et a milité dans une foule d'associations, chrétiennes notamment, au service de causes très nombreuses. Raoul Follereau le considérait comme l'un de ses « fils spirituels ». En effet, Joseph Hilger accorde une profonde attention au contenu du message de Raoul Follereau et prononce autant de conférences qu'il le peut, pour le faire connaître, en particulier en France et en Italie et au cours des congrès internationaux des fondations. Il juge ce message plus actuel que jamais. Il aimerait que l'association internationale Raoul-Follereau étende son rayonnement en Afrique noire et il entretient à cet égard des relations étroites avec le Malien Aly Cissé [2]. Malgré tous ses efforts, il convient de constater que, comme en France, les livres de Raoul Follereau ont moins de succès que les projets d'action en faveur des lépreux.

Un comité d'une douzaine de membres assiste Joseph Hilger. On y

---

1. *XIIᵉ congrès international de la fondation Raoul-Follereau : Raoul Follereau et l'Europe*, édité par les fondations Follereau, 1990, p. 19.
2. Des échanges de lettres entre les deux hommes figurent dans un dossier aux archives de l'association.

trouve des personnes venant d'horizons professionnels et humains suffisamment variés pour multiplier les possibilités de contact avec l'extérieur. Une secrétaire médicale très motivée par la cause des lépreux travaille à mi-temps au service de l'association, dont elle est la seule salariée. Grâce à un legs, l'association dispose d'un appartement installé dans une maison située dans un quartier assez résidentiel de Luxembourg. L'ordinateur a pris sa place dans le bureau en 1984 et il compte quatorze mille adresses de donateurs dans le pays, le bulletin étant diffusé à huit mille exemplaires [1]. L'association n'utilise pas les services d'entreprises de publicité : avant l'affiche européenne, Joseph Hilger rédigeait un texte et sa fille, professeur de dessin, composait l'affiche. C'est surtout au moment de la Journée mondiale des lépreux que les visiteurs affluent au siège afin de demander du matériel audiovisuel ou de la documentation.

L'association entretient des contacts avec les missionnaires luxembourgeois en mission dans le tiers monde, surtout s'ils s'occupent de lépreux. L'I.L.E.P. l'autorise à aider les missionnaires dont l'action ne relève pas d'un projet soutenu par ses soins. De leur côté, les missionnaires prononcent des conférences dans les écoles pour aider l'association. Par ailleurs, les quêtes dans les églises et à la sortie des offices assurent des ressources importantes à l'association, laquelle n'est pas confessionnelle cependant. Quand le pape Jean-Paul II s'est rendu à Luxembourg, Joseph Hilger figurait dans le comité d'organisation à titre personnel, mais pas en tant que président de l'association.

Les autorités religieuses et civiles encouragent périodiquement l'association. La famille grand-ducale a bien connu Raoul Follereau et porte un intérêt réel aux initiatives prises en faveur du tiers monde et à la situation des lépreux.

Depuis 1985, une ébauche de concertation entre associations tiers-mondistes se met en place. Elles organisent chaque année une exposition et une rencontre avec les jeunes. Il s'agit surtout de sensibiliser la population et d'échanger des informations.

Au total, l'association luxembourgeoise Raoul-Follereau joue un rôle important dans la vie associative du pays.

EN BELGIQUE

En Belgique, les Amis du père Damien font partie de l'association internationale Raoul-Follereau et sont l'une des cinq plus grandes organisations humanitaires du pays agissant en faveur du tiers-monde [2].

Une fois encore, on constate que les projets d'aide aux lépreux mobilisent largement l'opinion, alors que le message de Raoul Follereau se dif-

---

1. Précisions fournies par Mme Theissen-Ney, secrétaire de l'association en avril 1988.
2. Par les recettes et aussi par l'impact auprès de l'opinion.

fuse assez médiocrement. D'ailleurs l'image du père Damien, véritable héros national en Belgique, fait un peu passer au second plan celle de Raoul Follereau.

L'influence de ce dernier reste cependant très forte auprès de ceux qui l'ont connu et rencontré personnellement. Même quand ils sont âgés aujourd'hui, ils restent fidèles à la promesse qu'ils lui ont faite jadis d'organiser chaque année la Journée mondiale des lépreux. Ils distribuent ses livres, projettent ses films à l'occasion de réunions et transmettent la mission à des successeurs plus jeunes.

Le comité de Tournai, par exemple, garde vivante la mémoire de Raoul Follereau. Il visitait souvent ce comité et beaucoup de ses membres lui ont parlé personnellement. Chaque année, ils se réunissent par une messe le jour de la date du décès de Raoul Follereau. Ils mènent une action importante auprès des jeunes, action centrée autour du message du Vagabond de la charité.

En revanche, beaucoup de jeunes Belges qui ont signé au temps de leur adolescence l'appel « Un jour de guerre pour la paix » se le rappellent à peine. Ils le rattachent aux souvenirs du monde scolaire, d'autant qu'ils en avaient souvent eu connaissance par des professeurs, des éducateurs ou des prêtres.

Et aujourd'hui les commandes de livres ou de bandes dessinées sur Raoul Follereau viennent surtout de personnes âgées qui veulent le faire découvrir à leurs petits-enfants [1]. Le résultat sera-t-il le même que la transmission de la foi assurée par les grand-mères en Europe de l'Est ? Il se peut que Raoul Follereau soit mieux compris par la génération future que par les personnes ayant de vingt à quarante-cinq ans aujourd'hui, qui constituent une génération largement touchée par la déchristianisation et assez imperméable, semble-t-il, à sa démarche. Les responsables de l'association belge ne cherchent pas à diffuser systématiquement le message du Vagabond de la Charité, estimant que dans sa forme originale il est destiné au public d'une certaine époque, celle des années cinquante et soixante [2], et plus particulièrement aux milieux croyants.

À l'inverse, ils estiment que de petites phrases et de courts extraits de Raoul Follereau « passent très bien », car ils amènent à réfléchir et restent d'une brûlante actualité. Ils les reprennent donc sous forme de slogans, à l'occasion des campagnes en faveur des lépreux.

Par ailleurs, des textes entiers de Raoul Follereau sont encore cités en Belgique par des prêtres et des éducateurs à l'occasion des cours de morale et de religion. En effet, dans les établissements scolaires, les élèves doivent obligatoirement choisir entre des cours de morale confessionnelle ou laïque, cette dernière étant généralement anticléricale. Toutefois, les textes de Raoul Follereau sont souvent adaptés. Les références à l'actualité des

---

1. Témoignage de M. Pierre Decombele, l'un des responsables de l'association, le 12 avril 1988, à Bruxelles.
2. Témoignages de plusieurs responsables belges recueillis en avril 1988.

années soixante sont supprimées, certains chiffres anciens également. Quelques mots ont un peu changé de sens. Des tournures très lyriques correspondent au style de la conférence plus qu'à celui de la lecture. Des problèmes comme la faim sont étudiés aujourd'hui avec plus de précision qu'il y a trente ans. La forme du message est donc en partie actualisée, afin de mieux mettre en valeur l'essentiel. L'association française, elle, préfère publier les textes intégraux et originaux.

De plus, les initiatives de Raoul Follereau en faveur de l'Heure des pauvres ou du Noël du père de Foucauld sont aujourd'hui largement ignorées en Belgique, alors que l'association française les évoque chaque année dans son bulletin.

Si elle ne cache pas le message chrétien de Raoul Follereau, l'association belge, pluraliste par ses statuts, ne s'estime pas amenée à défendre coûte que coûte ce message, d'autant qu'elle se réfère en fait à quatre héros : Raoul Follereau, mais aussi Gandhi, le Dr Hemeryckx, dont nous avons parlé précédemment, et surtout le père Damien. Cette quadruple référence illustre bien la diversité des courants de pensée qui convergent dans cette association.

Gandhi évoque la non-violence, la recherche de la paix, le refus des exclusions et une certaine écologie. D'autre part l'association belge intervient largement en Inde. Beaucoup de ses permanents sont très marqués par l'exemple de l'Arche de Lanza del Vasto.

Le Dr Hemeryckx est vénéré dans le nord du pays, où il est né et où il passa les dernières années de sa vie. À Klinbergen, un groupe d'Amis du Dr Hemeryckx s'est constitué.

La présence sur le terrain d'un missionnaire ou d'un volontaire laïc originaire de la région peut donner naissance à un groupe, comme avec le père Rouling, dans le diocèse de Liège. S'occupant de lépreux, il choisit de rattacher aux Amis du père Damien.

Le souvenir du père Damien est encore très vivace en Belgique, et particulièrement en Flandre, d'où il était originaire. En 1989, le pays tout entier a célébré le centenaire de sa mort et l'association a été sollicitée pour de multiples interventions dans les médias et à l'occasion de cérémonies et de spectacles de toutes sortes.

Une pièce de théâtre avait même été créée en 1983 par le Théâtre de poche de Belgique, qui avait pourtant une réputation anticléricale. Le père Damien y était présenté comme un homme moderne, universel, privilégiant les réalisations à taille humaine et veillant à ne pas sacrifier un aspect de l'épanouissement des personnes. La critique comme les autorités religieuses avaient salué cette réalisation exemplaire, dont l'acteur principal a souhaité entrer ensuite à l'association des Amis du père Damien.

La bande dessinée et quelques livres ou brochures destinés à des publics spécifiques ont permis de mieux faire connaître la vie de cet apôtre des lépreux. Cependant, la canonisation tant espérée et demandée par les Belges n'a toujours pas été prononcée.

Au début, les Amis du père Damien et la congrégation des Pères de Picpus étaient très liés. Aujourd'hui, ces derniers ne comptent qu'un représentant au conseil d'administration de l'association, laquelle est conduite par des laïcs.

L'actuel président, Rik Vermeire, est un ancien ministre. Chrétien, il a écrit sur le développement et il a beaucoup réfléchi sur les méthodes de travail à promouvoir en Afrique comme en Belgique. Il a d'ailleurs réorganisé la disposition des pièces dans l'immeuble de Bruxelles qui abrite le siège de la fondation.

Cet immeuble est situé non loin du palais de l'Europe. Le président intervient beaucoup moins dans la vie de l'association que ne le fait André Récipon. L'essentiel du travail chez les Amis du père Damien est accompli par les membres permanents et salariés de l'association. À l'exception de trois secrétaires employées à des tâches d'exécution, les neuf autres permanents s'engagent à garder la souplesse et la disponibilité de bénévoles et à ne pas se limiter à la présence réglementaire de huit à seize heures dans les locaux de l'association. Ils ne comptent pas leur temps en cas d'imprévu [1] et au moment de la grande campagne de la Journée mondiale des lépreux.

L'atmosphère du siège est à la fois active et détendue. Tout le monde se retrouve au début de la journée pour le café du matin où l'on échange les nouvelles avec des phrases qui commencent en français et s'achèvent en flamand ou vice versa. Les cravates sont rares, le pantalon de velours côtelé et le chandail sont plus fréquents que le costume. Chacun a une tâche bien précise mais garde une large initiative dans son travail et la disposition des salles comme l'aménagement des pièces ont été conçus par Rik Vermeire pour que chacun puisse agir le plus efficacement possible et que les causes d'énervement soient réduites au minimum. Rapportés au nombre d'habitants dans le pays, les résultats de l'association belge sont comparables à ceux de l'association française, mais l'ambiance de travail au siège y est très différente.

Parmi les permanents, on compte un seul médecin, adjoint aux projets. Les autres personnes ont reçu des formations très diverses : sociologie, sciences religieuses, animation, informatique, sciences de l'éducation, administration, études d'assistant social. Beaucoup sont d'anciens coopérants volontaires du début des années soixante. Ils se sont engagés en lisant Josué de Castro, René Dumont et le père Lebret au moment de la décolonisation. Ils ont aussi été marqués par Ivan Illich et Lanza del Vasto. Maintenant encore, ils lisent souvent *Croissance des jeunes nations*. À leur retour de mission, ils ont pensé travailler pour une organisation humanitaire au service de laquelle ils pourraient mettre leur passion et leur expérience. Ces permanents restent en place longtemps, car leurs contrats sont à durée indéterminée. Parmi les chevilles ouvrières de l'association

---

1. Nous avons pu le vérifier lorsque nous leur avons rendu visite et nous tenons à remercier M. et Mme Decombele.

aujourd'hui, il faut citer Pierre Decombele, Jacques Vellut et Rigo Peters. Leur facilité de contact et leur sens des réalités pratiques frappent leurs interlocuteurs.

L'association avait embauché, il y a quelques années de cela, des employés temporaires, mais elle y renonça bien vite en constatant leur faible motivation. Elle ne souhaite pas non plus faire appel à des objecteurs de conscience ou à des chômeurs, comme c'est le cas dans de nombreuses associations tiers-mondistes. En effet, l'association belge exige de ses permanents un travail très soutenu et elle ne veut pas de changements trop fréquents dans le personnel.

Le conseil d'administration est en principe l'instance dirigeante, mais dans les faits il reste souvent en sommeil, les candidats étant peu nombreux. De même l'association renouvelle peu ses responsables locaux. Beaucoup ont passé la cinquantaine et l'association essaie de solliciter des retraités ou préretraités qui pourraient lui consacrer une ou deux journées par semaine [1], les plus jeunes étant très demandés par ailleurs. Elle est très centralisée à Bruxelles, même si un animateur assure quelques heures hebdomadaires de permanence à Liège.

La plupart des militants et de nombreux bénévoles de l'association sont des catholiques pratiquants. D'ailleurs, la plupart des grandes initiatives de solidarité avec le tiers monde en Belgique ont été lancées par des chrétiens. Quant aux initiatives nées à l'extrême gauche, on peut remarquer que leurs auteurs ont souvent un passé chrétien et, même s'ils rejettent l'institution ecclésiale, ils gardent des références évangéliques.

L'association reste en théorie non confessionnelle, de même qu'elle est apolitique. Certes, les responsables politiques chrétiens-sociaux sont en son sein beaucoup plus nombreux que ceux des autres partis, mais on y trouve quand même des socialistes, comme le bourgmestre de Mons et, à Lessing, le président du groupe socialiste au Parlement européen. Les libéraux sont également représentés.

L'association veille à rester en dehors des débats de politique et de société qui secouent périodiquement le pays. Plusieurs de ses permanents envisageaient au milieu des années quatre-vingt de s'appuyer sur les textes de Raoul Follereau parlant de la paix et du désarmement, pour apporter un soutien aux courants pacifistes belges, participer aux marches pour la paix et aux manifestations pour le désarmement, soutenir les objecteurs de conscience. Le conseil d'administration refusa cette proposition et le débat fut clos. Ceux qui le souhaitaient pouvaient s'engager, mais à titre individuel seulement. Le même débat resurgit à propos de l'apartheid et la même réponse fut donnée.

On voit ainsi les lectures différentes qui sont faites du message de Raoul Follereau et de son invitation à combattre « toutes les lèpres ». Des contes-

---

1. Témoignage de Pierre Decombele, déjà cité.

tataires s'appuient sur ses textes, mais il est apprécié aussi dans les milieux traditionnels et conservateurs. Des militaires font remarquer que le pacifisme de Raoul Follereau n'est pas unilatéral, car il demande un désarmement simultané...

Les Amis du père Damien entretiennent des liens privilégiés avec le couple royal. Au cours de leurs voyages dans le tiers monde, Baudouin et Fabiola ont tenu à de nombreuses reprises à visiter les lépreux. En 1964, ils visitaient Polambakkam avec Raoul Follereau. Ils ont aussi rencontré des lépreux au Bangladesh, en Éthiopie, au Cameroun... D'une manière générale, les souverains belges sont très avertis des questions concernant le tiers monde et, chrétiens fervents, ils s'y intéressent avec passion. Ils ont accepté la présidence de l'année Damien en 1989, et ils assistent à de nombreuses manifestations organisées par les Amis du père Damien, la reine ayant même honoré de sa présence une réunion technique de l'I.L.E.P. Toutefois, les Amis du père Damien ne leur réclament aucune faveur administrative ou financière, de même qu'ils ne veulent pas abuser des subsides de la C.E.E. dont le siège est tout proche.

Les Amis du père Damien travaillent avec le ministère de la Coopération. L'administration générale de la coopération et du développement réunit quelques dizaines d'associations toutes reconnues officiellement et les Amis du père Damien sont très appréciés pour la qualité de leur travail et leur expérience du terrain.

Ils ont également engagé dans le Centre national de la coopération et du développement, qui réunit les organisations non gouvernementales belges agissant dans le tiers monde. Une collecte nationale est organisée chaque année le 11 novembre en faveur de ces associations.

Et, surtout, les Amis du père Damien nouent beaucoup de contacts de travail, parfois informels, avec les associations engagées sur le terrain dans des régions voisines : Frères des hommes, Oxfam, Unicef... Il s'agit d'échanger des informations, de se rendre des services pratiques, les associations tiers-mondistes belges s'engageant beaucoup moins dans les débats d'idées que les associations françaises.

Rapportée à un nombre d'habitants cinq fois inférieur à celui de la France, la collecte de fonds donne des résultats comparables à ceux de la France. Mais les méthodes sont un peu différentes.

Dès le mois de novembre, tous les établissements scolaires du pays sont sollicités par les Amis du père Damien et leurs comités locaux, qui leur demandent de participer à la Journée mondiale des lépreux. Un petit nombre seulement répond favorablement, le plus souvent à l'initiative d'un professeur ou d'un prêtre, s'il s'agit d'un établissement catholique. Les Amis du père Damien leur proposent de soutenir des projets concrets. Seules quelques citations évoquent les héros du passé.

Les Amis du père Damien ont utilisé la publicité plus tôt que l'association française Raoul-Follereau. Bénévolement ou par contrats, plusieurs agences les ont aidés. Ils peuvent bénéficier d'espaces publicitaires à des conditions très avantageuses, dans le métro de Bruxelles ou le long des autoroutes, pour ne citer que deux exemples.

Les relations avec les journaux sont assez satisfaisantes, mais il semble difficile de progresser en ce domaine, tant les publications sont sollicitées. Un bureau de relations publiques consulté par l'association n'a pas pu améliorer la situation. Il est vrai que les Amis du père Damien n'ont rien de « sensationnel » ni de radicalement nouveau à proposer chaque année. C'est pourquoi ils s'efforcent de valoriser le témoignage de missionnaires ou de coopérants de retour d'une action sur le terrain.

En revanche, ils bénéficient d'un soutien remarquable de la télévision. Dès les premières Journées mondiales pour les lépreux, la télévision belge interrogeait des membres de l'association et parlait de leurs réalisations. Depuis peu, elle leur confie des techniciens et du matériel et ils peuvent réaliser le film qu'ils souhaitent où ils le souhaitent, la R.T.B.F. payant tous les frais. L'émission est ensuite diffusée à la télévision à une heure de bonne audience. Les Amis du père Damien bénéficient également de spots publicitaires diffusés gratuitement ou à des prix tout à fait dérisoires. Et, bien sûr, les bulletins d'information ne manquent pas de rappeler l'événement. Une attitude toute différente de celle de la télévision française...

Le bulletin est tiré à cinquante ou soixante mille exemplaires dans chaque langue, français et flamand [1], et il paraît quatre fois dans l'année. Une lettre d'information est diffusée auprès des responsables de comités locaux. Au moment de la Journée mondiale, des centaines de milliers de tracts sont tirés et diffusés systématiquement.

Bien que l'association soit informatisée depuis longtemps grâce à Jacques Vellut, elle lance peu d'appels par publipostage. En effet, les Belges sont déjà très sollicités, et le rendement de ce type d'opération est faible en Belgique au regard des frais engagés. Par ailleurs, grâce à la télévision, aux tracts, aux affiches et aux articles de journaux, l'essentiel de la population peut être atteint.

L'association belge constate un vieillissement de ses souscripteurs et une réelle « fidélisation » du public modeste, ouvriers et employés. L'essentiel des ressources de l'association provient d'un grand nombre de dons modestes [2].

Par ailleurs, la concurrence existe aussi pour les Amis du père Damien à l'occasion de la Journée mondiale des lépreux. La mission évangélique se montre fort active, auprès des milieux protestants surtout. Des missionnaires catholiques qui ne relèvent pas de centres soutenus par l'I.L.E.P. mobilisent la localité dont ils sont originaires pour venir en aide aux

---

1. Id.
2. Selon le témoignage des permanents de l'association. Des statistiques précises et exhaustives n'ont pas été établies cependant.

lépreux dont ils ont la charge. De plus, les *Îles de paix* sollicitent le public au même moment [1].

Dans leur action de sensibilisation auprès du public comme dans leur travail médical, les Amis du père Damien présentent de plus en plus la lèpre comme une « maladie de la pauvreté ». C'est l'un de leurs concepts préférés. Ils désignent ainsi les maladies qui marginalisent leur victime et débouchent sur une forme d'exclusion, les maladies qui sont dues à de mauvaises conditions de vie et de développement. Ces maladies peuvent sévir en Europe également. Cela amène l'association à établir des parallèles avec d'autres fléaux comme le sida, la tuberculose, le handicap, et aussi des problèmes sociaux comme ceux du quart monde en Europe ou de la solitude...

Sur le terrain, l'aide à l'Asie prend le pas sur l'aide à l'Afrique pour les Amis du père Damien [2]. L'Inde est désormais leur principal domaine d'intervention. Il est vrai qu'on y trouve le tiers des lépreux du monde, semble-t-il. Le gouvernement indien fait d'ailleurs de la lutte contre la lèpre l'une de ses vingt priorités avant l'an 2000. Les Amis du père Damien ont signé une convention avec lui. L'association est très appréciée en Inde pour le suivi de son travail et sa capacité d'adaptation aux cultures indigènes. Chaque projet local est précisément circonscrit et les mêmes démarches sont sans cesse répétées : dépistage, traitement, réhabilitation. Un secrétariat des Amis du père Damien en Inde assure le suivi des projets et règle les questions administratives. Parallèlement, d'autres associations de l'I.L.E.P. interviennent dans le sous-continent.

Des projets de mission en Chine demandent à être précisés, même si des Chinois sont déjà venus en Europe rencontrer des organisations de l'I.L.E.P.

Le Zaïre est l'autre grand lieu d'intervention de l'association, les liens tissés par la colonisation expliquant ce choix. Mais les Amis du père Damien sont actifs dans de nombreux autres pays, au Rwanda et au Burundi par exemple.

Les seuls volontaires belges envoyés sur le terrain pour des actions directement médicales le sont au Zaïre et au Bangladesh.

C'est le gouvernement zaïrois qui a demandé à la Belgique d'envoyer un médecin. Les Amis du père Damien, à la demande du gouvernement, ont donc désigné un praticien qui est responsable de la lutte contre la lèpre et la tuberculose dans un vaste secteur [3]. Il n'intervient pas directement mais

---

1. Cette organisation est née au début des années soixante à la suite d'un voyage du père Pire, prix Nobel de la paix, pour son action en faveur des réfugiés d'Europe de l'Est, et qui avait été bouleversé par ce qu'il avait vu en Inde et au Pakistan. Les *Îles de la paix* ont commencé par mener des actions ponctuelles dans ces deux pays, puis se sont aussi intéressées à l'Afrique noire (Mali, Burkina, Guinée-Bissau...).

2. Les tableaux publiés dans le bulletin sont très clairs sur ce point.

3. Témoignage de Pierre Decombele, déjà cité.

forme et guide les agents de santé indigènes. Le nombre des infirmiers zaïrois augmente rapidement en effet tandis que celui des infirmiers belges au Zaïre diminue d'autant.

De nombreux médecins et infirmiers souhaitant travailler dans le tiers monde écrivent aux Amis du père Damien, mais l'association ne donne pas suite à ces demandes, car elles n'entrent pas dans son programme d'action.

Le candidat volontaire de 1960 était souvent un ou une célibataire désireux de s'engager au service des pays en voie de développement par idéal, comme laïc missionnaire, souvent avec une courte formation professionnells, et était prêt à payer son voyage et à vivre sans couverture sociale dans des conditions matérielles fort précaires.

Beaucoup de candidats des années quatre-vingt sont mariés et ont même des enfants. Ils arrivent avec une solide formation professionnelle et une incontestable compétence technique. Ils souhaitent exercer leur métier dans des conditions nouvelles, être autonomes, pouvoir prendre des initiatives. Pour eux, quelques années dans le tiers monde marquent une étape de la vie professionnelle. Beaucoup sont assez détachés de l'Église. Ils veulent partir avec toute leur famille, bénéficier d'une couverture sociale, que les frais de voyage et d'hébergement soient pris en charge par les pouvoirs publics ou les associations et que leurs salaires soient comparables à ce qu'ils toucheraient en Europe. Cependant, l'isolement et les conditions climatiques constituent toujours des contraintes pesantes, et le reclassement professionnel au retour n'est pas aisé. Les Amis du père Damien ne souhaitent donc pas envoyer de volontaire, sauf cas de force majeure. En revanche, ils s'occupent activement de la mise en place d'équipes indigènes compétentes sur le terrain.

En Suisse

L'association Emmaüs-Suisse Aide aux lépreux

Remarquablement organisée d'une manière rationnelle dès le début des années soixante par Marcel Farine, cette association veille à ce que ses membres et ses donateurs jouent un rôle toujours actif. Elle ne demande pas seulement des dons en argent mais aussi des dons en temps et en talents. Par exemple, des professionnels de la publicité travaillent aux campagnes de l'association, mais ils le font à titre gratuit et en tant que bénévoles. L'envoi du journal de l'association est effectué par des volontaires seulement. Il ne s'agit pas seulement d'économiser de l'argent. Marcel Farine veut éviter la professionnalisation systématique qui, selon lui, peut faire perdre son âme à une association et, à terme, la faire dépérir[1].

Par ailleurs, l'association tient à son indépendance. Elle pourrait obtenir

---

1. Témoignage oral de Marcel Farine, recueilli en août 1988 à Berne.

un statut semi-officiel, lequel lui permettrait de faire financer la moitié de ses projets par le ministère de la Coopération. Elle deviendrait ainsi par la masse financière la première association suisse agissant dans le tiers monde. Marcel Farine refuse cette solution, voulant que l'association reste entièrement libre du choix de ses partenaires sur le terrain et des projets qu'elle entend soutenir ou mettre en œuvre [1].

Bien que l'association entretienne peu de relations officielles avec les autres organisations tiers-mondistes suisses, Marcel Farine et ses collaborateurs suivent avec attention l'évolution du tiers monde dans tous les domaines. Il connaît personnellement les principaux tiers-mondistes de son pays. Jean Ziegler lui envoie ses livres avec des dédicaces chaleureuses, les deux hommes s'estiment, même si leurs analyses divergent sur des points importants. Marcel Farine fait figure de sage aux yeux du monde associatif suisse.

Marcel Farine décide de se démettre en 1990 de ses responsabilités dans l'association, estimant que l'heure est venue de passer le relais. Il a eu le temps de choisir et de former son successeur, M. Rosenfeld.

Marcel Farine estime qu'il entre dans une période nouvelle de sa vie, celle de la réflexion. Il veut réfléchir davantage encore [2] sur la doctrine sociale de l'Église. Il reproche aux tiers-mondistes socialistes d'attendre trop de l'État. Pour lui, il convient de développer partout l'esprit d'initiative et de rompre avec la notion de lutte des classes. Ce n'est pas conservatisme à ses yeux. Comme le demande le manifeste d'Emmaüs international, il pense que les privilégiés doivent de mettre au service des pauvres, ce qui suppose un prodigieux changement des mentalités. Il compte écrire sur le sujet. Localement il voudrait aussi militer davantage en faveur de l'écologie, en particulier dans le Tessin, où il se rend en vacances.

Emmaüs-Suisse Aide aux lépreux poursuit sa route mais, bien que membre de l'I.L.E.P., elle ne fait pas partie de l'association internationale Raoul-Follereau.

L'Association suisse Raoul-Follereau

Françoise Brunnschweiler continue inlassablement et avec le même rayonnement à diffuser le message de Raoul Follereau. Sa bonne humeur, sa sérénité, sa disponibilité émerveillent le visiteur et ceux qui entrent en contact avec l'association. Françoise Brunnschweiler vit du message de Raoul Follereau, et on ne comprend rien à l'association si on oublie le rayonnement de sa présidente.

L'association est ouverte à tous, mais elle continue à mener un effort soutenu en direction des jeunes.

À la fin des années soixante-dix, des camps avaient même été organisés

---

1. Id.
2. Id.

pour des enfants et des jeunes de six à quinze ans. Ils accueillaient en priorité des enfants issus de milieux modestes ou vivant des situations familiales difficiles. Un animateur avait été recruté parmi les jeunes adultes de l'association. Les pouvoirs publics accordaient quelques subventions dans le cadre des crédits consacrés à la jeunesse et aux sports car ces camps se tenaient dans la montagne du Jura et offraient la possibilité de s'initier à plusieurs disciplines sportives. Bien entendu, lors des veillées notamment, les enfants étaient invités à méditer le message de Raoul Follereau. Les films sur sa vie, la récitation, voire la mise en scène, de ses textes les plus fameux permettaient de mieux s'imprégner de son message.

Les premiers camps furent une totale réussite. Ensuite, l'animateur se tourna de plus en plus vers les activités sportives, négligeant la présentation du message. Dans l'intervalle, il était devenu employé à plein temps de l'association et entrait de plus en plus en conflit avec les membres du comité directeur de l'association. Un manque de rigueur accablant dans l'organisation du dernier camp obligea l'association à sa séparer de lui et à renoncer à l'organisation de ces camps qui accueillaient jusqu'à quatre-vingts enfants et adolescents. Les premiers camps ont cependant laissé un excellent souvenir aux jeunes qui y ont alors participé et qui, devenus adultes, en parlent aujourd'hui encore avec émotion.

En revanche, les veillées et les concerts sont toujours régulièrement organisés.

Raoul Follereau avait parlé à Françoise Brunnschweiler de John Littleton, qu'il avait entendu à Rome[1]. Elle rencontre le célèbre chanteur chrétien noir d'origine américaine à l'occasion d'un concert dans les Alpes françaises durant les années soixante-dix. John Littleton enchante alors le public chrétien par ses textes, ses mélodies entraînantes et sa personnalité chaleureuse. Il accepte avec empressement de travailler avec l'association Follereau car il admire profondément Raoul Follereau dont il connaît bien le message. John Littleton vit en effet à Reims depuis la Seconde Guerre mondiale[2]. Il effectue ainsi des tournées de cinq ou six jours en Suisse avec l'association Follereau, à des prix très modiques pour cette dernière. En venant écouter le chanteur, le public entend parler de l'association[3].

Noël Colombier apporte beaucoup à l'association, lui aussi. Auteur, compositeur et interprète de chansons d'inspiration chrétienne et biblique, Noël Colombier a composé des centaines de textes et de mélodies. Il chante surtout dans le cadre de veillées, dans un style intimiste. Il évite volontairement les grands concerts qui ne permettent guère la communion avec le public à laquelle il aspire. Françoise Brunnschweiler hésitait à le joindre, car l'association Follereau n'est pas confessionnelle dans ses statuts. Mais,

---

1. Françoise Brunnschweiler ne peut indiquer la date avec précision.
2. Il faisait partie de l'armée américaine pendant la guerre et épousa ensuite une Française.
3. Par le biais de l'association, John Littleton s'informe davantage encore sur la situation réelle en Afrique, un continent qu'il découvre.

devant l'insistance de plusieurs membres du comité directeur, elle lui adressa les livres et les textes de Raoul Follereau. Noël Colombier les lut et non seulement il accepta de chanter pour l'association Follereau, mais il décida de composer des mélodies autour de plusieurs de ces pages et d'écrire des textes inspirés du message du Vagabond de la Charité. Une cassette en est issue : *Aimer*, le maître mot pour Raoul Follereau. Bien entendu, Noël Colombier participe à de nombreuses veillées et rencontres dans des cadres paroissiaux avec des publics d'âge très différent. Il faut noter cependant que l'association française Raoul-Follereau, bien que tenue informée par Françoise Brunnschweiler, ne cherche pas à faire connaître cette cassette.

Enfin, à l'occasion du dixième anniversaire de la mort de Raoul Follereau, l'association suisse organise une série de concerts autour de la cantate *La Joie partagée*, composée à cette occasion par l'abbé Kaelin, maître de chapelle à la cathédrale Saint-Nicolas de Fribourg, qui a mis en musique des textes de Raoul Follereau et de l'abbé Pierre. Une cassette est enregistrée et diffusée. L'abbé Kaelin a déjà composé une cantate en l'honneur de dom Hélder Câmara qui a été reprise dans de nombreux pays.

Par ailleurs, il faut ajouter les nombreux concerts de la chorale du pasteur Burnand ou de divers groupes de jeunes ou d'adultes qui, ponctuellement, mettent leur talent et leur passion au service du message de Raoul Follereau.

Une telle liste n'est pas le fait du hasard. La veillée ou le concert permettent de retrouver un peu de l'ambiance conviviale des conférences de Raoul Follereau. Raoul Follereau qui, à sa manière, était un baladin. Comme John Littleton ou Raymond Fau, lequel a beaucoup voyagé dans le tiers monde.

Et surtout Françoise Brunnschweiler veut unir la recherche du beau et l'aspiration à l'amour entre les hommes, et ce bien avant les concerts très médiatisés pour l'Éthiopie. Nous avons évoqué précédemment l'importance de la démarche esthétique dans la vie et l'attitude de la plupart des géants contemporains de la charité.

Remarquons enfin que Françoise Brunnschweiler encourage certaines formes d'expression artistique qui n'ont guère la faveur des médias et des grands moyens de production et de distribution. Tous ces auteurs et interprètes se mettent au service d'un idéal et crient leur foi en l'espérance, quoi qu'il advienne par ailleurs.

Enfin, les compositions présentées sont toutes contemporaines. Françoise Brunnschweiler croit en son époque. Ce n'est pas fréquent. Quand il s'agit d'exprimer la foi chrétienne, beaucoup se tournent vers les seules œuvres du passé ou sollicitent des artistes contemporains agnostiques.

Cependant, l'association n'est pas confessionnelle. Quand Jean-Paul II s'est rendu en Suisse, Françoise Brunnschweiler n'a rien organisé, bien qu'elle soit une catholique fervente. L'association compte d'ailleurs de nombreux protestants.

La projection de films est fréquente dans les soirées organisées par l'association un peu partout en Suisse romande. Il s'agit des films consacrés à la vie de Raoul Follereau *(Demain l'aurore, Le Courage d'aimer)* ou de *Monsieur Vincent* avec Pierre Fresnay. Mais Françoise Brunnschweiler réalise aussi ses propres films. Elle veut en effet présenter aux jeunes qui ne l'ont pas connu la vie de Raoul Follereau. Madeleine Follereau lui a même fourni des documents inédits. *Une vie, un cri* raconte la vie de Raoul Follereau. *La conférence de Thonon* est un autre document, saisissant car il nous montre Raoul Follereau en train de prononcer l'une de ses dernières conférences en 1975. Il s'agit du seul film nous le présentant comme orateur. Françoise Brunnschweiler l'a fait réaliser à partir d'une bobine laissée dans un triste état. Au prix d'un admirable travail de montage, le résultat est saisissant.

Enfin, Françoise Brunnschweiler apporte tout son soin à la réalisation du bulletin trimestriel *Aimer-agir,* qui constitue le véritable lien entre l'association et chacun de ses membres [1]. Sur huit pages, il présente des nouvelles de l'association et des projets en cours dans le tiers monde. Françoise Brunnschweiler y rédige un mot de présentation et y fait part de quelques réflexions. Et, surtout, des poésies, des textes de méditation et de superbes photographies en noir et blanc occupent plus de la moitié du bulletin. La mise en page très harmonieuse en rend la lecture fort agréable : une impression de paix et de sérénité s'en dégage. Les textes ne sont pas tous de Raoul Follereau, Françoise Brunnschweiler introduit d'autres figures de la charité ou des poètes, comme Jean Debruynne, Stan Rougier ou d'autres encore. Le choix des photographies lui demande beaucoup de temps. Elle consulte les documents de l'agence photographique C.I.R.I.C. à Lausanne, qui lui consent des prix avantageux. La photographie est en accord avec le ton du texte proposé en regard. Françoise Brunnschweiler a des contacts avec les éditeurs pour obtenir l'autorisation de reproduire les textes. Elle note aussi des citations rencontrées au cours de ses lectures. Les textes choisis ne sont jamais théologiques ou doctrinaux, en raison des statuts de l'association, mais imprégnés d'espérance et de valeurs chrétiennes. Françoise Brunnschweiler est une artiste et elle sait admirablement mettre le mot, l'image et le son au service d'un idéal. Cette façon d'agir rappelle celle de l'abbé Dutil qui, peu après la guerre, fut un des éléments moteurs d'une presse pour les jeunes sachant allier texte et image, dans le magazine *Christiane* notamment.

Ainsi composé, le bulletin est tiré et envoyé à douze mille exemplaires [2]. Depuis 1985, le tirage stagne, comme le nombre des membres de l'association. Les décès et les départs dans le tiers monde ou ailleurs compensent les nouveaux abonnés, entre cent et cent cinquante à chaque numéro [3]. Le bul-

---

1. Nous avons pu consulter l'ensemble des numéros parus.
2. Chiffre indiqué par Françoise Brunnschweiler en août 1988.
3. Id.

letin est surtout diffusé en Suisse romande, même si quelques lecteurs habitent la Suisse alémanique.

En près de vingt ans, le nombre de personnes touchées par les concerts est très supérieur aux douze mille membres actuels de l'association, Françoise Brunnschweiler ne cherche pas à établir la sociologie précise de ces membres, mais il semble que ceux-ci sont d'origines très diverses. Des personnes âgées qui ont entendu parler Raoul Follereau à l'époque d'Adzopé adressent des dons en argent. Des adolescents sensibilisés par des aumôniers et des enseignants sont prêts à donner du temps pour soutenir un projet dans le tiers monde et découvrent les livres de Raoul Follereau.

Aujourd'hui, Raoul Follereau est assez connu en Suisse romande. Les protestants le connaissent mieux qu'ils ne connaissent dom Hélder Câmara. De son vivant déjà, il était présenté sur une page et demie dans le catéchisme de l'Église réformée vaudoise. Il n'est en effet ni prêtre ni religieux, il est laïc et marié et proclame un message qui va bien au-delà du déisme, sans devenir confessionnel pour autant. Raoul Follereau exprime une immense confiance dans la bonté de Dieu et un souci de l'engagement qui séduisent beaucoup de protestants aujourd'hui encore.

Françoise Brunnschweiler souhaiterait mettre en place un réseau de correspondants locaux pour être toujours plus efficace. Des rencontres cantonales ont été organisées, des circulaires envoyées aux membres de l'association... sans grand succès pour l'instant. Plus qu'une mobilisation, l'association semble apporter une bouffée d'énergie et d'espérance à des personnes déjà très actives et occupées par ailleurs.

Françoise Brunnschweiler noue ainsi un certain type de relation avec le public. Elle reste volontairement à l'écart des techniques de marketing moderne, de la publicité et de l'informatique. Elle ne sépare pas son appartement et le siège de l'association, comme le faisait Raoul Follereau.

L'association n'intervenant pas dans la lutte contre la lèpre, Françoise Brunnschweiler n'est pas harcelée par les impératifs financiers des associations de l'I.L.E.P., qui doivent impérativement collecter une somme d'argent importante pour mener sur le terrain une action efficace. Cela assure une réelle sérénité à la vie de l'association. Françoise Brunnschweiler veut créer des contacts directs entre les personnes avant tout et elle ne fait pas de la course au gigantisme son souci.

L'association soutient cependant d'assez nombreux projets de développement dans le tiers monde, en Inde et dans plusieurs pays d'Afrique. Françoise Brunnschweiler choisit les projets en fonction de leurs effets à long terme et de leur taille qui doit rester humaine. Elle mène aussi de temps à autre quelques campagnes de sensibilisation, comme le lancement d'un petit autocollant dont le prix de vente permet de vacciner huit enfants. Elle aspire à faire de l'association un lieu de sensibilisation et de formation aux problèmes du développement dans le tiers monde [1].

À la suite des interventions du Dr Aujoulat, l'association veut en priorité participer à la mise en place de projets d'éducation sanitaire, de prévention, de promotion de la santé maternelle et infantile, de soins de santé primaires. Elle intervient ou est intervenue au Bénin, au Burkina, au Cameroun, en Sierra Leone, au Tchad, au Zaïre, en Inde, au Mexique, au Pérou [2]. Souvent, elle n'est pas la seule à financer le projet mis en œuvre, mais multiplier les participations et intervenir au même endroit pendant plusieurs années permet de mieux informer les donateurs de la diversité des réalités du tiers monde.

Au Bénin, l'association participe à la création d'une zone pilote d'éducation sanitaire à Tori-Bossito, près de Cotonou, où sont formés médecins, infirmiers et équipes villageoises de santé qui doivent intervenir en brousse.

Au Cameroun, elle participe à la réfection des hôpitaux de la fondation Ad lucem et aide, dans le nord du pays, à Tokombéré, le Dr Christian Aurenche, qui effectue un remarquable travail d'éducation sanitaire. Le Dr Aurenche a d'ailleurs publié un livre très remarqué sur la question : *La Clinique sous les arbres* [3].

Au Tchad, l'association aide le Camp Espérance de Bissi Mafou où de jeunes handicapés, lépreux et poliomyélitiques, sont appareillés et « peuvent devenir des hommes " debout " ».

Ailleurs, l'association suisse soutient des programmes de l'Action Sahel de l'œuvre Albert-Schweitzer pour la lutte contre la désertification au moyen de chauffe-eau solaires, de foyers améliorés, de réservoirs, de puits et grâce au reboisement.

En Inde, elle suit les centres Miblou. S'apercevant que dans ce pays des enfants étaient abandonnés à la mort ou à la prostitution parce que leurs parents ne pouvaient pas les nourrir, un couple de Genève, Bryan et Jo Millar fonda ces centres. Ils accueillirent les enfants pour la journée ; ils sont soignés, nourris, vêtus, instruits, mais le soir ils retournent chez leurs parents, afin que les liens familiaux ne soient pas rompus. De tels centres existent déjà à Calcutta, à Madras et à Kalimpong. D'autres créations sont envisagées [4].

Par ailleurs l'association envoie des subsides à deux groupes d'étudiants en médecine. L'un, à Bâle, aide un hôpital de Sierra Leone. L'autre, à Zurich, cherche à multiplier les stages des étudiants en médecine dans les hôpitaux du tiers-monde.

---

1. Témoignage de Françoise Brunnschweiler, déjà cité.
2. Le bulletin donne régulièrement des informations sur ces actions qui, pour la plupart, s'inscrivent dans la longue durée.
3. Christian Aurenche, *Sous l'arbre sacré : prêtre et médecin au Nord-Cameroun*, Cerf, 1987.
4. Informations communiquées par Françoise Brunnschweiler.

« La mer est faite de gouttes d'eau... Une " goutte d'eau ", ce peut être un enfant sauvé », répète Françoise Brunnschweiler [1].

Françoise Brunnschweiler diffuse toujours le *Petit Livre d'amour,* dans les trois langues parlées en Suisse, et pas seulement en Romandie cette fois. Elle en adresse aussi aux missions étrangères des paroisses [2], nombreuses en Suisse, car le pays compte beaucoup d'étrangers : Espagnols, Portugais, Italiens, Yougoslaves... Des prêtres sont heureux de diffuser un texte écrit dans la langue de leurs fidèles. Des Turcs de familles très modestes et des étudiants musulmans lisent aussi avec intérêt ce petit livre. Françoise Brunnschweiler en a envoyé de surcroît des exemplaires en Afrique du Nord, en Pologne, en Tchécoslovaquie, en Russie [3].

Outre la biographie de Raoul Follereau, Françoise Brunnschweiler publie des brochures ou livres sur ce dernier. Tiré à trois mille exemplaires, le recueil de textes *Je chanterai après ma mort* entraîna en son temps une petite crise avec l'association française, car Françoise Brunnschweiler y publiait des textes inédits de Raoul Follereau, sans avoir consulté André Récipon.

Pleine d'idées, elle propose à l'association française de publier un livre qui rapporte les témoignages de léprologues travaillant ou ayant travaillé en Asie, en Afrique et ailleurs [4]. Le projet reste en suspens.

Mais le plus original est peut-être la brochure au format poche de soixante-quatre pages que Françoise Brunnschweiler a réalisée sous le titre *Aimer ?* Elle y effectue un montage de textes de Raoul Follereau groupés autour de quelques thèmes essentiels :

« La seule richesse qui demeure » ;
« Lutter pour durer » ;
« Combattre ce qui nous trompe » ;
« Guérir toutes les lèpres » ;
« Être jeune pour l'éternité » ;
« L'amour à aimer »,
« D'où le printemps nous vient... »

De belles illustrations stimulent la lecture. Françoise Brunnschweiler adapte les textes de Raoul Follereau, les épurant des détails superflus, sans les réduire pour autant à des citations. Elle veut montrer qu'il s'agit d'une pensée cohérente et charpentée qui peut servir de règle de vie au plus grand nombre. L'initiative est neuve. Mais l'association française Raoul-Follereau ne diffuse pas la brochure, qui connaît pourtant un succès réel en Suisse.

---

1. En particulier dans des tracts qui présentent l'association.
2. Témoignage de Françoise Brunnschweiler, déjà cité.
3. Id.
4. Id.

Françoise Brunnschweiler travaille en effet à un changement des mentalités ou plutôt à l'éclosion de mentalités et de comportements nouveaux. Les effets s'en mesurent à long terme et les fruits en sont plus difficiles à observer que les résultats d'une collecte de fonds.

Françoise Brunnschweiler et l'association suisse entretiennent des rapports amicaux avec des personnalités assez connues du tiers-mondisme.

Albert Tevoedjre fut directeur adjoint du Bureau international du travail. Ce Béninois chrétien a dû quitter son pays, où un régime marxiste se mettait en place. Il réside donc à Genève et connaît bien Raoul Follereau et son œuvre. Auteur d'un livre très remarqué sur le développement, *La Pauvreté, richesse des peuples* [1], il confie que Raoul Follereau fut pour lui un « éveilleur de conscience [2] » au temps de sa jeunesse. Il prononce une conférence très remarquée pour l'association suisse à l'occasion du dixième anniversaire de la mort de Raoul Follereau.

Fondateur et directeur de l'organisation humanitaire suisse Nouvelle Planète, Willy Randin a une longue expérience du tiers monde. Il fut administrateur d'hôpitaux de la Croix-Rouge au Yémen et au Viêt-nam durant les guerres que connurent ces pays. Il a aussi dirigé l'hôpital Albert-Schweitzer à Lambaréné, au Gabon. Pendant quinze ans, il fut le secrétaire romand de *Pain pour le prochain,* qui en Suisse met en place les campagnes de Carême. Reporter, conférencier, cinéaste, Willy Randin est aussi écrivain et a publié [3] deux livres très remarqués sur le développement : *Vers une entraide internationale efficace* et *Développement : l'avenir par les femmes.* Très marqué par l'éthique d'Albert Schweitzer, il a fondé *Nouvelle Planète,* une organisation d'entraide internationale qui se propose de multiplier les relations directes entre le Nord et le Sud. Par ailleurs, il ne néglige jamais la dimension écologique des problèmes.

Françoise Brunnschweiler le consulte de plus en plus pour le choix des projets. Elle lui demande au début de l'année 1990 d'entrer au comité directeur de l'association, ce qu'il accepte. C'est un tournant important pour l'association, car Willy Randin est considéré comme l'un des meilleurs spécialistes suisses des questions de développement.

Françoise Brunnschweiler pense en effet de plus en plus à sa relève et elle fait entrer peu à peu des membres jeunes au comité. L'association suisse n'a donc pas le mêmes finalités que les associations étudiées précédemment. Elle ne cherche pas à grandir mais à promouvoir tranquillement un travail et une réflexion de qualité, un art de vivre presque.

---

1. Albert Tevoedjre, *La Pauvreté, richesse des peuples,* Éditions ouvrières, 1978. *Mes Certitudes d'espérance,* Éditions ouvrières, 1984.
2. Cité par Jean Toulat, *op. cit.,* p. 130.
3. Aux Éditions Favre de Lausanne.

En Italie

Au cours de ces douze dernières années, l'Italie a connu un véritable séisme culturel, un bouleversement des mentalités et des comportements.

À la fin des années quatre-vingt, elle est devenue le pays du monde où le taux de natalité est le plus bas (9,8 %₀ en 1986 contre 14 %₀ en France), situation impensable pendant les années soixante. L'Italie s'aligne sur le modèle familial des pays protestants de l'Europe du Nord. Rarement, au cours de l'histoire, un changement de cette ampleur s'était opéré aussi rapidement. Cela traduit une révolution dans les mentalités. L'Espagne connaît une évolution comparable. Parallèlement, la pratique religieuse diminue très fortement, chez les jeunes notamment, malgré l'émergence de groupes chrétiens très fervents et motivés.

Par ailleurs, l'Italie semble sortir, à la fin des années quatre-vingt, de la crise économique et politique des années soixante-dix. Les troubles, les grèves et le terrorisme ont profondément marqué la vie du pays, qui cherche à les oublier. Le renouveau économique des grandes villes du Nord et le dynamisme industriel italien surprennent les Européens. La recherche de l'argent et l'individualisme semblent forger un nouveau système de valeurs qui ébranle l'influence de l'Église.

Mais ces brillants succès économiques ne doivent pas faire oublier les difficultés structurelles qui demeurent. Le sud du pays est toujours très en retard. Le taux de chômage reste élevé. L'exode rural a été très important et beaucoup d'anciens ruraux se sentent mal à l'aise dans les villes. Le sous-emploi des diplômés de l'enseignement supérieur entraîne amertume et frustrations. Les médecins sont nombreux, les anciens étudiants des facultés littéraires et juridiques sont souvent à la recherche d'un emploi correspondant à leur qualification. En revanche, le pays manque d'ingénieurs et de scientifiques. La rapidité des transformations intervenues au cours des dernières années déstabilise encore plus les familles modestes ou attachées aux traditions. Les uns veulent suivre les changements, voire les précéder, les autres souhaitent s'accrocher davantage encore à des repères solides et anciens. La société italienne est donc plus diverse que jamais.

Les adhérents de l'association italienne Raoul-Follereau sont à l'image de la diversité de leur pays. Il n'y a pas de « portrait-robot » de l'adhérent italien. L'association se présente comme une confédération de groupes très divers par leur esprit, leurs méthodes de travail, leur recrutement. Chaque groupe est autonome et mène sa vie interne comme il l'entend. Le message de Raoul Follereau plus que la Journée mondiale des lépreux est au cœur de la vie de ces groupes. Mais chacun vit ce message à sa façon. Des généralisations trahiraient la réalité, un dénombrement exhaustif est impossible. Bornons-nous à quelques exemples significatifs.

Le groupe de Biella, près de Turin, est né en 1978. Il compte une vingtaine de personnes très actives. Un prêtre en assure la direction spirituelle et une coordinatrice à plein temps supervise toutes les tâches d'organisation pratique. Le groupe se réunit au moins une fois par mois pour prier longuement. Les paroisses l'aident activement au moment de la Journée mondiale des lépreux [1].

À Oragio [2], une ville de trente-cinq mille habitants en Vénétie, où la diversité sociale est de plus en plus flagrante et les « nouveaux pauvres » et marginaux de plus en plus nombreux, un groupe Raoul-Follereau est né en 1978 pour tenter de répondre à ces problèmes. Une semaine de sensibilisation a été organisée dans la ville et plusieurs microréalisations ont vite vu le jour : un centre de soins permanent, un chantier de travail, une communauté d'accueil pour les marginaux...

À Padoue [3], le groupe est beaucoup plus ancien puisqu'il a été fondé au cours des années soixante par des étudiants en médecine qui se préparaient pour beaucoup à partir comme médecins laïcs missionnaires. Pendant dix ans, ils cherchèrent surtout à recueillir des fonds pour la lutte contre la lèpre. En 1971, les étudiants commencèrent à étudier la lèpre en tant que maladie du tiers monde, s'interrogeant sur la responsabilité des Occidentaux, puis critiquant le mode de développement européen et réclamant d'autres choix politiques, économiques, sociaux, culturels. Ils organisèrent alors des projections de films suivies de débats et des tables rondes d'où ils conclurent que ce sont les mêmes mécanismes qui conduisent à la marginalisation tant en Italie que dans le tiers monde. En 1976, ils invitèrent même un représentant du F.R.E-.L.I.M.O., mouvement marxiste du Mozambique arrivé au pouvoir dans ce pays après des années de guérilla contre les Portugais. Le groupe a évolué par la suite, adoptant des positions plus nuancées.

À Messine [4], un retraité, apprenant la mort en Afrique d'un ami missionnaire qui s'occupait de lépreux, décide d'honorer sa mémoire en participant à la « bataille de la lèpre ». Il organise la Journée mondiale des lépreux et il rend visite aux lépreux hospitalisés à Messine. Les groupes Raoul-Follerreau sont nombreux en Sicile, où la lèpre existe toujours, quoi qu'en disent les statistiques officielles, et où la question de l'enfermement de ces malades divise toujours une opinion passionnée.

À Gênes [5], le Groupe laïc pour l'aide aux affamés et aux lépreux, ou G.L.A.L., est né en mars 1965. Il organise la Journée mondiale des lépreux, sensibilise la population par des expositions, réunit des médicaments, soutient différents centres d'aide aux lépreux, diffuse un message de

---

1. Le bulletin mensuel de l'association donne régulièrement des nouvelles de plusieurs groupes, souvent différents d'un numéro à l'autre. On peut ainsi suivre l'évolution de certains d'entre eux. Par ailleurs, on trouve au siège de l'association, à Bologne, des renseignements plus précis sur certains groupes, ceux que nous citons, par exemple.
2. *Ibid.*
3. *Ibid.*
4. *Ibid.*
5. *Ibid.*

Raoul Follereau et édite son propre bulletin. À partir de 1980 environ, des étudiants du groupe s'engagent activement dans le soutien scolaire d'enfants des quartiers pauvres de la ville. Par ailleurs, les problèmes généraux du tiers monde sont toujours débattus, et pas seulement ceux qui concernent la lèpre.

La naissance d'un groupe est parfois liée à la proximité d'un centre de documentation missionnaire diocésain ou d'une congrégation missionnaire établie dans une localité proche, comme les Comboniens à Bologne. Quelquefois, les équipes de jeunes des paroisses et des catéchismes, des écoles et des institutions religieuses ont donné naissance à des groupes Raoul-Follereau. Le rayonnement de missionnaires soutenus par l'association – comme le père Bonzanina et le père Ambrosoli, prématurément disparus – a aussi profité aux Amici dei lebbrosi.

Parfois, un groupe naît pour soutenir un missionnaire originaire de la région, et il arrive que le groupe envoie au siège de l'association Raoul-Follereau une partie des recettes de la collecte effectuée lors de la Journée mondiale des lépreux. Les groupes ont chacun leur histoire et leurs traditions. Certains existaient avant de relever des Amici dei lebbrosi. Le siège bolonais sait qu'il peut suggérer certaines démarches à ces groupes, mais il n'a pas le moyen de les leur imposer.

Cependant, on assiste actuellement à une fusion des groupes les plus proches [1], ce mouvement étant général en Italie. On y comptait deux cent trente groupes en 1984, il y en a environ cent quarante actuellement.

L'organisation de l'association illustre bien cette diversité et déroute les visiteurs extérieurs.

Certes, l'association a un président, mais il reste peu de temps en fonction et il doit surtout entériner les décisions du comité directeur. Celui-ci se réunit périodiquement et détient le véritable pouvoir. Ses membres représentent les différentes régions du pays [2] et les différentes sensibilités de l'association. Souvent, les discussions y sont animées et l'issue des débats incertaine.

Le directeur est un permanent qui dirige le siège de l'association à Bologne, mais il n'est qu'un salarié de l'association et ne peut rien décider seul en principe, sauf autorisation du comité directeur. On comprend ainsi certaines lenteurs de l'association italienne, qui veut éviter une « présidentialisation » trop marquée. On remarque qu'une fois de plus l'organisation de l'association présente des similitudes frappantes avec les institutions politiques nationales, comme si ces dernières finissaient par imprimer de véritables structures mentales dans l'esprit des habitants d'un pays, au

---

1. Renseignement donné par les permanents de l'association, à Bologne, en juillet 1988.
2. L'origine géographique de chaque membre du comité directeur est régulièrement indiquée dans le bulletin.

point de ne leur faire concevoir qu'un seul type possible d'organisation et de répartition des pouvoirs.

Cette organisation pose quelques difficultés dans les rapports avec les autres organisations de l'I.L.E.P. Ces dernières se demandent souvent à qui elles doivent s'adresser en priorité. Au moment des rencontres internationales, le représentant italien peut difficilement s'engager dans une décision importante sans avoir reçu l'avis du comité directeur, un comité directeur souvent divisé par ailleurs. Enfin, les fréquents changements de présidents rendent parfois difficiles les collaborations de longue haleine.

Par ailleurs, le siège de Bologne n'est pas omnipotent, les groupes régionaux les plus actifs étant soucieux de préserver leur liberté.

Le bulletin mensuel de l'association constitue un extraordinaire révélateur de la vie foisonnante de cette association et des débats passionnés qui s'y déroulent. Il est adressé systématiquement et gratuitement à tous les donateurs et aux personnes qui en font la demande. Certes, les lecteurs peuvent participer aux frais de publication s'ils le souhaitent et le peuvent.

Ce bulletin est abondant, avec ses trente-deux pages à la typographie dense. Des photographies en noir et blanc illustrent la publication, mais la part du texte est beaucoup plus grande que celle de l'image.

Comme dans tout bulletin, les activités de l'association sont signalées, mais elle sont mentionnées par région ou plutôt par groupe. La diversité reste la règle. Un centre de soins ou une action menée en faveur des lépreux sont présentés. Le courrier des lecteurs occupe deux pages. Une page au moins est réservée aux enfants où figure une de leurs lettres avec un dessin ainsi que des jeux. Le directeur de la publication signe un éditorial assez long où il évoque un problème d'actualité, rarement la lèpre d'ailleurs.

Les autres pages, les plus nombreuses, consistent en des chroniques, des reportages, des dossiers où sont abordées, outre les « lèpres » qui touchent le tiers monde (malnutrition, bidonvilles, dette...) comme l'Europe (pauvreté, racisme, drogue...), la situation d'un pays ou d'une région précise ainsi que la conception chrétienne de l'homme et du développement. La notion de *sviluppo* (« développement ») est omniprésente, et l'association entend traiter du développement sous toutes ses formes, sans oublier sa composante culturelle et sa finalité spirituelle. On retrouve là l'inspiration du concile et des papes. La réflexion sur l'Église occupe de nombreuses pages. La parution d'une encyclique entraîne son analyse. Des textes de Raoul Follereau sont toujours cités et sa pensée est présentée comme une réflexion actuelle pouvant susciter des énergies nouvelles.

À travers les articles, on perçoit les sensibilités diverses qui s'expriment dans l'association.

Le père Gaiga, un combonien directeur du journal jusqu'en juillet 1988, rattache son article à la fête religieuse du moment, cite souvent les encycliques du pape et invite à les lire. En plus de ses activités au service de l'association, il rédige de nombreux livres, dont des biographies de missionnaires dévoués aux lépreux ou de martyrs comboniens. Cependant, beaucoup d'autres personnes, des laïcs en particulier, traitent des questions religieuses et analysent, avec respect, les textes du pape.

Les articles de Mario Mariotti suscitent les réactions les plus passionnées. Cet enseignant entend dénoncer les diverses formes d'exploitation du tiers monde, le surarmement, les injustices sociales de toutes sortes en Europe. Il se montre très critique à l'égard du capitalisme et dénonce les bonnes consciences occidentales. Ses articles valent régulièrement au journal un courrier abondant de lecteurs indignés.

Un article de décembre 1986 où il comparait l'action de Mère Teresa et celle d'un missionnaire assassiné en Amérique du Sud entraîna une véritable tempête. Ce missionnaire avait été tué, car il s'était mis au service des plus pauvres et s'indignait que l'Église ne dénonce pas plus durement l'injustice sociale alors qu'elle se montre très rigoureuse en matière de contraception. Mario Mariotti se demandait si l'action du missionnaire n'était pas plus prophétique que celle de Mère Teresa. De toute l'Italie, des lettres indignées affluèrent alors au siège de Bologne, assorties de demandes de désabonnement. L'association s'efforça de calmer les esprits [1] et Mario Mariotti dit que son propos était mal compris et qu'il ne s'agissait en rien d'une attaque contre Mère Teresa, dont il louait l'action. L'association continua à envoyer le bulletin à ceux qui voulaient se désabonner. Et même ceux qui, dans l'association, ne partagent pas toutes ses idées tiennent à ce que Mario Mariotti puisse continuer à écrire dans le bulletin.

D'autres personnes de l'association soutiennent des idées et des mouvements révolutionnaires qui acceptent la violence et y recourent. Des reportages sont consacrés au Polisario ou aux Palestiniens de l'O.L.P. La vision du tiers monde est présentée d'une manière souvent catastrophiste. Le néocolonialisme est vigoureusement dénoncé. « Ils sont très à gauche, un peu à l'image de la ville de Bologne », dit-on assez souvent dans les associations francophones. En fait, ces positions ne reflètent pas l'opinion de tous les membres du comité ni a fortiori des donateurs. Beaucoup de rédacteurs du bulletin sont d'anciens étudiants des facultés littéraires et juridiques, issus souvent de familles assez modestes, qui étaient à l'université durant les années soixante et soixante-dix ; la contestation était alors générale. Se sentant plutôt mal à l'aise aujourd'hui dans une société qui ne leur accorde pas de poste de décision, ils la critiquent donc, d'autant qu'ils l'analysent depuis des années.

Ensuite, l'association italienne est née au début des années soixante, au moment où Raoul Follereau lançait ses grandes campagnes en faveur du désarmement et, dépassant la question de la lèpre, elle posait le problème du développement en général. L'association a donc pris l'habitude d'établir des relations entre des phénomènes politiques, économiques, sociaux, sani-

---

1. Le bulletin donne la parole à des lecteurs indignés.

taires et culturels, ainsi que d'aborder ces sujets avec une passion qui évoque celle de Raoul Follereau.

De plus, l'ardeur protestataire est mieux acceptée en Italie qu'en France, et ce depuis longtemps. Il suffit d'observer la vie du parti démocrate-chrétien où des groupes minoritaires mais très actifs dénoncent vigoureusement le capitalisme. Le rejet symétrique du capitalisme et du socialisme n'est pas une figure de style dans le catholicisme italien, et c'est un trait de l'ultramontanisme. Le Vatican n'est pas loin en effet, et depuis le XIXe siècle les papes ont vivement contesté les effets du libéralisme économique et du capitalisme.

Au fond, les Italiens travaillent à gérer la diversité et à faire coexister ce qui en France semblerait antithétique. Ils invitent Mère Teresa et des représentants de l'O.L.P., parlent avec sympathie de mouvements de guérilla marxisants et se rendent au meeting de Rimini organisé par Communion et Libération, qui entend rebâtir la société autour des valeurs chrétiennes. La dénonciation de situations tragiques ou de mécanismes impitoyables sert de ciment à ces orientations apparemment opposées.

L'autre ciment, c'est la proximité du pape et du Vatican. Les Amici dei lebbrosi sont bien connus du Saint-Siège et ils rencontrent assez régulièrement le souverain pontife. Les associations de l'I.L.E.P. savent que l'association italienne est un intermédiaire efficace pour qui veut être reçu par le pape. Les évêques italiens accueillent favorablement eux aussi les initiatives des groupes Raoul-Follereau dans leurs diocèses.

L'association italienne Raoul-Follereau organise des rassemblements et des cérémonies parfois grandioses. En 1986, les 20 et 21 septembre, un grand rassemblement est organisé à Rome. Le pape y célèbre une messe diffusée en Eurovision. Mère Teresa, l'abbé Pierre, dom Hélder Câmara, Mgr Tutu, l'épouse de Martin Luther King, Giulio Andreotti, Carlo Caretto sont là, et certains d'entre eux présentent leur témoignage. Ce rassemblement exceptionnel illustre les relations actives entretenues par l'association avec les grandes figures chrétiennes du monde entier et s'inscrit dans une tradition italienne de la fête unanimiste : songeons aux rassemblements de Mani tese ou à ceux de Communion et Libération. L'invité prestigieux ne s'exprime pas forcément très longtemps, mais sa seule présence suffit à établir un sentiment d'intense ferveur dans un public tout acquis à sa cause.

La fête est souvent présente dans les manifestations organisées en Italie. Les groupes locaux s'efforcent de réunir tout ce qui fait la joie des habitants, tout ce qui évoque la beauté et le dépassement, pour l'associer aux causes humanitaires qui leur sont chères.

Les évêques et les autorités civiles sont invités à ces manifestations dont les journaux locaux rendent compte abondamment en général. La fête organisée à Foggia en novembre 1983 [1] en résume l'esprit. Plusieurs expo-

---

1. Un compte rendu en paraît un peu plus tard dans le bulletin de l'association.

sitions sont présentées et les photographies y sont nombreuses : elles concernent la lèpre, le tiers monde et parfois un tout autre sujet, l'art oriental cette fois-là. Des artistes exposent leurs œuvres. Des représentations théâtrales, des concerts de musique classique ou de *new wave* sont proposés. Des chorales et un illusionniste se produisent. Des compétitions sportives se déroulent, du basket-ball au *full contact*. Les écoles du secteur y sont conviées. Des invités de marque comme l'abbé Pierre et Carlo Caretto s'adressent à tous. De nombreux livres sont proposés au visiteur.

Des fêtes de même nature sont organisées à Bologne et ailleurs. Il ne s'agit pas d'approfondir un sujet à la manière d'un technicien professionnel, mais de percevoir toutes les dimensions d'un problème et de créer une relation, une « synergie » entre l'émotion artistique, l'analyse rationnelle d'une situation, la ferveur communautaire et le dynamisme de l'engagement. Ces fêtes permettent également à de nombreux jeunes et adultes de « sentir qu'ils participent » en pratiquant une activité qui leur est chère et qu'ils offrent à la cause soutenue par l'association.

En revanche, cette dernière ne fait pas appel aux vedettes [1] de la chanson ou du cinéma pour animer ses fêtes, afin de ne pas détourner le centre d'intérêt de la manifestation et de ne pas cautionner un « système » médiatique au fonctionnement très particulier...

Le souci de formation se manifeste très largement. Les groupes font fréquemment appel à des conférenciers qui les entretiennent de sujets très divers. Des instituts missionnaires offrent aux jeunes la possibilité de suivre des sessions d'approfondissement sur le tiers monde, le développement, la foi, l'Église... L'association propose aussi des sessions de formation, comme en août 1986 sur « La femme dans le tiers monde ».

Elle publie et diffuse de nombreux livres, à commencer par ceux de Raoul Follereau. Les tirages de ses œuvres sont très supérieurs à ce qu'ils sont dans les pays francophones, étant au moins cinq fois plus élevés, et sa notoriété est certainement plus grande en Italie qu'en France. Son message a fait découvrir à beaucoup d'Italiens le problème de la lèpre, alors qu'en France c'est la bataille contre la lèpre qui fait apercevoir à certains le message profond de Raoul Follereau.

Mais d'autres publications sont éditées par l'association ou diffusées par elle.

Ces livres traitent de la lèpre, des missionnaires, du tiers monde et de nombreux autres sujets encore. D'une manière générale, les maisons d'édition religieuse hésitent beaucoup moins à publier un ouvrage qu'en France, même s'il s'agit d'un petit tirage. Ces éditeurs sont également plus nombreux et sont établis dans diverses villes. Ce « dynamisme de l'écrit » est une originalité italienne plus qu'une spécificité de l'association. Les comptes rendus de lecture sont également nombreux dans le bulletin de l'association.

---

1. Témoignage des permanents de l'association en juillet 1988 à Bologne.

L'association s'efforce d'ouvrir les Italiens aux réalités du tiers monde. Nous avons vu plus tôt que les Italiens se montrent, vis-à-vis du tiers monde, moins généreux par leurs dons en argent que les habitants de l'Europe du Nord. L'association s'efforce de traiter, dans ses articles, de tous les continents : Afrique, Amérique latine, certains secteurs de l'Asie. En simplifiant, disons qu'en 1989 la moitié de l'aide va à l'Afrique, un quart à l'Asie (Inde surtout et un peu la Chine maintenant, dans le Yunnan) et pour le dernier quart à l'Amérique latine (surtout au Brésil). Cette répartition géographique recoupe largement la répartition des missionnaires italiens dans le monde.

L'association française, elle, est beaucoup plus centrée sur la situation de l'Afrique noire et n'entre pas dans les débats théoriques sur le développement.

Amici dei lebbrosi est aujourd'hui, par son audience, par les fonds collectés et le nombre de projets soutenus sur le terrain, la première organisation privée d'aide au tiers monde en Italie. C'est dire son importance.

Si on prend en compte ses recettes et les sommes consacrées à l'aide sur le terrain, soit cinq milliards de lires en 1989, eu égard à la décentralisation et au fait que l'argent collecté localement n'est pas intégralement envoyé au siège, on peut considérer que le poids financier de l'association italienne est presque comparable à celui de l'association française. Il est frappant de constater qu'en employant des méthodes fort différentes, ces diverses associations nationales parviennent à des résultats similaires.

L'association envoie aussi des volontaires sur le terrain, alors que les autres associations de l'I.L.E.P. évitent de le faire. Là aussi on constate des évolutions rapides. Jusque 1984, le siège de Bologne recevait de très nombreuses lettres de jeunes prêts à partir pour l'Afrique ou l'Amérique latine, plus que pour l'Asie, afin de se mettre au service des plus démunis. Les candidatures pour ce type de mission sont moins nombreuses aujourd'hui, et l'association reçoit en revanche beaucoup de demandes de jeunes qui veulent servir les personnes âgées et les handicapés en Italie même. Dans d'autres pays européens, les spécialistes du marketing se demandent d'ailleurs si la vague tiers-mondiste du milieu des années quatre-vingt ne va pas être recouverte par un courant de solidarité en faveur des pauvres vivant en Europe.

Politiquement neutre, l'association intervient, nous l'avons dit, dans des débats de société qui secouent l'Italie, mais elle évite de donner des consignes trop précises.

En mai 1981 [1], l'association prend nettement position contre l'avortement, alors que les Italiens doivent se prononcer sur cette question à l'occa-

---

1. Dans le bulletin.

sion d'un référendum. Leur position est celle du pape. Or 32 % seulement des Italiens s'expriment « en faveur explicite de la vie », constate avec tristesse le père Gaiga, éditorialiste du bulletin. Il déplore que des lecteurs aient vivement critiqué la position de l'association et il en appelle à la « cohérence » des personnes qui par ailleurs veulent combattre « la guerre, l'armement, la drogue, l'injustice », car ils tuent.

De son côté, après le vote, Mario Mariotti indique pourquoi il a préféré garder le silence sur la question : « Oui à la vie, mais pas par les cris. Par la douceur non-violente [1]. » On le voit, les débats n'épargnent pas l'association et font naître sans doute bien des souffrances. Il faut noter que l'association italienne, comme les autres associations Follereau d'ailleurs, reste ensuite bien silencieuse sur le respect de la vie de la conception à la naissance, alors qu'elle dénonce beaucoup de « lèpres » par ailleurs. Souci de ne pas heurter les lecteurs ou reflet d'un comité directeur très partagé ?

AUTRES PRÉSENCES DANS LE MONDE ET PERSPECTIVES D'AVENIR

Des associations Follereau sont présentes dans d'autres pays et d'autres continents.

Parfois, il semble que l'influence de Raoul Follereau, forte autrefois, est en chute libre. Au Canada, au Québec plus exactement, Raoul Follereau disparaît derrière la figure prophétique du cardinal Léger qui, lui, est natif de la Belle Province. L'association canadienne Raoul-Follereau est maintenant rattachée à la fondation Cardinal-Léger et ses liens avec l'association française sont de plus en plus symboliques. Par ailleurs, les Québécois ne sont que six millions et leur société connaît depuis une vingtaine d'années un bouleversement profond. Au-delà des volontés d'autonomie et d'indépendance, cette population, dont le niveau de vie est élevé, a bouleversé son système de valeurs. La pratique religieuse s'est effondrée, chez les jeunes en particulier, et dans tous les domaines l'encadrement assuré par l'Église s'effrite, laissant place à une société de plus en plus sécularisée. Dans ces conditions, le message de Raoul Follereau pourrait peut-être susciter de l'intérêt, car il propose des valeurs altruistes et évangéliques sans développer de discours ecclésial. Cependant, c'est souvent par les structures ecclésiales que ce message s'est diffusé dans le monde. Raoul Follereau devient peu à peu un inconnu pour les jeunes, ou il n'est qu'un nom donné à une rue de leur ville.

Dans les pays anglo-saxons, son message reste méconnu, mais il l'a presque toujours été. Pourtant, une démarche comme celle de Raoul Folle-

---

1. Bulletin de l'été 1981.

reau rappelle celles des prédicateurs évangéliques itinérants des États-Unis, dont le célèbre Billy Graham, à ceci près qu'il n'a pas pu bénéficier des moyens matériels des télévangélistes.

Est-ce à dire que son influence recule ou qu'elle se circonscrit à un petit nombre de pays européens ? Après avoir mobilisé des acteurs, Raoul Follereau fait-il partie des souvenirs historiques ?

Regardons-y de plus près.

En Grèce, l'association Follereau d'Amalia Filia reste toujours active et Raoul Follereau, grâce aux établissements scolaires, n'est pas un inconnu dans ce pays.

Par ailleurs, une association Follereau se met en place en Espagne. Raoul Follereau y avait déjà des amis, mais ils s'occupaient plus de la lèpre que de la diffusion du message et les associations inspirées par le Vagabond de la charité entrèrent peu à peu en sommeil. Mais à la fin des années quatre-vingt, des Espagnols soucieux de mettre en place une grande association d'aide aux lépreux viennent trouver André Récipon et l'association française pour leur demander une aide. L'un des dynamiques responsables du marketing des fondations Follereau, Xavier de La Passe, est envoyé en Espagne pour mettre en place des structures solides. Après quelques mois de travail, les premiers résultats semblent encourageants et la diffusion du message est envisagée dans un pays qui connaît lui aussi un profond bouleversement de mentalités depuis dix ans.

En 1988, une nouvelle association est créée au Portugal, à l'initiative d'un père combonien et de quelques amis portugais.

Le message de Raoul Follereau reste encore actuel pour de nombreuses personnalités du tiers monde, en Afrique noire en particulier. Il a marqué la jeunesse de nombreux Africains qui occupent actuellement des postes de responsabilité.

C'est le cas du cardinal Bernardin Gantin. Dès sa jeunesse, il admirait Raoul Follereau. Un jour, ce dernier le rencontre à Rome, où il s'est rendu en tant qu'évêque. Les deux hommes ont une conversation très chaleureuse. Des témoins rapportent que Raoul Follereau dit au jeune évêque béninois un peu timide : « Vous, vous serez cardinal. Au moins [1]... » Le cardinal Gantin est actuellement l'un des plus proches collaborateurs de Jean-Paul II. Il connaît bien les fondations Raoul-Follereau.

Mgr Zevaco, à Madagascar, est à la fois prêtre et médecin, et il considère Raoul Follereau comme un père spirituel. Nous avons déjà parlé d'Albert Tevoedjre et de Mgr Sarah, évêque de Conakry. Tous gardent des contacts profonds avec les associations Raoul Follereau européennes.

Par ailleurs, les médecins africains de trente à quarante-cinq ans qui aujourd'hui assistent pour la première fois à un congrès des fondations Fol-

---

1. Témoignage d'Aimée Altériet, recueilli le 1er septembre 1987.

lereau sont favorablement impressionnés par la qualité du travail et la générosité des membres de l'association [1]. Ils redécouvrent et approfondissent alors le message de Raoul-Follereau.

Chez les plus anciens non, plus Raoul Follereau n'est pas seulement un souvenir. Né en 1923, le Malien Aly Cissé n'exerce plus de responsabilités officielles dans son pays, même s'il y reste un conseiller influent. Ancien élève de l'incontournable école William-Ponty de Dakar, sorti major en 1958 de l'École nationale de la France d'outre-mer, il a été à de nombreuses reprises ministre et responsable de plusieurs administrations publiques dans son pays. Musulman, il reste attaché à la culture et aux traditions du Mali, dont il porte l'habit jusque dans ses déplacements en Europe. Comme la plupart des responsables maliens, il a été intéressé en son temps par les propositions de l'Union soviétique où plusieurs de ses enfants ont accompli leurs études supérieures. Mais, à l'heure de sa semi-retraite, il se sent plus proche que jamais du message de Raoul Follereau, un message qui lui semble parfaitement adapté aux Africains de toute condition et de toute confession. De 1980 à 1989, il préside l'association malienne Raoul-Follereau et noue des relations étroites avec l'association française et l'association luxembourgeoise.

C'est au vu de tout cela qu'André Récipon, très au fait des attentes de l'Afrique noire, veut relancer au milieu des années quatre-vingt la mise en place d'associations Raoul-Follereau en Afrique noire.

Il charge Dominique Lauriot-Prévot [2] de cette mission. À la fois solide et avenant, la soixantaine environ, Dominique Lauriot-Prévot est un ancien élève de H.E.C., dont il est sorti en 1953. Il fut pendant une vingtaine d'années cadre commercial dans un magasin de grande distribution. Sa psychologie et son sens des relations humaines y ont été des plus précieux. Il entre ensuite dans le monde associatif et c'est là qu'il rencontre André Récipon, auquel il succède à la fédération des organismes de gestion de l'enseignement catholique. Il y reste dix ans et, de 1986 à 1989, année où il prend sa retraite, il travaille aux fondations Raoul-Follereau où André Récipon lui demande de s'occuper de l'association internationale Raoul-Follereau. Celle-ci réunit depuis 1971 les associations qui diffusent la pensée et le message de Raoul Follereau, l'I.L.E.P., elle, réunissant les associations qui viennent en aide aux lépreux.

Dominique Lauriot-Prévot a une longue expérience des relations humaines. Chrétien fervent, il a beaucoup réfléchi sur la doctrine sociale de l'Église. Il sait prendre le temps d'écouter et, de son sourire et de sa voix douce, il met ses interlocuteurs en confiance. En revanche, il découvre presque tout de l'Afrique. Il aborde donc ses interlocuteurs avec humilité et

---

1. Témoignages recueillis à cette occasion.
2. La plupart des renseignements qui suivent sont le fruit d'un long entretien que M. Lauriot-Prévot nous a accordé le 22 février 1988 à Paris.

surtout sans idée préconçue, ce qui constitue le plus sûr moyen de gagner leur confiance.

Sur le papier, la situation semble impressionnante avec plus de vingt associations établies en Europe et en Afrique noire ou ailleurs (Canada, Mexique, île Maurice...). La fondation du père Tritz aux Philippines et l'association de Pondichéry sont considérées comme association Raoul-Follereau pour le pays tout entier.

Dans les faits, l'audience de certaines associations reste faible (Grande-Bretagne), les liens sont parfois très distendus (Canada, Mexique) et, en Afrique noire surtout, beaucoup de ces associations sont entrées en sommeil.

Il s'agit de mettre en place une nouvelle génération d'associations et de revoir les liens qui existent entre elles, afin de les resserrer un peu. Par ailleurs, beaucoup de membres de l'association internationale se plaignent que les quelques réunions communes prennent l'allure de comptes rendus administratifs plus que de rencontres fraternelles.

Dominique Lauriot-Prévot se rend donc en Afrique à la manière d'un diplomate. Il y rencontre d'abord les amis de Raoul Follereau ou d'André Récipon.

Les premières associations Raoul-Follereau africaines avaient été prévues pour gérer l'aide aux lépreux. Avec la mise en place des représentants permanents de la fondation Follereau en Afrique, ces associations perdent leur raison d'être. Les comités sont désormais moribonds, sauf au moment de la Journée mondiale des lépreux. Mais celle-ci est de plus en plus prise en charge par le gouvernement. Les comités Raoul-Follereau ne représentent plus guère qu'un dossier au ministère, d'autant que le chef de l'État, son épouse ou un ministre en sont le plus souvent les présidents d'honneur.

Or les fondations Follereau voudraient en faire des associations réellement privées et indépendantes qui travaillent à un renouveau moral en Afrique noire, en particulier parmi ceux qui seront appelés à exercer des responsabilités. Un besoin urgent, comme l'ont révélé les troubles survenus dans la plupart des grandes villes d'Afrique noire francophone en 1990. Et les fondations Follereau souhaitent toucher la génération montante de jeunes cadres nationaux.

Par exemple, en décembre 1987, à Cotonou, au Bénin, Dominique Lauriot-Prévot encourage la réunion d'une vingtaine de médecins catholiques qui veulent promouvoir et défendre une éthique médicale conforme à l'enseignement de l'Église [1]. En janvier 1988, dans la province de Bobo-Dioulasso, au Burkina, des catholiques et des musulmans, tous croyants, se réunissent autour du message de Raoul-Follereau [2]. Dominique Lauriot-Prévot les invite à rédiger des statuts et un règlement intérieur.

---

1. Id.
2. Id.

La Guinée sortant de son long isolement après la chute de Sékou Touré, tout y est à reconstruire. Mg Sarah appelle à la mobilisation de toutes les forces morales du pays. Là encore, une association Raoul-Follereau voit le jour.

Au Niger et au Tchad aussi des associations se mettent en place. Ces pays sortent de cauchemars divers, ils ont perdu beaucoup de leurs illusions et attendent peu des deux grandes puissances (faut-il toujours les appeler ainsi d'ailleurs, alors que les relations internationales se recomposent sous nos yeux ?).

Dans le même temps, l'association sénégalaise reprend ses activités. En Côte-d'Ivoire (avec le Dr Félix Serie), au Mali (avec Aly Cissé et son successeur), au Congo (avec M. Kimbekete), des associations poursuivent leurs activités. Des amis du Dr Aujoulat veillent également à son œuvre au Cameroun.

De sorte qu'en 1989, à Viviers, l'assemblée générale de l'association internationale se tient la veille du congrès organisé par la fondation Raoul-Follereau. Cette assemblée générale réunit vingt associations Raoul-Follereau nationales sur vingt-quatre, dont dix africaines. Elles réfléchissent au moyen de développer entre elles « un partenariat efficace, qu'il s'agisse de relations Nord-Sud ou de coopération Sud-Sud ». Les fondations Follereau veulent aider les Africains à travailler ensemble.

Raoul Follereau est aimé en Afrique noire francophone. Il y est plus connu que le Dr Schweitzer par exemple, car il s'est beaucoup déplacé. Il reste avant tout le « Papa des lépreux ». Sa bonté rayonnante et désintéressée et son sourire sont devenus légendaires, chose importante en Afrique, où la parole et le geste comptent plus que l'écrit. Raoul Follereau parlait aussi le langage de la fête, avec la création de la Journée mondiale des lépreux. C'est un peu comme s'il avait trouvé spontanément ce qui parle au cœur des Africains. Par ailleurs, il n'est pas contesté par les médecins, à qui il ne prétendait pas apprendre leur métier.

La pensée de Raoul Follereau n'est pas oubliée. Il a fait naître – et en Europe aussi – des vocations de médecin et d'infirmier. Les messages sur la bombe atomique sont moins retenus en Afrique, car la menace nucléaire y est moins ressentie qu'en Europe [1]. Mais son appel à l'amour entre les hommes, un amour qui dépasse les clivages ethniques et religieux pour intégrer la tolérance, cet appel reste une interpellation puissante et toujours actuelle. De même son appel au service des autres, un service qui rejette carriérisme et ambition personnelle, ou favoritisme familial, pour conduire finalement à la notion de bien public.

Raoul Follereau et ces nouvelles associations ne sont pas seules à parler en ce sens. La charte d'*Ad lucem* au Cameroun fait référence à la vocation chrétienne de l'homme, qui l'invite à surmonter les préjugés ethniques. De même l'*Union fraternelle des croyants* fondée par le père Lucien Bidault à

---

1. Id.

Dori, dans le nord du Burkina, afin de réunir chrétiens, musulmans, et animistes désireux de travailler fraternellement à un même projet de développement de la personne et de la société dans toutes ses dimensions [1].

Dans le même temps, les fondations Follereau prennent conscience de leur vocation européenne.

Les principaux sièges des associations, les secteurs où l'impact de Raoul Follereau est le plus important. Tournai, Bruxelles (d'une certaine manière), Luxembourg, Lausanne, Thonon-les-Bains, Bologne... Un axe se dessine, à l'est de Paris, qui se trouve de fait un peu à l'écart. Par ailleurs, les responsables de ces sièges communiquent assez librement entre eux et croient que le message de Raoul Follereau reste actuel, à l'exception peut-être des Bruxellois.

Ce grand axe est très intéressant à analyser.

Situé en plein cœur de l'Europe occidentale, c'est une partie du grand axe économique de l'Europe occidentale qui part d'Italie du Nord pour gagner Londres en passant par la région Rhône-Alpes, la Ruhr et le Benelux. Le grand axe de la production industrielle et surtout celui des échanges des produits et plus encore des idées.

Tournées vers le tiers monde, ces associations Raoul-Follereau sont nées et prospèrent dans les régions européennes les plus dynamiques, celles qui sont aujourd'hui parmi les plus ouvertes à la modernité et à l'échange.

Cette implantation recoupe la « frontière de catholicité » mise en évidence par René Tavenaux ou Louis Châtellier, qui définissent ainsi les régions de contact entre catholiques et protestants au lendemain de la Réforme et du concile de Trente. Le message de Raoul Follereau semble trouver dans ces régions et particulièrement dans celles de forte tradition catholique des conditions très favorables à son éclosion. En effet, la situation varie beaucoup d'une région à l'autre dans chaque pays.

Est-ce parce que dans ces régions le réseau de diffusion du message, souvent ecclésial, était plus complet ? ou parce que les laïcs y ont depuis plusieurs siècles l'habitude de prendre des initiatives dans la société civile comme dans la vie de l'Église ? ou parce que le message optimiste et confiant de Raoul Follereau s'accommode mieux de l'ultramontanisme que des austérités « jansénisantes », gallicanes ou joséphistes ?

L'usage du français ou de l'italien joue aussi un grand rôle dans la diffusion du message.

En tout cas, les évolutions récentes de l'Europe de l'Ouest et de l'Europe de l'Est donnent à cette grande diagonale européenne une place de plus en plus importante dans la vie du continent, à l'heure où l'un des deux Grands a disparu.

L'impact des fondations Raoul-Follereau et de leur message dans ces sociétés qui entrent hardiment dans la modernité amène à réfléchir sur le rôle que ce message peut jouer dans les années à venir.

---

1. Le père Bidault est mort accidentellement en 1987.

Raoul Follereau s'est très longuement adressé aux jeunes de cette partie de l'Europe. Or le suicide est devenu à la fin des années quatre-vingt la première cause de mortalité chez les adolescents en France. Semblables évolutions s'observent dans les pays européens voisins.

N'est-ce pas le signe d'une crise de l'espérance plus encore que de la foi ?

Le message de Raoul Follereau n'est-il pas, comme l'ont d'ailleurs été ses engagements, un témoignage d'espérance avant tout ?

Oser entreprendre quand tout semble impossible ou irrémédiablement perdu.

Croire que l'homme ne peut approcher le bonheur que s'il s'ouvre aux autres.

Raoul Follereau, comme Frère Roger de Taizé ou Daniel-Ange, invite les jeunes Européens à l'espérance.

Son message n'est pas forcément appelé à s'affadir dans les souvenirs historiques. Beaucoup ont été surpris de l'enthousiasme des jeunes Européens à Compostelle et à Czestochowa autour de Jean-Paul II ou dans des stades des grandes villes européennes. Le retour de l'abbé Pierre au rang des consciences morales de l'Europe a également étonné.

Si le message de Raoul Follereau s'adapte assez bien à une société « sécularisée », car il n'est pas confessionnel, les médias non confessionnels le diffusent mal actuellement.

Ce message tranche aussi avec le syncrétisme du « Nouvel Âge », que Jean Vernette [1] analyse dans un livre récent et dont plusieurs spécialistes signalent le succès grandissant.

Dans un monde en quête d'espérance, le message de Raoul Follereau pourra toujours éclore et refleurir.

À condition que des passionnés mettent toute leur générosité et toute leur énergie à le diffuser, en utilisant les moyens offerts par leur époque.

---

1. Jean Vernette, *Le Nouvel Âge*. Téqui, 1990.

CONCLUSION

Plusieurs axes importants sont apparus au cours de cette étude. Nous en retiendrons quatre ici :

Raoul Follereau nous permet de réfléchir sur les caractères de la charité chrétienne contemporaine et sur la présence des prophètes chrétiens dans le monde d'aujourd'hui.

Il illustre des formes originales de nationalisme et de présence de la France dans le monde.

Il participe à l'évolution de la lutte contre la lèpre au xxᵉ siècle.

Il assure enfin le passage d'une initiative individuelle à de puissantes structures humanitaires internationales.

Raoul Follereau est un témoin de la charité chrétienne, un héros chrétien contemporain et un prophète d'une civilisation de l'amour.

Né en 1903, il commence en 1942 seulement à sensibiliser l'opinion en faveur des lépreux. Il aide les Sœurs de Notre-Dame-des-Apôtres à construire un village pour les lépreux à Adzopé en Côte-d'Ivoire. Il a déjà presque quarante ans. Auparavant, il s'occupait essentiellement de poésie, de littérature et de journalisme.

Chez beaucoup de grandes figures de la charité chrétienne contemporaine, on rencontre un parcours similaire ; une passion pour la musique, l'art, la littérature, la poésie ou la philosophie et, la quarantaine venue, l'engagement résolu au service d'un groupe de déshérités. L'éveil de la sensibilité artistique favoriserait-il l'éclosion de la vocation caritative ? Le temps de la culture précède celui de l'action, laquelle donne droit à la prise de parole. La première communion précoce, apparue au début de ce siècle, a pu contribuer à former la sensibilité de Raoul Follereau et de ses contemporains.

Pour la plupart des grandes figures de la charité chrétienne contemporaine, l'engagement décisif commence par une action très ponctuelle mais à forte portée symbolique, une action née de la rencontre avec

quelqu'un : Raoul Follereau avec les lépreux, Mère Teresa avec les agonisants de Calcutta, l'abbé Pierre avec les sans-abri, le père Joseph Wresinski avec les familles du quart monde, Armand Marquiset avec les
vieillards, Jean Vanier avec les handicapés mentaux, Guy Gilbert avec
les délinquants, Joan Andrews avec les embryons. La démarche est la
même à chaque fois : le héros chrétien voit des personnes à part entière
– avec toute leur dimension physique, sociale, culturelle et spirituelle –
là où la société voit seulement un problème insoluble et des êtres dimi-
nués, incomplets, coupables, qui n'appartiennent plus à la communauté
humaine, des êtres qu'il convient d'éliminer ou de mettre à l'écart. Dans
ces situations, le héros chrétien ne se contente pas de suppléer aux
carences de la société civile et de trouver des solutions nouvelles et originales, il réaffirme envers et contre tout la dignité infinie de toute vie
humaine, de la conception à la mort naturelle, et l'égalité en dignité de
toutes les personnes humaines.

S'agit-il d'un nouveau modèle caritatif ? Il ne nous semble pas. Les
nouveaux héros de la charité chrétienne utilisent les médias et les techniques de leur époque, mais leurs intuitions fondamentales ne diffèrent
pas de celles de leurs devanciers. Raoul Follereau actualise la démarche
de la Conférence de Saint-Vincent-de-Paul du siècle précédent, il la rend
un peu moins confessionnelle, mais au fond il la poursuit.

L'Église catholique suit avec intérêt la démarche, isolée au départ, de
ces hérauts de la charité contemporaine. Ils deviennent en effet des personnages par leur rayonnement, leur utilisation habile des médias et le
soutien discret mais fidèle de la hiérarchie. Ils ont le sens de la mise en
scène et du théâtre, jusque dans leur vêtement. Ils savent s'adresser à
l'opinion en trouvant des mots qui la font vibrer. Ils composent des textes, les revues chrétiennes leur consacrent des articles, ils s'adressent
souvent à de vastes auditoires d'adolescents.

L'Église catholique voit en ces héros chrétiens vivants des véhicules de
son message presque aussi efficaces que les saints. Ces héros chrétiens
permettent, dans une société pluraliste, d'atteindre des groupes
d'incroyants ou des croyants d'autres confessions plus sûrement que ne
le ferait un texte dogmatique ou un mouvement émanant de la hiérarchie. Et, au fond, on retrouve là une des intuitions de l'action catholique
et une porte ouverte à l'œcuménisme.

L'Église essaie ainsi de diffuser sa conception des droits de l'homme et
son projet d'une « civilisation de l'amour », un projet cher aux papes. La
notion de civilisation de l'amour n'entrant pas dans les habitudes de
pensée rationalistes des intellectuels français, même chrétiens, cela
explique sans doute que l'audience des messages de Raoul Follereau a
été et reste très supérieure en Italie et en Grèce à ce qu'elle est en
France.

Les initiatives de ces prophètes de la charité contemporaine s'inscrivent aussi dans la floraison de communautés nouvelles nées autour du

concile Vatican II, à la suite d'initiatives de clercs ou de laïcs, et qui se veulent autant d'îlots annonçant la civilisation de l'amour. L'ordre de la Charité conçu par Raoul Follereau n'a atteint pour l'instant qu'une toute petite partie des objectifs que lui assignait son fondateur.

Le parcours de Raoul Follereau amène à réfléchir sur le nationalisme et la présence de la France dans le monde, en particulier hors d'Europe.

Souvent, le nationalisme est assimilé à l'intolérance et à une certaine brutalité. Or Raoul Follereau était un nationaliste ardent durant sa jeunesse et il l'est resté tout au long de sa vie, ayant été très marqué par l'influence de Maurras.

Mais son nationalisme aura été avant tout culturel et thématique. C'est un nationalisme de valeurs. Raoul Follereau identifie la France aux valeurs chrétiennes et à un idéal esthétique et éthique. Pour lui, la France, c'est « Pasteur, Racine, Mermoz, Charles de Foucauld » et d'autres encore. Durant les années trente, il parcourt, pour l'Alliance française, l'Amérique du Sud. Il met en évidence le rôle des Frères des écoles chrétiennes dans la diffusion de la culture française dans le monde. Il soutient l'action des Sœurs de Notre-Dame-des-Apôtres. De 1936 à 1948, il joue un rôle considérable – mais aujourd'hui oublié – dans la diffusion du souvenir du père de Foucauld et joue un rôle déterminant dans l'édification en Afrique du Nord des monuments qui, aujourd'hui encore, témoignent de son apostolat. Mais son action est assez mal comprise des autres héritiers spirituels de Charles de Foucauld.

Le nationalisme de Raoul Follereau l'amène à parcourir le monde et l'ouvre à une fraternité universelle. D'ailleurs, il perçoit avec beaucoup de finesse la nature profonde des totalitarismes nazi et stalinien et il les rejette spontanément. Pendant la Seconde Guerre mondiale, s'il soutient la révolution nationale du maréchal Pétain, il refuse l'antisémitisme et la collaboration au nom des valeurs de la France chrétienne.

Des rencontres lui font approfondir sa conception du rôle de la France dans la vie internationale. Il s'enthousiasme pour l'action sanitaire de grande envergure menée durant les années cinquante par les médecins militaires français en Afrique. Le médecin-général Richet est l'un de ses meilleurs amis. Les médecins militaires français poursuivent souvent leur tâche après la décolonisation et leur action a beaucoup d'impact auprès des populations. Raoul Follereau travaille aussi en étroite liaison avec le Dr Aujoulat, un laïc, médecin missionnaire avant la guerre, ministre durant les années cinquante, puis spécialiste très écouté à l'O.M.S. Aujoulat et Richet sont inconnus des Français aujourd'hui, et pourtant leur action a permis à la France et à l'Afrique noire de procéder à la décolonisation sans trop de heurts. Leur action sanitaire a profondément marqué l'Afrique noire francophone durant les années soixante et leurs projets étaient ceux de visionnaires.

Au nom de ces valeurs chrétiennes et nationales, Raoul Follereau devient l'un des champions de l'internationalisme. Il appelle tous les pays du monde à offrir une partie de leurs ressources au profit des plus démunis. S'agit-il d'une évolution personnelle ? Peut-être, mais surtout la scène mondiale change. Raoul Follereau actualise son discours en fonction des problèmes nouveaux. Il devient, au nom des valeurs de la France chrétienne, de plus en plus solidaire des pays les plus pauvres. De ce fait, il est considéré comme un héros par de nombreux peuples du tiers-monde. Il est l'un des Français qui, de son vivant, a eu le plus de timbres émis à son effigie et sa mort suscite plus d'émotion dans le tiers-monde qu'en France.

Il nous semble que des études sur le nationalisme et la diffusion de l'influence de la France dans le monde devraient insister davantage sur l'impact à long terme de l'action sanitaire et éducative.

Il nous semble aussi que le nationalisme culturel peut, à certaines conditions, conduire à un rapprochement entre les peuples plus sûrement que certains « internationalismes » artificiels et réducteurs. L'approfondissement de certaines valeurs culturelles nationales a conduit, dans le cas de Raoul Follereau ou de Richet ou d'Aujoulat, à une démarche universelle reconnue par les habitants du tiers-monde plus que par les Français.

Grâce à Raoul Follereau, la lutte contre la lèpre évolue tout au long du siècle. Faute de remède efficace, elle reste jusqu'en 1950 une lutte contre les conséquences sociales de la maladie; il s'agit d'adoucir les conditions de l'exclusion dont les lépreux sont victimes. La découverte des sulfones, des antibiotiques très efficaces contre la lèpre, permet de guérir les lépreux. Nous voyons alors le décalage qui existe entre la découverte de laboratoire et son utilisation efficace sur le terrain. Tout le travail de Raoul Follereau consiste à réduire ce décalage qui est dû à des causes politiques, économiques, sociales et aussi culturelles : le lépreux est victime d'une foule de préjugés dont la science montre l'absurdité. Raoul Follereau n'est pas seulement l'homme du baiser aux lépreux. Il parcourt aussi le monde en apôtre de la médecine scientifique, il désacralise la maladie. Il alerte l'opinion pour faire de la lèpre un problème de santé publique majeur et il permet de coordonner les actions déjà entreprises. Il introduit la rationalité là où sentimentalisme, improvisation ou laisser-aller étaient de règle.

A la fin des années soixante, l'apparition de résistances aux antibiotiques remet en cause une partie des résultats obtenus. Elle s'ajoute à la disparition de nombreux services d'hygiène mobile après la décolonisation. La situation des lépreux varie beaucoup d'un pays à l'autre aujourd'hui. Seule une minorité des quelque quinze millions de lépreux recensés dans le monde bénéficie aujourd'hui de soins sérieux et efficaces. Les chercheurs, encore peu nombreux, fondent désormais leurs espoirs sur la mise au point d'un vaccin. L'aide aux lépreux, qui sont pour la plupart des habitants pauvres du tiers monde, est essentiellement fournie par des organisations non gouvernementales occidentales, les gouvernements autochtones ayant d'autres priorités sanitaires : vaccination des enfants, lutte contre le paludisme ou le sida...

Nous constatons aussi le passage d'une initiative ponctuelle et individuelle à la mise en place de puissantes structures internationales qui comptent parmi les organisations humanitaires les plus importantes d'Europe actuellement. La plupart des pays de la C.E.E. comptent aujourd'hui une grande association nationale de lutte contre la lèpre, et ces associations sont fédérées au sein d'un organisme, l'E.L.E.P. puis l'I.L.E.P. Un véritable « Marché commun de l'aide aux lépreux » se met en place dès 1966 en Europe, puis au-delà. Cette coopération internationale constitue un cas presque unique dans l'action humanitaire.

Raoul Follereau est à l'origine de la plupart de ces grandes associations, au début des années soixante. Ce passage aux structures permanentes s'effectue grâce à l'action remarquable de grandes figures de la charité chrétienne contemporaine comme André Récipon, Marcel Farine, le Dr Aujoulat, Françoise Brunnschweiler, le cardinal Léger et d'autres encore. Figures méconnues dont nous avons pu retracer l'itinéraire.

L'évolution de l'association française est exemplaire à cet égard. Le poète Raoul Follereau fait du banquier André Récipon son fils spirituel et son héritier à la tête de son œuvre. André Récipon partage l'idéal de Raoul Follereau, mais il introduit des méthodes de travail nouvelles, celles des entreprises. Sous son impulsion, l'association connaît un développement spectaculaire. Elle collectait un milliard et demi de centimes en 1979, elle en reçoit dix milliards en 1989, qui proviennent de plus de deux cent cinquante mille donateurs. Raoul Follereau rassemblait le dimanche après-midi ses amis dans sa cuisine pour rédiger les adresses sur les bulletins qu'il adressait dans toute la France. Aujourd'hui, la fondation Follereau emploie un personnel à temps complet dans un immeuble de huit étages où l'ordinateur joue un rôle capital. L'association utilise avec succès les méthodes du marketing moderne.

Toutes les grandes associations de l'I.L.E.P. fondent la réussite de leur action sur l'efficacité de la collecte de fonds et de la gestion, la compétence de commissions médicales où siègent les plus grands spécialistes internationaux et le dynamisme de représentants permanents sur le terrain qui veillent à la bonne marche des projets entrepris. L'originalité culturelle de chaque pays explique les diversités nationales : l'association française est très centralisée, alors que l'association italienne se présente davantage comme une fédération de groupes locaux qui gardent une partie de leur autonomie. Le discours des associations varie aussi d'un pays à l'autre, quand il s'agit de dénoncer les « autres lèpres » évoquées par Raoul Follereau, comme la faim ou la course aux armements.

Nous avons constaté que la plupart des initiatives d'aide aux lépreux des amis de Raoul Follereau sont nées en Europe, depuis 1950, dans des régions parmi les plus dynamiques économiquement, et surtout dans des régions très marquées par le catholicisme tridentin. S'agit-il d'une simple coïncidence ?

Le développement d'associations africaines est l'un des faits importants de ces dernières années.

Les associations semblent aujourd'hui soucieuses de méditer de nouveau le message de Raoul Follereau pour en tirer des ardeurs nouvelles. Raoul Follereau était à la fois un intellectuel et un homme d'action, et pour saisir son message, il convient de considérer ses écrits et ses actes. On découvre alors qu'il propose une culture, une éthique, une citoyenneté, une spiritualité.

La culture de Raoul Follereau se veut une recherche exigeante de la vérité et de la beauté. Artiste et journaliste, il réfléchit beaucoup à ces questions durant les années trente, et ses analyses restent, nous l'avons vu, très actuelles : les moyens d'information sont certes de plus en plus nombreux et perfectionnés, mais dans le même temps les moyens de désinformation sont de plus en plus puissants et sophistiqués. La vie artistique est soumise à des exigences de rentabilité immédiate et aux pressions de certains milieux d'affaires. Les médias privilégient souvent les réalisations qui véhiculent une image pessimiste ou réductrice de la personne humaine.

L'éthique de Raoul Follereau se veut respect absolu de la vie humaine, de la conception à la mort naturelle. Elle postule l'égalité en dignité de toutes les vies humaines ainsi définies. Ce respect de la vie ne doit en négliger aucun aspect : physiologique, psychologique, social, moral, culturel et spirituel. Ces repères sont importants, alors que les recherches en génétique et en biologie réveillent chez certains des tentations eugénistes.

La citoyenneté, selon Raoul Follereau, se vit à plusieurs niveaux. Il s'efforce toujours de faire naître des acteurs. Éveilleur de vocations, il encourage les participations actives à la vie publique locale et il suscite des engagements massifs en faveur d'une conscience morale universelle. Cette citoyenneté est un appel à l'imagination et à la recherche de solutions originales pour les problèmes insolubles en apparence.

Spiritualité enfin. Raoul Follereau tient à vivre dans la joie intérieure et à diffuser autour de lui un message de joie, malgré toutes les souffrances dont il est le témoin. Cette joie est possible, car il veut croire en l'espérance, en la victoire finale de l'amour. Cette espérance est la clé de l'engagement de Raoul Follereau, elle est, avec la charité, au cœur de sa vie spirituelle et des messages qu'il adresse à ses contemporains. Ce message reste d'actualité alors que le nombre de suicides n'a jamais été aussi élevé dans le monde occidental, signe manifeste d'une crise de l'espérance. Raoul Follereau entend s'adresser à tous, même aux non-chrétiens. Il développe aussi les thèmes de la charité, de la communion mystique, de la pauvreté, du pardon, et met en garde contre la divinisation de l'argent, de la science, de la technique, de l'efficacité.

Ces orientations sont proches de celles d'autres prophètes chrétiens contemporains comme Mère Teresa, l'abbé Pierre, Joseph Wresinski, Jean Vanier, dom Hélder Câmara, Jean-Paul II, pour ne citer que quelques noms. La détermination des responsables actuels des associations Follereau permet de penser que ce message, loin de s'éteindre, est appelé à une diffusion plus large encore.

SOURCES

ÉCRITS DE RAOUL FOLLEREAU

Elles sont rares. Raoul Follereau réglait oralement les problèmes immédiats avec ses collaborateurs les plus proches. Par ailleurs, il ne classait pas son courrier de façon systématique et ne gardait pas de double de ses lettres. Enfin, les lettres officielles ont été publiées dans les livres. Les amis de Raoul Follereau ont gardé les lettres et les cartes qu'il leur envoyait pendant ses voyages. La secrétaire de Raoul Follereau, Mlle Altériet, nous a remis les courriers qu'il lui avait adressés pendant les années cinquante et soixante lors de ses déplacements lointains. Raoul Follereau y donne ses instructions, non sans confier çà et là quelques impressions...

Raoul Follereau tenait par ailleurs un journal quotidien, à l'occasion de ses voyages surtout. Celui-ci a en grande partie disparu, d'autant que Raoul Follereau en reprenait les passages les plus importants dans ses livres. Cependant quelques cahiers subsistent...

La documentation pour la période de l'entre-deux-guerres est limitée et fragmentaire, Raoul Follereau ayant dû se protéger des Allemands.

Diffusant les idées de Raoul Follereau, ils couvrent toute la période de 1927 à nos jours en principe. Leur titre a varié au fil des ans :
- de 1927 à 1940, *L'Œuvre latine*, « Organe officiel de la Ligue d'union latine ».

De ce bulletin mensuel d'une dizaine de pages, format d'un quotidien (36 ×28 cm), la fondation Follereau possède tous les numéros, du début de 1931 à la fin de 1937. Nous avons dû consulter les numéros de la Bibliothèque nationale pour les années 1938 et 1939, ainsi que pour certains numéros de la période 1927-1930.

de 1940 à 1945, *Paroles de France*, « Bulletin de la Ligue d'Union latine et

des fondations Charles-de-Foucauld ». Seul change le titre. Le format demeure et la périodicité reste pratiquement mensuelle à partir de 1941 ;
– de 1946 à la fin de 1964, *Mission de la France*, « Bulletin de liaison de l'ordre de la Charité ». Le format demeure, mais la parution est désormais bimestrielle (six numéros par an). La collection est déposée aux archives de la fondation Follereau à Paris. Elle est un peu incomplète pour les années 1946 et 1947, mais des intimes de Raoul Follereau qui possédaient encore ces numéros manquants nous ont prêté les leurs ;
– de 1965 à avril 1981, *La seule vérité, c'est de s'aimer*, « Bulletin d'information sur la lutte contre la lèpre et toutes les lèpres ». De 1965 à 1974 le format reste identique mais la parution devient trimestrielle. Elle redevient bimestrielle en 1975 et, en même temps, le bulletin change de format pour passer à 29 × 21 cm. La collection déposée aux archives de la fondation est complète ;
– depuis mai 1981, le bulletin – toujours bimestriel – s'appelle *Lèpres*. Mais la phrase « La seule vérité, c'est de s'aimer » figure toujours sur la couverture. Le format reste 29,7 × 21 cm.

LIVRES

Poèmes

Du soleil sur les roses, 1924-1925.
Rédemption, 1929, Éditions de la Jeune Académie, 196 pages, 19 × 14 cm. Tiré à 11 000 exemplaires.
Les Îles de miséricorde, 1933, Éditions de la Jeune Académie, 166 pages, 19 × 14 cm. Tiré à 6 000 exemplaires.

Théâtre

Toutes ces pièces ont été publiées par les Éditions de la Jeune Académie, format 21 × 15 cm :
La Lumière qui meurt, pièce en un acte, 1925.
Notre Bel Amour, comédie en un acte, 1930, 30 pages.
Pauvre Polichinelle, comédie en un acte, 1930, 46 pages.
Petites Poupées, comédie en un acte, 1932, 29 pages, plus de 1 000 représentations.
Les Nouveaux Chevaliers, comédie en un acte, 1932, 35 pages.
La Petite Fille au coquillage, comédie en un acte.
L'Homme qui a volé le Parthénon, comédie en un acte.
Intellectuels s'abstenir, comédie en un acte, 1934, 39 pages.

Divers

Faudra-t-il arracher les cordes de la lyre ? conférence prononcée à la Sorbonne le 6 mars 1930, Éditions de la Jeune Académie, 1930, 26 pages, 19 × 14 cm.
Le Sourire de la France, conférence prononcée à la Sorbonne le 2 octobre 1930, Éditions de la Jeune Académie, 1930, 19 × 14 cm, 32 pages.
L'Influence française en Sud-Amérique, rapport présenté au ministre de l'Ins-

truction publique et des Beaux-Arts, Éditions de l'Œuvre latine, 1931, 70 pages, 19 × 14 cm.

La Trahison de l'intelligence suivie d'Essai sur l'universalité politique de l'esprit latin, Ligue d'union latine, 1936, 86 pages, 19 × 14 cm.

La charité sauvera le monde, ordre de la Charité, 1948, 28 pages, 21 × 14 cm.

Ouvrages missionnaires

Les lois de 1904 trahissent la France, suivi de Quelques Histoires merveilleuses de missionnaires français, Ligue d'union latine, s. d., 60 pages, 19 × 14 cm. 20 000 exemplaires étaient déjà parus en 1948.

Sur les routes de la charité, 10 000 exemplaires en 1948, ouvrage couronné par l'Académie française.

Tome 1, *Vingt-Deux Mille Kilomètres à travers l'Afrique avec les Sœurs missionnaires de Notre-Dame-des-Apôtres* (préface de l'amiral Lacaze), Éditions Vitte, 204 pages.

Tome 2, *En Égypte avec les Sœurs de Notre-Dame-des-Apôtres* (préface du général Weygand), Éditions Vitte, 130 pages.

Le Héros immobile : le R.P. Planque, fondateur de la congrégation des Sœurs missionnaires de Notre-Dame-Des-Apôtres, édité par les Sœurs de Notre-Dame-des-Apôtres, 1946, 128 pages, 21 × 14 cm.

Ce que le monde doit à la France, 1941 (et nombreuses rééditions jusqu'en décembre 1968), 32 pages, 16 × 12 cm. 212 exemplaires.

Le Christianisme et la France, 1943 (et nombreuses rééditions), 64 pages, 16 × 12 cm. 40 000 exemplaires.

Le Bréviaire de la France, 1948, édité par les fondations Charles-de-Foucauld, 160 pages, 21 × 13,5 cm, illustrations de A. Ursin.

Textes sur la lèpre et messages rédigés à partir de 1948

Les nombres d'exemplaires indiqués concernent les tirages en français seulement. Ils nous ont été communiqués par la maison Flammarion, quand ils ne figuraient pas sur des documents déposés aux archives des fondations.

Tour du monde chez les lépreux, Flammarion, 1953, 252 pages, 21 × 16 cm. Traduit en grec.

Adzopé, la ville des lépreux, s. d., 25 000 exemplaires (en 1948). Traduit en allemand, en espagnol et en italien.

Leur crime ? Ils sont malades, fondation Raoul-Follereau, s. d., 48 pages, 18 × 12 cm. 444 000 exemplaires.

Des hommes comme les autres, Flammarion, 1956, 230 pages, 21 × 15 cm. 6 000 exemplaires. Traduit en allemand, en espagnol et en italien.

Si le Christ, demain, frappe à votre porte, Flammarion, 1954 à 1978, 140 pages, 19 × 12 cm. 24 000 exemplaires (1er tirage de 6 000). Traduit en allemand, en anglais (Royaume-Uni et États-Unis), en danois, en espagnol, en grec, en italien, en néerlandais et en portugais (Portugal et Brésil).

Trente Fois le tour du monde, Flammarion, 1961, 250 pages, 21 × 15 cm. 18 500 exemplaires (1er tirage de 13 000). Traduit en italien, en espagnol et en turc.

Une bataille pas comme les autres, Flammarion, 1964, 165 pages, 19 × 12 cm. 1 500 exemplaires (2e tirage de 4 000 en 1971). Traduit en italien, en espagnol et en slovène.

La seule vérité, c'est de s'aimer, Flammarion, 3 tomes sous coffret, 1966, 19 × 12 cm.

Tome I, *Personne n'a le droit d'être heureux tout seul*, 204 pages.
Tome II, *Quinze Millions d'hommes*, 218 pages.
Tome III, *S'aimer ou disparaître*, 286 pages.
13 000 exemplaires. Traduit en castillan, en italien, en allemand, en espagnol, en portugais, en anglais, en néerlandais, en grec et en japonais.

La Civilisation des feux rouges, Flammarion, 1969, 108 pages, 19 × 12 cm. 10 000 exemplaires. Traduit en italien, en allemand et en grec.

Aimer-agir, Flammarion, 1974 et 1975, 218 pages, 19 × 12 cm. 10 000 exemplaires en 1974, 5 000 exemplaires en 1975. Traduit en italien, en portugais, en espagnol, en grec et en allemand.

Cinquante Ans au service des lépreux. Cinquante Souvenirs, Flammarion, 1978, 156 pages, 19 × 12 cm. 15 000 exemplaires. Traduit en italien, en espagnol, en brésilien et en portugais.

Je chanterai après ma mort, écrits posthumes et entretiens radiophoniques, Association suisse Raoul-Follereau, 1982, 118 pages, 21 × 15 cm.

Messages destinés aux jeunes

Le Petit Livre d'amour, diffusé par l'association Follereau, 64 pages, 13 × 9 cm. Traduit en 35 langues, soit 12 millions d'exemplaires, toutes langues réunies. Recueil des principales citations de Raoul Follereau.

Demain, c'est vous, messages à la jeunesse du monde : 1961-1977. Association suisse Raoul-Follereau, 1984, 142 pages, 19 × 12 cm.

Vous aurez vingt ans en l'an 2000, Flammarion, 1986, 186 pages, 14 × 22 cm. 33 000 exemplaires. Recueil de tous les messages adressés par Raoul Follereau aux jeunes.

Textes réédités ou messages tirés à part

Cette liste est non exhaustive.

Quarante Ans de lutte contre la lèpre et pour les lépreux, Académie des sciences d'outre-mer, séance du 2 février 1968, 28 pages.

L'Âge de l'homme, Fondation Raoul-Follereau, réédition de 1987 (texte original paru en 1948), 24 pages, 24 × 12 cm.

Bombe atomique ou charité?, fondation Raoul-Follereau, réédition de 1988 (texte original paru en 1949), 24 pages, 24 × 12 cm.

Aimer?, Éditions Ouverture, Lausanne, 1987, 64 pages, 16 × 12 cm.

ÉCRITS ET AUTRES SOURCES SUR RAOUL FOLLEREAU

LIVRES

BRUNNSCHWEILER (Françoise), *Raoul Follereau, messager d'espoir et de vie*, préface de dom Hélder Câmara, Association suisse Raoul-Follereau, 1978.

FACCO (Giannina), *Raoul Follereau*, Edizioni Messagero, Padoue, 1972.

GOUBLET (Juliette), *Raoul Follereau pourquoi ? Le sens d'une vie*, Éditions Spes, 1964; *Les Récits de l'ours d'ivoire*, Éditions du Centre, 1976; *Viannette, filleule de Follereau*, Éditions du Centre, s. d.

LE SOURD (Bruno) (dessins) – SIGAUT (Marie-Hélène) (texte) – BERTHIER (René) (réalisation), *Raoul Follereau, le Vagabond de la charité*, Fleurus, 1986. Grand Prix de la bande dessinée chrétienne d'Angoulême.

MARION (Francis), *Raoul Follereau et la Bataille de la lèpre*, Ligel, 1964.

MERLE (médecin-général), *Raoul Follereau m'a dit*, Fondation Raoul-Follereau, 1983.

Plus jamais ça, Éditions prière et vie, vie de Raoul Follereau en images pour les dix à quinze ans, s. d.

POMBO (A. Fernández), *El hombre que quería dos aviones*, Éditions P.P.C., Madrid, s. d.

Raoul Follereau, le Vagabond de la charité, Éditions Vitte, 1950.

SERVIGNE (Élisée), *L'homme qui embrasse les lépreux*, Flammarion, 1959, 220 pages, 21 × 15 cm.

TOULAT (Jean), *Raoul Follereau ou le baiser aux lépreux*, Flammarion-Salvator, 1978.

TREVISAN (GIORGIO), *La Bataille de Raoul Follereau*, bande dessinée italienne traduite par Florence Mirti, s. d.

TUCCILLO (Silvana), *La Poésie de l'amour chez Raoul Follereau*, thèse, Naples, s. d.

Témoignage sur Raoul Follereau dans : IBAZIZEN (Augustin), *Le Testament d'un Berbère : itinéraire spirituel et politique*, Albatros, 1984.

AUTRES TÉMOIGNAGES

Témoignages oraux

Ces témoignages ont été essentiels dans notre étude. Toutes les personnes sollicitées ont accepté de répondre à nos questions et nous ont réservé un accueil chaleureux.

Nous indiquons ici le moment de la rencontre principale. Il va de soi que des entretiens téléphoniques plus ou moins longs ont complété ces rencontres.

Nous avons donc rencontré :

M. André Récipon, désigné officiellement par Raoul Follereau comme son « fils spirituel », président de l'association française Raoul-Follereau depuis 1968. Malgré un emploi du temps très chargé, il a consacré deux de ses journées à répondre à nos questions, le 12 septembre 1987 et le 12 octobre 1987, au siège de l'association à Paris. Nous avons pu le rencontrer à d'autres occasions, lors de nos passages au siège de la fondation.

Le Dr Jacques Follereau, neveu de Raoul Follereau, rencontré le 1er février 1988 à son domicile parisien.

Mlle Aimée Altériet, secrétaire de Raoul Follereau pendant plus de trente ans, rencontrée le 14 septembre 1987 à son domicile à Dijon. Elle nous a confié une importante documentation personnelle (lettres de Raoul Follereau).

Mlle Françoise Brunnschweiler, fondatrice et présidente de l'association suisse Raoul-Follereau, rencontrée à plusieurs reprises en août 1987 et en août 1988 à son domicile à Lausanne, qui est aussi le siège de l'association suisse Raoul-Follereau. Après nous avoir livré son témoignage très important, elle nous a mis en contact avec de nombreux anciens amis de Raoul Follereau.

M. Pierre Decombele, l'un des responsables des Amis du père Damien, l'association belge, rencontré à son domicile et au siège de l'association (à Bruxelles) les 11, 12 et 13 avril 1988 au cours d'entretiens très approfondis.

M. Marcel Farine, président d'Emmaüs-Suisse Aide aux lépreux et l'un des fondateurs de l'E.L.E.P., rencontré à Berne, au siège de l'association, le 10 août 1988.

Le frère Fernand Davoine, qui a côtoyé Raoul Follereau pendant plus de quarante ans. Toujours présent dans l'association française, il nous a accordé un long entretien le 7 mars 1988 au siège de la fondation.

M. Georges Pin, ami de Raoul Follereau et responsable de l'organisation pratique de ses voyages, rencontré le 21 septembre 1987 à Paris, à son domicile.

M. Jean Masselot, qui travailla à la mise en place des comités en France, rencontré le 15 octobre 1987 à son domicile parisien.

Le Dr Pierre Reynier, l'un des proches de Raoul Follereau, rencontré le 11 février 1988 au siège de l'association à Paris.

La sœur Marie-Anne Grand, qui accompagna Raoul Follereau lors de ses premières conférences sur la lèpre, rencontrée le 16 juillet 1988 en Alsace.

Mme Louis Rougier, l'épouse du philosophe, lequel était un ami de Raoul Follereau, rencontrée le 18 septembre 1987 à son domicile parisien.

M. Jean-Marie Aujoulat, le fils du Dr Aujoulat, qui a travaillé en Afrique pour l'association Follereau, rencontré le 11 février 1988 à son domicile parisien.

M. Dominique Lauriot-Prévost, responsable de l'association internationale jusqu'à sa retraite en 1989, nous a accordé un long entretien le 22 février 1988 au siège de la fondation à Paris.

M. Emmanuel Renart, cinéaste qui a travaillé avec Raoul Follereau, rencontré le 12 février 1988 à Paris.

M. Jacques Robert, directeur de la maison de disques Voxigrave, rencontré le 16 février 1988 au siège de cette maison à Paris.

M. Maurice Schumann, qui a apporté un soutien politique aux initiatives de Raoul Follereau, rencontré le 8 février 1988 à son bureau du Sénat.

Le Pr Marc Gentilini, qui nous a accordé un entretien le 11 mars 1988 dans son service de la Pitié-Salpêtrière.

Le Pr Jacques Grosset, que nous avons rencontré le 19 février 1988 dans son laboratoire de la Pitié-Salpêtrière.

Le Dr Le Coroller, secrétaire de la commission médicale Raoul-Follereau à Paris jusqu'à son décès en 1989, rencontré au siège de la fondation, à plusieurs reprises en 1987 et 1988.

Le Dr Cheik Sow, le Dr Serie, M. Aly Cissé, rencontrés à Paris les 14 et 15 novembre 1987, lors du congrès international des fondations Follereau.

M. Jean-Louis Foncine, auteur de la collection « Signe de piste » et contemporain de Raoul Follereau, rencontré le 5 mars 1988 à Nancy.

M. Serge Dalens, auteur de la collection « Signe de piste » et contemporain de Raoul Follereau, rencontré le 15 février 1988 à Paris.

M. Jacques Vellut, qui travaille depuis longtemps à l'association belge, rencontré le 13 avril 1988 au siège de cette association à Bruxelles.

Et de nombreuses personnes, travaillant dans les associations des différents pays, souvent à titre bénévole.

Mme Follereau est décédée en 1991 après de longues maladies. Elle n'était pas en mesure de nous apporter son témoignage.

Lettres

Quelques personnes nous ont communiqué par lettre des informations ou un témoignage. Citons les principales :
le P. René Voillaume, le 8 février 1988 ;
le P. Carré, plusieurs lettres en 1987 et 1988 ;
M. Willy Randin ;
la sœur Marie-Thérèse Maleyssie ;
les Sœurs de Notre-Dame-d'Afrique : une vingtaine d'entre elles ont accepté de compléter un questionnaire que nous avions adressé au siège de leur congrégation à Paris. Nous leur demandions de relater précisément ce qu'elles avaient vu de la lèpre et des lépreux au cours de leurs longs séjours sur le terrain et ce qu'elles avaient pu constater de l'action de Raoul Follereau.

DOCUMENTATION AUDIOVISUELLE ET PHOTOGRAPHIQUE

Ces documents sont disponibles au siège des fondations Follereau à Paris.

Films

La Charité française dans l'empire et dans le monde, conférence du 2 avril 1946 à la Comédie-Française avec projection de trois films.
Ce que le monde doit à la France, conférence du 18 mars 1947 au Théâtre de Chaillot, accompagnée de trois films.
Le Courage d'aimer, dialogue avec Pierre Fresnay, film en noir et blanc de quarante minutes, 1967, Taddié.
Demain l'aurore, dialogue avec Julien Berthaut, film couleur de vingt-six minutes, 1977, Taddié.
Conférence de Raoul Follereau à Thonon, film en couleur de vingt-six minutes, 1975.
Par ailleurs l'association française Raoul-Follereau met à la disposition de ses comités une vingtaine de films (16 mm et cassettes vidéo) sur des opérations de lutte contre la lèpre ou sur des centres de traitement des lépreux situés dans le monde entier.

Disques

Conférences, Voxigrave, s. d.
Prières et pensées, Voxigrave, s. d.
Don Quichotte m'a dit, Voxigrave, s. d.
Souvenirs sur le Dr Schweitzer, dit par Pierre Fresnay, produit par l'Association suisse Raoul-Follereau.

Cassettes

Semeur d'amour, conférence à la cathédrale de Lausanne.
Le Livre d'amour, lu par Raoul Follereau.
Les Soixante-Quinze Printemps de Raoul Follereau, dialogue avec Jacques Robert, Voxigrave.
Raoul Follereau, collection « Témoins de notre temps », avec six diapositives et un livret, Audivis.
Radioscopie de Raoul Follereau par Jacques Chancel le 9 avril 1970 sur France Inter (cassettes de Radio France).
Plusieurs cassettes ont été éditées ou diffusées par l'Association suisse Raoul-Follereau : *Aimer* (recueil de textes de Raoul Follereau chantés par Noël Colombier), des conférences de Raoul Follereau en Suisse...

Recueils de photographies

Ils sont également disponibles au siège des associations.

Renseignements sur les associations antilèpre

France

Fondation Raoul-Follerau,
33, rue de Dantzig, 75015 Paris.

Nous avons pu consulter largement les archives de la fondation, le fonds du centre de documentation, les publications scientifiques, les dossiers de la commission médicale et de la plupart des services de la fondation.

C'est au siège de la fondation que nous avons consulté l'essentiel des bulletins composés par Raoul Follereau que nous avons évoqués précédemment.

Ajoutons que, depuis 1986, paraît une lettre mensuelle d'information diffusée aux responsables de l'association exclusivement. Nous avons pu consulter tous les numéros parus.

L'association publie chaque année, depuis 1979, des brochures de format 21 × 29,7 cm :

le compte rendu de l'assemblée générale; il s'agit surtout d'un bilan très détaillé des comptes qui représente actuellement plus d'une soixantaine de pages;

le texte des communications effectuées lors du congrès (national ou international) des fondations : 80 pages environ.

Il faut y ajouter des rapports de mission comme :

RÉCIPON André, *Mission dans l'océan Indien francophone*, 1985.

L'association a aussi publié à l'occasion des Journées mondiales des lépreux de 1959, 1960 et 1961 des fascicules imprimés de format 18 × 11 cm et d'une centaine de pages relatant le déroulement de la Journée mondiale des lépreux dans tous les pays du monde où elle est célébrée (à partir de comptes rendus de correspondants locaux ou de messages adressés par les ambassadeurs de France à Raoul Follereau).

Pour relater le déroulement de la campagne « Un jour de guerre pour la paix » lancée auprès des jeunes, l'association a publié :

Renversez la vapeur! Cinq années, trois millions de jeunes de cent vingt-cinq pays, un seul cri, publié par les fondations Raoul-Follereau, 1969, 81 pages, 27 × 21 cm.

De nombreux dossiers de presse ont également été composés. Le dossier des réactions de la presse au décès de Raoul Follereau est particulièrement intéressant.

D'autres documents imprimés peuvent être consultés : actes de congrès internationaux de léprologie, travaux et ouvrages de léprologues (comme les Prs Browne, Contreiras, Latapi, Montestruc), publications de l'O.M.S.... Figurent également plusieurs documents élaborés par l'association des Amis du Dr Aujoulat à la mémoire de ce médecin ami de Raoul Follereau.

Nous avons aussi pu consulter des rapports de centres de soins subventionnés, des dossiers de préparation de la Journée mondiale des lépreux et la correspondance avec les autres associations nationales de lutte contre la lèpre. Nous avons eu accès à des dossiers relevant de services spécialisés (marketing et communication par exemple).

Quelques documents demeurent à l'ancien domicile de Raoul Follereau, rue du Général-Delestraint à Paris. M. Récipon nous a communiqué les documents que nous lui demandions et qui se trouvaient dans cet appartement (livres, revues...).

Suisse

Association suisse Raoul-Follereau,
    4, rue Louis-Curtat, 1005 Lausanne.
    Bulletin trimestriel *Aimer-agir*.

Mlle Brunnschweiler nous a livré toute sa documentation et ses archives : correspondance, collection complète des bulletins *Aimer-agir*, documentation audiovisuelle, comptes rendus de réunions.

Association Emmaüs-Suisse,
    Spitalgasse 9, 3011 Berne.

Nous y avons surtout consulté des brochures et des bulletins :
Plus de joie, pour l'édition française.
Mehr Freude, pour l'édition allemande.
La visite commentée des locaux et des services par M. Marcel Farine fut une précieuse source d'informations.

Belgique

Les Amis du père Damien,
    Rue Stévin, 16, 1040 Bruxelles.

Nous avons librement pris connaissance de toutes les archives, très bien classées. Outre les dossiers des centres antilèpre soutenus dans le monde et les préparations et comptes rendus de Journée mondiale des lépreux, nous avons pu consulter :

– la collection complète du bulletin de l'association, *Perspectives* (bimestriel), ainsi que des circulaires à usage interne;
– des dossiers comme celui de la canonisation du père Damien avec les interventions personnelles de Raoul Follereau;
– des correspondances.

Luxembourg

Fondation luxembourgeoise Raoul-Follereau,
26, rue du Maréchal-Foch, 1527 Luxembourg.

Nous avons pu consulter les brochures de l'association.
Pour le bulletin, l'association ajoute une page « luxembourgeoise » au bulletin de l'association française.
Surtout, nous ont été communiqués les dossiers de l'association ainsi que sa correspondance, ancienne et présente.

Italie

Amici di Raoul Follereau,
via Borselli 4, 40 135 Bologne.

Nous avons travaillé à Bologne sur la documentation disponible au siège de l'association. Les archives ayant brûlé il y a quelques années, les documents des débuts de l'association ont souvent disparu, en particulier les premières lettres échangées avec Raoul Follereau.
Cependant, on peut toujours consulter :
les bulletins (*Amici dei lebbrosi*);
la correspondance à partir de 1975. Avec en particulier les derniers échanges de lettres avec Raoul Follereau;
les nombreux livres édités ou diffusés par l'association, en particulier les traductions des livres de Raoul Follereau, des récits de missionnaires, de petits livres d'initiation aux questions du développement (souvent destinés aux enfants);
les rapports sur la Journée mondiale des lépreux dans le pays;
des rapports sur la vie des différents groupes locaux de l'association;
des dossiers de presse;
la documentation adressée par d'autres organisations humanitaires italiennes;
une documentation sur les centres soutenus dans le tiers monde.

Allemagne

Deutsches Aussätzigen – Hilfswerk (D.A.H.W.)
Dominikanerplatz 4 – Postfach 348 – D 8700 Würzburg.

Nous n'avons pas étudié de façon approfondie l'association allemande, car elle ne se réfère par expressément à Raoul Follereau. Elle ne fait pas partie de l'association internationale Raoul-Follereau, à la différence des associations citées précédemment.

Cependant, nous avons rencontré plusieurs de ses responsables les 14 et 15 novembre 1987, lors du congrès international organisé à Paris par les fondations Follereau.

Nous avons reçu de l'association allemande une documentation assez importante (histoire de l'association, brochures présentant l'association et ses projets).

Nous avons pu consulter plusieurs numéros de son bulletin, *Lepra*, au siège de l'association luxembourgeoise.

Canada

Institut Fame Pereo,
130, avenue de l'Épée, Montréal H2V 3T2, Québec.

L'association nous a adressé une documentation de présentation et des bulletins de la fondation Cardinal-Léger et de l'Institut Fame Pereo.

Nous avons lu avec intérêt l'ouvrage d'Henriette MAJOR (texte) et Ken BELL (photos), *Un homme et sa mission, le cardinal Léger en Afrique*, Les Éditions de l'Homme, Montréal, 19..

I.L.E.P.
Fédération internationale des associations de lutte contre la lèpre

234, Blythe Road, London W 14 OHJ.

Nous ne sommes pas allé au siège (assez petit) de l'I.L.E.P. mais à celui des associations nationales, où nous avons pu consulter la plupart de ses brochures et publications, des échanges de lettres entre l'I.L.E.P. et les associations nationales et quelques comptes rendus de séances de travail.

RENSEIGNEMENTS SUR L'ENVIRONNEMENT

Suivant les informations que nous avons rassemblées sur les milieux chrétien, médical, tiers-mondiste, associatif et autres et leur évolution dans l'espace et dans le temps.

Documentation éditée par des associations auxquelles Raoul Follereau fut lié et consultation d'archives de ces associations :

Société d'encouragement au bien. Raoul Follereau connaissait plusieurs de ses responsables. Des comptes rendus de séances auxquelles il assista nous ont été adressés.

D.R.A.C. (Défense des religieux anciens combattants.) Raoul Follereau a travaillé avec cette association qui organise un concours d'éloquence. Nous avons pu consulter des numéros de son bulletin.

Association des écrivains catholiques. Raoul Follereau était membre de cette association qui nous a fourni une documentation sur son organisation et sa finalité.

Amitiés Charles-de-Foucauld. Le père Sourrisseau a consulté pour nous les *Cahiers Charles de Foucauld* et nous a fourni les articles de Raoul Follereau ou sur Raoul Follereau qui y sont parus.

Œuvre Saint-François-de-Sales. Raoul Follereau était connu de cet organisme d'aide à des établissements d'enseignement catholique.

Alliance française. Raoul Follereau a eu des liens avec cet organisme avant 1940, mais avec l'occupation allemande les archives de cet organisme ont été malmenées et nous n'avons pas trouvé de document utile à ce travail. Nous avons lu toutefois avec intérêt des brochures publiées par l'Alliance française et retraçant son histoire, ce qui nous a permis de situer l'action de Raoul Follereau dans une évolution plus générale.

Documentation réunie sur certains ordres religieux et missionnaires : Pères Blancs, Sœurs de Notre-Dame-des-Apôtres, Sœurs de Notre-Dame-d'Afrique, Spiritains, Comboniens, Frères des écoles chrétiennes.
Dépouillement de la revue *Peuples du monde*.

Consultation de la plupart des grands périodiques chrétiens français contemporains parus au cours des vingt dernières années, et en particulier : *La Croix, Le Pèlerin, La Vie, Famille chrétienne, France catholique, Témoignage chrétien*.
Consultation de magazines chrétiens plus anciens, comme *Christiane* (numéros des années cinquante et soixante).

Dépouillement assez systématique d'ouvrages parus chez certains éditeurs : Karthala, L'Harmattan, Cerf, Fondation nationale des sciences politiques, Le Sarment-Fayard, Fleurus.

Nous avons obtenu des renseignements sur l'aide au tiers monde menée dans d'autres pays en écrivant aux ambassades de ces pays et à certaines des grandes O.N.G.
Les ambassades des États qui suivent nous ont répondu :
États-Unis, Canada, Grande-Bretagne, Allemagne fédérale, Italie, Belgique, Luxembourg, Pays-Bas, Suède, Danemark, Norvège.

Nous avons bénéficié de nombreuses informations sur la vie quotidienne dans les pays du tiers monde en interrogeant des personnes qui y sont allées pour les motifs les plus divers (coopérants, missionnaires, religieuses, médecins, membres d'associations, responsables, touristes, etc.) ainsi que d'autres originaires de ces pays ou y vivant actuellement.

Lieux de travail et de documentation

Bibliothèque nationale.
Bibliothèque publique d'information du Centre d'art et de culture Georges-Pompidou.
Bibliothèque de documentation internationale contemporaine de Nanterre.
Académie des sciences d'outre-mer, 15, rue La Pérouse, 75016 Paris.
Documentation française, 29-31, quai Voltaire, 75007 Paris.
Bibliothèque des études, 15, rue Monsieur, 75007 Paris.
Bibliothèque des Dominicains, 45, rue de la Glacière, 75013 Paris.
Bibliothèque des Jésuites à Chantilly (Centre des Fontaines).
Bibliothèque du Centre des hautes études sur l'Afrique et l'Asie modernes, 13, rue du Four, 75006 Paris.

Bibliothèques universitaires (lettres, médecine, droit et sciences économiques).
Bibliothèques d'U.F.R. (histoire, géographie, sociologie...).
Bibliothèques municipales (Nancy et Vandœuvre-lès-Nancy).
Bibliothèque du grand séminaire.
Centre lorrain d'information sur le développement (C.L.I.D.).
Centre régional de documentation pédagogique.

Louvain-la-Neuve : bibliothèques et instituts spécialisés dans l'histoire religieuse et le tiers monde.

Genève : O.M.S. (bibliothèque et archives). Nous avons pu y consulter les principaux textes élaborés par l'O.M.S. au fil des ans, les débats de cet organisme sur l'organisation de la politique de santé et la formation des soignants dans le monde et en particulier dans le tiers monde (compte rendu de séances de travail et rapports de commissions spécialisées) et enfin la documentation adressée par certaines associations de l'I.L.E.P. à l'O.M.S., documentation où elles présentent leur histoire et leur action présente. Nous avons étudié en particulier les documents des associations américaines (American Leprosy Mission et Leonard Wood Memorial, ainsi que les livres de Perry Burgess).

Nous avons également suivi, en 1989-1990, toute la formation (cours, exercices dirigés, travaux pratiques) du diplôme universitaire de médecine tropicale de l'université de Nancy (faculté de médecine), sous la direction du Pr Canton, responsable de cet enseignement.

BIBLIOGRAPHIE

Nous ne donnons pas ici la liste de tous les ouvrages consultés, mais nous signalons ceux qui nous ont été les plus utiles :

HISTOIRE RELIGIEUSE CONTEMPORAINE

AUBERT (R.), KNOWLES (M.P.), ROGIER (L.J.), *Nouvelle Histoire de l'Église*, tome V : *L'Église dans le monde moderne*, 1975.

CHELINI (Jean), *L'Église sous Pie XII*, Fayard, 2 tomes. Tome I, *1939-1945*, 1983; tome II, *1945-1958*, 1989.

CHOLVY (Gérard) et HILAIRE (Yves-Marie), *Histoire religieuse de la France contemporaine (1800-1988)*, Privat, 3 tomes, 1988. Tome I, *1800-1880*; tome II, *1880-1930*; tome III, *1930-1988*.

CHOLVY (sous la direction de Gérard), *Mouvements de jeunesse chrétiens et juifs, sociabilité juvénile dans un cadre européen, 1799-1968*, Cerf, 1985.

Concile œcuménique Vatican II, Centurion, réédité en 1982.

La Croix et le Nouveau Monde, histoire religieuse des francophones d'Amérique du Nord, Éditions C.L.D., 1987.

DANSETTE (Adrien), *Histoire religieuse de la France contemporaine*, Flammarion, 1965.

DERRE (Jean-René), GADILLE (Jacques), MONTCLOS (Xavier de), *Civilisation chrétienne; approche d'une idéologie; XVIIIᵉ-XXᵉ siècle*, Beauchesne, 1975.

Le Deuxième Concile du Vatican, 1959-1965, actes du colloque tenu du 28 au 30 mai 1986, École française de Rome, 1989.

Dictionnaire de la vie spirituelle, Cerf, 1983.

DUFOURCQ (Élisabeth), *Les Religieuses européennes au service de la santé et du développement : 1639-1989*, communication au colloque *Églises et santé dans le tiers monde hier et aujourd'hui*, Louvain-la-Neuve, 19 au 21 octobre 1989 (les actes du colloque ont été publiés en 1991 aux Éd. Brill de Leiden).

Paul VI et la modernité dans l'Église, actes du colloque de Rome des 2, 3 et 4 juin 1983, École française de Rome, 1984.

Encycliques des papes.

FOUILLOUX (Étienne), *Les Catholiques et l'unité chrétienne du XIXe au XXe siècle, itinéraires européens d'expression française*, Centurion, 1982.

« Le Catholicisme entre guerre et guerre froide », *Les Cahiers de l'animation 57-58*, I.N.E.P., décembre 1986, pp. 27 à 38.

GADILLE (sous la direction de Jacques), *La Mutation des modèles missionnaires au XXe siècle; expériences d'inculturation chrétienne*, Cahiers de l'Institut catholique de Lyon, n° 12, 1983.

GOULEY (Bernard), *Les Catholiques français aujourd'hui : survol d'un peuple*, Paris, Fayard, 1977.

HERVIEU-LÉGER (Danièle) et CHAMPION (Françoise), *Vers un nouveau christianisme?*, Cerf, 1983.

LAFON (R.P. Michel), *Le Père Peyriguère*, Seuil, 1963.

Vivre Nazareth aujourd'hui. La famille spirituelle de Charles de Foucauld, Le Sarment-Fayard, collection « Des chrétiens – Servir », 1985.

LANGLOIS (Claude), *Le Catholicisme au féminin : les congrégations françaises à supérieure générale au XIXe siècle*, Cerf, 1985.

LEVILLAIN (Philippe), *Albert de Mun, catholicisme français et catholicisme romain du Syllabus au ralliement*, École française de Rome, 1983.

La Mécanique politique de Vatican II, la majorité et l'unanimité dans un concile, Beauchesne, 1975.

LEVILLAIN (Philippe), UGINET (François-Charles), *Le Vatican ou les frontières de la grâce*, Calmann-Lévy, 1984.

MAYEUR (Jean-Marie), *Catholicisme social et démocratie chrétienne : principes romains, expériences françaises*, Cerf, 1986.

MAYEUR (sous la direction de Jean-Marie), *L'Histoire religieuse de la France, XIXe-XXe siècle : problèmes et méthodes*, Beauchesne, 1975.

MERLE (Marcel) et MONTCLOS (Christine de), *L'Église catholique et les relations internationales depuis la Seconde Guerre mondiale*, Éditions Ceras-Centurion, collection « Église et société », 1988.

MONTCLOS (sous la direction de Xavier de), *Églises et chrétiens dans la Seconde Guerre mondiale : la région Rhône-Alpes*, Presses universitaires de Lyon, 1978.

Les Personnes handicapées dans l'enseignement des papes, édité par les moines de Solesmes, 1987.

PIERRARD (Pierre), *Les Laïcs dans l'Église de France (XIXe-XXe siècle)*, Éditions ouvrières, 1988.

PIROTTE (Jean), *Périodiques missionnaires belges d'expression française : reflets de cinquante années d'évolution d'une mentalité, 1889-1940*, Université de Louvain, Recueil de travaux d'histoire et de philologie, 1973.

POULAT (Émile), *Intégrisme et catholicisme intégral*, Casterman, 1969.

Église contre bourgeoisie; introduction au devenir du catholicisme actuel, Casterman, 1977.

Liberté-laïcité : la guerre des deux France et le principe de la modernité, Cerf-Cujas, 1988.

Poussières de raison : esquisses de météosociologie dans un monde au risque de l'homme, Cerf, 1988.

RÉMOND (René), *Forces religieuses et attitudes politiques dans la France contemporaine*, Presses de la Fondation nationale des sciences politiques, 1965.

« Les structures religieuses en France du XVIIIe au XXe siècle », *La France et les Français, Encyclopédie de la Pléiade*, 1972.

Les catholiques dans la France des années trente, Cana, 1979.

Savart (Claude), *Les Catholiques en France au XIXe siècle : le témoignage du livre religieux*, Beauchesne, 1985.

Six (Jean-François), *Vie de Charles de Foucauld*, Seuil, 1962.

Itinéraire spirituel de Charles de Foucauld, Seuil, 1983.

Guy-Marie Riobé, évêque et prophète, Seuil, 1982.

Turin (Yvonne), *Femme et religieuse au XIXe siècle*, Nouvelle Cité, 1989.

Vigneron (Paul), *Histoire des crises du clergé français contemporain*, Téqui, 1976.

Histoire religieuse plus ancienne

Châtellier (Louis), *L'Europe des dévots*, Flammarion, 1987.

Delumeau (Jean), *La Peur en Occident : XIVe-XVIIIe siècle*, Fayard, 1978.

La Première Communion, quatre siècles d'histoire, Desclée de Brouwer, 1987.

Delumeau (Jean) et Lequin (Yves), *Les Malheurs des temps : histoire des fléaux et calamités en France*, Larousse, 1987.

Goyau (Georges), « Les débuts de la propagande missionnaire en France : relations et manifestes du XVIIe siècle », *L'Année missionnaire*, 1931, p. 365 sq.

Les Réveils missionnaires en France du Moyen Âge à nos jours (XIIe-XXe siècle), actes du colloque organisé du 29 au 31 mai 1980 à Lyon, Beauchesne, 1984.

Taveneaux (René), *Le Catholicisme dans la France classique*, C.D.U.-Sedes, 2 tomes, 1980.

Biographies et témoignages

Aurenche (Christian), *Sous l'arbre sacré : prêtre et médecin au Nord-Cameroun*, Cerf, 1987.

Colson (Jean) et Klein (Charles), *Jean Rodhain, prêtre*, Éditions S.O.S., 2 tomes, 1981.

Daniélou (Jean), « L'Occident chrétien a-t-il encore un rôle missionnaire ? », *Études*, mai 1955, pp. 173-183.

Lapierre (Dominique), *La Cité de la joie*, Laffont, 1985.

Lunel (Pierre), *L'Abbé Pierre, l'insurgé de Dieu*, Éditions n° 1 Stock, 1989.

Lustiger (Jean-Marie), *Le choix de Dieu*, (entretien avec D. Wolton et J.-L. Missika), de Fallois, 1987.

Pierre (abbé), *Emmaüs ou venger l'homme en aimant* (entretien avec Bernard Chevallier), Centurion, nouvelle édition, 1987.

Toulat (Jean), *Dom Hélder Câmara*, Centurion, 1989.

Wresinski (Joseph), *Les pauvres sont l'Église* (entretiens avec Gilles Anouil), Centurion, 1984.

Histoire politique

DUVERGER (Maurice), *Sociologie politique : éléments de sciences politiques*, P.U.F., collection « Thémis », 2ᵉ édition, 1984.

GIRARDET (Raoul), *Le Nationalisme français, 1871-1914*, Armand Colin, 1966.

L'Idée coloniale en France, 1871-1962, La Table Ronde, 1973.

Mythes et mythologies politiques, Seuil, collection « Points », 1990.

LACOUTURE (Jean), *De Gaulle*, Seuil, 3 tomes, 1986.

LOUBET DEL BAYLE (Jean-Louis), *Les Non-conformistes des années trente, une tentative de renouvellement de la pensée politique française*, Seuil, 1969.

MERLE (Marcel), *Les Églises chrétiennes et la Décolonisation*, Armand Colin, 1967.

MILZA (Pierre), *Les Fascismes*, Imprimerie nationale, 1985.

ORY (Pascal) et SIRINELLI (Jean-François), *Les Intellectuels en France, de l'affaire Dreyfus à nos jours*, Armand Colin, collection « U », 1986.

RÉMOND (René), *Les Droites en France*, Aubier-Montaigne, 1982.

SIRINELLI (Jean-François), *Génération intellectuelle : khâgneux et normaliens dans l'entre-deux-guerres*, Fayard, 1988.

Intellectuels et passions françaises, Manifestes et pétitions au XXᵉ siècle, Fayard, 1990.

SIRINELLI (sous la direction de Jean-François), *Générations intellectuelles : effets d'âge et phénomènes de génération dans le milieu intellectuel français*, Cahiers de l'Institut d'histoire du temps présent, novembre 1987.

SLAMA (Alain-Gérard), *Les Chasseurs d'absolu : genèse de la gauche et de la droite*, Grasset, 1980.

STERNHELL (Zeev), *La Droite révolutionnaire*, Seuil, collection « Points-Histoire », 1984.

Ni droite ni gauche : l'idéologie fasciste en France, Éditions Complexe, nouvelle édition revue et corrigée, 1987.

TOUCHARD (Jean), *Histoire des idées politiques*, P.U.F., collection « Thémis », 7ᵉ édition, 1975.

Sur l'Action française :

ARIÈS (Philippe), *Un historien du dimanche*, Seuil, 1980.

TODA (Michel), *Henri Massis, un témoin de la droite intellectuelle*, La Table ronde, 1982.

WEBER (Eugen), *L'Action française*, Fayard, 1985 (réédité et traduit de l'anglais).

Sur d'autres thèmes particuliers :

BARRET-KRIEGEL (Blandine), *Les Historiens et la Monarchie*, P.U.F., 4 tomes, 1988.

BOURDIEU (Pierre), *Homo academicus*, Éditions de Minuit, 1984.

DESTREMEAU (Bernard), *Weygand*, Perrin, 1990.

HAMON (Hervé) et ROTMAN (Patrick), *Les Intellocrates, expédition en haute intelligentsia*, Ramsay, 1981.

PROST (Antoine), *Les Anciens Combattants et la Société française (1914-1939)*, Presses de la Fondation nationale des sciences politiques, 2 tomes, 1977.

Dépouillement régulier de revues : *Bulletin de l'Institut d'histoire du temps présent*, XXe siècle, *L'Histoire*.

Colloques organisés par l'Institut Charles-de-Gaulle, par exemple *De Gaulle et le tiers monde*, Pedone, 1984.

CULTURE ET CIVILISATION

POUR LA FRANCE

BELLANGER (sous la direction de Claude), *Histoire générale de la presse française*, tome III : 1871 à 1940, P.U.F., 1976.

COINTET (Michel), *Histoire culturelle de la France, 1918-1958*, C.D.U.-Sedes, 1988.

CRUBELLIER (Maurice), *Histoire culturelle de la France, XIXe et XXe siècles*, Armand Colin, Collection U, 1974.

FOURASTIÉ (Jean), *Les Trente Glorieuses, ou la Révolution invisible de 1946 à 1975*, Fayard, 1979.

FOURASTIÉ (Jean et Jacqueline), *D'une France à l'autre. Avant et après les Trente Glorieuses*, Fayard, 1987.

LEQUIN (Yves), Histoire des Français : XIXe-XXe siècle, Armand Colin, 3 tomes. Tome I, *La Société*, 1983 ; tome II, *Les Citoyens et la Démocratie*, 1984 ; tome III, *Un peuple et son pays*, 1984.

PARIAS (sous la direction de Louis-Henri), *Histoire générale de l'enseignement et de l'éducation en France*, tome IV, 1930-1980, Nouvelle Librairie de France, 1981.

RÉMOND (René), *Notre Siècle, 1918-1988, Histoire de France*, tome VI, Fayard, 1988.

RIOUX (Jean-Pierre), *Nouvelle Histoire de la France contemporaine*, tomes 15 et 16 : 1944-1958, Seuil, collection « Points », 1983.

TODD (Emmanuel), *La Nouvelle France*, Seuil, 1988.

WEBER (Eugen), *La Fin des terroirs, la modernisation de la France rurale, 1870-1914*, Fayard, 1983.

DANS UN CADRE PLUS GÉNÉRAL OU POUR D'AUTRES PAYS

FERRO (Marc), *Comment on raconte l'histoire aux enfants*, Payot, 1981.

GERBOD (Paul), *L'Europe culturelle et religieuse de 1815 à nos jours*, P.U.F., collection « Nouvelle Clio », 1983.

MIALARET (Gaston) et VIAL (Jean), *Histoire mondiale de l'éducation*, tomes 3 et 4, P.U.F., 1981.

MORIN (Edgar), *Sociologie*, Fayard, 1984.

MOSCOVICI (Serge), *L'Âge des foules*, Fayard, 1981.

TODD (Emmanuel), *L'Invention de l'Europe*, Seuil, collection « L'Histoire immédiate », 1990.
WITTE (Els) et CRAEYBECKX (Jan), *La Belgique politique de 1830 à nos jours*, Bruxelles, Labor, 1985.

HISTOIRE ET ACTUALITÉ DES PAYS DU TIERS-MONDE

DIVERS

Annuaires des pays du tiers-monde
CHALIAND (Gérard), *Les Faubourgs de l'histoire : tiers-mondismes et tiers-monde*, Calmann-Lévy, 1984.

ÉTUDES SUR L'AFRIQUE NOIRE

BALANDIER (Georges), *Sociologie actuelle de l'Afrique noire; dynamique sociale en Afrique*, P.U.F., 1971.
BAYART (Jean-François), *L'État en Afrique*, Fayard, 1989.
COQUERY-VIDROVITCH (Catherine), *Afrique noire : permanences et ruptures*, Payot, 1985.
CORNEVIN (Marianne et Robert), *L'Afrique noire de 1919 à nos jours*, P.U.F., 1973.
DESCHAMPS (Hubert) *Histoire générale de l'Afrique noire*, tome II : *De 1800 à nos jours*, P.U.F., 1971.
KI ZERBO (Joseph), *Histoire de l'Afrique noire*, Hatier, 1978.
PICCIOLA (André), *Missionnaires en Afrique, 1840-1940*, Denoël, 1987.

TÉMOIGNAGES

Albert TEVOEDJRE, Béninois, ancien vice-président du B.I.T., membre du Club de Rome, parle volontiers de l'influence que Raoul Follereau a eue sur lui ; il est l'auteur de nombreux ouvrages, parmi lesquels :
La Pauvreté, richesse des peuples, Éditions ouvrières, 1978 ; *Mes Certitudes d'espérance*, Éditions ouvrières, 1984 (ouvrage plus autobiographique).
ÉLISABETH DE LA TRINITÉ, (sœur), *Une femme missionnaire en Afrique*, Éditions France-Empire, 1983.

GÉOGRAPHIE DES PAYS DU TIERS MONDE

BRUNEL (sous la direction de Sylvie), *Tiers-Monde, controverses et réalités*, Economica et Liberté sans frontière, 1987.
CHESNAIS (Jean-Claude), *La Revanche du tiers-monde*, Robert Laffont, 1987.

DUMONT (René), *Pour l'Afrique, j'accuse : le journal d'un agronome au Sahel en voie de destruction*, Plon, collection « Terre humaine », 1986.

GIRI (Jacques), *L'Afrique en panne, vingt-cinq ans de développement*, Karthala, 1986.

GOUROU (Pierre), *Les Pays tropicaux, principes d'une géographie humaine et économique*, P.U.F., 1966 ; *Terres de bonne espérance, le monde tropical*, Plon, collection « Terre-humaine », 1982.

LACOSTE (Yves), *Unité et diversité du tiers-monde*, Maspéro, 1980 ; *Géographie du sous-développement*, Maspéro, 1983.

L'État du tiers-monde, La Découverte, édition 1989.

Revues *Hérodote, Tiers-Monde...*

Rapports *Ramsès.*

Un atlas : PRÉVOT (Victor), *Géopolitique transparente*, Magnard, 1988.

LES O.N.G.

LIVRES

BÉRIOT (Louis), *Le Bazar de la solidarité*, J.-C. Lattès, 1985.

CONDAMINES (Charles), *L'Aide humanitaire entre la politique et les affaires*, L'Harmattan, 1989.

JOLY (Christian), *Les O.N.G. françaises et le Développement*, Economica, 1985.

KOUCHNER (Bernard), *Charité business*, Le Pré aux Clercs, 1986.

Media et charité, IVe colloque de la fondation Jean-Rodhain, Éditions S.O.S., 1987.

MESSICA (Fabienne), *Les Bonnes Affaires de la charité*, Plon, 1989.

MULLER (Jean-Daniel), *Les O.N.G. ambiguës*, L'Harmattan, 1989.

PASSARIS (Solange) et RAFFI (Guy), *Les Associations*, La Découverte, collection « Repères », 1984.

SCHNEIDER (Bertrand), *La Révolution aux pieds nus*, Fayard, 1986.

THÈSES ET DOCUMENTS

CADEBOCHE (Jean-Noël), *Conscience chrétienne et tiers-mondisme. Itinéraire d'une revue spécialisée; Croissance des jeunes nations*, thèse de doctorat d'histoire, Rennes, 1987.

LAURENT (P.-J.), *Discours des O.N.G. belges francophones (Solidarité socialiste. Entraide et fraternité, Oxfam)*, Centre tricontinental, Louvain-la-Neuve.

MOURA (J.-M.), *L'Image du tiers monde dans le roman français de 1968 à 1980*, thèse, lettres, Paris-III, 1987.

VACCARO (Antoine), *La Bataille pour la générosité. Essai sur le financement privé des organisations caritatives ou de recherche*, thèse, université Paris-Dauphine, 1985.

Antoine Vaccaro, qui travaille pour « Médecins du Monde », est aujourd'hui l'un de ceux qui connaissent le mieux le « marketing humanitaire »; il n'est pas seul toutefois.

Une revue, *La Voie privée*, dirigée par Jean-Paul Lebas, président de l'organisation humanitaire Aide et Action, est consacrée aux méthodes de financement de ces associations.

Débats sur le tiers-mondisme

BETTATI (Mario) et KOUCHNER (Bernard) (sous la direction de), *Le Devoir d'ingérence*, Denoël, 1987.
BRAUMAN (sous la direction de Rony), *Le Tiers-Mondisme en question*, Olivier Orban, 1986 (le premier colloque de Liberté sans frontière).
LACOSTE (Yves), *Contre les anti-tiers-mondistes et contre certains tiers-mondistes*. La Découverte, 1985.
LIAUZU (Claude), *L'Enjeu tiers-mondiste : débats et combats*, L'Harmattan, 1987 ; « Le tiers-mondisme des intellectuels en accusation », *XXe siècle, revue d'histoire*, n° 12, octobre-décembre 1986, pp. 73 à 80.
RUFIN (Jean-Christophe), *Le Piège*, Jean-Claude Lattès, 1986.

Médecine : histoire et actualité

Périodes anciennes

Livres :
LAPEYSSONIE (médecin-général), *La Médecine coloniale : mythes et réalités*, Seghers, 1988.
PLUCHON (Pierre), *Histoire des médecins et pharmaciens de marine et des colonies*, Privat, 1985.

Thèses et documents :
BEBEY-EYIDI (Marcel), *La Vie et l'Œuvre médico-sociale en Afrique intertropicale française d'Eugène Jamot*, thèse, Paris, 1950.
BERIAC (Françoise), *Histoire des lépreux au Moyen Âge : une société d'exclus*, Imago, 1988.
BOUCHARD (Éric), *Histoire de la chartreuse de Valbonne*, thèse, Nancy, 1983.
BOURGES (Michel), *Essai sur l'histoire de la lèpre : du concept de lépreux à la microscopie électronique*, thèse, Clermont-Ferrand, 1968.
BOUTIN (Henri-Georges), *La Bataille de la lèpre en A.-É.F.*, thèse, Bordeaux, 1955.
FORAY (Simone et Joseph), *Louis-Paul Aujoulat, médecin, missionnaire et ministre*, Association internationale des amis du Dr Aujoulat, 1981.
GAUDRILLIER (Hélène), *Médecin-général inspecteur Pierre Richet*, université Claude-Bernard Lyon-I, École du service de santé de Lyon-Bron, 1984.
LE FORESTIER (Roger), *Le problème de la lèpre dans les colonies françaises et en France, étude de médecine sociale*, thèse, Marseille, 1932.
MALET (Christian), *Histoire de la lèpre et de son influence sur la littérature et les arts*, thèse, 1967.

SERIE (Félix), *Introduction à l'étude de la lèpre en Côte-d'Ivoire*, thèse, Bordeaux, 1962.
Les comparaisons avec les pauvres, la peur, l'hôpital, le médecin, les grands problèmes de santé publique au cours de l'histoire sont indispensables pour comprendre la spécificité des lépreux et de la lèpre.

« Les maladies », *L'Histoire*, n° 74 (numéro spécial), 1985.

« Les grandes maladies d'aujourd'hui », *La Recherche*, n° 115 (numéro spécial), octobre 1980.

BIRABEN (Jean-Noël), *Les Hommes et la Peste en France et dans les pays européens des origines à 1850*, Paris-La Haye, 1985.

GEREMEK (Mirko), *Les Maladies à l'aube de la civilisation occidentale*, Payot, 1983.

GRELET (Isabelle) et KRUSE (Caroline), *Histoire de la tuberculose*, Ramsay, 1983.

GUILLAUME (Pierre), *Du désespoir au salut : les tuberculeux aux XIXe et XXe siècles*, Aubier-Montaigne, collection historique, 1980.

HERZLICH (Claudine), PIERRET (Janine), *Malades d'hier, malades d'aujourd'hui*, Payot, 1984.

LÉONARD (Jacques), *La Médecine entre les pouvoirs et les savoirs. Histoire intellectuelle et politique de la médecine française au XXe siècle*, Aubier-Montaigne, collection historique, 1981.

Maladie, médecine et sociétés, colloque organisé par Histoire au présent, 15 au 19 mai 1990, Paris.

Peurs et terreurs face à la contagion : choléra, tuberculose, syphilis aux XIXe et XXe siècles, ouvrage collectif, Fayard, 1988.

RUFFIÉ (Jacques), SOURNIA (Jean-Charles), *Les Épidémies dans l'histoire*, Flammarion, 1984.

Ainsi que les publications d'ALTER, « Société internationale pour l'histoire des infirmités, déficiences, inadaptations, handicaps », 2, rue Auguste-Comte, 92170 Vanves.

PÉRIODE ACTUELLE

BOURRÉE (Patrice), *Examens de laboratoire en médecine tropicale*, Masson, 1987.

BRISSET (Claire), *La Santé dans le tiers monde*. La Découverte-Le Monde, 1984.

BRISSET (Claire) et STOUFFLET (Jacques), *Santé et médecine : l'état des connaissances et des recherches*, collection « L'État du monde », coéditée par La Découverte, l'Inserm, l'Orstom, 1988.

CARAYON (André), très nombreux articles sur la chirurgie de la lèpre.

DESTEXHE (sous la direction d'Alain) : *Santé, médicaments et développement*, Éditions Liberté sans frontière, 1987.

FLAGEUL (B.) et WALLACH (D.), « La lèpre », *Encyclopédie médico-chirurgicale, Maladies infectieuses*, septembre 1989.

GENTILINI (Marc), *Médecine tropicale*, Flammarion, 4e édition, 1986.

LABUSQUIÈRE (médecin-général), *Santé rurale et médecine préventive en Afrique*, 2e édition, diffusé par la librairie Le François, Paris, 1979.

LANGUILLON (Jean), *Précis de léprologie*, Masson, 1986.

Manuel de l'équipe de santé, Éditions Saint-Paul, 2e édition revue et augmentée, Paris, 1983.

MAZER (André) et SANKALE (Marc), *Guide de médecine en Afrique et océan Indien*, EDICEF, Paris, 1988.

Mérieux (Charles), *Le Virus de la découverte*, Robert Laffont, 1988.

Nègre (Bernard), *Pathologie géographique de l'Afrique noire*, thèse, Toulouse, 1975.

Nguyen Tang (sous la direction d'A.-M.), *Épidémiologie tropicale*, Agence de coopération culturelle et technique, Paris, 1990.

Rougemont (A.) et Brunet-Jailley (J.), *Planifier, gérer, évaluer la santé en pays tropicaux*, Doin, 1989.

De nombreuses monographies permettent de mieux étudier la situation actuelle :

Annaheim (Isabelle), *Actualité de la vaccination contre la lèpre*, thèse, Nancy, 1988.

Atse Nde Zepp, *L'Institut Raoul-Follereau d'Adzopé*, 1983-1984.

Bahamat, *Politique sanitaire dans les États de l'Ouest africain*, thèse, Bordeaux, 1962.

Basille (Marc-Étienne), *Le Service des grandes endémies du Bénin*, thèse, Paris-V, 1981.

Béranger (Jean-Michel), *La Lèpre en Martinique*, thèse, Paris, Pitié-Salpêtrière, 1980.

Brisson (Michel), *Histoire et organisation de la médecine en république de Côte-d'Ivoire*, thèse, Paris-VII, 1979.

Curet (Yves), *La Lèpre en Polynésie française des origines à nos jours*, thèse, Créteil, 1979.

Daouda Bako, *Éducation sanitaire et santé publique au Niger*, thèse, Reims, 1974.

La Dimension sociale de la lèpre – manuel d'enseignement pour les agents de santé, I.L.E.P., 1983.

Faure (Jean-Pierre), *Stratégies de lutte contre la lèpre dans le monde*, thèse, Paris, hôpital Saint-Antoine, 1980.

Féral (Jean), *Réhabilitation des lépreux en pays d'endémie*, thèse, Nancy, 1987.

Gicquel (Nicole), *La Lèpre au Maroc*, thèse, Lille, 1973.

Goumba (Abel), *Évolution de la politique de santé dans les États d'Afrique centrale*, thèse, Bordeaux, 1968.

Hardy (Colette), *Activité anti-hansénienne au Nord-Mali*, thèse, Paris, hôpital de la Pitié-Salpêtrière, 1975.

Jaccard (Raymond et Pierre), *Un homme nouveau : le lépreux handicapé, opéré et appareillé*, édité par les fondations Follereau, 1983.

Lafay (Jean-Pierre), *Frontière et médecine*, thèse, Paris, hôpital de la Pitié-Salpêtrière, 1982.

Lony (Renée), *La Lèpre en Guyane française*, Paris, 1979.

Marot (Christine), *Éducation à la santé et développement (études d'exemples)*, thèse, Paris, hôpital Necker, 1979.

Michel (Joseph-Georges), *Aspects sociaux et sanitaires de la coopération missionnaire laïque ou religieuse en Afrique noire à l'heure actuelle*, thèse, Lyon-I-Claude Bernard, 1974.

Muller (Jean-Claude), *Médications anti-lépreuses actuelles*, thèse, Nancy, 1979.

Nebout (Max), *La Lutte contre la lèpre en Afrique intertropicale*, édité par les fondations Follereau, 1979.

Prost (Antoine), *Santé médicale et pays sous-médicalisés*, thèse, Lyon, 1969.

Ract (Bernard), *Contribution à l'étude de la médecine française en Afrique noire*, thèse, Paris, 1979.

RETTEL (Marc), *La lèpre et la neuropathie hansénienne : contribution à l'étude de la névrite lépreuse,* thèse, Nancy, 1969.

VILLAIN (Pierre), *Santé rurale en Afrique noire avec le service des grandes endémies du Moyen-Chari et du Tchad,* thèse, Paris-Saint-Antoine, 1979.

Colloques internationaux des associations de léprologues.

Colloques organisés par les associations membres de l'I.L.E.P.

La réflexion ne peut se limiter à une approche seulement médicale :

BERNARD (Jean), *Grandeurs et tentations de la médecine,* Buchet-Chastel, 1973.

ION (Jacques) et TRICART (Jean-Paul), *Les Travailleurs sociaux,* La Découverte, collection « Repères », 1987.

LENOIR (René), *Les Exclus,* Seuil, 1974.

SASSIER (Philippe), *Du bon usage des pauvres, histoire d'un thème politique, XVIᵉ-XXᵉ siècle,* Fayard, 1990.

Parmi les nombreuses revues de médecine tropicale ou de santé publique, citons surtout :

Médecine tropicale, revue trimestrielle, le Pharo, Marseille;

et parmi les revues de léprologie :

Acta leprologica.

International Journal of Leprosy.

Leprosy Review.

DOCUMENTATION COMPLÉMENTAIRE

Les comparaisons sont indispensables dans une telle étude. Nous avons utilisé une documentation personnelle que nous avons constituée peu à peu. Elle se compose de livres et de brochures, mais aussi d'extraits d'articles de journaux, de comptes rendus de conférences ou d'émissions de radio ou de télévision.

Nous ne pouvons détailler cette documentation. Nous en avons indiqué les éléments les plus importants précédemment. Mais nous signalons ses thèmes :

Des prophètes chrétiens contemporains et de grandes figures de la charité :
L'abbé Pierre, dom Hélder Câmara, Sœur Emmanuelle, Guy Gilbert, les frères Jaccard, Edmond Kaiser, Martin Luther King, le P. Lebret, Armand Marquiset, le P. Pire, Mgr Rodhain, Mgr Romero, Albert Schweitzer, Mère Teresa, André Tranoy, Jean Vanier, le P. Wresinski.

De grandes figures de la charité chrétienne d'autrefois :
Le P. Anizan, le P. Brottier, le P. Chevrier, dom Bosco, Charles de Montalembert, Albert de Mun, Frédéric Ozanam, saint Vincent de Paul.

Des auteurs qui ont renouvelé la réflexion chrétienne à l'époque contemporaine :
Robert Garric, l'abbé Godin, Ivan Illich, le P. Lhandes, Jacques Maritain, Emmanuel Mounier, Marc Sangnier.

Des personnalités importantes du catholicisme contemporain :
Le P. Caffarel, Mgr Charles, Daniel-Ange, le cardinal Daniélou, Pierre Debray, Escriva de Balaguer et l'Opus Dei, Jean Guitton, Jean-Paul II, le P. Maximilien Kolbe, Henri de Lubac, Chiara Lubich, le frère Roger de Taizé, Marthe Robin, Pierre Teilhard de Chardin, Philippe Warnier.

et aussi : Mgr Ancel, le général de Bollardière, P. Chenu, Jean Daujat, Tom Dooley, Mgr Bernardin Gantin, Jean Girette, Marcel Legaut, le P. Loew, Mgr Lustiger, le P. Riobé, François Varillon.

Des écrivains chrétiens du XXᵉ siècle :
René Bazin, Georges Bernanos, Henry Bordeaux, Henri Bosco, Jacques de Bourbon-Busset, Paul Bourget, Gilbert Cesbron, Paul Claudel, Maurice Clavel, Daniel-Rops, Jean de Fabrègues, Guy de Larigaudie, François Mauriac, Marie Noël, Charles Péguy, Pierre L'Ermite.

Des prêtres dont les écrits ont compté :
Mgr Baudrillart, le P. Carré, le P. Grandmaison, le P. Sertillanges.

Des laïcs chrétiens :
Le Dr Aujoulat, le général Charbonneau, Francisque Gay, Joseph Folliet, Georges Hourdin, Frédéric Ozanam, Louis Veuillot.

De grands « communicateurs » chrétiens :
Carlo Caretto, Noël Colombier, Serge Dalens, le général Delaunay, le P. Dutil, le P. Duval, Louis Evely, Jean-Louis Foncine, Anne-Marie Gélamur, Hergé, Jean d'Izieu, le P. Kaelin, John Littleton, Michel Quoist, Stan Rougier, Sœur Sourire, Jean Toulat, Jean Valbert.

De grands « communicateurs » contemporains :
Daniel Balavoine, Jacques Brel, le commandant Cousteau, Daniel Filipacchi, Billy Graham, Danny Kaye, Paul-Émile Victor.

Des « maîtres à penser :
Louis Althusser, Raymond Aron, Albert Camus Alioune Diop, Georges Duhamel, André Gide, René Guénon, Bertrand de Jouvenel, Alexis Léger, Claude Lévi-Strauss, André Malraux, Jules Romains, Jean-Paul Sartre, Rabindranāth Tagore.

Des « maîtres à penser » de la première moitié de ce siècle :
Gabriele d'Annunzio, Maurice Barrès, Henri Bergson et d'autres philosophes, Charles Maurras, Edmond Rostand.

D'autres auteurs célèbres à leur époque à des titres divers :
Jacques Chardonne, Charles Fourier, Léopold Sédar Senghor.

Des écrivains, journalistes, voyageurs :
Roger Frison-Roche, Joseph Kessel, Dominique Lapierre, Albert Londres, Pierre Loti, Joseph Peyré, les frères Tharaud.

Des écrivains représentant diverses sensibilités de ce que l'on appelle la « droite » :
Henri Massis, Thierry Maulnier, Denis de Rougemont, Zara.

Des tiers-mondistes célèbres :
Mario Bettati, Chanteurs pour l'Éthiopie, Josué de Castro, René Dumont, Maurice Fanon, Susan George, Bernard Kouchner, le P. Lebret, Liberté sans frontières, Gabriel Marc, Tibor Mende, François Perroux, le Dr Rémy, Jean Ziegler.

Des médecins :
Jamot, Mitsuda, Muraz, Jacques Parisot.

Des contemporains de Raoul Follereau :
Marcel Bleustein-Blanchet, Léon Bourgeois, René Cassin, Pierre Fresnay, le mahatma Gandhi, le général de Gaulle, René Journiac, Lanza del Vasto, le maréchal Lyautey, Mermoz et l'Aérospatiale, Louis Rougier, Maurice Schumann, Robert Schuman, le général Weygand.

Nous avons aussi collecté des informations sur les associations suivantes, démarche indispensable pour saisir la spécificité de la fondation Follereau :
L'Acat, Amnesty International, Médecins sans frontières, Liberté sans frontières, Médecins du monde, l'Action internationale contre la faim, la Croix-Rouge, la Fondation de France, les Équipes Saint-Vincent, la Conférence Saint-Vincent-de-Paul, C.C.F.D., le Comité français contre la faim, Frères des hommes, Terre des hommes, Solagral, Mani Tese, C.R.I.D., Misereor, l'Association française des volontaires du progrès et d'autres organisations de volontaires, Medicus Mundi, A.G.I.R. C.L.O.N.G., le forum d'Agen, les Scouts de France, les Scouts d'Europe, M.E.J., A.C.E., M.C.J.F., le Secours catholique, Cimade, l'Armée du Salut, Emmaüs, A.T.D.-Quart Monde, les Restaurants du cœur, l'Association des paralysés de France, l'Association pour la recherche contre le cancer, l'ordre de Malte, la Mission évangélique contre la lèpre et toutes les associations de l'I.L.E.P., l'Action catholique, les Équipes Notre-Dame, Vie nouvelle, le Mouvement des cadres chrétiens, Renouveau charismatique, Communion et Libération, les ordres missionnaires, les O.N.G. locales, la Semaine de bonté, Nouvelle Planète, F.A.O., l'O.M.S., l'Unicef, l'Arche, Pax Christi, Focolari, Schoenstatt, Aide à l'Église en détresse.

Sans oublier la comparaison avec les moyens employés pour d'autres grandes causes humanitaires :
la maladie d'Alzheimer, la mucoviscidose, les personnes âgées, la peste, le sida...

TABLE DES MATIÈRES

Deuxième partie

LA BATAILLE DE LA LÈPRE
DE RAOUL FOLLEREAU
(1944-1960)

Troisième partie

LA MISE EN PLACE DE STRUCTURES PERMANENTES ET LA LUTTE CONTRE TOUTES LES LÈPRES
(1960-1978)

Quatrième partie

LES HÉRITIERS DE RAOUL FOLLEREAU
(1978-1990)

Cet ouvrage a été
réalisé par la
SOCIÉTÉ NOUVELLE FIRMIN-DIDOT
Mesnil-sur-l'Estrée
pour le compte des Éditions Fayard
en avril 1992

Imprimé en France
Dépôt légal : avril 1992
N° d'édition : 8360 – N° d'impression : 20242
35-61-8673-01/2
N° ISBN : 2-213-02897-4